RUSSIAN LEARNERS' DICTIONARY

10,000 words in frequency order

NICHOLAS J BROWN
Senior Lecturer in Russian
School of Slavonic and East European Studies
University of London

ROUTLEDGE
London and New York

First published 1996
by Routledge
11 New Fetter Lane, London EC4P 4EE

Simultaneously published in the USA and Canada
by Routledge
29 West 35th Street, New York, NY 10001

Routledge is an International Thomson Publishing company

Typeset in Times by Transet Ltd., Coventry, England
Printed and bound in Great Britain by TJ Press Ltd, Padstow, Cornwall

British Library Cataloguing in Publication Data
A catalogue record for this book is available from the British Library

Library of Congress Cataloguing in Publication Data
A catalogue record for this book is available from the Library of Congress

ISBN 0-415-13791-8
ISBN 0-415-13792-6

CONTENTS

INTRODUCTION

THE CONTENT AND PURPOSE OF THIS DICTIONARY

This dictionary is a Russian learner's vocabulary list of 10,000 words in order of importance.

Serious students of Russian are always aware that vocabulary acquisition is a major problem. Unlike Russian grammar, which has a structure and can be adequately mastered in a year, the vocabulary of the language is huge and amorphous. At the end of a year's intensive study, students should have a good idea of how Russian works and the ability to handle a large number of everyday communicative situations, but their reading speed may be no more than two pages of a novel per hour, with the need for constant recourse to a Russian–English dictionary. 'Go and read lots of Russian and increase your vocabulary,' they are told. But which words to learn? Increasing one's vocabulary is a time-consuming task for most students, and the process needs a structure. The list in this dictionary tells you which words to learn, and in what order.

Why 10,000?

10,000 words (lexemes) is a conventional figure, a convenient round number, for the *active* vocabulary of a university-educated Russian native speaker, although he or she is likely to know, at least passively, six times that figure.

More importantly, the statistics suggest that beyond 10,000, words become too rare to be placed in any meaningful order of frequency and cannot be regarded as in any sense common in everyday spoken or non-technical written Russian. Once you have learnt the first 8,000, you know all the words which are likely to turn up at least ten times each in a million words of Russian. Those between 8,000 and 10,000 are found five to ten times per million. Words which occur less frequently than that are too rare to be worth including in a list of general vocabulary. Items such as **дя́тел** 'woodpecker', **макаро́ны** 'macaroni', **гати́ть** 'to lay a log or brushwood road over marshy ground', which are *not* in this list, might prove useful in a specific situation, but you could read and listen to Russian for weeks and not meet any of them once.

How many do you need to know?

The first 2,000 words can be regarded as a core vocabulary for a British A level course, an intensive graduate-level reading course in Russian or two years of Russian at an American college. Roughly speaking, a vocabulary of 2,000 items guarantees recognition of at least 75 per cent of the words in any Russian text. Four thousand should be the target for the end of a post-A level year of a university course in Britain or an advanced college course in America. In my years of using earlier versions of this dictionary with University of London students specializing in Russian I have treated 8,000 as graduate competence level; a vocabulary of the commonest 8,000 words guarantees recognition of well over 90 per cent of the words in any Russian text (and in practice about 97 per cent, since many of the words not in the list will be proper names or easily guessed internationalisms such as **мигра́ция** 'migration' and technical terms such as **океаноло́гия** 'oceanology'). Allowing for the fuzziness of the notion of word frequency (see below), items beyond 8,000 in this list occur fewer than ten times in a million words of Russian text. Any foreign student with a sound knowledge of Russian grammar and a passive knowledge of 8,000 to 10,000 vocabulary items (with perhaps an active vocabulary of half that) can reasonably call him or herself competent in the language for all normal purposes. The benefit of working through the last 2,000 is small, though the round number of 10,000 is an attractive target for the really committed.

What kind of vocabulary is included?

The list is meant to reflect standard literary Russian of the last fifty years or so up to the present. The sources cover all *non-technical* uses of the language from everyday spoken communication to literary works, but with the emphasis on the written language (newspapers, journals, informative prose, literature).

Some specifically Russian (Soviet) features of the list

Given that this frequency list is meant to reflect Russian usage over fifty years of the recent past, during most of which time Russia was part of the Soviet Union, an assiduous student may detect the effect on the list of the Soviet preoccupation, in the press and literature, with military matters (such as the Second World War), industrial production and politics, and, in comparison with writing in the West, the lower frequency of words from such areas as popular culture, colloquial language and sex. Naturally, the list also reflects distinctive features of the Russian way of life, e.g. 4676 **ико́на** 'icon', 7125 **фо́рточка** 'ventilation window', 8263 **смета́на** 'sour cream'.

Working with this dictionary

Some students actually learn the lists; others use them to check how their vocabulary acquisition is progressing. For many the lists serve as a useful challenge: the target of, say, passive recognition of the first 8,000 Russian words is a realizable goal even for not very committed linguists.

Since there is a difference between a frequency list and a core vocabulary, many words which a student will learn at an early stage for survival purposes – such as the days of the week – are not among the commonest words of written Russian. **До свида́ния** 'goodbye' will probably occur in one of the first lessons of any standard grammar book, though for the language as a whole **свида́ние** (1273 in this list) is not in the commonest thousand words. The numbers from **оди́н** 'one' to **два́дцать** 'twenty' will obviously be learnt as a block, regardless of their variable frequency. This list should be treated as an accompaniment to a basic course; as a means by which post-beginners can check for gaps in their basic wordstock; then as a means for increasing vocabulary, with the reassurance of finding familiar words (e.g. 5297 **вто́рник** 'Tuesday') as you work through the later stages of the list.

Teachers and examiners, when choosing a text for unseen comprehension or translation for a specific group of students, can use the alphabetical index to determine what proportion of the words in the given text are unlikely to be part of the vocabulary of the target group of students – and edit or annotate the text accordingly.

THE COMPILATION OF THE DICTIONARY

History of the project

I started compiling a Russian frequency wordlist in the mid-1970s, mainly to assist university evening class students who needed to acquire a reading knowledge of Russian quickly. The original list was a few hundred words long and was based on E A Steinfel'dt's *Russian Word Count* (Tallinn, 1963). In the late seventies, after the publication of L N Zasorina's *Частотный словарь русского языка* (Russian Frequency Dictionary) (Moscow, 1977), I extended the list to 2,000 words for the benefit of University of London intensive beginners who had to reach A level standard in thirty-five weeks of study. Two thousand words was a convenient figure for the core vocabulary of Russian, and seemed to constitute a useful and reachable target for A level students.

For twelve years the total remained at 2,000. The many students who found the list very useful for vocabulary acquisition and asked for further lists were given photocopies of pages from Zasorina's dictionary mentioned above, but were warned that her frequency list contained large numbers of 'useless' words, and were left to do the translations and editing themselves.

In the meantime, the Gestetner stencils with the original wordlists were consigned to the dustbin when word processors arrived. The list was retyped onto floppy disks and edited. With the new technology, which removed the drudgery of fiddling with stencils and two typewriters, came the idea of converting the list from an aid to beginners into a fully-fledged graduate-competence vocabulary.

Why has a Russian learner's frequency list of this size not been compiled before and why is this one necessary?

Conventional wisdom has tended to regard frequency lists as valid only up to about 2,000 items, on the basis that 2,000 is a convenient round number for the everyday vocabulary of a language such as Russian. After 2,000, the argument runs, frequency is so dependent on other factors such as topic (literature, domestic life or whatever), the weight given by the researcher to spoken sources, the exclusion or inclusion of technical texts, that there is no point in attempting to extend a general frequency list beyond 2,000 items. My experience suggests otherwise: that it is indeed both possible and pedagogically useful to produce a much longer list. The proof is in the improved performance of students in comprehension and translation examinations in which dictionaries are not permitted, in faster reading speeds and in sample counts which show that knowledge of all or most of the 10,000 words in this frequency list normally guarantees recognition of over 95 per cent of the vocabulary in a non-technical text.

Many vocabulary researchers, convinced that the notion of a frequency dictionary involves too many problems to yield a useful tool, have settled for an alphabetical list of 'common words'. A good example of this kind of compromise, is Patrick Waddington's *A First Russian Vocabulary* (Blackwell, 1988). On page xiii Waddington states: 'frequency-lists need to be checked against commonsense observations. Their findings do not coincide for any but the most obviously important words (perhaps between 100 and 150).' So Waddington's book is set out like a conventional beginner's dictionary, with some 2,300 words in alphabetical order. This has the advantage of making words easy to find, but the severe disadvantage of hiding the notion of frequency. The stimulus of knowing that the words are in order of 'usefulness' seems to me to be vital in persuading students to learn them.

Although, as I indicate below, I do not think that there is any statistically valid way of producing *the* frequency dictionary of Russian, it is my strongly held view that *a* frequency dictionary of Russian is an immensely valuable learner's tool. Students do increase their vocabulary more efficiently than with any other method, they read faster, understand more, translate better; in a word, they become more competent.

Sources and methodology

This book has several sources. Apart from my own counts and observations, the primary source, mentioned above, was L N Zasorina's *Частотный словарь русского языка* (Russian Frequency Dictionary) published in 1977. Zasorina's material required a great deal of adaptation. Her dictionary is an academic study, not a pedagogical work, and is of only marginal use to foreign learners. Apart from the absence of translations and stresses, the main list of 9,000 items in frequency order has a large number of oddities and 'useless words' (i.e. words that occur frequently only in specialized contexts such as chemistry). These oddities are the result of the fact that Zasorina's list is based only on the number of occurrences (absolute frequency) of each word (lexeme) in her one million words, and does not take into account how evenly each lexeme is distributed in different texts and types of text (range of occurrence). When adapting Zasorina's frequency list, a large proportion of the lexemes had to be moved (usually demoted, sometimes deleted altogether) to take into account their range of occurrence. Other, occasionally intuitive, adjustments had to be made to compensate for changes in usage, the Communist bias of Zasorina's texts (too many texts by Lenin) and the under-representation of the everyday spoken language.

The first complete version of this 10,000-item dictionary was printed for use by students of SSEES, University of London in May 1993 and proved popular. Since 1993 the list has undergone further modifications, firstly in the light of experience and student comments, secondly by comparison with a major new mathematically rigorous Russian frequency count conducted by Lennart Lönngren et al. of Uppsala University in Sweden (published version: *Частотный словарь современного русского языка*, Studia Slavica Upsaliensia no. 32, Uppsala 1993). Like Zasorina's, Lönngren's count is based on one million words of running text, but, unlike Zasorina's, it is based only on texts written after 1960 and explicitly concentrates on the written language. Although the published version of Lönngren's computer files is much more restricted in scope than Zasorina's (her book has 936 pages to Lönngren's 192), Lönngren uses a more refined methodology, making explicit use of the notion of modified frequency, i.e. he takes into account how evenly a particular lexeme is distributed across different texts (range of occurrence) as well as the number of times it occurs altogether (absolute frequency).

The notion of *modified frequency,* as opposed to *absolute frequency,* can be illustrated by the case of **ка́тер** ('launch', 'cutter'), an intuitively rare lexeme notorious in Zasorina's list for occupying the 356th place next to **по́мнить** ('to remember'). These two lexemes are side by side because they both occurred 333 times (their *absolute* frequency) in Zasorina's million words of text. However, Zasorina indicates in her alphabetical list that **ка́тер** occurred in only six of her ninety-two different texts, and 281 of its occurrences were in just one text, which must have been on a rather narrowly nautical theme. By contrast, **по́мнить** occurred in sixty-one of her ninety-two texts. Adjusting for the very uneven distribution of **ка́тер**, using a mathematical formula, **ка́тер** is given a *modified* frequency which causes it to be demoted by seven or eight thousand places. Thus words which occur frequently only in specific kinds of texts (technical terms in science, or expletives which are frequent in specific varieties of male dialogue) will either not figure in a general frequency list at all, or will come very far down the list.

However, Zasorina, Lönngren and most other frequency counts of Russian (and other languages) are more concerned with demonstrating mathematical rigour than with practical matters such as increasing students' vocabulary or helping textbook writers. Thus they all contain features which seem either to contradict common sense or at least to be intuitively odd. Although Zasorina used a million words taken from a very wide variety of texts, such intuitively 'common' lexemes as **вто́рник** ('Tuesday'), **четве́рг** ('Thursday'), **смета́на** ('sour cream', a central element of the Russian diet) and **сыр** ('cheese') failed to make it into her top ten thousand. All four of these are also missing from Lönngren's list of words with a frequency of at least ten per million, though that result is unsurprising in a count which largely excludes the spoken language and dialogue. Furthermore, however carefully the formula for modified frequency is refined, a statistically rigorous frequency list will always contain items which any experienced teacher will regard as misplaced. The statistics need to be complemented by an element of intuition. This means, for example, that if three counts of the frequency of the word **нага́н** 'revolver' disagree as to whether **нага́н** belongs in the most frequent 10,000 words of Russian, I choose the answer which intuitively seems best to fit the needs of the learner described above; **нага́н** is therefore excluded in favour of the much commoner **револьве́р**.

Though some judgments on word frequency have to be based on non-statistical intuition, in the pedagogical business of encouraging vocabulary acquisition, intuitive decisions, within certain bounds, need not be seen as a fault. In adjusting some of the findings of Zasorina and Lönngren and others I have used as my criterion the needs of English-speaking learners whose main concerns are (a) the desire to increase their comprehension and reading speed when working with Russian newspapers, literary works and other non-technical material, and (b) the ability to survive and communicate in Russia at the end of the twentieth century.

Why are the days of the week so scattered?

From the teacher or learner's point of view, such closely related words as the days of the week are equally necessary and will normally be taught as a set, but I have resisted any temptation to put them side by side in this frequency list. Firstly, I felt it important to avoid changing the ranking of words beyond the bounds of the variations actually found in different counts. Secondly, the browser through the list must occasionally be entertained or intrigued by the relative positions of semantically closely related items. Taking the seven days of the week as an example, I myself noted with interest that Saturday and Sunday are significantly more frequent than the five working days, and Friday is mentioned more frequently than the days from Monday to Thursday (this order of frequency also holds for other European countries, as is shown by counts for languages as different as English and Slovak). Among the months, one notes that Russia's revolutionary past has made **октя́брь** 'October' noticeably more frequent than the other eleven. The numbers too are widely scattered. It may be pedagogically odd to leave **восемьсо́т** 'eight hundred' until 9104, while **девятьсо́т** 'nine hundred' is at 191, but the big difference between their frequencies is clearly derived from the fact that **девятьсо́т** occurs in every twentieth century date.

Vocabulary statistics and their 'fuzziness'

A comparison of any two different vocabulary counts (for example, Zasorina's and Lönngren's) shows that there is a great deal of indeterminacy in the notion of frequency of occurrence of a word. For example **весь** 'all' is number 22 in Zasorina, number 10 in Lönngren and number 12 in this dictionary, and none of these positions is more 'correct' than the others; the different rankings reflect different choices of texts, variations in methodology and the natural indeterminacy of the subject. This list contains more of the spoken language that Lönngren and more recent usage than Zasorina; consequently, it is different from both. What can be said with reasonable certainty is that **весь** belongs in the forty commonest words of Russian and that it is much commoner than **це́лый** 'whole' (412 in Zasorina, 205 in Lönngren, 294 in this dictionary). By the time we reach word number 7,000 **посели́ться** 'to take up residence' (7748 in Zasorina), the variation could easily be plus or minus a thousand places, even in two counts using similar methods. What matters is that in any count of non-technical Russian usage, **посели́ться** is much less common than, for example, **руга́ть** 'to abuse, scold' (word number 3000) and considerably more frequent than **поселко́вый** 'village (adj)' (no occurrences in Zasorina's million words), which is its neighbour in the Penguin Russian–English Dictionary, 1995. Given that the present dictionary is meant to stimulate students to increase their Russian vocabulary, the words are necessarily in a numbered order of frequency, but it must be borne in mind that there is no magical significance to be attached to the specific position of any word. **Коммуни́зм** 'communism' is at no. 666 in this list, but that does not permit us to make a categorical statement that **коммуни́зм** is the 666th most used word in Russian (or that the numbering proves Russian Communism to be the work of the devil).

Readers will notice that from about 2,000 onwards there are large blocks of words in alphabetical order; for example, the block from no. 9035 **ад** 'hell' to no. 9709 **я́рмарка** 'fair', 'trade fair' is 675 words long. The words within each alphabetical block can be regarded as equally frequent, so the fact that **апельси́н** 'orange', at no. 9040, occurs before **лимо́н** 'lemon' at no. 9268 is a matter of the order of the letters in the Russian alphabet, not of the relative frequencies of oranges and lemons in Russian language and culture. Each time you meet a jump from the end of the alphabet to the beginning, you are descending one step on the frequency scale.

Allowing for the considerable indeterminacy described above, the frequency of the items in this list per million words of text can be roughly banded as follows:

- Items 1–2000. The commonest words in Russian, **и** 'and' and **в** 'in', occur over 30,000 times each per million words of text. Word no. 2000, **пропага́нда** 'propaganda' occurs about 65 times per million words.
- Items 2001–3000. Words around no. 2000 in the list occur about 65 times per million words; by no. 3000 we are dealing with words which occur about 40 times per million.
- Items 3000–4000: 40 times to 25 times per million.
- Items 4000–6000: 25 times to 15 times per million.
- Items 6000–8000: 15 to 10 times per million.
- Items 8000–10000: 10 to 8 times per million.

As indicated above, the academic validity of frequency dictionaries can easily be questioned. The very fuzziness of the notion of frequency, and the significant differences between any two frequency lists compiled by different people or different methods, make the compilation of the 'correct' or 'ultimate' frequency dictionary of Modern Russian an impossibility. The justification for producing a new frequency dictionary of this size is not that I claim to have found some definitive way of determining word frequency for the Russian language as a whole, but that such a wordlist is useful. Students are stimulated to increase their active and passive vocabularies in an organized, efficient way, the increase in their vocabulary can be easily measured by testing from the list, and one more straightforward criterion of learner competence is added to such traditional criteria as number of grammatical errors, accent and speed of delivery. To put it briefly, the idea may have some theoretical flaws, but in practice it works.

ABBREVIATIONS AND CONVENTIONS

a	accusative case
adj	adjective
biol	biological
coll	colloquial (informal usage)
d	dative case
det	determinate
dim	diminutive
econ	economics
f	feminine gender
g	genitive case
geog	geographical
hist	historical
i	imperfective aspect
inst	instrumental case
i/p	both imperfective and perfective aspects
indecl	indeclinable
indet	indeterminate
inf	infinitive
intrans	intransitive
m	masculine gender
n	neuter gender
nom	nominative case
obs	obsolete
os	oneself
p	perfective aspect
past	past tense
pers	person
pl	plural
poss	possessive
pr	prepositional (or locative) case
pres	present tense

s.o.	someone
sg	singular
sth	something
swh	somewhere
tech	technical

Pronunciation

If a word in the list has an unpredictable pronunciation feature, this is shown in square brackets immediately after the entry. For example, the pronunciation of word no. 50 **его́** ('his', 'its'), in which **г** is pronounced as English 'v', is shown as: [yevo].

The English translations

The aim has been to give a concise English equivalent, or more than one equivalent where a single English word would be insufficient to cover the range of the Russian. Commas separate closely related equivalents; different meanings of a word are separated by semicolons.

Examples and grammatical information

For the first 600 words, examples are given for every entry. Although the examples often contain important grammatical information (declension of nouns, conjugation of verbs), the assumption is that a Russian beginner learning the first few hundred words of the language needs exemplification more than morphological detail. He or she will meet the declension and conjugation details of this core vocabulary in his or her textbook and/or classes.

After item no. 600, full grammatical information is shown, while examples are generally given only in those cases where short translations are insufficient on their own. Where a word is commonly found (or found exclusively) in a particular phrase, that phrase is given. Examples are also given to illustrate grammatical or idiomatic points, and sometimes just to provide an element of interest in an otherwise bare list of words.

By the time the student has mastered the first 600 words of Russian, he or she should already be familiar with the basic patterns of Russian grammar. From no. 601 onwards, the list uses normal Russian dictionary conventions for representing, in concise form, the declension of nouns, conjugation of verbs and the mobile stress patterns of both.

These conventions can be summarized as follows:

Verbs

Verb conjugation is *not* shown for all straightforward, completely regular verbs in **-ать** (**-аю, -аешь** etc.) , **-ить** (**-ю, -ишь** etc.), **-уть** (**-у, -ешь** etc.) and **-у́ть** (**-у́, -ёшь** etc.).

The present tense (imperfective aspect) or future tense (perfective aspect) of all other verbs (and any **-ать, -ить** or **-у́ть** verbs which have mobile stress or any other deviation from the basic pattern) is shown by the first person and second person singular (the **я** and **ты** forms, e.g. **плати́ть** 'to pay': **плачу́, пла́тишь**). The other four forms (**он пла́тит, мы пла́тим, вы пла́тите, они́ пла́тят**) can be predicted from the **я** and **ты** forms, since the stem and stress will be the same as for the **ты** form. Any exceptions to this rule are shown, e.g.:

1702 **убежа́ть** 'to run away', **убегу́, убежи́шь, убегу́т.**

If a verb is used only in the third person, e.g. 886 **уда́ться** 'to succeed', only the third person singular (**уда́стся**) is given.

In the later stages of the list, the conjugation of first-conjugation verbs ending in **-овать** (**-ую, -уешь**) and **-ять** (**-яю, -яешь**) is shown by the first person singular (the **я** form) only, since all the other five forms are immediately predictable.

The past tense (marked **past**) is normally shown if the form is any way unpredictable or if it has mobile stress. Note that if only the m sg and f sg are given, e.g.:

1112 **перейти́** 'to cross', past **перешёл, перешла́**

then the n sg and pl forms have the same stress as the feminine, i.e. **перешло́, перешли́.**

If the n sg is shown with a different stress from the f sg, then the pl form has the same stress as the neuter, e.g.:

677 **пить** 'to drink', past **пил, пила́, пи́ло.**

The pl stress is then predictable as **пи́ли.**

If only the feminine form is given (e.g. 3979 **оторва́ться** 'to be torn off, break away', f past **оторвала́сь**), then all other forms of the past tense have the same stress as the infinitive.

Imperfective and perfective partners (e.g. **чита́ть, прочита́ть** 'to read') are treated as two separate lexemes, in common with the normal practice of Russian frequency dictionaries, but for the benefit of learners, the entry for each verb indicates the verb's aspectual partner, if it has one. Readers will note, perhaps with interest, that the two aspects of a verb can have very different frequencies. For example, the perfective of the verb 'to find' **найти́** is at no. 234, while the imperfective **находи́ть** is a thousand places lower, at no. 1197. The aspectual partner, where one exists, is always shown, although some partners may occur too rarely to merit their own entries in the 10,000 list.

Nouns

Where a noun conforms to one of the basic declension patterns – of **центр**, **музе́й**, **автомоби́ль** m, **кни́га**, **пло́щадь** f, **упражне́ние**, etc. – no grammatical information is given, i.e. the user can assume that the word is regular and that the stress remains in the same place throughout the declension.

Where a noun deviates in any way from the basic patterns, the irregular forms – such as awkward genitive plurals and stress changes – are always shown. Enough information is given to enable the learner to predict the whole declension. Note the following:

> If the end-stressed genitive singular (g sg) of a masculine noun is given, but no other forms, (e.g. 667 **кора́бль**, g sg **корабля́** 'ship'), then *all* other forms of the noun, singular and plural, are also stressed on the ending (e.g. **кораблём**, **корабле́й**, **корабля́м**, **корабля́х**, etc.).

A few monosyllabic nouns with stem stress in the singular have end stress in the prepositional singular (pr sg) after the prepositions **в** and **на** only. An example is:

> 1375 **цепь** 'chain' pr sg **о це́пи**, **на цепи́**

If the nominative plural (nom pl) is given, but no other plural forms, then all the singular forms have the same stress and stem as the nominative singular (or g sg if given), while the other five plural forms have the same stress and stem as the nom pl, e.g.:

> 822 **глубина́** 'depth', nom pl **глуби́ны**
> 1373 **стул** 'chair', nom pl **сту́лья**

The a sg of **глубина́** is **глубину́**, while the g pl is **глуби́н**, the d pl **глуби́нам**, the inst pl **глуби́нами** and the pr pl **глуби́нах**. The g sg of **стул** is **сту́ла**, while the g pl is **сту́льев** and the d pl **сту́льям**.

This pattern is common in neuter nouns, particularly those stressed on the ending in the nom sg, e.g.:

> 854 **село́** 'village', nom pl **сёла**

The g sg must be **села́**, while the d pl is **сёлам** and the inst pl is **сёлами**.

An example of a neuter noun stressed on the stem in the singular and on the ending in the plural is:

775 **мо́ре** 'sea', nom pl **моря́**

It follows that the g sg is **мо́ря**, while the d pl is **моря́м**.

Some nouns are stressed on the stem in the nom pl but on the ending in the g pl, in which case the d pl, inst pl and pr pl are also stressed on the ending. This is quite a common pattern. These are shown as in these examples:

601 **о́бласть** 'oblast, province' g pl **областе́й**
985 **конь** 'horse', g sg **коня́**, nom pl **ко́ни**, g pl **коне́й**

So the d pl of **о́бласть** is **областя́м** and the pr pl is **областя́х**. The d sg of **конь** is **коню́** and the d pl is **коня́м**.

Feminine nouns stressed on the ending in the nom sg nearly always have mobile stress, as in the example **глубина́** 'depth' above. A small number of end-stressed feminine nouns (e.g. **река́** 'river') have a more complex pattern of mobile stress, which is shown as follows. If the stress moves in the singular, the move affects only the a sg, which is given (**ре́ку**). If the a sg is stressed on the stem, then so is the nom pl, which is given (**ре́ки**). To show that the other plural forms are stressed on the ending, the end-stressed d pl is given, e.g.:

676 **река́** 'river', a sg **ре́ку**, nom pl **ре́ки**, d pl **река́м**

So the g sg is **реки́** and the inst pl is **река́ми**.

Where there are exceptions to these patterns, e.g. the plural forms of 1203 **сестра́** 'sister', all the forms are given.

Fleeting (mobile) vowels

Brackets round the last vowel in a noun, e.g. 195 **от(е́)ц** 'father', indicate a fleeting (mobile) vowel. A mobile vowel, though present in the n sg, is missing from all other forms, e.g. **от(е́)ц**, g sg **отца́**, g pl **отцо́в**.

Adjectives

Adjectives have fixed stress. Their long-form declensions are also entirely regular and predictable. Endings are shown only to pick out adjectives of the rare **тре́тий** type (f **тре́тья**, n **тре́тье** 'third'), cf **бо́жий** 'God's' (no. 2644). Stress mobility is common in short-form adjectives (the f sg is frequently stressed on the **-a** ending), but, given that short forms are in the main associated with bookish, written (formal) language, short-form adjectives are normally shown only when they occur as separate lexical items (e.g. 125 **до́лжен** 'obliged', 1216 **рад** 'glad').

Adverbs

Adverbs, though their form can often be predicted from the related adjective, are listed separately in this dictionary (though not in Lönngren's, for example). It is worth noting that the relative frequencies of an adjective and its corresponding adverb can be significantly different.

References and sources:

Академия наук СССР: *Словарь русского языка в четырех томах,* Russkii iazyk, Moscow, 1981–84.

Л Н Засорина (ed): *Частотный словарь русского языка*, Russkii iazyk, Moscow, 1977.

Леннарт Лённгрен (Lennart Lönngren) (ed): *Частотный словарь современного русского языка,* Acta Universitatis Upsaliensis, Studia Slavica Upsaliensia no. 32, Uppsala, 1993.

В В Морковкин: *Лексическая основа русского языка,* Russkii iazyk, Moscow, 1984.

W F Ryan and Peter Norman: *The Penguin Russian Dictionary,* Viking, London, 1995.

Patrick Waddington: *A First Russian Vocabulary,* Blackwell, Oxford, 1988.

Marcus Wheeler: *The Oxford Russian-English Dictionary,* Clarendon Press, Oxford, 1972.

N J Brown
SSEES
University of London
June 1995

10,000 WORDS IN FREQUENCY ORDER

1. и	and	Москва́ **и** Петербу́рг	Moscow **and** St Petersburg
2. в (во)	(+pr) in	**в** Москве́	**in** Moscow
	(+a) into, to	**в** Москву́	**to** Moscow
3. не	not	Он **не** в Москве́	He is **not** in Moscow
4. на	(+pr) on, at	**на** рабо́те	**at** work
	(+a) onto, to	**на** стол	**onto** the table
5. я	I	**Я** говорю́	**I** speak/am speaking/say
6. он	he	**Он** говори́т	**He** speaks/is speaking/says
7. что	what	**Что** э́то?	**What** is this?
	that	Я говорю́, **что** он на рабо́те	I say **that** he is at work
8. с (со)	(+inst) with	чай **с** лимо́ном	tea **with** lemon
	(+g) from, off	**со** стола́	**from** (off) the table
9. э́то	this, that, it	**Э́то** наш клуб; **Э́то** ве́рно	**This** is our club; **That**'s true
10. быть i	to be	**Быть** и́ли не **быть**?	**To be** or not **to be**?
present tense: есть	there is, there are	**Есть** ко́фе?	**Is there** any coffee?
11. а	and, but (slight contrast)	Она́ в Москве́, **а** он в Петербу́рге	She is in Moscow, **and** (**but**) he is in St Petersburg
12. весь m/вся f/ всё n/все pl	all	**весь** стол	the **whole** table
		вся Москва́	**all** of Moscow
13. они́	they	**Они́** в Москве́	**They** are in Moscow
14. она́	she	**Она́** со мной	**She** is with me
15. как	how, as, like	**Как** он говори́т?	**How** does he speak?
		как я, **как** ты	**like** me, **like** you
16. мы	we	**Мы** бы́ли в Петербу́рге	**We** were in St Petersburg
17. к (ко) +d	towards, to	**к** до́му; **ко** мне	**towards** the house; **towards** me
18. у +g	by; at (used in 'have' construction)	**у** окна́; **у** Ива́на; **У** Ива́на есть дом	**by** the window; **at** Ivan's house; Ivan **has** a house
19. вы	you (polite/pl)	**Вы** говори́те	**You** are speaking
20. э́тот m/э́та f/ э́то n/э́ти pl	this	**э́тот** стол, **э́та** кни́га, **э́ти** лю́ди	**this** table, **this** book, **these** people
21. за	(+a) for	плати́ть **за** во́дку	to pay **for** the vodka;
	(+inst) behind	**за** до́мом	**behind** the house
22. тот m/та f/ то n/те pl	that	**тот** дом; в **то** вре́мя; **то**, что ...	**that** house; at that time; **the fact** that ...
23. но	but	**Но** э́то не пра́вда	**But** that's not true
24. ты	you (familiar)	**Ты** говори́шь	**You** are speaking
25. по +d	along; around; according to	**по** у́лице; **по** го́роду; **по** пла́ну	**along** the street; **around** the town; **according** to

			the plan
26. из (изо) +g	out of, from	**из** до́ма	**out of** the house
27. о (об/обо) +pr	about, concerning	Он говори́т **о** Москве́	He is speaking **about** Moscow
28. свой	one's own	Он говори́т о **свое́й** рабо́те	He is talking about his **own** work
29. так	so	**так** бы́стро	**so** quickly
30. оди́н m/одна́ f/одно́ n	one	**оди́н** стол	**one** table
31. вот	here, there (pointing)	**Вот** дом	**There** is the house
32. кото́рый	which, who	де́вушка, **кото́рую** он лю́бит	the girl **whom** he loves
33. наш	our	**наш** дом	**our** house
34. то́лько	only	У Ива́на **то́лько** оди́н брат	Ivan has **only** one brother
35. ещё	still, yet	Он **ещё** не зна́ет	He doesn't know **yet**
36. от +g	from	письмо́ **от** Ива́на	a letter **from** Ivan
37. тако́й	such	**тако́й** большо́й сад	**such** a large garden
38. мочь i (с- p)	to be able	**Я могу́;** Он не **мо́жет** говори́ть	I **can**; He **can**'t speak
39. говори́ть i (по- p)	to speak	Я могу́ **говори́ть**	I can **speak**
40. сказа́ть p (говори́ть i)	to say	Я **сказа́л,** что он в Москве́; **Скажи́те,** пожа́луйста	I **said** that he is in Moscow; **Tell** me, please
41. для +g	for	письмо́ **для** Ива́на	a letter **for** Ivan
42. уже́	already	Он **уже́** зна́ет об э́том	He **already** knows about this
43. знать i +a	to know	**Я зна́ю** её	I **know** her
44. да	yes; and, but	**Да**, э́то пра́вда; он **да** я	**Yes**, that's true; he **and** I
45. како́й	what (kind of)	**Како́й** у Ива́на дом?	**What kind of** house has Ivan got?
46. когда́	when	**Когда́** вы бы́ли в Москве́?	**When** were you in Moscow?
47. друго́й	different, other	в **друго́м** до́ме	in a **different** (**another**) house
48. пе́рвый	first	в **пе́рвом** до́ме	in the **first** house
49. что́бы	in order to	**что́бы** говори́ть по-ру́сски	**in order to** speak Russian
50. его́ [yevo]	his, its	Э́то **его́** кни́га?	Is this **his** book?
51. год	year	в э́том **году́**	this **year**
52. кто	who	Я зна́ю, **кто** он	I know **who** he is

53. де́ло	matter, business	Э́то моё **де́ло**	This is my **business**
54. нет	no; (+g) there is no	**Нет** рабо́ты	There is **no** work
55. её	her	Вот **её** дом	There's **her** house
56. о́чень	very	**о́чень** большо́й го́род	a **very** large town
57. большо́й	large	**больши́е** города́	**large** towns
58. но́вый	new	С **Но́вым** го́дом!	Happy **New** Year
59. стать p (станови́ться i)	(p only) begin; (+inst) become	Он **стал** говори́ть; Она́ **ста́ла** инжене́ром	He **began** to speak; She **became** an engineer
60. рабо́та	work	Он говори́т о свое́й **рабо́те**	He is speaking about his **work**
61. сейча́с	now, right now	Он **сейча́с** в Москве́	He's in Moscow **at the moment**
62. вре́мя n	time	в то **вре́мя**; во **вре́мя** войны́; мно́го **вре́мени**	at that **time**; **during** the war; a lot of **time**
63. челове́к (pl лю́ди)	person	Она́ хоро́ший **челове́к**	She is a good **person**
64. идти́ i (пойти́ p)	to go (on foot)	Я **иду́** по у́лице; Куда́ ты **идёшь**?	I **am walking** along the street; Where **are** you **going**?
65. е́сли	if	**Е́сли** она́ хо́чет, я то́же хочу́	**If** she wants (to), I want (to) too
66. два m, n/две f	two	**два** часа́; **две** маши́ны	**two** o'clock; **two** cars
67. мой	my	Вот **мой** дом	There is **my** house
68. жизнь f	life	На́ша **жизнь** хоро́шая	Our **life** is good
69. до +g	up to; until	**До** свида́ния!	**Until** we meet again=Goodbye
70. где	where	Он зна́ет, **где** мой дом	He knows **where** my house is
71. ка́ждый	each, every	**ка́ждый** день	**each** (**every**) day
72. са́мый	the very, most	**са́мый** большо́й дом	the bigg**est** house
73. хоте́ть i (за- p)	to want	Я **хочу́** говори́ть по-ру́сски; ты **хо́чешь**; Что вы **хоти́те**?	I **want** to speak Russian; you **want**; What **do** you **want**?
74. здесь	here	Я **здесь** уже́ два го́да	I have been **here** for two years
75. на́до	it is necessary	**На́до** говори́ть по-ру́сски	One **must** speak Russian
76. лю́ди pl	people	Ру́сские – хоро́шие **лю́ди**	Russians are good **people**
77. тепе́рь	now	**Тепе́рь** на́до идти́	**Now** it is necessary to go (Now we must leave)
78. дом	house	из **до́ма**; **дома́**	from the **house**; **houses**
79. пойти́ p	to go (on foot)	Я **пошёл** домо́й	I **went** home

(идти́ i)			
80. раз	once; a time	оди́н **раз**; два **ра́за**; шесть **раз**	**once**; twice; six **times**
81. д(е)нь m	day	то́лько оди́н **день**; два **дня**	only one **day**; two **days**
82. и́ли	or	Быть **и́ли** не быть	To be **or** not to be
83. рабо́тать i (по- p)	to work	Он **рабо́тает** здесь	He **works** here
84. го́род	town, city	Они́ рабо́тают в э́том **го́роде**	They work in this **town**
85. там	there	Жизнь **там** хоро́шая.	Life is good **there**
86. сло́во	word	Я скажу́ одно́ **сло́во**	I shall say one **word**
87. глаз	eye	два **гла́за**; больши́е **глаза́**	two **eyes**; large **eyes**
88. пото́м	then, next	Он был в моём до́ме, **пото́м** он пошёл на рабо́ту	He was in my house, **then** he went to work
89. ви́деть i +a (у- p)	to see	Я **ви́жу** дом; Ты **ви́дишь** её?	I **see** the house; Can you **see** her?
90. их	their	в **их** до́ме	in **their** house
91. под +inst	under	**под** до́мом	**under** the house
92. да́же	even	**Да́же** Ива́н зна́ет э́то	**Even** Ivan knows that
93. ду́мать i (по- p)	to think	Они́ **ду́мают** о жи́зни	They **think** about life
94. хорошо́	well; it is good	О́чень **хорошо́**!	Very **good**!
95. мо́жно	it is possible	**Мо́жно** идти?	**Is it possible** to go?
96. тут	here (like здесь)	Ива́н **тут**, в на́шем до́ме	Ivan is **here**, in our house
97. ты́сяча	thousand	две **ты́сячи** слов	two **thousand** words
98. ли	(question word); whether	Зна́ете **ли** вы Ива́на? Я не зна́ю, здесь **ли** он	**Do** you know Ivan? I don't know **whether** he's here
99. вода́	water	во́дка с **водо́й**; пить **во́ду**	vodka with **water**; to drink **water**
100. ничто́/ a, g ничего́ [-vo]	nothing	**Ничто́** его́ не интересу́ет; Он **ничего́** не зна́ет	**Nothing** interests him; He knows **nothing**
101. мно́го +g	much, many, a lot	**мно́го** рабо́ты	**a lot** of work
102. смотре́ть i (по- p)	to watch, (на +a) look at	Она́ **смо́трит** телеви́зор	She **is watching** television
103. рука́	hand; arm	моя́ **рука́**	my **hand/arm**
104. стоя́ть i (по- p)	to stand	Он **стои́т** за до́мом	He is **standing** behind the house

105. себя́ a pronoun	self	к **себе́**; с **собо́й**	towards **oneself**; with **oneself**
106. молодо́й	young	**молоды́е** лю́ди	**young** people
107. то́же	too	Он **то́же** ничего́ не сказа́л	He **too** said nothing
108. спроси́ть p +a (спра́шивать i)	to ask (s.o.)	Я **спроси́л** его́, зна́ет ли он Ива́на	I **asked** him whether he knew Ivan
109. без +g	without	**без** молока́	**without** milk
110. де́лать i +a (с- p)	to do, make	Мы ничего́ не **де́лаем**	We are **doing** nothing
111. три	three	**три** часа́	**three** o'clock/**three** hours
112. всё	all; all the time	Он **всё** говори́т о рабо́те	He talks about work **all the time**
113. то	that; then	**то** есть; Е́сли он здесь, **то** я уйду́	**that** is (=i.e.); If he's here, **then** I'll leave
114. жить i	to live	Я хочу́ **жить** там, где она́ **живёт**	I want **to live** where she **lives**
115. труд	labour	с **трудо́м**	with **difficulty**
116. сде́лать p +a (де́лать i)	to do, make	Он **сде́лал** всю рабо́ту	He **did** all the work
117. сам m/сама́ f/ само́ n/ са́ми pl	self	Он всё сде́лал **сам**	He did everything **himself**
118. хоро́ший	good	Э́то **хоро́шее** вино́	This is **good** wine
119. второ́й	second	**второ́й** день но́вого го́да	the **second** day of the New Year
120. че́рез +a	across, via, after	**через** у́лицу; **через** час	**across** the street; **in** an hour's **time**
121. ме́сто	place	Здесь нет **ме́ста**	There is no **place/room** here
122. по́сле +g	after	**После** рабо́ты мы идём домо́й	**After** work we go home
123. страна́	country	в на́шей **стране́**	in our **country**
124. два́дцать	twenty	**два́дцать** домо́в	**twenty** houses
125. до́лжен m/ должна́ f/ должно́ n/ должны́ pl	ought, obliged, must	Она́ **должна́** идти́; Мы **должны́** быть там в де́сять	She **must** (**is obliged to**) go; We **ought** to be there at ten
126. прийти́ p (приходи́ть i)	to arrive (foot)	Я **пришёл** пе́рвым	I **arrived** first
127. бо́льше	more	Он зна́ет **бо́льше**; **бо́льше** хле́ба	He knows **more**; **more** bread
128. ваш	your	Дом **ваш**	The house is **yours**
129. дверь f	door	за **две́рью**	behind the **door**
130. друг (nom pl	friend	Мы с **дру́гом** бы́ли	My **friend** and I were in

друзья́)		в Москве́	Moscow
131. маши́на	machine; car	Мы смотре́ли на ва́шу **маши́ну**	We were looking at your **car**
132. взять p +a (брать i)	to take	Я **возьму́** такси́; Ты **возьмёшь** э́ту кни́гу?	I **shall take** a taxi; **Will** you **take** this book?
133. ко́мната	room	В **ко́мнате** хо́лодно	It's cold in **the room**
134. учи́ться i	to study	Ива́н **у́чится** в университе́те	Ivan **studies** at university
135. над +inst	above	**над** до́мом	**above** the house
136. голова́	head	над ва́шей **голово́й**	above your **head**
137. почему́	why	**Почему́** вы не зна́ете?	**Why** don't you know?
138. земля́	earth, land	жизнь на **земле́**	life on **earth**
139. стол	table	Он сиди́т за **столо́м**	He is sitting behind (at) the **table**
140. дава́ть i +a +d (дать p)	to give (sth to s.o.)	Мы **даём** сло́во, что всё сде́лаем	We **give** (our) word that we shall do everything
141. пе́ред +inst	in front of, before	Он сто́ит **пе́ред** до́мом	He is standing **in front of** the house
142. тогда́	then, at that time	Он **тогда́** рабо́тал на заво́де	He worked in a factory **then**
143. сиде́ть i (по- p)	to sit	Кто **сиди́т** в ко́мнате?	Who **is sitting** in the room?
144. ма́льчик	boy	В ко́мнате сидя́т **ма́льчики**	**The boys** are sitting in the room
145. де́вушка	girl	К Ива́ну пришла́ **де́вушка**	**A girl** has come to (see) Ivan
146. ле́то (g pl лет)	summer; (after numbers) years	**ле́том**; ты́сяча **лет**	in the **summer**; 1,000 **years**
147. сего́дня [-vo-]	today	**Сего́дня** на́до рабо́тать	**Today** one must work
148. сторона́	side	на э́той **стороне́**	on this **side**
149. каза́ться i (по- p)	to seem	**Ка́жется**, всё хорошо́	**It seems** all is fine
150. совсе́м	completely	Маши́на **совсе́м** но́вая	The car is **completely** new
151. ма́ленький	small	Они́ живу́т в **ма́леньком** до́ме	They live in a **small** house
152. не́сколько +g	a few, some	не́сколько **де́вушек**	a few **girls**
153. вдруг	suddenly	**Вдруг** он спроси́л о Ста́лине	**Suddenly** he asked about Stalin
154. ни	not a	**ни** ... **ни** ...; Не бы́ло **ни** одного́	**neither** ... nor ...; There wasn't **a single one**
155. дать p +a +d (дава́ть i)	to give (sth to s.o.)	я **дам**; ты **дашь**; он **даст**; мы **дади́м**; вы **дади́те**; они́ **даду́т**	I'**ll give**; you'**ll give**; he'**ll give**; we'**ll give**; you'**ll give**; they'**ll give**

156. лицó	face; person	Я знáю вáше **лицó**	I know your **face**
157. конéчно [-shn-]	of course	**Конéчно** нет!	**Of course** not!
158. нарóд	(the) people	рýсский **нарóд**	the Russian **people**
159. начáть p (начинáть i)	to begin	Он **нáчал** говорúть	He **began** to speak
160. пять	five	Он живёт здесь ужé **пять** лет	He has been living here for **five** years already
161. ведь	you know (expecting agreement)	**Ведь** он мой друг!	He's my friend, **you know**!
162. ответить p (отвечáть i)	to answer	Я **отвéчу** на вопрóс	I **shall answer** the question
163. вопрóс	question	трýдные **вопрóсы**	difficult **questions**
164. писáть i +a (на- p)	to write	Мáльчик **пúшет**	The boy **is writing**
165. письмó	letter	Я пишý **письмó**	I am writing a **letter**
166. при +pr	in the presence/ time of; attached to	**при** мне; **при** Стáлине; **при** завóде	**in** my **presence**; **under** Stalin; **attached to** the factory
167. мать f	mother	машúна моéй **мáтери**	my **mother's** car
168. нýжно	(it is) necessary	Мне **нýжно** идтú	I **must** go
169. посмотрéть p (смотрéть i)	to watch; (на +a) look (at)	Мы **посмóтрим** фильм; Он **посмотрéл** на меня́	We'**ll watch** the film; He **looked** at me
170. сúла	strength, force	**сúла** харáктера; демократúческие **сúлы**	**strength** of character; democratic **forces**
171. вмéсте	together	Мы пришлú **вмéсте**	We arrived **together**
172. вы́йти p (выходúть i)	to go out	Онá **вы́шла** из кóмнаты	She **went out** of the room
173. любúть i +a	to like, love	Я **люблю́** рабóтать; Онá вас **лю́бит**	I **like** working; She **loves** you
174. дорóга	road	по **дорóге** домóй	on the **road** (way) home
175. понимáть i +a (поня́ть p)	to understand	Никтó не **понимáет**	Nobody **understands**
176. стáрый	old	Онá лю́бит **стáрые** картúны	She likes **old** pictures
177. ýлица	street	Онá живёт на нáшей **ýлице**	She lives in our **street**
178. решúть p +inf/+a (решáть i)	to decide; solve	Онá **решúла** уйтú; Кто **решúт** задáчу?	She **decided** to leave; Who will **solve** the problem?
179. кнúга	book	На столé лежáт пять **книг**	There are five **books** on the table

180. всегда́	always	**Всегда́** так	It is **always** like that
181. го́лос	voice; vote	**Го́лос** у неё хоро́ший	She has a good **voice**
182. зна́чить i	to mean	Что э́то **зна́чит**?	What does this **mean**?
183. сра́зу	at once	Она́ отве́тила **сра́зу**	She answered **at once**
184. лишь	only (=то́лько)	Э́то **лишь** одна́ из причи́н	That's **only** one of the reasons
185. мину́та	minute	Я приду́ через три **мину́ты**	I shall come in three **minutes'** time
186. уходи́ть i (уйти́ p)	to leave (on foot)	Вы **ухо́дите**?	Are you **leaving**?
187. сно́ва	again	Он на́чал **сно́ва**	He began **again**
188. окно́	window	**Окно́** откры́то	The **window** is open
189. бы	(conditional particle, 'would')	Е́сли **бы** она́ зна́ла, она́ **бы** помогла́	If she had known, she **would have** helped
190. уйти́ p (уходи́ть i)	to leave (on foot)	Он **ушёл** из университе́та	He **has left** the university
191. девятьсо́т	nine hundred	ты́сяча **девятьсо́т** пя́тый год	(the year) 1905
192. после́дний	last	в **после́дней** ко́мнате	in the **last** room
193. пройти́ p (проходи́ть i)	to go through, pass (on foot)	**Пройди́те** в комна́ту! Она́ **прошла́** ми́мо него́	**Go through** into the room! She **walked past** him
194. рассказа́ть p (расска́зывать i)	to tell, talk (about)	Я **расскажу́** вам исто́рию; Он **рассказа́л** нам о них	**I'll tell** you a story; He **talked** about them
195. от(е́)ц	father	Она́ не ду́мает об **отце́**	She doesn't think about (her) **father**
196. час	hour	три **часа́**	three **hours**; three **o'clock**
197. про́сто	simply	Они́ **про́сто** не зна́ют	They **simply** don't know
198. уви́деть p (ви́деть i)	to see	Я **уви́жу** её; Она́ **уви́дела** отца́	**I'll see** her; She **saw** her father
199. же	(emphasizes preceding word)	Как **же** так?; Где **же** она́? тот **же** дом	**But** how can that be?; Where **on earth** is she?; the **same** house
200. тре́тий	third	Кто живёт в **тре́тьей** кварти́ре?	Who lives in flat number **3**?
201. потому́ потому́ что	that is why because	Я **ушёл**, потому́ что он там	I **left** because he is there
202. никто́	nobody	**Никто́** не зна́ет	**Nobody** knows
203. ждать i +a or g (подо- p)	to wait (for)	я **жду**; он **ждёт**; **Жди́те** отве́та!	I **am waiting**; he **is waiting**; **Wait** for an answer!
204. ско́лько +g	how many, how much	**Ско́лько** лет?	**How many** years?
205. высо́кий	high, tall	**высо́кая** де́вушка	a **tall** girl

206. лу́чше	better	Он говори́т **лу́чше**, чем вы	He speaks **better** than you
207. получи́ть p +a (получа́ть i)	to receive	Ты **полу́чишь** письмо́ за́втра	You **will receive** the letter tomorrow
208. почти́	almost	**почти́** год	**almost** a year
209. лес	wood, forest	В **лесу́** ти́хо	It's quiet in the **forest**
210. кон(е́)ц	end	**коне́ц** све́та; в **конце́** го́да	the **end** of the world; at **the end** of the year
211. нога́	leg/foot	Ох, мои́ **но́ги**	Oh, my **feet**
212. со́бственный	(one's) own	**со́бственными** глаза́ми	with one's **own** eyes
213. сто	hundred	**сто** до́лларов; бо́льше **ста**	**a hundred** dollars; more than a **hundred**
214. худо́жник	artist	молоды́е **худо́жники**	young **artists**
215. четы́ре	four	**четы́ре** вре́мени го́да	**four** seasons
216. пока́	while	**пока́** он здесь	**while** he is here
пока́ не	until	**пока́** он **не** придёт	**until** he comes
217. слу́шать i +a (по- p)	to listen to	Он **слу́шает** му́зыку	He **is listening** to music
218. путь m	way, journey	по **пути́**	on the **way**
219. бе́лый	white	**бе́лые** дома́	**white** houses
220. респу́блика	republic	федера́льная **респу́блика**	federal **republic**
221. бы́стро	quickly	Мы шли **бы́стро**	We were walking **quickly**
222. куда́	where (whither)	**Куда́** они́ пошли́?	**Where** have they gone?
223. поду́мать p (ду́мать i)	to think	Она́ не **поду́мала** о нём	She didn't **think** about him
224. гла́вный	main	Вот **гла́вная** у́лица	Here is the **main** street
225. де́ти pl	children	У них нет **дете́й**	They have no **children**
226. расска́зывать i (рассказа́ть p)	to tell, talk (about)	Он **расска́зывал** о войне́	He **was talking** about the war
227. сове́т	advice; council	хоро́ший **сове́т**	a good piece of **advice**
228. газе́та	newspaper	Мы чита́ли **газе́ту**	We were reading the **newspaper**
229. поня́ть p +a (понима́ть i)	to understand	Вы меня́ не **по́няли**	You haven't **understood** me
230. чита́ть i +a (про- p)	to read	Вы **чита́ли** э́ту кни́гу?	Have you **read** this book?
231. пора́	it is time; time, season	**Пора́** идти́	**It is time** to go
232. твой	your (familiar)	Я получи́л **твоё** письмо́	I **have received** your letter
233. быва́ть i	to be (repeatedly)	Он ча́сто **быва́ет** здесь	He **is often** here
234. найти́ p +a (находи́ть i)	to find	Она́ **нашла́** кни́гу?	Did she **find** the book?

235. пе́сня	song	**пе́сня** о ле́те	a **song** about summer
236. и́мя n (g sg и́мени)	(first) name	Как ва́ше **и́мя**?	What is your **name**?
237. па́ртия	party (political)	ли́дер **па́ртии**	**party** leader
238. ве́чер	evening	ле́тние **вечера́**	summer **evenings**
239. опя́ть	again	Почему́ вы **опя́ть** здесь?	Why are you here **again**?
240. име́ть i +a	to have (with non-concrete object)	**име́ть** пра́во что́-то сде́лать	to have the **right** to do something
241. ме́жду +inst	between	**ме́жду** го́родом и ле́сом	**between** the town and the wood
242. оста́ться p (остава́ться i)	to stay	Я **оста́нусь** здесь	I **shall stay** here
243. настоя́щий	real; present	**настоя́щий** друг; **настоя́щее** вре́мя	a **real** friend; the **present** time
244. план	plan	Каки́е у вас **пла́ны**?	What are your **plans**?
245. пра́вда	truth	Он сказа́л **пра́вду**	He told the **truth**
246. со́рок	forty	**со́рок** челове́к	**forty** people
247. ходи́ть i	(с- p) to go there and back; (по- p) walk around	**ходи́ть** в шко́лу; Вчера́ мы **ходи́ли** в кино́; Я **ходи́л** по го́роду	to **attend** school; We **went** to the cinema yesterday; I **walked** round the town
248. узна́ть p +a (узнава́ть i)	to recognize; find out	Я **узна́ю** её; Мы **узна́ли**, где она́ живёт	I **shall recognize** her; We **found out** where she lives
249. по́ле	field	рабо́тать в **по́ле**	to work in the **field**
250. слы́шать i +a (у- p)	to hear	Вы меня́ **слы́шите**?	Can you **hear** me?
251. ночь f	night	Споко́йной **но́чи**!	Peaceful **night** (Goodnight)
252. входи́ть i (войти́ p)	to enter	**Входи́те**!	**Come in**!
253. кра́сный	red	**Кра́сная** пло́щадь	**Red** Square
254. бо́лее	more	**бо́лее** интере́сная кни́га	a **more** interesting book
255. уро́к	lesson	**уро́ки** ру́сского языка́	Russian **lessons**
256. нельзя́	it is not allowed; it is impossible	Вам **нельзя́** кури́ть здесь	You **can't** smoke here
257. те́ло	body	ча́сти **те́ла**	parts of the **body**
258. ря́дом	alongside	Она́ сиде́ла **ря́дом** со мной	She was sitting **next to** me
259. лежа́ть i (по- p)	to lie	Газе́та **лежи́т** на столе́	The paper **is lying** on the table
260. помо́чь p +d (помога́ть i)	to help (s.o.)	Я тебе́ **помогу́**; Ты **помо́жешь** мне	I **shall help** you; You **will help** me

261. про (coll) +a	about (= о +pr)	Он слы́шал **про** э́ту кни́гу	He has heard **about** this book
262. интере́сный	interesting	**интере́сные** друзья́	**interesting** friends
263. никогда́	never	Мы **никогда́** не найдём их	We shall **never** find them
264. райо́н	region	в э́том **райо́не**	in this **region**
265. ну́жный	necessary	Всё, что **ну́жно**	Everything that is **necessary**
266. осо́бенно	especially	**осо́бенно** высо́кий дом	an **unusually** tall house
267. отвеча́ть i (отве́тить p)	to answer	Он **отвеча́ет** на вопро́с	He **answers** the question
268. нача́льник	head, boss	Им нельзя́ говори́ть с **нача́льником**	They can't speak to the **boss**
269. ра́зный	various, different	в **ра́зных** стра́нах	in **various** countries
270. три́дцать	thirty	**три́дцать** худо́жников	**thirty** artists
271. де́сять	ten	в **десяти́** респу́бликах	in **ten** republics
272. мир	world; peace	**мир** во всём **мире**	**peace** in the whole **world**
273. карти́на	picture	кни́га с **карти́нами**	a book with **pictures**
274. комите́т	committee	Центра́льный **комите́т**	the Central **Committee**
275. мысль f	thought	интере́сная **мысль**	an interesting **thought**
276. гость m	guest	принима́ть **госте́й**	to receive **guests**
277. ста́рший	elder, senior	**ста́рший** сын	**elder** son
278. вид	view, look; species	**вид** на мо́ре; **вид** спо́рта	sea **view**; **type** of sport
279. среди́ +g	among	**среди́** друзе́й	**among** friends
280. слу́чай	case, occurrence, chance	В тако́м **слу́чае** я пойду́ к нача́льнику	In that **case** I shall go to the boss
281. наро́дный	people's	**наро́дная** пе́сня	**folk** song
282. по́мнить i +a/о +pr (вс- p)	to remember	Я **по́мню** её; Ты **по́мнишь** об э́том?	I **remember** her; **Do** you **remember** that?
283. проси́ть i +a +inf (по- p)	to request, ask (s.o. to do sth)	**Прошу́** вас не кури́ть; Он **про́сит** вас зайти́	**I ask** you not to smoke; He **asks** you to call
284. пусть	let	**Пусть** идёт, е́сли хо́чет	**Let** him go if he wants to
285. разгово́р	conversation	**разгово́р** о пого́де	**conversation** about the weather
286. двор	yard, court	сиде́ть во **дворе́**	to sit in the **yard**
287. до́лго	for a long time	Она́ сиде́ла **до́лго**	She sat **for a long time**
288. ме́сяц	month; moon	три **ме́сяца**; пять **ме́сяцев**	3 **months**; 5 **months**
289. верну́ться p	to come back	я **верну́сь**, ты	**I'll return**, you**'ll return**

(возвра-щáться i)		**вернёшься**	
290. союз	union	проф**союз**	trade **union**
291. войнá	war	во врéмя **войны́**	during the **war**
292. хотя́	although	Они́ вернýтся, **хотя́** не хотя́т	They will return **although** they don't want to
293. бéрег	bank, shore	на **березý**; **берегá** реки	on the **shore**; **banks** of a river
294. цéлый	whole	Он ничегó не дéлал **цéлый** день	He did nothing **all** day
295. грýппа	group	Они́ вернýлись **грýппами**	They returned in **groups**
296. скóро	soon	Я **скóро** вернýсь	I shall come back **soon**
297. студéнт	student	Разговóр со **студéнтами**	A talk with the **students**
298. товáрищ	comrade	шкóльные **товáрищи**	school**mates**
299. часть f	part	**чáсти** свéта	**parts** of the world
300. спать i (по- p)	to sleep	я **сплю**, ты **спишь**	I **am asleep**, you **are asleep**
301. спрáшивать i +a о+pr (спроси́ть p)	to ask (s.o. about sth)	Он **спрáшивает** о войнé	He **asks** about the war
302. пóлный	full	жить **пóлной** жи́знью	to live a **full** life
303. сюдá	here (hither)	Иди́те **сюдá**!	Come **here**!
304. приéхать p (приезжáть i)	to arrive (by transport)	Чéрез два мéсяца он **приéдет** в Лóндон	In two months time, he **will come** to London
305. онó	it	– Где письмó? – Вот **онó**	– Where's the letter? – There **it** is
306. жéнщина	woman	рýсские **жéнщины**	Russian **women**
307. собрáние	meeting, collection	на **собрáнии**	at a **meeting**
308. подойти́ p к +d (подходи́ть i)	to approach (on foot)	Онá **подошлá** к нам	She **came up to** us
309. дéрево (pl дерéвья)	tree	**дерéвья;** мнóго **дерéвьев**	**trees**; many **trees**
310. сад	garden	в нáшем **садý**	in our **garden**
311. чуть	hardly, just	**чуть** ви́дно; Он **чуть** не упáл	**barely** visible; He **nearly** fell
312. боя́ться i +g	to fear, be afraid	Я не **боюсь**	I **am** not **afraid**
313. войти́ p (входи́ть i)	to enter	я **войдý**; я **вошёл**	I **shall enter**; I **entered**
314. занимáться i +inst	to occupy oneself	**занимáться** языкáми	**to study** languages
315. пáпа m	dad; Pope	**пáпа** ри́мский	the **Pope** (in Rome)
316. показáть p	to show (sth	Я **покажý** тебе дорóгу	I **shall show** you the way

+a +d (покáзывать i)	to s.o.)		
317. пóмощь f	help	Им нужнá **пóмощь**	They need **help**
318. прóшлый	past	в **прóшлом** годý	**last** year
319. прямо	directly, straight	Идите **прямо!**	Go **straight on**!
320. лýчший	better; best	**лýчший** друг; Всегó **лýчшего**!	**best** friend; All **the best**!
321. мáстер	master	**мáстер** своегó дéла	an **expert** at one's job
322. секретáрь m	secretary	**секретáрь** дирéктора	director's **secretary**
323. стенá	wall	**стéны** дóма	**walls** of a house
324. оказáться p +inst (окáзываться i)	to turn out (to be)	**Оказáлось,** что он ужé вернýлся	**It turned out** that he had already returned
325. сын (pl сыновья́)	son	егó **сыновья́**; пять **сыновéй**	his **sons;** five **sons**
326. брат	brother	мои **брáтья**; пять **брáтьев**	my **brothers**; five **brothers**
327. зачéм	why, for what	**Зачéм** он пришёл?	Why has he **come**?
328. игрáть i (сыгрáть p)	to play	Они **игрáют** в футбóл	They are **playing** football
329. инститýт	institute; institution	у нас в **инститýте**	at our **institute**
330. пятый	fifth	**пятый** автóбус	**No. 5** bus
331. рáньше	earlier	Он приéдет **рáньше** нас	He will arrive **before** us
332. тихо	quiet	В садý бы́ло **тихо**	It was **quiet** in the garden
333. чёрный	black	**чёрный** хлеб	**black** bread
334. великий	great	Пётр **Великий**	Peter the **Great**
335. зáвтра	tomorrow	**Зáвтра** бýдет собрáние	There will be a meeting **tomorrow**
336. ширóкий	wide	**ширóкие** ýлицы	**wide** streets
337. мáло +g	few; not much	**мáло** книг	**few** books
338. наконéц	in the end	**Наконéц** онá узнáла прáвду	**In the end** she learned the truth
339. плечó	shoulder	**плéчи**	**shoulders**
340. начáться p (начинáться i)	to begin	Собрáние скóро **начнётся**	The meeting **will** soon **begin**
341. рáзве	really	**Рáзве** он здесь?	Is he **really** here?
рáзве...не	surely	**Рáзве** вы не знáете?	**Surely** you know?
342. снег	snow	в **снегý**	in the **snow**
343. сесть p (садиться i)	to sit down, get into (transport)	я **сяду**, ты **сядешь**; **Сядем** на автóбус	**I'll sit down**, you'**ll sit down**; **Let's take** a bus
344. бýдущий	future	в **бýдущем** годý	**next** year
345. сéрдце	heart	с лёгким **сéрдцем**	with a light **heart**

346. тру́дно	(it is) difficult	**Тру́дно** её найти́	**It is difficult** to find her
347. язы́к	language; tongue	на ру́сском **языке́**	in Russian
348. приходи́ть i (прийти́ p)	to arrive (on foot)	**Приходи́те** к нам	**Come** and see us
349. ру́сский	Russian; a Russian	**ру́сская** пе́сня	**Russian** song
350. неда́вно	recently	Он был здесь **неда́вно**	He was here **recently**
351. сове́тский	Soviet (adj)	**Сове́тский** Сою́з	**Soviet** Union
352. не́который	some, a certain	до **не́которой** сте́пени	to **a certain** extent
353. продолжа́ть i (продо́лжить p)	to continue	**Продолжа́йте!**	**Go on!**
354. член	member	**член** клу́ба	club **member**
355. начина́ть i (нача́ть p)	to begin	Мы **начина́ем** понима́ть	We **are beginning** to understand
356. поэ́тому	consequently	Я за́нят, **поэ́тому** не приду́	I'm busy **so** I won't come
357. заме́тить p +a (замеча́ть i)	to notice	Никто́ не **заме́тит**	No one **will notice**
358. кварти́ра	flat, apartment	В **кварти́ре** три ко́мнаты	The **flat** has three rooms
359. уме́ть i +inf	to know how to	Его́ оте́ц **уме́ет** говори́ть на пяти́ языка́х	His father **can** speak five languages.
360. свет	light; world	со́лнечный **свет**; вокру́г **све́та**	sun**light**; round the **world**
361. наза́д	back, ago	смотре́ть **наза́д**; два го́да (тому́) **наза́д**	to look **back**; two years **ago**
362. написа́ть p +a (писа́ть i)	to write	я **напишу́,** ты **напи́шешь**	**I'll write**, you'**ll write**
363. шко́льник	schoolboy	три **шко́льника**	three **schoolboys**
364. домо́й	home, homewards	Мы идём **домо́й**	We are going **home**
365. пра́во	right; law	име́ть **пра́во**; изуча́ть **пра́во**	to have **the right**; to study **law**
366. си́льный	strong, powerful	**си́льные** ру́ки	**strong** hands
367. сре́дний	middle; average	мужчи́на **сре́дних** лет	a **middle**-aged man
368. да́льше	further	Чита́йте **да́льше**!	Read **on**!
369. зада́ча	task, problem	тру́дная **зада́ча**	difficult **task**
370. бежа́ть i (по- p)	to run	я **бегу́**, ты **бежи́шь**, они́ **бегу́т**	I **run**, you **run**, they **run**
371. ве́т(е)р	wind	си́льные **ве́тры**	strong **winds**
372. помога́ть i +d (помо́чь p)	to help (s.o.)	Он бу́дет **помога́ть** нам	He **will be helping** us
373. сло́вно	as if	**сло́вно** он уже́ был	**as if** he had already been

		там	there
374. дорого́й	dear, expensive	**дороги́е** кни́ги	**expensive** books
375. исто́рия	history; story	**исто́рия** Росси́и	**history** of Russia
376. молча́ть i (за- p)	to be silent	я **молчу́**, ты **молчи́шь**	I **say nothing**, you **say nothing**
377. со́лнце	sun	сиде́ть на **со́лнце**	to sit in the **sun**
378. до́ма	at home	Па́вел **до́ма**?	Is Pavel **at home**?
379. мо́ре	sea	откры́тое **мо́ре**; **моря́**	the open **sea**; **seas**
380. огро́мный	enormous	У него́ **огро́мная** кварти́ра	He has an **enormous** flat
381. учени́к	pupil	**ученики́** шко́лы No. 5	the **pupils** of school no. 5
382. чу́вство	feeling	**чу́вство** ю́мора	**sense** of humour
383. петь i +a (спеть p)	to sing	я **пою́**, ты **поёшь**	I **sing**, you **sing**
384. борьба́	struggle	**борьба́** за власть	**struggle** for power
385. речь f	speech	вы́ступить с **ре́чью**; ру́сская **речь**	to make a **speech**; Russian **speech** (=spoken Russian)
386. пое́хать p (е́хать i)	to go (by transport)	я **пое́ду**, ты **пое́дешь**	I**'ll go**, you**'ll go**
387. хлеб	bread	мно́го **хле́ба**	a lot of **bread**
388. вести́ i +a (по- p)	to lead	Куда **ведёт** э́та доро́га? Я **веду́** сы́на в парк	Where does this road **lead**? I **am taking** my son to the park
389. движе́ние	movement, motion	у́личное **движе́ние**	traffic
390. пра́здник	holiday, festival	**пра́здник** Пе́рвого ма́я	May Day **holiday**
391. внима́ние	attention	обраща́ть **внима́ние** на +a	to pay **attention** to/**note**
392. счита́ть i	(со- p) to count; (счесть p) (+a +inst) consider (sth/s.o. to be sth)	**счита́ть** до десяти́; Я **счита́ю** э́то ну́жным	**to count** to ten; I **consider** this necessary
393. иногда́	sometimes	Он **иногда́** помога́ет мне	He **sometimes** helps me
394. крича́ть i (за- p)	to shout	я **кричу́**, ты **кричи́шь**	I **shout**, you **shout**
395. фа́брика	factory	Он рабо́тает на но́вой **фа́брике**	He works at the new **factory**
396. успе́ть p +p inf (успева́ть i)	to have time, to be in time	Вы **успе́ете** э́то сде́лать?	Will you **have time** to do this?
397. действи́тельно	really, actually	Э́то **действи́тельно** так	It **really** is so

398. и́менно	namely, exactly	Где **и́менно**?	Where **exactly**?
399. о́бщий	general	**о́бщее** собра́ние; в **о́бщем**	**general** meeting; in **general**
400. вся́кий	any	во **вся́ком** слу́чае	in **any** case
401. дире́ктор	director	**дире́ктор** заво́да; **директора́**	factory **manager**; **managers**
402. краси́вый	beautiful	**краси́вая** де́вушка	**beautiful** girl
403. но́мер	number; hotel room	**номера́**	**numbers**
404. о́коло +g	near; about	**о́коло** до́ма; **о́коло** ты́сячи рубле́й	**near** the house; **about** 1,000 roubles
405. па́р(е)нь m	lad, boy	Все **па́рни** счита́ют её краси́вой	All the **boys** think her beautiful
406. хозя́йство	economy	наро́дное **хозя́йство**	national **economy**
407. вокру́г +g	around	**вокру́г** све́та	**around** the world
408. выходи́ть i (вы́йти p)	to go out	Я **выхожу́** из до́ма; Ты то́же **выхо́дишь**	I leave the house; You leave too
409. душа́	soul	ру́сская **душа́**; от всей **души́**	Russian **soul;** with all one's **heart**
410. четвёртый	fourth	в **четвёртом** но́мере журна́ла	in the **fourth** number of the journal
411. шесть	six	**шесть** ученико́в	**six** pupils
412. подня́ть p +a (поднима́ть i)	to raise	Я **подниму́** ру́ку; Ты **подни́мешь** э́тот вопро́с?	I **shall raise** my hand; Will you **raise** this question?
413. взгляд	look, view	с пе́рвого **взгля́да**	at first **sight**
414. инжене́р	engineer	шесть **инжене́ров**	six **engineers**
415. та́кже	as well	Ива́н, а **та́кже** Бори́с	Ivan and **also** Boris
416. приходи́ться i +d (прийти́сь p)	to have to	Ей **прихо́дится** молча́ть; Нам **приходи́лось** помога́ть им	She **has** to keep quiet; We **had** to help them
417. тяжёлый	heavy	**тяжёлая** промы́шлен-ность	**heavy** industry
418. цвет(о́)к (pl цветы́)	flower	два **цветка́**; краси́вые **цветы́**	two **flowers**; nice **flowers**
419. брать i +a (взять p)	to take	Я **беру́** кни́гу, а ты **берёшь** газе́ту	I **take** a book, and you **take** a paper
420. е́хать i (по- p)	to go (by transport)	Я **е́ду** на маши́не, а ты **е́дешь** на авто́бусе	**I'm going** by car, and you**'re going** by bus
421. ви́дно	evident, visible	Конца́ ещё не **ви́дно**	The end is not yet **in sight**
422. во́здух	air	в **возду́хе**	in the **air**
423. давно́	(since) long ago	Мы **давно́** здесь	We have been here **a long time**
424. проходи́ть i (пройти́ p)	to go through, pass (on foot)	Мы **проходи́ли ми́мо** заво́да	We **were walking past** a factory

425. забы́ть p +a or o+pr (забыва́ть i)	to forget	Я **забу́ду** его́, ты то́же **забу́дешь** о нём	I'**ll forget** him, you'**ll forget** about him too
426. из-за +g	from behind; because of	**из-за** дождя́	**because of** the rain
427. о́пыт	experience; experiment	По **о́пыту** зна́ю	I know by **experience**
428. звать i +a (по- p)	to call (s.o.)	Как вас **зову́т**? Он **зовёт** на по́мощь	What is your name? He is **calling** for help
429. стро́йка	building; building site	рабо́тать на **стро́йке**	to work on a **building site**
430. жена́	wife	**жёны**	**wives**
431. молоко́	milk	буты́лка **молока́**	bottle of **milk**
432. поста́вить p +a (ста́вить i)	to place, put (in a standing position)	Я **поста́влю** маши́ну здесь; Он **поста́вит** буты́лку на стол	I **will park** my car here; He **will put** the bottle on the table
433. одна́ко	however	**Одна́ко**, он забы́л	**However**, he forgot
434. у́г(о)л	corner	Он стои́т на **углу́**	He is standing at the **corner**
435. бума́га	paper	писа́ть на кра́сной **бума́ге**	to write on red **paper**
436. приня́ть p +a (принима́ть i)	to take, accept, receive	Президе́нт **при́мет** его́ за́втра; Я **приму́** ме́ры	The president **will see** him tomorrow; I **shall take** measures
437. дли́нный	long	**дли́нная** у́лица	**long** street
438. заня́тие	occupation; (pl) classes	**заня́тия** в университе́те	university **studies**
439. чи́стый	clean, pure	**чи́стые** ру́ки	**clean** hands
440. сади́ться i (сесть p)	to sit down; get into (transport)	я **сажу́сь**, ты **сади́шься**	I **sit down**, you **sit down**
441. ча́сто	often	Я быва́ю здесь **ча́сто**	I come here **often**
442. шесто́й	sixth	**шеста́я** кварти́ра	flat **no. 6**
443. вое́нный	military, war (adj); soldier	**вое́нное** вре́мя; **вое́нные**	**war**time; **soldiers**
444. встать p (встава́ть i)	to get up, stand up	Я **вста́ну** в во́семь часо́в; Ты **вста́нешь** в семь	I **shall get up** at eight; You'**ll get up** at seven
445. игра́	game	олимпи́йские **и́гры**	Olympic **Games**
446. круж(о́)к	circle, club	член литерату́рного **кружка́**	member of a literary **group**
447. хозя́ин (pl хозя́ева)	master, boss, owner	**хозя́ева** свое́й страны́	**masters** of one's own country
448. никако́й	(absolutely) no	Нет **никако́го** сомне́ния; Он **ни** к	There is **no** doubt **at all**; He came to **no**

		како́му вы́воду не пришёл	conclusion
449. дя́дя m	uncle	**дя́дя** Ва́ня	**Uncle** Vanya
450. живо́й	alive, lively	**живо́й** ум	**lively** mind
451. дере́вня	village; countryside	мно́го **дереве́нь**; жить в **дере́вне**	many **villages**; to live in the **countryside**
452. о́браз	manner, way, shape, image	**о́браз** жи́зни; таки́м **о́бразом**; **о́браз** правле́ния	**way** of life; **thus**; **form** of government
453. поря́д(о)к	order	Всё в **поря́дке**	Everything is **alright**
454. строи́тель m	construction worker, builder	стать **строи́телем**	to become a **construction worker**
455. успе́х	success	име́ть **успе́х**; **успе́хи**	to be **success**ful; **progress/success**
456. принести́ p +a (приноси́ть i)	to bring	Я **принесу́** хлеб; Он **принёс** кни́гу	I **shall bring** the bread; He **brought** the book
457. сли́шком	too, too much	**сли́шком** до́лго	**too** long
458. до́брый	good, kind	**До́брое** у́тро!	**Good** morning!
459. пре́жде	before	**пре́жде** всего́	**first** of all
460. расска́з	story	**расска́зы** Че́хова	Chekhov's **short stories**
461. семья́	family	де́сять **семе́й**	ten **families**
462. у́тро	morning	в во́семь часо́в **утра́**	at eight o'clock in the **morning**
463. ла́герь m	camp	концентрацио́нные **лагеря́**	concentration **camps**
464. знако́мый	familiar; an acquaintance	Я не **знако́м** с ним; мои́ **знако́мые**	I don't **know** him; my **acquaintances**
465. а́рмия	army	Брита́нская **а́рмия**	the British **Army**
466. нос	nose	**нос** к **но́су**; Зима́ на **носу́**	face to face (**nose** to **nose**); Winter is coming (is on the **nose**)
467. пожа́луйста	please, please do; don't mention it	Сади́тесь, **пожа́луйста**	**Please** sit down
468. собира́ться i +inf (собра́ться p)	to gather; intend to; be about to	Он **собира́ется** уе́хать	He **is about to** leave
469. снача́ла	at first; from the beginning	нача́ть **снача́ла**	to begin from the **beginning**
470. те́хника	technology	за́падная **те́хника**	Western **technology**
471. де́ньги f pl	money	мно́го **де́нег**	a lot of **money**
472. докла́д	report	сде́лать **докла́д**	to make a **report**
473. о́ба m, n/о́бе f	both	**о́ба** докла́да; **обе́ими**	**both** reports; with **both**

		рука́ми	hands
474. седьмо́й	seventh	**седьмо́е** не́бо	**seventh** heaven
475. по́здно [pózna]	late	Он пришёл о́чень **по́здно**	He came very **late**
476. попа́сть p в/на +a (попада́ть i)	to hit; to get to	Он не **попадёт** в цель; Как мне **попа́сть** на Кра́сную пло́щадь?	He won't hit the **target;** How do I **get to** Red Square?
477. встре́ча	meeting	**встре́ча** со студе́нтами	a **meeting** with the students
478. возмо́жность f	possibility	**возмо́жность** пое́хать в Росси́ю	a **chance** to go to Russia
479. культу́ра	culture	министе́рство **культу́ры**	ministry of **culture**
480. сле́довать i (по- p)	to follow; to be required	**Я сле́дую** за ней Вам **сле́дует** помо́чь им	I **am following** her You **ought to** help them
481. кома́нда	team, crew; command	футбо́льная **кома́нда**	football **team**
482. ну	well	**Ну** вот ...; **Ну** хорошо́	**Well**, then ...; All right then
483. о́чередь f	queue, turn	стоя́ть в **о́череди**	stand in a **queue**/wait in **line**
484. ли́чный	personal	**ли́чный** о́пыт	**personal** experience
485. шко́ла	school	сре́дняя **шко́ла**	secondary **school**
486. расти́ i (вы́- p)	to grow	Он **рос** бы́стро; Он **растёт**	He **grew** quickly; He is **growing**
487. колхо́з	collective farm	в **колхо́зе**	on a **collective farm**
488. причи́на	reason (+g for), cause	по э́той **причи́не**; **причи́на** войны́	for that **reason**; **reason** for/**cause** of war
489. ребя́та (coll)	children, boys	**Ребя́та** игра́ют во дворе́	The **children** play in the courtyard
490. де́вочка	little girl	**Де́вочке** пять лет	The **little girl** is five years old
491. мно́гий	many	**Мно́гие** так ду́мают	**Many** (people) think so
492. организа́ция	organization	но́вые **организа́ции**	new **organizations**
493. ма́ма	mother; mummy	молоды́е **ма́мы**	young **mothers**
494. ста́нция	station	По́езд останови́лся на **ста́нции**	The train stopped at the **station**
495. туда́	there (thither)	Я пойду́ **туда́** за́втра	I shall go **there** tomorrow
496. уж (=уже)	already; really	не так **уж** мно́го	not so **very** many
497. соверше́нно	completely, perfectly	**Соверше́нно** пра́вильно	**Absolutely** right
498. споко́йно	calmly, quietly	Он **споко́йно** взял все до́ллары	He **calmly** took all the dollars
499. хоте́ться i	to want, feel	Мне **хоте́лось** бы	I **should like** to talk to her

	+d (за- p)	like	поговори́ть с ней	
500.	всё-таки	all the same, for all that	**Всё-таки** он не прав	**Nevertheless** he is wrong
501.	чем	than	Я зна́ю бо́льше, **чем** вы	I know more **than** you do
502.	бу́дто	as though, allegedly	Говоря́т, **бу́дто** он ушёл	They **claim** he has left
503.	мне́ние	opinion	по моему́ **мне́нию**	in my **opinion**
504.	впервы́е	for the first time	Я здесь **впервы́е**	I haven't been here before
505.	любо́й	any (any you like)	Мо́жно взять **любу́ю** кни́гу	You may take **any** book
506.	ме́дленно	slowly	Говори́те **ме́дленно**, пожа́луйста	Please speak **slowly**
507.	друг дру́га	each other	помога́ть **друг дру́гу**	to help **each other**
508.	прийти́сь p +d (приходи́ться i)	to have to	Нам **пришло́сь** уйти; Вам **придётся** идти́ к нача́льнику	We **had to** leave; You'll **have to** go to the boss
509.	нача́ло	beginning	в **нача́ле** го́да	at the **beginning** of the year
510.	похо́жий	resembling, similar	Они́ **похо́жи** друг на дру́га	They are **alike**
511.	зал	hall	**чита́льный** зал	**reading** room
512.	держа́ть i	to hold, keep	Вы **де́ржите** молоко́ в холо́дном ме́сте?	Do you **keep** the milk in a cold place?
513.	предприя́тие	enterprise, factory	ме́лкое **предприя́тие**	a small **business**
514.	спорти́вный	sporting	**спорти́вный** зал	gymnasium/**sports** hall
515.	весёлый	cheerful, merry	**весёлое** настрое́ние	**cheerful** mood
516.	здра́вствовать i	to be healthy, prosper	Да **здра́вствуют** мир и дру́жба!	**Long live** peace and friendship!
	Здра́вствуй(те)	Hello/How are you?	**Здра́вствуй**, Ната́ша	**Hello**, Natasha
517.	вперёд	forward; in advance	шаг **вперёд**	a step **forward**
518.	зелёный	green	**зелёная** кни́га	a **green** book
519.	не́бо	sky, heaven	**небеса́**	the **heavens**
520.	встре́тить p+a (встреча́ть i)	to meet	Я **встре́чу** вас на вокза́ле; Ты **встре́тишь** Но́вый год с на́ми?	I **shall meet** you at the station; Will you **see** the New Year in with us?
521.	отноше́ние	(к +d) attitude, relation (to); (pl) relations	его́ **отноше́ние** к вам; а́нгло-ру́сские **отноше́ния**	his **attitude** to you; Anglo-Russian **relations**
522.	ба́бушка	grandmother	мно́го **ба́бушек**	many **grandmothers**
523.	де́тский	children's	**де́тский** сад	**kinder**garten

524. останови́ться p (остана́вливаться i)	to stop	Я **остановлю́сь** перед до́мом; Он не **остано́вится**	I **shall stop** in front of the house; He **will** not **stop**
525. отве́т	answer	**отве́т** на вопро́с	**answer** to a question
526. во́с(е)мь	eight	в **восьми́** шко́лах	in **eight** schools
527. доска́	board	писа́ть на **доске́**	to write on the **board**
528. появи́ться p (появля́ться i)	to appear	Ско́ро **появи́тся** его́ жена́	His wife **will** soon **appear**
529. неде́ля	week	во́семь **неде́ль**	eight **weeks**
530. заво́д	factory	Он рабо́тает на **заво́де**	He works in a **factory**
531. фо́рма	form	**фо́рма** правле́ния	**form** of government
532. явля́ться i +inst (formal)	to be (sth)	Он **явля́ется** дире́ктором	He **is** the director
533. вещь f	thing	Все его́ **ве́щи** в э́том чемода́не	All his **things** are in this suitcase
534. геро́й	hero	**геро́й** войны́	war **hero**
535. кро́ме +g	except, besides	**кро́ме** меня́; **кро́ме** того́	**except** me; moreover/in addition
536. подня́ться p (поднима́ться i)	to rise, climb	Я **подниму́сь** на тре́тий эта́ж; Они́ **подни́мутся** на го́ру	I **shall climb** to the 3rd floor; They **will climb** the hill
537. съезд	congress	дворе́ц **съе́здов**	palace of **congresses**
538. то́чно	exactly; punctually	**то́чно** в час	at one o'clock **precisely**
539. ход	movement	на по́лном **ходу́**; **ход** собы́тий	at full **speed**; **course** of events
540. равно́	equal, alike	Всё **равно́**; Не всё ли **равно́**?	It's all the **same**; What difference does it make?
541. шаг	step	сде́лать **шаг** вперёд	to take a **step** forward
542. клуб	club	**клуб** худо́жников	artist's **club**
543. кру́пный	large, important	**кру́пные** промы́шленные це́нтры	**large** industrial centres
544. вспо́мнить p +a or o +pr (вспомина́ть i)	to remember, recall	Ты **вспо́мнишь** о ней?	**Will** you **remember** her?
545. небольшо́й	small	Су́здаль – го́род **небольшо́й**	Suzdal´ is **not a large** town
546. худо́жественный	artistic	**худо́жественная** литерату́ра	belles-lettres, fiction (**artistic** literature)
547. кто́-то	someone	**Кто́-то** вошёл	**Someone** came in
548. нра́виться i (по- p)	to please	Она́ нам **нра́вится**	We **like** her
549. шко́льный	school (adj)	**шко́льные** го́ды	**school** years
550. госуда́рство	state	глава́ **госуда́рства**	head of **state**

551.	америка́нский	American	**америка́нская** а́рмия	**American** army
552.	стро́ить i +a (по- p)	to build	Мы **стро́им** но́вую жизнь	We are **building** a new life
553.	восьмо́й	eighth	на **восьмо́м** съе́зде па́ртии	at the **eighth** party congress
554.	немно́го +g	a little, not much	Де́нег оста́лось совсе́м **немно́го**	There is very **little** money left
555.	па́уза	pause	сде́лать **па́узу**	to **pause**
556.	пока́зывать i +a +d (показа́ть p)	to show (sth to s.o.)	Она́ **пока́зывала** ему́ свою́ кварти́ру	She **was showing** him her flat
557.	далеко́	far	Иван живёт **далеко́** от нас	Ivan lives **far** from us
558.	зате́м	after that, then	Они́ вы́пили и **зате́м** продолжа́ли разгово́р	They had a drink and **then** continued their talk
559.	зда́ние	building	но́вые **зда́ния**	new **buildings**
560.	смочь p (мочь i)	to be able	Я **смогу́** прие́хать за́втра; Он не **смо́жет** отве́тить на ваш вопро́с	I **shall be able** to come tomorrow; He **won't be able** to answer your question
561.	одна́жды	once, one day	**одна́жды** ве́чером	**one** evening
562.	пти́ца	bird	**Пти́цы** летя́т на юг	The **birds** are flying south.
563.	самолёт	aeroplane	на **самолёте**	by plane
564.	семь	seven	**семь** но́вых зда́ний; с **семью́** друзья́ми	**seven** new buildings; with **seven** friends
565.	шофёр	driver	**шофёр** такси́	taxi **driver**
566.	две́сти	two hundred	бо́льше **двухсо́т**	more than **two hundred**
567.	изве́стный	well-known	**изве́стные** учёные	**well-known** scholars
568.	пра́вильно	correctly	Он отве́тил **пра́вильно**	He answered **correctly**
569.	реше́ние	decision; solution	приня́ть **реше́ние**	to take a **decision**
570.	ве́чером	in the evening	Он прие́дет **ве́чером**	He will come in the **evening**
571.	гото́вый	ready	Вы **гото́вы**?	Are you **ready**?
572.	стара́ться i +inf (по- p)	to try	Она́ **стара́лась** откры́ть дверь	She **was trying** to open the door
573.	наприме́р	for example	Есть хоро́шие кни́ги, «Война́ и мир», **наприме́р**	There are good books, "War and Peace", **for example**
574.	просто́й	simple	**просты́е** лю́ди	**ordinary** people
575.	произведе́ние	a work	**произведе́ния** Толсто́го	Tolstoi's **works**
576.	учи́ть i	(вы- p) (+a) to learn (sth);	Я **учу́** но́вые ру́сские слова́; Он **у́чит** её	I **am learning** new Russian words; He is

	(на- p) (+a +d or inf) to teach (s.o. sth)	ру́сскому языку́	**teaching** her Russian
577. ино́й	other	**ины́ми** слова́ми; тот и́ли **ино́й**	in **other** words; one or **other**
578. результа́т	result	**результа́ты** на́шей рабо́ты	**results** of our work
579. до́ктор	doctor	**доктора́**	**doctors**
580. случи́ться p (случа́ться i)	to happen	Он спроси́л, что **случи́лось**	He asked what **happened**
581. называ́ть i +a +inst (назва́ть p)	to call, name (s.o. sth)	Никто́ не **называ́л** её краси́вой	No-one **called** her beautiful
582. ва́жный	important	**ва́жные** лю́ди	**important** people
583. зна́ние	knowledge	**зна́ния** ру́сского языка́	**knowledge** of Russian
584. улыбну́ться p +d (улыба́ться i)	to smile (at)	Она́ не **улыбнётся**	She **will** not **smile**
585. пло́хо	badly	Он **пло́хо** зна́ет англи́йский язы́к	He doesn't know English well
586. научи́ться p +i inf (учи́ться i)	to learn (to do sth)	Он **научи́лся** говори́ть по-ру́сски	He **learned** to speak Russian
587. откры́ть p +a (открыва́ть i)	to open	Я **откро́ю** дверь; Ты **откро́ешь** окно́	I **shall open** the door; You **will open** the window
588. остава́ться i (оста́ться p)	to stay	Она́ **остаётся** на́ ночь; **Остава́лось** пять мину́т	She **is staying** the night; There **were** five minutes **left**
589. нау́ка	science; scholarship	обще́ственные **нау́ки**	social **sciences**
590. ка́м(е)нь m	stone	из **ка́мня**; мно́го **камне́й**	made of **stone**; many **stones**
591. про́тив + g	against; opposite	**про́тив** войны́; **про́тив** шко́лы	**against** war; **opposite** the school
592. разви́тие	development	обще́ственное **разви́тие**	social **development**
593. бог	God	**Бо́же** мой!	My goodness!
594. о́бщество	society	разви́тие **о́бщества**	development of **society**
595. ничего́	nothing; all right, not too bad; never mind	– Как дела́? – **Ни́чего** – Прости́те – **Ничего́**	– How are things? – **All right** – I'm sorry – **It doesn't matter**
596. усло́вие	condition	хоро́шие **усло́вия**	good **conditions**
597. господи́н	gentleman; Mr	Да́мы и **господа́**! Э́то	Ladies and **Gentlemen**!

(pl господа́)		**господи́н** Смит	This is **Mr** Smith
598. солда́т	soldier	мно́го **солда́т**	many **soldiers**
599. револю́ция	revolution	Октя́брьская **револю́ция**	the October **Revolution**
600. начина́ться i (нача́ться p)	to begin	Заня́тия **начина́ются** на сле́дующей неде́ле	Classes **begin** next week

601. о́бласть f	*oblast*, province; area, field (of activity)	g pl областе́й
602. что́-то	something; (coll) somewhat, somehow	g чего́-то
603. власть f	power	g pl власте́й; вла́сти authorities
604. судьба́	fate	nom pl су́дьбы, g pl су́деб
605. де́йствие	act, action	
606. ме́ра	measure	приня́ть ме́ры to take measures
607. эне́ргия	energy	
608. ряд	(pr в ряду́) row, line (pr в ря́де) series	nom pl ряды́
609. находи́ться i	to be situated	нахожу́сь, нахо́дишься
610. положе́ние	position	
611. гляде́ть i на +a	to look (at)	гляжу́, гляди́шь; по- p
612. век	century; age, era	nom pl века́; в про́шлом ве́ке last century
613. миллио́н	million	
614. обще́ственный	social, public	обще́ственное мне́ние public opinion
615. основно́й	basic, fundamental	
616. генера́л	general	
617. интере́с	interest	интере́с к языка́м interest in languages
618. легко́	easily; it is easy	
619. материа́л	material	
620. цель f	target, purpose	с це́лью + g with the object of
621. созда́ть p +a	to create	-а́м -а́шь -а́ст -ади́м -ади́те -аду́т; создава́ть i
622. станови́ться i +inst	to become; to stand	становлю́сь, стано́вишься; стать p
623. ог(о́)нь m	fire; light	g sg огня́; nom pl. огни́
624. зако́н	law	
625. приро́да	nature	зако́н приро́ды law of nature
626. произойти́ p	to happen; originate	произойдёт, past произошло́; происходи́ть i
627. ма́сса	mass	трудя́щиеся ма́ссы the working masses
628. бой	battle	pr sg бою́, nom pl бои́, g pl боёв
629. полити́ческий	political	
630. луч	ray, beam	g sg луча́, nom pl лучи́, g pl лучей
631. волна́	wave	nom pl во́лны, g pl волн, d pl волна́м
632. проце́сс	process; trial, lawsuit	
633. нау́чный	scientific, scholarly	

634.	разли́чный	different, various	
635.	мирово́й	world (adj)	
636.	систе́ма	system	
637.	лист	(nom pl ли́стья, g pl ли́стьев) leaf (of plant); (nom pl листы́, g pl листо́в) sheet (of paper)	g sg листа́
638.	хоть	even if, if only, even, although	Заходи́ хоть на мину́ту Drop in if only for a moment
639.	ребён(о)к	child	g sg ребёнка; nom pl де́ти, g pl дете́й
640.	связь f	connection, link, communication	отделе́ние свя́зи post office; в связи́ с +inst in connection with; торго́вые свя́зи trade links
641.	вообще́	in general	
642.	ве́рить i	to believe (+d) s.o. or sth, (в +a) in s.o. or sth	ве́рю, ве́ришь; по- p
643.	мужчи́на m	man	дво́е мужчи́н two men
644.	что́-нибудь	anything	g чего́-нибудь
645.	представля́ть i +a	to present, introduce	предста́вить i
646.	иска́ть i +a or g	to search for, to look for	ищу́, и́щешь; по- p
647.	писа́тель m	writer	
648.	промы́шленность f	industry	
649.	учёный m adj	learned, scholarly; (as noun) scholar, scientist	
650.	ве́рно	faithfully, truly; it is true	
651.	служи́ть i +d	to serve	служу́, слу́жишь; по- p
652.	подходи́ть i	(к +d) to approach; (+d) to suit	подхожу́, подхо́дишь; подойти́ p
653.	прави́тельство	government	
654.	оста́вить p +a	to leave; to abandon	оста́влю, оста́вишь; оставля́ть +i
655.	экономи́ческий	economic	
656.	есть i +a	to eat	ем, ешь, ест, еди́м, еди́те, едя́т, past ел, е́ла; съ- p
657.	рабо́чий m adj	(blue collar) worker; working	жизнь рабо́чего life of a worker; рабо́чий класс working class
658.	совреме́нный	modern, contemporary	
659.	рабо́тник	worker, s.o. who works	парти́йные рабо́тники party workers
660.	чёрт	devil	g sg чёрта, nom pl че́рти, g pl черте́й

661. ка́чество	quality	
662. междунаро́дный	international	
663. офице́р	officer	
664. пробле́ма	problem	
665. тре́бовать i +g	to demand	тре́бую, тре́буешь; по- p
666. коммуни́зм	communism	
667. кора́бль m	ship	g sg корабля́
668. класс	class; classroom	рабо́чий класс working class
669. киломе́тр	kilometre	
670. число́	number; date	nom pl чи́сла, g pl чи́сел
671. ба́за	base; depot	на ба́зе + g on the basis of
672. па́л(е)ц	finger; toe	g sg па́льца
673. коли́чество	quantity	
674. коммуни́ст	communist	
675. побе́да	victory	
676. река́	river	a sg ре́ку, g sg реки́, nom pl ре́ки, d pl река́м
677. пить i	to drink	пью, пьёшь, past пил, пила́, пи́ло; вы́- p
678. челове́ческий	human (adj)	
679. гора́	mountain, hill	a sg го́ру, g sg горы́, nom pl го́ры, g pl гор, d pl гора́м; в го́ру uphill
680. ми́лый	nice, dear	
681. поли́тика no pl	politics; policy, policies	
682. произво́дство	production	произво́дство маши́н car production
683. национа́льный	national; ethnic	национа́льное меньшинство́ ethnic minority
684. холо́дный	cold	
685. госуда́рственный	state (adj)	
686. отку́да	from where	Отку́да он зна́ет? How does he know?
687. сло́жный	complicated, complex	
688. бога́тый	rich	
689. бро́сить p	to throw; to give up	бро́шу, бро́сишь; броса́ть i
690. строи́тельство	construction	
691. значе́ние	meaning, importance	
692. председа́тель m	chairman	
693. позво́лить p +d	to permit (s.o.)	позво́лю, позво́лишь; позволя́ть i
694. хара́ктер	character	
695. необходи́мый	essential	
696. смея́ться i над +inst	to laugh (at)	смею́сь, смеёшься; за-/рас- p

697. боро́ться i с +inst	to struggle (against)	борю́сь, бо́решься; за +a for
698. изде́лие	(manufactured) article	
699. осо́бый	special	
700. смерть f	death	nom pl сме́рти, g pl смерте́й
701. статья́	article (newspaper, journal)	g pl стате́й
702. счёт	bill, account; count, score	nom pl счета́; счёты abacus
703. весьма́	very, extremely	
704. се́льский	rural, country	се́льское хозя́йство agriculture
705. сре́дство	means; (pl) resources	тра́нспортные сре́дства means of transport
706. подо́бный	similar	
707. приме́р	example	
708. революцио́нный	revolutionary	
709. ско́рость f	speed	nom pl ско́рости, g pl скоросте́й
710. факт	fact	
711. ма́лый	small	
712. чай	tea	nom pl чаи́, g pl чаёв
713. тёмный	dark	
714. явле́ние	phenomenon	
715. состоя́ть i из +g	to consist (of)	состои́т
716. я́сно	clearly; it is clear	
717. то́чка	dot, point; full stop	g pl то́чек; то́чка зре́ния point of view
718. сто́ить i	to cost, to be worth	сто́ит; Ско́лько э́то сто́ит? How much is this?
719. ум	mind, intellect	g sg ума́
720. вполне́	fully, entirely	
721. собы́тие	event	
722. существова́ть i	to exist	существу́ю, существу́ешь
723. кабине́т	study, office	
724. спаси́бо	thank you	
725. враг	enemy	g sg врага́
726. глубо́кий	deep	
727. положи́ть p +a	to lay, to put	положу́, поло́жишь; класть i
728. францу́зский	French	
729. бли́зкий	close, near	
730. ах	ah!, oh!	
731. де́ятельность f	activity	no pl
732. привести́ p +a	to bring (s.o.); (к +d) lead to	приведу́, приведёшь, past привёл, привела́; приводи́ть i
733. тру́бка	tube, pipe; telephone receiver	g pl тру́бок
734. англи́йский	English; British	

735. сей (bookish; used in set phrases) (=э́тот)	this	f сия́, n сие́, nom pl сии́; сего́ ме́сяца of this month; до сих пор up till now
736. температу́ра	temperature	
737. проводи́ть i +a	to lead, conduct; spend (time)	провожу́, прово́дишь; провести́ p
738. состоя́ние	state, condition; fortune	
739. сча́стье	happiness, luck	
740. смысл	sense, meaning	
741. рубль m	rouble	g sg рубля́
742. вчера́	yesterday	
743. пра́вый	right; right-wing	прав -á -о -ы (short forms) Она́ права́ She's right
744. а́втор	author	
745. большинство́	majority	
746. изве́стно	it is (well) known	
747. ме́лкий	small, petty, fine	
748. тече́ние	flow, current; course	в тече́ние +g during, in the course of
749. ору́жие	arms, weapons	no pl
750. муж	husband	nom pl мужья́, g pl муже́й, d pl мужья́м
751. происходи́ть i	to happen; to originate	происхожу́, происхо́дишь; произойти́ p
752. свобо́дный	free	
753. иде́я	idea	
754. уси́лие	effort	приложи́ть все уси́лия to make every effort
755. ли́ния	line	
756. иску́сство	art	
757. соста́в	composition, make-up	
758. капитали́зм	capitalism	
759. литерату́ра	literature	
760. страни́ца	page	
761. бить i +a	to beat, hit	бью, бьёшь; по- p/уда́рить p
762. ина́че	otherwise	
763. чита́тель m	reader	
764. наибо́лее	(the) most	
765. рост	growth, increase; height	
766. америка́н(е)ц	American	g sg америка́нца
767. ко́р(е)нь m	root	g sg ко́рня, nom pl ко́рни, g pl корне́й
768. не́м(е)ц	German (noun)	g sg не́мца
769. предста́вить p +a	to present	предста́влю, предста́вишь; представля́ть i; предста́вить

		себе́ to imagine
770. серьёзный	serious	
771. сво́йство	characteristic, property	
772. взгляну́ть p на +a	to look, glance (at)	взгляну́, взгля́нешь; взгля́дывать i
773. высоко́	high (up); highly; it is high	
774. населе́ние	population	
775. стекло́	glass (material)	nom pl стёкла, g pl стёкол, d pl стёклам; двойны́е стёкла double glazing
776. теа́тр	theatre	
777. наде́жда	hope	
778. дово́льно	fairly, rather; contentedly; (+g) enough	
779. край	edge; region, area	pr sg в краю́, nom pl края́, g pl краёв
780. назва́ть p +a	to call, name	назову́, назовёшь; называ́ть i
781. мужи́к	(Russian) peasant	g sg мужика́
782. получа́ть i +a	to receive, get	получи́ть p
783. степь f	steppe	pr sg о сте́пи, в степи́; nom pl сте́пи, g pl степе́й
784. цвет	colour; blossom; prime	nom pl цвета́; в цвету́ in blossom
785. поднима́ться i	to rise, climb	подня́ться p
786. дед	grandfather	
787. осно́ва	base, foundation	
788. принима́ть i +a	to accept, take, receive	приня́ть p
789. ста́вить i +a	to stand, put, place	ста́влю, ста́вишь; по- p
790. ра́но	early; it is early	
791. техни́ческий	technical; engineering	
792. счастли́вый [shshasleevi]	happy, lucky	short forms сча́стлив, сча́стлива
793. возвраща́ться i	to return, come back	верну́ться p
794. круг	circle	pr sg в кругу́, nom pl круги́
795. моме́нт	moment; feature (of a situation)	ва́жные моме́нты ситуа́ции important features of the situation
796. необходи́мо	it is essential; it is necessary	
797. строй	system, structure; military formation	pr sg в строю́
798. дочь f	daughter	g, d, pr sg до́чери, inst sg до́черью, nom pl до́чери, g pl дочере́й, d pl дочеря́м, inst pl дочерьми́, pr pl дочеря́х

799. испóльзовать i/p +a	to make use of	испóлзю
800. минúстр	minister (government)	
801. сúний	dark blue	
802. передáть p +a	to pass, hand over; transmit, convey	передáм -дáшь -дáст -дадúм -дадúте -дадýт, f past передалá; передавáть i
803. прогрáмма	programme	
804. десят(о)к	ten; a decade	g sg деся́тка
805. кровь f	blood	pr sg о крóви, в кровú; g pl кровéй
806. отдáть p +a	to give back, return	отдáм, отдáшь, отдáст, отдадúм, отдадúте, отдадýт,; f past отдалá; отдавáть i
807. отдéльный	separate, individual	
808. вспоминáть i +a or о +pr	to recall, remember	вспóмнить p
809. свобóда	freedom	
810. хватáть i	(+a) to seize; (хватáет +g) be enough, suffice	Врéмени не хватáет There isn't enough time; схватúть p (seize); хватúть p (be enough)
811. внýтренний	inner, interior, internal	
812. выступáть i	to appear in public; protrude	выступáть с рéчью to make a speech; вы́ступить p
813. как-то	somehow; (coll) once, at one time	
814. нестú i +a	to carry	несý, несёшь; past нёс, неслá; по- p
815. заня́ть p +a	to occupy	займý, займёшь, past зáнял, занялá, заняло; занимáть i
816. появля́ться i	to appear	появúться p
817. представúтель m	representative	
818. фронт	front (war)	nom pl фрóнты, g pl фронтóв
819. богáтство	wealth, riches	
820. желáть i +g	to want, wish	по- p
821. какóй-нибудь	any; any kind of	
822. глубинá	depth	nom pl глубúны
823. мúмо +g	past	пройтú мúмо дóма to walk past the house
824. управлéние	management; administration; control	
825. слáва	glory, fame	
826. сóтня	a hundred	g pl сóтен
827. стрáшный	terrible, dreadful	
828. тем	(by) so much	inst of тот; тем лýчше so much the better

829. веснá	spring (season)	nom pl вёсны, g pl вёсен, d pl вёснам
830. дéйствовать i	to act, function, affect	дéйствую, дéйствуешь; по- p
831. пол	(pr sg на полý, nom pl полы́) floor; (nom pl пóлы, g pl полóв) sex	
832. процéнт	percent, percentage	пять процéнтов 5 per cent; процéнты interest
833. рóдина	homeland, native land	на рóдине in one's homeland
834. сцéна	stage (theatre); scene	
835. чýвствовать i +a	to feel	чýвствую, чýвствуешь; по- p
836. значи́тельный	significant	
837. метр	metre (measurement)	
838. чужóй	someone else's; foreign	
839. вóля	will; freedom, liberty	
840. зуб	tooth	nom pl зýбы, g pl зубóв
841. мéнее	less	тем не менее none the less
842. мéтод	method	
843. прости́ть p +a	to forgive (s.o. or sth)	прощý, прости́шь; прощáть i Прости́те! Excuse me
844. связáть p +a	to tie; to connect	свяжý, свя́жешь; вязáть/свя́зывать i
845. я́ркий	bright	
846. пес(ó)к	sand	g sg пескá
847. ýров(е)нь m	level; standard	g sg ýровня
848. истори́ческий	historical; historic	
849. истóчник	source	
850. полови́на	half	
851. слýжба	service	
852. лáдно	harmoniously; all right (unenthusiastic agreement)	Лáдно, пусть бýдет по-твóему All right, have it your own way
853. мешáть i	(+d) to disturb, hinder; (+a) stir	по- p
854. селó	village	nom pl сёла; на селé in the country
855. впрóчем	however, but; or rather	
856. горя́чий	hot	
857. образовáние	education; formation	
858. тóнна	ton (1,000 kilogrammes)	
859. вы́звать p +a	to summon; cause	вы́зову, вы́зовешь; вызывáть i
860. зрéние	eyesight, vision	
861. морскóй	sea, marine; naval	
862. остальнóй adj	the rest (of)	Где остальны́е? Where are the others?

863.	сéмя n	seed	g sg сéмени, nom pl семенá, g pl семя́н, d pl семенáм
864.	си́льно	strongly; very much	
865.	тóнкий	thin, slender; fine, subtle	
866.	флот	fleet	
867.	бесéда	talk, discussion	
868.	вызывáть i +a	to summon; cause	вы́звать p
869.	дáнный	given	дáнные data
870.	достáточно	sufficiently; (+g) enough	
871.	еди́нственный	only, sole	
872.	лáмпа	lamp	
873.	продýкция	production, output	
874.	центр	centre	
875.	вóвсе	at all	вóвсе не not at all
876.	зáпадный	western	
877.	корреспондéнт	correspondent	
878.	пожáлуй	very probably	
879.	приём	reception; method, device	часы́ приёма consulting hours
880.	прóчий	other	и прóчее (abbr и пр. or и проч.) etcetera; между прóчим by the way
881.	стрáшно	terribly; it is terrible	
882.	вóзле +g	by, near	
883.	вон	out, away; over there	Вон отсю́да! Get out! вон там over there
884.	парти́йный	party (adj)	парти́йное руковóдство party leadership
885.	телефóн	telephone	
886.	удáться p +d of person + p inf	to succeed	удáстся, past удалóсь; удавáться i; Ей удалóсь найти́ мéсто She managed to find a seat
887.	бы́стрый	quick, fast	
888.	крестья́нин	peasant	nom pl крестья́не, g pl крестья́н, d pl крестья́нам
889.	вы́ход	exit, way out	
890.	пытáться i +p inf	to attempt	по- p
891.	стих	line of poetry	g sg стихá; стихи́ verses, poetry
892.	пери́од	period	
893.	подождáть p +a or g	to wait for	подождý, подождёшь; ждать i
894.	уби́ть p +a	to kill; to murder	убью́ убьёшь; убивáть i
895.	дрýжба	friendship	
896.	едвá	hardly, scarcely, only just	едвá (ли) не nearly, almost
897.	неужéли	really? is it possible?	Неужéли он не знáет? Does he

		really not know?
898. сте́пень f	degree, extent	g pl степене́й
899. боево́й	fighting, battle	
900. войска́ n pl	troops, army	sg во́йско
901. ка́рта	map, card	
902. направле́ние	direction	
903. челове́чество	mankind	
904. вро́де +g	like, such as	что́-то вро́де песка́ something like sand
905. грома́дный	enormous	
906. лёгкий	light, easy	
907. по́льзоваться i +inst	to use	по́льзуюсь, по́льзуешься; вос- p
908. постро́ить p +a	to build	стро́ить i
909. предложе́ние	offer, suggestion; sentence (grammar)	
910. элеме́нт	element	
911. яви́ться p	to appear	явлю́сь, я́вишься; явля́ться i
912. вероя́тно	probably	
913. печь i +a печь f	to bake stove	пеку́, печёшь, пеку́т; past пёк пекла́; ис- p pr sg о пе́чи, в печи́; g pl пече́й
914. показа́ться p	to seem, to appear, to show oneself	покажу́сь, пока́жешься; каза́ться i/пока́зываться i
915. улыба́ться i	to smile	улыбну́ться p
916. у́мный	intelligent	
917. глава́	head, chief; chapter	nom pl гла́вы
918. пла́кать i	to cry, weep	пла́чу, пла́чешь; за- p
919. получа́ться i	to turn out, result	получи́ться p
920. сквозь +a	through	
921. спо́соб	way, method	
922. спосо́бный	able, capable	
923. це́рковь f	church	g sg це́ркви, inst sg це́рковью, nom pl це́ркви, g pl церкве́й, d pl церква́м
924. часы́ m pl	watch, clock	g pl часо́в
925. честь f	honour	pr sg о че́сти, в чести́, g pl честе́й
926. откры́тый	open	
927. па́мять f	memory	no pl
928. поня́тно	understandably; I see! I understand!	
929. совеща́ние	meeting, conference	на совеща́нии at a meeting
930. замеча́тельный	remarkable, splendid	
931. знамени́тый	famous	

932. предме́т	object, article; subject, topic	
933. слеза́	tear	nom pl слёзы, g pl слёз, d pl слеза́м; слёзы ра́дости tears of joy
934. где́-то	somewhere	
935. дно	bottom (of sea, river, well, vessel)	nom pl до́нья, g pl до́ньев; на дне мо́ря at the bottom of the sea
936. магази́н	shop, store	
937. вещество́	substance, matter	
938. созда́ние	creation; creature	
939. стару́ха	old woman	
940. карма́н	pocket	
941. музе́й	museum	
942. па́дать i	to fall	пасть p/упа́сть p
943. я́сный	clear	
944. пове́рхность f	surface	
945. бли́зко	it is near, it is not far; near, close; closely	
946. заяви́ть p о +pr	to announce	заявлю́, зая́вишь; заявля́ть i
947. золото́й	gold, golden	
948. коле́но	knee	nom pl коле́ни, g pl коле́ней (коле́н in set phrases: встать с коле́н to get up from one's knees
949. ра́вный	equal	
950. сле́дующий	following, next	
951. снять p +a	to take off; photograph; rent	сниму́, сни́мешь, f past сняла́; снима́ть i
952. страх	fear	
953. тёплый	warm	
954. возника́ть i	to arise	возни́кнуть p
955. высота́	height	nom pl высо́ты
956. му́зыка	music	
957. о́стров	island	nom pl острова́
958. относи́ться i к +d	to relate to; to regard	отношу́сь, отно́сишься; отнести́сь p
959. переста́ть p + i inf	to cease, stop	переста́ну, переста́нешь; перестава́ть i
960. поднима́ть i +a	to raise, lift	подня́ть p
961. столь	so	столь ва́жно so important
962. ми́рный	peace, peaceful	ми́рный догово́р peace treaty
963. тру́дный	difficult	
964. до́лгий	long (in time)	

965. желе́зный	iron	
966. прямо́й	straight, direct	
967. социа́льный	social	социа́льное положе́ние social status
968. во́лос	(a) hair	nom pl во́лосы, g pl воло́с, d pl волоса́м
969. воспита́ние	upbringing	
970. дитя́ n	child	g, d, pr sg дитя́ти; inst дитя́тею; nom pl де́ти, g pl дете́й, d pl де́тям, inst pl детьми́, pr pl де́тях
971. купи́ть p +a	to buy	куплю́, ку́пишь; покупа́ть i
972. луна́	moon	nom pl лу́ны
973. пусти́ть p +a	to allow; let in; let go	пущу́, пу́стишь; пуска́ть i
974. вме́сто +g	instead of	
975. несмотря́ на +a	in spite of	
976. кула́к	fist; kulak (rich peasant)	g sg кулака́
977. ку́хня	kitchen	g pl ку́хонь
978. любо́вь f	love	g sg любви́; inst sg любо́вью, d sg/pr sg любви́
979. ока́зываться i +inst	to turn out to be; to find oneself	оказа́ться p
980. рису́н(о)к	drawing	g sg рису́нка
981. слой	layer, stratum	nom pl слои́, g pl слоёв
982. составля́ть i +a	to make up, compose, constitute	составля́ю, составля́ешь; соста́вить p
983. те́ма	subject, topic, theme	
984. цена́	price	a sg це́ну, nom pl це́ны, g pl цен, d pl це́нам
985. конь m	horse	g sg коня́, nom pl ко́ни, g pl коне́й
986. материа́льный	material (adj)	
987. тео́рия	theory	
988. ба́ба	peasant woman; (coll) old woman, woman	
989. потеря́ть p +a	to lose	потеря́ю, потеря́ешь; теря́ть i
990. прекра́сный	beautiful, fine	
991. род	family, kin; birth, origin; sort, kind; gender	pr sg в роду́; nom pl роды́; ро́ды childbirth
992. голубо́й	light blue	
993. госпо́дь m	God, the Lord	g sg го́спода; Го́споди! Oh Lord! Good Heavens!
994. губа́	lip	nom pl гу́бы, g pl губ, d pl губа́м
995. посла́ть p +a	to send	пошлю́, пошлёшь; посыла́ть i
996. руководи́тель m	leader, manager; instructor, supervisor	

997.	специа́льный	special	
998.	тётя	aunt	g pl тётей
999.	центра́льный	central	
1000.	всего́	in all, altogether; only	
1001.	вы́вод	conclusion, deduction	сде́лать вы́вод to draw a conclusion
1002.	выполня́ть i +a	to carry out, fulfil	выполня́ю, выполня́ешь; вы́полнить p
1003.	зерно́	grain, seed	nom pl зёрна, g pl зёрен, d pl зёрнам; ко́фе в зёрнах coffee beans
1004.	объясни́ть p +a	to explain	объясня́ть i
1005.	молодёжь f	young people	
1006.	эх	eh! oh! (expressing regret, annoyance, reproach, amazement)	
1007.	возмо́жно	possibly; possible; it is possible	
1008.	глубоко́	deep; deeply	глубо́ко́ it is deep
1009.	доби́ться p +g	to obtain, achieve	добью́сь, добьёшься; добива́ться i
1010.	ме́стный	local	
1011.	расте́ние	plant	
1012.	стари́к	old man	g sg старика́
1013.	похо́д	campaign; walking tour, expedition; cruise	
1014.	спина́	back	a sg спи́ну, nom pl спи́ны
1015.	суди́ть i/p о +pr	to judge; (+a) try (s.o.)	сужу́, су́дишь; су́дя по +d judging by
1016.	умере́ть p	to die	умру́, умрёшь, past у́мер, умерла́, у́мерло; умира́ть i
1017.	эконо́мика	economics; economy	
1018.	больно́й	ill; sore; (as noun) patient, invalid	
1019.	дух	spirit; breath	
1020.	ни́же	lower, below	
1021.	океа́н	ocean	
1022.	поговори́ть p с +inst	to have a talk, talk (to)	говори́ть i
1023.	запа́с	stock, supply; reserve	большо́й запа́с слов a large vocabulary
1024.	земно́й	earthly, terrestrial	земно́й шар the globe
1025.	министе́рство	ministry (government)	
1026.	обяза́тельно	without fail, definitely	
1027.	по́льза	use; benefit	

1028.	предложи́ть p +a	to offer; to propose	предложу́, предло́жишь; предлага́ть i
1029.	создава́ть i +a	to create	создаю, создаёшь; созда́ть p
1030.	вновь	anew, again; newly	
1031.	зави́сеть i от +g	to depend (on)	зави́шу, зави́сишь
1032.	плод	fruit	g sg плода́; приноси́ть плоды́ to bear fruit
1033.	ра́дио n indecl	radio	
1034.	разнообра́зный	various, varied	
1035.	существова́ние	existence	
1036.	бы́вший	former	
1037.	каса́ться i +g	to touch; to concern	косну́ться p; что каса́ется + g as for, with regard to
1038.	ника́к	in no way; by no means	
1039.	основа́ние	foundation, basis; founding	
1040.	приказа́ть p +d	to order, command s.o.	прикажу́, прика́жешь; прика́зывать i
1041.	родно́й	native; own; (as noun, in pl) relatives, relations	родно́й язы́к native language, mother tongue; ва́ши родны́е your relatives
1042.	со́лнечный	sun, solar; sunny	
1043.	стреми́ться i к +d	to strive (for)	стремлю́сь, стреми́шься
1044.	вы́полнить p +a	to carry out, fulfil	выполня́ть i
1045.	газ	gas	
1046.	ору́дие	instrument; implement; (field) gun, piece of ordnance	
1047.	ра́дость f	joy	
1048.	том	volume (book)	nom pl тома́
1049.	че́стный	honest	
1050.	иссле́дование	investigation; research	
1051.	ладо́нь f	palm (of the hand)	
1052.	определённый	definite; certain	
1053.	пози́ция	position	
1054.	ра́ди +g	for the sake of	ра́ди Бо́га for God's sake
1055.	срок	period (of time); (last) date, deadline	
1056.	услы́шать p +a	to hear	услы́шу, услы́шишь; слы́шать i
1057.	у́хо	ear	nom pl у́ши, g pl уше́й
1058.	шум	noise, din	
1059.	аппара́т	apparatus	
1060.	вы́пить p +a or +g	to drink, have an alcoholic drink	вы́пью, вы́пьешь; выпива́ть i/пить i

1061.	гора́здо	much (with comparatives)	гора́здо лу́чше much better
1062.	капита́л	capital (financial)	
1063.	плохо́й	bad	
1064.	пло́щадь f	square; area	g pl площаде́й
1065.	по́езд	train	nom pl поезда́
1066.	профе́ссор	professor	nom pl профессора́
1067.	серьёзно	seriously	
1068.	соль f	salt	g pl соле́й
1069.	с(о)н	sleep; dream	g sg сна
1070.	тень f	shade; shadow	pr sg в тени́, g pl тене́й
1071.	граждани́н	citizen	nom pl гра́ждане, g pl гра́ждан
1072.	доста́ть p +a	to get, obtain; take out; reach	доста́ну, доста́нешь; достава́ть i
1073.	дура́к	fool	g sg дурака́
1074.	и́бо	for (because)	
1075.	занима́ть i +a	to occupy	заня́ть p
1076.	ло́шадь f	horse	g pl лошаде́й, inst pl лошадьми́, pr pl лошадя́х
1077.	пшени́ца	wheat	
1078.	сто́лько +g	so much, so many	
1079.	эпо́ха	epoch, age	
1080.	дава́й(те) +1st person pl p or i inf	let's (do sth)	Дава́йте вы́пьем Let's have a drink
1081.	беда́	misfortune	pl бе́ды ; беда́ в том, что ... the trouble is that ...
1082.	да́льний	distant, remote	
1083.	закры́ть p +a	to close, shut; to cover	закро́ю, закро́ешь; закрыва́ть i
1084.	звезда́	star	nom pl звёзды, g pl звёзд
1085.	обы́чный	usual	
1086.	провести́ p +a	to lead, conduct; spend (time)	проведу́, проведёшь, past провёл, провела́; проводи́ть i
1087.	разгова́ривать i	to converse, talk	
1088.	разме́р	size, scale, extent	разме́ры proportions, dimensions
1089.	разреши́ть p	(+d of person) to allow, permit; solve	разрешу́, разреши́шь; разреша́ть i
1090.	не́чего	there is nothing	d не́чему; inst не́чем; pr не́ о чем; Не́чего де́лать There is nothing to do
1091.	собра́ться p	to gather; to intend to, to be about to	соберу́сь, соберёшься, past собра́лся, собрала́сь; собира́ться i
1092.	атмосфе́ра	atmosphere	
1093.	дви́гаться i	to move	дви́нуться p
1094.	ло́дка	boat, rowing boat	g pl ло́док

1095. назва́ние	name; title (book)	
1096. пра́вильный	correct, right	
1097. пусто́й	empty	
1098. сапо́г	boot; jackboot	g sg сапога́; g pl сапо́г
1099. скоре́е	quicker; rather	скоре́е всего́ most probably
1100. дальне́йший	further	в дальне́йшем henceforth
1101. журна́л	magazine, periodical; journal, register	
1102. ли́бо	or	ли́бо ..., ли́бо either ..., or
1103. телеви́зор	television (set)	смотре́ть телеви́зор to watch television
1104. раке́та	rocket	
1105. спосо́бность f	ability	
1106. акаде́мия	academy	
1107. впечатле́ние	impression	
1108. дре́вний	ancient	
1109. име́ться i	to be, be available	(3rd pers only) име́ется, име́ются
1110. ожида́ть i +a or +g	to wait (for); to expect	no p
1111. парохо́д	steamer	
1112. перейти́ p +a or че́рез +a	to cross	перейду́, перейдёшь, past перешёл, перешла́; переходи́ть i
1113. разоруже́ние	disarmament	
1114. след	footprint; trace, vestige	nom pl следы́
1115. уда́р	blow, strike	
1116. вне́шний	exterior	вне́шняя поли́тика foreign policy
1117. нож	knife	g sg ножа́
1118. грудь f	breast	pr sg о гру́ди в груди́, g pl груде́й
1119. исчеза́ть i	to disappear	исче́знуть p
1120. кра́йний	extreme	
1121. моря́к	sailor	g sg моряка́
1122. наоборо́т	on the contrary, vice versa, the other way round	
1123. открыва́ть i +a	to open; to discover	откры́ть p
1124. передово́й	advanced; progressive	передова́я статья́ leading article
1125. при́нцип	principle	
1126. та́йна	secret, mystery	
1127. ти́хий	quiet, calm	
1128. установи́ть p +a	to set up, establish	установлю́, устано́вишь; устана́вливать i
1129. электри́ческий	electric	

1130. ве́рный	faithful, correct, reliable, sure	
1131. воро́та nom pl	gate, gates	g pl воро́т
1132. двор(е́)ц	palace	g sg дворца́
1133. зо́лото	gold	
1134. откры́тие	opening; discovery	
1135. отсю́да	from here; hence	
1136. специали́ст	specialist	
1137. длина́	length	длино́й в два ме́тра two metres long
1138. наблюда́ть i +a	to observe, watch	за + inst to watch over
1139. неме́дленно	immediately, forthwith	
1140. неме́цкий	German (adj)	
1141. повыше́ние	rise, increase; promotion	
1142. получи́ться p	to turn out, work out, result	полу́чится; получа́ться i
1143. согласи́ться p с +inst	to agree (with) (на +a to)	соглашу́сь, согласи́шься; соглаша́ться i
1144. уча́стие	participation; sympathy	принима́ть уча́стие в +pr to take part in
1145. ве́село	merrily, cheerfully	Нам бы́ло ве́село We enjoyed ourselves
1146. замеча́ть i +a	to notice	заме́тить p
1147. ле́вый	left; left-wing	
1148. моско́вский	Moscow (adj)	
1149. постоя́нный	constant, permanent	постоя́нный а́дрес permanent address
1150. прика́з	command, order	отда́ть прика́з to issue an order
1151. рома́н	novel; love affair, romance	
1152. смех	laughter, laugh	
1153. твёрдый	hard, firm, solid	
1154. тон	(nom pl то́ны, g pl то́нов) tone, musical tone; (nom pl тона́, g pl тоно́в) colour tone, tint	
1155. абсолю́тно	absolutely	
1156. броса́ть i +a	to throw; to abandon, give up	бро́сить p
1157. дета́ль f	detail; component (of machine)	
1158. объём	volume, capacity, size	
1159. интере́сно	interestingly; it is interesting	

1160.	кни́жка	(small) book	g pl кни́жек; записна́я кни́жка notebook
1161.	курс	course, course of study; rate of exchange	
1162.	по́чва	soil	
1163.	ни́зкий	low	
1164.	очеви́дно	obviously	
1165.	пыль f	dust	pr sg о пы́ли, в пыли́
1166.	све́тлый	light, bright	све́тлая ко́мната light room
1167.	се́рый	grey	се́рый волк grey wolf
1168.	ана́лиз	analysis	
1169.	влия́ние	influence	оказа́ть влия́ние на + a to influence s.o. or sth
1170.	встреча́ться i с +inst	to meet (s.o.)	встре́титься p
1171.	пове́рить p	to believe (+d s.o. or sth) (в +a in s.o. or sth)	ве́рить i
1172.	помолча́ть p	to be silent for a while	помолчу́, помолчи́шь; молча́ть i
1173.	руково́дство	leadership; guide, manual	
1174.	а́томный	atomic	а́томная электроста́нция atomic power station
1175.	грани́ца	frontier; limit	за грани́цей abroad
1176.	защи́та	defence	no pl; в защи́ту кого́-нибудь in defence of s.o.
1177.	кус(о́)к	piece	g sg куска́; кусо́к са́хара sugar lump
1178.	молча́ние	silence	Молча́ние – знак согла́сия Silence gives consent
1179.	наве́рное (=наве́рно)	probably	
1180.	неожи́данно	unexpectedly	
1181.	па́ра	pair, couple	па́ра сапо́г a pair of boots
1182.	плат(о́)к	shawl, kerchief	g sg платка́; носово́й плато́к handkerchief
1183.	практи́ческий	practical	практи́ческий о́пыт practical experience
1184.	преде́л	limit	в преде́лах +g within
1185.	сте́нка	wall, partition, side	g pl сте́нок; сте́нки тру́бки sides of a tube
1186.	существо́	essence; being, creature	живо́е существо́ living creature
1187.	тишина́	quiet, silence	нару́шить тишину́ to break the silence
1188.	това́р	commodity, article	това́ры широ́кого потребле́ния consumer goods
1189.	верши́на	summit, peak	верши́на горы́ mountain peak

1190.	взрыв	explosion	произвести́ взрыв to cause an explosion
1191.	винова́тый	guilty, to blame	Он не винова́т It's not his fault
1192.	вы́расти p	to grow	вы́расту, вы́растешь, past вы́рос, вы́росла; выраста́ть i
1193.	гражда́нский	civil, civic	гражда́нская война́ civil war
1194.	де́ятель m	agent, figure	госуда́рственный де́ятель statesman
1195.	дождь m	rain	g sg дождя́; под дождём in the rain
1196.	называ́ться i	to be called	назва́ться p
1197.	находи́ть i +a	to find	нахожу́, нахо́дишь; найти́ p
1198.	невозмо́жно	impossibly; it is impossible	Его́ невозмо́жно найти́ He can't be found
1199.	обеща́ть i/p +d	to promise (s.o.)	p also по-
1200.	позволя́ть i +d	to permit (s.o.)	позволя́ю, позволя́ешь; позво́лить p
1201.	попроси́ть p +a +inf	to ask (s.o. to do sth)	попрошу́, попро́сишь; проси́ть i; Я попроси́л его́ войти́ I asked him to come in
1202.	роль f	role	nom pl ро́ли, g pl роле́й
1203.	сестра́	sister	nom pl сёстры, g pl сестёр, d pl сёстрам, inst pl сёстрами, pr pl сёстрах
1204.	сле́довательно	consequently, therefore	
1205.	столи́ца	capital (city)	жить в столи́це to live in the capital
1206.	упа́сть p	to fall	упаду́, упадёшь; past упа́л упа́ла; па́дать i
1207.	фигу́ра	figure	стро́йная фигу́ра shapely figure
1208.	царь m	tsar	g sg царя́, inst sg царём
1209.	бе́дный	poor	бе́дные лю́ди poor people
1210.	ве́рхний	upper	ве́рхняя по́лка upper berth
1211.	вслед за + inst	after	вслед за ним after him
1212.	заста́вить p +a +inf	to compel, force	заста́влю, заста́вишь; заставля́ть i; Он заста́вил нас вы́учить все слова́ He forced us to learn all the words
1213.	измене́ние	change, alteration	внести́ измене́ния в + a to make changes in
1214.	носи́ть i +a	to carry (around); wear	ношу́, но́сишь; indet of нести́ i
1215.	осо́бенность f	peculiarity, special feature	в осо́бенности in particular
1216.	рад short adj	glad	f ра́да, pl ра́ды
1217.	ре́зко	sharply, abruptly	Пого́да ре́зко измени́лась There was a sharp change in the weather

1218. звон(ó)к	bell, ring; telephone call	g sg звонкá
1219. испытáние	test, trial; ordeal	
1220. необходи́мость f	necessity	no pl; В э́том нет необходи́мости It is not essential
1221. обстанóвка	environment, situation; furniture	no pl
1222. печáть f	seal, stamp; print, printing	свобóда печáти freedom of the press
1223. пóвод	cause, grounds	к/для for; по пóводу +g concerning, apropos of
1224. постоя́нно	constantly, perpetually	Он постоя́нно недовóлен He is always dissatisfied
1225. разумéться i	to be meant	разумéется; под э́тим разумéется this implies; самó собóй разумéется it goes without saying
1226. стакáн	glass, tumbler	стакáн чáю a glass of tea
1227. тóчный	exact, precise	тóчный перевóд exact translation
1228. уéхать p	to go away, leave (by transport)	уéду, уéдешь; уезжáть i
1229. широкó	widely, broadly	широкó улыбáться to smile broadly
1230. возмóжный	possible	возмóжные решéния possible solutions
1231. изучéние	(detailed) study (of)	no pl; изучéние прирóды study of nature
1232. коми́ссия	commission, committee	
1233. гектáр	hectare (10,000 square metres, 2.5 acres)	
1234. найти́сь p	to be found, turn up	найдýсь, найдёшься; past нашёлся, нашлáсь; находи́ться i
1235. благодари́ть i +a за +a	to thank (s.o. for sth)	по- p; Благодарю́ вас I thank you
1236. блестя́щий	shining, bright, brilliant	блестя́щий ум brilliant mind
1237. вес	weight	nom pl весá; вес пакéта weight of a packet
1238. врач	doctor	g sg врачá; Онá лю́бит врачéй She likes doctors
1239. жёлтый	yellow	
1240. крик	cry, shout	крик востóрга cry of joy
1241. ны́нче (coll)	now (= теперь); today	
1242. обеспéчить p	(+a + inst) to supply s.o. with sth; (+a) assure, guarantee	обеспéчу, обеспéчишь; обеспéчивать i

1243.	поэ́т	poet	
1244.	р(о)т	mouth	g sg рта; pr sg во рту, о рте, nom pl рты, g pl ртов
1245.	соба́ка	dog	
1246.	сосе́дний	neighbouring, next	сосе́дняя ко́мната next room
1247.	тума́н	fog, mist	
1248.	капита́н	captain	
1249.	филосо́фия	philosophy	
1250.	доказа́ть p +a	to demonstrate, prove	докажу́, дока́жешь; дока́зывать i
1251.	здоро́вье	health	Вы́пьем за её здоро́вье! Let's drink to her health!
1252.	извини́ть p +a	to pardon	извиня́ть i; Извини́те! I'm sorry!
1253.	оши́бка	mistake	g pl оши́бок; по оши́бке by mistake
1254.	суме́ть p + p inf	to be able to, manage to	суме́ю, суме́ешь; уме́ть i
1255.	то́тчас	immediately	Он то́тчас уе́хал He left at once
1256.	ваго́н	carriage, coach, wagon	ваго́н-рестора́н restaurant car
1257.	встреча́ть i +a	to meet	встре́тить p
1258.	горе́ть i	to burn, be alight	горю́, гори́шь; за- p; Горе́л свет There was a light on
1259.	далёкий	distant, remote	далёкий го́род distant town
1260.	кана́л	canal; channel	дипломати́ческие кана́лы diplomatic channels
1261.	пра́ктика	practice	разгово́рная пра́ктика conversation practice
1262.	сожале́ние	regret	к сожале́нию unfortunately
1263.	укрепле́ние	strengthening	укрепле́ние оборо́ны strengthening of defence
1264.	быт	way of life, everyday life	pr sg в быту́; слу́жба бы́та consumer services
1265.	де́латься i	(+inst) to become; be done	с- p
1266.	кры́ша	roof	
1267.	недоста́т(о)к	defect; (+g or в +pr) shortage (of)	g sg недоста́тка
1268.	о́трасль f	branch (of science, industry, government, etc.)	
1269.	пода́ть p	to give; to serve (food)	пода́м, пода́шь, пода́ст, подади́м, подади́те, подаду́т, past по́дал, подала́, по́дало; подава́ть i; пода́ть приме́р to set an example
1270.	по́иск	search	в по́исках (+ g) in search of

1271.	порт	port	pr sg в портý, о пóрте; nom pl пóрты, g pl портóв
1272.	решáть i +a	to decide; solve	решúть p
1273.	свидáние	meeting, rendezvous	назнáчить свидáние to arrange a meeting; до свидáния goodbye
1274.	трéбование	demand	
1275.	чертá	feature, trait; line	провестú чертý to draw a line
1276.	штат	staff (of institution); state (of the USA, Australia)	
1277.	вздохнýть p	to sigh	вздохнý, вздохнёшь; вздыхáть i
1278.	запúска	note (written)	g pl запúсок; послáть запúску to send a note
1279.	óзеро	lake	nom pl озёра, g pl озёр
1280.	организовáть i/p +a	to organize	организýю, организýешь; i in past организóвывать
1281.	пускáть i +a	to allow; let in; let go	пустúть p
1282.	снимáть i +a	to take off; photograph	снять p
1283.	сознáние	consciousness	клáссовое сознáние class consciousness
1284.	теплó	warmly; it is warm; warmth	пять грáдусов теплá five degrees above zero
1285.	обращáться i	(к + d) to turn to; (в +a) turn into; (с +inst) handle sth, treat s.o.	обратúться p
1286.	прéжний	former	
1287.	пространство	space, expanse	космúческое прострáнство outer space
1288.	состáвить p +a	to make up, compose, consitute	состáвлю, состáвишь; составлять i
1289.	спýтник	travelling companion; satellite	
1290.	стрелять i в +a or по +d	to shoot (at)	стреляю, стреляешь
1291.	вдоль +g	along	вдоль рекú along the river
1292.	встрéтиться p с +inst	to meet (s.o.)	встрéчусь, встрéтишься; встречáться i
1293.	докумéнт	document	
1294.	мечтáть i о +pr	to (day) dream (about)	
1295.	обы́чно	usually	
1296.	продýкт	product	продýкты produce, provisions, food

1297.	секу́нда	second	через две секу́нды two seconds later
1298.	сельскохозя́й-ственный	agricultural	
1299.	стра́нный	strange	
1300.	хвати́ть p	(3rd pers +g) to be enough	хва́тит; хвата́ть i; Вре́мени хва́тит There will be enough time
1301.	бра́тский	fraternal, brotherly	бра́тские стра́ны fraternal countries
1302.	встава́ть i	to get up; stand up	встаю, встаёшь; встать p
1303.	дойти́ p до +g	to reach (s.o. or sth)	дойду́, дойдёшь, past дошёл, дошла́; доходи́ть i
1304.	достиже́ние	achievement	
1305.	зайти́ p	(к +d) to call on s.o.; (за + a) go behind, set (of sun)	зайду́, зайдёшь; past зашёл, зашла́; заходи́ть i
1306.	мёртвый	dead	
1307.	могу́чий	powerful	могу́чая а́рмия powerful army
1308.	мото́р	motor, engine	мото́р автомоби́ля car engine
1309.	незави́симость f	independence	борьба́ за незави́симость independence struggle
1310.	определи́ть p +a	to define, determine	определя́ть i
1311.	послу́шать p +a	to listen (to)	слу́шать i
1312.	представле́ние	presentation; performance; notion, conception	
1313.	примене́ние	application, use	
1314.	тру́дность f	difficulty	
1315.	удово́льствие	pleasure	
1316.	у́зкий	narrow	
1317.	бо(е́)ц	fighter, soldier	g sg бойца́
1318.	вы́ступить p	to speak (publicly); appear in public	вы́ступлю, вы́ступишь; выступа́ть i
1319.	жа́лко	pitifully; it's a pity; (+g) be sorry for	Мне его́ жа́лко I'm sorry for him
1320.	ма́ссовый	mass (adj)	
1321.	ме́ньше	less	
1322.	мечта́	dream, daydream	no g pl
1323.	ночно́й	night (adj)	
1324.	обра́тно	back (adv)	туда́ и обра́тно there and back
1325.	опа́сность f	danger	
1326.	отказа́ться p	(+inf) to refuse (to do sth); (от +g) renounce (sth)	откажу́сь, отка́жешься; отка́зываться i
1327.	полк	regiment	g sg полка́, pr sg в полку́

1328.	по́лностью	fully, completely	
1329.	попы́тка	attempt	g pl попы́ток
1330.	про́шлое n adj	the past	
1331.	рис	rice	
1332.	споко́йный	calm	
1333.	у́г(о)ль m	coal	g sg угля́, nom pl у́гли/у́голья, g pl углей/у́гольев
1334.	учрежде́ние	establishment, institution	
1335.	щека́	cheek	a sg щёку, g sg щеки́, nom pl щёки, g pl щёк, d pl щека́м
1336.	во́зраст	age	
1337.	гро́мко	loudly	
1338.	дым	smoke	pr sg в дыму́, nom pl дымы́
1339.	жела́ние	wish, desire	
1340.	забо́та	care, trouble	
1341.	испо́льзование	utilization	
1342.	красота́	beauty	nom pl красо́ты
1343.	мо́щный	powerful	
1344.	постепе́нно	gradually	
1345.	президе́нт	president	
1346.	ры́ба	fish	
1347.	следи́ть i за +inst	to watch, keep an eye on	слежу́, следи́шь
1348.	схвати́ть p +a	to seize, grab	схвачу́, схва́тишь; хвата́ть i/ схва́тывать i
1349.	темнота́	darkness	
1350.	трава́	grass; herb	nom pl тра́вы
1351.	тяжело́	heavily; gravely; it is hard, painful	
1352.	улучше́ние	improvement	
1353.	улы́бка	smile	g pl улы́бок
1354.	уче́ние	learning, study, instruction	
1355.	глу́пый	stupid, silly	
1356.	зато́	in compensation, on the other hand	Дом далеко́ от це́нтра, зато́ метро́ ря́дом The house is far from the centre, but (on the other hand) the metro is nearby
1357.	л(о)б	forehead	g sg лба, pr sg на лбу
1358.	нема́ло	not a little, a good many	
1359.	поколе́ние	generation	
1360.	рассма́тривать i +a	to examine, consider	рассмотре́ть p
1361.	учи́тель m	teacher	nom pl учителя́
1362.	ви́димо	evidently	
1363.	воева́ть i	to wage war	вою́ю, вою́ешь
1364.	выступле́ние	speech; (public) appearance	

1365.	ю́ноша	(a) youth	g pl ю́ношей
1366.	значи́тельно	significantly, considerably	
1367.	из-под +g	from under	из-под столá from under the table; буты́лка из-под молокá milk bottle
1368.	лечь p	to lie down	ля́гу, ля́жешь, ля́гут, past лёг, леглá, imperative ля́г(те)!; ложи́ться i
1369.	попрóбовать p +a	to try, taste	попрóбую, попрóбуешь; прóбовать i
1370.	промы́шленный	industrial	
1371.	слáбый	weak	
1372.	собирáть i +a	to collect, gather	собрáть p
1373.	стул	chair	nom pl сту́лья, g pl сту́льев
1374.	фотогрáфия	photograph	
1375.	цепь f	chain	pr sg о цéпи, на цепи́, nom pl цéпи, g pl цепéй
1376.	восстáние	uprising	
1377.	задáние	task, assignment	
1378.	засмея́ться p	to laugh	засмею́сь, засмеёшься; смея́ться i
1379.	навéрно	probably, most likely	
1380.	обрати́ться p	(к +d) to turn to; (в +a) turn into; (с +inst) handle sth, treat s.o.	обращу́сь, обрати́шься; обращáться i
1381.	октя́брь m	October	g sg октября́
1382.	отличáться i	to distinguish os; (от +g i only) differ	отличи́ться p; Чем отличáется университéт от институ́та? What's the difference between a university and an institute?
1383.	повторя́ть i +a	to repeat	повторя́ю, повторя́ешь; повтори́ть p
1384.	содержáние	content (noun)	
1385.	устрóить p +a	to arrange, organize	устрáивать i
1386.	вáжно	it is important	
1387.	вéра	faith, belief	
1388.	демократи́ческий	democratic	
1389.	долг	debt; (sg only) duty	pr sg в долгу́, nom pl долги́
1390.	зимá	winter	a sg зи́му, g sg зимы́, nom pl зи́мы
1391.	крéпко	firmly	
1392.	мóлча	in silence, without speaking	
1393.	перехóд	crossing, transition	
1394.	познакóмиться p	to become acquainted	познакóмлюсь,

с +inst	with; meet	познако́мишься; знако́миться i
1395. портре́т	portrait	
1396. чу́до	marvel, miracle	nom pl чудеса́, g pl чуде́с, d pl чудеса́м
1397. бок	side	pr sg на боку́, nom pl бока́
1398. ввести́ p +a	to bring in, introduce	введу́, введёшь, past ввёл, ввела́; вводи́ть i
1399. держа́ться i	(за +a) to hold on (to); (+g) keep to	держу́сь, де́ржишься
1400. жале́ть i +a	to pity, feel sorry for; (о +pr) regret	жале́ю, жале́ешь; пожале́ть p
1401. изуча́ть i +a	to study	изучи́ть p
1402. ита́к	so, so then	Ита́к, тепе́рь всё я́сно So now everything is clear
1403. наде́яться i	to hope	наде́юсь, наде́ешься
1404. настрое́ние	mood	
1405. о́блако	cloud	nom pl облака́, g pl облако́в
1406. одновреме́нно	simultaneously	
1407. отойти́ p от +g	to move away (from); depart (train)	отойду́, отойдёшь, past отошёл, отошла́; отходи́ть i; отойти́ от окна́ to move away from the window
1408. поня́тие	concept, notion	
1409. пот(о́)к	stream, flow	
1410. роди́ться p	to be born	рожу́сь, роди́шься, past роди́лся, родила́сь; рожда́ться i
1411. сто́имость f	cost, value	no pl
1412. стремле́ние	striving, aspiration, desire	
1413. террито́рия	territory	
1414. висе́ть i	to hang, be hanging	вишу́, виси́шь
1415. вниз	down	
1416. го́рный	mountain (adj); mining	
1417. городско́й	urban, town (adj)	
1418. дива́н	divan, couch	
1419. заговори́ть p	to start speaking	догова́ривать i
1420. кста́ти	incidentally, by the way; opportunely	
1421. образ(е́)ц	model, pattern	g sg образца́
1422. принадлежа́ть i	(+d) to belong to; (к +d) be a member of	принадлежу́, принадлежи́шь
1423. суд	court (of law); trial	g sg суда́
1424. автомоби́ль m	car	
1425. а́дрес	address	nom pl адреса́

1426. вверх	upwards	
1427. взя́ться p за +a	to take hold of; to take up, get down to	возьму́сь, возьмёшься, past взя́лся, взяла́сь; бра́ться i
1428. духо́вный	spiritual	
1429. иностра́нный	foreign	
1430. литерату́рный	literary	
1431. ложи́ться i	to lie down	ложу́сь, ложи́шься; лечь p
1432. напомина́ть i +d о +pr	to remind (s.o. of sth.)	напо́мнить p
1433. осторо́жно	carefully, cautiously	
1434. победи́ть p +a	to defeat, conquer	no 1st person sg, победи́шь; побежда́ть i
1435. поле́зный	useful	
1436. предлага́ть i +a +d	to offer, propose (sth to s.o.)	предложи́ть p
1437. расчёт [сч =щ]	calculation	
1438. уве́ренный	confident, sure	short forms: уве́рен, уве́рена
1439. боле́знь f	illness	
1440. впереди́	ahead	
1441. вско́ре	soon	
1442. желе́зо	iron	
1443. навстре́чу +d	towards	
1444. облада́ть i +inst	to possess	облада́ть хоро́шим умо́м to have a good brain
1445. опа́сный	dangerous	
1446. полтора́ numeral	one and a half	with f nouns полторы́; g, d, inst, pr полу́тора; полтора́ го́да 1.5 years
1447. счита́ться i	(+ inst) to be considered; (с + inst) take into account	Он счита́ется ге́нием He is considered a genius; С э́тим мо́жно не счита́ться This can be ignored
1448. трудово́й	labour, work (adj)	
1449. уча́ствовать i в +pr	to take part in	уча́ствую, уча́ствуешь
1450. ше́я	neck	
1451. ю́жный	southern	
1452. бро́ситься p	to rush, throw oneself	бро́шусь, бро́сишься; броса́ться i
1453. всео́бщий	general; universal	
1454. догово́р	agreement; treaty; contract	
1455. захоте́ть p +inf	to want	захочу́, захо́чешь, захо́чет, захоти́м, захоти́те, захотя́т; хоте́ть i
1456. коро́ткий	short	

1457. культу́рный	cultured, civilized; cultural	
1458. мя́гкий	soft; gentle	
1459. ой	o; oh (expressing surprise or fright)	
1460. развива́ться i	to develop	разви́ться p
1461. тяну́ть i +a	to pull, drag	тяну́, тя́нешь
1462. целова́ть i +a	to kiss	целу́ю, целу́ешь; поцелова́ть p
1463. ве́чный	eternal	
1464. янва́рь m	January	g sg января́
1465. обнару́жить p +a	to reveal; discover	обнару́живать i
1466. осо́бенный	special, particular	
1467. подгото́вка к +d	preparation (for)	no pl
1468. приду́мать p +a	to think up, invent	приду́мывать i
1469. реда́кция	editorial office; editing	
1470. со́бственность f	property (something owned)	ча́стная со́бственность private property; со́бственность на зе́млю ownership of land
1471. стро́го	strictly	
1472. убеди́ться p в +pr	to convince oneself, become sure (of sth)	no 1st pers sg, убеди́шься; убежда́ться i
1473. угро́за	threat	
1474. уничто́жить p +a	to destroy; do away with	уничтожа́ть i
1475. груз	load; cargo	
1476. здоро́вый	healthy	
1477. кольцо́	ring (i.e. small hoop)	nom pl ко́льца, g pl коле́ц, d pl ко́льцам
1478. ко́нчить p +a	to finish; graduate	конча́ть i
1479. меш(о́)к	bag, sack	g sg мешка́
1480. мост	bridge	pr sg на мосту́, nom pl мосты́
1481. сме́на	changing; shift (e.g in factory); replacement	
1482. сни́м(о)к	photograph	g sg сни́мка
1483. теле́га	cart	
1484. тип	type; (coll) bloke, fellow	
1485. торопи́ться i	to hurry, be in a hurry	тороплю́сь, торо́пишься; по- p
1486. физи́ческий	physical	
1487. весть f	piece of news	nom pl ве́сти, g pl весте́й
1488. во́дка	vodka	
1489. говори́ться i	to be said	говори́тся; как говори́тся as they say
1490. де́вять	nine	g, d, pr девяти́, inst девятью́
1491. зако́нчить p +a	to finish	зака́нчивать i
1492. кру́глый	round	
1493. мора́ль f	morals, morality; moral (of a story)	no pl

1494. немнóжко	(coll) a little, a bit	
1495. обúда	offence, insult	
1496. обыкновéнный	usual; ordinary	
1497. окончáтельно	finally, definitively	
1498. погодúть p	to wait a little	погожý, погодúшь; Погодúте! Wait a moment!
1499. по-мóему	in my opinion; as I would have it	
1500. помóщник [щ = ш]	assistant	
1501. пьяный	drunk	short forms: пьян, пьянá, пьяно, пьяны
1502. соединéние	joining, combination; joint, join (tech)	
1503. толпá	crowd	nom pl тóлпы
1504. удáрить p +a	to strike, hit	ударять i/бить i
1505. хýже	worse	
1506. едúный	single, sole; united	
1507. злой	evil, wicked; bad-tempered, fierce	short forms зол m, зла f
1508. назначéние	appointment (to a post); purpose (for which sth is intended)	назначéние инструмéнта purpose of a tool; испóльзовать чтó-нибудь по назначéнию to use sth for its proper purpose
1509. óсень f	autumn	
1510. пар	steam	pr sg в парý, nom pl пары́
1511. повторúть p +a	to repeat	повторять i
1512. полевóй	field (adj)	
1513. прочéсть p +a	to read	прочтý, прочтёшь, past прочёл, прочлá; читáть i
1514. сóбственно	strictly, properly	сóбственно говоря strictly speaking
1515. старúнный	ancient	
1516. столóвая f adj	dining-room; canteen, refectory	
1517. сухóй	dry	
1518. терять i +a	to lose	теряю, теряешь; потерять p
1519. готóвить i +a	to prepare; to cook	готóвлю, готóвишь; приготóвить p
1520. держáва	power (powerful country)	велúкие держáвы the Great Powers
1521. заставлять i +a +inf	to force, compel (s.o. to do sth)	заставляю, заставляешь; застáвить p
1522. колесó	wheel	nom pl колёса, g pl колёс
1523. летéть i	to fly	лечý, летúшь; det verb of motion; полетéть p

1524.	нéчто	something (= что-то)	only nom and a; нéчто другóе something else
1525.	подавáть i +a	to serve, present, give	подаю́, подаёшь; подáть p
1526.	полагáть i	to suppose, think	no p
1527.	пропáсть p	to vanish, go missing, be lost	пропаду́, пропадёшь, past пропáл, пропáла; пропадáть i
	прóпасть f	precipice, abyss	g pl пропастéй
1528.	свéжий	fresh	
1529.	сéверный	north, northern	
1530.	собрáть p +a	to gather, collect	соберу́, соберёшь, past собрáл, собралá, собрáло; собирáть i
1531.	удиви́тельный	surprising, astonishing	
1532.	учáстник	participant	
1533.	хозя́йка	owner, proprietress; hostess	g pl хозя́ек
1534.	чей	whose	f чья, n чьё, pl чьи; Э́то чья кни́га? Whose book is this?
1535.	беспокóиться i о +pr	to worry, be worried (about)	о- p
1536.	во-пéрвых	firstly, in the first place	
1537.	выражéние	expression	
1538.	гóре	grief, sorrow	no pl
1539.	дéтство	childhood	
1540.	дóллар	dollar	
1541.	дóля	portion, share; lot, fate	nom pl дóли, g pl долéй
1542.	итóг	sum, total	подвести́ итóги to sum up
1543.	коридóр	corridor	
1544.	ны́не	now; today (= тепéрь)	
1545.	признáть p	to admit; to recognize	признавáть i
1546.	средá	(a sg срéду, d pl средáм) Wednesday; (a sg среду́, d pl срéдам) environment, milieu	g sg среды́, nom pl срéды
1547.	учи́лище	college (vocational)	
1548.	бóмба	bomb	
1549.	бюрó n indecl	office	
1550.	вы́сший	highest, supreme	
1551.	дéдушка m	grandfather	g pl дéдушек
1552.	действи́тельность f	reality; validity (of a document)	в действи́тельности in reality, in actual fact
1553.	заседáние	meeting, conference, session	на заседáнии at a meeting
1554.	ключ	key; spring, source	g sg ключá
1555.	крéсло	armchair	g pl крéсел

1556. оставля́ть i +a	to leave (sth)	оставля́ю, оставля́ешь; оста́вить p
1557. останови́ть p +a	to stop (sth)	остановлю́, остано́вишь; остана́вливать i
1558. отме́тить p +a	to mark, note, record; to celebrate	отме́чу, отме́тишь; отмеча́ть i
1559. пого́да	weather	
1560. поступа́ть i	to act; (в +a) enter (organization)	поступи́ть p; поступа́ть в университе́т to enter a university
1561. приводи́ть i +a	to bring, lead	привожу́, приво́дишь; привести́ p
1562. режи́м	regime; rules, regulations; diet	
1563. реши́тельно	resolutely; definitely, absolutely	
1564. сравне́ние	comparison	по сравне́нию с + inst compared with
1565. стра́нно	strangely; it is strange	
1566. стро́гий	strict, severe	
1567. сты́дно	it is shameful; (+ d of person X) X is ashamed	Как вам не сты́дно? You ought to be ashamed
1568. та́н(е)ц	dance	g sg та́нца
1569. бо́льно	painfully; it is painful	
1570. добро́	good, good deeds; goods (coll)	Добро́ пожа́ловать! Welcome!
1571. заключи́ть p +a	to conclude; enclose; imprison	заключу́, заключи́шь; заключа́ть i
1572. за́навес	(heavy) curtain	
1573. когда́-то	at some time, at one time	Я был там когда́-то I was there once
1574. ко́нчиться p	to end, come to an end	конча́ться i
1575. миллиа́рд	1,000,000,000 (American billion)	
1576. ны́нешний	present, present-day	
1577. обстоя́тельство	circumstance	
1578. отдава́ть i +a	to give back; to give away	отдаю́, отдаёшь; отда́ть p
1579. ох	oh, ah (expressing regret, annoyance)	
1580. переходи́ть i +a or че́рез +a	to cross, go over	перехожу́, перехо́дишь; перейти́ p
1581. привы́кнуть p к +d	to get used to; get into the habit of	привы́кну, привы́кнешь, past привы́к, привы́кла; привыка́ть i

1582.	прислáть p +a	to send	пришлю́, пришлёшь; присылáть i
1583.	проти́вник	opponent, adversary	
1584.	прочитáть p +a	to read (= прочéсть)	читáть i
1585.	реáльный	real; realistic	
1586.	спи́чка	match, matchstick	g pl спи́чек
1587.	твóрческий	creative	
1588.	торгóвля	trade	внéшняя торгóвля foreign trade; торгóвля орýжием arms trade
1589.	укáзывать i +a or на +a	to point out	указáть p
1590.	установка	installation; purpose	
1591.	воздýшный	air (adj)	
1592.	всю́ду	everywhere	
1593.	выпускáть i +a	to release	вы́пустить p
1594.	журнали́ст	journalist	
1595.	захвати́ть p +a	to seize	захвачý, захвáтишь; захвáтывать i
1596.	звáние	title; calling	
1597.	звони́ть i +d	to ring, telephone (s.o.)	по- p
1598.	конкрéтный	concrete, specific	конкрéтный примéр specific example
1599.	кри́кнуть p	to shout	кричáть i
1600.	март	March (month)	
1601.	мнóжество	large number	
1602.	обернýться p	to turn round	оборáчиваться i
1603.	отпрáвить p +a	to send off	отпрáвлю, отпрáвишь; отправля́ть i
1604.	противорéчие	contradiction	
1605.	рéзкий	sharp	
1606.	сомнéние	doubt	
1607.	сохрани́ть p +a	to preserve	сохраня́ть i
1608.	темп	rate, speed	
1609.	трубá	pipe	nom pl трýбы
1610.	тюрьмá	prison	nom pl тю́рьмы, g pl тю́рем
1611.	внимáтельно	attentively	
1612.	забывáть i +a	to forget	забы́ть p
1613.	ли́шний	extra, spare	
1614.	поги́бнуть p	to perish	past поги́б, поги́бла; погибáть i
1615.	порóг	threshold	
1616.	прибы́ть p (formal)	to arrive	прибýду, прибýдешь, past при́был, прибылá, при́было; прибывáть i
1617.	производи́ть i +a	to produce	произвожý, произвóдишь; произвести́ p

1618. про́сьба	request	
1619. состоя́ться p	to take place	состои́тся; no i
1620. тво́рчество	creative work	
1621. уезжа́ть i	to leave	уе́хать p
1622. университе́т	university	
1623. акаде́мик	academician	
1624. би́тва	battle	
1625. взро́слый	adult	
1626. ка́пля	drop	g pl ка́пель
1627. контро́ль m	checking	
1628. мно́гое n adj	much	
1629. непоня́тный	incomprehensible	
1630. ни́жний	lower	
1631. осуществле́ние	carrying out	
1632. превраща́ться i в +a	to turn into	преврати́ться p
1633. прогре́сс	progress	
1634. пункт	point	
1635. ре́дкий	rare	
1636. содержа́ть i	to contain	соде́ржит
1637. сообща́ть i +a +d	to communicate (sth to s.o.)	сообщи́ть p
1638. уваже́ние	respect	
1639. у́жас	horror	
1640. цветно́й	coloured	цветно́й телеви́зор colour television
1641. шар	sphere	nom pl шары́; земно́й шар the globe
1642. врать i	to tell lies; talk nonsense	вру, врёшь; со- p
1643. да́ма	lady	
1644. демокра́тия	democracy	
1645. деревя́нный	wooden	
1646. и́стина	truth	
1647. исче́знуть p	to vanish	past исче́з, исче́зла; исчеза́ть i
1648. ка́менный	stone (adj)	
1649. люби́мый	favourite	
1650. отту́да	from there	
1651. поведе́ние	behaviour	
1652. повести́ p +a	to lead	поведу́, поведёшь, past повёл, повела́; вести́ i
1653. постоя́ть p	to stand for a while	постою́, постои́шь; стоя́ть i
1654. потре́бность f	need	
1655. рука́в	sleeve	g sg рукава́, nom pl рукава́
1656. соединённый	united	Соединённые Шта́ты Аме́рики (США) United States of America

1657. труди́ться i	to labour	тружу́сь, тру́дишься; по- p
1658. фами́лия	surname	
1659. шуме́ть i	to make a noise	шумлю́, шуми́шь
1660. акти́вный	active	
1661. библиоте́ка	library	
1662. е́здить i	to travel	е́зжу, е́здишь; по- p/съ- p
1663. лезть i	to climb	ле́зу, ле́зешь, past ле́з, ле́зла; по- p
1664. образова́ть p +a	to form	образу́ю, образу́ешь; образо́вывать i
1665. пе́чка	stove	g pl пе́чек
1666. плане́та	planet	
1667. поня́тный	comprehensible	
1668. поступи́ть p	to act; (в +a) enter (organization)	поступлю́, посту́пишь; поступа́ть p
1669. пра́вило	rule	
1670. прозра́чный	transparent	
1671. торго́вый	trade (adj)	
1672. тре́боваться i	to be needed	тре́буется; по- p
1673. шине́ль f	greatcoat	
1674. шути́ть i	to joke	шучу́, шу́тишь; по- p
1675. шу́тка	joke	g pl шу́ток
1676. я́щик	box, crate	
1677. авторите́т	authority	
1678. боле́ть i	to be ill; to hurt	
1679. броса́ться i	to rush	бро́ситься p
1680. вече́рний	evening (adj)	
1681. ви́дный	eminent	
1682. внеза́пно	suddenly	
1683. гуля́ть i	to take a walk; (coll) take time off	гуля́ю, гуля́ешь; по- p
1684. двена́дцать	twelve	
1685. зверь m	wild animal	g pl звере́й
1686. звук	sound	
1687. звуча́ть i	to sound	звучи́т; про- p; Э́то звучи́т стра́нно That sounds strange
1688. кома́ндовать i +inst	to command (sth)	кома́ндую, кома́ндуешь
1689. кури́ть i	to smoke	курю́, ку́ришь; по- p/за- p
1690. непреме́нно	without fail	Он непреме́нно придёт He'll definitely come
1691. ни́зко	low	
1692. образова́ться p	to be formed	образу́ется; образо́вываться i
1693. означа́ть i	to mean	
1694. остана́вливаться i	to stop	останови́ться p
1695. о́стрый	sharp	

1696. питáние	feeding, food	
1697. полосá	strip	nom pl пóлосы, g pl полóс, d pl полосáм
1698. святóй	sacred; saint	собóр святóго Пáвла St. Paul's Cathedral
1699. серединa	middle	
1700. случáйно	by chance	
1701. сýтки f pl	24 hours	g pl сýток; трóе сýток three days and nights
1702. убежáть p	to run away	убегý, убежи́шь, убегýт; убегáть i
1703. шáпка	hat (without brim)	g pl шáпок
1704. агрéссия	aggression	
1705. благодаря́ +d	thanks to	
1706. зло	evil	no pl except in мéньшее из двух зол lesser of two evils
1707. кругóм	around	
1708. крыльцó	entrance steps; porch	nom pl кры́льца, g pl крылéц, d pl крыльцáм
1709. нерéдко	often	
1710. обéд	meal; dinner	
1711. поддéржка	support	
1712. подъём	rise	
1713. причём	and furthermore	
1714. проéкт	project	
1715. сообщéние	communication	
1716. сосéд	neighbour	nom pl сосéди, g pl сосéдей
1717. сýщность f	essence	
в сýщности	in essence	
1718. твёрдо	firmly	
1719. ци́фра	figure, number	
1720. англичáнин	Englishman	nom pl англичáне, g pl англичáн
1721. во-вторы́х	secondly	
1722. вооружéние	arming; arms	
1723. востóк	east	на востóке in the east
1724. зáпах	smell	
1725. зи́мний	winter (adj)	
1726. карандáш	pencil	g sg карандашá
1727. корóва	cow	
1728. кóрпус	(nom pl корпусá) corps; building; (nom pl кóрпусы) body, frame	
1729. крáска	paint	g pl крáсок
1730. май	May	
1731. передáча	transmission	

1732. подде́рживать i +a	to support	поддержа́ть p
1733. походи́ть p	to walk about	похожу́, похо́дишь; ходи́ть i
походи́ть i на +a	to resemble	no p
1734. по́яс	belt, waist	nom pl пояса́
1735. указа́ть p +a or на +a	to point out	укажу́, ука́жешь; ука́зывать i
1736. вряд ли	(it's) unlikely	Вряд ли он придёт He's unlikely to come
1737. горизо́нт	horizon	
1738. жаль	it's a pity	О́чень жаль, что вас не́ было What a pity you weren't there
1739. жи́тель m	inhabitant	
1740. заду́маться p o +pr	to think deeply (about)	заду́мываться i
1741. закрича́ть p	to shout	закричу́, закричи́шь; крича́ть i
1742. измени́ть p	(+a) to alter; (+d) betray	изменю́, изме́нишь; изменя́ть i
1743. мину́тка	moment	g pl мину́ток; Одну́ мину́тку Just a moment
1744. не́когда	there's no time; once	Мне не́когда I haven't time; Не́когда здесь бы́ло о́зеро There was once a lake here
1745. отве́тственность f	responsibility	
1746. пере́дняя f adj	entrance hall	
1747. пост	post (job)	pr sg на посту́, nom pl посты́
1748. расстоя́ние	distance	на расстоя́нии трёх киломе́тров three kilometres away
1749. све́дение	information	often pl; У меня́ нет све́дений об э́том I have no information about that
1750. се́вер	north	на се́вере in the north
1751. серди́ться i на +a	to be angry (with)	сержу́сь, се́рдишься; рас- p
1752. со́весть f	conscience	
1753. тради́ция	tradition	
1754. фра́за	phrase	
1755. чемода́н	suitcase	
1756. выража́ть i +a	to express	вы́разить p
1757. го́лый	naked	
1758. защища́ть i +a	to defend	защити́ть p
1759. ка́федра	department (university)	на ка́федре ру́сского языка́ in the Russian department
1760. компа́ния	company; group of friends	
1761. обору́дование	equipment	
1762. открыва́ться i	to open	откры́ться p
1763. передава́ть i +a	to transmit	передаю́, передаёшь; переда́ть p
1764. поко́й	peace, quiet	

1765.	почему́-то	for some reason	
1766.	сме́лый	brave, bold	
1767.	спо́рить i	to argue	по- p
1768.	спорт	sport	no pl; ви́ды спо́рта sports
1769.	успе́шно	successfully	
1770.	фильм	film	
1771.	безопа́сность f	security	
1772.	вы́пустить p +a	to release	вы́пущу, вы́пустишь; выпуска́ть i
1773.	дисципли́на	discipline	
1774.	дыша́ть i +inst	to breathe	дышу́, ды́шишь; по- p; дыша́ть све́жим во́здухом to breathe fresh air
1775.	здо́рово	(coll) splendid(ly), great	
	здоро́во	healthily; (coll) hi!	
1776.	изображе́ние	depiction	
1777.	класть i +a	to put	кладу́, кладёшь, past клал, кла́ла; положи́ть p
1778.	кре́пость f	fortress; strength	
1779.	несомне́нно	undoubtedly	
1780.	окружа́ть i +a	to surround	окружи́ть p
1781.	опусти́ть p +a	to lower, drop	опущу́, опу́стишь; опуска́ть i
1782.	отли́чно	excellent(ly)	
1783.	приме́рно	approximately	
1784.	спустя́ +a	later (= через)	спустя́ три дня three days later
1785.	строи́тельный	construction (adj)	строи́тельная площа́дка building site
1786.	тала́нт	talent	
1787.	уста́ть p	to tire	уста́ну, уста́нешь; устава́ть i
1788.	ю́ность f	youth	
1789.	бра́ться i за +a	to take hold of; start work on	беру́сь; берёшься, past бра́лся, брала́сь; взя́ться p
1790.	величина́	size	nom pl величи́ны
1791.	верну́ть p +a	to return	возвраща́ть i
1792.	зе́ркало	mirror	nom pl зеркала́, g pl зерка́л, d pl зеркала́м
1793.	крыло́	wing	nom pl кры́лья, g pl кры́льев
1794.	ле́стница	staircase; ladder	
1795.	определя́ть i +a	to define	определя́ю, определя́ешь; определи́ть p
1796.	очередно́й	next; regular	
1797.	пальто́ n indecl	overcoat	
1798.	папиро́са	cigarette	
1799.	пла́тье	dress	g pl пла́тьев
1800.	поверну́ться p	to turn around	повора́чиваться i

1801.	разобра́ться p в +pr	to sort sth out	разберу́сь, разберёшься, past разобра́лся, разобрала́сь; разбира́ться i
1802.	пу́шка	cannon	g pl пу́шек
1803.	получе́ние	receiving	
1804.	прия́тно	pleasant	
1805.	посёл(о)к	settlement	
1806.	поте́ря	loss	
1807.	пожа́р	fire	
1808.	серди́то	angrily	
1809.	слух	hearing; rumour	
1810.	снаря́д	shell (mil)	
1811.	сообщи́ть p +a +d	to communicate (sth to s.o.)	сообща́ть i
1812.	те́сный	tight	
1813.	экза́мен	examination	экза́мен по ру́сскому языку́ Russian exam
1814.	бла́го	good (thing), benefit; (coll) since, seeing that	
1815.	боло́то	marsh	
1816.	внутри́ +g	inside	
1817.	вы́глядеть i	to look	вы́гляжу, вы́глядишь; Она́ вы́глядит хорошо́ She looks well
1818.	гото́виться i к +d	to prepare (for sth)	гото́влюсь, гото́вишься
1819.	дви́гатель m	motor, engine	
1820.	доба́вить p +a к +d	to add (sth to sth)	доба́влю, доба́вишь; добавля́ть i
1821.	дрожа́ть i	to shiver	дрожу́, дрожи́шь; за- p
1822.	капитали́ст	capitalist	
1823.	кре́пкий	strong	
1824.	музыка́льный	musical	
1825.	нехорошо́	not good	
1826.	объяви́ть p	to declare	объявлю́, объя́вишь; объявля́ть i
1827.	органи́зм	organism	
1828.	оста́т(о)к	remainder	
1829.	подо́бно +d	similar (to)	
1830.	покры́ть p +a +inst	to cover (sth with sth)	покро́ю, покро́ешь; покрыва́ть i
1831.	поп	priest (coll)	g sg попа́
1832.	по-пре́жнему	as before	
1833.	привы́чка	habit	g pl привы́чек
1834.	сдать p +a	to hand in; pass (exam)	сдам, сдашь, сдаст, сдади́м, сдади́те, сдаду́т, past сдал, сдала́, сда́ло; сдава́ть i

1835.	соглаше́ние	agreement	
1836.	спор	argument	
1837.	строка́	line (of text)	nom pl стро́ки, d pl строка́м
1838.	тяну́ться i	to stretch	тя́нется
1839.	увеличе́ние	increase	
1840.	ужа́сно	terribly	
1841.	урожа́й	harvest	
1842.	це́нный	valuable	
1843.	чи́сто	purely, cleanly	
1844.	бе́гать i	(p по-) to run around; (p с-) run there and back	p по-/с-
1845.	борода́	beard	a sg бо́роду, nom pl бо́роды, g pl боро́д, d pl борода́м
1846.	депута́т	elected representative	
1847.	закрыва́ть i +a	to close	закры́ть p
1848.	заявле́ние	announcement; application	
1849.	ко́ротко	short, briefly	ко́ротко говоря́ in short
1850.	напра́сно	in vain	
1851.	но́чью	at night	
1852.	охо́та	desire; hunting	охо́та на лис fox hunting
1853.	пи́ща	food	
1854.	помеще́ние	accommodation, premises	
1855.	ро́вно	evenly; precisely	ро́вно в де́сять at ten o'clock precisely
1856.	тайга́	taiga (northern forest)	
1857.	телегра́мма	telegram	
1858.	то́лстый	fat	
1859.	тра́нспорт	transport	
1860.	бык	bull	g sg быка́
1861.	вы́держать p +a	to withstand	вы́держу, вы́держишь; выде́рживать i
1862.	дости́гнуть p +g	to achieve	past дости́г, дости́гла; достига́ть i
1863.	вы́нуть p +a	to take out	вынима́ть i
1864.	выполне́ние	carrying out	
1865.	ко́жа	skin; leather	
1866.	ме́ньший	smaller	
1867.	мол	he/she/they said	Она́, мол, не зна́ет She said she doesn't know
1868.	насто́лько	so much	
1869.	неожи́данный	unexpected	
1870.	обрати́ть p +a	to turn	обращу́, обрати́шь; обраща́ть i; обрати́ть внима́ние на +a to note sth

1871.	официа́льный	official	
1872.	охо́тник	hunter	
1873.	пла́мя n	flame	g sg пла́мени, no pl
1874.	понима́ние	understanding	
1875.	протяну́ть p +a	to stretch out	протяну́, протя́нешь; протя́гивать i
1876.	профе́ссия	profession	
1877.	сооруже́ние	construction	
1878.	спеши́ть i	to hurry	по- p
1879.	сто́рож	watchman	nom pl сторожа́
1880.	ступа́ть i	to step	ступи́ть p
1881.	трево́га	alarm	
1882.	тро́гать i +a	to touch	тро́нуть p
1883.	утвержда́ть i	to affirm, maintain	
1884.	белосне́жный	snow-white	
1885.	буты́лка	bottle	g pl буты́лок
1886.	волнова́ться i	to worry	волну́юсь, волну́ешься; вз- p/за- p; Не волну́йтесь Don't worry
1887.	давле́ние	pressure	
1888.	замолча́ть p	to fall silent	замолчу́, замолчи́шь; молча́ть i
1889.	за́пад	west	на за́паде in the west
1890.	колеба́ние	hesitation	
1891.	крова́ть f	bed	
1892.	механи́ческий	mechanical	
1893.	мо́щность f	power (of engine etc.)	
1894.	напра́вить p +a	to direct	напра́влю, напра́вишь; направля́ть i
1895.	пода́р(о)к	present	
1896.	по́длинный	genuine	
1897.	понра́виться p +d	to please (s.o.)	понра́влюсь, понра́вишься; нра́виться i
1898.	поско́льку	since, because, in as far as	
1899.	превраще́ние	conversion	
1900.	профсою́з	trade union	
1901.	разби́ть p +a	to break, smash	разобью́, разобьёшь; разбива́ть i
1902.	сметь i	to dare	сме́ю, сме́ешь; по- p
1903.	ствол	trunk (tree); barrel (gun)	g sg ствола́
1904.	уве́ренность f	confidence	
1905.	усмехну́ться p	to smile slightly	усмехну́сь, усмехнёшься; усмеха́ться i
1906.	фона́рь m	lamp	g sg фонаря́

1907. верхо́вный	supreme	
1908. взаи́мный	mutual	
1909. гра́дус	degree (°)	со́рок гра́дусов моро́за forty degrees below zero
1910. допусти́ть p +a	to allow	допущу́, допу́стишь; допуска́ть i
1911. зака́з	order (for sth)	
1912. инициати́ва	initiative	
1913. ле́кция	lecture	
1914. мо́крый	wet	
1915. мора́льный	moral	
1916. о́пытный	experienced	
1917. осуществи́ть p +a	to carry out, execute	осуществлю́, осуществи́шь; осуществля́ть i
1918. отде́л	section, department	
1919. о́тдых	rest; holiday	
1920. отсу́тствие	absence	
1921. призы́в	call, appeal; call-up	
1922. приноси́ть i +a	to bring	приношу́, прино́сишь; принести́ p
1923. производи́тельность f	productivity	
1924. пятна́дцать	fifteen	
1925. реа́кция	reaction	
1926. ска́зка	fairy-tale	g pl ска́зок
1927. сойти́ p с +g	to go down (from)	сойду́, сойдёшь, past сошёл, сошла́; сходи́ть i; сойти́ с ума́ to go mad
1928. стару́шка	old woman	g pl стару́шек
1929. чуде́сный	wonderful	
1930. батаре́я	battery; radiator	
1931. бу́рный	stormy	
1932. веле́ть i/p +d +inf	to order (s.o. to do sth)	велю́, вели́шь; p also по-
1933. гла́вное n adj	the main thing	
1934. гнать i +a	to drive; to hunt, persecute	гоню́, го́нишь, past гнал, гнала́, гна́ло; по- p
1935. добива́ться i +g	to strive for; to get	доби́ться p
1936. догада́ться p	to guess; (+inf) have the sense to	дога́дываться i
1937. завоева́ть p +a	to conquer	завою́ю, завою́ешь; завоёвывать i
1938. изба́	peasant cottage	nom pl и́збы
1939. инструме́нт	instrument; tool	
1940. куп(е́)ц	merchant	
1941. л(ё)д	ice	g sg льда, pr sg на льду
1942. моро́з	frost	

1943.	наступа́ть i	to advance; to tread on; to come, begin	наступи́ть p
1944.	но́вость f	piece of news	g pl новосте́й
1945.	оборо́на	defence	
1946.	освобожде́ние	liberation	
1947.	па́хнуть i +inst	to smell (of)	па́хнет
1948.	по́весть f	story, novella	g pl повесте́й
1949.	по́двиг	feat, heroic deed	
1950.	позва́ть p +a	to call, summon	позову́, позовёшь; звать i
1951.	проща́ться i	to say goodbye	по- p
1952.	свы́ше	from above; (+g) more than	
1953.	торча́ть i	to stick out	торчу́, торчи́шь
1954.	шага́ть i	to step, stride	шагну́ть p
1955.	вы́разить p +a	to express	вы́ражу, вы́разишь; выража́ть i
1956.	жи́зненный	vital; life (adj)	
1957.	знак	sign	
1958.	кран	tap; crane	
1959.	крестья́нский	peasant (adj)	
1960.	ли́чность f	personality; individual	
1961.	масшта́б	scale	
1962.	мероприя́тие	measure; function (reception etc.)	
1963.	охра́на	protection; guard	
1964.	посвяти́ть p +a +d	to devote, dedicate (sth to sth/s.o.)	посвящу́, посвяти́шь; посвяща́ть i
1965.	приезжа́ть i	to arrive	прие́хать p
1966.	прису́тствие	presence	
1967.	пустя́к	trifle	g sg пустяка́
1968.	пятно́	spot	nom pl пя́тна, g pl пя́тен
1969.	расположи́ть p +a	to arrange, set out	расположу́, располо́жишь; располага́ть i
1970.	рожде́ние	birth	
1971.	сопротивле́ние	resistance	
1972.	уго́дно	to your liking	как вам уго́дно as you wish; когда́ вам уго́дно whenever you like
1973.	удава́ться i +d +inf	to succeed (in doing sth)	удаётся; уда́ться p; Ему́ всё удаётся He's successful at everything
1974.	ужа́сный	terrible	
1975.	флаг	flag	
1976.	ца́рский	tsar's; tsarist	
1977.	ча́стность f	detail	

	в ча́стности	in particular	
1978.	апре́ль m	April	
1979.	ата́ка	attack	
1980.	дво́е	two	дво́е дете́й two children
1981.	девчо́нка (coll)	girl	g pl девчо́нок
1982.	досто́инство	merit, virtue; dignity; value	
1983.	европе́йский	European	Европе́йский Сою́з European Union
1984.	е́жели (obs or coll)	if	
1985.	крестья́нство	peasantry	
1986.	меда́ль f	medal	
1987.	меня́ть i +a	to change	меня́ю, меня́ешь; по- p
1988.	насчёт +g	about, concerning	
1989.	ничто́жный	worthless	
1990.	но́рма	norm	
1991.	нужда́	want, need	nom pl ну́жды
1992.	отделе́ние	department, section	
1993.	отчего́	why	
1994.	патрио́т	patriot	
1995.	побыва́ть p в +pr	to visit (a place)	
1996.	подписа́ть p +a	to sign	подпишу́, подпи́шешь; подпи́сывать i
1997.	посу́да	crockery, dishes	
1998.	прекра́сно	fine, excellent(ly)	
1999.	прода́ть p +a	to sell	прода́м, прода́шь, прода́ст, продади́м, продади́те, продаду́т, past про́дал, продала́, про́дало; продава́ть i
2000.	пропага́нда	propaganda	
2001.	пулемёт	machine-gun	
2002.	райо́нный	regional, district (adj)	
2003.	соревнова́ние	competition	
2004.	гру́бый	coarse, rude	
2005.	уча́ст(о)к	plot of land; district	избира́тельный уча́сток electoral district
2006.	брига́да	brigade, team	брига́да рабо́чих team of workers
2007.	коллекти́в	group, team	
2008.	команди́р	commander	команди́ры а́рмии army commanders
2009.	би́ться i	to fight; to beat	бьюсь, бьёшься
2010.	ги́бель f	ruin, destruction	

2011.	густо́й	thick, dense	
2012.	достига́ть i +g	to reach	дости́гнуть/дости́чь p
2013.	еди́нство	unity	
2014.	зри́тель m	spectator	
2015.	зря (coll)	for nothing, pointlessly	зря де́ньги тра́тить to waste money
2016.	исходи́ть i из +g	to issue from, proceed from	исхожу́, исхо́дишь
2017.	мо́лодость f	youth	
2018.	ни́щий	destitute; beggar	
2019.	обойти́сь p	to manage, get by	обойду́сь, обойдёшься, past обошёлся, обошла́сь; обходи́ться i
2020.	отпра́виться p	to set off	отпра́влюсь, отпра́вишься; отправля́ться i
2021.	погляде́ть p	to look	погляжу́, погляди́шь; гляде́ть i
2022.	попада́ть i в/на +a	to hit; to get (to)	попа́сть p; попада́ть в цель to hit the target
2023.	посыла́ть i +a	to send	посла́ть p
2024.	почу́вствовать p +a	to feel	почу́вствую; чу́вствовать i
2025.	прези́диум	presidium	
2026.	при́знак	sign, indication	при́знаки жи́зни signs of life
2027.	ди́кий	wild	
2028.	распоряже́ние	instruction, command	
2029.	свети́ться i	to shine, gleam	све́тится
2030.	сде́латься p +inst	to become	де́латься i
2031.	сеть f	net; network	g pl сете́й
2032.	спасти́ p +a	to save	спасу́, спасёшь, past спас, спасла́; спаса́ть i
2033.	спря́тать p +a	to hide	спря́чу, спря́чешь; пря́тать i
2034.	су́мма	sum	
2035.	социали́зм	socialism	
2036.	заключа́ться i в +pr	to consist of	Де́ло заключа́ется в сле́дующем The matter is as follows
2037.	мальчи́шка m (coll)	boy, small boy	g pl мальчи́шек
2038.	доложи́ть p о +pr	to report (on)	доложу́, доло́жишь; докла́дывать i
2039.	е́ле	barely, only just	
2040.	же́нский	female	
2041.	заня́ться p +inst	to take up	займу́сь, займёшься, past занялся́, заняла́сь; занима́ться i

2042.	измени́ться p	to change	изменю́сь, изме́нишься; изменя́ться i; Всё измени́лось Everything has changed
2043.	иску́сственный	artificial	
2044.	конфере́нция	conference	на конфере́нции at a conference
2045.	куст	bush	g sg куста́
2046.	мозг	brain	pr sg в мозгу́, nom pl мозги́
2047.	на́ция	nation	
2048.	непреры́вный	uninterrupted	
2049.	обня́ть p +a	to embrace	обниму́, обни́мешь, past о́бнял, обняла́, о́бняло; обнима́ть i
2050.	преврати́ться p в +a	to turn into (sth)	превращу́сь, преврати́шься; превраща́ться i
2051.	самова́р	samovar	
2052.	све́рху	from above	
2053.	шёпот	whisper	шёпотом in a whisper
2054.	абсолю́тный	absolute	
2055.	бор(é)ц	fighter; wrestler	
2056.	вы́игрыш	win	
2057.	горячо́	hot(ly)	
2058.	жесто́кий	cruel	
2059.	замести́тель m	deputy, substitute	замести́тель дире́ктора deputy director
2060.	кле́тка	cage; cell (biol)	g pl кле́ток
2061.	неизве́стно	(it is) unknown	Неизве́стно, кто её оте́ц No-one knows who her father is
2062.	неизве́стный	unknown	
2063.	обя́занность f	duty, obligation	
2064.	отходи́ть i от +g	to move away	отхожу́, отхо́дишь; отойти́ p
2065.	побежа́ть p	to run	побегу́, побежи́шь, побегу́т; бежа́ть i
2066.	пойма́ть p +a	to catch	лови́ть i
2067.	прове́рить p +a	to check	проверя́ть i
2068.	просну́ться p	to wake up	просыпа́ться i
2069.	протя́гивать i +a	to stretch out	протяну́ть p
2070.	пусты́ня	desert	
2071.	путеше́ствие	journey, voyage	
2072.	рассчи́тывать i на +a /+inf	to calculate; expect; rely on	рассчита́ть p
2073.	ремо́нт	repair; redecoration	
2074.	сле́ва	on the left	
2075.	суро́вый	harsh	
2076.	тако́в (pronoun)	such	f такова́, n таково́, pl таковы́; Такова́ жизнь Such is life

2077.	ус	whisker	усы́ moustache
2078.	фаши́стский	Fascist (adj)	
2079.	ча́стный	private, individual	
2080.	чемпио́н	champion	
2081.	ага́ [aha]	ah (yes), aha	
2082.	арестова́ть p +a	to arrest	аресту́ю; арестóвывать i
2083.	бере́чь i +a	to look after	берегу́, бережёшь, берегу́т, past берёг, берегла́
2084.	биле́т	ticket	
2085.	везде́	everywhere	
2086.	великоле́пный	magnificent	
2087.	возбужде́ние	excitement, arousal	
2088.	вступи́ть p в +a	to enter, join (organization)	вступлю́, всту́пишь; вступа́ть i; вступи́ть в полити́ческую па́ртию to join a political party
2089.	вы́пуск	output; issue	
2090.	грех	sin	g sg греха́
2091.	гря́зный	dirty	
2092.	до́чка	daughter (intimate form)	g pl до́чек
2093.	изготовле́ние	manufacture	
2094.	исключи́тельно	exclusively; exceptionally	
2095.	ко́е-что́	something, a thing or two	Я хочу́ вам ко́е-что́ сказа́ть I want to tell you something
2096.	кри́тика	criticism	
2097.	на́дпись f	inscription	
2098.	обраще́ние	(к +d) appeal (to); (с +inst) treatment; circulation	
2099.	отдохну́ть p	to rest, have a holiday	отдыха́ть i
2100.	отмеча́ть i +a	to note, mark; mention	отме́тить p
2101.	оттого́	for that reason	оттого́ что because
2102.	пла́вать i	to swim; sail	по- p; с- p (there and back)
2103.	пое́здка	journey, trip	g pl пое́здок
2104.	пожило́й	elderly	
2105.	поли́ция	police	
2106.	проника́ть i в +a	to penetrate (sth)	прони́кнуть p
2107.	про́чный	firm, solid	
2108.	ружьё	gun, rifle	nom pl ру́жья, g pl ру́жей
2109.	ры́жий	red-haired	
2110.	са́хар	sugar	
2111.	слу́жащий m adj	office worker, white-collar worker	
2112.	спра́ва	on the right	
2113.	ту́ча	storm cloud	
2114.	устро́йство	organization; mechanism	

2115.	у́тром	in the morning	
2116.	благоро́дный	noble	
2117.	бу́ря	storm, gale	
2118.	вводи́ть i +a	to bring in	ввожу́, вво́дишь; ввести́ p
2119.	вино́	wine	nom pl ви́на
2120.	возни́кнуть p	to arise	past возни́к, возни́кла; возника́ть i
2121.	вы́тащить p +a	to drag out	вытáскивать i
2122.	гига́нтский	giant (adj)	
2123.	жа́ловаться i на +a	to complain (about)	жа́луюсь, жа́луешься; по- p
2124.	замени́ть p +a +inst	to replace (sth with sth)	заменю́, заме́нишь; заменя́ть i
2125.	заходи́ть i	to call in	захожу́, захо́дишь; зайти́ p
2126.	ли́чно	personally	
2127.	молод(е́)ц	fine fellow; well done!	Молодцы́, ребя́та! Well done, lads!
2128.	навсегда́	for ever	
2129.	наде́ть p +a	to put on	наде́ну, наде́нешь; надева́ть i
2130.	научи́ть p +a +i inf	to teach (s.o. to do sth)	научу́, научишь; учи́ть i
2131.	объясня́ть i +a	to explain	объясня́ю; объясни́ть p
2132.	поверну́ть p.+a	to turn	повора́чивать i
2133.	произвести́ p +a	to produce	произведу́, произведёшь, past произвёл, произвела́; производи́ть i
2134.	стуча́ть i в +a	to knock (at)	стучу́, стучи́шь; по- p
2135.	убива́ть i +a	to kill	уби́ть p
2136.	устра́ивать i +a	to organize	устро́ить p
2137.	экспеди́ция	expedition	
2138.	ба́тюшка m	father	
2139.	вооружённый	armed	
2140.	выбира́ть i +a	to choose	вы́брать p
2141.	вы́стрел	shot	
2142.	гаранти́ровать i/p +a	to guarantee	гаранти́рую
2143.	же́ртва	victim	
2144.	жи́во	quickly; vividly	
2145.	живо́тное n adj	animal	
2146.	зна́мя n	banner	g sg зна́мени; nom pl знамёна
2147.	информа́ция	information	
2148.	конце́рт	concert	на конце́рте at a concert
2149.	конча́ть i +a	to finish	ко́нчить p
2150.	кост(ё)р	bonfire	g sg костра́
2151.	кра́йне	extremely	
2152.	механи́зм	mechanism	
2153.	многочи́сленный	numerous	
2154.	напо́мнить p +d o +pr	to remind (s.o. of sth)	напомина́ть i

2155. наско́лько	how much; as much	наско́лько мне изве́стно as far as I know
2156. объекти́вный	objective	
2157. объясне́ние	explanation	
2158. переворо́т	coup	
2159. перо́	feather	nom pl пе́рья
2160. поворо́т	turn	
2161. позади́	behind	
2162. попыта́ться p +inf	to attempt (to do sth)	пыта́ться i
2163. приобрета́ть i +a	to acquire	приобрести́ p
2164. прислу́шиваться i к +d	to listen carefully (to)	прислу́шаться p
2165. про́бовать i	(+inf) to try; (+a) test; taste	про́бую, про́буешь; по- p
2166. распределе́ние	distribution	
2167. роди́тель m	parent	
2168. свеча́	candle	nom pl све́чи, g pl свече́й
2169. своеобра́зный	distinctive, individual	
2170. секре́т	secret	
2171. склад	warehouse, store	на скла́де in the warehouse
2172. ску́чно [-shna]	boring	
2173. согла́сный	in agreement; (as noun) consonant	short forms: согла́сен, согла́сна, согла́сно, согла́сны; Вы согла́сны? Do you agree?
2174. сомнева́ться i в +pr	to doubt	усомни́ться p
2175. сочине́ние	composition, essay	
2176. спи́с(о)к	list	
2177. спосо́бствовать i +d	to promote, further (sth)	спосо́бствую
2178. спра́виться p с +inst	to cope (with); (о +pr) ask about	спра́влюсь, спра́вишься; справля́ться i
2179. спуска́ться i	to go down	спусти́ться p
2180. сфе́ра	sphere	
2181. танцева́ть i	to dance	танцу́ю, танцу́ешь; по- p
2182. тащи́ть i +a	to drag	тащу́, та́щишь; по- p
2183. успоко́иться p	to calm down	успока́иваться i
2184. эта́п	stage, phase	
2185. я́вно	clearly, obviously	
2186. актёр	actor	
2187. аре́ст	arrest	
2188. бесе́довать i с +inst	to talk, converse (with)	бесе́дую, бесе́дуешь; по- p
2189. бытие́	existence	
2190. весе́нний	spring (adj)	
2191. вкус	taste	
2192. воспомина́ние	memory, recollection	
2193. вы́дать p +a	to give out, issue; betray	вы́дам, вы́дашь, вы́даст,

		вы́дадим, вы́дадите, вы́дадут; выдава́ть i
2194. выдаю́щийся (participle used as adj)	eminent, prominent	выдаю́щиеся учёные eminent scholars
2195. гуде́ть i	to hum; hoot	гужу́, гуди́шь
2196. добы́ча	booty; mining	
2197. доро́жка	path; track	g pl доро́жек
2198. доста́вить p +a	to deliver	доста́влю, доста́вишь; доставля́тья i
2199. доста́точный	sufficient	
2200. крест	cross	g sg креста́
2201. медици́нский	medical	
2202. меха́ник	mechanic	
2203. му́ка	torment	
мука́	flour	
2204. напряже́ние	tension	
2205. норма́льный	normal	
2206. ноя́брь m	November	g sg ноября́
2207. ошиба́ться i	to make a mistake	ошиби́ться p
2208. печа́льный	sad	
2209. привезти́ p +a	to bring (by transport)	привезу́, привезёшь, past привёз, привезла́; привози́ть i
2210. призна́ние	confession, admission	
2211. пря́тать i +a	to hide	пря́чу, пря́чешь; с- p
2212. рассве́т	daybreak	
2213. сего́дняшний [г = v]	today's	сего́дняшняя газе́та today's paper
2214. суще́ственный	essential; important	
2215. уважа́ть i +a	to respect	
2216. фи́рма	firm, company	
2217. автома́т	slot-machine; phonebox	
2218. бу́ква	letter (of alphabet)	
2219. глу́пость f	foolishness	глу́пости nonsense
2220. го́лод	hunger	
2221. гре́ческий	Greek (adj)	
2222. делово́й	business (adj)	деловы́е лю́ди businesspeople
2223. дове́рие	trust	
2224. достава́ть i +a	to get	доста́ю, достаёшь; доста́ть p
2225. драгоце́нный	valuable	
2226. душе́вный	mental; sincere, heartfelt	
2227. загляну́ть p	to glance	загляну́, загля́нешь; загля́дывать i
2228. кой (coll)	which	ни в ко́ем слу́чае certainly not
2229. матч	match (game)	

2230.	наблюде́ние	observation	
2231.	обеспе́чивать i +a +inst	to provide (s.o. with sth)	обеспе́чить p
2232.	откры́ться p	to open	откро́ется; открыва́ться i; Музе́й откро́ется в де́сять The museum will open at ten
2233.	отли́чие	difference; distinction	в отли́чие от +g as distinct from
2234.	перестро́йка	restructuring	g pl перестро́ек
2235.	преиму́щество	advantage	
2236.	прия́тный	pleasant	
2237.	раскры́ть p +a	to open wide; reveal	раскро́ю, раскро́ешь; раскрыва́ть i
2238.	ре́дко	rarely	
2239.	соотве́тствовать i +d	to correspond (to)	соотве́тствует
2240.	соотве́тствующий	corresponding	
2241.	сталь f	steel	
2242.	сходи́ть p	to go and return	схожу́, схо́дишь; ходи́ть i
	сходи́ть i с +g	to go down (from)	схожу́, схо́дишь; сойти́ p
2243.	хвост	tail	g sg хвоста́
2244.	чрезвыча́йно	extremely	
2245.	агресси́вный	aggressive	
2246.	вокза́л	(main) station	на вокза́ле at the station
2247.	вступа́ть i в +a	to enter, join (organization)	вступи́ть p
2248.	глухо́й	deaf; indistinct, muffled; remote (of place)	
2249.	довести́ p до +g	to lead to	доведу́, доведёшь, past довёл, довела́; доводи́ть i
2250.	есте́ственно	naturally	
2251.	любопы́тство	curiosity	
2252.	непосре́дственно	immediately	
2253.	нигде́	nowhere	
2254.	обраща́ть i +a	to turn	обрати́ть p; обраща́ть внима́ние на +a to note, take note of
2255.	обши́рный	extensive, vast	
2256.	отве́тственный	responsible	
2257.	отли́чный	excellent	
2258.	парк	park; depot	
2259.	плати́ть i +d за +a	to pay (s.o. for sth)	плачу́, пла́тишь; за- p
2260.	полюби́ть p +a	to fall in love with	полюблю́, полю́бишь; люби́ть i
2261.	посади́ть p +a	to plant, seat	посажу́, поса́дишь; сажа́ть i
2262.	предстоя́ть i +d	to lie ahead (of s.o.)	предсто́ит; Ему́ предстоя́т тру́дности He faces difficulties
2263.	просто́р	space, expanse	

2264.	профсою́зный	trade union (adj)	
2265.	реши́тельный	decisive	
2266.	реши́ться p на +a or +inf	to bring os to, risk; be decided	реша́ться i
2267.	ры́н(о)к	market	на ры́нке in the market
2268.	сплошно́й	continuous	
2269.	столб	pole, pillar	g sg столба́
2270.	то́чность f	precision; punctuality	
2271.	тро́е	three, threesome	тро́е дете́й three children
2272.	удиви́тельно	surprisingly	
2273.	шестьдеся́т	sixty	
2274.	аре́на	arena	
2275.	взор	look, glance	
2276.	вноси́ть i +a	to carry in, bring in	вношу́, вно́сишь; внести́ p
2277.	вслéдствие +g	because of, owing to	
2278.	грози́ть i +d	to threaten (s.o.)	грожу́, грози́шь; при- p/по- p
2279.	да́лее	further	и так да́лее (и т.д.) and so on, etc
2280.	дово́льный +inst	satisfied, pleased (with)	short forms: m дово́лен, f дово́льна, pl дово́льны; Я дово́льна и́ми I'm pleased with them
2281.	зави́симость f	dependence	в зави́симости от +g depending on
2282.	кто́-нибудь	anyone	Вы ви́дели кого́-нибудь? Did you see anyone?
2283.	лист(о́)к	small sheet (of paper); small leaf, leaflet	
2284.	оде́тый в +a	dressed; wearing	
2285.	ока́зывать i +a	to render, give	оказа́ть p; ока́зывать по́мощь to give assistance
2286.	подру́га	(female) friend	
2287.	поду́шка	pillow; cushion	g pl поду́шек
2288.	правле́ние	government; board (of management)	систе́ма правле́ния system of government
2289.	расходи́ться i	to disperse, split up	расхо́димся, past разошли́сь; разойти́сь p
2290.	руба́шка	shirt	g pl руба́шек
2291.	скала́	crag, rock face, cliff	nom pl ска́лы
2292.	сперва́ (coll)	at first	
2293.	справедли́вость f	justice, fairness	
2294.	терпе́ть i +a	to be patient; endure	терплю́, те́рпишь; по- p
2295.	тьма	darkness	
2296.	управля́ть i +inst	to manage, control	управля́ю
2297.	февра́ль m	February	g sg февраля́

2298. характе́рный	characteristic (adj)	
2299. хм (or гм)	hm! (expressing hesitation)	
2300. арти́ст	artiste, performer	
2301. благоприя́тный	favourable	
2302. вы́брать p +a	to choose	вы́беру, вы́берешь; выбира́ть i
2303. дека́брь m	December	g sg декабря́
2304. диви́зия	division (army)	
2305. дома́шний	domestic	
2306. дыха́ние	breathing	
2307. заря́	dawn; sunset	nom pl зо́ри, g pl зорь, d pl зо́рям
2308. ко́локол	bell	nom pl колокола́
2309. круто́й	steep; severe	
2310. ме́дный	copper	
2311. меня́ться i	to change; (об-/по- p +inst) exchange	меня́юсь; Всё меня́ется Everything is changing
2312. неви́димый	invisible	
2313. обяза́тельство	pledge	
2314. огля́дываться i	(огляде́ться p) to look round; (огляну́ться p) look back	
2315. о́рден	(nom pl ордена́) medal, decoration; (nom pl о́рдены) order (society)	
2316. отпусти́ть p +a	to let go, release	отпущу́, отпу́стишь; отпуска́ть i
2317. очки́ pl	glasses, spectacles	g pl очко́в
2318. перевести́ p +a	to transfer; translate	переведу́, переведёшь, past перевёл, перевела́; переводи́ть i
2319. перспекти́ва	perspective; prospect	
2320. посиде́ть p	to sit for a while	посижу́, посиди́шь; сиде́ть i
2321. применя́ть i +a	to use, employ	применя́ю; примени́ть p
2322. присе́сть p	to take a seat, sit down	прися́ду, прися́дешь, past присе́л, присе́ла; приса́живаться i
2323. проверя́ть i +a	to check	проверя́ю; прове́рить p
2324. реша́ться i +inf/на +a	to bring os to, risk; be decided	реши́ться p
2325. сбо́рник	collection (book of poems, stories, articles)	
2326. смешно́й	funny, ridiculous	
2327. спекта́кль m	(theatre) performance	
2328. справедли́вый	fair, just	

2329. сравни́тельно	comparatively	
2330. теорети́ческий	theoretical	
2331. убра́ть p +a	to take away; tidy up	уберу́, уберёшь, past убра́л, убрала́, убра́ло; убира́ть i
2332. це́нность f	value	
2333. агроно́м	agronomist	
2334. внедре́ние	inculcation; putting into practice	
2335. восто́чный	eastern	
2336. годи́ться i на +a /для +g	to be fit (for), be usable	гожу́сь, годи́шься
2337. го́рдость f	pride	
2338. дости́чь p +g (= дости́гнуть)	to achieve; reach	дости́гну, дости́гнешь, past дости́г, дости́гла; достига́ть i
2339. жени́ться i/p на +pr	to marry (of man)	женю́сь, же́нишься
2340. заме́тно	noticeably	
2341. кино́ n indecl	cinema	
2342. коренно́й	fundamental	
2343. ма́сло	butter; oil	
2344. мастерска́я f adj	workshop, studio	
2345. мя́со	meat	
2346. надёжный	reliable	
2347. назна́чить p +a +inst	to appoint (s.o. as sth)	назнача́ть i
2348. наступле́ние	offensive, advance	
2349. неве́ста	bride; fiancée	
2350. обра́тный	reverse (adj)	обра́тный а́дрес sender's address; в обра́тную сто́рону in the opposite direction
2351. одина́ковый	identical	
2352. относи́тельно	relatively; (+g) concerning	
2353. па́мятник	monument	
2354. переби́ть p +a	to interrupt	перебью́, перебьёшь; перебива́ть i
2355. подари́ть p +a +d	to give, present (sth to s.o.)	дари́ть i
2356. подхо́д	approach	
2357. поме́щик	landowner	
2358. постара́ться p +p inf	to try	стара́ться i
2359. появле́ние	appearance	
2360. при́быль f	profit	
2361. располага́ть i	(+inst) to have available; (+a) (расположи́ть p) to arrange, set out; win over	Мы располага́ем больши́ми деньга́ми We have plenty of money available

2362.	рождáться i	to be born	родиться p
2363.	семéйный	family (adj)	
2364.	слыхáть i (coll) о +pr	to hear (about)	no pres
2365.	слы́шаться i	to be heard	слы́шится; по- p
2366.	сочинять i +a	to compose, make up	сочиняю; сочинить p
2367.	талáнтливый	talented	
2368.	технолóгия	technology	
2369.	тихóнько (coll)	quietly	
2370.	ткань f	cloth	
2371.	толк	sense, point; understanding	с тóлком sensibly
2372.	тоскá	melancholy, depression, ennui; (по +d) yearning (for)	
2373.	фáктор	factor	
2374.	хохотáть i	to guffaw, laugh loudly	хохочý, хохóчешь; за- p
2375.	агéнт	agent	
2376.	бассéйн	pool, swimming-pool; basin (geog)	
2377.	вариáнт	variant	
2378.	вне +g	outside	
2379.	вы́бор	choice	
2380.	гул	rumble	
2381.	доходить i до +g	to reach	дохожý, дохóдишь; дойти p
2382.	забóр	fence	
2383.	зáдний	rear (adj)	
2384.	континéнт	continent	
2385.	копéйка	kopeck	g pl копéек
2386.	лóзунг	slogan	
2387.	направлять i +a	to direct	направляю; напрáвить p
2388.	невóльно	unintentionally	
2389.	нéжный	tender, gentle	
2390.	незамéтно	imperceptibly	
2391.	несчáстный [сч = щ]	unhappy	
2392.	нефть f	oil, petroleum	
2393.	окружить p +a +inst	to surround (sth with sth)	окружáть i
2394.	отнять p +a	to take away	отнимý, отнимешь, past óтнял, отнялá, óтняло; отнимáть i
2395.	отступáть i от +g	to retreat; deviate (from)	отступить p
2396.	пассажир	passenger	
2397.	подвóдный	underwater	
2398.	прекращéние	stopping, ending	
2399.	признáться p в +pr	to confess	признáюсь, признáешься; признавáться i
2400.	провожáть i +a	to accompany, see off	проводить p

2401.	раб	slave	g sg раба́
2402.	развива́ть i +a	to develop	разви́ть p
2403.	ро́за	rose	
2404.	ру́чка	small hand; handle; pen	g pl ру́чек
2405.	сигна́л	signal	
2406.	скрыть p +a	to conceal	скро́ю, скро́ешь; скрыва́ть i
2407.	соверши́ть p +a	to accomplish, complete	соверша́ть i
2408.	сто́лик	small table, restaurant table	
2409.	стук	knock	
2410.	торгова́ть i +inst	to trade (in)	торгу́ю
2411.	торже́ственный	ceremonial; celebratory	
2412.	учи́тывать i +a	to take into consideration, bear in mind	уче́сть p
2413.	фантасти́ческий	fantastic	
2414.	я́рко	brightly	
2415.	бесконе́чно	endlessly	
2416.	буква́льно	literally	
2417.	внести́ p +a в +a	to bring in	внесу́, внесёшь, past внёс, внесла́; вноси́ть i
2418.	вы́годный	advantageous	
2419.	генера́льный	general (adj)	
2420.	грандио́зный	grandiose	
2421.	грязь f	mud; dirt	pr sg в грязи́
2422.	добра́ться p до +g	to reach	доберу́сь, доберёшься, past добра́лся, добрала́сь; добира́ться i
2423.	добыва́ть i +a	to get, obtain	добы́ть p
2424.	до́лжность f	post, job	g pl должносте́й
2425.	испуга́ться p +g	to take fright (at)	пуга́ться i
2426.	ию́ль m	July	
2427.	ко́йка	bunk, berth	g pl ко́ек
2428.	костю́м	suit; costume	
2429.	ла́сково	affectionately	
2430.	ло́к(о)ть m	elbow	g pl локте́й
2431.	любопы́тный	curious	
2432.	надое́сть p +d	to bore	надое́м, надое́шь (like есть), past надое́л, надое́ла; надоеда́ть i; Он ей надое́л She's bored with him
2433.	нача́льство	the management, the authorities	
2434.	нужда́ться i в +pr	to need, be in need of	
2435.	оде́жда	clothes	
2436.	око́шко	small window	g pl око́шек
2437.	осо́бо	specially; separately	

2438.	отъе́зд	departure	
2439.	позвони́ть p +d	to ring; telephone (s.o.)	звони́ть i
2440.	практи́чески	practically	
2441.	прекрати́ть p +a	to stop, discontinue	прекращу́, прекрати́шь; прекраща́ть i
2442.	признава́ть i +a	to recognize	признаю́, признаёшь; призна́ть p
2443.	прогресси́вный	progressive	
2444.	продолжа́ться i	to continue	Рабо́та продолжа́лось The work continued
2445.	произнести́ p +a	to pronounce	произнесу́, произнесёшь, past произнёс, произнесла́; произноси́ть i
2446.	разрабо́тать p +a	to work out, devise, develop	разраба́тывать i
2447.	ра́зум	reason, intellect	
2448.	ро́зовый	pink; rosy	
2449.	сла́вный	glorious	
2450.	смешно́	comical(ly)	
2451.	фо́то n indecl	photo	
2452.	шля́па	hat (with brim)	
2453.	шту́ка (coll)	thing	
2454.	автомати́ческий	automatic	
2455.	акти́вно	actively	
2456.	вбега́ть i в +a	to run in	вбежа́ть p
2457.	везти́ i +a	to transport	везу́, везёшь, past вёз, везла́; по- p
2458.	ветвь f	branch	g pl ветве́й
2459.	вре́дный	harmful	
2460.	вскочи́ть p	to jump in	вскочу́, вско́чишь; вска́кивать i
2461.	вы́вести p +a	to lead out	вы́веду, вы́ведешь, past вы́вел, вы́вела; выводи́ть i
2462.	гро́хот	crash; rumble	
2463.	десятиле́тие	decade	
2464.	досто́йный	worthy	
2465.	дурно́й	bad, evil	
2466.	жест	gesture	
2467.	за́нятый	occupied, busy	short forms за́нят, занята́, за́нято, за́няты; Он за́нят He's busy
2468.	записа́ть p +a	to note down	запишу́, запи́шешь; запи́сывать i
2469.	исключе́ние	exception	
2470.	кивну́ть p +inst	to nod	кива́ть i
2471.	ледяно́й	icy	

2472.	ле́нта	ribbon, tape	
2473.	махну́ть p +inst	to wave	маха́ть i
2474.	му́ха	fly	
2475.	негро́мко	quietly, in a low voice	
2476.	непосре́дственный	immediate, direct, spontaneous	
2477.	обижа́ться i	to take offence	оби́деться p
2478.	обя́занный	obliged	Она́ обя́зана прийти́ She must come
2479.	октя́брьский	October (adj)	
2480.	ора́ть i	to howl, yell	ору́, орёшь
2481.	оцени́ть p +a	to evaluate, appreciate	оценю́, оце́нишь; оце́нивать i
2482.	пле́мя n	tribe	g sg пле́мени, nom pl племена́
2483.	поглоща́ть i +a	to swallow, absorb	поглоти́ть p
2484.	подгото́вить p +a	to prepare	подгото́влю, подгото́вишь; подгота́вливать i
2485.	подро́бно	in detail	
2486.	подчёркивать i +a	to underline, emphasize	подчеркну́ть p
2487.	потол(о́)к	ceiling	
2488.	проводи́ться i	to be conducted, take place	прово́дится
2489.	прокля́тый	damned	
2490.	пропуска́ть i +a	to let through	пропусти́ть p
2491.	разры́в	break, gap; shellburst	
2492.	распростране́ние	spreading, dissemination	
2493.	самостоя́тельный	independent	
2494.	сложи́ться p	to take shape; club together	сложу́сь, сло́жишься; скла́дываться i
2495.	сою́зник	ally	
2496.	страсть f	passion	g pl страсте́й
2497.	танк	tank (mil)	
2498.	таре́лка	plate	g pl таре́лок
2499.	то́пливо	fuel	
2500.	три́ста	three hundred	g трёхсо́т
2501.	убеди́ть p +a	to convince	no 1st pers sg, убеди́шь; убежда́ть i
2502.	увели́читься p	to increase	увели́чиваться i
2503.	удивле́ние	surprise	
2504.	удо́бный	comfortable; convenient	
2505.	холм	hill	g sg холма́
2506.	че́тверть f	quarter	
2507.	безусло́вно	undoubtedly	
2508.	больни́ца	hospital	
2509.	восто́рг	delight	
2510.	вы́нести p +a	to carry out; to endure	вы́несу, вы́несешь, past вы́нес, вы́несла; выноси́ть i

2511.	вы́скочить p из +g	to jump out (of)	выска́кивать i
2512.	го́рло	throat	
2513.	действи́тельный	real, actual; valid	
2514.	дохо́д	income	
2515.	ду́маться i	to be thought	
	мне ду́мается	I think	
2516.	заключе́ние	conclusion; confinement	в заключе́ние in conclusion
2517.	изда́ние	publication; edition	
2518.	изучи́ть p +a	to learn, master	изучу́, изу́чишь; изуча́ть i
2519.	коне́чный	final	
2520.	корзи́на	basket	
2521.	корми́ть i +a	to feed	кормлю́, ко́рмишь; на- p/по- p
2522.	лиши́ть p +a +g	to deprive (s.o. of sth)	лиша́ть i
2523.	мужско́й	masculine; male	
2524.	непреры́вно	continuously	
2525.	обсужде́ние	discussion	
2526.	оде́ть p +a	to dress (s.o.); (coll) put on	оде́ну, оде́нешь; одева́ть i
2527.	па́лка	stick	g pl па́лок
2528.	пережива́ть i +a	to experience; suffer	пережи́ть i
2529.	переме́на	change	
2530.	площа́дка	ground, area	g pl площа́док; де́тская площа́дка children's playground
2531.	победи́тель m	victor	
2532.	подтверди́ть p +a	to confirm	подтвержу́, подтверди́шь; подтвержда́ть i
2533.	портфе́ль m	briefcase	
2534.	потре́бовать p +g	to demand	потре́бую; тре́бовать i
2535.	придава́ть i +a +d	to impart, give (sth to sth)	придаю́, придаёшь; прида́ть p; придава́ть значе́ние чему́-нибудь to treat sth as important
2536.	прия́тель m	friend	
2537.	прочь	away	
2538.	разреше́ние	permission; solution	
2539.	свяще́нник	priest	
2540.	сентя́брь m	September	g sg сентября́
2541.	соверше́нный	perfect	
2542.	су́нуть p +a	to thrust	су́ну, су́нешь; сова́ть i
2543.	тыл	rear (military)	pr sg в тылу́
2544.	убега́ть i	to run away	убежа́ть p
2545.	увели́чить p +a	to increase	увели́чивать i
2546.	удивля́ться i +d	to be surprised (at)	удивля́юсь; удиви́ться p
2547.	ура́	hurrah, hurray	
2548.	фанта́зия	imagination	

2549.	чегó (coll)	why	
2550.	бумáжка	piece of paper; banknote	g pl бумáжек
2551.	вал	billow; rampart; gross output (econ)	nom pl валы́
2552.	винá	guilt	
2553.	волнéние	agitation; disturbance	
2554.	воскресéнье	Sunday	
2555.	впослéдствии	subsequently	
2556.	вы́яснить p +a	to clarify, establish	выясня́ть i
2557.	гля́нуть p на +a	to glance (at)	
2558.	гости́ница	hotel	
2559.	дви́нуться p	to move	дви́гаться i
2560.	докáзывать i +a	to argue, prove	доказáть p
2561.	дóлжно	one ought to	
	должнó быть	probably	
2562.	дрáться i	to fight	дерýсь, дерёшься, past дрáлся, дралáсь; по- p
2563.	запи́сывать i +a	to note down	записáть p
2564.	запóмнить p +a	to commit to memory	запоминáть i
2565.	звенó	link	nom pl звéнья
2566.	издáтельство	publishing house	
2567.	интеллигéнция	intelligentsia; professional people	
2568.	комáндование	command	
2569.	крепостнóй m adj	serf	
2570.	лóгика	logic	
2571.	наси́лие	violence, force	
2572.	наступи́ть p	to tread on; come (of time, seasons)	наступлю́, настýпишь; наступáть i; Наступи́ло лéто Summer came
2573.	небéсный	heavenly, celestial	
2574.	незави́симый	independent	
2575.	огон(ё)к	light	g sg огонькá
2576.	освободи́ть p +a	to liberate	освобожý, освободи́шь; освобождáть i
2577.	óтпуск	leave (from work)	Дирéктор в óтпуске The director is on holiday
2578.	переговóры m pl	negotiations	g pl переговóров
2579.	пиджáк	jacket	g sg пиджакá
2580.	плóтный	compact; solid	плóтный обéд filling meal
2581.	поддержáть p +a	to support	поддержý, поддéржишь; поддéрживать i
2582.	пóлка	shelf	g pl пóлок
2583.	посторóнний m adj	outside, not directly involved; outsider	Вход посторóнним воспрещён Private

2584.	поэти́ческий	poetic	
2585.	преступле́ние	crime	
2586.	пропада́ть i	to vanish, be lost	пропа́сть p
2587.	проща́ть i +a	to pardon	прости́ть p
2588.	разма́х	scope, range, scale	
2589.	ра́нний	early	
2590.	расхо́д	expenditure	
2591.	рейс	journey (of vehicle)	
2592.	реша́ющий	deciding, decisive	
2593.	се́рия	series	
2594.	случа́ться i	to happen	случи́ться p
2595.	стально́й	steel (adj)	
2596.	сыгра́ть p	to play	игра́ть i
2597.	тру́женик	toiler, worker	
2598.	целико́м	entirely	
2599.	а́вгуст	August	
2600.	аэродро́м	aerodrome, airfield	на аэродро́ме at an airfield
2601.	бесполе́зный	useless	
2602.	бесчи́сленный	innumerable	
2603.	бле́дный	pale	
2604.	внача́ле	at first	
2605.	внизу́	below	
2606.	заду́мчиво	thoughtfully, pensively	
2607.	лома́ть i +a	to break	с- p
2608.	моти́в	motive; motif	
2609.	нали́ть p +a	to pour out	налью́, нальёшь, past нали́л, налила́, нали́ло, imperative нале́й(те); налива́ть i
2610.	нападе́ние	attack	
2611.	направля́ться i к +d	to make for, head for	направля́юсь; напра́виться p
2612.	напряжённый	tense	
2613.	непра́вда	untruth; untrue	
2614.	никуда́	nowhere	
2615.	обману́ть p +a	to deceive	обману́, обма́нешь; обма́нывать i
2616.	одино́кий	solitary	
2617.	осе́нний	autumn (adj)	
2618.	основа́ть p +a	to found	осную́, оснуёшь; осно́вывать i
2619.	отвести́ p +a	to lead away; assign	отведу́, отведёшь, past отвёл, отвела́; отводи́ть i
2620.	отложи́ть p +a	to put aside; postpone	отложу́, отло́жишь; откла́дывать i
2621.	по́здний	late	
2622.	поздравля́ть i +a с +inst	to congratulate (s.o. on sth)	поздравля́ю; поздра́вить p

2623.	поло́ска	strip	g pl поло́сок
2624.	носту́п(о)к	action, act	
2625.	привлека́ть i +a	to attract	привле́чь p
2626.	при́стань f	jetty, pier, wharf	g pl пристане́й
2627.	разверну́ть p +a	to unfold; develop	развора́чивать i
2628.	разобра́ть p +a	to take to pieces; make out, understand	разберу́, разберёшь, past разобра́л, разобрала́, разобра́ло; разбира́ть i
2629.	ра́неный	wounded	
2630.	ско́рый	fast	ско́рый по́езд fast train
2631.	сосредото́чить p +a на +pr	to concentrate (sth on sth)	сосредото́чивать i; сосредото́чить внима́ние на +pr to concentrate attention on sth
2632.	сотру́дник	employee, official	
2633.	столе́тие	century	
2634.	страда́ть i	to suffer	по- p
2635.	темно́	(it's) dark	
2636.	удиви́ться p +d	to be surprised (at)	удивлю́сь, удиви́шься; удивля́ться i
2637.	учи́тельница	teacher (f)	
2638.	фина́нсовый	financial	
2639.	ча́йник	teapot; kettle	
2640.	экра́н	screen	
2641.	бесцве́тный	colourless	
2642.	биогра́фия	biography	
2643.	блеск	shine	
2644.	бо́жий adj	God's	f бо́жья, n бо́жье
2645.	боль f	pain	
2646.	верста́	verst (slightly over a kilometre)	nom pl вёрсты, g pl вёрст
2647.	воображе́ние	imagination	
2648.	вчера́шний	yesterday's	
2649.	вынима́ть i +a	to take out	вы́нуть p
2650.	гро́зный	threatening	
2651.	до́мик	cottage	
2652.	зака́т	sunset	
2653.	заме́тка	mark, (written) note	g pl заме́ток
2654.	кварта́л	block (of buildings); quarter of year	
2655.	конча́ться i	to end	ко́нчиться p
2656.	ку́кла	doll	g pl ку́кол
2657.	ле́тний	summer (adj)	
2658.	лови́ть i +a	to catch	ловлю́, ло́вишь; пойма́ть p
2659.	моде́ль f	model (of sth)	
2660.	называ́емый	called	так называ́емый so-called

2661. наро́чно	deliberately	
2662. оконча́ние	end, ending	
2663. отню́дь	not at all	
2664. пласти́нка	(gramophone) record; flat piece of metal or other material	g pl пласти́нок
2665. плыть i	to sail; swim	плыву́, плывёшь, past плыл, плыла́, плы́ло; по- p
2666. подобра́ть p +a	to pick up; select	подберу́, подберёшь, past подобра́л, подобрала́, подобра́ло; подбира́ть i
2667. пожале́ть p	(+a) to pity; (o +pr) regret	пожале́ю, пожале́ешь; жале́ть i
2668. поми́мо +g	apart from	
2669. после́дующий	subsequent, following	
2670. поцелова́ть p +a	to kiss	поцелу́ю, поцелу́ешь; целова́ть i
2671. преврати́ть p в +a	to convert, turn (into)	превращу́, преврати́шь; превраща́ть i
2672. пу́ля	bullet	g pl пуль
2673. пье́са	play (theatre)	
2674. руба́ха	shirt	
2675. руководи́ть i +inst	to manage, supervise	руковожу́, руководи́шь
2676. сверка́ть i	to sparkle	
2677. сере́бряный	silver (adj)	
2678. скрыва́ть i +a	to hide, conceal	скрыть p
2679. скры́ться p	to hide os, vanish	скрыва́ться i
2680. слу́шаться i +g	to obey	по- p
2681. сорт	grade, quality	nom pl сорта́; вы́сший сорт top quality
2682. спасе́ние	salvation, rescue	
2683. стиль m	style	
2684. сти́мул	stimulus	
2685. стро́иться i	to be built	по- p
2686. сумасше́дший m adj	mad	
2687. то́-то	that's it, that's right	
2688. угрожа́ть i +d	to threaten (s.o.)	
2689. уме́ние	ability	
2690. фанта́стика	fantastic, fantasy	нау́чная фанта́стика science fiction
2691. чте́ние	reading	
2692. верх	top	nom pl верхи́
2693. включи́ть p +a	to include; switch on	включа́ть i
2694. внеза́пный	sudden	
2695. вслух	aloud	

2696. го́рдый	proud	
2697. го́рький	bitter	
2698. госпо́дство	domination, supremacy	
2699. делега́т	delegate	
2700. дешёвый	cheap	
2701. дли́тельный	lengthy	
2702. догна́ть p +a	to catch up (with)	догоню́, дого́нишь, past догна́л, догнала́, догна́ло; догоня́ть i
2703. есте́ственный	natural	
2704. за́(я)ц	hare	g sg за́йца
2705. ко́ли (coll) (also коль)	if	= е́сли
2706. кора́	bark, rind, crust	no pl
2707. лета́ть i	to fly around	по- p
2708. лётчик	pilot, airman	
2709. луг	meadow	pr sg на лугу́, nom pl луга́
2710. мгнове́ние	moment	
2711. напро́тив	opposite; on the contrary	
2712. незнако́мый	unfamiliar	
2713. нерв	nerve	
2714. обнима́ть i +a	to embrace	обня́ть p
2715. опубликова́ть p +a	to publish	опублику́ю; публикова́ть i
2716. отдыха́ть i	to rest; take a holiday	отдохну́ть p
2717. оце́нка	assessment	g pl оце́нок
2718. поки́нуть p +a	to abandon	покида́ть i
2719. поэ́зия	poetry	
2720. предполага́ть i	to suppose	предположи́ть p
2721. предыду́щий	preceding	
2722. приве́тствовать i +a	to greet	приве́тствую
2723. применя́ться i	to be used; (к +d) adapt os (to)	применя́юсь; примени́ться p
2724. разруше́ние	destruction	
2725. ресу́рс	resource	
2726. руга́ться i	to swear	
2727. созна́тельный	(politically, socially) conscious; deliberate	
2728. сравни́ть p +a с +inst	to compare (sth with sth)	сра́внивать i
2729. удовлетворе́ние	satisfaction	
2730. уничтоже́ние	annihilation, destruction	
2731. эй	hey! (attracting attention)	
2732. агре́ссор	aggressor	
2733. бе́шеный	mad; furious	
2734. бормота́ть i	to mumble	бормочу́, бормо́чешь; про- p
2735. вдали́	in the distance	
2736. ведро́	bucket	nom pl вёдра, g pl вёдер

2737. всеми́рный	world, worldwide	
2738. вы́рваться p	to tear oneself away	вы́рвусь, вырвешься; вырыва́ться i
2739. вы́сказать p +a	to express	вы́скажу, вы́скажешь; вы́сказывать i
2740. вы́ставка	exhibition	g pl вы́ставок; на вы́ставке at an exhibition
2741. дневно́й	day (adj)	
2742. до́вод	argument (for sth)	
2743. дожда́ться p +g	to wait (for)	дожду́сь, дождёшься, past дожда́лся, дождала́сь; дожида́ться i
2744. доказа́тельство	proof	
2745. железнодоро́жный	railway (adj)	
2746. за́муж: выходи́ть i/ вы́йти p за́муж за +a	to marry (a husband)	
2747. за́мыс(е)л	scheme, idea	
2748. зо́на	zone	
2749. игро́к	player	g sg игрока́
2750. исключи́тельный	exceptional	
2751. испы́тывать i +a	to test; experience	испыта́ть p
2752. ию́нь m	June	
2753. коро́ль m	king	g sg короля́
2754. ла́вка	bench; small shop	g pl ла́вок
2755. людско́й	human (adj)	
2756. нанести́ p +a +d	to inflict (sth on s.o.)	нанесу́, нанесёшь, past нанёс, нанесла́; наноси́ть i
2757. насто́йчиво	insistently	
2758. нело́вко	awkwardly	
2759. обеспе́чение	securing, providing, provision (with)	
2760. обме́н	exchange	
2761. объясня́ться i	to make os understood; be explained	объясня́юсь; объясни́ться p
2762. окружа́ющий	surrounding	
2763. оправда́ть p +a	to justify	опра́вдывать i
2764. освободи́ться p от +g	to free os	освобожу́сь, освободи́шься; освобожда́ться i
2765. отка́з	refusal	
2766. отка́зываться i от +g or +inf	to refuse	отказа́ться p
2767. открове́нно	frankly	
2768. отозва́ться p	(на +a) to respond to; (о +pr) express a view of	отзову́сь, отзовёшься, past отозва́лся, отозвала́сь; отзыва́ться i

2769. подро́бность f	detail	
2770. полага́ться i на +a	to rely (on)	положи́ться p
2771. посте́ль f	bedding, bed	
2772. превыша́ть i +a	to exceed	превы́сить p
2773. привы́чный	customary	
2774. пригласи́ть p +a	to invite	приглашу́, пригласи́шь; приглаша́ть i
2775. прови́нция	province; provinces	
2776. пройти́сь p	to take a walk	пройду́сь, пройдёшься, past прошёлся, прошла́сь; проха́живаться i
2777. разли́чие	difference	
2778. ра́нить i/p +a	to wound, injure	
2779. склон	slope	
2780. сохране́ние	preservation	
2781. те́сно	tightly; crowded	
2782. тетра́дь f	exercise book	
2783. топо́р	axe	g sg топора́
2784. тро́нуть p +a	to touch	тро́ну, тро́нешь; тро́гать i
2785. тща́тельно	thoroughly	
2786. угрю́мо	gloomily	
2787. упо́рный	persistent	
2788. шкаф	cupboard	pr в/на шкафу́
2789. щель f	chink, fissure, slot	
2790. юг	south	на ю́ге in the south
2791. япо́нский	Japanese (adj)	
2792. балко́н	balcony	
2793. бока́л	wineglass	
2794. броди́ть i	to wander	брожу́, бро́дишь; по- p
2795. во́время	on time	
2796. волнова́ть i +a	to worry, excite	волну́ет; вз- p
2797. всерьёз	seriously	
2798. вход	entrance	
2799. гроб	coffin	pr sg в гробу́, nom pl гробы́
2800. де́вка (coll)	girl	g pl де́вок
2801. де́йствующий	functioning	де́йствующий вулка́н active volcano
2802. делега́ция	delegation	
2803. деся́тый	tenth	
2804. загля́дывать i	to glance	загляну́ть p
2805. заме́тный	noticeable	
2806. зара́нее	in advance	
2807. защи́тник	defender	
2808. звон	ringing	
2809. исполня́ть i +a	to carry out, fulfil	исполня́ю; испо́лнить p

2810. испо́ртить p +a	to spoil	испо́рчу, испо́ртишь; по́ртить i
2811. како́й-либо	any	
2812. кандида́т	candidate	
2813. кирпи́ч	brick	g sg кирпича́
2814. кра́ткий	short	
2815. ку́ча	heap	
2816. ли́дер	leader	
2817. ло́жка	spoon	g pl ло́жек
2818. любова́ться i +inst or на +a	to admire	любу́юсь; по- p
2819. мину́вший	past	
2820. напра́во	to the right	
2821. невозмо́жный	impossible	
2822. не́нависть f	hate	
2823. ни́тка	thread	g pl ни́ток
2824. обще́ственность f	the public	
2825. оконча́тельный	final	
2826. оторва́ть p +a	to tear off	оторву́, оторвёшь, past оторва́л, оторвала́, оторва́ло; отрыва́ть i
2827. отража́ть i +a	to reflect	отрази́ть p
2828. отча́яние	despair	
2829. охо́тно	willingly	
2830. па́сха	Easter	на па́сху at Easter
2831. пи́сьменный	written; writing (adj)	в пи́сьменном ви́де in written form; пи́сьменный стол desk
2832. по-ви́димому	seemingly	
2833. поко́нчить p с +inst	to finish (with), do away with	no i
2834. помеша́ть p	(+d) to hinder, prevent; disturb; (+a) to stir	меша́ть i
2835. по́чта	post office; post, mail	на по́чте at the post office
2836. пре́мия	bonus; prize	
2837. препя́тствие	obstacle	
2838. призва́ть p	to summon, appeal	призову́, призовёшь, past призва́л, призвала́, призва́ло; призыва́ть i
2839. приро́дный	natural	
2840. происхожде́ние	origin	
2841. прони́кнуть p в +a	to penetrate	past прони́к, прони́кла; проника́ть i
2842. разда́ться p	to resound	разда́стся, past разда́лся, раздала́сь; раздава́ться i
2843. ро́вный	level; even, equal	
2844. самолю́бие	pride, self-esteem	

2845. свети́ть i	to shine	све́тит
2846. свиде́тельство	evidence; certificate	
2847. соверша́ться i	to be accomplished	соверши́ться p
2848. суть f	essence	суть де́ла the heart of the matter
2849. съесть p +a	to eat	съем, съешь, съест, съеди́м, съеди́те, съедя́т, past съел, съе́ла; есть i
2850. убежде́ние	conviction, belief	
2851. удержа́ть p +a	to hold back, retain	удержу́, уде́ржишь; уде́рживать i
2852. цени́ть i +a	to value	ценю́, це́нишь
2853. благода́рный	grateful	
2854. воспи́тывать i +a	to educate, bring up	воспита́ть p
2855. вспы́хнуть p	to blaze up	вспы́хивать i
2856. в-тре́тьих	thirdly	
2857. вы́гнать p +a	to expel	вы́гоню, вы́гонишь; выгоня́ть i
2858. вы́тянуть p +a	to stretch out	вытя́гивать i
2859. ге́ний	genius	
2860. герои́ческий	heroic	
2861. запла́кать p	to begin to cry	запла́чу, запла́чешь; пла́кать i
2862. зарабо́тать p +a	to earn	зараба́тывать i
2863. изво́лить i +inf	to wish, desire; deign	изво́лю, изво́лишь; Изво́льте вы́йти Kindly leave
2864. интересова́ть i +a	to interest	интересу́ет; за- p
2865. ишь (coll)	look (drawing attention to sth)	Ишь како́й гря́зный! Look how dirty it is!
2866. ки́нуться p	to throw os, rush	кида́ться i
2867. класси́ческий	classical	
2868. кли́мат	climate	
2869. марш	march	
2870. медве́дь m	bear	
2871. мра́чный	gloomy, baleful	
2872. напо́лнить p +a	to fill	наполня́ть i
2873. неда́вний	recent	
2874. неизбе́жно	inevitably	
2875. неподви́жный	motionless	
2876. обра́доваться p +d	to be glad (at), be pleased (about)	обра́дуюсь; ра́доваться i
2877. освеще́ние	illumination	
2878. отте́н(о)к	shade, nuance	
2879. па́пка	file, folder	g pl па́пок
2880. повы́сить p +a	to raise	повы́шу, повы́сишь; повыша́ть i
2881. покупа́ть i +a	to buy	купи́ть p

2882.	понáдобиться p	to be necessary	понáдобится; éсли понáдобится if necessary
2883.	приближáться i к +d	to draw near	прибли́зиться p
2884.	приступи́ть p к +d	to get down to, start on	приступлю́, присту́пишь; приступáть i
2885.	продолжéние	continuation	Продолжéние слéдует To be continued
2886.	проявлéние	manifestation, display	
2887.	пу́блика	public	
2888.	разбуди́ть p +a	to wake, rouse	разбужу́, разбу́дишь; буди́ть i
2889.	рáзница	difference	no pl
2890.	решётка	grating, grille, railings	g pl решёток
2891.	свинья́	pig	nom pl сви́ньи, g pl свинéй, d pl сви́ньям
2892.	свистéть i	to whistle	свищу́, свисти́шь; сви́стнуть p
2893.	скрóмный	modest	
2894.	слегкá	slightly	
2895.	смéртный	fatal; mortal	
2896.	снижéние	lowering	
2897.	сочетáние	combination	
2898.	тря́пка	rag	g pl тря́пок
2899.	узнавáть i +a	to recognize; find out	узнаю́, узнаёшь; узнáть p
2900.	философский	philosophical	
2901.	цáрство	kingdom	
2902.	этáж	floor, storey	g sg этажá
2903.	банк	bank (for money)	
2904.	блестéть i	to shine	блещу́, блести́шь or блéщешь
2905.	брáт(е)ц	old man, mate (form of address)	
2906.	вели́чие	greatness	
2907.	вытирáть i +a	to rub dry; wipe	вы́тереть p
2908.	голóдный	hungry	
2909.	грóмкий	loud	
2910.	двáжды	twice	
2911.	доставля́ть i +a	to deliver	доставля́ю; достáвить p
2912.	ежегóдно	annually	
2913.	запаснóй (or запáсный)	spare, reserve	
2914.	зáпись f	recording; written record	
2915.	засыпáть i	to fall asleep	заснýть p
	засыпáть i +a +inst	to fill sth, cover sth with sth	засы́пать p
2916.	знакóмство с +inst	acquaintance (with), knowledge (of)	

2917. избрáть p +a	to choose, elect	изберý, изберёшь, past избрáл, избралá, избрáло; избирáть i
2918. изображáть i +a	to depict	изобразúть p
2919. úзредка	occasionally	
2920. имýщество	property, possessions	
2921. кость f	bone	g pl костéй
2922. манéра	manner	
2923. несчáстье [сч = щ]	misfortune	
2924. нетрýдно	(it's) not difficult	
2925. оркéстр	orchestra	
2926. отдалённый	distant, remote	
2927. откровéнный	frank	
2928. ошибúться p	to make a mistake	ошибýсь, ошибёшься; past ошúбся, ошúблась; ошибáться i
2929. пёстрый	many-coloured, motley	
2930. повéсить p +a	to hang	повéшу, повéсишь; вéшать
2931. поместúть p +a	to accommodate, place	помещý, поместúшь; помещáть i
2932. посовéтовать p +d	to advise (s.o.)	посовéтую; совéтовать i
2933. предположéние	supposition	
2934. предупредúть p +a	to warn, tell in advance	предупрежý, предупредúшь; предупреждáть i
2935. прожúть p	to live (for a specified period)	проживý, проживёшь, past прóжил, прожилá, прóжило; проживáть i
2936. пятьсóт	five hundred	g пятисóт, d пятистáм, inst пятьюстáми, pr пятистáх
2937. рáвенство	equality	
2938. рассуждáть i	to reason; (o +pr) discuss	
2939. сзáди	from behind	
2940. сибúрский	Siberian (adj)	
2941. скáтерть f	tablecloth	g pl скатертéй
2942. смúрно	quietly	
2943. соображéние	consideration, reason	из соображéний безопáсности for security reasons
2944. специáльно	specially	
2945. стрелá	arrow	nom pl стрéлы
2946. струя́	jet, stream	nom pl стрýи, g pl струй, d pl стрýям
2947. ýз(е)л	knot; junction; bundle	g sg узлá
2948. усмéшка	slight smile; sneer; smirk	g pl усмéшек
2949. успéшный	successful	
2950. учéбный	educational	

2951. я́блоко	apple	nom pl я́блоки, g pl я́блок
2952. аккура́тно	thoroughly; tidily	
2953. бе́дствие	disaster	
2954. бли́жний	near	
2955. бытово́й	social, everyday	
2956. введе́ние	introduction	
2957. владе́ть i +inst	to possess; have command of	владе́ю, владе́ешь; о- p; Она́ владе́ет пятью́ языка́ми She speaks five languages
2958. возрасти́ p	to grow	возрасту́, возрастёшь; past возро́с, возросла́; возраста́ть i
2959. выноси́ть i +a	to carry out, take away; endure	выношу́, выно́сишь; вы́нести p
2960. га́снуть i	to go out, be extinguished, fade	га́сну, га́снешь, past гас, га́сла; по- p
2961. да́нные pl adj	data; qualities	
2962. деви́ца	girl	
2963. дневни́к	diary	g sg дневника́
2964. дру́жественный	friendly	
2965. заве́дующий m adj +inst	manager, head (of)	
2966. иссле́дователь m	researcher	
2967. и́стинный	true	
2968. карти́нка	picture, illustration	g pl карти́нок
2969. кла́няться i	to bow	кла́няюсь; поклони́ться p
2970. когда́-нибудь	ever; some day	
2971. коса́	(a ко́су) plait; (a косу́) scythe	nom pl ко́сы
2972. ко́шка	cat (f)	g pl ко́шек
2973. кри́зис	crisis	
2974. кусо́ч(е)к	small piece	
2975. мили́ция	police	
2976. мо́лния	lightning	
2977. мышь f	mouse	g pl мыше́й
2978. наме́рение	intention	
2979. напеча́тать p +a	to print	печа́тать i
2980. нату́ра	nature, character	
2981. око́нчить p +a	to finish; graduate (from)	ока́нчивать i
2982. освеща́ть i +a	to illuminate	освети́ть p
2983. отчёт	report	
2984. повора́чиваться i	to turn round	поверну́ться p
2985. повы́шенный	raised	
2986. поли́тик	politician	
2987. почётный	respected	

2988.	превраща́ть i +a в +a	to turn (sth into sth)	преврати́ть p
2989.	преодоле́ть p +a	to overcome	преодоле́ю, преодоле́ешь; преодолева́ть i
2990.	призыва́ть i	to summon; appeal	призва́ть p
2991.	продава́ть i +a	to sell	продаю, продаёшь; прода́ть p
2992.	прохо́жий m adj	passer-by	
2993.	проявля́ть i +a	to display, manifest	проявля́ю; прояви́ть p; проявля́ть инициати́ву to show initiative
2994.	пры́гать i	to jump	пры́гнуть p
2995.	пря́таться i	to hide	пря́чусь, пря́чешься; с- p
2996.	пуга́ть i +a	to frighten	ис- p
2997.	пы́льный	dusty	
2998.	разбира́ть i +a	to take to pieces; sort out; make out	разобра́ть p
2999.	росси́йский	Russian (of Russia)	
3000.	руга́ть i +a	to abuse, scold	вз-/из-/об- p
3001.	сва́дьба	wedding	g pl сва́деб
3002.	сла́дкий	sweet	
3003.	стан(о́)к	machine, machine tool	печа́тные станки́ printing presses
3004.	ску́ка	boredom	
3005.	сне́жный	snow (adj), snowy	
3006.	сокраще́ние	reduction; abbreviation	
3007.	солда́тский	soldier’s	
3008.	суббо́та	Saturday	
3009.	таи́нственный	mysterious	
3010.	толка́ть i +a	to push, shove	толкну́ть p
3011.	уще́рб	damage	в уще́рб +d to the detriment of
3012.	хи́трый	cunning	
3013.	че́стно	honestly	
3014.	чино́вник	bureaucrat; official	
3015.	штаны́ m pl	trousers	g pl штано́в
3016.	буфе́т	snackbar	
3017.	быстрота́	speed	
3018.	вынужда́ть i +a +inf	to force	вы́нудить p
3019.	выходно́й	exit (adj)	выходно́й день day off
3020.	забо́титься i o +pr	to worry about, concern os with, look after	забо́чусь, забо́тишься; по- p
3021.	зави́довать p +d	to envy	зави́дую, зави́дуешь; по- p
3022.	закури́ть p +a	to start smoking	закурю, заку́ришь; заку́ривать i
3023.	зарубе́жный	foreign	
3024.	заявля́ть i o +pr	to announce	заявля́ю, заявля́ешь; заяви́ть p
3025.	импе́рия	empire	

3026.	испыта́ть p +a	to test; experience	испы́тывать i
3027.	ка́мера	chamber, room, cell	
3028.	катего́рия	category	
3029.	колхо́зник	collective farmer	
3030.	колхо́зный	collective farm (adj)	
3031.	л(о)жь f	lie, lies	no pl
3032.	ми́лость f	favour	Ми́лости про́сим! Welcome!
3033.	моне́та	coin	
3034.	мча́ться i	to rush	мчусь, мчи́шься; по- p
3035.	мышле́ние	thinking	
3036.	не́бось (coll)	probably	
3037.	определя́ться i	to be determined, be defined	определя́ется; определи́ться p
3038.	отста́ть p от +g	to lag behind	отста́ну, отста́нешь; отстава́ть i
3039.	пасть p пасть f	to fall maw, jaws (of animal)	паду́, падёшь; past пал, па́ла; па́дать i
3040.	перенести́ p +a	to transfer	перенесу́, перенесёшь, past перенёс, перенесла́; переноси́ть i
3041.	подходя́щий	suitable	
3042.	пожа́ть p +a	to press, squeeze	пожму́, пожмёшь; пожима́ть i
3043.	поздра́вить p +a с +inst	to congratulate (s.o. on sth)	поздра́влю, поздра́вишь; поздравля́ть i
3044.	поперёк +g	across	стоя́ть поперёк доро́ги to be in the way; вдоль и поперёк far and wide
3045.	поручи́ть p +a +d	to entrust sth to s.o.	поручу́, пору́чишь; поруча́ть i
3046.	прижа́ть p +a к +d	to press, clasp (sth to sth)	прижму́, прижмёшь; прижима́ть i
3047.	проти́вно	disgusting(ly)	
3048.	прояви́ть p +a	to display, manifest	проявлю́, проя́вишь; проявля́ть i
3049.	ра́бство	slavery	
3050.	ра́достно	joyfully	
3051.	рассерди́ться p на +a	to get angry (with)	рассержу́сь, рассе́рдишься; серди́ться i
3052.	ре́зать i +a	to cut	ре́жу, ре́жешь; по-/на-/раз- p
3053.	сантиме́тр	centimetre	
3054.	сверх +g	above	
3055.	свиде́тель m	witness	
3056.	седо́й	grey (of hair)	
3057.	скот	cattle	g sg скота́
3058.	скрыва́ться i	to hide os, vanish	скры́ться p

3059.	соверша́ть i +a	to accomplish	соверши́ть p
3060.	сыро́й	damp; raw	сыро́е мя́со raw meat
3061.	та́ктика	tactics	no pl
3062.	телефо́нный	telephone (adj)	
3063.	течь i течь f	to flow leak	теку́, течёшь, теку́т; past тёк, текла́; по- p дать течь to spring a leak
3064.	тупи́к	cul-de-sac, dead-end	тупика́
3065.	уве́ренно	confidently	
3066.	усмеха́ться i	to smile slightly, give a short laugh	усмехну́ться p
3067.	утвержде́ние	assertion; confirmation	
3068.	хло́пнуть p +inst	to bang, slap, clap	хло́пать i
3069.	хо́лод	cold	
3070.	шепта́ть i	to whisper	шепчу́, ше́пчешь; шепну́ть p
3071.	эффе́кт	effect	
3072.	ай	oh! (expressing fear, surprise)	
3073.	бельё	linen	ни́жнее бельё underwear
3074.	берёза	birch	
3075.	борода́тый	bearded	
3076.	веду́щий	leading; (as noun) presenter (of programme)	
3077.	визи́т	official visit	
3078.	включа́ть i +a	to include; switch on	включи́ть p
3079.	возмуще́ние	indignation	
3080.	возража́ть i про́тив +g	to object (to)	возрази́ть p
3081.	воскли́кнуть p	to exclaim	восклица́ть i
3082.	воспо́льзоваться p +inst	to make use of	воспо́льзуюсь; по́льзоваться i
3083.	выделя́ться i из +g	to stand out (from)	вы́делиться p
3084.	вы́пасть p из +g	to fall out (of)	вы́паду, вы́падешь; past вы́пал, вы́пала; выпада́ть i
3085.	где́-нибудь	anywhere	
3086.	горш(о́)к	pot	
3087.	гроза́	thunderstorm	nom pl гро́зы
3088.	гру́стный	sad	
3089.	доноси́ться i	to reach (sounds etc.)	доно́сится; донести́сь p
3090.	едини́ца	unit	
3091.	жа́дный	greedy	
3092.	забра́ть p +a	to take hold of; take away	заберу́, заберёшь, past за̧бра́л, забрала́, забра́ло; забира́ть i

3093.	зада́ть p +a +d	to set, assign (sth to s.o.)	зада́м, зада́шь, зада́ст, зададим, зададите, зададу́т, past за́дал, задала́, за́дало; задава́ть i
3094.	задержа́ться p	to be delayed	задержу́сь, заде́ржишься; заде́рживаться i
3095.	заложи́ть p +a	to put behind; lay down, found; (+inst) block (with); pawn, mortgage	заложу́, зало́жишь; закла́дывать i
3096.	занаве́ска	curtain	g pl занаве́сок
3097.	запере́ть p +a	to lock	запру́, запрёшь; past за́пер, заперла́, за́перло; запира́ть i
3098.	изда́ть p +a	to publish; emit	изда́м, изда́шь, изда́ст; издади́м, издади́те, издаду́т, past изда́л, издала́, изда́ло; издава́ть i
3099.	испу́ганно	fearfully	
3100.	како́в	what, what kind of	f какова́, n каково́, pl каковы́; Како́в он? What's he like?
3101.	люби́тель m	amateur; lover (of sth)	люби́тель му́зыки music lover
3102.	ме́бель f	furniture	no pl
3103.	ме́дленный	slow	
3104.	наря́дный	well-dressed	
3105.	неизбе́жный	inevitable	
3106.	ненави́деть i +a	to hate	ненави́жу, ненави́дишь; воз- p
3107.	обсуди́ть p +a	to discuss	обсужу́, обсу́дишь; обсужда́ть i
3108.	овладе́ть p +inst	to master	овладе́ю, овладе́ешь; владе́ть i
3109.	оказа́ть p +a	to render, give	окажу́, ока́жешь; ока́зывать i; оказа́ть влия́ние на +a to exert an influence on
3110.	опира́ться i на +a	to lean on	опере́ться p
3111.	освети́ть p +a	to illuminate	освещу́, освети́шь; освеща́ть i
3112.	осужда́ть i +a	to condemn	осуди́ть p
3113.	отверну́ться p от +g	to turn away (from)	отвора́чиваться i
3114.	отрица́ть i +a	to deny	
3115.	перево́д	translation; transfer	
3116.	пла́та	payment	
3117.	подверга́ться i +d	to undergo, be subjected to	подве́ргнуться p
3118.	подыма́ть i (coll) +a	to raise	= поднима́ть i; подня́ть p
3119.	поле́зть p	to climb	поле́зу, поле́зешь; past поле́з, поле́зла; лезть i
3120.	полно́ (coll) +g	lots (of)	Бы́ло полно́ наро́да There were

			lots of people
	по́лно	that's enough; full	По́лно жа́ловаться Stop complaining
3121.	положи́тельный	positive	
3122.	попада́ться i	to be caught; turn up	попа́сться p
3123.	поража́ть i +a	to strike; astonish	порази́ть p
3124.	пресле́довать i +a	to pursue; persecute	пресле́дую, пресле́дуешь
3125.	пре́сса	the press	
3126.	приглаша́ть i +a	to invite	пригласи́ть p
3127.	прокуро́р	prosecutor	
3128.	просто́рный	spacious	
3129.	раздава́ться i	to resound	раздаётся; разда́ться p
3130.	разрабо́тка	elaboration, working out; design; mining	
3131.	разу́мный	sensible	
3132.	ра́мка	frame	g pl ра́мок
3133.	расшире́ние	expansion	
3134.	сверка́ющий	sparkling	
3135.	семна́дцать	seventeen	
3136.	сло́вом	in short	
3137.	сложи́ть p +a	to put together; fold; set down	сложу́, сло́жишь; скла́дывать i
3138.	сорва́ть p +a c +g	to tear off	сорву́, сорвёшь, past сорва́л, сорвала́, сорва́ло; срыва́ть i
3139.	таба́к	tobacco	g sg табака́
3140.	тепе́решний (coll)	present (adj)	
3141.	убежда́ть i +a	to persuade	убеди́ть p
3142.	угол(о́)к	corner, nook	
3143.	учёт	calculation; stock-taking; registration	
3144.	фон	background	
3145.	фонд	fund; stock	
3146.	фунт	pound (money or weight)	
3147.	хала́т	dressing-gown; overall, white coat	
3148.	четы́рнадцать	fourteen	
3149.	электроста́нция	power station	
3150.	африка́нский	African (adj)	
3151.	ба́рин	landowner, *barin*; gentleman	nom pl ба́ре or ба́ры, g pl бар
3152.	ба́рышня	young lady	g pl ба́рышень
3153.	бо́льший	bigger	
3154.	вдво́е	double	вдво́е бо́льше twice as much
3155.	ве́тка	branch	g pl ве́ток
3156.	владе́л(е)ц	owner	g sg владе́льца

3157. волк	wolf	nom pl вóлки, g pl волкóв
3158. выдýмывать i +a	to invent, fabricate	вы́думать p
3159. вы́играть p +a	to win	выи́грывать i
3160. выражáться i	to express os; swear	вы́разиться p
3161. вы́ясниться p	to become clear	выясня́ться i
3162. гнев	anger	
3163. дáвний	long-ago (adj)	
3164. дéнежный	money (adj), monetary	
3165. добы́ть p +a	to get, obtain	добýду, добýдешь, past добы́л, добылá, добы́ло; добывáть i
3166. дрáка	fight, brawl	
3167. живóт	belly, stomach	g sg животá
3168. закономéрность f	regularity, law	
3169. заслýга	service, merit, achievement	
3170. и́здали	from a distance	
3171. иллю́зия	illusion	
3172. качáть i +a or +inst	to rock, shake	качнýть p; качáть головóй to shake one's head
3173. квадрáтный	square (adj)	
3174. красáвица	beautiful woman	
3175. лáсковый	tender, affectionate	
3176. минерáльный	mineral (adj)	минерáльная водá mineral water
3177. мя́гко	softly	
3178. надевáть i +a	to put on (clothing etc.)	надéть p
3179. недалекó	not far	Пóчта недалекó The post office is not far
3180. óблик	look, appearance, image	
3181. облóм(о)к	fragment	
3182. оглянýться p на +a	to look round, glance back	оглянýсь, огля́нешься; огля́дываться i
3183. одея́ло	blanket	
3184. опускáться i	to lower os	опусти́ться p
3185. оскóл(о)к	splinter	
3186. осуществля́ть i +a	to carry out, accomplish	осуществля́ю; осуществи́ть p
3187. пожи́ть p	to live for a while	поживý, поживёшь, past пожи́л, пожилá, пожи́ло; жить i
3188. померéть p (coll)	to die	помрý, помрёшь; past пóмер, померлá, пóмерло; помирáть i
3189. поражéние	defeat	
3190. прáздничный	festive	
3191. предостáвить p +a +d	to grant sth to s.o.	предостáвлю, предостáвишь; предоставля́ть i
3192. привыкáть i к +d	to get used to	привы́кнуть p

3193.	пропусти́ть p +a	to let through; omit, miss	пропущу́, пропу́стишь; пропуска́ть i
3194.	разве́дка	intelligence service; reconnaissance	
3195.	распространя́ться i	to spread	распространя́ется; распространи́ться p
3196.	рубе́ж	boundary	g sg рубежа́
	за рубежо́м	abroad	
3197.	сара́й	shed	
3198.	сия́ть i	to shine	сия́ю, сия́ешь
3199.	сове́товать i +d	to advise (s.o.)	сове́тую, сове́туешь; по- p
3200.	совреме́нник	contemporary	
3201.	сок	juice	pr sg в соку́
3202.	сообрази́ть p	to realize, work out	соображу́, сообрази́шь; сообража́ть i
3203.	сопровожда́ть i +a	to accompany	
3204.	сохрани́ться p	to be preserved	сохраня́ться i
3205.	структу́ра	structure	
3206.	ступе́нь f	step, rung; (g pl ступене́й) stage, level, grade	
3207.	стыд	shame	g sg стыда́
3208.	та́йный	secret (adj)	
3209.	угнетённый	oppressed	
3210.	усну́ть p	to fall asleep	усыпа́ть i
3211.	у́тренний	morning (adj)	
3212.	фило́соф	philosopher	
3213.	хо́лодно	coldly; it's cold	
3214.	аудито́рия	auditorium	
3215.	база́р	bazaar, market	
3216.	бро́нзовый	bronze (adj)	
3217.	валя́ться i	to roll; lie about	валя́юсь, валя́ешься; по- p
3218.	верёвка	rope; string	g pl верёвок
3219.	взволно́ванный	anxious, agitated	
3220.	вре́менный	temporary	
3221.	вы́бросить p +a	to throw out	вы́брошу, вы́бросишь; выбра́сывать i
3222.	вы́думать p +a	to make up, fabricate	выду́мывать i
3223.	глу́по	stupidly	
3224.	доли́на	valley	
3225.	дополни́тельный	additional	
3226.	дуть i	to blow	ду́ю, ду́ешь; по- p
3227.	жа́лкий	pitiful	
3228.	зажéчь p +a	to set fire to	зажгу́, зажжёшь, зажгу́т; past зажёг, зажгла́; зажига́ть i

3229. засну́ть p	to fall asleep	засыпа́ть i
3230. заста́ть p +a	to find (a person)	заста́ну, заста́нешь; застава́ть i
3231. здоро́ваться i с +inst	to greet	здоро́ваюсь; по- p
3232. изве́стие	piece of news	
3233. и́скренний	sincere	
3234. килогра́мм	kilogram	
3235. кры́са	rat	
3236. ме́лочь f	trifle, minor matter; small change (coins)	g pl мелоче́й
3237. молодёжный	youth (adj)	
3238. мыть i +a	to wash	мо́ю, мо́ешь; по- p
3239. налива́ть i +a	to pour out, fill	нали́ть p
3240. недоста́точно	insufficient(ly); (+g) not enough	
3241. немно́гие pl adj	few (people)	
3242. неприя́тный	unpleasant	
3243. огоро́д	kitchen-garden (for vegetables)	
3244. описа́ть p +a	to describe	опишу́, опи́шешь; опи́сывать i
3245. отре́зать p +a	to cut off	отре́жу, отре́жешь; отреза́ть i
3246. охвати́ть p +a	to seize, envelop	охвачу́, охва́тишь; охва́тывать i
3247. плёнка	film, (recording) tape	g pl плёнок
3248. подзе́мный	underground (adj)	
3249. пока́зываться i	to show os, be shown	показа́ться p
3250. поро́й	at times, occasionally	
3251. поря́дочный	decent, respectable	
3252. прикрыва́ть i +a +inst	to screen, shelter (sth with sth)	прикры́ть p
3253. приложи́ть p к +d	to place in contact with; apply	приложу́, прило́жишь; прикла́дывать i; прилага́ть i
3254. разводи́ть i +a	to separate; dissolve; breed	развожу́, разво́дишь; развести́ p
3255. разгля́дывать i +a	to examine closely	no p
3256. ро́ща	small wood, copse	
3257. свя́зывать i +a	to connect; bind	связа́ть p
3258. случа́йный	chance (adj), fortuitous	
3259. сме́ло	boldly	
3260. смущённо	with embarrassment	
3261. создава́ться i	to be created; arise	создаётся; созда́ться p
3262. сохраня́ть i +a	to keep, preserve	сохраня́ю, сохраня́ешь; сохрани́ть p
3263. спусти́ться p	to go down, descend	спущу́сь, спу́стишься; спуска́ться i
3264. су́мерки pl	twilight, dusk	g pl су́мерек

3265. тя́жесть f	weight, burden	
3266. увели́чиваться i	to increase	увели́читься p
3267. уступа́ть i +a +d	to cede, give up (sth to s.o.)	уступи́ть p
3268. фаши́зм	Fascism	
3269. автомаши́на	car, vehicle	
3270. беспоща́дный	merciless	
3271. брак	marriage; (no pl) defective product(s), reject(s)	
3272. брошю́ра	brochure	
3273. буг(о́)р	mound	
3274. ве́чно	eternally, always	
3275. ве́шать i +a	to hang	пове́сить p
3276. вози́ть i +a	to transport (around/there and back)	вожу́, во́зишь; по- p
3277. вплоть (до +g)	right up to	
3278. выделя́ть i +a	to pick out; allot	выделя́ю, выделя́ешь; вы́делить p
3279. вы́ехать p из +g	to leave (by transport)	вы́еду, вы́едешь; выезжа́ть i
3280. вы́тереть p +a	to wipe, wipe dry	вы́тру, вы́трешь; past вы́тер, вы́терла; вытира́ть i
3281. газе́тный	newspaper (adj)	
3282. голосова́ть i за +a/ про́тив +g	to vote (for/against)	голосу́ю, голосу́ешь; про- p
3283. дуб	oak	nom pl дубы́
3284. жа́лоба на +a	complaint (about)	
3285. заболе́ть p	to fall ill	заболева́ть i
3286. завести́ p +a	to take somewhere; start	заведу́, заведёшь, past завёл, завела́; заводи́ть i
3287. закры́тый	closed	
3288. кати́ться i	to roll	качу́сь, ка́тишься; по- p; Пот кати́лся со лба Sweat was rolling down his forehead
3289. кни́жный	book (adj); bookish	
3290. крути́ть i +a	to twist	кручу́, кру́тишь; за-/с-/по- p
3291. ло́вко	skilfully, deftly	
3292. лопа́та	spade	
3293. магнитофо́н	tape-recorder	
3294. мастерство́	skill, craftsmanship	
3295. му́жество	courage	
3296. наверху́	above; upstairs	
3297. награ́да	reward	
3298. наряду́ с +inst	equally, alongside	
3299. необыкнове́нный	unusual	

3300.	овца́	sheep	nom pl о́вцы, g pl ове́ц, d pl о́вцам
3301.	остана́вливать i +a	to stop	останови́ть p
3302.	отнести́ p +a	to take (somewhere)	отнесу́, отнесёшь; past отнёс, отнесла́; относи́ть i
3303.	отправля́ться i	to set off	отправля́юсь; отпра́виться p
3304.	паде́ние	fall	
3305.	перебива́ть i +a	to interrupt	переби́ть p
3306.	переводи́ть i +a	to take across; transfer; translate	перевожу́, перево́дишь; перевести́ p
3307.	подводи́ть i +a	to lead up; (coll) let (s.o.) down	подвожу́, подво́дишь; подвести́ p; подводи́ть ито́ги to sum up
3308.	подозрева́ть i +a	to suspect	no p
3309.	подтвержда́ть i +a	to confirm	подтверди́ть p
3310.	пои́стине	indeed	
3311.	поко́йный	calm; late, deceased	
3312.	полете́ть p	to fly	полечу́, полети́шь; лете́ть i
3313.	посети́ть p +a	to visit (a place)	посещу́, посети́шь; посеща́ть i
3314.	постановле́ние	resolution, decree	
3315.	пот	sweat	pr sg в поту́
3316.	пребыва́ние	stay	
3317.	предвари́тельный	preliminary; prior	
3318.	предупрежда́ть i +a о +pr	to warn (s.o. about sth)	предупреди́ть p
3319.	пригото́вить p +a	to prepare	пригото́влю, пригото́вишь; пригота́вливать i
3320.	при́стально	fixedly	смотре́ть при́стально на +a to stare at
3321.	протяже́ние	extent; expanse	
	на протяже́нии +g	during	
3322.	разбира́ться i в +pr	to investigate; understand	разобра́ться p
3323.	разнообра́зие	variety	
3324.	разраба́тывать i +a	to develop, design; cultivate	разрабо́тать p
3325.	разреша́ть i	(+d +inf) to permit (s.o. to do sth); (+a) solve	разреши́ть p
3326.	рассмотре́ть p +a	to examine; make out	рассмотрю́, рассмо́тришь; рассма́тривать i
3327.	рвать i +a	to tear	рву, рвёшь, past рвал, рвала́, рва́ло; по- p
3328.	рели́гия	religion	
3329.	ро́дственник	relative	
3330.	сбить p +a	to knock down; confuse; whip, whisk	собью, собьёшь; сбива́ть i
3331.	сверну́ть p +a	to roll (up); turn	свора́чивать i; Она́ сверну́ла нале́во She turned left

3332.	своди́ть i +a	to take (s.o. somewhere); take away; bring together	свожу́, сво́дишь; свести́ p
3333.	скаме́йка	bench	g pl скаме́ек
3334.	соверше́нствование	improvement	
3335.	сокро́вище	treasure	
3336.	сплошь	completely	сплошь и ря́дом very frequently
3337.	судья́ m/f	judge; referee	nom pl су́дьи, g pl суде́й, d pl су́дьям
3338.	существу́ющий	existing	
3339.	толщина́	thickness	
3340.	увида́ть p (coll) +a	to see	вида́ть i
3341.	у́жин	supper	
3342.	уса́дьба	country estate	g pl уса́деб and уса́дьб
3343.	успева́ть i +inf	to have time to	успе́ть p
3344.	хло́пать i +inst	to bang, slap, clap	хло́пнуть p
3345.	храни́ть i +a	to keep, store	
3346.	ча́шка	cup	g pl ча́шек
3347.	чепуха́	nonsense	
3348.	я́вный	obvious, overt	
3349.	бревно́	log, beam	nom pl брёвна, g pl брёвен
3350.	буди́ть i +a	to wake	бужу́, бу́дишь; раз- p
3351.	вздыха́ть i	to sigh	вздохну́ть p
3352.	видне́ться i	to be visible	видне́ется
3353.	вклад	contribution	
3354.	возраста́ть i	to grow	возрасти́ p
3355.	воспита́ть p +a	to bring up, educate	воспи́тывать i
3356.	восстанови́ть p +a	to restore	восстановлю́, восстано́вишь; восстана́вливать i
3357.	вре́менно	temporarily	
3358.	вы́делить p +a	to assign, allot; pick out	выделя́ть i
3359.	вы́зов	summons; challenge	
3360.	вы́лезти/вы́лезть p из +g	to climb out (of)	вы́лезу, вы́лезешь; past вы́лез, вы́лезла; вылеза́ть i
3361.	выта́скивать i +a из +g	to drag out, pull out (from)	вы́тащить p
3362.	годово́й	yearly	
3363.	гото́вность f	readiness	
3364.	допуска́ть i +a к +d	to admit (s.o. to); allow; assume	допусти́ть p
3365.	досту́пный	accessible	
3366.	жа́рко	hotly; it's hot	
3367.	заду́мать p +a	to think up; plan	заду́мывать i
3368.	запро́с	official request	
3369.	издалека́	from a distance	

3370. интересова́ться i +inst	to be interested in	интересу́юсь, интересу́ешься; за- p
3371. кадр	frame; cadre	
ка́дры	staff, personnel	
3372. каково́й (official style)	which	= кото́рый/како́й
3373. кива́ть i +inst	to nod	кивну́ть p
3374. кита́йский	Chinese	
3375. корм	fodder	
3376. краси́во	beautifully, attractively	
3377. крова́вый	bloody	
3378. кры́шка	lid	g pl кры́шек
3379. ку́шать i +a	to eat	по-/с- p
3380. напи́ться p +g	to drink one's fill; get drunk	напью́сь, напьёшься, past напи́лся, напила́сь; напива́ться i
3381. наруше́ние	violation, offence	
3382. нелегко́	(it's) not easy	
3383. нести́сь i	to rush	несу́сь, несёшься; past нёсся, несла́сь; по- p
3384. нить f	thread	
3385. ночева́ть i	to spend the night	ночу́ю, ночу́ешь; пере- p
3386. нра́вственный	moral	
3387. обма́нывать i +a	to deceive	обману́ть p
3388. объединённый	united	Объединённые На́ции United Nations
3389. окра́ина	outskirts	
3390. описа́ние	description	
3391. осма́тривать i +a	to look round, inspect	осмотре́ть p
3392. остано́вка	stop	g pl остано́вок; без остано́вки without stopping
3393. очеви́дный	obvious	
3394. о́черк	essay, study	
3395. патро́н	cartridge	
3396. пе́нсия	pension	на пе́нсии retired
3397. плен	captivity	pr sg в плену́
3398. пло́ский	flat	
3399. пло́тно	tightly	
3400. подва́л	cellar, basement	
3401. подчеркну́ть p +a	to underline; emphasize	подчёркивать i
3402. подыма́ться i (coll)	to rise; climb	= поднима́ться; подня́ться p
3403. пое́сть p	to eat a little	пое́м, пое́шь, пое́ст, поеди́м, поеди́те, поедя́т, past пое́л, пое́ла; есть i
3404. полго́да	half a year	g полуго́да

3405. понести́ p +a	to carry	понесу́, понесёшь, past понёс, понесла́; нести́ i
3406. после́довать p +d	to follow	после́дую, после́дуешь; сле́довать i
3407. приня́ться i за +a	to start on, get down to	приму́сь, при́мешься; past принялся́, приняла́сь; принима́ться i
3408. прису́щий +d	inherent (in)	
3409. прито́м	besides, in addition	
3410. проигра́ть p +a	to lose (game etc)	прои́грывать i
3411. профессиона́льный	professional (adj)	
3412. рассчита́ть p +a	to calculate	рассчи́тывать i; не рассчита́ть to miscalculate, misjudge
3413. расте́рянно	in bewilderment	
3414. рекла́ма	advertisement	
3415. руководя́щий	leading, guiding	
3416. сжечь p +a	to burn	сожгу́, сожжёшь, сожгу́т, past сжёг, сожгла́; сжига́ть i
3417. скамья́	bench	g pl скаме́й
3418. ску́чный	boring	
3419. сни́зу	from below	
3420. собесе́дник	interlocutor, the person one is talking to	
3421. собо́р	cathedral	
3422. спи́нка	back (of chair etc.)	g pl спи́нок
3423. спря́таться p	to hide	спря́чусь, спря́чешься; пря́таться i
3424. сту́кнуть p +a	to knock, bang	сту́кать i
3425. торопли́во	hastily	
3426. трево́жить i +a	to alarm; disturb	вс- p; по- p
3427. уби́тый	killed	
3428. худо́й	thin; bad	на худо́й коне́ц if the worst comes to the worst
3429. чрезвыча́йный	extreme; exceptional	
3430. шагну́ть p	to take a step	шага́ть i
3431. эффекти́вность	effectiveness; efficiency	
3432. я́кобы	allegedly	
3433. я́рость f	rage	
3434. алле́я	avenue	
3435. ба́ня	bath-house	
3436. беспоко́йство	agitation, anxiety	
3437. беспоря́д(о)к	disorder, mess	
3438. близ +g	near	
3439. бу́рый	greyish-brown	бу́рый медве́дь brown bear
3440. вали́ть i +a	to topple; heap up	валю́, ва́лишь; по-/с- p

3441. веде́ние	conducting, conduct	
ве́дение	authority, control	
3442. вели́чественный	majestic	
3443. взду́мать p (coll) +inf	to decide suddenly	no i
3444. вмеша́тельство в +a	interference (in)	
3445. во́дный	water (adj)	
3446. возвраще́ние	return	
3447. вспы́хивать i	to flare up	вспы́хнуть p
3448. гриб	mushroom	g sg гриба́
3449. гусь m	goose	nom pl гу́си, g pl гусе́й
3450. девя́тый	ninth	
3451. дога́дываться i	to guess	догада́ться p
3452. еда́	food	
3453. жесто́ко	cruelly	
3454. живо́тный	animal (adj)	
3455. забасто́вка	strike (by workers)	g pl забасто́вок
3456. заинтересова́ть p +a	to interest	заинтересу́ет; интересова́ть i
3457. за́м(о)к	castle	
зам(о́)к	lock	
3458. заты́л(о)к	back of the head	
3459. идеа́л	ideal	
3460. ков(ё)р	carpet	
3461. колосса́льный	colossal	
3462. куда́-то	somewhere	
3463. мощь f	power, might	
3464. наи́вный	naive	
3465. нале́во	to the left	
3466. неве́домый	unknown	
3467. неудо́бно	uncomfortably, awkwardly; it's awkward	
3468. обма́н	deceit, deception	
3469. обсужда́ть i +a	to discuss	обсуди́ть p
3470. обходи́ться i	to manage; treat; turn out	обхожу́сь, обхо́дишься; обойти́сь p
3471. обяза́ть p +a +inf	to oblige s.o. to do sth	обяжу́, обя́жешь; обя́зывать i
3472. одержа́ть p +a	to obtain, gain	одержу́, оде́ржишь; оде́рживать i; одержа́ть побе́ду to be victorious
3473. освое́ние	assimilation, mastery	
3474. пе́ние	singing	
3475. пережи́ть p +a	to live through; experience; outlive	переживу́, переживёшь, past пережи́л, пережила́, пережи́ло; пережива́ть i
3476. печа́тать i +a	to print	на- p

3477. пешко́м	on foot	
3478. плани́рование	planning	
3479. по́вар	cook	nom pl повара́
3480. поде́лать p (coll)	to do	
ничего́ не поде́лаешь	it can't be helped	
3481. позна́ние	knowledge, cognition	
3482. полёт	flight	
3483. после́дствие	consequence	
3484. приблизи́тельно	approximately	
3485. пригоди́ться p	to come in useful	пригожу́сь, пригоди́шься
3486. прикры́ть p +a	to screen; shelter	прикро́ю, прикро́ешь; прикрыва́ть i
3487. прогна́ть p +a	to drive away; banish, throw out	прогоню́, прого́нишь, past прогна́л, прогнала́, прогна́ло; прогоня́ть i
3488. просвеще́ние	education; enlightenment	
3489. про́чность f	stability, solidity, durability	
3490. проявля́ться i	to show itself, be revealed	проявля́ется; прояви́ться p
3491. пусты́нный	desert (adj), deserted	
3492. ра́на	wound	
3493. расспра́шивать i +a	to question	расспроси́ть p
3494. рядово́й m adj	ordinary, rank and file; (as noun) private soldier	
3495. свиде́тельствовать i о +pr	to show, be evidence (of)	свиде́тельствует
3496. слепо́й	blind	
3497. тра́ктор	tractor	
3498. штаб	staff (mil); HQ	nom pl штабы́
3499. борт	side (of a ship)	pr sg на борту́; nom pl борта́; на борту́ on board (ship or plane)
3500. цех	section of factory, shop	pr sg в це́хе or в цеху́; nom pl це́хи or цеха́
3501. поро́да	kind, type, breed; rock (geological)	
3502. герма́нский	Germanic	
3503. о́рган	organ (biol), political	
орга́н	organ (musical instrument)	
3504. лаборато́рия	laboratory	
3505. каза́к	Cossack	g sg казака́, nom pl казаки́ (but Tolstoi's «Каза́ки»)
3506. мета́лл	metal	

3507.	прибо́р	piece of apparatus, gadget, instrument	
3508.	обрабо́тка	treatment, processing	g pl обрабо́ток
3509.	ви́димый	visible, evident	
3510.	эксплуата́ция	exploitation	
3511.	коло́нна	column	
3512.	рыба́к	fisherman	g sg рыбака́
3513.	произво́дственный	production (adj)	
3514.	полице́йский	police (adj); (adj used as noun) policeman	
3515.	завоева́ние	conquest	
3516.	бригади́р	brigade leader; foreman	
3517.	показа́тель m	index, indicator	
3518.	часово́й	hour (adj); watch, clock (adj); (as noun) sentry	
3519.	слу́шатель m	listener	
3520.	слы́шный	audible	
3521.	сро́чно	urgently	
3522.	ссо́ра	quarrel	
3523.	ста́дия	stage (of development)	
3524.	столкнове́ние	collision, clash	
3525.	ступе́нька	step	g pl ступе́нек
3526.	су́дно	vessel, craft	nom pl суда́, g pl судо́в
3527.	теря́ться i	to get lost; lose one's head	теря́юсь, теря́ешься; по- p; рас- p
3528.	увлече́ние	enthusiasm; hobby	
3529.	удивлённо	with surprise	
3530.	у́мственный	mental, intellectual	
3531.	уничтожа́ть i +a	to destroy	уничто́жить p
3532.	уче́сть p +a	to take into account	учту́, учтёшь, past учёл, учла́; учи́тывать i
3533.	че́й-то	someone's	f чья́-то, n чьё-то, pl чьи́-то
3534.	я́ма	pit, hole	
3535.	бег	running; race	pr на бегу́
3536.	беспоко́ить i +a	to worry (s.o.)	о- or по- p
3537.	бессме́ртный	immortal	
3538.	весе́лье	merriment	
3539.	взорва́ть p +a	to blow up	взорву́, взорвёшь, past взорва́л, взорвала́, взорва́ло; взрыва́ть i
3540.	витри́на	shop-window; showcase	
3541.	вну́чка	granddaughter	g pl вну́чек
3542.	внуша́ть i +a +d	to instil, inspire (sth in s.o.)	внуши́ть p
3543.	возбужда́ть i +a	to arouse	возбуди́ть p

3544. во́ин	warrior	
3545. выводи́ть i из +g	to lead out; remove	вывожу́, выво́дишь; вы́вести p
3546. горди́ться i +inst	to be proud of	горжу́сь, горди́шься; Мы горди́мся до́чкой We're proud of our daughter
3547. го́рько	bitter(ly)	
3548. гру́стно	sad(ly)	
3549. гу́сто	thickly; densely	
3550. дожида́ться i +g	to wait for	дожда́ться p
3551. доста́ться p +d	to fall to s.o.'s lot	доста́нется; достава́ться i
3552. ду́ра	idiot, stupid woman	
3553. ежедне́вно	every day	
3554. зако́нчиться p	to end	зака́нчиваться i
3555. изменя́ться i	to change	изменя́юсь; измени́ться p
3556. изобрете́ние	invention	
3557. катастро́фа	disaster	
3558. колеба́ться i	to sway; hesitate	коле́блюсь, коле́блешься; по- p
3559. ла́мпочка	(light) bulb	g pl ла́мпочек
3560. леге́нда	legend	
3561. лету́чий	flying	лету́чая мышь bat
3562. мгла́	haze, gloom	
3563. мла́дший	younger; junior	
3564. мы́слить i	to think	
3565. накры́ть p +a	to cover	накро́ю, накро́ешь; накрыва́ть i; накры́ть (на) стол to lay the table
3566. непло́хо	not bad(ly)	
3567. ноль m	zero	g sg ноля́
3568. но́та	note (music, diplomatic)	
но́ты	sheet music	
3569. оби́льный	abundant	
3570. обойти́ p +a	to go round; avoid	обойду́, обойдёшь, past обошёл, обошла́; обходи́ть i
3571. обора́чиваться i	to turn round; turn out	оберну́ться p
3572. оте́чественный	of the fatherland; Russian	
3573. оте́чество	fatherland	
3574. отстава́ть i от +g	to lag behind	отстаю, отстаёшь; отста́ть p
3575. ощуще́ние	sensation, feeling	
3576. па́мятный	memorable	
3577. папа́ша m	dad	= па́па
3578. патриоти́ческий	patriotic	
3579. пере́дний	front (adj)	
3580. переры́в	break, interval	

3581.	повторя́ться i	to be repeated	повторя́ется; повтори́ться p
3582.	поди́ (coll)	probably	
3583.	подле́ц	scoundrel	g sg подлеца́
3584.	подхвати́ть p +a	to pick up, take up	подхвачу́, подхва́тишь; подхва́тывать i
3585.	покрасне́ть p	to become red; blush	покрасне́ю, покрасне́ешь; красне́ть i
3586.	порази́ть p +a	to strike; astonish; rout	поражу́, порази́шь; поража́ть i
3587.	послужи́ть p +inst	to serve (as)	послужу́, послу́жишь; служи́ть i; послужи́ть приме́ром to serve as an example
3588.	предположи́ть p	to suppose	предположу́, предполо́жишь; предполага́ть i
3589.	прида́ть p +a +d	to impart, give (sth to sth)	прида́м, прида́шь, прида́ст, придади́м, придади́те, придаду́т, past при́дал, придала́, при́дало; придава́ть i
3590.	прие́зд	arrival	
3591.	примени́ть p +a	to apply	применю́, приме́нишь; применя́ть i
3592.	пробира́ться i	to make one's way through	пробра́ться p
3593.	проте́ст	protest	
3594.	ра́доваться i +d	to be pleased (about)	ра́дуюсь, ра́дуешься; об- p
3595.	ра́достный	glad, joyful	
3596.	разноцве́тный	many-coloured	
3597.	расстреля́ть p +a	to execute (by shooting)	расстреля́ю; расстре́ливать i
3598.	реда́ктор	editor	nom pl редактора́
3599.	руби́ть i +a	to chop	рублю́, ру́бишь
3600.	сдава́ть i +a	to hand in, hand over; rent, let; surrender, give up; take (exam)	сдаю́, сдаёшь; сдать p
3601.	сле́дствие	consequence; investigation	
3602.	смути́ться p	to be embarrassed	смущу́сь, смути́шься; смуща́ться i
3603.	спусти́ть p +a	to lower; release	спущу́, спу́стишь; спуска́ть i
3604.	су́хо	drily	
3605.	телеви́дение	television (medium)	
3606.	телевизио́нный	television (adj)	
3607.	трево́жно	anxiously	
3608.	тя́жкий	heavy, serious	

3609. увле́чь p +a	to carry away; fascinate	увлеку́, увлечёшь, увлеку́т, past увлёк, увлекла́; увлека́ть i
3610. удо́бно	comfortably; conveniently; it's convenient	
3611. уноси́ть i +a	to carry away	уношу́, уно́сишь; унести́ p
3612. ухо́д	departure; (за +inst) caring (for), maintenance (of)	ухо́д за ребёнком caring for a child
3613. церко́вный	church (adj)	
3614. чуда́к	eccentric person, crank	g sg чудака́
3615. экземпля́р	copy (of book etc.)	
3616. ю́ный	young	
3617. беспоко́йный	anxious, agitated	
3618. бино́кль m	binoculars	
3619. верху́шка	top; (coll) the bosses	g pl верху́шек
3620. взаимоотноше́ние	interrelation	
3621. во́семьдесят	eighty	g, d, pr восьми́десяти, inst восемью́десятью
3622. вре́заться p в +a	to cut into	вре́жусь, вре́жешься; вреза́ться i
3623. вы́года	advantage	
3624. вы́нудить p +a	to force, compel	вы́нужу, вы́нудишь; вынужда́ть i
3625. вы́работать p +a	to produce; work out	выраба́тывать i
3626. гла́дить i +a	to stroke; iron	гла́жу, гла́дишь; по- p
3627. город(о́)к	small town	
3628. гуд(о́)к	hooter, car horn; hooting	
3629. договори́ться p с +inst	to reach agreement (with)	догова́риваться i
3630. докла́дывать i +d	to report (to s.o.)	доложи́ть p
3631. доса́да	annoyance	
3632. дья́вол	devil	
3633. жа́ркий	hot	
3634. забы́тый	forgotten	
3635. зага́дка	mystery; riddle	g pl зага́док
3636. зажига́ть i +a	to set fire to	заже́чь p
3637. загрязне́ние	pollution	
3638. и́скра	spark	
3639. и́скренне	sincerely	
3640. исполне́ние	fulfilment; performance	
3641. ки́нуть p +a	to throw	кида́ть i
3642. колле́га m/f	colleague	
3643. куда́-нибудь	anywhere	
3644. мири́ться i с +inst	to be reconciled with	по- p/при- p
3645. моли́тва	prayer	

3646. молчали́вый	taciturn	
3647. мона́х	monk	
3648. наблюда́ться i	to be observed	
3649. наве́рх	upwards	
3650. наклони́ться p	to bend down, stoop	наклоню́сь, накло́нишься; наклоня́ться i
3651. наме́тить p +a	to plan	наме́чу, наме́тишь; намеча́ть i
3652. наста́ивать i на +pr	to insist	настоя́ть p
3653. наста́ть p	to come (of seasons etc.)	наста́нет; настава́ть i
3654. обслу́живание	service	
3655. объедини́ть p +a	to unite, combine	объединя́ть i
3656. объединя́ть i +a	to unite, combine	объединя́ю; объедини́ть p
3657. одина́ково	identically	
3658. оди́ннадцать	eleven	
3659. опаса́ться i +g	to be afraid of	
3660. организа́тор	organizer	
3661. повезти́ p	(+a) to transport; (+d) be lucky	повезу́, повезёшь, past повёз, повезла́; везти́ i; Нам повезло́ We were lucky
3662. повора́чивать i +a	to turn	поверну́ть p
3663. погля́дывать i на +a	to cast looks at	
3664. полоте́нце	towel	g pl полоте́нец
3665. порабо́тать p	to work for a while	рабо́тать i
3666. порази́тельный	astonishing	
3667. постро́йка	building	g pl постро́ек
3668. потерпе́ть p	to be patient	потерплю́, поте́рпишь; терпе́ть i
3669. престу́пник	criminal	
3670. приве́т	greeting	
3671. приобрести́ p (formal) +a	to acquire	приобрету́, приобретёшь, past приобрёл, приобрела́; приобрета́ть i
3672. приступа́ть i к +d	to start on, get down to	приступи́ть p
3673. прису́тствовать i	to be present	прису́тствую
3674. прода́жа	sale	
3675. произноси́ть i +a	to pronounce	произношу́, произно́сишь; произнести́ p
3676. равноду́шный к +d	indifferent (to)	
3677. расста́ться p с +inst	to part (with/from)	расста́нусь, расста́нешься; расстава́ться i
3678. расту́щий	growing	
3679. рва́ться i	(p разорва́ться/по-) to tear, burst; want strongly (to do sth)	рвусь, рвёшься, past рва́лся, рвала́сь
3680. се́ять i +a	to sow	се́ю, се́ешь; по- p

3681. сла́бость f	weakness	
3682. соединя́ться i	to unite	соединя́ются; соедини́ться p
3683. тогда́шний	then (adj)	
3684. убо́рка	tidying up; harvest	
3685. уверя́ть i +a	to assure	уверя́ю, уверя́ешь; уве́рить p
3686. угада́ть p +a	to guess	уга́дывать i
3687. уда́чный	successful	
3688. улу́чшить p +a	to improve	улучша́ть i
3689. утверди́ть p +a	to confirm	утвержу́, утверди́шь; утвержда́ть i
3690. учёба	study, studying	
3691. характеризова́ть i/p +a	to characterize	характеризу́ю, характеризу́ешь; p also о-
3692. хозя́йский	owner's; boss's	
3693. шку́ра	skin, hide	
3694. шу́ба	fur coat	
3695. автомоби́льный	car (adj)	
3696. ба́шня	tower	g pl ба́шен
3697. бе́глый	quick, fleeting	
3698. безрабо́тица	unemployment	
3699. бли́зость f	closeness	
3700. вдвоём	together (as a twosome)	
3701. взаме́н +g	in exchange (for), instead (of)	
3702. ворва́ться p в +a	to burst in	ворву́сь, ворвёшься, past ворва́лся, ворвала́сь; врыва́ться i
3703. вы́браться p из +g	to get out	вы́берусь, вы́берешься; выбира́ться i
3704. вы́двинуть p +a	to move out; put forward	вы́двину, вы́двинешь; выдвига́ть i
3705. вы́лететь p	to fly out, take off	вы́лечу, вы́летишь; вылета́ть i
3706. вы́рвать p +a	to pull out	вы́рву, вы́рвешь; вырыва́ть i
3707. гвоздь m	nail	g sg гвоздя́, nom pl гво́зди, g pl – е́й
3708. гла́сность f	openness	
3709. гнездо́	nest	nom pl гнёзда
3710. грузови́к	lorry, truck	g sg грузовика́
3711. дежу́рный	duty (adj); (as noun) person on duty	
3712. до́рого	dearly	
3713. дру́жно	in harmony, simultaneously	
3714. жара́	heat, hot weather	
3715. захоте́ться p +d	to start to want	захо́чется; хоте́ться i
3716. зде́шний	local, from here	

3717.	изобрази́ть p +a	to depict	изображу́, изобрази́шь; изобража́ть i
3718.	исключи́ть p +a	to exclude	исключа́ть i
3719.	испу́ганный	frightened	
3720.	казённый	belonging to the State	
3721.	ка́к-нибудь	somehow; anyhow; sometime (in the future)	
3722.	карто́шка (coll)	potatoes	no pl
3723.	криво́й	squint	
3724.	ку́ртка	(short) jacket	g pl ку́рток
3725.	лгать i	to lie, tell lies	лгу, лжёшь, лгут, past лгал, лгала́, лга́ло; со- p
3726.	ма́рка	postage stamp; brand, trade mark	g pl ма́рок
3727.	маха́ть i +inst	to wave	машу́, ма́шешь; по- p/ махну́ть p
3728.	ми́тинг	political meeting	
3729.	налёт	raid; thin coating	
3730.	нали́чие	presence	
3731.	не́кий	a certain	g sg не́коего
3732.	неподалёку	not far away	
3733.	неприя́тность f	unpleasantness	
3734.	обвине́ние	accusation	
3735.	обвиня́ть i +a в +pr	to accuse (s.o. of sth)	обвиня́ю, обвиня́ешь; обвини́ть p
3736.	оборо́т	turn, revolution; turnover; reverse (of page etc.); turn of phrase	смотри́ на оборо́те PTO
3737.	обслу́живать i +a	to serve (s.o.)	обслужи́ть p
3738.	обы́чай	custom	
3739.	обяза́тельный	compulsory	
3740.	ого́ [oho]	oho!	
3741.	опуска́ть i +a	to lower	опусти́ть p
3742.	отпуска́ть i +a	to release	отпусти́ть p
3743.	отраже́ние	reflection	
3744.	по́дпись f	signature	
3745.	подсчита́ть p +a	to count up, calculate	подсчи́тывать i
3746.	подчини́ть p +a +d	to subordinate, subject (s.o. to s.o. or sth)	подчиня́ть i
3747.	покида́ть i +a	to abandon	поки́нуть p
3748.	покрыва́ть i +a	to cover	покры́ть p
3749.	полчаса́	half an hour	g sg получа́са, nom pl получасы́
3750.	попра́вить p +a	to correct	попра́влю, попра́вишь; поправля́ть i

3751.	посети́тель m	visitor	
3752.	предприня́ть p +a	to undertake	предприму́, предпри́мешь; f past предприняла́; предпринима́ть i
3753.	приба́вить p +a	to add	приба́влю, приба́вишь; прибавля́ть i
3754.	пригово́р	verdict, sentence	
3755.	раздели́ть p +a	to divide	разделю́, разде́лишь; разделя́ть i
3756.	рассмея́ться p	to burst out laughing	рассмею́сь, рассмеёшься; смея́ться i
3757.	рассужде́ние	reasoning, argument	
3758.	рестора́н	restaurant	
3759.	сбро́сить p +a	to drop; throw off	сбро́шу, сбро́сишь; сбра́сывать i
3760.	сво́лочь f (coll)	swine, bastard	g pl сволоче́й
3761.	скла́дываться i	to be formed; club together	сложи́ться p
3762.	слы́шно	audible, audibly	Мне ничего́ не слы́шно I can't hear anything
3763.	совме́стный	joint, combined	
3764.	соединя́ть i +a	to unite, join	соединя́ю, соединя́ешь; соедини́ть p
3765.	соотве́тствие	accordance	в соотве́тствии с +inst in accordance with
3766.	специа́льность f	speciality; profession	
3767.	сро́чный	urgent	
3768.	ста́рость f	old age	на ста́рости лет in one's old age
3769.	стреми́тельно	swiftly; impetuously	
3770.	стро́йный	harmonious; well-proportioned	
3771.	схе́ма	diagram	
3772.	счастли́во [сч = щ]	happily	
3773.	традицио́нный	traditional	
3774.	тысячеле́тие	millennium	
3775.	уважа́емый	respected	
3776.	уголо́вный	criminal (adj)	
3777.	удовлетвори́ть p	(+a) to satisfy; (+d) be in accordance with	удовлетворя́ть i
3778.	устана́вливать i +a	to set up, establish	установи́ть p
3779.	уступи́ть p +a +d	to yield, give up, cede (sth to s.o.)	уступлю́, усту́пишь; уступа́ть i
3780.	характери́стика	description; reference (for job etc.)	
3781.	широта́	width	nom pl широ́ты

3782. безобра́зие	ugliness; scandalous	
3783. беспоря́дочный	disorderly	
3784. благополу́чие	well-being	
3785. брита́нский	British	
3786. бума́жный	paper (adj)	
3787. ва́жность f	importance	
3788. вблизи́	close by	
3789. вгля́дываться i в +a	to gaze at, study	вгляде́ться p
3790. вековóй	centuries-old	
3791. ви́деться i с +inst	to see one another	ви́жусь, ви́дишься; у- p
3792. восстановле́ние	restoration	
3793. вручи́ть p +a	to hand, hand over	вруча́ть i
3794. всесторóнний	all-round; thorough	
3795. гром	thunder	
3796. дру́жеский	friendly	
3797. ду́ма	thought; duma (Russian parliament)	
3798. жа́жда	thirst	
3799. забра́ться p в/на +a	to get, climb (into/onto)	заберу́сь, заберёшься, past забра́лся, забрала́сь; забира́ться i
3800. заведе́ние	institution	вы́сшее учéбное заведе́ние (вуз) institution of higher education
3801. задава́ть i +a +d	to set, assign (sth to s.o.)	задаю, задаёшь; зада́ть p; задава́ть вопрóс to ask a question
3802. задержа́ть p +a	to delay; arrest	задержу́, заде́ржишь; заде́рживать i
3803. заду́мываться i о +pr/над +inst	to become thoughtful (about)	заду́маться p
3804. заключа́ть i +a	to conclude; enclose, imprison	заключи́ть p
3805. закóнный	legal	
3806. затра́та	expense	
3807. знакóмиться i с +inst	to become acquainted with, meet	знакóмлюсь, знакóмишься; по- p
3808. избега́ть i +g or inf	to avoid	избежа́ть p
3809. извиня́ться i пе́ред +inst	to apologize (to)	извиня́юсь; извини́ться p
3810. кача́ться i	to rock, swing	качну́ться p
3811. кипе́ть i	to boil, be boiling	киплю, кипи́шь; вс- p
3812. клевета́	slander	
3813. корóбка	box	g pl корóбок
3814. лека́рство	medicine	

3815. миг	moment	
3816. минова́ть i/p	to pass, pass by	мину́ю, мину́ешь; Опа́сность минова́ла The danger has passed
3817. мо́рда	snout, muzzle; (coll) face	
3818. му́тный	turbid, clouded	
3819. наруша́ть i +a	to disturb, violate	нару́шить p
3820. небыва́лый	unprecedented; (coll) inexperienced	
3821. не́куда	there is nowhere	Не́куда идти́ There is nowhere to go
3822. нема́лый	considerable	
3823. непра́вильно	incorrectly	
3824. непра́вильный	incorrect	
3825. нищета́	poverty	
3826. обстоя́ть i	to be	Как обстои́т де́ло? How's it going?
3827. общежи́тие	hostel	
3828. опи́сывать i +a	to describe	описа́ть p
3829. определе́ние	definition	
3830. ора́тор	orator, speaker	
3831. осторо́жный	careful, cautious	
3832. отража́ться i	to be reflected	отрази́ться p
3833. охраня́ть i +a	to guard	охраня́ю; охрани́ть p
3834. оча́г	hearth	g sg очага́
3835. переноси́ть i +a	to transfer, carry over; postpone	переношу́, перено́сишь; перенести́ p
3836. повсю́ду	everywhere	
3837. подпо́льный	underground (adj)	
3838. по́лдень	midday	g полу́дня
3839. порва́ть p +a	to tear; break off	порву́, порвёшь, f past порвала́; порыва́ть i; порва́ть отноше́ния с ке́м-нибудь to break off relations with s.o.
3840. поруче́ние	commission, errand	
3841. посреди́ +g	in the middle (of)	
3842. потре́боваться p	to be necessary	потре́буется; тре́боваться i
3843. предстоя́щий	forthcoming, imminent	
3844. привле́чь p +a	to attract	привлеку́, привлечёшь, привлеку́т, past привлёк, привлекла́; привлека́ть i
3845. принима́ться i за +a	to get down, start work on	приня́ться p
3846. провали́ться p	to fall through; (coll) fail (exam); (coll) vanish	провалю́сь, прова́лишься; прова́ливаться i
3847. происше́ствие	incident, occurrence	

3848.	пу́сто	(it's) empty; emptily	В ко́мнате пу́сто The room is empty
3849.	пустота́	emptiness	
3850.	разойти́сь p	to split up	разойдёмся, past разошли́сь; расходи́ться i
3851.	реши́мость f	determination, resoluteness	
3852.	роди́ть p +a	to give birth	рожу́, роди́шь, f past родила́; рож(д)а́ть i
3853.	свести́ p +a	to take (s.o. somewhere); bring together; (с +g) take down, away	сведу́, сведёшь, past свёл, свела́; своди́ть i
3854.	свобо́дно	freely	
3855.	свяще́нный	holy, sacred	
3856.	сме́лость f	bravery, courage	
3857.	спаса́ть i +a	to save	спасти́ p
3858.	спеть p +a	to sing	спою́, споёшь; петь i
3859.	текст	text	
3860.	това́рный	goods (adj)	това́рный знак trade mark
3861.	тури́ст	tourist; hiker	
3862.	уби́йство	murder	
3863.	убы́т(о)к	loss	
3864.	уговори́ть p +a	to persuade	угова́ривать i
3865.	уложи́ть p +a	to lay	уложу́, уло́жишь; укла́дывать i
3866.	упражне́ние	exercise	
3867.	цивилиза́ция	civilization	
3868.	чин	rank	nom pl чины́
3869.	шевели́ться i	to stir	по- p/шевельну́ться p
3870.	авто́бус	bus	
3871.	бесспо́рно	indisputably	
3872.	бесстра́шный	fearless	
3873.	благода́рность f	gratitude	
3874.	брю́ки pl	trousers	g pl брюк
3875.	вождь m	leader	g sg вождя́
3876.	вспы́шка	flash	g pl вспы́шек
3877.	вытека́ть i	to flow out	вы́течь p; Отсю́да вытека́ет, что ... It follows from this that ...
3878.	гла́дкий	smooth	
3879.	гру́бо	coarsely	
3880.	дави́ть i на +a	to press, put pressure on	давлю́, да́вишь
3881.	двадца́тый	twentieth	
3882.	дели́ться i +inst	(на +a) (раз- p) to be divided (into) ; (с +inst) (по- p) share (with)	делю́сь, де́лишься

3883. де́скать (coll)	(indicating reported speech) 'he said', 'they said' etc.	Он, де́скать, жени́лся I heard he'd got married
3884. дрянь f (coll)	rubbish	
3885. забира́ть i +a	to take hold of; take away	забра́ть p
3886. за́втрак	breakfast	
3887. замеча́ние	remark	
3888. зе́лень f	greenery	
3889. косну́ться p +g	to touch	каса́ться i
3890. нагля́дный	clear, graphic	
3891. нагру́зка	load; workload	
3892. на́добность f	necessity, need	
3893. недо́лго	not (for) long	
3894. недосту́пный	inaccessible	
3895. незави́симо	independently	
3896. нея́сный	unclear	
3897. нуль m	zero	g sg нуля́
3898. ограни́ченный	limited	
3899. осмотре́ть p +a	to examine; look round (sth)	осмотрю́, осмо́тришь; осма́тривать i
3900. отверга́ть i +a	to reject	отве́ргнуть p
3901. пи́во	beer	
3902. побере́жье	coast	
3903. погуля́ть p	to take a walk	погуля́ю; гуля́ть i
3904. пода́льше (coll)	a little further	
3905. покача́ть p	to rock, swing	кача́ть i
3906. ползти́ i	to crawl	ползу́, ползёшь, past полз, ползла́; по- p
3907. прибега́ть i к +d	to run to; resort to	прибежа́ть; прибе́гнуть p
3908. проти́вный	disgusting	
3909. пуши́стый	fluffy, downy	
3910. пы́шный	luxuriant	
3911. разби́тый	broken	
3912. сбо́ку	from the side	
3913. свали́ться p	to fall down	сва́лишься; вали́ться i/сва́ливаться i
3914. симпа́тия к +d	liking (for s.o.)	
3915. ска́зочный	fairy-tale (adj)	
3916. сла́бо	weakly	
3917. сла́дко	sweetly	
3918. справедли́во	justly, fairly; correctly	
3919. столкну́ться p с +inst	to collide with	ста́лкиваться i
3920. сторо́нник	supporter	
3921. типи́чный	typical	
3922. толкну́ть p +a	to push	толка́ть i

3923.	тону́ть i	to sink; drown	тону́, то́нешь; по-/у- p
3924.	трамва́й	tram, streetcar	
3925.	тротуа́р	pavement, sidewalk	
3926.	увлека́ться i +inst	to be keen on	увле́чься p
3927.	уводи́ть i +a от +g	to lead away	увожу́, уво́дишь; увести́ p
3928.	укрепля́ть i +a	to strengthen	укрепля́ю; укрепи́ть p
3929.	хор	chorus; choir	nom pl хоры́
3930.	че́тверо	four, foursome	У них че́тверо детей They have four children
3931.	чистота́	cleanliness; purity	
3932.	босо́й	barefoot	
3933.	верте́ть i	to twirl	верчу́, ве́ртишь; по- p
3934.	взойти́ p на +a	to ascend	взойду́, взойдёшь, past взошёл, взошла́; всходи́ть i/ восходи́ть i
3935.	вме́шиваться i в +a	to interfere (in)	вмеша́ться p
3936.	во́льный	free	
3937.	воротни́к	collar	g sg воротника́
3938.	вы́думка	invention; fabrication, lie	g pl вы́думок
3939.	вы́слушать p +a	to hear (s.o.) out	выслу́шивать i
3940.	вы́ставить p +a	to display, put forward	вы́ставлю, вы́ставишь; выставля́ть i
3941.	грусть f	sadness	
3942.	дава́ться i +d	to be given; come easily (to s.o.), be learnt easily	даётся; да́ться p
3943.	да́та	date	
3944.	диплома́т	diplomat; attaché-case	
3945.	еди́нственно	only	
3946.	жать i +a	to squeeze	жму, жмёшь; с- p
	жать i +a	to harvest	жну, жнёшь; с- p
3947.	жу́лик	petty thief; cheat	
3948.	за́втрашний	tomorrow's	
3949.	звене́ть i	to ring; (+inst) jingle	звеню́, звени́шь; за- p
3950.	игру́шка	toy	g pl игру́шек
3951.	изложи́ть p +a	to set out, expound	изложу́, изло́жишь; излага́ть i
3952.	изменя́ть i	(+a) to change, alter; (+d) betray	изменя́ю; измени́ть p
3953.	испра́вить p +a	to correct	испра́влю, испра́вишь; исправля́ть i
3954.	кафе́ [fe] n indecl	café	
3955.	ка́ша	*kasha* (porridge made of buckwheat, semolina or oatmeal)	
3956.	коллекти́вный	collective	

3957. контóра	office	
3958. маршрýт	route	
3959. могýщество	power, might	
3960. надéлать p +g	to make; (coll) to do	надéлать глýпостей to do a lot of stupid things
3961. нарýжу	outside	
3962. невѝданный	unprecedented	
3963. невысóкий	low, short	
3964. недостáточный	insufficient	
3965. незначѝтельный	insignificant	
3966. необы́чный	unusual	
3967. неподвѝжно	motionlessly, still	
3968. нéрвный	nervous	
3969. ничýть (coll)	not in the least	
3970. нóжка	leg; stem (of wineglass, mushroom)	g pl нóжек
3971. облегчѝть p +a	to lighten	облегчáть i
3972. оборвáть p +a	to tear off; interrupt	оборвý, оборвёшь, f past оборвалá; обрывáть i
3973. обрабáтывать i +a	to process, work on	обрабóтать p
3974. óбувь f	footwear	no pl
3975. ожидáние	waiting; expectation	
3976. опóра	support	
3977. отдéльно	separately	
3978. отобрáть p +a	to take away; select	отберý, отберёшь, f past отобралá; отбирáть i
3979. оторвáться p от +g	to be torn off, break away	оторвýсь, оторвёшься, past оторвáлся, оторвалáсь; отрывáться i
3980. отрицáтельный	negative	
3981. отчáянный	desperate	
3982. очутѝться p	to find oneself	no 1st pers sg, очýтишься; no i
3983. пéсенка	song	g pl пéсенок
3984. побóльше	a bit more	
3985. побы́ть p	to stay for a while	побýду, побýдешь, past пóбыл, побылá, пóбыло; быть i
3986. подсказáть p +a	to prompt, suggest	подскажý, подскáжешь; подскáзывать i
3987. посмéть p +inf	to dare	посмéю, посмéешь; сметь i
3988. посовéтоваться p c +inst	to consult (s.o.)	посовéтуюсь; совéтоваться i
3989. претéнзия	claim	
3990. приказывать i +d +inf	to order s.o. to do sth	приказáть p
3991. проéхать p	to drive through or past	проéду, проéдешь; проезжáть i

3992.	развести́ p +a	to separate	разведу́, разведёшь, past развёл, развела́; разводи́ть i
3993.	разви́ть p +a	to develop	разовью́, разовьёшь, past разви́л, развила́, разви́ло; развива́ть i
3994.	разру́шить p +a	to destroy, ruin	разруша́ть i
3995.	рассмотре́ние	examination, scrutiny	
3996.	реве́ть i	to roar, howl	реву́, ревёшь; за- p
3997.	рекомендова́ть i/p +a	to recommend	рекоменду́ю
3998.	риск	risk	
3999.	ру́копись f	manuscript	
4000.	ручно́й	hand (adj); tame	
4001.	ра́ма	frame	
4002.	сажа́ть i +a	to seat; plant	посади́ть p
4003.	сдава́ться i	to surrender, give up	сдаю́сь, сдаёшься; сда́ться p
4004.	скры́тый	hidden	
4005.	согла́сие	agreement	
4006.	сойти́сь p	to meet	сойдёмся, past сошли́сь; сходи́ться i
4007.	со́лнышко (dim)	sun	
4008.	ста́лкиваться i с +inst	to collide (with)	столкну́ться p
4009.	страда́ние	suffering	
4010.	схо́дство	similarity	
4011.	сы́тый	replete, full	short forms сыт, сыта́, сы́ты
4012.	убеди́тельно	convincingly, earnestly	
4013.	убежда́ться i в +pr	to convince os	убеди́ться p
4014.	уби́йца m/f	murderer	
4015.	удержа́ться p	to stand firm; restrain os	удержу́сь, уде́ржишься; уде́рживаться i
4016.	укрепи́ть p +a	to strengthen	укреплю́, укрепи́шь; укрепля́ть i
4017.	унести́ p +a	to carry away	унесу́, унесёшь, past унёс, унесла́; уноси́ть i
4018.	упря́мо	stubbornly	
4019.	услу́га	service, favour	
4020.	храм	temple, church	
4021.	ча́стый	frequent	
4022.	яйцо́	egg	nom pl я́йца, g pl яи́ц, d pl я́йцам
4023.	блю́до	dish, course (of meal)	
4024.	вероя́тность f	probability	по всей вероя́тности in all probability
4025.	ветер(о́)к	breeze	
4026.	трудя́щийся (participle)	labouring	трудя́щиеся the working people
4027.	мело́дия	melody	

4028.	поса́дка	boarding (of plane etc.); landing; planting	g pl поса́док
4029.	са́ло	fat, lard	
4030.	устро́иться p	to make arrangements; settle down; get a job	устра́иваться i
4031.	хи́мия	chemistry	
4032.	выть i	to howl	во́ю, во́ешь; за- p
4033.	самостоя́тельность f	independence	
4034.	старич(о́)к	(little) old man	
4035.	тенде́нция	tendency	
4036.	засто́й	stagnation	
4037.	юбиле́й	jubilee, anniversary	
4038.	администрати́вный	administrative	
4039.	перча́тка	glove (with fingers)	g pl перча́ток
4040.	разду́мье	meditation, thought	
4041.	большеви́к	Bolshevik	g sg большевика́
4042.	хозя́йственный	economic	
4043.	хими́ческий	chemical	
4044.	табли́ца	table (of figures)	
4045.	фаши́ст	Fascist	
4046.	лесно́й	forest (adj); forestry (adj)	
4047.	металли́ческий	metallic	
4048.	резе́рв	reserve	име́ть в резе́рве to have in reserve; экономи́ческие резе́рвы economic reserves
4049.	винто́вка	rifle	g pl винто́вок
4050.	а́том	atom	
4051.	констру́кция	construction	
4052.	совхо́з	state farm, *sovkhoz*	
4053.	органи́ческий	organic	
4054.	мате́рия	matter	
4055.	фунда́мент	foundation	
4056.	части́ца	small part; particle	
4057.	чертёж	technical drawing	g sg чертежа́
4058.	строе́ние	construction	
4059.	сырьё	raw material(s)	no pl
4060.	гва́рдия	Guards	
4061.	паке́т	packet; bag (paper or plastic)	
4062.	пистоле́т	pistol	
4063.	социалисти́ческий	socialist	
4064.	отря́д	detachment (organized group of soldiers or workers)	

4065.	па́луба	deck (of a ship)	
4066.	артилле́рия	artillery	
4067.	объедине́ние	union, association	
4068.	я́дерный	nuclear	
4069.	буржуа́зный	bourgeois	
4070.	партиза́н	partisan	
4071.	технологи́ческий	technological	
4072.	фи́зика	physics	
4073.	нау́чно-иссле́довательский	scientific-research (adj)	нау́чно-иссле́довательский институ́т (НИИ) research institute
4074.	гео́лог	geologist	
4075.	дрова́ n pl	firewood	g pl дров
4076.	италья́нский	Italian (adj)	
4077.	диктату́ра	dictatorship	
4078.	маши́нный	machine (adj)	
4079.	разве́дчик	secret agent; scout, prospector	
4080.	академи́ческий	academic	
4081.	отказа́ть p +d в +pr	to refuse (s.o. sth)	откажу́, отка́жешь; отка́зывать i
4082.	се́тка	net; string-bag	g pl се́ток
4083.	сменя́ться i	to be replaced	сменя́ется; смени́ться p
4084.	со́вестно +d	ashamed	Ему́ бы́ло со́вестно He was ashamed
4085.	соло́ма	straw	
4086.	сопе́рник	rival	
4087.	таково́й	such	как таково́й as such
4088.	телегра́ф	telegraph	
4089.	формирова́ние	formation	
4090.	юриди́ческий	legal, law (adj)	
4091.	ба́нка	jar, can	g pl ба́нок; ба́нка пи́ва can of beer
4092.	авиа́ция	aviation	
4093.	актуа́льный	topical	
4094.	аристокра́тия	aristocracy	
4095.	ба́ржа	barge	
4096.	батальо́н	battalion	
4097.	башка́ (very coll)	head	no g pl
4098.	богаты́рь m	*bogatyr*, hero	g sg богатыря́
4099.	боти́н(о)к	(low) boot	g pl боти́нок
4100.	ваго́нчик	small wagon, coach	
4101.	промежу́т(о)к	interval; space, gap	промежу́ток вре́мени period of time
4102.	бето́н	concrete	

4103. горя́щий	burning (adj)	
4104. дипло́м	diploma, degree	
4105. конститу́ция	constitution	
4106. листва́	foliage	
4107. медь f	copper	
4108. не́ту (coll) +g	there isn't/aren't (= нет)	Вре́мени не́ту I've got no time
4109. обыкнове́нно	usually	
4110. про́волока	wire	колю́чая про́волока barbed wire
4111. путеше́ственник	traveller	
4112. фу́нкция	function	
4113. аге́нтство	agency	
4114. бульва́р	avenue	
4115. га́зовый	gas (adj)	га́зовая плита́ gas stove
4116. изда́тель m	publisher	
4117. кабы́ (coll)	if	
4118. кно́пка	button, knob; drawing-pin	g pl кно́пок
4119. ку́рица	hen	nom pl ку́ры, g pl кур
4120. ве́точка	twig, sprig	g pl ве́точек
4121. взаимоде́йствие	interaction	
4122. взволно́ванно	anxiously	
4123. вздох	sigh	
4124. вла́жный	damp	
4125. вози́ться i c +inst	to fiddle (with)	вожу́сь, во́зишься
4126. отводи́ть i +a	to take aside	отвожу́, отво́дишь; отвести́ p
4127. вплотну́ю (к)	close up (to)	
4128. всма́триваться i в +a	to look closely at	всмотре́ться p
4129. вся́чески	in every way possible	
4130. выдвига́ть i +a	to move out; put forward	вы́двинуть p
4131. выраба́тывать i +a	to produce; work out	вы́работать p
4132. глаз(о́)к	small eye; peephole	
4133. голо́вка	small head	g pl голо́вок
4134. грамм	gram(me)	g pl граммов or (coll) гра́мм
4135. грань f	border, verge; facet, edge	
4136. дар	gift	nom pl дары́
4137. дипломати́ческий	diplomatic	
4138. диста́нция	distance	
4139. доверя́ть i +d	to trust (s.o.)	доверя́ю, доверя́ешь; дове́рить p
4140. донско́й	(of the river) Don	
4141. дра́ма	drama	
4142. жени́х	fiancé	g sg жениха́
4143. жило́й	dwelling (adj), residential	жила́я пло́щадь living space, accommodation

4144. заверну́ть p	(+a) to wrap; (за +a) turn (a corner)	завора́чивать i; Она́ заверну́ла за у́гол She turned the corner
4145. заключённий	(as noun) prisoner, convict	
4146. заплати́ть p за +a	to pay (for)	заплачу́, запла́тишь; плати́ть i
4147. запреща́ть i	to forbid	запрети́ть p
4148. заслужи́ть p +a	to merit, to achieve by merit	заслужу́, заслу́жишь; заслу́живать i +g
4149. затяну́ть p	to tighten	затяну́, затя́нешь; затя́гивать i
4150. звёздочка	small star; asterisk	g pl звёздочек
4151. идеологи́ческий	ideological	
4152. извини́ться p	to apologize	извиня́ться i
4153. инду́стрия	industry	
4154. инстру́кция	instructions	
4155. карье́ра	career	
4156. князь m	prince	nom pl князья́
4157. ковш	scoop, ladle	g sg ковша́
4158. команди́рский	commander's	
4159. ко́нкурс	competition	
4160. кот	tomcat	g sg кота́
4161. ликвиди́ровать i/p	to liquidate	ликвиди́рую
4162. метро́ indecl	metro, underground	
4163. мра́мор	marble	
4164. му́жественный	manly, courageous	
4165. наверняка́	for sure; safely, without taking risks	
4166. надо́лго	for a long time	
4167. насме́шливо	mockingly, sarcastically	
4168. на́сыпь f	embankment	
4169. нача́льный	initial, primary	
4170. не́дра pl	depths, bowels (of the earth)	g pl недр
4171. неприя́тно	(it's) unpleasant; unpleasantly	
4172. ня́ня	nurse	g pl нянь
4173. обнару́живать i +a	to discover	обнару́жить p
4174. обнару́житься p	to be revealed	обнару́живаться i
4175. обуче́ние +d	teaching (of sth); training (in sth)	обуче́ние гра́моте teaching of literacy
4176. обходи́ть i +a	to go round; avoid	обхожу́, обхо́дишь; обойти́ p
4177. опозда́ть p на +a	to be late (for)	опа́здывать p
4178. ороси́тельный	irrigation (adj)	
4179. отлича́ть i +a	to distinguish	отличи́ть p
4180. па́спорт	passport	nom pl паспорта́

4181. па́чка	packet, pack	g pl па́чек
4182. па́шня	ploughed field	g pl па́шен
4183. п(ё)с (coll)	dog	g sg пса
4184. пла́новый	planned, planning	
4185. пло́скость f	flatness; plane (surface)	
4186. по-ва́шему	in your opinion; as you want	Пусть бу́дет по-ва́шему Have it your own way
4187. подборо́д(о)к	chin	
4188. подво́да	cart	
4189. поклони́ться p	to bow	поклоню́сь, покло́нишься; кла́няться i
4190. попере́чный	transverse	
4191. популя́рный	popular	
4192. после́довательно	consistently	
4193. посме́иваться i	to chuckle	
4194. предусма́тривать i	to envisage, stipulate	предусмотре́ть p
4195. преобразова́ние	transformation; reform	
4196. приса́живаться i	to take a seat	присе́сть p
4197. протестова́ть i про́тив +g	to protest (against)	протесту́ю; за- p
4198. противополо́жный	opposite; contrary	
4199. радиоста́нция	radio station	
4200. разделе́ние	division	
4201. размышля́ть i o +pr	to ponder (on)	размышля́ю; размы́слить p
4202. рай	paradise	pr sg в раю́
4203. раскрыва́ть i +a	to open wide; expose	раскры́ть p
4204. расши́рить p +a	to broaden, expand	расширя́ть p
4205. ре́дкость f	rarity	
4206. родня́	relatives	
4207. руч(е́)й	brook, stream	g sg ручья́, g pl ручьёв
4208. своди́ться i к +d	to reduce (to)	сво́дится; свести́сь p
4209. серебро́	silver	
4210. ска́зываться i	to have an effect (на +pr on); proclaim oneself	сказа́ться p
4211. сле́сарь m	metal worker, fitter	nom pl слесаря́
4212. смени́ть p +a	to replace	сменю́, сме́нишь; сменя́ть p
4213. сни́ться i	to appear in a dream	при- p; Мне сни́лось, что ... I dreamt that ...
4214. ссы́лка	internal exile (inside Russia)	
4215. соедини́ть p +a	to join	соединя́ть i
4216. сосе́дство	vicinity	жить по сосе́дству to live nearby
4217. сосна́	pine-tree	nom pl со́сны, g pl со́сен

4218. стесня́ться i	to be shy	стесня́юсь; по- p; Не стесня́йся Don't be shy
4219. суде́бный	judicial, legal	
4220. торжество́	celebration; triumph	
4221. угнете́ние	oppression	
4222. угова́ривать i +a	to persuade, urge	уговори́ть p
4223. узо́р	pattern	
4224. украи́нский	Ukrainian	
4225. уника́льный	unique	
4226. уста́виться p в +a	to fix one's gaze (on), stare (at)	уста́влюсь, уста́вишься; уставля́ться i
4227. усто́йчивый	stable	
4228. устра́иваться i	to work out well; settle down	устро́иться p
4229. чи́сленность f	total number, quantity	
4230. ша́рик	(small) ball	
4231. экспериме́нт	experiment	
4232. энергети́ческий	power, energy (adj)	энергети́ческие ресу́рсы energy resources
4233. э́такий (coll)	such (= тако́й)	
4234. япо́н(е)ц	Japanese man	
4235. ве́сить i	to weigh (intrans)	ве́шу, ве́сишь; Ско́лько э́то ве́сит? How much does this weigh?
4236. жи́дкий	liquid; thin, feeble	
4237. ма́тушка (coll)	mother	
4238. пара́дный	ceremonial; main	пара́дная дверь front door
4239. построе́ние	construction	
4240. потяну́ться p	to stretch; stretch os	потяну́сь, потя́нешься; тяну́ться i
4241. разбо́йник	brigand	
4242. ребяти́шки (coll)	children, kids	g pl ребяти́шек
4243. ста́туя	statue	
4244. тра́кторный	tractor (adj)	
4245. азиа́тский	Asian (adj)	
4246. анса́мбль m	ensemble	
4247. близне́ц	twin	g sg близнеца́
4248. владе́ние	possession, ownership	
4249. земледе́л(е)ц	farmer, peasant farmer	g sg земледе́льца
4250. бровь f	eyebrow; brow	g pl брове́й
4251. пра́вящий	ruling (adj)	пра́вящая верху́шка ruling clique
4252. расположе́ние	arrangement; location; liking; inclination	
4253. рельс	rail	сойти́ с ре́льсов to go off the rails

4254. рефо́рма	reform	
4255. речно́й	river (adj)	
4256. руль m	steering-wheel; helm	g sg руля́
4257. степно́й	steppe (adj)	
4258. сын(о́)к	sonny (form of address)	
4259. теплота́	warmth	
4260. тре́ние	friction	
4261. ту́ндра	tundra (treeless northern wastes)	
4262. установле́ние	establishment	
4263. языково́й	linguistic	
4264. я́ркость f	brightness	
4265. амба́р	barn; storehouse	
4266. аспира́нт	postgraduate (noun)	
4267. ба́бий (coll; sexist)	women's	f ба́бья, n ба́бье
4268. беспло́дный	barren; fruitless	
4269. ворча́ть i	to grumble; growl	ворчу́, ворчи́шь
4270. диа́метр	diameter	
4271. дореволюцио́нный	pre-revolutionary	
4272. ка́торга	hard labour, penal servitude	
4273. ко́мпас	compass	
4274. лече́ние	healing, treatment	
4275. мерза́в(е)ц (coll)	scoundrel	
4276. на́бережная f adj	embankment; sea-front	
4277. накопле́ние	accumulation	
4278. огля́дывать i +a	to inspect, look over	огляну́ть p
4279. парадо́кс	paradox	
4280. вида́ть i (coll) +a	to see	no pres; по- p
4281. приподня́ть p +a	to raise slightly	приподниму́, приподни́мешь, past припо́днял, приподняла́, припо́дняло; приподнима́ть i
4282. разоре́ние	ruin, devastation	
4283. исполко́м	executive committee	
4284. бала́нс	balance (econ)	
4285. стекля́нный	glass (adj)	
4286. старшина́ m	sergeant-major; leader	nom pl старши́ны
4287. полко́вник	colonel	
4288. гли́на	clay	
4289. производи́тельный	productive	
4290. гимна́зия	grammar school, high school	
4291. пу́говица	button	
4292. комбина́т	combine, industrial complex	

4293. сундýк	trunk, chest	сундукá
4294. мéльница	mill	
4295. трактори́ст	tractor driver	
4296. букéт	bouquet	
4297. окóп	trench	
4298. сезóн	season	
4299. паровóз	locomotive, steam-engine	
4300. юбилéйный	anniversary (adj)	
4301. ось f	axis; axle	g pl осéй
4302. арестóванный	arrested, person arrested	
4303. вáлен(о)к	felt boot	g pl вáленок
4304. животновóдство	stock-raising	
4305. стрельбá	shooting	
4306. вы́работка	working-out; production	
4307. гóнка	race	g pl гóнок
4308. заводскóй	factory (adj)	
4309. прислýга	servants	no pl
4310. разря́д	discharge; category	пéрвого разря́да first class
4311. вдовá	widow	nom pl вдóвы
4312. послéдовательный	consistent; successive	
4313. психологи́ческий	psychological	
4314. пуд	*pood* (16.38 kg)	nom pl пуды́
4315. цили́ндр	cylinder; top hat	
4316. францýз	Frenchman	
4317. лейтенáнт	lieutenant	
4318. агрегáт	unit, assembly	
4319. кали́тка	gate, garden-gate	nom pl кали́ток
4320. отвéрстие	opening, aperture	
4321. плéнум	plenary session	
4322. кóмплексный	complex, consisting of several parts	
4323. машини́ст	engine-driver	
4324. мамáша (coll)	mother	
4325. лýнный	lunar	
4326. приказáние	order, command	
4327. благосостоя́ние	well-being, prosperity	
4328. кóмплекс	complex	
4329. рóта	company (of soldiers)	
4330. областнóй	*oblast* (adj), provincial	
4331. офицéрский	officer’s	
4332. новогóдний	new year (adj)	
4333. вéдомство	department (of government)	
4334. компози́тор	composer	
4335. констрýктор	constructor, designer	
4336. пиани́но n indecl	(upright) piano	

4337. вороб(е́)й	sparrow	g sg воробья́, g pl воробьёв
4338. плака́т	poster	
4339. про́бка	cork; plug; fuse; traffic jam	g pl про́бок
4340. производи́ться i	to be produced	произво́дится; произвести́сь p
4341. благополу́чно	safely, well	
4342. ка́чественный	qualitative; good-quality	
4343. косми́ческий	(outer) space	косми́ческий кора́бль spaceship
4344. пуч(о́)к	bundle; bun (hairdo)	
4345. себесто́имость f	cost, cost price	
4346. разложе́ние	decomposition, disintegration	
4347. револьве́р	revolver	
4348. ток	electric current	
4349. фе́рма	farm	
4350. ша́хта	mine, pit	
4351. нару́жный	outer, external	
4352. бра́тство	brotherhood	
4353. деле́ние	division	
4354. ликвида́ция	liquidation, elimination	
4355. изгото́вить p +a	to manufacture	изгото́влю, изгото́вишь; изготовля́ть i
4356. пла́вание	swimming; sailing	
4357. се́ни pl	entrance hall (of peasant hut)	g pl сене́й
4358. сена́тор	senator	
4359. перви́чный	primary	
4360. ша́шка	sabre; (pl) draughts, checkers (board game)	g pl ша́шек
4361. оболо́чка	cover, envelope	g pl оболо́чек
4362. пого́н	shoulder-strap	
4363. посе́в	sowing	
4364. снабже́ние	supply, supplying	
4365. госпо́дствующий	ruling, predominant	
4366. кома́ндующий n adj +inst	(as noun) commander (of)	кома́ндующий а́рмией commander of the army
4367. по́льский	Polish	
4368. гру́ша	pear	
4369. жи́ла	vein	
4370. ста́до	herd	
4371. ба́рыня	lady	
4372. водяно́й	water (adj), aquatic, water-powered	водяна́я ме́льница watermill
4373. идио́т	idiot	

4374.	интеллиге́нт	member of intelligentsia; professional; intellectual	
4375.	кла́дбище	cemetery	
4376.	нагну́ться p	to bend down	нагиба́ться i
4377.	погрузи́ть p +a	(i грузи́ть) to load; (i погружа́ть) immerse	(load) погружу́, погру́зишь; (immerse) погружу́, погрузи́шь
4378.	смесь f	mixture	
4379.	у́личный	street (adj)	
4380.	впредь	henceforth, in future	
4381.	свёрт(о)к	package, bundle	
4382.	содержа́ться i	to be maintained; be contained	содержу́сь, соде́ржишься
4383.	равнове́сие	balance, equilibrium	
4384.	ха́та	peasant house	
4385.	экипа́ж	carriage; crew	
4386.	овра́г	ravine, gully	
4387.	фура́жка	peaked cap	g pl фура́жек
4388.	бу́хта	bay	
4389.	коз(ё)л	goat	g sg козла́
4390.	я́корь m	anchor	nom pl якоря́
4391.	комба́йн	combine harvester	
4392.	са́ни pl	sledge	g pl сане́й
4393.	импера́тор	emperor	
4394.	поля́рный	polar	
4395.	роя́ль m	(grand) piano	
4396.	земледе́лие	agriculture	
4397.	до́лжный	due, proper	до́лжным о́бразом properly
4398.	песча́ный	sandy	
4399.	пехо́та	infantry	
4400.	зали́в	bay	
4401.	путёвка	voucher for travel and accommodation	g pl путёвок
4402.	сплоче́ние	uniting, strengthening	
4403.	выпускни́к	final-year student; graduate; school-leaver	g sg выпускника́
4404.	механиза́ция	mechanization	
4405.	механиза́тор	mechanization expert; machine servicer	
4406.	го́спиталь m	(military) hospital	
4407.	конгре́сс	congress	
4408.	ру́бка	felling; chopping; deck cabin	g pl ру́бок

4409. огур(е́)ц	cucumber	
4410. пос(о́)л	ambassador	
4411. ветера́н	veteran	
4412. во́инский	military	
4413. порош(о́)к	powder	
4414. удобре́ние	fertilizer; fertilizing	
4415. аппарату́ра	apparatus	
4416. ба́тька m (coll)	dad, father	
4417. парен(ё)к (coll)	lad	g sg паренька́
4418. декре́т	decree	в декре́те (coll) on maternity leave
4419. плоти́на	dam	
4420. проговори́ть p	to say	
4421. ранг	rank	
4422. безу́мие	madness	
4423. бессме́ртие	immortality	
4424. це́нтнер	100 kilogrammes, centner	
4425. идеоло́гия	ideology	
4426. ядро́	nucleus; ball	nom pl я́дра, g pl я́дер
4427. пита́тельный	nourishing	
4428. корма́	stern (of ship)	
4429. окра́ска	colouring	
4430. архитекту́ра	architecture	
4431. зри́тельный	visual	
4432. турни́р	tournament	
4433. прича́л	mooring	
4434. тра́тить i +a	to spend	тра́чу, тра́тишь; по-/ис- p
4434. шторм	gale	
4436. кореш(о́)к	back (of bookbinding); small root; counterfoil; (coll) pal, mate	
4437. ми́на	mine, shell (mil)	
4438. рю́мка	wineglass	g pl рю́мок
4439. крюч(о́)к	hook	
4440. хи́мик	chemist	
4441. ва́за	vase	
4442. заро́дыш	foetus; embryo	
4443. сотрудни́чество	collaboration	
4444. жи́дкость f	liquid	
4445. фи́зик	physicist	
4446. спортсме́н	sportsman	
4447. архитекту́рный	architectural	
4448. покро́в	cover, shroud	сне́жный покро́в blanket of snow
4449. колле́кция	collection	
4450. миролюби́вый	peace-loving	

4451. пле́нный m adj	captive	
4452. теплохо́д	motor-vessel, motor-ship	
4453. алма́зный	diamond (adj)	
4454. ко́смос	cosmos, space	
4455. скоростно́й	high-speed, express	
4456. автоматиза́ция	automation	
4457. вулка́н	volcano	
4458. вы́ше	higher, above	
4459. ста́р(е)ц	elder	
4460. адмира́л	admiral	
4461. охлажде́ние	cooling	
4462. социали́ст	socialist	
4463. ми́нус	minus; disadvantage	
4464. виде́ние	vision	
4465. лы́жи pl	skis	g pl лыж
4466. сбо́рный	collapsible, prefabricated; mixed, combined (team)	
4467. кислоро́д	oxygen	
4468. пеще́ра	cave	
4469. общечелове́ческий	universal, of all mankind	
4470. каю́та	cabin (ship)	
4471. пузыр(ё)к	bubble; phial	
4472. равни́на	plain	
4473. девча́та pl (coll)	girls	no sg, g pl девча́т
4474. продолжи́тельный	prolonged	
4475. водохрани́лище	reservoir	
4476. возде́йствие	influence, pressure	
4477. запове́дник	reserve, nature-reserve	
4478. чемпиона́т	championship	
4479. серди́тый	angry	
4480. тулу́п	sheepskin coat	
4481. акти́вность f	activity	
4482. анализи́ровать i +a	to analyse	анализи́рую; про- p
4483. аплоди́ровать i +d	to applaud (s.o. or sth)	аплоди́рую; за- p
4484. ассортиме́нт	assortment	
4485. бараба́н	drum	
4486. боково́й	side (adj)	боково́й карма́н side pocket
4487. болта́ть i	to shake, stir; (coll) chatter	по- p
4488. вари́ть i +a	to boil, cook by boiling	варю́, ва́ришь; за- p
4489. влия́ть i на +a	to influence	влия́ю, влия́ешь; по- p
4490. влюблённый в +a	in love (with)	
4491. внима́тельный (к)	attentive, considerate (to)	
4492. води́тель m	driver	
4493. води́ть i +a	to lead	вожу́, во́дишь; по- p

4494. возврати́ться p	to return	возвращу́сь, возврати́шься; возвращáться i
4495. возрастáющий	growing, increasing	
4496. вполгóлоса	in an undertone	
4497. вскáкивать i	to leap up	вскочи́ть p
4498. вы́разиться p	to express os; (coll) swear	вы́ражусь, вы́разишься; выражáться i
4499. вырастáть i	to grow, increase	вы́расти p
4500. грéшный	sinful	
4501. дáча	dacha, holiday cottage	Они́ на дáче They're at their country cottage
4502. двойнóй	double, twofold	двойнóй подборóдок double chin
4503. диск	disk; discus	
4504. днём	by day; in the afternoon	
4505. добровóл(е)ц	volunteer	g sg добровóльца
4506. догáдка	guess, conjecture	g pl догáдок
4507. допрóс	interrogation	
4508. древéсный	wood (adj)	
4509. жи́вопись f	painting, paintings	no pl
4510. заверши́ть p +a	to complete	завершáть i
4511. замáнчивый	tempting	
4512. зáросль f	thicket	
4513. заря́д	charge, cartridge	
4514. здравоохранéние	healthcare, health service	
4515. казнь f	execution	
4516. капитáльный	main, most important	
4517. картóфель m	potatoes	no pl
4518. кирпи́чный	brick (adj)	
4519. клад	treasure	
4520. компью́тер	computer	
4521. кóнный	horse (adj), equestrian	
4522. кори́чневый	brown	
4523. кýпол	cupola	nom pl куполá
4524. лáвочка	small shop; small bench	g pl лáвочек
4525. лад	harmony, tune; manner	pr sg в ладý, nom pl лады́; петь в лад to sing in tune; на свой лад in one's own way
4526. лечи́ть i +a	to treat, cure	лечý, лéчишь; вы- p
4527. миллимéтр	millimetre	
4528. младéн(е)ц	baby	
4529. назначáть i +a	to fix, arrange; appoint (s.o.)	назнáчить p
4530. намёк	hint, allusion	
4531. напевáть i	to sing; sing quietly, hum	напéть p

4532. насквóзь	through	Онá промóкла насквóзь She got wet through
4533. небрéжно	carelessly	
4534. неизбéжность f	inevitability	
4535. нелёгкий	difficult; heavy	
4536. нелéпый	absurd	
4537. необычáйный	exceptional	
4538. неожи́данность f	surprise	
4539. неплохóй	not bad	
4540. нетерпели́во	impatiently	
4541. нефтянóй	oil (adj)	нефтянáя промы́шленность oil industry
4542. обижáть i +a	to offend, hurt	оби́деть p
4543. обнарýживаться i	to be revealed	обнарýжиться p
4544. обры́в	precipice	
4545. одинóчество	loneliness, solitude	
4546. одóбрить p +a	to approve	одобря́ть i
4547. опáсно	dangerously	
4548. óпера	opera	
4549. опроки́нуть p +a	to overturn	опроки́дывать i
4550. орошéние	irrigation	
4551. отбрóсить p +a	to throw off; discard	отбрóшу, отбрóсишь; отбрáсывать i
4552. откóс	slope	
4553. отнести́сь p к +d	to treat, regard (s.o. or sth)	отнесýсь, отнесёшься, past отнёсся, отнеслáсь; относи́ться i
4554. отрывáться i от +g	to be torn away; tear os away from	оторвáться p
4555. охóтничий	hunting (adj)	f охóтничья, n охóтничье
4556. палáта	chamber; ward	
4557. палáч	executioner	g sg палачá
4558. пáлочка	small stick, baton	g pl пáлочек
4559. пари́жский	Parisian	
4560. пейзáж	landscape	
4561. перегрýзка	overload	g pl перегрýзок
4562. переплёт	binding	
4563. побеждáть i +a	to defeat	победи́ть p
4564. подвергáть i +a +d	to subject (s.o. to sth)	подвéргнуть
4565. подря́д	in succession; contract	три дня подря́д three days running
4566. подхвáтывать i +a	to pick up	подхвати́ть p
4567. пожелáние	wish	наилýчшие пожелáния best wishes
4568. пожелáть p +g	to wish (for)	желáть i

4569. поко́йник	dead person, the deceased	
4570. по-ра́зному	in different ways	
4571. по-сво́ему	in one's own way	
4572. потреби́тель m	consumer	
4573. почи́н	initiative	
4574. предусмотре́ть p +a	to envisage, foresee	предусмотрю́, предусмо́тришь; предусма́тривать i
4575. прибли́зиться p к +d	to approach	прибли́жусь; прибли́зишься; приближа́ться i
4576. признава́ться i в +pr	to confess	признаю́сь, признаёшься; призна́ться p
4577. принципиа́льный	of principle, fundamental	принципиа́льный вопро́с question of principle
4578. про́вод	wire	nom pl провода́
4579. проже́ктор	searchlight; floodlight	nom pl прожектора́
4580. простота́	simplicity	
4581. про́чно	solidly	
4582. проше́дший	past (adj)	
4583. пузы́рь m	bubble	g sg пузыря́
4584. разгро́м	crushing defeat; devastation	
4585. разоблачи́ть p +a	to expose, unmask	разоблача́ть i
4586. ра́зом (coll)	at once, at one go; in a flash	
4587. разорва́ть p +a	to tear up	разорву́, разорвёшь, f past разорвала́; разрыва́ть i
4588. распространи́ть p +a	to spread	распространя́ть i
4589. рассе́янный	absent-minded	
4590. рем(е́)нь m	belt	g sg ремня́
4591. ро́бко	timidly	
4592. свист	whistling	
4593. сво́йственный +d	characteristic (of)	
4594. сде́рживать i +a	to hold back, restrain	сде́ржать p
4595. сев	sowing	
4596. сканда́л	scandal	
4597. скла́дывать i +a	to pile up, put together; fold up; add up; put down	сложи́ть p
4598. сломи́ть p +a	to break	сломлю́, сло́мишь
4599. случа́йность f	chance, chance occurrence	
4600. соба́чий	dog's	f соба́чья, n соба́чье; соба́чья жизнь a dog's life
4601. сове́тник	adviser	
4602. согла́сно +d	according to	

4603. сократи́ть p +a	to reduce	сокращу́, сократи́шь; сокраща́ть i
4604. соли́дный	solid, sound; reliable	
4605. споко́йствие	calm	
4606. сраже́ние	battle	
4607. стадио́н	stadium	на стадио́не at/in a stadium
4608. стан	figure (human); camp	
4609. сто́йкость f	firmness, steadfastness	
4610. стреми́тельный	rapid; dynamic	
4611. счесть p +a	to count; (+a +inst or за +a) consider (sth to be sth)	сочту́, сочтёшь, past счёл, сочла́; счита́ть i
4612. таи́ть i +a	to conceal	
4613. таска́ть i +a	to drag	по- p
4614. тата́рин	Tatar	nom pl тата́ры, g pl тата́р
4615. увели́чивать i +a	to increase	увели́чить p
4616. у́жинать i	to have supper	по- p
4617. употребля́ть i +a	to use	употребля́ю; употреби́ть p
4618. усиле́ние	strengthening	
4619. устрани́ть p +a	to remove	устраня́ть i
4620. фу	(expressing disgust) ugh!	
4621. чудо́вищный	monstrous	
4622. чу́ждый	(+d) alien (to); (+g) devoid (of)	short forms чужд, чужда́, чу́жды
4623. шоссе́ n indecl	highway	
4624. шу́мный	noisy	
4625. э́ра	era	
4626. эффекти́вный	effective	
4627. я́сность f	clarity	
4628. адвока́т	lawyer	
4629. активи́ст	(political) activist	
4630. архите́ктор	architect	
4631. бал	ball (dance)	pr sg на балу́, nom pl балы́
4632. беднота́	the poor	
4633. блокно́т	notepad	
4634. вали́ться i	to fall	валю́сь, ва́лишься; по-/с- p
4635. ввиду́ +g	in view of	
4636. ве́ко	eyelid	nom pl ве́ки, g pl век
4637. весно́й	in spring	
4638. ве́шалка	coat hanger	g pl ве́шалок
4639. вздро́гнуть p	to start, flinch	вздра́гивать i
4640. внук	grandson	
4641. вопреки́ +d	in spite of	
4642. вор	thief	nom pl во́ры, g pl воро́в
4643. во́рот	collar; winch	

4644. вот-во́т	just about to, on the point of	Она́ вот-во́т придёт She'll be here any moment
4645. впра́ве: быть впра́ве +inf	to have a right to	
4646. вспомина́ться i	to be remembered	Вспомина́ется ... I remember ...
4647. встре́чный	oncoming	встре́чный ве́тер head wind
4648. вы́растить p +a	to grow (sth), rear	вы́ращу, вы́растишь; выра́щивать i
4649. глу́хо	indistinctly	
4650. госпо́дствовать i над +inst	to dominate	госпо́дствую
4651. гре́б(е)нь m	comb, crest	
4652. даль f	distance	pr sg в дали́
4653. дво́рник	caretaker, janitor; (coll) windscreen wiper	
4654. деревé́нский	village, country (adj)	
4655. дли́ться i	to last	
4656. жа́лость f	pity	
4657. жёсткий	harsh	
4658. заблужде́ние	delusion	
4659. зага́дочный	mysterious	
4660. за́говор	plot	
4661. загоре́ться p	to catch fire	загори́тся; загора́ться i
4662. заду́мчивый	thoughtful	
4663. зака́нчиваться i	to finish	зако́нчиться p
4664. зале́зть p в/на +a	to climb, get (into/onto)	зале́зу, зале́зешь, past зале́з, зале́зла; залеза́ть i
4665. заодно́	together; (coll) at the same time	
4666. запо́лнить p +a	to fill in, fill up	заполня́ть i; запо́лнить бланк to fill in a form
4667. за́работ(о)к	earnings	
4668. заслу́женный	deserved; distinguished	
4669. заслу́живать i +g	to deserve	заслужи́ть p
4670. зимо́й	in winter	
4671. зло́ба	spite, malice	
4672. извлека́ть i +a	to extract	извле́чь p
4673. изготовля́ть i +a	to manufacture	изготовля́ю; изгото́вить p
4674. изли́шний	superfluous	
4675. изоби́лие	abundance	
4676. ико́на	icon	
4677. индивидуа́льный	individual	
4678. индустриа́льный	industrial	
4679. исключа́ть i +a	to exclude	исключи́ть p
4680. кани́кулы f pl	holidays, vacation	g pl кани́кул

4681.	ка́пелька	droplet	g pl ка́пелек
4682.	кида́ться i	to throw os, rush	ки́нуться p
4683.	ко́е-где́	here and there	
4684.	коли́чественный	quantitative	
4685.	коменда́нт	warden (of hostel); commandant, governor	
4686.	конфли́кт	conflict	
4687.	конта́кт	contact	
4688.	ко́рка	crust; rind	g pl ко́рок
4689.	корреспонде́нция	correspondence	
4690.	ле́том	in summer	
4691.	максима́льный	maximal	
4692.	машинострое́ние	mechanical engineering	
4693.	ме́стность f	locality, district	
4694.	мунди́р	uniform	
4695.	набира́ть i +a	to gather, assemble	набра́ть p
4696.	набра́ть p +a	to gather, assemble	наберу́, наберёшь, f past набрала́; набира́ть i
4697.	накопи́ть p +a	to accumulate	накоплю́, нако́пишь; нака́пливать i
4698.	налете́ть p на +a	to swoop on; run into	налечу́, налети́шь; налета́ть i
4699.	наноси́ть i +a	to pile up; inflict	наношу́, нано́сишь; нанести́ p
4700.	наря́д	attire, costume; order, warrant	
4701.	насто́йчивый	insistent	
4702.	нахо́дка	find	g pl нахо́док
4703.	неоднокра́тно	repeatedly	
4704.	не́рвничать i	to be nervous	
4705.	ниско́лько	not at all	
4706.	оби́дно	it hurts, it's annoying	Ему́ оби́дно ви́деть э́то It hurts him to see that
4707.	обя́зывать i +a	to oblige	обяза́ть p
4708.	овладе́ние +inst	mastery (of)	
4709.	ограни́читься p +inst	to limit oneself (to)	ограни́чиваться i
4710.	оре́х	nut	
4711.	отбра́сывать i +a	to throw off; discard	отбро́сить p
4712.	отделя́ть i +a	to separate	отделя́ю; отдели́ть p
4713.	откла́дывать i +a	to postpone	отложи́ть p
4714.	отнима́ть i +a	to take away	отня́ть p
4715.	отпере́ть p +a	to unlock	отопру́, отопрёшь, past о́тпер, отперла́, о́тперло; отпира́ть i
4716.	отправле́ние	dispatch; departure (of train)	
4717.	ощуща́ть i +a	to feel, sense	ощути́ть p

4718.	па́ника	panic	
4719.	паха́ть i +a	to plough	пашу́, па́шешь
4720.	пе́рвенство	first place (in competition); championship	
4721.	пласт	layer; stratum	g sg пласта́
4722.	плет(е́)нь m	hurdle, wattle (fence)	
4723.	пло́тник	carpenter	
4724.	побли́же	a bit closer	
4725.	подбира́ть i +a	to pick up; select	подобра́ть p
4726.	подчине́ние	submission, subjection	
4727.	пожа́рный	fire (adj); (as noun) fireman	
4728.	покло́н	bow (greeting)	
4729.	поля́на	glade, clearing, forest meadow	
4730.	попроща́ться p c +inst	to say goodbye (to)	проща́ться i
4731.	породи́ть p +a	to beget, engender, generate	порожу́, породи́шь; порожда́ть i
4732.	поскоре́е	a little faster; hurry up!	
4733.	посма́тривать i на +a	to look (at) from time to time	
4734.	потяну́ть p +a	to pull	потяну́, потя́нешь; тяну́ть i
4735.	почита́ть p +a почита́ть i +a	to read a little to respect	
4736.	поэ́ма	long poem	
4737.	презре́ние	scorn	
4738.	преиму́щественно	primarily	
4739.	приспособле́ние	adaptation; device	
4740.	прихо́д	arrival	
4741.	прове́рка	check(ing), inspection	g pl прове́рок
4742.	пролете́ть p	to fly through or past	пролечу́, пролети́шь; пролета́ть i
4743.	просыпа́ться i	to wake up	просну́ться p
4744.	рассы́паться p	to scatter; crumble	рассы́плется; рассыпа́ться i
4745.	растворя́ться i	to dissolve; to open	растворя́ется; раствори́ться p
4746.	растеря́ться p	to get lost; panic	растеря́юсь; теря́ться i
4747.	реа́льность f	reality	
4748.	реко́рд	record	
4749.	ре́чка	small river	g pl ре́чек
4750.	руководствоваться i +inst	to be guided (by)	руково́дствуюсь
4751.	сбор	collection, gathering	Все в сбо́ре Everyone is here
4752.	сво́дка	report, bulletin	g pl сво́док
4753.	сда́ча	handing over; change (money returned)	

4754. се́мьдесят	seventy	g семи́десяти
4755. се́но	hay	
4756. серде́чный	heart (adj); heartfelt; warm-hearted	
4757. ситуа́ция	situation	
4758. сия́ние	radiance	
4759. сказа́ться p на +pr	to have an effect on	ска́жется; ска́зываться i
4760. сква́жина	chink, hole	
4761. слома́ть p +a	to break, fracture	лома́ть i
4762. соглаша́ться i	to agree (с +inst with/на +a to)	согласи́ться p
4763. составно́й m adj	composite; component	составна́я часть component part, component
4764. сра́внивать i +a	to compare	сравни́ть p
4765. ссыла́ться i на +a	to refer to	сосла́ться p
4766. твёрдость f	firmness	
4767. тетра́дка	exercise book	g pl тетра́док
4768. тира́ж	number of copies; draw (lottery)	g sg тиража́
4769. торже́ственно	ceremonially; festively	
4770. то́щий	emaciated	
4771. треск	crack; crash	
4772. тре́щина	crack, cleft	
4773. труп	corpse	
4774. увести́ p +a	to lead away	уведу́, уведёшь, past увёл, увела́; уводи́ть i
4775. украша́ть i +a	to adorn	укра́сить p
4776. упо́рно	persistently	
4777. фо́кус	focus; trick	
4778. фо́рмула	formula	
4779. футбо́льный	football (adj)	
4780. хле́бный	bread (adj)	
4781. хло́п(о)к	cotton	
хлоп(о́)к	clap, bang	
4782. цикл	cycle	
4783. эксперимента́льный	experimental	
4784. ана́рхия	anarchy	
4785. ба́нда	band, gang	
4786. бето́нный	concrete (adj)	
4787. бре́мя n	burden	g sg бре́мени, no pl
4788. верте́ться i	to rotate	верчу́сь, ве́ртишься
4789. винова́т short adj	guilty; sorry!	Она́ не винова́та It’s not her fault
4790. во́льно	freely	
4791. восемна́дцать	eighteen	

4792.	вре́дно	harmful	
4793.	вы́держка	self-control; excerpt	g pl вы́держек
4794.	вы́нужденный	forced	
4795.	га́лстук	tie, necktie	
4796.	географи́ческий	geographical	
4797.	гита́ра	guitar	
4798.	гли́няный	clay (adj)	
4799.	го́рка	hillock	g pl го́рок
4800.	две́рца	small door, car door	g pl две́рец
4801.	девяно́сто	ninety	g, d, inst, pr девяно́ста
4802.	демонстра́ция	demonstration	
4803.	достоя́ние	property	
4804.	драгоце́нность f	jewel; something valuable	
4805.	дро́гнуть p	to shake, waver	no i
	дро́гнуть i	to be chilled	про- p
4806.	друж(о́)к (coll)	friend	
4807.	ёлка	fir tree	g pl ёлок
4808.	ерунда́ (coll)	nonsense; trifling matter	
4809.	жечь i +a	to burn	жгу, жжёшь, жгут, past жёг, жгла; сжечь p
4810.	заверше́ние	completion	
4811.	за́висть f	envy	
4812.	завяза́ть p +a	to tie; start, get involved in	завяжу́, завя́жешь; завя́зывать i
4813.	задыха́ться i	to suffocate	задохну́ться p
4814.	зае́хать p	to call in	зае́ду, зае́дешь; заезжа́ть i
4815.	заключи́тельный	final, concluding	
4816.	законода́тельство	legislation	
4817.	зали́ть p +a +inst	to flood (sth with sth)	залью́, зальёшь, f past залила́; залива́ть i
4818.	занести́ p +a	to bring in; raise	занесу́, занесёшь, past занёс, занесла́; заноси́ть i
4819.	запрети́ть p	(+d) to forbid (s.o.); (+a) ban (sth)	запрещу́, запрети́шь; запреща́ть i
4820.	зре́лище	spectacle	
4821.	иго́лка	needle	g pl иго́лок
4822.	изба́виться p от +g	to escape from; get rid of	изба́влюсь, изба́вишься; избавля́ться i
4823.	изложе́ние	exposition	
4824.	испо́лнить p +a	to carry out, fulfil; perform	исполня́ть i
4825.	иссле́довать i/p +a	to investigate	иссле́дую
4826.	исто́рик	historian	
4827.	ка́сса	cash desk; ticket-office	
4828.	клин	wedge	nom pl кли́нья, g pl кли́ньев

4829. когда́-либо	at any time; ever	
4830. контро́льный	checking, monitoring	
4831. кро́хотный (coll)	tiny	
4832. купе́ческий	merchant (adj)	
4833. манёвр	manoeuvre	
4834. матема́тика	mathematics	
4835. медици́на	medicine, medical studies	
4836. мобилизова́ть i/p +a	to mobilize	мобилизу́ю
4837. набо́р	set, collection; recruitment	
4838. нагля́дно	clearly, graphically	
4839. нала́дить +a	to put in working order, set going	нала́жу, нала́дишь; нала́живать i
4840. нахму́риться p	to frown	хму́риться i
4841. национа́льность f	nationality, ethnic group	
4842. недоуме́ние	bewilderment	
4843. нело́вкий	awkward	
4844. непримири́мый	irreconcilable; uncompromising	
4845. о́вощи m pl	vegetables	g pl овоще́й
4846. огра́да	fence	
4847. определённо	definitely	
4848. оригина́лный	original	
4849. осуществля́ться i	to be brought about	осуществля́ется; осуществи́ться p
4850. отста́ивать i +a	to defend	отстоя́ть p
4851. отцо́вский	paternal	
4852. охва́тывать i +a	to envelop	охвати́ть p
4853. перемени́ть p +a	to change; transform	переменю́, переме́нишь; переменя́ть i
4854. пери́ла pl	handrail, banisters	g pl пери́л
4855. печа́льно	sad(ly)	
4856. повреди́ть p +d	to harm, damage	поврежу́, повреди́шь; вреди́ть i
4857. позо́р	disgrace	
4858. поле́зно	(it is) useful; usefully	
4859. поля́к	Pole	
4860. поры́в	gust; impulse	
4861. предназна́чить p на +a/для +g	to intend for	предназнача́ть i
4862. предпочита́ть i +a +d	to prefer sth to sth	
4863. прекраща́ться i	to cease	прекрати́ться p
4864. преодоле́ние	overcoming	
4865. преподава́тель m	teacher, lecturer	
4866. приглаше́ние	invitation	

4867. прикоснове́ние	contact	
4868. присоединя́ться p к +d	to join	присоединя́юсь; присоедини́ться p
4869. проде́лать p +a	to make, do, accomplish	проде́лывать i
4870. про́филь m	profile	
4871. прыж(о́)к	jump	
4872. равня́ться i	(на +a) to emulate; (+d) be equal to	равня́юсь; сравня́ться p
4873. разверну́ться p	to unroll, unfold; expand; swing round (make a U-turn)	развёртываться/развора́чиваться i
4874. разре́з	cut, section	в разре́зе + g (coll) in the context of
4875. разъясни́ть p +a	to explain	разъясня́ть i
4876. расположи́ться p	to take up position; settle oneself	расположу́сь, располо́жишься; располага́ться i
4877. расширя́ться i	to broaden, expand	расширя́ется; расши́риться p
4878. режиссёр	producer (theatre), director (cinema)	
4879. религио́зный	religious	
4880. ро́бкий	timid	
4881. ру́хнуть p	to collapse	
4882. самостоя́тельно	independently	
4883. свя́занный	connected; bound	
4884. сде́лка	deal, transaction	g pl сде́лок; заключи́ть сде́лку to do a deal
4885. скуча́ть i	to be bored; (по +d) miss (s.o. or sth)	
4886. соблюда́ть i +a	to keep to, adhere to	соблюсти́ p
4887. совпада́ть i с +inst	to coincide (with)	совпа́сть p
4888. сознава́ть i +a	to acknowledge, be aware of	сознаю, сознаёшь; созна́ть p
4889. сообража́ть i	to think out, understand	сообрази́ть p
4890. соскочи́ть p с +g	to jump off	соскочу́, соско́чишь; соска́кивать i
4891. состяза́ние	competition	
4892. срыва́ть i +a	to tear off; wreck	сорва́ть p
4893. сто́йка	bar, counter; stance	g pl сто́ек
4894. стре́лка	arrow; hand (of clock)	g pl стре́лок
4895. струна́	string (of instrument)	nom pl стру́ны
4896. супру́га	spouse (wife)	
4897. схо́дный	similar; (coll) fair (of price)	
4898. трево́жный	worrying; worried	
4899. ту́го	tight; difficult	

4900. убеждённый	convinced	
4901. убира́ть i +a	to take away; tidy	убра́ть p
4902. угрю́мый	sullen, gloomy	
4903. упрека́ть i +a в +pr	to accuse (s.o. of), reproach	упрекну́ть p
4904. усе́рдно	conscientiously	
4905. уста́ло	wearily	
4906. ух	ooh!	
4907. филиа́л	branch (of organization)	
4908. холоди́льник	refrigerator	
4909. ху́до	bad, badly	
4910. цепля́ться i за +a	to clutch (at); catch (on)	цепля́юсь; за- p
4911. частота́	frequency	nom pl часто́ты
4912. черда́к	attic	g sg чердака́
4913. чётко	clearly, distinctly, precisely	
4914. швырну́ть p (coll) +a or +inst	to fling, hurl	швыря́ть i
4915. шевели́ть i +a or +inst	to stir, move	по- p/шевельну́ть p
4916. шёлковый	silk (adj)	
4917. шерсть f	wool; hair (of animal)	коша́чья шерсть cat fur
4918. экску́рсия	excursion	
4919. ю́бка	skirt	g pl ю́бок
4920. я́стреб	hawk	nom pl ястреба́
4921. аванга́рд	vanguard	
4922. архи́в	archive(s)	
4923. а́хнуть p	to gasp	а́хать i
4924. бесспо́рный	indisputable	
4925. бе́шено	madly, furiously	
4926. било́й	former, past	было́е вели́чие former greatness
4927. вводи́ться i	to be introduced, brought in	вво́дится; ввести́сь p
4928. великоле́пно	splendid(ly)	
4929. взвод	platoon	
на взво́де	drunk; agitated	
4930. ви́димость f	visibility; appearance	
4931. вис(о́)к	temple (ear to forehead)	
4932. вкла́дывать i +a	to insert; invest	вложи́ть p
4933. вку́сный	tasty	
4934. вмеша́ться p в +a	to interfere (in)	вме́шиваться i
4935. возрази́ть p	to object	возражу́, возрази́шь; возража́ть i
4936. вы́бежать p из +g	to run out	вы́бегу, вы́бежишь, вы́бегут; выбега́ть i
4937. вы́мыс(е)л	fabrication, fantasy	

4938.	вырыва́ться i	to tear os away	вы́рваться p
4939.	выска́кивать i из +g	to jump out	вы́скочить p
4940.	гад (coll)	swine, rat (of person)	
4941.	горю́чее n adj	fuel	
4942.	гра́мотный	literate	
4943.	грана́та	shell; grenade	
4944.	греме́ть i	to roar, resound	гремлю́, греми́шь; за- p
4945.	греть i +a	to heat	гре́ю, гре́ешь; по- p
4946.	диску́ссия	discussion	
4947.	дичь f	game, wildfowl	
4948.	дрожа́щий	trembling	
4949.	ей-бо́гу (coll)	truly, indeed	
4950.	желу́д(о)к	stomach	
4951.	заби́ть p +a	to begin to beat; hammer in; block; cram	забью́, забьёшь; бить, забива́ть i
4952.	заде́рживаться i	to be delayed	задержа́ться p
4953.	заде́ть p +a	to touch; catch (on sth)	заде́ну, заде́нешь; задева́ть i
4954.	замеча́тельно	remarkable; remarkably	
4955.	записно́й	note (adj)	записна́я кни́жка notebook
4956.	за́суха	drought	
4957.	затрудне́ние	difficulty	
4958.	знач(о́)к	badge	
4959.	избы́т(о)к	abundance; surplus	
4960.	изобрести́ p +a	to invent	изобрету́, изобретёшь, past изобрёл, изобрела́; изобрета́ть i
4961.	изуми́тельный	amazing	
4962.	изя́щный	elegant	
4963.	исхо́д	outcome, end	
4964.	календа́рь m	calendar	g sg календаря́
4965.	ка́рточка	card	g pl ка́рточек
4966.	кля́сться i	to swear, vow	кляну́сь, клянёшься, past кля́лся, кляла́сь; по- p
4967.	коали́ция	coalition	
4968.	коммента́рий	commentary	
4969.	котел(о́)к	pot; bowler hat	
4970.	кру́то	steeply; sharply	
4971.	лати́нский	Latin (adj)	
4972.	ли́ться i	to pour	льётся, past ли́лся, лила́сь; по- p
4973.	лихо́й (coll)	dashing, daring; skilful	
4974.	ма́ска	mask	g pl ма́сок
4975.	мел	chalk; whitewash	
4976.	мировоззре́ние	outlook, philosophy of life	

4977.	му́чить i +a	to torment	за-, из- p
4978.	мяч	ball (for games)	g sg мяча́
4979.	наедине́	in private; alone	
4980.	наибо́льший	largest	
4981.	намеча́ться i	to be planned	наме́титься p
4982.	насме́шка	taunt	g pl насме́шек
4983.	недово́льный +inst	dissatisfied (with)	
4984.	неизме́нно	invariably	
4985.	неме́дленный	immediate	
4986.	необыкнове́нно	unusually	
4987.	непоня́тно	incomprehensible/ly	
4988.	нетерпе́ние	impatience	
4989.	неуда́ча	failure	
4990.	обозна́чить p +a	to mark, designate	обознача́ть i
4991.	огляде́ть p +a	to look over, inspect	огляжу́, огляди́шь; огля́дывать
4992.	ограни́чить p +a	to limit	ограни́чивать i
4993.	одобре́ние	approval	
4994.	ознако́миться p c +inst	to acquaint oneself with	ознако́млюсь, ознако́мишься; ознакомля́ться i
4995.	освобожда́ть i +a	to free	освободи́ть p
4996.	осуди́ть p +a	to condemn	осужу́, осу́дишь; осужда́ть i
4997.	отби́ть p +a	to repulse; remove; break off	отобью́, отобьёшь; отбива́ть i
4998.	отва́жный	courageous	
4999.	пала́тка	tent	g pl пала́ток
5000.	пе́на	foam	
5001.	первобы́тный	primitive	
5002.	пережива́ние	experience, emotional experience	
5003.	петля́	loop; hinge	g pl пе́тель
5004.	платфо́рма	platform	
5005.	плодоро́дный	fertile, fruitful	
5006.	поби́ть p +a	to beat; break	побью́, побьёшь; бить i
5007.	пове́рх +g	above	
5008.	повседне́вный	everyday	
5009.	подверну́ться p	(coll) to turn up, crop up; be rolled up; be sprained, twisted (foot)	подвёртываться i
5010.	подели́ться p +inst c +inst	to share (sth with s.o.)	поделю́сь, поде́лишься; дели́ться i
5011.	по́длый	mean, underhand	
5012.	подпо́лье	underground organization; cellar	уйти́ в подпо́лье to go underground
5013.	подража́ть i +d	to imitate	

5014. поздоро́ваться i с +inst	to greet	поздоро́ваюсь; здоро́ваться i
5015. пока́чиваться i	to rock, sway	
5016. поко́иться i на +pr	to rest, repose (on)	
5017. поку́пка	purchase	g pl поку́пок
5018. по́лночь	midnight	g полу́ночи
5019. полюбова́ться p +inst or на +a	to admire	полюбу́юсь; любова́ться i
5020. помеща́ться i	to be located; find space	помести́ться p
5021. порожда́ть i +a	to beget; engender; generate	породи́ть p
5022. поро́к	vice; defect	
5023. по́ртить i	to spoil, damage	по́рчу, по́ртишь; ис- p
5024. посеще́ние +g	visit (to), attendance (at)	
5025. посре́дством +g	by means of	
5026. посы́лка	parcel; errand; sending	g pl посы́лок
5027. предло́г	pretext; preposition	
5028. предста́виться p	to introduce os; present itself, occur	предста́влюсь, предста́вишься; представля́ться i
5029. прекрати́ться p	to cease	прекрати́тся; прекраща́ться i
5030. прерва́ть p +a	to interrupt	прерву́, прервёшь; прерыва́ть i
5031. привяза́ть p +a к +d	to attach (sth to sth)	привяжу́, привя́жешь; привя́зывать i
5032. приёмник	radio set	
5033. про́за	prose	
5034. прокла́дывать i +a	to lay, construct (a road)	проложи́ть p
5035. проща́льный	farewell (adj), parting	
5036. психоло́гия	psychology	
5037. путеше́ствовать i	to travel	путеше́ствую; про- p
5038. пя́тница	Friday	
5039. разгляде́ть p +a	to make out, perceive	разгляжу́, разгляди́шь; no i
5040. разде́л	division; section	
5041. разыска́ть p +a	to seek out	разыщу́, разы́щешь; разы́скивать i
5042. раскалённый	scorching, burning hot	
5043. распространённый	widespread, common	
5044. рассе́ять p +a	to scatter	рассе́ю, рассе́ешь; рассе́ивать i
5045. раста́ять p	to melt	раста́ет; та́ять i
5046. расте́рянный	perplexed, bewildered	
5047. ревнова́ть i	to be jealous	ревну́ю
5048. репута́ция	reputation	
5049. рисова́ть i +a	to draw	рису́ю; на- p
5050. сдержа́ть p +a	to restrain; keep (promise)	сдержу́, сде́ржишь; сде́рживать i

5051. селéние	settlement, village	
5052. силуэ́т	silhouette	
5053. синевá	blue colour, blueness	
5054. скúнуть p (coll) +a	to throw off	скúдывать i
5055. склáдка	fold, crease	g pl склáдок
5056. склóнный к +d or +inf	inclined (to)	short forms: склóнен, склоннá, склóнны
5057. слезáть i с +g	to climb off	слезть p
5058. совмéстно	jointly	
5059. содрýжество	commonwealth	
5060. стихúя	element, elemental force; chaos	
5061. студéнческий	student (adj)	
5062. стыдúться i +g	to be ashamed of	стыжýсь, стыдúшься; по- p
5063. сýмка	bag, handbag	g pl сýмок
5064. сурóво	severely	
5065. схвáтка	fight, tussle	g pl схвáток; схвáтки (muscle) contractions
5066. темнéть i	to get dark	темнéет; по-/с- p
5067. тётка	aunt; (coll) woman	g pl тёток
5068. тéхник	technician	
5069. тóненький	slim	
5070. топúть i +a	to stoke; heat; (p по-/у-) sink (sth), drown (s.o.)	топлю́, тóпишь
5071. трúжды	thrice, three times	
5072. трýбочка	small pipe, tube	g pl трýбочек
5073. трус	coward	
5074. трястú i +a	to shake	трясý, трясёшь, past тряс, трясла́; по- p
5075. удалúться p	to move away	удаля́ться i
5076. уделя́ть i +a +d	to allot, give	уделя́ю; уделúть p; уделя́ть внимание +d to give/pay attention to sth
5077. узел(ó)к	small knot; small bundle	
5078. укáзанный	indicated, specified	
5079. украшéние	decoration	
5080. уменьшáться i	to diminish, decrease	умéньшиться p
5081. умирáть i	to die	умерéть p
5082. ýмница m/f (coll)	clever person	
5083. уны́лый	sad, cheerless	
5084. упрёк	reproach	
5085. усúлить p +a	to strengthen	усúливать i
5086. устáлый	tired	
5087. ýтка	duck; hoax	g pl ýток

5088. факульте́т	faculty	на юриди́ческом факульте́те in the law faculty
5089. целова́ться i	to kiss (each other)	целу́ются; по- p
5090. шутли́во	jokingly, facetiously	
5091. электри́чество	electricity	
5092. я́блоня	apple-tree	g pl я́блонь
5093. абстра́ктный	abstract	
5094. агита́ция	agitation	
5095. администра́ция	administration	
5096. аккура́тный	exact, punctual; tidy	
5097. армя́нский	Armenian (adj)	
5098. бе́режно	carefully	
5099. бродя́га m	tramp, down-and-out	
5100. велика́н	giant	
5101. венге́рский	Hungarian	
5102. вложе́ние	enclosure (in letter); investment	
5103. возникнове́ние	beginning, origin	
5104. волше́бный	magic	
5105. вражде́бный	hostile	
5106. вред	harm	g sg вреда́
5107. врыва́ться i в +a	to burst in	ворва́ться p
5108. вы́боры m pl	election	g pl вы́боров
5109. га́дость f	filth; dirty trick	
5110. геологи́ческий	geological	
5111. гимнастёрка	soldier's tunic	g pl гимнастёрок
5112. гнёт	oppression	
5113. граф	count (title)	
5114. гра́фик	graph; schedule	
5115. грош	half-kopeck, farthing	g sg гроша́; без гроша́ penniless
5116. губе́рния	*guberniya*, tsarist province (now о́бласть)	
5117. демокра́т	democrat	
5118. доро́жный	road (adj)	
5119. духове́нство	clergy	
5120. е́дкий	acrid, pungent; sarcastic	
5121. жа́дно	greedily	
5122. жили́ще	dwelling, habitation	
5123. заве́тный	cherished, intimate	заве́тная цель cherished goal; заве́тная мечта́ secret dream
5124. заме́на	replacement	
5125. за́ново	anew	
5126. западноевропе́йский	Western European	
5127. запе́ть p	to start singing	запою́, запоёшь; запева́ть i

5128. затра́тить p +a	to spend, expend	затра́чу, затра́тишь; затра́чивать i
5129. зво́нкий	ringing, clear	
5130. знато́к	expert	g sg знатока́
5131. избежа́ть p +g	to avoid	избегу́, избежи́шь, избегу́т; избега́ть i
5132. издава́ть i +a	to publish; emit	издаю́, издаёшь; изда́ть p
5133. излага́ть i +a	to expound, put in words	изложи́ть p
5134. изобрета́ть i +a	to invent	изобрести́ p
5135. иро́ния	irony	
5136. и́споведь f	confession	
5137. ко́жаный	leather (adj)	
5138. коло́ния	colony	
5139. ко́нский	horse (adj)	ко́нский заво́д stud farm
5140. конфе́та	sweet	
5141. кружи́ться i	to whirl, spin round	кружу́сь, кру́жишься, за- p
5142. кто́-либо	anyone	
5143. купа́ться i	to bathe	ис- p
5144. ку́чка	small heap; small group	g pl ку́чек
5145. ла́па	paw	
5146. ли́па	lime tree	
5147. лову́шка	trap	g pl лову́шек
5148. ло́пнуть p	to burst	ло́паться i
5149. любопы́тно	curiously	
5150. матери́к	mainland	g sg материка́
5151. мгнове́нно	instantaneously, instantly	
5152. мете́ль f	snowstorm	
5153. мостова́я f adj	roadway	
5154. мы́шка	armpit; mouse	g pl мы́шек; под мы́шкой under one's arm
5155. навести́ p +a	to guide (to); evoke, cause	наведу́, наведёшь, past навёл, навела́; наводи́ть i; навести́ поря́док to put things in order
5156. нало́г	tax	
5157. напряжённость f	tension	
5158. нару́шить p +a	to break, infringe	наруша́ть i; нару́шить пра́вило to break a rule
5159. национали́зм	nationalism	
5160. неве́рно	false(ly)	
5161. негодя́й	rascal	
5162. неда́ром	not for nothing	
5163. недове́рие	mistrust	
5164. не́кто	someone, a certain	не́кто Си́доров a certain Mr Sidorov
5165. нену́жный	unnecessary	

5166. непререка́емый	unquestionable	
5167. нови́нка	novelty	g pl нови́нок
5168. обе́дать i	to dine	по- p
5169. оборва́ться p	to snap; stop suddenly	оборву́сь, оборвёшься, f past оборвала́сь; обрыва́ться i
5170. образо́ванный	educated	
5171. объявля́ть i +a or о +pr	to announce	объявля́ю; объяви́ть p
5172. оживле́ние	excitement, animation	
5173. относи́тельный	relative (adj)	
5174. отны́не	henceforth	
5175. отодви́нуть p +a	to move aside	отодвига́ть i
5176. отступи́ть p	to retreat	отступлю́, отсту́пишь; отступа́ть i
5177. отча́янно	desperately	
5178. официа́нт	waiter	
5179. оформле́ние	registration; putting in required form	оформле́ние докуме́нтов completion/registration of documents
5180. па́льма	palm tree	
5181. патриоти́зм	patriotism	
5182. педагоги́ческий	pedagogical, education (adj)	
5183. перебира́ть i +a	to sort out; look through; go over	перебра́ть p
5184. перепи́ска	correspondence	
5185. переpе́зать p +a	to cut	пере́режу, пере́режешь; перереза́ть i
5186. печа́ль f	sorrow	
5187. плюс	plus; advantage	
5188. пляса́ть i	to dance	пляшу́, пля́шешь; спляса́ть p
5189. погиба́ть i	to perish	поги́бнуть p
5190. по́греб	cellar	nom pl погреба́
5191. подмигну́ть p +d	to wink (at)	подми́гивать i
5192. подпи́сывать i +a	to sign	подписа́ть p
5193. подсчёт	calculation	
5194. подъе́зд	entrance, doorway	
5195. пожа́ловаться p на +a	to complain (about)	пожа́луюсь; жа́ловаться i
5196. пожима́ть i +a	to press, squeeze	пожа́ть p; пожима́ть ру́ку +d to shake s.o.'s hand
5197. поко́рно	humbly, obediently	
5198. полве́ка	half a century	g полуве́ка
5199. попра́вка	correction	g pl попра́вок
5200. по́просту (coll)	simply	Он по́просту уста́л He's just tired

5201.	посвящáть i +a +d	to devote, dedicate (sth to s.o. or sth)	посвятúть p
5202.	послéдовательность f	sequence; consistency	
5203.	посмеяться p	to laugh	посмеюсь, посмеёшься; смеяться i
5204.	посредúне or посередúне +g	in the middle (of)	
5205.	постучáть p в +a	to knock (at)	постучý, постучúшь; стучáть i
5206.	пояснúть p +a	to explain	пояснять p
5207.	прáвильность f	correctness	
5208.	превосхóдство	superiority	
5209.	предоставлять i +a +d	to give, grant (sth to s.o.)	предоставляю; предостáвить p
5210.	предъявлять i +a +d	to show, present (sth to s.o.)	предъявляю; предъявúть p
5211.	преодолевáть i +a	to overcome	преодолéть p
5212.	придéрживаться i +g	to keep to, adhere to	
5213.	прилетéть p	to arrive (by air)	прилечý, прилетúшь; прилетáть i
5214.	прúмесь f	admixture	
5215.	прислýшаться p к +d	to listen closely (to)	прислýшиваться i
5216.	провокáция	provocation	
5217.	проживáть i	to reside; (p прожúть) live for a specified period	
5218.	прóповедь f	sermon	
5219.	прорóк	prophet	
5220.	противорéчить i +d	to contradict (s.o. or sth)	
5221.	процветáние	flourishing; prosperity	
5222.	птúчий	bird's	f птúчья, n птúчье
5223.	пьянство	drunkenness	
5224.	рáдуга	rainbow	
5225.	разгромúть p +a	to rout; wreck	разгромлю, разгромúшь; громúть i
5226.	разрушáть i +a	to destroy	разрýшить p
5227.	раскрывáться i	to open; be revealed	раскрыться p
5228.	распрáва	reprisal; harsh treatment; punishment	
5229.	рассмáтриваться i	to be considered	
5230.	реснúца	eyelash	
5231.	ритм	rhythm	
5232.	рождáть i +a	to give birth (to)	родúть p
5233.	рыбный	fish (adj)	рыбная лóвля fishing
5234.	сбúться p	to slip; go wrong, get confused; huddle together	собьюсь, собьёшься; сбивáться i

5235. своевре́менный	timely	
5236. сде́ржанный	restrained	
5237. склони́ться p	to bend, bow	склоню́сь, скло́нишься; склоня́ться i
5238. скоти́на	cattle	no pl
5239. сноха́	daughter-in-law (of husband's father)	nom pl сно́хи (of husband's mother: неве́стка)
5240. сообща́ться i	to be communicated; communicate with	сообщи́ться p
5241. прогно́з	forecast	прогно́з пого́ды weather forecast
5242. спира́ль f	spiral	
5243. спра́вка	piece of information; certificate	g pl спра́вок; наводи́ть спра́вки о +pr to make enquiries (about)
5244. справля́ться i	(с +inst) to cope with; (о +pr) ask about	справля́юсь; спра́виться p
5245. спрос	demand (opposite of supply)	спрос на и́мпортные това́ры demand for imported goods
5246. сража́ться i с +inst	to fight	срази́ться i
5247. то́пать i	to stamp (one's feet); (coll) go (= идти́)	то́пнуть p
5248. трибу́на	platform; stand (in stadium)	
5249. трясти́сь i	to shake; tremble	трясу́сь, трясёшься, past тря́сся, трясла́сь
5250. ту́склый	dim	
5251. тьфу (coll)	(euphemism for spitting; expressing dislike or scorn) yuk!, ugh!, pah!	
5252. убеди́тельный	convincing; earnest	
5253. уда́ча	success	
5254. ускоре́ние	acceleration	
5255. успоко́ить p +a	to calm	успока́ивать i
5256. усту́пка	concession	усту́пок
5257. факти́чески	in fact; practically	
5258. церемо́ния	ceremony	
5259. цирк	circus	
5260. четве́рг	Thursday	g sg четверга́
5261. чу́вствоваться i	to be felt	чу́вствуется; по- p
5262. чуде́сно	wonderfully	
5263. шепта́ться i	to whisper	шепчу́сь, ше́пчешься
5264. шу́мно	noisily	
5265. электроэне́ргия	electric power	
5266. элемента́рный	elementary	
5267. энерги́чный	energetic	
5268. энтузиа́зм	enthusiasm	

5269. э́так (coll)	this way, thus; approximately	
5270. безупре́чный	irreproachable	
5271. безусло́вный	unconditional	
5272. берёзка	little birch tree	g pl берёзок
5273. бесполе́зно	uselessly	
5274. биологи́ческий	biological	
5275. бор	pinewood, coniferous forest	pr sg в бору́, nom pl боры́
5276. борщ	borshch, beetroot soup	g sg борща́
5277. бо́рющийся	struggling	
5278. бо́чка	barrel	g pl бо́чек
5279. вы́явить p +a	to reveal, expose	вы́явлю, вы́явишь; выявля́ть i
5280. бюдже́т	budget	
5281. валя́ть i	to drag; to roll	
валя́йте! (coll)	go ahead!	
5282. ве́рность f	faithfulness, loyalty; truth	
5283. вертика́льный	vertical	
5284. взбира́ться i	to climb up	взобра́ться p
5285. вздор (coll)	nonsense	
5286. ви́ться i	to wind, twine, twist	вьётся; с- p
5287. вишнёвый	cherry (adj)	
5288. вла́га	damp, moisture	
5289. влюби́ться p в +a	to fall in love with	влюблю́сь, влю́бишься; влюбля́ться i
5290. возглавля́ть i +a	to head, lead	возглавля́ю; возгла́вить p
5291. возмущённо	indignantly	
5292. волево́й	strong-willed	
5293. вообрази́ть p	to imagine	воображу́, вообрази́шь; вообража́ть i
5294. воро́нка	funnel	g pl воро́нок
5295. воспринима́ть i +a	to perceive	восприня́ть p
5296. вски́нуть p +a на +a	to throw (upwards, up onto)	вски́дывать i
5297. вто́рник	Tuesday	
5298. вуз	university, institute (higher education establishment)	
5299. вылеза́ть i	to climb out	вы́лезть p
5300. вы́ручить p +a	to rescue; make (money)	выруча́ть i
5301. вы́садка	landing, disembarkation	
5302. вы́слать p +a	to send out; exile, deport	вы́шлю, вы́шлешь; высыла́ть i
5303. головно́й	head (adj)	
5304. го́речь f	bitterness	

5305. горо́х	peas	no pl
5306. грузово́й	goods (adj)	
5307. двена́дцатый	twelfth	
5308. деви́чий (or де́вичий)	girl's, maiden's	де́вичья фами́лия maiden name
5309. дели́ть i +a	to divide, share	делю́, де́лишь; раз- p
5310. де́ться p	to get to, vanish	де́нусь, де́нешься; дева́ться i
5311. доводи́ть i до +g	to lead to, take as far as	довожу́, дово́дишь; довести́ i
5312. досро́чно	ahead of schedule	
5313. дости́гнутый	achieved	
5314. жар	heat	pr sg в жару́
5315. заде́рживать i +a	to delay; arrest	задержа́ть p
5316. зака́нчивать i +a	to finish	зако́нчить p
5317. законода́тельный	legislative	
5318. заку́ривать i	to light up (cigarette etc.)	закури́ть p
5319. заменя́ть +a +inst	to replace (sth with sth)	заменя́ю; замени́ть p
5320. и́збранный	selected	
5321. измере́ние	measurement; dimension	
5322. инди́йский	Indian	
5323. инспе́ктор	inspector	nom pl инспектора́
5324. интервью́ n indecl	interview	
5325. и́скоса (coll)	sideways	
5326. иску́сственно	artificially	
5327. исте́кший	past, preceding	
5328. кана́дский	Canadian (adj)	
5329. кероси́н	kerosine	
5330. колоко́льня	bell-tower	g pl колоко́лен
5331. копа́ться i	to rummage; dawdle	
5332. кри́тик	critic	
5333. лауреа́т	prize-winner	
5334. любе́зный	obliging	
5335. люби́м(е)ц	favourite	
5336. мелькну́ть p	to be briefly visible	мелька́ть i
5337. ми́ссия	mission	
5338. многоле́тний	lasting many years; long-lasting, perennial	
5339. могу́щественный	powerful	
5340. мо́да	fashion	
5341. моли́ться i	to pray	молю́сь, мо́лишься; по- p
5342. му́дрость f	wisdom	
5343. наполови́ну	half, by half	
5344. напра́виться p	to make for	напра́влюсь, напра́вишься; направля́ться i
5345. нарисова́ть p +a	to draw	нарису́ю; рисова́ть i
5346. настоя́щее n adj	the present	
5347. недово́льно	discontentedly	

5348.	необыча́йно	exceptionally	
5349.	ни́ва	field, cornfield	
5350.	но́г(о)ть m	fingernail, toenail	
5351.	ноздря́	nostril	nom pl но́здри, g pl ноздре́й
5352.	нос(о́)к	sock; toe of boot	
5353.	ня́нька (coll)	nurse	g pl ня́нек
5354.	обсужда́ться i	to be discussed	обсуди́ться p
5355.	о́гненный	fiery	
5356.	ожида́ться i	to be expected	
5357.	о́ко (bookish, poetic)	eye	nom pl о́чи, g pl оче́й
5358.	операти́вный	energetic; operative	
5359.	опи́санный	described	
5360.	опла́та	payment	
5361.	организо́ванный	organized	
5362.	осво́ить p +a	to master	осва́ивать i
5363.	о́стро	sharply, intensely	
5364.	отврати́тельный	repulsive	
5365.	отде́лка	finishing, fitting-out, decoration	
5366.	откры́тка	postcard	g pl откры́ток
5367.	отрыва́ть i +a от +g	to tear off, tear away	оторва́ть p
5368.	отступле́ние	digression; retreat	
5369.	отча́сти	partly	
5370.	оце́нивать i +a	to evaluate; appreciate	оцени́ть p
5371.	очерта́ние	outline	
5372.	пе́п(е)л	ash, ashes	no pl
5373.	передава́ться i	to be transmitted	передаётся; переда́ться p
5374.	перели́стывать +a	to leaf through	перелиста́ть p
5375.	пету́х	cock	g sg петуха́
5376.	плани́ровать i +a	to plan	плани́рую; за- p
5377.	подавля́ющий	overwhelming	подавля́ющее большинство́ the great majority
5378.	подбега́ть i к +d	to run up (to)	подбежа́ть p
5379.	подно́с	tray	
5380.	по́днятый	raised	
5381.	подозри́тельно	suspiciously	
5382.	показа́ние	testimony; reading (on instrument)	
5383.	полива́ть i +inst +a	to pour (liquid on sth)	поли́ть p
5384.	поми́ловать p +a	to pardon	поми́лую; no i; Го́споди, поми́луй Lord, have mercy
5385.	по-но́вому	in a new way	
5386.	попа́сться p	to be caught; be found	попаду́сь, попадёшься, past попа́лся; попада́ться i
5387.	послы́шаться p	to be heard	послы́шится; слы́шаться i

5388. поста́вка	delivery	g pl поста́вок
5389. потуши́ть p +a	to extinguish	потушу́, поту́шишь; туши́ть i
5390. по́черк	handwriting	
5391. почте́нный	respected	
5392. поща́да	mercy	
5393. предлага́ться i	to be offered	предложи́ться p
5394. предполага́ться i	to be proposed, intended	предположи́ться i; предполага́ется it is proposed
5395. предста́ть p пе́ред +inst	to appear (before)	предста́ну, предста́нешь; представа́ть i; предста́ть пе́ред судо́м to appear in court
5396. пре́лесть f	charm	
5397. пресс-конфере́нция	press conference	
5398. прижима́ться i к +d	to press os (to), snuggle up (to)	прижа́ться p
5399. прима́нка	bait; inducement	
5400. принципиа́льно	on principle; fundamentally	
5401. приобрете́ние	acquisition	
5402. приоткры́ть p +a	to open slightly	приоткро́ю, приоткро́ешь; приоткрыва́ть i
5403. прихо́жая f adj	entrance hall	
5404. произво́л	arbitrariness, abuse of power	
5405. противоречи́вый	contradictory	
5406. путём +g	by means of	
5407. разбива́ть i +a	to break, break up, smash	разби́ть p
5408. различа́ть i +a	to distinguish	различи́ть p
5409. разложи́ть p +a	to spread out; to break down, corrupt	разложу́, разло́жишь; раскла́дывать i; разлага́ть i
5410. разлу́ка	separation	
5411. ра́нее	earlier	
5412. распространя́ть i +a	to spread	распространя́ю; распространи́ть p
5413. рациона́льный	rational	
5414. резолю́ция	resolution	
5415. ремо́нтный	repair (adj)	
5416. ри́мский	Roman	
5417. рискова́ть i +inst	to risk	риску́ю; рискну́ть p
5418. рост(о́)к	sprout, shoot	
5419. рулево́й m adj	steering (adj); helmsman	
5420. свин(е́)ц	lead (metal)	
5421. семиле́тний	seven-year; seven-year-old	
5422. скользи́ть i	to slide	скольжу́, скользи́шь

5423.	ско́лько-нибудь +g	any, any quantity of	
5424.	скопле́ние	accumulation	
5425.	смени́ться p +inst	to be replaced (by)	сменю́сь, сме́нишься; сменя́ться i
5426.	смерте́льный	fatal	
5427.	снабжа́ть i +a +inst	to supply (s.o. with sth)	снабди́ть p
5428.	со́бственник	owner	
5429.	сова́ть i +a в +a	to thrust, poke (sth into sth)	сую́, суёшь; су́нуть p
5430.	совоку́пность f	totality	
5431.	со́зданный	created	
5432.	соло́менный	straw (adj)	
5433.	сочу́вствовать i +d	to sympathize (with)	сочу́вствую
5434.	специфи́ческий	specific	
5435.	ста́вка	rate; stake (gambling); headquarters (mil)	проце́нтная ста́вка interest rate
5436.	стихотворе́ние	poem	
5437.	столи́чный	capital (adj)	
5438.	столо́вый	table (adj)	
5439.	сувета́	bustle, fuss	
5440.	су́кин poss adj	bitch's	су́кин сын son of a bitch
5441.	танцева́льный	dance (adj)	
5442.	театра́льный	theatrical	
5443.	типогра́фия	printing-house, press	
5444.	ткнуть p +inst в +a or +a в +a	to prod, jab (sth into sth)	ткну, ткнёшь; ты́кать i
5445.	това́рищеский	comradely; friendly	
5446.	траге́дия	tragedy	
5447.	трепа́ть i	to rumple, tousle; pat; (coll) natter	треплю́, тре́плешь; по- p
5448.	тропи́нка	path	g pl тропи́нок
5449.	тупо́й	blunt; stupid	
5450.	упо́р	prop	в упо́р point-blank; сде́лать упо́р на +pr or a to emphasize
5451.	употребле́ние	use	
5452.	утра́тить p +a	to lose	утра́чу, утра́тишь; утра́чивать i
5453.	уча́щийся active participle	student	
5454.	фельето́н	satirical article	
5455.	ха́ос or хао́с	chaos	
5456.	хи́щник	beast of prey; bird of prey; predator	
5457.	хо́хот	loud laughter, guffaw	

5458. хранéние	keeping; storage	срок хранéния sell-by date; кáмера хранéния left luggage office
5459. храни́ться i	to be kept	со- p
5460. хреб(é)т	spine; ridge; mountain range	
5461. хру́пкий	fragile	
5462. целинá	virgin soil, virgin land	
5463. цéлое n adj	the whole; (also цéлая) integer	еди́ное цéлое a single whole; однá цéлая (и) три деся́тых one point three (1.3)
5464. цепóчка	small chain; series	g pl цепóчек
5465. чересчу́р	too, excessive(ly)	
5466. черни́ла n pl	ink	g pl черни́л
5467. чёткий	clear, precise	
5468. чи́стить i +a	to clean	чи́щу, чи́стишь; по- p
5469. шестнáдцать	sixteen	
5470. щи pl	cabbage soup	g pl щей
5471. экономи́ст	economist	
5472. эксплуати́ровать i	to exploit	эксплуати́рую
5473. авóсь	perhaps	
на авóсь	on the off-chance	
5474. áвторский	author's	
5475. актри́са	actress	
5476. áлый	scarlet	
5477. áнгел	angel	
5478. анкéта	questionnaire, form	
5479. анти́чный	ancient	анти́чный мир the ancient world
5480. арбу́з	water melon	
5481. банки́р	banker	
5482. бéгство	flight, escape	
5483. бéдность f	poverty	
5484. бензи́н	petrol	
5485. бесплáтный	free (of charge)	
5486. беспокóйно	restlessly; disturbing	
5487. блистáтельный	brilliant	
5488. болéзненный	unhealthy	
5489. бры́зги f pl	spray	g pl брызг
5490. вдобáвок (coll) к +d	in addition (to)	
5491. велéние	command	по велéнию сóвести according to the dictates of one's conscience
5492. вероя́тный	probable	
5493. взволновáть p +a	to disturb, worry	взволну́ю; волновáть i
5494. вздрáгивать i	to shudder	вздрóгнуть p
5495. влады́ка m	master, ruler	

5496.	возбуждённый	aroused, excited	
5497.	воображáть i +a	to imagine	вообразúть p
5498.	восприя́тие	perception	
5499.	врáжеский	enemy (adj)	
5500.	всевозмóжный	all kinds of	
5501.	выезжáть i из +g	to leave (by transport)	вы́ехать p
5502.	вырáщивать i +a	to grow, cultivate	вы́растить p
5503.	вы́теснить p +a	to force out, displace	вытесня́ть i
5504.	гнилóй	rotten, decayed	
5505.	гоня́ть i +a	to drive, make (s.o.) run	гоня́ю, гоня́ешь; по- p
5506.	государь m	sovereign	мúлостивый госудáрь Dear Sir
5507.	грáбить i +a	to rob, pillage	грáблю, грáбишь; о- p
5508.	двúгать i +a or +inst	to move, set in motion	двúгаю or двúжу, двúжешь; двúнуть p
5509.	дворянúн	nobleman, member of the gentry	nom pl дворя́не, g pl дворя́н
5510.	дéятельный	active	
5511.	добровóльный	voluntary	
5512.	донестú p	(+a до +g) to carry (sth to); (+a +d) report (sth to s.o.); (на +a) inform (on s.o.), denounce (s.o.)	донесу́, донесёшь, past донёс, донеслá; доносúть i
5513.	дружúна	militia	
5514.	дым(ó)к	puff of smoke	
5515.	жевáть i +a	to chew	жую́, жуёшь; про- p
5516.	житéйский	worldly; everyday	
5517.	загнáть p +a	to drive in	загоню́, загóнишь, f past загналá; загоня́ть i
5518.	заголóв(о)к	title, heading	
5519.	задушúть p +a	to strangle, suffocate, stifle	задушу́, заду́шишь; душúть i
5520.	зажáть p +a	to squeeze	зажму́, зажмёшь; зажимáть i
5521.	заигрáть p +a	to start playing	
5522.	заказáть p +a	to order (sth)	закажу́, закáжешь; закáзывать i
5523.	закусúть p	to have a snack, have some food	закушу́, заку́сишь; заку́сывать i
5524.	запрещéние	prohibition, ban	
5525.	захвáтывать i +a	to take, grasp; seize	захватúть p
5526.	защитúть p +a	to defend	защищу́, защитúшь; защищáть i
5527.	землянóй	earthen, earth (adj)	землянóй пол earth floor
5528.	знакóмить i +a с +inst	to introduce (s.o. to s.o. or sth)	знакóмлю, знакóмишь; по- p

5529. извéстность f	fame	постáвить когó-нибудь в извéстность о +pr to notify s.o. about sth
5530. извлéчь p +a из +g	to extract (sth from)	извлекý, извлечёшь, извлекýт, past извлёк, извлеклá; извлекáть i
5531. издевáться i над +inst	to mock (s.o.), make fun of	
5532. исполни́тельный	executive (adj); efficient	
5533. каби́на	cabin	
5534. ками́н	fireplace	
5535. кампáния	campaign	
5536. кат(ó)к	skating-rink; roller	
5537. колбасá	sausage, salami	no pl
5538. кóлос	ear (of corn)	nom pl колóсья, g pl колóсьев
5539. командирóвка	business trip, study trip, assignment	g pl командирóвок; в командирóвке on a business trip etc.
5540. косты́ль m	crutch	g sg костыля́
5541. крéпнуть i	to get stronger	past креп, крéпла; о- p
5542. крýжка	mug, tankard	g pl крýжек
5543. крупи́нка	grain	g pl крупи́нок
5544. кры́ться i в +pr	to lie (in), be concealed (in)	крóется; по- p; Причи́на крóется в ... The cause lies in ...
5545. кýб(о)к	goblet, bowl	
5546. лиши́ться p +g	to be deprived of, lose	лишáться i
5547. лýжа	puddle	
5548. мальчи́шеский	boyish; childish	
5549. мёд	honey	
5550. мигáть i	to blink, wink	мигнýть p
5551. молот(ó)к	hammer	
5552. молóчный	milk (adj)	
5553. мрáчно	gloomily	
5554. мы́сленно	mentally	
5555. навали́ться p на +a	to fall on; lean on	навалю́сь, навáлишься; навáливаться i
5556. надзóр за +inst	supervision; surveillance	
5557. надлежáщий	proper, fitting, appropriate	
5558. наказáть p +a	to punish	накажý, накáжешь; накáзывать i
5559. наки́нуть p +a	to throw on	наки́дывать i
5560. накрывáть i +a	to cover; (на стол) lay (the table)	накры́ть p
5561. намечáть i +a	to plan	намéтить p

5562. напа́сть p на +a	to attack; come upon	нападу́, нападёшь, past напа́л, напа́ла; напада́ть i
5563. наполня́ть i +a +inst	to fill (sth with sth)	наполня́ю; напо́лнить p
5564. напра́вленный	directed; purposeful	
5565. напуга́ть p +a	to frighten	пуга́ть i
5566. нараста́ть i	to grow (on); increase	нарасти́ p
5567. насу́щный	vital, essential	
5568. на́чисто (coll)	completely	
5569. незаме́тный	imperceptible	
5570. неизме́нный	invariable	
5571. неограни́ченный	unlimited	
5572. не́рвно	nervously	
5573. неуста́нно	tirelessly	
5574. обзо́р	survey, review	
5575. ограни́чиваться i +inst	to limit os (to); be limited (to)	ограни́читься p
5576. окра́сить p +a	to paint, colour	окра́шу, окра́сишь; окра́шивать i
5577. окре́стность f	environs, vicinity	в окре́стностях in the vicinity
5578. опра́вдывать i +a	to justify; acquit	оправда́ть p
5579. отрица́тельно	negatively; unfavourably	
5580. отста́лый	backward	
5581. официа́льно	officially	
5582. п(е)нь m	tree-stump	g sg пня
5583. перее́хать p	to drive across; move (house)	перее́ду, перее́дешь; переезжа́ть i
5584. пересека́ть i +a	to intersect	пересе́чь p
5585. писа́ться i	to be written; be spelt	пи́шется; Как э́то пи́шется? How do you spell that?
5586. плю́нуть p	to spit	плева́ть i
5587. повыша́ть i +a	to raise	повы́сить p
5588. пога́снуть p	to go out, be extinguished	пога́снет, past пога́с, пога́сла; га́снуть i
5589. поговóрка	saying, proverbial phrase	g pl поговóрок
5590. погуби́ть p +a	to destroy, ruin	погублю́, погу́бишь; губи́ть i
5591. пода́вленный	suppressed; depressed	
5592. поднести́ p +a	(к +d) take to; (+d) present to	поднесу́, поднесёшь, past поднёс, поднесла́; подноси́ть i
5593. подъе́хать p к +d	to drive up to	подъе́ду, подъе́дешь; подъезжа́ть i
5594. познако́мить p +a с +inst	to introduce (s.o. to s.o. or sth)	познако́млю, познако́мишь; знако́мить i
5595. покупа́тель m	customer	
5596. полнота́	fullness; stoutness	

5597. помча́ться p	to rush	помчу́сь, помчи́шься; мча́ться i
5598. помяну́ть p +a	to mention; recall	помяну́, помя́нешь; помина́ть i
5599. по-настоя́щему	properly, in the right way	
5600. популя́рность f	popularity	
5601. потрясти́ p +a	to shake	потрясу́, потрясёшь, past потря́с, потрясла́; трясти́ i
5602. поучи́тельный	instructive	
5603. почти́тельно	respectfully	
5604. превосхо́дный	superb	
5605. предви́деть i +a	to foresee	предви́жу, предви́дишь; no p
5606. престо́л	throne	взойти́ на престо́л to ascend the throne
5607. привы́чно	in the customary way, as usual	
5608. приготовле́ние	preparation	
5609. прие́зжий m adj	non-resident, passing through, visiting; (as noun) newcomer, visitor	
5610. приключе́ние	adventure	
5611. проспе́кт	avenue (wide street)	
5612. пя́титься i	to back away, step back	пя́чусь, пя́тишься; по- p
5613. равноду́шно	with indifference	
5614. ра́довать i +a	to gladden	ра́дует; об- p
5615. разга́р	height, climax	в разга́ре +g at the height of
5616. разделя́ть i +a	to divide; separate; share	разделя́ю; раздели́ть p
5617. раздража́ть i +a	to irritate, annoy	раздражи́ть p
5618. разочарова́ние	disappointment	
5619. раски́нуться p	to stretch out	раски́дываться i
5620. раскла́дывать i +a	lay out; spread	разложи́ть p
5621. распа́д	disintegration	
5622. располага́ться i	to take up position; make os comfortable	расположи́ться p
5623. рёв	roar	
5624. революционе́р	revolutionary	
5625. ро́дственный	family (adj), kindred	ро́дственные свя́зи family ties
5626. рыча́ть i	to growl	рычу́, рычи́шь; за- p
5627. самоде́ятельность f	individual initiative; amateur activity	ве́чер самоде́ятельности amateur concert
5628. сбива́ть i +a	to knock down; distract, confuse; beat, whisk	сбить p
5629. сбра́сывать i +a	to drop; throw off	сбро́сить p
5630. сбыт	sale	найти́ сбыт to find a market, sell well

5631. свари́ть p +a	to boil, cook; (i сва́ривать) weld	сварю́, сва́ришь; вари́ть i
5632. свинцо́вый	lead (adj), leaden	
5633. сговори́ться p с +inst	to make an arrangement (with s.o.)	сгова́риваться i
5634. сдвиг	shift, displacement; change, improvement	
5635. седло́	saddle	nom pl сёдла, g pl сёдел
5636. сжать p +a	to squeeze	сожму́, сожмёшь; сжима́ть i
5637. сжима́ть i +a	to squeeze	сжать p
5638. скупо́й	miserly	
5639. смуща́ться i	to be embarrassed	смути́ться p
5640. соверше́нство	perfection	Она́ владе́ет ру́сским языко́м в соверше́нстве She speaks perfect Russian
5641. соедини́ться p	to join, unite	соединя́ться i
5642. созре́ть p	to mature, ripen	созре́ю, созре́ешь; созрева́ть i
5643. солёный	salted	
5644. солида́рность f	solidarity	
5645. сопровожда́ться i +inst	to be accompanied by	
5646. сопротивля́ться i +d	to resist	сопротивля́юсь
5647. сорва́ться p	to break away; (coll) fail, go wrong	сорву́сь, сорвёшься f past сорвала́сь; срыва́ться i
5648. ссо́риться i с +inst	to quarrel (with s.o.)	по- p
5649. стихи́йный	elemental; spontaneous	
5650. стра́стно	passionately	
5651. стра́стный	passionate	
5652. стро́чка	line (of text); stitch	g pl стро́чек
5653. стяну́ть p +a	to tighten; pull off	стяну́, стя́нешь; стя́гивать i
5654. табуре́тка	stool	g pl табуре́ток
5655. тайко́м	secretly	
5656. творе́ние	creation	
5657. теку́щий	current (adj)	
5658. терпе́ние	patience	
5659. то́поль m	poplar	nom pl тополя́
5660. тост	toast	предложи́ть тост за +a to propose a toast to
5661. увезти́ p +a	to take away (by transport)	увезу́, увезёшь, past увёз, увезла́; увози́ть i
5662. увлека́тельный	fascinating, absorbing	
5663. увы́	alas!	
5664. уде́рживать i +a	to hold onto; retain; restrain	удержа́ть p
5665. удиви́ть p +a	to surprise	удивлю́, удиви́шь; удивля́ть i

5666.	укла́дывать i +a	to lay (down); pack, stack	уложи́ть p
5667.	уста́в	regulations, statutes	
5668.	устано́вленный	established, prescribed	в устано́вленном поря́дке in the prescribed manner
5669.	устоя́ть p	to remain standing; hold out	устою́, устои́шь; no i
5670.	уче́бник	textbook	
5671.	хло́поты pl	trouble, efforts	g pl хлопо́т, d pl хло́потам; без хлопо́т without difficulty
5672.	цеме́нт	cement	
5673.	ча́йный	tea (adj)	
5674.	чини́ть i +a	to repair	чиню́, чи́нишь; по- p
5675.	чу́ять i +a	to scent, smell; sense	чу́ю, чу́ешь; по- p
5676.	ширина́	width; gauge	
5677.	эпизо́д	episode	
5678.	я́ростный	furious, frenzied	
5679.	ава́рия	breakdown; accident	
5680.	авторите́тный	authoritative, trustworthy	
5681.	а́дский	hellish	
5682.	акти́в	the activists; assets (financial)	
5683.	аппети́т	appetite	
5684.	ара́бский	Arab (adj), Arabian	
5685.	астрономи́ческий	astronomic(al)	
5686.	ба́лка	beam, girder; gully	g pl ба́лок
5687.	безжа́лостно	pitilessly, ruthlessly	
5688.	беззву́чно	soundlessly	
5689.	безогово́рочный	unconditional	
5690.	белоку́рый	blond, fair-haired	
5691.	берёзовый	birch (adj)	
5692.	бесконе́чность f	infinity	
5693.	бесси́льный	powerless	
5694.	бессо́вестный	shameless, unscrupulous	
5695.	би́тый	beaten; broken; whipped	
5696.	боро́дка	small beard	g pl боро́док
5697.	быва́ло (particle) (coll)	used to, would (repetition)	Быва́ло, она́ вставáла в шесть утра́ She would get up at 6 a.m.
5698.	ва́нна	bath	
5699.	ве́жливый	polite	
5700.	верблю́д	camel	
5701.	вертика́льно	vertically	
5702.	вино́вник	culprit	
5703.	внутрь +g	inside; inwards	
5704.	во́зглас	exclamation	
5705.	возрожде́ние	rebirth, revival, renaissance	

5706.	восстанáвливать i +a	to restore, reconstruct; (+a прóтив +g) set s.o. against s.o.	восстановúть p
5707.	востóрженный	enthusiastic, rapturous	
5708.	восхищéние	rapture, admiration	
5709.	впáдина	hollow, depression	
5710.	выдéрживать i +a	to withstand	вы́держать p
5711.	вы́ложить p +a	to lay out	вы́ложу, вы́ложишь; выклáдывать i
5712.	выпадáть i	to fall out	вы́пасть p
5713.	вы́резать p +a	to cut out	вы́режу, вы́режешь; вырезáть i
5714.	выскáзывать i +a	to express	вы́сказать p
5715.	гасúть i +a	to put out, extinguish; cancel	гашý, гáсишь; по- p
5716.	гúбнуть i	to perish	past гиб, гúбла; по- p
5717.	глóбус	globe	
5718.	глубúнный	deep; deep-water; remote	
5719.	гнéвный	angry	
5720.	громáда	mass, bulk	
5721.	грýбость f	rudeness	
5722.	грызть i +a	to gnaw	грызý, грызёшь, past грыз, гры́зла
5723.	дарúть i +a +d	to give, present (sth to s.o.)	по- p
5724.	двúнуть p +a or +inst	to move, set in motion	двúгать i
5725.	диалóг	dialogue	
5726.	девáться i	to get to, vanish	дéться p
5727.	деловúто	in a businesslike way, energetically	
5728.	демонстрúровать i/p	to demonstrate; (+a) show, display	демонстрúрую
5729.	дёшево	cheaply	
5730.	диапазóн	range, scope	
5731.	дипломáтия	diplomacy	
5732.	довестúсь p (coll) +d +inf	to chance to, manage to	доведётся, довелóсь; доводúться i; Ей довелóсь побывáть в Парúже She had occasion to visit Paris
5733.	дожúть p до +g	to live (till)	доживý, доживёшь; доживáть i
5734.	достопримечáтель-ность f	sight, place worth seeing	
5735.	дрéвность f	antiquity	
5736.	желáнный	wished for, welcome	
5737.	женáтый	married (of man)	
5738.	жестóкость f	cruelty	

5739.	забáвный	amusing	
5740.	заводи́ть i +a	to take (swh); start, start up; wind up	завожу́, завóдишь; завести́ p
5741.	закрепи́ть p +a	to fasten, secure	закреплю́, закрепи́шь; закрепля́ть i
5742.	запрещённый	forbidden	
5743.	запусти́ть p +a	to launch, throw; start up	запущу́, запу́стишь; запускáть i
5744.	засты́ть p	to harden, thicken; (coll) become stiff	засты́ну, засты́нешь; застывáть i
5745.	затéять p (coll) +a	to undertake, start	затéю, затéешь; затевáть i
5746.	зати́хнуть p	to die down	past зати́х, зати́хла; затихáть i
5747.	захвáт	seizure, capture	
5748.	захвáтчик	invader	
5749.	зловéщий	ominous, sinister	
5750.	зрач(ó)к	pupil (of eye)	
5751.	иглá	needle	nom pl и́глы
5752.	изобретáтель m	inventor	
5753.	калóша or галóша	galosh, overshoe	
5754.	кáмеш(е)к	pebble	
5755.	карау́л	guard, watch	почётный карáул guard of honour
5756.	кáска	helmet	g pl кáсок
5757.	кисть f	bunch (fruit); brush; tassel; hand	g pl кистéй
5758.	кля́тва	oath	
5759.	кóе-ктó	somebody; certain people	g кóе-когó
5760.	комéдия	comedy	
5761.	кóнчик	tip, point	
5762.	кóрточки pl		
	сидéть на кóрточках	to squat	
5763.	критиковáть i +a	to criticize	критику́ю
5764.	крути́ться i	to turn, spin	кручу́сь, кру́тишься
5765.	крыть i +a	to cover	крóю, крóешь; по- p
5766.	куби́ческий	cubic	
5767.	курнóсый (coll)	snub-nosed	
5768.	лáп(о)ть m	bast sandal	nom pl лáпти, g pl лаптéй
5769.	лáска	caress; (g pl лáсок) weasel	
5770.	л(е)в	lion	g sg льва
5771.	лени́вый	lazy	
5772.	лить i +a	to pour	лью, льёшь
5773.	лук	onions	no pl
5774.	местéчко	place; small town	nom pl местéчки, g pl местéчек

5775. мета́ться i	to rush about	мечу́сь, ме́чешься
5776. мехово́й	fur (adj)	
5777. микроско́п	microscope	
5778. моло́денький	young and attractive; very young	
5779. монта́ж	assembling, installation, mounting	g sg монтажа́
5780. му́дрый	wise	
5781. музыка́нт	musician	
5782. наби́ть p +a +inst	to stuff (sth with sth)	набью́, набьёшь; набива́ть i
5783. наговори́ть p	(coll) (i growing нагова́ривать) (на +a) to slander s.o.; (+a or +g) say a lot of	наговори́ть глу́постей to talk a lot of nonsense
5784. нажима́ть i +a or на +a	to press	нажа́ть p
5785. наме́рен short adj +inf	intend (to)	f наме́рена
5786. наслажде́ние	physical pleasure	
5787. насле́дие	legacy, heritage	
5788. насле́дство	inheritance	
5789. насто́йчивость f	persistence	
5790. настро́ить p +a	to tune, adjust; (на +a) put s.o. in the mood (for sth)	настра́ивать i
5791. невероя́тный	improbable; incredible	
5792. не́где	there is nowhere	
5793. недалёкий	near; dim, dull-witted	
5794. недо́брый	hostile; evil	
5795. нейтра́льный	neutral	
5796. необъя́тный	immense, boundless	
5797. ни́точка	thread	g pl ни́точек
5798. облегче́ние	(feeling of) relief; making lighter; simplification	
5799. обозрева́тель m	observer	
5800. обрести́ p (bookish) +a	to find	обрету́, обретёшь, past обрёл, обрела́; обрета́ть i
5801. обще́ние с +inst	social intercourse, contact (with people)	
5802. око́нчиться p	to end	ока́нчиваться i
5803. оправда́ние	justification; acquittal	
5804. опусти́ться p	to lower os, sink	опущу́сь; опу́стишься; опуска́ться i
5805. опу́шка	edge (of a forest)	

5806.	осо́ба	person; personage	
5807.	о́тзыв	opinion, response; review, criticism	
5808.	отлива́ть i +a	to pour off; cast (metal); (no p) (+inst) be streaked with (a colour)	отли́ть p
5809.	отмеча́ться i	to register, sign one's name	отме́титься p
5810.	отрази́ть p +a	to reflect; repulse	отражу́, отрази́шь; отража́ть i
5811.	отыска́ть p +a	to seek out, seek and find	отыщу́, оты́щешь; оты́скивать i
5812.	пассажи́рский	passenger (adj)	
5813.	первонача́льный	initial, original	
5814.	первостепе́нный	paramount	
5815.	перегляну́ться p с +inst	to exchange glances (with)	перегляну́сь, перегля́нешься; перегля́дываться i
5816.	перспекти́вный	promising, having prospects; long-term	
5817.	пиро́г	pie	g sg пирога́
5818.	пита́ть i +a	to feed	на- p
5819.	поблагодари́ть p +a	to thank	благодари́ть i
5820.	повида́ть p (coll) +a	to see	
5821.	погаси́ть p +a	to extinguish, put out; cancel	погашу́, пога́сишь; гаси́ть i
5822.	подава́ться i	to move, shift; be served (of food)	подаю́сь, подаёшься; пода́ться p
5823.	пода́ться p	to move, shift	пода́мся, пода́шься, пода́стся, подади́мся, подади́тесь, подаду́тся; подава́ться
5824.	подготови́тельный	preparatory	
5825.	позабы́ть p (coll) +a or о +pr	to forget	позабу́ду, позабу́дешь; позабыва́ть i
5826.	покоси́ться p	to become crooked; (на +a) look sideways at	покошу́сь, покоси́шься; коси́ться i
5827.	поликли́ника	clinic, health centre	
5828.	полково́д(е)ц	military leader	
5829.	полушу́б(о)к	half-length sheepskin coat	
5830.	посо́льство	embassy	
5831.	пострада́ть p	to suffer	страда́ть i
5832.	преда́ние	legend	
5833.	предназнача́ть i для +g or на +a	to intend (for), earmark (for)	предназна́чить p
5834.	предпоче́сть p +a +d	to prefer (sth to sth)	предпочту́, предпочтёшь, past предпочёл, предпочла́; предпочита́ть i

5835. предрассу́д(о)к	prejudice	
5836. прибыва́ть i	(bookish) to arrive; (coll) increase	прибы́ть p
5837. прибы́тие (bookish)	arrival	
5838. прижима́ть i +a к +d	to press, clasp sth or s.o. to	прижа́ть p
5839. призва́ние	calling, vocation	
5840. прилага́ть i +a	(к +d) to add, attach (to); apply	приложи́ть p; прилага́ть (все) уси́лия к +d to make every effort to
5841. примити́вный	primitive	
5842. принадле́жность f	(к +d) membership (of); (pl) equipment, accessories	
5843. принц	prince	
5844. присма́триваться i к +d	to look closely (at); get used (to)	присмотре́ться p
5845. приспосо́бить p +a	to adapt (sth)	приспосо́блю, приспосо́бишь; приспоса́бливать i or приспособля́ть i
5846. присыла́ть i +a	to send	присла́ть p
5847. пробежа́ть p	to run past, run through	пробегу́, пробежи́шь, пробегу́т; пробега́ть i
5848. продава́ться i	to be sold; sell os	продаю́сь, продаёшься; прода́ться p
5849. проду́мать p	to think through, over	проду́мывать i
5850. прохла́дный	cool	
5851. проща́ние	farewell, parting	
5852. прояви́ться p	to be revealed, show itself	проя́вится; проявля́ться i
5853. пятна́дцатый	fifteenth	
5854. развива́ющийся	developing	
5855. развяза́ть p +a	to untie	развяжу́, развя́жешь; развя́зывать i
5856. раздави́ть p +a	to crush	раздавлю́, разда́вишь; разда́вливать i
5857. различи́ть p +a	to distinguish	различа́ть i
5858. разма́хивать i +inst	to swing (sth)	
5859. размышле́ние	reflection, thought	
5860. ране́ние	wounding, wound	
5861. распада́ться i	to fall apart, break up	распа́сться p
5862. распа́хивать i +a	to throw open	распахну́ть p
5863. распусти́ть p +a	to dismiss, disband; let out	распущу́, распу́стишь; распуска́ть i
5864. расста́вить p +a	to place; distribute	расста́влю, расста́вишь; расставля́ть i

5865.	расширя́ть i +a	to expand	расширя́ю; расши́рить p
5866.	рекоменда́ция	recommendation	
5867.	рог	horn	nom pl рога́
5868.	ры́бка	small fish	g pl ры́бок
5869.	ры́царь m	knight	
5870.	салфе́тка	napkin; tissue; serviette	g pl салфе́ток
5871.	сбе́гать p	to run somewhere (and return)	бе́гать i
	сбега́ть i	to run down, run away	сбежа́ть p
5872.	сдви́нуть p +a	to shift	сдвига́ть i
5873.	серебри́стый	silvery	
5874.	сжига́ть i +a	to burn (sth)	сжечь p
5875.	сига́ра	cigar	
5876.	системати́чески	systematically	
5877.	скака́ть i	to skip; gallop	скачу́, ска́чешь; по- p
5878.	скрипе́ть i	to squeak, creak, crunch	скрипи́т; про- p/скри́пнуть p
5879.	скульпту́ра	sculpture	
5880.	сло́жность f	complexity	в о́бщей сло́жности all in all
5881.	снабди́ть p +a +inst	to supply (s.o. with sth)	снабжу́, снабди́шь; снабжа́ть i
5882.	снаряже́ние	equipment	
5883.	снижа́ть i +a	to lower	сни́зить p
5884.	соверше́нствовать i +a	to perfect, improve	соверше́нствую; у- p
5885.	созда́тель m	creator	
5886.	созна́тельно	consciously	
5887.	со́кол	falcon	
5888.	сократи́ться p	to decrease, be reduced	сокраща́ться i
5889.	со́тый	hundredth	
5890.	со́ус	sauce	
5891.	сочу́вствие	sympathy	
5892.	стона́ть i	to groan	стону́, сто́нешь
5893.	стра́нник	wanderer	
5894.	сугро́б	snowdrift	
5895.	сули́ть i +a	to promise (sth)	по- p
5896.	те́рмин	term (specialist word)	
5897.	терпели́во	patiently	
5898.	терро́р	terror	
5899.	томи́ться i	to languish, suffer	томлю́сь, томи́шься
5900.	тоскова́ть i	to be miserable; (по +d) yearn for, miss	тоску́ю
5901.	точи́ть i +a	to sharpen; gnaw at, corrode	точу́, то́чишь
5902.	тро́йка	three; group of three; troika	g pl тро́ек
5903.	ту́фля	shoe, houseshoe, slipper	g pl ту́фель
5904.	убеждённо	with conviction	

5905. убо́рная f adj	lavatory; dressing-room (in theatre)	
5906. угости́ть p +a +inst	to treat (s.o. to sth)	угощу́, угости́шь; угоща́ть i
5907. уда́рный	urgent; attacking; percussion (adj)	
5908. упа́д(о)к	decline	
5909. урони́ть p +a	to drop	уроню́, уро́нишь; роня́ть i
5910. усво́ить p +a	to adopt, acquire (habit); master, learn	усва́ивать i
5911. усто́й	foundation, support	
5912. уще́лье	ravine	g pl уще́лий
5913. физионо́мия	physiognomy, face; shape	
5914. хва́статься i +inst	to boast (of)	по- p
5915. хозя́йничать i	to be in charge; throw one's weight about	
5916. хорони́ть i +a	to bury	хороню́, хоро́нишь; по- p
5917. цари́ть i	to reign	
5918. шить i +a	to sew	шью, шьёшь; с- p
5919. э́кий (coll)	what (a) (= како́й)	f э́ка, n э́кое
5920. эстети́ческий	aesthetic	
5921. ядови́тый	poisonous; venomous	
5922. агра́рный	agrarian	
5923. апте́ка	chemist's, drugstore	
5924. ассоциа́ция	association	
5925. атакова́ть i/p +a	to attack	атаку́ю
5926. бале́т	ballet	
5927. ба́рхат	velvet	
5928. ба́сня	fable	g pl ба́сен
5929. безу́мный	mad	
5930. бессо́нный	sleepless	
5931. бесшу́мно	noiselessly	
5932. бо́дрость f	cheerfulness	
5933. бомбардиро́вка	bombardment	g pl бомбардиро́вок
5934. боя́знь f	fear	
5935. бри́ться i	to shave	бре́юсь, бре́ешься; по- p
5936. бунт	revolt, rebellion	
5937. велосипе́д	bicycle	
5938. верени́ца	file, line, string	верени́ца автомоби́лей a line of cars
5939. весло́	oar	nom pl вёсла, g pl вёсел
5940. взаимопонима́ние	mutual understanding	
5941. вихрь m	whirlwind	
5942. включе́ние	inclusion	

5943.	вооружи́ть p +a	to arm	вооружа́ть i
5944.	воскре́сный	Sunday (adj)	
5945.	враща́ться i	to revolve	
5946.	вспомога́тельный	auxiliary	
5947.	вторже́ние	invasion	
5948.	выбега́ть i из +g	to run out	вы́бежать p
5949.	вы́бить p +a	to knock out, dislodge	вы́бью, вы́бьешь; выбива́ть i
5950.	выгля́дывать i	to look out	вы́глянуть p
5951.	вы́годно	advantageously	
5952.	вызыва́ться i	to volunteer	вы́зваться p
5953.	выпива́ть i	to drink (alcohol)	вы́пить p
5954.	вы́сунуться p	to push os forward; lean out	высо́вываться i
5955.	вы́тянутый	stretched	
5956.	гада́ть i	to guess; tell fortunes	
5957.	галере́я	gallery	
5958.	годовщи́на	anniversary	
5959.	го́лубь m	pigeon, dove	g pl голубе́й
5960.	горсть f	handful	g pl горсте́й
5961.	гости́ная f adj	sitting-room	
5962.	гру́да	heap, pile	
5963.	дальневосто́чный	Far Eastern	
5964.	да́ться p	to be given; get caught; (+d) come easily (to s.o.), be learnt easily	да́мся, да́шься, да́стся, дади́мся, дади́тесь, даду́тся, past да́лся, дала́сь; дава́ться i
5965.	дежу́рство	(period of) duty	
5966.	де́йственный	effective	
5967.	диктова́ть i +a	to dictate	дикту́ю; про- p
5968.	диссерта́ция	dissertation, thesis	
5969.	доброво́льно	voluntarily	
5970.	досро́чный	early, ahead of schedule	
5971.	живопи́сный	picturesque	
5972.	жили́щный	housing (adj)	жили́щные усло́вия housing conditions
5973.	жи́рный	fat, fatty	
5974.	жрать i (very coll)	to eat	жру, жрёшь, f past жрала́; со- p
5975.	забега́ть i забе́гать p	to run in; (coll) drop in to start rushing around	забежа́ть p; забега́ть вперёд to run ahead
5976.	забыва́ться i	to be forgotten; doze off; forget os	забы́ться p
5977.	загоре́лый	suntanned	
5978.	зарасти́ p	to become overgrown; heal (of wound)	зарастёт, past заро́с, заросла́; зараста́ть i
5979.	зарпла́та	pay, wages, salary	

5980.	застыва́ть i	to thicken, congeal, stiffen	засты́ть p
5981.	затяну́ться p	(+inst) to be covered (by); drag on; inhale (when smoking); heal (of wound); tighten one's belt	затяну́сь, затя́нешься; затя́гиваться i
5982.	зая́вка	claim, official demand	g pl зая́вок
5983.	земля́к	person from same area	g sg земляка́
5984.	избира́тель m	voter	
5985.	инжене́рный	engineering (adj)	
5986.	испуга́ть p +a	to frighten	пуга́ть i
5987.	и́хний (very coll)	their	= их
5988.	казна́	(State) Treasury	
5989.	ка́пать i	to drip	ка́плю, ка́плешь; ка́пнуть p
5990.	каре́та	horse-drawn carriage	
5991.	квалифи́цированный	qualified, skilled	
5992.	ке́пка	cloth cap (soft, with peak)	g pl ке́пок
5993.	клие́нт	client	
5994.	кова́рный	crafty	
5995.	комбина́ция	combination	
5996.	кон(ё)к	small horse; hobby	g sg конька́
5997.	конкуре́нт	competitor	
5998.	контроли́ровать i +a	to check	контроли́рую; про- p
5999.	копы́то	hoof	
6000.	ко́фе m indecl	coffee	
6001.	кошел(ё)к	purse (for money)	g sg кошелька́
6002.	красне́ть i	to turn red; blush	красне́ю, красне́ешь; по- p
6003.	крити́ческий	critical	
6004.	листо́ч(е)к	small leaf	
6005.	ло́вкий	dexterous, skilful, smart	
6006.	ло́вкость f	dexterity, smartness	
6007.	лома́ться i	to break; (coll) put on airs; (coll) be awkward, make difficulties	с- p; по- p
6008.	ма́лость f	a bit, a little	
6009.	малы́ш (coll)	child	g sg малыша́
6010.	масси́в	massif, mountain-range; large area (of sth)	
6011.	матери́нский	maternal	
6012.	мечта́ние	day-dreaming	
6013.	ми́ля	mile	g pl миль
6014.	ми́нимум	minimum	
6015.	ми́рно	peacefully	
6016.	моро́зный	frosty	

6017.	му́чаться i or му́читься i	to be tormented; worry, torment os	за- p/из- p
6018.	мы́ло	soap	
6019.	наблюда́тель m	observer	
6020.	на́вык	skill, technique	
6021.	надлежа́ть: надлежи́т i +d of pers +inf	it is necessary (= на́до)	past надлежа́ло
6022.	нажа́ть p +a or на +a	to press	нажму́, нажмёшь; нажима́ть i
6023.	наложи́ть p +a на +a	to lay sth on sth, put on, superimpose	наложу́, нало́жишь; накла́дывать i
6024.	насме́шливый	sarcastic	
6025.	на́тиск	onslaught; pressure	
6026.	наткну́ться p на +a	to run into, stumble upon, meet unexpectedly	наткну́сь, наткнёшься; натыка́ться i
6027.	начина́ние	undertaking, initiative	
6028.	нева́жно	not very well; it doesn't matter	
6029.	неве́жество	ignorance	
6030.	неве́рный	incorrect; uncertain; unfaithful	
6031.	негодова́ние	indignation	
6032.	недоразуме́ние	misunderstanding	
6033.	некраси́вый	ugly	
6034.	нело́вкость f	clumsiness	
6035.	неспосо́бный	incapable	
6036.	нестерпи́мо	unbearably	
6037.	неуда́чный	unsuccessful	
6038.	низ	bottom, lower part	nom pl низы́
6039.	нович(о́)к	novice, beginner	
6040.	норма́льно	normal, OK	
6041.	носи́ться i	to rush around; float, drift	ношу́сь, но́сишься
6042.	обезья́на	monkey	
6043.	ов(ё)с	oats	
6044.	огорча́ться i	to be sad, distressed	огорчи́ться p
6045.	одино́чка m/f	person on his or her own, single person	g pl одино́чек; мать-одино́чка unmarried mother; в одино́чку single-handed
6046.	ожесточённый	embittered, bitter	
6047.	ожи́ть p	to revive, come to life	оживу́, оживёшь, past окре́п, окре́пла; ожива́ть i
6048.	окре́пнуть p	to grow stronger	кре́пнуть i
6049.	ора́нжевый	orange (adj)	
6050.	организацио́нный	organizational	

6051.	ос(ё)л	donkey	g sg ослá
6052.	осмéлиться p +inf	to dare	осмéливаться i
6053.	осмотрéться p	to look round, see where one is	осмотрю́сь, осмóтришься; осмáтриваться i
6054.	осторóжность f	caution	
6055.	остриё	point, spike	g pl остриёв
6056.	отличи́ть p +a	to distinguish	отличáть i
6057.	отпóр	repulse, rebuff	
6058.	óтчество	patronymic	
6059.	парлáмент	parliament	
6060.	пáрус	sail	nom pl парусá
6061.	перечи́слить p +a	to enumerate; transfer (money)	перечисля́ть i
6062.	питáться i +inst	to feed (on)	
6063.	племя́нник	nephew	
6064.	повышáться i	to rise	повы́ситься p
6065.	подави́ть p +a	to suppress	подавлю́, подáвишь; подавля́ть i
6066.	подóбие	resemblance, likeness	
6067.	подрóст(о)к	juvenile, youth	
6068.	подчинённый	subordinate	
6069.	подчиня́ться i +d	to submit, be subject to	подчиня́юсь; подчини́ться p
6070.	пожени́ться p	to get married (of a couple)	пожéнимся
6071.	позабóтиться p о +pr	to worry about; take care of	позабóчусь, позабóтишься; забóтиться i
6072.	поздравлéние	congratulation; greeting	
6073.	пóлзать i	to crawl about	по- p
6074.	полóженный	agreed, fixed	
6075.	помéньше	a little less	
6076.	помещáть i +a	to place, accommodate	помести́ть p
6077.	поминáть i +a	to mention; recall	помяну́ть p
6078.	понемнóгу	little by little	
6079.	порази́тельно	strikingly, astonishingly	
6080.	по-ру́сски	in Russian; in Russian style	
6081.	поставщи́к	supplier	g sg поставщикá
6082.	похóже (на +a)	it looks like; it seems (= кáжется)	Похóже на то, что ... It looks as if ...
6083.	поцелу́й	kiss	
6084.	прави́тельственный	government (adj)	
6085.	предотврати́ть p +a	to prevent, avert	предотвращу́, предотврати́шь; предотвращáть i
6086.	предскáзывать i +a	to predict	предсказáть p
6087.	презирáть i +a	to despise	

6088.	претенде́нт (на +a)	claimant, aspirant (to)	
6089.	привлека́тельный	attractive	
6090.	пригова́ривать i +a к+d	to sentence (s.o. to)	приговори́ть p
6091.	прижа́ться p к +d	to squeeze up against	прижму́сь, прижмёшься; прижима́ться i
6092.	при́зрак	ghost	
6093.	проры́в	breach	
6094.	просиде́ть p	to sit (for a specified time)	просижу́, просиди́шь; проси́живать i
6095.	проследи́ть p +a	to track, trace	прослежу́, проследи́шь; просле́живать i
6096.	прости́ться p с +inst	to say goodbye (to)	прощу́сь, прости́шься; проща́ться i
6097.	пуга́ться i +g	to take fright (at)	ис- p
6098.	пусти́ться p в +a or +inf	to set out, start	пущу́сь, пу́стишься; пуска́ться i
6099.	пу́тать i +a	to confuse, mix up	с- p
6100.	рабо́тница	female worker	
6101.	развёртывать i +a	to unfold; expand	разверну́ть p
6102.	раздева́ться i	to undress	разде́ться p
6103.	размести́ть p +a	to accommodate	размещу́, размести́шь; размеща́ть i
6104.	разногла́сие	disagreement	
6105.	расстре́л	execution (by firing-squad)	
6106.	рва́ный	torn	
6107.	ре́вность f	jealousy	
6108.	роня́ть i +a	to drop	роня́ю, роня́ешь; урони́ть p
6109.	рыба́чий	fishing (adj)	
6110.	рыча́г	lever	g sg рычага́
6111.	санато́рий	sanatorium	
6112.	сближе́ние	rapprochement	
6113.	сгоре́ть p	to burn	сгорю́, сгори́шь; сгора́ть i
6114.	системати́ческий	systematic	
6115.	скри́пка	violin	g pl скри́пок
6116.	слезть p с +g	to climb down, climb off	сле́зу, сле́зешь, past слез, сле́зла; слеза́ть i
6117.	слова́рь m	dictionary	g sg словаря́
6118.	служе́бный	working	служе́бное вре́мя office hours
6119.	сми́рный	docile	
6120.	снару́жи	outside, from outside	
6121.	совреме́нность f	the present age	
6122.	согласова́ть p +a	to coordinate	согласу́ю, согласу́ешь; согласо́вывать i

6123.	созда́ться p	to be created	созда́стся; создава́ться i
6124.	сосе́дка	(female) neighbour	g pl сосе́док
6125.	соску́читься p	to get bored; (по +d) miss	С ней не соску́чишься You won't get bored with her; Она́ соску́чилась по му́жу She misses her husband
6126.	сочини́ть p +a	to compose	сочиня́ть i
6127.	спохвати́ться p (coll)	to remember suddenly	спохвачу́сь, спохва́тишься; спохва́тываться i
6128.	спрашива́ться i	to be asked	
	спра́шивается	the question is	
6129.	спу́тать p +a	to confuse, mix up	пу́тать i
6130.	срам	shame	
6131.	сти́снуть p +a	to squeeze	сти́сну, сти́снешь; сти́скивать i
6132.	сугу́бо	especially; exclusively	
6133.	схвати́ться p за +a	(за +a) to seize; (с +inst) grapple with	схвачу́сь, схва́тишься; схва́тываться/хвата́ться i
6134.	сходи́ться i с +inst	to meet; form a liaison with; agree	схожу́сь, схо́дишься; сойти́сь p
6135.	твори́ть i +a	to create	со- p
6136.	твори́ться i	to be going on, happen	Что здесь твори́тся? What's going on here?
6137.	те́зис [te-]	thesis, proposition	
6138.	толкова́ть i +a	to interpret, explain	толку́ю, толку́ешь; ис- p
6139.	траги́ческий	tragic	
6140.	трепета́ть i	to tremble	трепещу́, трепе́щешь
6141.	тропа́	path	nom pl тро́пы
6142.	тума́нный	misty	
6143.	туре́цкий	Turkish	
6144.	тюре́мный	prison (adj)	
6145.	уво́лить p +a	to dismiss, fire	увольня́ть i
6146.	увольне́ние	dismissal	
6147.	удаля́ться i от +g	to withdraw, move away (from)	удаля́юсь; удали́ться p
6148.	укра́сть p +a	to steal	украду́, украдёшь, past укра́л, укра́ла; красть i
6149.	укры́ться p от +g	to take refuge (from)	укро́юсь, укро́ешься; укрыва́ться i
6150.	уме́ло	skilfully	
6151.	умоля́ть i +a	to implore	умоля́ю; умоли́ть p
6152.	уси́ливаться i	to grow stronger, increase	уси́литься p
6153.	ускорить p +a	to accelerate	ускоря́ть i
6154.	устава́ть i	to tire	устаю́, устаёшь; уста́ть p
6155.	установи́ться p	to become established	устано́вится; устана́вливаться i
6156.	устремля́ться i	to rush	устремля́юсь; устреми́ться p

6157. утешáть i +a	to console	утéшить p
6158. фонтáн	fountain	
6159. формáльно	formally	
6160. фрукт	fruit, piece of fruit	
6161. хвалúть i +a	to praise	хвалю́, хвáлишь; по- p
6162. хúтрость f	cunning, guile; ruse; (coll) ingenuity	
6163. хлы́нуть p	to gush	
6164. хомýт	horse's collar; burden, yoke	g sg хомутá; надéть себé хомýт на шéю to impose a burden on os
6165. хулигáн	hooligan	
6166. ча(ё)к	tea (dim), nice cup of tea	g sg чайкá, partitive g чайкý; Вы не хотúте чайкý? Would you like some tea?
6167. чáща	thicket	
6168. чтó-либо	anything	
6169. шáйка	tub; gang	g pl шáек
6170. шерстянóй	woollen	
6171. аналогúчный	analogous	
6172. арифмéтика	arithmetic	
6173. арсенáл	arsenal	
6174. атеúст	atheist	
6175. бандúт	bandit	
6176. бдúтельность f	vigilance	
6177. беззавéтный	selfless	
6178. безнадёжно	hopelessly	
6179. безрабóтный	unemployed	
6180. белéть i	to grow white, be white	белéет; по- p
6181. белизнá	whiteness	
6182. бескоры́стный	unconcerned with personal gain, disinterested, unselfish	
6183. беспóмощный	helpless	
6184. беспощáдно	mercilessly	
6185. болвáн	blockhead, idiot	
6186. бомбардирóвщик	bomber (aeroplane)	
6187. брань f	swearing, abuse	
6188. брестú i	to plod along	бредý, бредёшь, past брёл, брелá; по- p
6189. бриллиáнт	(cut) diamond	
6190. брóшенный	abandoned	
6191. бýдни pl	weekdays	g pl бýдней
6192. бывáлый	experienced	

6193.	ва́та	cotton wool	
6194.	вдохнове́нный	inspired	
6195.	ве́дать i	(+inst) to manage, be in charge of; (+a) know	
6196.	ве́жливо	politely	
6197.	ве́ять i	to blow (wind), flutter	ве́ет
6198.	взве́сить p +a	to weigh	взве́шу, взве́шишь; ве́шать/взве́шивать i
6199.	визг	scream	
6200.	вино́вный	guilty	
6201.	вложи́ть p +a в +a	to insert; invest	вложу́, вло́жишь; вкла́дывать i
6202.	вника́ть i в +a	to investigate	вни́кнуть p
6203.	внуши́ть p +a +d	to instil (sth in s.o.), put sth in s.o.'s head	внуша́ть i
6204.	возложи́ть p +a на +a	to lay on	возложу́, возло́жишь; возлага́ть i
6205.	воплоще́ние	embodiment	
6206.	восходя́щий	rising	восходя́щая звезда́ rising star
6207.	всенаро́дный	national	
6208.	вскри́кнуть p	to cry out	вскри́кивать i
6209.	втро́е	three times (as much)	Це́ны повы́сились втро́е Prices have risen threefold
6210.	выбра́сывать i +a	to throw out	вы́бросить p
6211.	вы́веска	signboard	g pl вы́весок
6212.	вывози́ть i +a	to transport away; export	вывожу́, выво́зишь; вы́везти p
6213.	вы́глянуть p	to look out	выгля́дывать i
6214.	вы́говор	reprimand; pronunciation	
6215.	выно́сливость f	ability to endure, stamina	
6216.	выставля́ть i +a	to display, put forward	выставля́ю; вы́ставить p
6217.	вы́тянуться p	to stretch out	вытя́гиваться i
6218.	вы́шибить p (coll) +a	to knock out, kick out	вы́шибу, вы́шибешь, past вы́шиб, вы́шибла; вышиба́ть i
6219.	гарнизо́н	garrison	
6220.	глы́ба	large lump (of rock, ice etc.)	
6221.	го́рдо	proudly	
6222.	гра́мота	literacy; document, deed	
6223.	грек	Greek (man)	
6224.	гри́ва	mane	
6225.	гро́зно	threateningly	
6226.	дво́йка	the number two; fail (mark in exam)	g pl дво́ек
6227.	де́льный	businesslike	
6228.	демократиза́ция	democratization	

6229.	дети́шки pl (coll)	children	g pl дети́шек
6230.	довое́нный	prewar	
6231.	дово́льствоваться i +inst	to be satisfied (with)	дово́льствуюсь
6232.	достига́ться i	to be achieved	дости́гнуться/дости́чься p
6233.	досу́г	leisure	
6234.	жестяно́й	tin (adj)	
6235.	жу́тко	dreadfully	
6236.	забира́ться i	to get to, climb	забра́ться p
6237.	завоёванный	conquered	
6238.	загора́ться i	to catch fire	загоре́ться p
6239.	замира́ть i	to stand still, die away	замере́ть p
6240.	заноси́ть i +a	to bring in; raise	заношу́, зано́сишь; занести́ p
6241.	заора́ть p	to start yelling	заору́, заорёшь; ора́ть p
6242.	запуска́ть i +a	to thrust; start	запусти́ть p
6243.	зараба́тывать i +a	to earn	зарабо́тать p
6244.	засу́нуть p +a в +a	to thrust (sth into sth)	засо́вывать i
6245.	зашуме́ть p	to make a noise	зашумлю́, зашуми́шь; шуме́ть i
6246.	зеленова́тый	greenish	
6247.	землетрясе́ние	earthquake	
6248.	зли́ться i на +a	to be angry (with)	разо-/обо- p
6249.	злость f	spite, bad temper	
6250.	зна́ющий	knowledgeable	
6251.	золочёный	gilded	
6252.	интона́ция	intonation	
6253.	иску́сно	skilfully	
6254.	иску́сный	skilful	
6255.	исполи́нский	giant (adj)	
6256.	казни́ть i/p	to execute	
6257.	капу́ста	cabbage	no pl
6258.	кара́бкаться i (coll)	to clamber	вс- p
6259.	ката́ться i	to roll around; take a trip	по- p
6260.	квалифика́ция	qualification	
6261.	клён	maple	
6262.	кол	stake (wood)	nom pl ко́лья, g pl ко́льев
6263.	колле́гия	board (administrative body)	
6264.	коло́ть i +a	to chop; stab	колю́, ко́лешь; раз- p; за- p
6265.	конве́рт	envelope	
6266.	кооперати́в	cooperative	
6267.	ко́пия	copy	
6268.	коро́бочка	small box	g pl коро́бочек
6269.	кремлёвский	Kremlin (adj)	
6270.	крити́чески	critically	
6271.	ла́ять i	to bark	ла́ю, ла́ешь; за- p

6272.	ли́в(е)нь m	downpour	
6273.	лень f	laziness	Ему́ лень идти́ He can't be bothered to go
6274.	лошади́ный	equine, horse (adj)	
6275.	лука́вый	sly	
6276.	лю́стра	chandelier	
6277.	лю́тый	fierce	
6278.	мали́новый	raspberry (adj)	
6279.	мани́ть i +a	to beckon, lure	маню́, ма́нишь; по- p
6280.	ма́товый	mat(t), dull	
6281.	ма́чта	mast	
6282.	моро́женое n adj	ice-cream	
6283.	му́сор	litter	
6284.	мы́слящий	thinking	
6285.	нажи́ть p +a	to gain, make (money)	наживу́, наживёшь, past нажила́; нажива́ть i
6286.	наказа́ние	punishment	
6287.	нака́л	intense heat; intensity	
6288.	наклоня́ться i	to bend, bend over	наклоня́юсь; наклони́ться p
6289.	намно́го	by a lot	намно́го лу́чше much better
6290.	наплева́ть p на +a	to spit; not to give a damn about	наплюю́, наплюёшь; плева́ть i; Ей наплева́ть She couldn't care less
6291.	недостава́ть i +g	to be lacking	недостаёт; недоста́ть p
6292.	не́жность f	tenderness	
6293.	незадо́лго до +g	not long before	
6294.	ненави́стный	hated, hateful	
6295.	неопределённый	indefinite, vague	
6296.	нереши́тельно	indecisively, hesitantly	
6297.	несправедли́вость f	injustice, unfairness	
6298.	неуда́чник	failure (person)	
6299.	обе́дня	mass (church service)	g pl обе́ден
6300.	обеща́ние	promise	
6301.	обнажи́ть p +a	to bare	обнажу́, обнажи́шь; обнажа́ть i
6302.	обозре́ние	surveying, survey	
6303.	обо́чина	roadside, kerb	
6304.	обхо́д	evasion, going round	
6305.	объедини́ться p с +inst	to unite	объединя́ться i
6306.	объекти́вно	objectively	
6307.	ограни́чивать i +a	to limit	ограни́чить p
6308.	одобря́ть i +a	to approve	одобря́ю; одо́брить p
6309.	океа́нский	oceanic	
6310.	око́шечко	little window	
6311.	окруже́ние	encirclement, surrounding	
6312.	опасе́ние	fear	

6313.	опо́мниться p	to come to one's senses	no i
6314.	опра́вдываться i	to justify os; make excuses	оправда́ться p
6315.	осва́ивать i +a	to master	осво́ить p
6316.	освещённый	illuminated	
6317.	о́тблеск	reflection	
6318.	отпеча́т(о)к	imprint	отпеча́тки па́льцев fingerprints
6319.	отправля́ть i +a	to send off	отправля́ю; отпра́вить p
6320.	отстоя́ть p +a	to defend	отстою́, отстои́шь; отста́ивать i
6321.	охо́титься i на +a	to hunt	охо́чусь, охо́тишься
6322.	очну́ться p	to regain consciousness	
6323.	ощути́ть p +a	to feel, sense	ощущу́, ощути́шь; ощуща́ть p
6324.	па́зуха	bosom	за па́зухой in one's bosom
6325.	партнёр	partner	
6326.	перегоро́дка	partition	g pl перегоро́док
6327.	пережи́т(о)к	survival, relic (of the past)	
6328.	перекрести́ться p	(i крести́ться) to cross os; (i перекре́щиваться) intersect	перекрещу́сь, перекре́стишься
6329.	промени́ться p	to change	переменю́сь, переме́нишься; переменя́ться i
6330.	переу́л(о)к	lane	
6331.	пила́	saw	nom pl пи́лы
6332.	пирами́да	pyramid	
6333.	пла́менный	burning	
6334.	плач	weeping	
6335.	плева́ть i	to spit	плюю́, плюёшь; плю́нуть p
6336.	плита́	stove, cooker; slab	nom pl пли́ты
6337.	пове́дать p +a	to relate, tell	пове́дывать i
6338.	погна́ть p +a	to drive, chase	погоню́, пого́нишь, f past погнала́; гна́ть i
6339.	подавле́ние	suppression	
6340.	подве́ргнуть p +a +d	to subject	past подве́рг, подве́ргла; подверга́ть i
6341.	подвести́ p +a	(к +d) to lead up (to); (coll) let down (disappoint)	подведу́, подведёшь, past подвёл, подвела́ подвести́ ито́ги to sum up
6342.	по́длость f	mean behaviour; dirty trick	
6343.	подноси́ть i +a +d	to bring, present (sth to s.o.)	подношу́, подно́сишь; поднести́ p
6344.	подозре́ние	suspicion	
6345.	подру́жка	(female) friend (dim)	g pl подру́жек

6346.	по́за	pose	
6347.	покати́ться p	to roll	покачу́сь, пока́тишься; кати́ться i
6348.	поправля́ть i +a	to correct, put right	поправля́ю; попра́вить p
6349.	по́рох	gunpowder	
6350.	посеща́ть i +a	to visit (a place)	посети́ть p
6351.	постано́вка	placing, setting; staging (of a play etc.)	g pl постано́вок
6352.	постаре́ть p	to grow old	постаре́ю, постаре́ешь; старе́ть i
6353.	поступле́ние	joining (an organization); arrival (of goods)	
6354.	потрясе́ние	shock	
6355.	прах	dust	
6356.	превзойти́ p +a	to surpass	превзойду́, превзойдёшь, past превзошёл, превзошла́; превосходи́ть i
6357.	пре́данность f	devotion	
6358.	предвари́тельно	beforehand, in advance	
6359.	предоставле́ние	giving, granting	
6360.	предше́ственник	predecessor	
6361.	премье́р-мини́стр	prime minister	g sg премьер-мини́стра
6362.	преобразова́ть p +a	to reform; transform	преобразу́ю; преобразо́вывать i
6363.	пресле́дование	pursuit; persecution	
6364.	преслову́тый	notorious	
6365.	преувели́чивать i +a	to exaggerate	преувели́чить p
6366.	приби́ть p к +d	to nail, fix (to)	прибью́, прибьёшь; прибива́ть i
6367.	приве́тствие	greeting	
6368.	прикры́тие	cover, screen	
6369.	прили́чный	decent	
6370.	приня́тие	taking, acceptance	
6371.	при́нятый	accepted	
6372.	прислони́ться p к +d	to lean (against)	прислоню́сь, прислони́шься; прислоня́ться i
6373.	пробега́ть i	to run (past/through/a certain distance)	пробежа́ть p
6374.	прогу́лка	walk; outing	g pl прогу́лок
6375.	просла́вленный	renowned	
6376.	проступа́ть i	to come through, show through	проступи́ть p
6377.	протека́ть i	to flow; pass (of time); leak	проте́чь p
6378.	противополо́жность f	opposite, antithesis	
6379.	прошлого́дний	last year's	
6380.	проще́ние	pardon	

6381.	публикова́ть i +a	to publish	публику́ю; о- p
6382.	публи́чный	public	публи́чный дом brothel
6383.	пу́таться i	to get mixed up	с- p
6384.	пья́ница m/f	drunkard	
6385.	радиоприёмник	radio (set)	
6386.	разби́ться p	to break (into pieces)	разобьётся; разбива́ться i
6387.	разброса́ть p +a	to scatter	разбра́сывать i
6388.	развёртываться i	to unfold; expand; swing round (make a U-turn)	разверну́ться p
6389.	развора́чивать i +a	to unfold; expand	разверну́ть p
6390.	разду́мывать i	to change one's mind; (i only) (o +pr) ponder	разду́мать p
6391.	разруша́ться i	to fall apart, be destroyed	разру́шиться p
6392.	раси́стский	racist (adj)	
6393.	распоряжа́ться i	(+ inf) to give orders; (+inst) be in charge of	распоряди́ться p
6394.	расстре́ливать i +a	to execute (by shooting)	расстреля́ть p
6395.	расстро́ить p +a	to upset	расстра́ивать i
6396.	ребро́	rib; edge	nom pl рёбра, g pl рёбер
6397.	ро́жа (very coll)	face	
6398.	роса́	dew	
6399.	ру́сло	bed (of river), channel	nom pl ру́сла, g pl русл
6400.	самодержа́вие	autocracy	
6401.	капиталисти́ческий	capitalist (adj)	
6402.	свист(о́)к	whistle	
6403.	свод	arch, vault (roof); collection of texts	
6404.	сда́ться p	to surrender	сда́мся, сда́шься, сда́стся, сдади́мся, сдади́тесь, сдаду́тся, f past сдала́сь; сдава́ться i
6405.	семе́йство	family	
6406.	сире́на	siren	
6407.	мы́шца	muscle	g pl мышц
6408.	слива́ться i	to merge, join together	сли́ться p
6409.	смири́ться p c +inst	to submit; resign oneself (to)	смиря́ться i
6410.	сму́глый	dark (of complexion)	
6411.	сни́зиться p	to come down, fall	сни́жусь, сни́зишься; снижа́ться i
6412.	соблюде́ние	observance	
6413.	соде́йствие	assistance	
6414.	созва́ть p +a	to convene	созову́, созовёшь, f past созвала́; сзыва́ть i
6415.	созна́ться p в +pr	to confess	сознава́ться i

6416. соотве́тственно	correspondingly	
6417. сохраня́ться i	to be preserved	сохраня́юсь; сохрани́ться p
6418. специализа́ция	specialization	
6419. ста́виться i	to be placed	по- p
6420. стимули́рование	stimulation	
6421. стира́ть i +a	to wash (clothes); rub off	вы́- p; стере́ть p
6422. сто́ящий (adj)	worthwhile	
6423. стратеги́ческий	strategic	
6424. суверените́т	sovereignty	
6425. сук	bough	g sg сука́, pr sg на суку́, nom pl суки́, g pl суко́в or су́чья, су́чьев
6426. сумато́ха	confusion, turmoil	
6427. сшить p +a	to sew	сошью́, сошьёшь; шить i
6428. сы́паться i	to pour out	сы́плется, сы́плются
6429. таи́ться i	to be concealed	таю́сь, таи́шься
6430. такси́ n indecl	taxi	
6431. толка́ться i	to push, jostle	
6432. то́лща	thickness	
6433. то́пот	sound of footsteps, patter	
6434. тракти́р	inn	
6435. трибуна́л	tribunal	
6436. трудоёмкий	labour-intensive, laborious	
6437. уве́рить p +a в +pr	to assure (s.o. of sth)	уверя́ть i
6438. увлека́ть i +a	to distract; fascinate	увле́чь p
6439. угоди́ть p	(+d) to please; (coll) get into, end up (p only)	угожу́, угоди́шь; угожда́ть i
6440. удо́бство	convenience	
6441. моги́ла	grave	
6442. укла́д	organization, structure (of life, society)	
6443. уко́л	jab, injection	
6444. укра́сить p +a	to adorn	укра́шу, укра́сишь; украша́ть i
6445. у́мно	intelligently	
6446. упомяну́ть p +a or o +pr	to mention	упомяну́, упомя́нешь; упомина́ть i
6447. упря́мый	stubborn	
6448. усе́сться p	to sit down, settle down	craя́дусь, усядешься, past усе́лся, усе́лась; уса́живаться i
6449. уси́ливать i +a	to strengthen	уси́лить p
6450. усто́йчивость f	stability	
6451. ухвати́ться p за +a	to grasp	ухвачу́сь, ухва́тишься
6452. уцеле́ть p	to survive	уцеле́ю, уцеле́ешь
6453. фестива́ль m	festival	
6454. фина́нсы m pl	finances	

6455. хи́тро	cunningly	
6456. хлеста́ть i +a	to whip	хлещу́, хле́щешь; хлестну́ть p
6457. хмель m	hops (for beer); tipsiness	во хмелю́ tipsy
6458. хокке́й	(ice-)hockey	
6459. холосто́й adj	unmarried	
6460. челове́ч(е)к	little man	
6461. чугу́н	cast iron	g sg чугуна́
6462. шипе́ть i	to hiss	шиплю́, шипи́шь
6463. шпио́н	spy	
6464. эшело́н	echelon; special train	
6465. я́блочко	little apple	nom pl я́блочки, g pl я́блочек
6466. я́сли pl	creche	g pl я́слей
6467. а́кция	share (in company)	
6468. анекдо́т	anecdote, joke	
6469. аристократи́ческий	aristocratic	
6470. ассамбле́я	assembly	
6471. багро́вый	crimson	
6472. баро́метр	barometer	
6473. барье́р	barrier	
6474. безнадёжный	hopeless	
6475. безымя́нный	nameless	безымя́нный па́лец ring-finger
6476. белору́сский	Belorussian	
6477. берегово́й	coastal	
6478. беспарти́йный	without party affiliation, independent	
6479. бессмы́сленно	pointlessly, meaninglessly	
6480. бесстра́шие	fearlessness	
6481. бич	whip; scourge	g sg бича́
6482. бла́гой	good	благи́е наме́рения good intentions
6483. бред	delirium; rubbish	pr sg в бреду́
6484. брить i +a	to shave	бре́ю, бре́ешь; по- p
6485. брю́хо (coll)	paunch	
6486. бу́рно	stormily; energetically	
6487. бурья́н	weeds, tall weeds	
6488. бушева́ть i	to rage	бушу́ю, бушу́ешь
6489. верхово́й	riding	верхова́я езда́ horse-riding
6490. вестибю́ль m	lobby	
6491. весы́ m pl	scales	g pl весо́в
6492. ве́тхий	ancient, dilapidated	
6493. вечери́нка	party	g pl вечери́нок
6494. взве́шивать i +a	to weigh	взве́сить p
6495. влезть p	to climb in	вле́зу, вле́зешь, past влез, вле́зла; влеза́ть i
6496. влюбля́ться i в +a	to fall in love (with)	влюбля́юсь; влюби́ться p

6497. внедри́ть p +a в +a	to inculcate; introduce	внедря́ть i
6498. возвраща́ть i +a	to return	верну́ть p
6499. воспита́тельный	educational	
6500. враще́ние	rotation	
6501. вспо́мниться p	to be recalled, come to mind	вспомина́ться i
6502. втори́чно	secondarily	
6503. втори́чный	second; secondary	
6504. вцепи́ться p в +a	to grip, grip hold of	вцеплю́сь, вце́пишься; вцепля́ться i
6505. вылета́ть i	to fly out, take off	вы́лететь p
6506. вы́мыть p +a	to wash (thoroughly)	вы́мою, вы́моешь; мыть, вымыва́ть i
6507. выслу́шивать i +a	to hear out	вы́слушать p
6508. вы́ходка	bad behaviour, escapade	g pl вы́ходок
6509. гара́нтия	guarantee	
6510. гара́ж	garage	g sg гаража́
6511. гласи́ть i	to announce, say	Докуме́нт гласи́т ... The document states ...
6512. глушь f	backwoods, the sticks	g sg глуши́
6513. гряду́щий (bookish)	future	
6514. деса́нт	landing (mil, by air or sea)	
6515. дефици́тный	scarce, in short supply	
6516. директи́ва	directive	
6517. дни́ще	bottom (of vessel)	
6518. догоня́ть i +a	to catch up	догоня́ю; догна́ть p
6519. дое́хать p до +g	to reach	дое́ду, дое́дешь; доезжа́ть i
6520. доло́й +a	down with	
6521. допра́шивать i +a	to interrogate	допроси́ть p
6522. дорожи́ть +inst	to value	
6523. дразни́ть i +a	to tease	дразню́, дра́знишь
6524. дрема́ть i	to doze	дремлю́, дре́млешь
6525. дру́жный	amicable; simultaneous	
6526. дуэ́ль f	duel	
6527. ды́мка	haze	
6528. дыра́	hole	nom pl ды́ры
6529. жильё	accommodation	
6530. заба́вно	amusingly	
6531. заблуди́ться p	to lose one's way	заблужу́сь, заблу́дишься
6532. завали́ть p +a +inst	to block, cram	завалю́, зава́лишь; зава́ливать i
6533. задева́ть i +a	to touch; to catch (on)	заде́ть p
6534. заинтересова́ться i +inst	to become interested in	заинтересу́юсь; интересова́ться i

6535.	запо́мниться p	to stick in one's memory	запомина́ться i
6536.	за́рево	glow	
6537.	затиха́ть i	to die down	зати́хнуть p
6538.	затопи́ть p +a	to light (stove); to flood, sink	затоплю́, зато́пишь; зата́пливать i; затопля́ть i
6539.	защи́тный	protective	защи́тные очки́ goggles
6540.	зво́нко	ringingly, clearly	
6541.	зе́ркальный	mirror (adj)	
6542.	знамена́тельный	significant	
6543.	зна́читься i	to be, figure	Она́ в спи́ске не зна́чится She's not listed
6544.	золоти́стый	golden	
6545.	изба́вить p +a от +g	to save (from)	изба́влю, изба́вишь; избавля́ть i
6546.	изверже́ние	eruption	
6547.	извне́	from outside	
6548.	изме́нник	traitor	
6549.	изме́рить p +a	to measure	измеря́ть i
6550.	измеря́ть i +a	to measure	измеря́ю; изме́рить p
6551.	изнутри́	from inside	
6552.	изоля́ция	isolation; insulation	
6553.	изумле́ние	amazement	
6554.	исполня́ться i	to be fulfilled	исполня́ется, испо́лниться p
6555.	как-ника́к (coll)	nevertheless, all the same	
6556.	ки́слый	sour	
6557.	клоп	bedbug	g sg клопа́
6558.	клоч(о́)к	tuft, scrap	
6559.	кнут	whip, knout	g sg кнута́
6560.	колыха́ться i	to sway; flutter	колы́шется
6561.	кома́ндный	command (adj), commanding	кома́ндные высо́ты the commanding heights
6562.	ко́свенный	oblique	
6563.	кот(ё)л	boiler	
6564.	кре́стик	little cross	
6565.	крести́ться i/p	to be baptized; (p пере-) cross os	крещу́сь, кре́стишься
6566.	кро́вный	blood (adj); vital	
6567.	кузне́ц	blacksmith	g sg кузнеца́
6568.	куку́шка	cuckoo	g pl куку́шек
6569.	легкомы́сленный	frivolous	
6570.	лёгкость f	easiness; lightness	
6571.	лжи́вый	mendacious	
6572.	логи́ческий	logical	
6573.	манифе́ст	manifesto; proclamation	
6574.	миллио́нный	millionth; containing a million	

6575. мни́мый	imaginary	
6576. набра́ться p +g	to collect	наберу́сь, наберёшься, f past набрала́сь; набира́ться
6577. нагна́ть p +a	to overtake, catch up	нагоню́, наго́нишь, f past нагнала́; нагоня́ть i
6578. накану́не	(on) the day before	накану́не Но́вого го́да on New Year's Eve
6579. напи́т(о)к	drink	
6580. напо́р	pressure	
6581. нараста́ющий	growing	
6582. наси́льственный	violent, forcible	
6583. насо́с	pump	
6584. наше́ствие	invasion	
6585. невероя́тно	improbably	
6586. неви́нный	innocent	
6587. негра́мотный	illiterate	
6588. недоуме́нно	uncomprehendingly	
6589. не́которые	some, certain (people)	
6590. немы́слимо	unthinkably	
6591. неохо́тно	unwillingly	
6592. неразры́вно	inseparably	
6593. несправедли́вый	unjust	
6594. неуве́ренно	uncertainly	
6595. нефтя́ник	oil worker	
6596. нехоро́ший	bad	
6597. нечи́стый	unclean, impure	
6598. нея́сно	unclearly	
6599. обору́довать i/p +a	to equip	обору́дую
6600. обря́д	rite, ceremony	
6601. объявле́ние	announcement	
6602. объясни́ться p	to explain os; be explained	объясня́ться i
6603. объя́тие	embrace	
6604. овладева́ть i +inst	to master; take possession of	овладе́ть
6605. одолжи́ть p +a +d	to lend (sth to s.o.)	ода́лживать i
6606. оживи́ться p	to become lively	оживлю́сь, оживи́шься; оживля́ться i
6607. опере́ться p на +a	to lean on	обопру́сь, обопрёшься, past опёрся, оперла́сь; опира́ться i
6608. определи́ться p	to be determined, be defined	определя́ться i
6609. освобожда́ться i	to become free	освободи́ться p
6610. особня́к	detached house	g sg особняка́

6611.	острота́	sharpness; witticism	nom pl остро́ты
6612.	осужде́ние	condemnation	
6613.	отвезти́ p +a	to transport away	отвезу́, отвезёшь, past отвёз, отвезла́; отвози́ть i
6614.	отвлека́ть i +a	to distract	отвле́чь p
6615.	отвраще́ние	disgust	
6616.	отда́ча	return; performance, dedication (at work)	рабо́тать с по́лной отда́чей to be a dedicated worker
6617.	отдели́ть p +a от +g	to separate (sth from sth)	отделю́, отде́лишь; отделя́ть i
6618.	отде́льность: в отде́льности	taken separately	ка́ждый в отде́льности each separately
6619.	отку́да-то	from somewhere	
6620.	отмени́ть p +a	to abolish, cancel	отменю́, отме́нишь; отменя́ть i
6621.	отрази́ться p	to be reflected	отражу́сь, отрази́шься; отража́ться i
6622.	отсу́тствовать i	to be absent	отсу́тствую
6623.	очи́стить p +a	to clean	очи́щу, очи́стишь; очища́ть i
6624.	пара́д	parade	
6625.	парикма́херская f adj	hairdresser's, barber's	
6626.	переезжа́ть i	to drive across; move house	перее́хать p
6627.	переки́нуть p +a че́рез +a	to throw over	переки́дывать i
6628.	плащ	raincoat; cloak	g sg плаща́
6629.	плести́ i +a	to weave	плету́, плетёшь, past плёл, плела́
6630.	побесе́довать p с +inst	to have a talk (with)	побесе́дую; бесе́довать i
6631.	поврежде́ние	damage	
6632.	пога́ный	foul, vile	
6633.	поги́бший	lost, ruined	
6634.	поло́жено	one is supposed to	как поло́жено as is the done thing
6635.	поглоти́ть p +a	to swallow, absorb	поглощу́, погло́тишь; поглоща́ть i
6636.	погружа́ться i в +a	to immerse os (in sth)	погрузи́ться p
6637.	подня́тие	raising	
6638.	подро́бный	detailed	
6639.	подчёркиваться i	to be emphasized	подчеркну́ться p
6640.	позо́рный	disgraceful	
6641.	поиска́ть p +a	to look for	поищу́, пои́щешь; иска́ть i
6642.	пока́чивать i +a or +inst	to rock	покача́ть p
6643.	поко́рный	humble	
6644.	покры́шка	covering; (coll) lid	g pl покры́шек
6645.	поло́гий	gently sloping	
6646.	полу́чше	a little better	
6647.	помири́ться p с +inst	to make peace, be reconciled	мири́ться i

6648.	понижéние	lowering	
6649.	поплы́ть p	to sail; swim	поплывý, поплывёшь, f past полпылá; плыть i
6650.	послевоéнный	postwar	
6651.	поспеши́ть p	to hurry	спеши́ть i
6652.	поспéшно	hastily	
6653.	потóм(о)к	descendant	
6654.	похóдка	gait, walk	
6655.	пошути́ть p	to joke	пошучý, пошýтишь; шути́ть i
6656.	прави́тель m	ruler	
6657.	предáть p +a +d	to betray; hand over	предáм, предáшь, предáст, предади́м, предади́те, предадýт, f past предалá; предавáть i
6658.	предчýвствие	presentiment	
6659.	прелéстный	charming	
6660.	прести́ж	prestige	
6661.	пригóдный	useful	
6662.	приготóвиться p +inf or к +d	to get ready	приготóвлюсь, приготóвишься; приготáвливаться/ приготовля́ться i
6663.	прили́чно	decently	
6664.	припи́сывать i +a +d	to ascribe (sth to sth/s.o.)	приписáть p
6665.	присмотрéться p к +d	to look closely at	присмотрю́сь, присмóтришься; присмáтриваться i
6666.	присни́ться p	to see in a dream	Онá мне присни́лась I dreamt about her; сни́ться i
6667.	приспосóбиться p к +d	to adapt (to)	приспосóблюсь, приспосóбишься; приспосáбливаться i
6668.	притворя́ться i +inst	to pretend (to be sth)	притворя́юсь; притвори́ться p
6669.	прити́хнуть p	to quieten down	прити́хну, прити́хнешь, past прити́х, прити́хла; притихáть i
6670.	проби́ться p	to force one's way through	пробью́сь, пробьёшься; пробивáться i
6671.	провáл	failure, collapse	
6672.	проводни́к	guide, conductor	g sg проводникá
6673.	продовóльствие	provisions	
6674.	промы́шленник	industrialist	
6675.	пронести́сь p	to rush through/past	пронесýсь, пронесёшься, пронёсся, пронеслáсь; проноси́ться i
6676.	пропитáть p +a	to feed; saturate	пропи́тывать i
6677.	прошептáть p	to whisper	прошепчý, прошéпчешь; шептáть i

6678. прядь f	lock of hair	
6679. пря́ник	biscuit or cake with spices	поли́тика кнута́ и пря́ника carrot and stick policy
6680. пулемётный	machine-gun (adj)	
6681. пу́таница	confusion, mix-up	
6682. пыла́ющий	flaming, blazing	
6683. равноме́рно	uniformly, evenly	
6684. разва́лина	ruin	
6685. разда́ть p +a	to distribute	разда́м, разда́шь, разда́ст, раздади́м, раздади́те, раздаду́т, f past раздала́; раздава́ть i
6686. раздви́нуть p +a	to move apart	раздвига́ть i
6687. раздраже́ние	irritation	
6688. разлага́ться i	to decompose, disintegrate	разложи́ться p
6689. разу́мно	sensibly	
6690. распахну́ть p +a	to throw open	распа́хивать i
6691. рассе́янно	absent-mindedly	
6692. расстава́ться i с +inst	to part (from s.o./with sth)	расстаю́сь, расстаёшься; расста́ться p
6693. расцве́т	bloom; flourishing	
6694. расце́нивать i +a	to assess	расцени́ть p
6695. реализа́ция	implementation; sale	
6696. рези́новый	rubber (adj)	
6697. ремесло́	trade (profession)	nom pl ремёсла, g pl ремёсел
6698. ре́плика	rejoinder, retort	
6699. родство́	kinship	
6700. р(о)жь f	rye	g sg ржи, inst sg рожью, pr sg во ржи
6701. ро́скошь f	luxury	
6702. ру́сый	light brown (hair)	
6703. руча́ться i за +a	to vouch for	поручи́ться p
6704. рыв(о́)к	jerk; spurt	
6705. свали́ть p +a	to throw down; pile up	свалю́, сва́лишь; вали́ть/сва́ливать i
6706. светло́	it's light	
6707. се́товать о +pr/на +a	to lament, complain (about)	се́тую, се́туешь; по- p
6708. сжа́тый	compressed	
6709. ска́тываться i	to roll down	скати́ться p
6710. скве́рный	lousy	
6711. сколь	so	
6712. слон	elephant	g sg слона́
6713. сме́шивать i +a	to confuse, mix	смеша́ть p
6714. смути́ть p +a	to embarrass; disturb	смущу́, смути́шь; смуща́ть i

6715. смущéние	embarrassment	
6716. снежи́нка	snowflake	g pl снежи́нок
6717. снижáться i	to go down	сни́зиться p
6718. согрéть p +a	to warm	согрéю, согрéешь; согревáть i
6719. созидáтельный	creative	
6720. соотношéние	correlation	
6721. сóпка	knoll, mound; volcano	g pl сóпок
6722. сопровождéние	accompaniment	в сопровождéнии +g accompanied by
6723. соснóвый	pine (adj)	
6724. споткнýться p o +a	to trip, stumble	спотыкáться i
6725. спуск	descent; slope; release	
6726. старинá	bygone times; (coll) old fellow	
6727. старомóдный	old-fashioned	
6728. стащи́ть p +a	to drag off; (coll) pinch	стащý, стáщишь; стáскивать i
6729. стóйкий	stable; steadfast	
6730. стóлбик	small column	
6731. сторожевóй	watch, guard (adj)	
6732. стоя́нка	stop; parking	g pl стоя́нок; стоя́нка такси́ taxi rank
6733. стру́сить p пéред or +g	to be cowardly	стрýшу, стрýсишь; трýсить i
6734. ступи́ть p	to step	ступлю́, стýпишь; ступáть i
6735. съéздить p	to travel there and back	съéзжу, съéздишь; éздить i
6736. таблéтка	pill	g pl таблéток
6737. тáйно	secretly	
6738. тамóженный	customs (adj)	
6739. тверди́ть i +a	to repeat	твержý, тверди́шь
6740. тепли́ца	hothouse	
6741. трави́ть i +a	to exterminate, poison; damage; hunt; persecute	травлю́, трáвишь
6742. трáнспортный	transport (adj)	
6743. тропи́ческий	tropical	
6744. трофéй	trophy; booty	
6745. тур	round (sport)	
6746. тури́стский	tourist (adj)	
6747. туши́ть i +a	to extinguish; stew	тушý, тýшишь; по- p
6748. тя́га	locomotion; (к +d) thirst for, attraction towards	
6749. угáдывать i +a	to guess	угадáть p
6750. удали́ть p +a	to send away, remove	удаля́ть i
6751. удивлённый	surprised	
6752. удивля́ть i +a	to surprise	удивля́ю; удиви́ть p
6753. укáз	decree	

6754. умы́ться p	to wash os	умо́юсь, умо́ешься; умыва́ться i
6755. униже́ние	humiliation	
6756. упомя́нутый	previously mentioned	
6757. урага́н	hurricane	
6758. уси́литься p	to become stronger, increase	уси́ливаться i
6759. форма́льный	formal	
6760. характе́рно	characteristically	
6761. хму́рый	gloomy	
6762. хра́брый	brave	
6763. цеме́нтный	cement (adj)	
6764. ча́ша	cup; chalice	
6765. че́рпать i +a из +g	to scoop, draw (from)	черпну́ть p
6766. че́стность f	honesty	
6767. четвёрка	four; group of four	
6768. чугу́нный	cast-iron (adj)	
6769. шанс	chance	
6770. ша́почка	small hat	g pl ша́почек
6771. швыря́ть i (coll) +a or +inst	to throw, fling	швыря́ю; швырну́ть p
6772. шёлк	silk	
6773. шепну́ть p	to whisper	шепта́ть i
6774. ши́бко (coll)	very	
6775. шут	jester, clown	g sg шута́
6776. ще́дро	generously	
6777. щёлкнуть p	(+a) to flick; (+inst) click, crack	щёлкать i
6778. эгои́зм	egoism, selfishness	
6779. энерги́чно	energetically	
6780. энтузиа́ст	enthusiast	
6781. ю́мор	humour	
6782. ю́ношеский	youthful	
6783. янва́рский	January (adj)	
6784. амни́стия	amnesty	
6785. асфа́льт	asphalt	
6786. аэропо́рт	airport	pr sg в аэропорту́
6787. балова́ть i (coll ба́ловать) +a	to spoil (s.o.)	балу́ю; из- p
6788. баррика́да	barricade	
6789. ба́рский	lord's, *barin's*	
6790. безлю́дный	lacking people, unfrequented	
6791. безразли́чно	indifferently	
6792. бесповоро́тно	irreversibly	

6793. беспреде́льный	boundless, unlimited	
6794. бесцеремо́нно	unceremoniously	
6795. благоро́дство	nobility	
6796. блаже́нный	blessed	
6797. болтовня́ (coll)	chatter, gossip	
6798. бомбёжка (coll)	bombardment	
6799. брезгли́во	squeamishly	
6800. бро́нза	bronze	
6801. буты́лочка	small bottle	g pl буты́лочек
6802. валу́н	boulder	валуна́
6803. ва́режка	mitten	g pl ва́режек
6804. весели́ться i	to make merry	по- p
6805. ветчина́	ham	
6806. взаи́мно	mutually	
6807. взрыва́ть i +a	to blow up	взорва́ть p
6808. винова́то	guiltily	
6809. вне́шне	outwardly	
6810. вне́шность f	exterior	
6811. возгла́вить p +a	to head	возгла́влю, возгла́вишь; возглавля́ть i
6812. возраже́ние	objection	
6813. во́лжский	Volga (adj)	
6814. ворова́ть i +a	to steal	voру́ю; с- p
6815. воро́чать i	(+a) to move (sth heavy); (+inst) have control of	
6816. воро́чаться i (coll)	to turn, toss and turn	
6817. впада́ть i в +a	to fall in	впасть p
6818. враз (coll)	all together	
6819. вручну́ю	by hand	
6820. вста́вить p в +a	to insert	вста́влю, вста́вишь; вставля́ть i
6821. вставля́ть i в +a	to insert	вставля́ю; вста́вить p
6822. вступле́ние	introduction	
6823. втроём	as a threesome	
6824. выно́сливый	resilient	
6825. вы́садиться p	to disembark, land	вы́сажусь, вы́садишься; выса́живаться i
6826. выска́зываться i	to speak out, state one's opinion	вы́сказаться p
6827. высо́вываться i	to thrust os out, poke one's head out	вы́сунуться p
6828. вы́числить p +a	to calculate	вычисля́ть i
6829. гармони́ческий	harmonious	
6830. гла́дко	smoothly	

6831. голубова́тый	light-bluish	
6832. гума́нный	humane	
6833. давны́м-давно́ (coll)	ages ago	
6834. дворя́нский	gentry (adj)	
6835. дёрнуть p +a	to tug	дёргать i
6836. детекти́в	detective story	
6837. ди́ко	wildly; absurd	
6838. доба́вка	addition	g pl доба́вок
6839. доводи́ться i (coll) +d +inf	to have occasion to	дово́дится; довести́сь p
6840. докати́ться p до +g	to roll to, come to	докачу́сь, дока́тишься; дока́тываться i
6841. доми́шко m	shack, hovel	nom pl доми́шки, g pl доми́шек
6842. дополни́тельно	additionally	
6843. доста́вка	delivery	
6844. досто́йно	worthily, properly	
6845. дура́цкий (coll)	idiotic, stupid	
6846. ду́шно	stuffy	
6847. дыми́ть i	to smoke	дымлю́, дыми́шь
6848. жа́ждать i +g	to thirst for	жа́жду, жа́ждешь
6849. заба́ва	amusement	
6850. заве́са	screen	
6851. за́данный	set, assigned	
6852. зажи́точный	well-off	
6853. закрыва́ться i	to be closed	закры́ться p
6854. заку́пка	purchase	
6855. замере́ть p	to stand still; die away	замру́, замрёшь, за́мер, замерла́; замира́ть i
6856. занима́тельный	entertaining, interesting	
6857. заполня́ть i +a	to fill in, fill up	заполня́ю; запо́лнить p; заполня́ть бланк to fill in a form
6858. запуга́ть p +a	to intimidate	запу́гивать i
6859. запу́танный	confused, tangled	
6860. заседа́ть i	to sit, be in session	
6861. застря́ть p	to get stuck	застря́ну, засртя́нешь; застрева́ть i
6862. захо́д	sunset; call (at a place)	
6863. зачасту́ю (coll)	often	
6864. звуково́й	sound (adj)	
6865. змея́	snake	nom pl зме́и, g pl змей, d pl зме́ям
6866. и́го	yoke (oppression)	
6867. игру́шечный	toy (adj); tiny	
6868. идеа́льный	ideal (adj)	
6869. изобрази́тельный	graphic; decorative	

6870. ирони́чески	ironically	
6871. и́скренно	sincerely	
6872. истреби́тель m	fighter (plane)	
6873. исхо́дный	initial	
6874. каблу́к	heel	g sg каблука́
6875. кана́ва	ditch	
6876. кандидату́ра	candidature	
6877. капри́зный	capricious	
6878. ка́ра	punishment	
6879. карау́лить i +a	to guard; lie in wait for	
6880. категори́чески	categorically	
6881. кида́ть i +a or +inst	to throw	ки́нуть p
6882. клок	rag, shred, tuft	g sg клока́, nom pl кло́чья, g pl кло́чьев <u>or</u> клоки́, клоко́в
6883. конкре́тно	concretely, specifically	
6884. косы́нка	headscarf	g pl косы́нок
6885. ко́фта	blouse	
6886. кра́йность f	extreme	
6887. краса́в(е)ц	handsome man	
6888. кро́шечный	tiny	
6889. крыла́тый	winged	
6890. кувши́н	jug, pitcher	
6891. кури́ный	hen's	кури́ная па́мять memory like a sieve
6892. ла́зить i	to climb	ла́жу, ла́зишь; по- p
6893. ле́нточка	small ribbon	g pl ле́нточек
6894. лило́вый	violet, lilac	
6895. ли́хо (coll)	dashingly, with spirit	
6896. лихора́дка	fever; rash	
6897. ло́мка	breaking	
6898. лохма́тый	shaggy	
6899. лы́жник	skier	
6900. лы́жный	ski (adj)	
6901. ма́йский	May (adj)	
6902. ма́мочка	mummy	
6903. матема́тик	mathematician	
6904. мелька́ть i	to be briefly visible	мелькну́ть p
6905. меньшинство́	minority	
6906. метла́	broom	nom pl мётлы, g pl мётел
6907. миллионе́р	millionaire	
6908. ми́лостыня	alms	no pl
6909. миниатю́рный	miniature (adj)	
6910. мо́дный	fashionable	
6911. монасты́рь m	monastery; convent	g sg монастыря́
6912. му́скул	muscle	

6913.	мучи́тельно	excruciatingly	
6914.	назло́	out of spite; (+d) to spite (s.o.)	
6915.	наименова́ние	designation, name	
6916.	нападáть i на +a	to attack; come upon	напáсть p
6917.	напряжённо	with strain, intensively	
6918.	нарушáться i	to be broken, be infringed	нарýшиться p
6919.	наслéдник	heir	
6920.	насчи́тывать i +a	to number, total	
6921.	невыноси́мый	intolerable	
6922.	неизмери́мо	immeasurably	
6923.	ненадóлго	not for long	
6924.	неохóта	reluctance; (coll) (+d) to be unwilling	Емý неохóта He doesn't feel like it
6925.	неприя́тель m	enemy	
6926.	неторопли́во	unhurriedly	
6927.	неторопли́вый	unhurried	
6928.	неулови́мый	elusive	
6929.	нехвáтка (coll)	shortage	g pl нехвáток
6930.	нечáянно	accidentally; unexpectedly	
6931.	нóвенький	brand-new, nice and new	
6932.	носи́лки f pl	stretcher	g pl носи́лок
6933.	носовóй	nose (adj), nasal	
6934.	оби́лие	abundance	
6935.	обобщáть i +a	to generalize	обобщи́ть p
6936.	обогнáть p +a	to overtake, outstrip	обгоню́, обгóнишь, f past обогналá; обгоня́ть i
6937.	обожáть i +a	to adore	
6938.	образóвывать i +a	to form	образовáть p
6939.	обрéз	cut edge	
	(+g) в обрéз	none to spare	Врéмени в обрéз Time is very short
6940.	обрывáться i	to snap; stop short	оборвáться p
6941.	обхвати́ть p +a	to encompass	обхвачý, -áтишь; бхвáтывать i
6942.	ограничéние	limitation	
6943.	ограни́ченность f	narrowness	
6944.	однорóдный	homogeneous, of one type	
6945.	одолéть p +a	to overcome	одолéю, одолéешь; одолевáть i
6946.	ожерéлье	necklace	g pl ожерéлий
6947.	озари́ть p +a	to illuminate	озаря́ть i
6948.	озорствó (coll)	naughtiness	
6949.	оккупáция	occupation	
6950.	óкруг	*okrug*, region	nom pl округá

6951.	окýр(о)к	cigarette end	
6952.	опровергáть i +a	to refute	опровéргнуть p
6953.	опустéть p	to empty, become empty	опустéет; пустéть i
6954.	ор(ё)л	eagle	g sg орлá
6955.	основáтельно	solidly, soundly, thoroughly	
6956.	откúнуться p	to lean back	откúдываться i
6957.	отмахнýться p от +g	to brush off	отмáхиваться i
6958.	отмéна	abolition, cancellation	
6959.	отмéтка	note, mark	g pl отмéток
6960.	отрабóтать p +a	to work off (debt etc.), work (shift etc.), finish working	отрабáтывать i
6961.	отстáвка	retirement, resignation	
6962.	отхóд	departure	
6963.	отчётливый	clear, distinct	
6964.	парашю́т	parachute	
6965.	парнúшка m (coll)	lad	g pl парнúшек
6966.	педагóг	pedagogue, teacher	
6967.	перевернýть p +a	to turn over	переворáчивать i
6968.	передвижéние	movement	
6969.	передрáзнивать i +a	to mimic	передразнúть p
6970.	перемещáться i	to move	переместúться p
6971.	перемещéние	displacement, shifting	
6972.	перепýтать p +a	to tangle, confuse	перепýтывать i
6973.	пересмотрéть p +a	to reconsider	пересмотрю́, пересмóтришь; пересмáтривать i
6974.	переставáть i +i inf	to stop	перестаю́, перестаёшь; перестáть p
6975.	персонáж	character	
6976.	персонáльный	personal	
6977.	побеждённый	defeated	
6978.	поблёскивать i	to gleam	
6979.	повéстка	notification	
	повéстка дня	agenda	
6980.	повтóрный	repeated	
6981.	повя́зка	bandage	g pl повя́зок
6982.	погóня	pursuit	
6983.	подвúнуться p	to move; advance	подвигáться i
6984.	поджéчь p +a	to set fire to	подожгý, подожжёшь, подожгýт, past поджóг, подожглá; поджигáть i
6985.	подóл	hem	
6986.	подорвáть p +a	to undermine	подорвý, подорвёшь, f past подорвалá; подрывáть i

6987.	подра́ться p c +inst	to have a fight with	подеру́сь, подерёшься, f past подрала́сь; дра́ться i
6988.	подска́зывать i +a +d	to prompt; suggest (sth to s.o.)	подсказа́ть p
6989.	подтвержде́ние	confirmation	
6990.	подтяну́ть p +a	to tighten; pull up	подтяну́, подтя́нешь; подтя́гивать i
6991.	позавчера́	the day before yesterday	
6992.	пола́	flap (of coat etc.)	nom pl по́лы
6993.	поле́но	log	nom pl поле́нья, g pl поле́ньев
6994.	полома́ть p +a	to break	лома́ть i
6995.	полотно́	canvas (painting); linen	nom pl поло́тна, g pl поло́тен, d pl поло́тнам
6996.	полуо́стров	peninsula	nom pl полуострова́
6997.	помира́ть i (coll)	to die	помере́ть p
6998.	порабоще́ние	enslavement	
6999.	посви́стывать i	to whistle	посвисте́ть p
7000.	посели́ться p	to take up residence	поселя́ться i
7001.	посе́ять p +a	to sow	посе́ю, посе́ешь; се́ять i
7002.	посо́бие	financial assistance; textbook, educational aid	посо́бие по безрабо́тице unemployment benefit
7003.	постепе́нный	gradual	
7004.	потряса́ть i +a	to shake	потрясти́ p
7005.	потряса́ющий	staggering, astonishing	
7006.	похвала́	praise	
7007.	похвали́ть p +a	to praise	похвалю́, похва́лишь; хвали́ть i
7008.	почини́ть p +a	to repair	починю́, почи́нишь; чини́ть/починя́ть i
7009.	почто́вый	postal, mail (adj)	
7010.	почу́диться p (coll)	to seem, imagine	чу́диться i; Мне почу́дилось, что я слы́шу шаги́ I thought I heard footsteps
7011.	пра́вить i +inst	to rule	пра́влю, пра́вишь
7012.	пра́здновать i +a	to celebrate	пра́здную
7013.	предназнача́ться i для +g or на +a	to be intended for	предназна́читься p
7014.	прекраща́ть i +a	to stop, discontinue	прекрати́ть p
7015.	прерыва́ть i +a	to interrupt	прерва́ть p
7016.	прибавля́ть i +a к +d	to add	прибавля́ю; приба́вить p
7017.	прибежа́ть p	to run up, come running	прибегу́, прибежи́шь, прибегу́т; прибега́ть i
7018.	приближе́ние	approach	

7019.	прибра́ть p +a	to tidy up; (coll) take over, pocket	приберу́, приберёшь, f past прибрала́; прибира́ть i
7020.	привяза́ться p к +d	to become attached to	привяжу́сь, привя́жешься; привя́зываться i
7021.	прила́в(о)к	counter (in shop)	
7022.	примеча́тельный	noteworthy	
7023.	примири́ться p с +inst	to be reconciled with	примиря́ться i
7024.	припо́мнить p +a	to remember	припомина́ть i
7025.	приста́вить p +a к +d	to place sth against sth	приста́влю, приста́вишь; приставля́ть i
7026.	приста́ть p к +d	to stick to; pester	приста́ну, приста́нешь; пристава́ть i
7027.	провозгласи́ть p +a	to proclaim	провозглашу́, провозгласи́шь; провозглаша́ть i
7028.	проглоти́ть p +a	to swallow	проглочу́, прогло́тишь; прогла́тывать i
7029.	продав(é)ц	salesman, shop assistant	g sg продавца́
7030.	продо́лжить p +a	to prolong	
7031.	прозвуча́ть p	to sound	прозвучи́т; звуча́ть i
7032.	проли́ть p +a	to spill	пролью́, прольёшь, f past пролила́; пролива́ть i
7033.	промолча́ть p	to keep silent	промолчу́, промолчи́шь; молча́ть i
7034.	проскочи́ть p	to rush past; slip through	проскочу́, проско́чишь; проска́кивать i
7035.	просла́виться p	to become famous	просла́влюсь, просла́вишься; прославля́ться i
7036.	просмотре́ть p +a	to look over; overlook	просмотрю́, просмо́тришь; просма́тривать i
7037.	просчёт	miscalculation; counting	
7038.	противостоя́ть i +d	to resist	противостою́, противостои́шь
7039.	прохо́д	passage; passageway	
7040.	равноме́рный	even, uniform	
7041.	равнопра́вие	equality	
7042.	развали́ться p	to fall to pieces	разва́лится; разва́ливаться i
7043.	развёртывание	unfolding; development	
7044.	разви́ться p	to develop	разовью́сь, разовьёшься, past разви́лся, развила́сь; развива́ться i
7045.	развлече́ние	entertainment	
7046.	раздража́ться i	to become irritated	раздражи́ться p
7047.	раско́л	split, schism	
7048.	распи́ска	receipt	g pl распи́сок
7049.	распла́чиваться i	to settle up, pay	расплати́ться p

7050. распоря́д(о)к	routine	
7051. распределя́ться i	to be distributed	распределя́ется; распредели́ться p
7052. рассе́иваться i	to disperse; give os a break	рассе́яться p
7053. расстегну́ть p +a	to unfasten	расстёгивать i
7054. расти́ть i +a	to grow, raise	ращу́, расти́шь; вы́- p
7055. рвану́ться p	to dash	рвану́сь, рванёшься
7056. редакцио́нный	editorial, editing	
7057. репорта́ж	reporting	
7058. реставра́ция	restoration	
7059. роди́мый	native; dear	= родно́й
7060. румя́н(е)ц	flush, rosy complexion	
7061. рыть i +a	to dig	ро́ю, ро́ешь
7062. све́жесть f	freshness	
7063. сверже́ние	overthrow	
7064. свистну́ть p	to whistle	свисте́ть i
7065. своевре́менно	in good time	
7066. сде́ржанно	with restraint	
7067. сестрёнка	little sister	g pl сестрёнок
7068. сигаре́та	cigarette	
7069. скач(о́)к	leap	
7070. скве́рно	badly	
7071. скло́нность f к +d	tendency (to); aptitude (for)	
7072. скрип	squeak, creak	
7073. слове́сный	verbal	
7074. слове́чко (coll)	word	g pl слове́чек
7075. сложи́вшийся	developed	
7076. сменя́ть i +a	to replace, change	сменя́ю; смени́ть p
7077. сму́тный	vague, dim; troubled	
7078. согну́ться p	to bend; stoop	сгиба́ться i
7079. сокро́вищница	treasure-house	
7080. со́нный	sleepy	
7081. сороково́й	fortieth	
7082. соса́ть i +a	to suck	сосу́, сосёшь
7083. сочета́ться i с +inst	to combine (with)	
7084. спа́льня	bedroom	g pl спа́лен
7085. спаса́ться i	to escape, save os	спасти́сь p
7086. списа́ть p +a	to copy; write off	спишу́, спи́шешь; спи́сывать i
7087. спи́чечный	match (adj)	спи́чечная коро́бка matchbox
7088. спотыка́ться i о +a	to trip, stumble	споткну́ться p
7089. спуска́ть i +a	to lower	спусти́ть p
7090. спя́щий	sleeping	
7091. среднеазиа́тский	Central Asian	

7092.	средневеко́вый	medieval	
7093.	ста́ться p (coll)	to happen	ста́нется
7094.	стиха́ть i	to abate, die down	сти́хнуть p
7095.	стро́гость f	strictness	
7096.	су́мрак	dusk	
7097.	суп	soup	
7098.	сушёный	dried	
7099.	сформули́ровать p +a	to formulate	сформули́рую; формули́ровать i/p
7100.	съёмка	shooting (of film); surveying; taking away	g pl съёмок
7101.	съе́хать p	to drive down; (coll) slip	съе́ду, съе́дешь; съезжа́ть i
7102.	сюрпри́з	surprise	
7103.	таи́нственно	mysteriously	
7104.	такт	rhythm, time; tact	в такт му́зыке in time to the music; отсу́тствие та́кта tactlessness
7105.	телеско́п	telescope	
7106.	толпи́ться i	to crowd, throng	
7107.	тормози́ть i +a	to slow down, impede; brake	торможу́, тормози́шь; за- p
7108.	тре́звый	sober	
7109.	трон	throne	
7110.	трос	rope, cable	
7111.	тщесла́вие	vanity	
7112.	убо́гий	wretched	
7113.	увози́ть i +a	to transport away	увожу́, уво́зишь; увезти́ p
7114.	углубле́ние	deepening; depression, hollow	
7115.	углубля́ться i	to become deeper; (в +a) go deep into, become absorbed in	углубля́юсь; углуби́ться p
7116.	уда́чно	successfully	
7117.	улета́ть i	to fly away	улете́ть p
7118.	уме́ньшить p +a	to reduce	уменьша́ть i
7119.	уста́ pl (poetic)	mouth; lips	g pl уст, d pl уста́м; из уст в уста́ by word of mouth
7120.	усло́вный	conventional; conditional; tentative	
7121.	уста́лость f	tiredness	
7122.	устана́вливаться i	to become established	установи́ться p
7123.	уткну́ться p в +a	to bury os in; bump into	
7124.	фигу́рка	small figure; figurine	g pl фигу́рок
7125.	фо́рточка	ventilation window	g pl фо́рточек

7126. фы́ркнуть p	to snort	фы́ркать i
7127. хлам	junk	
7128. хоро́шенький	pretty	
7129. худоща́вый	thin	
7130. цвести́ i	to flower, flourish	цвету́, цветёшь, past цвёл, цвела́; рас- p
7131. цвето́чный	flower (adj)	
7132. це́льный	entire	
7133. цыплён(о)к	chicken	nom pl цыпля́та, g pl цыпля́т
7134. цы́почки pl: на цы́почках	on tiptoe	
7135. чек	cheque; receipt	
7136. че́реп	skull	nom pl черепа́
7137. чу́диться i (coll) +d	to seem, imagine	чу́дится; по-/при- p
7138. чул(о́)к	stocking	g pl чуло́к
7139. чуть-чу́ть (coll)	a little bit, just a little	
7140. ша́рить i в +pr	to grope, fumble	по- p
7141. ше́лест	rustling	
7142. штамп	stamp, punch; cliché	
7143. штраф	fine	
7144. штурм	storm, assault	
7145. шту́чка (coll)	thing, object	g pl шту́чек
7146. ще́дрый	generous	
7147. экономи́чески	economically	
7148. эстра́дный	stage (adj)	
7149. э́хо	echo	
7150. яд	poison	
7151. я́ростно	furiously	
7152. автома́тика	automation; machinery	
7153. адресова́ть i/p +a +d	to address (sth to s.o.)	адресу́ю
7154. а́рка	arch	g pl а́рок
7155. архео́лог	archaeologist	
7156. афори́зм	aphorism	
7157. балл	mark (exam)	
7158. бедня́га m (coll)	poor fellow	
7159. безграни́чный	limitless	
7160. безде́лье	idleness	
7161. безжа́лостный	pitiless	
7162. безопа́сный	safe	
7163. бара́к	hut	
7164. бе́лка	squirrel	g pl бе́лок
7165. блин	pancake	g sg блина́
7166. бессмы́сленный	senseless, meaningless	
7167. би́блия	bible; the Bible	
7168. биоло́гия	biology	

7169.	благословля́ть i +a	to bless	благословля́ю; благослови́ть p
7170.	блесну́ть p	to flash	
7171.	блестя́ще	brilliantly	
7172.	бо́дрый	cheerful, in good form	
7173.	бо́йкий	smart, lively	
7174.	бу́дничный	weekday (adj); dull, everyday	
7175.	бу́лка	small loaf	g pl бу́лок
7176.	вдохнове́ние	inspiration	
7177.	вду́маться p в +a	to ponder on	вду́мываться i
7178.	ве́домость f	list, register	
7179.	ве́ер	fan	nom pl веера́
7180.	вертолёт	helicopter	
7181.	ве́рующий m adj	believer (religious)	
7182.	верхо́вье	upper reaches (of river)	g pl верхо́вьев
7183.	веще́ственный	substantial, material	
7184.	взаимопо́мощь f	mutual assistance	
7185.	взлета́ть i	to fly up	взлете́ть p
7186.	взлете́ть p	to fly up	взлечу́, взлети́шь; взлета́ть i
7187.	визжа́ть i	to scream; squeal	визжу́, визжи́шь
7188.	виногра́д	grapes	
7189.	внедря́ть i +a в +a	to inculcate; put into practice	внедря́ю; внедри́ть p
7190.	водоём	reservoir	
7191.	возводи́ть i +a	to raise	возвожу́, возво́дишь; возвести́ p
7192.	возврати́ть p +a	to return	возвращу́, возврати́шь; возвраща́ть i
7193.	возвыша́ться i	to rise	возвы́ситься p
7194.	возме́здие	retribution	
7195.	вой	howl; wailing	
7196.	волоса́тый	hairy	
7197.	восто́рженно	enthusiastically	
7198.	восхо́д	rise	
7199.	впрямь (coll)	indeed	
7200.	всеме́рно	in all possible ways	
7201.	всесторо́нне	thoroughly	
7202.	вскрыть p +a	to unseal; disclose; dissect	вскро́ю, вскро́ешь; вскрыва́ть i
7203.	всплеск	splash	
7204.	второстепе́нный	secondary, subsidiary	
7205.	в-четвёртых	fourthly	
7206.	выдава́ть i +a	to give out; give away, betray	выдаю, выдаёшь; вы́дать p
7207.	вы́ключить p +a	to switch off	выключа́ть i

7208. вы́писать p +a	to write out; subscribe to (periodical)	вы́пишу, вы́пишешь; выпи́сывать i
7209. вы́прямиться p	to become straight, straighten up	вы́прямлюсь, вы́прямишься; выпрамля́ться i
7210. выпуска́ться i	to be released	вы́пуститься p
7211. вырази́тельный	expressive	
7212. вырыва́ть i +a	to pull out	вы́рвать p
7213. вы́сказаться p	to speak out	вы́скажусь, вы́скажешься; выска́зываться i
7214. выска́зывание	utterance, statement	
7215. вы́стрелить p в +a	to shoot, fire (at)	стреля́ть i
7216. вы́учить p +a	to learn	учи́ть i
7217. вы́хватить p +a	to snatch, pull out	вы́хвачу, вы́хватишь; выхва́тывать i
7218. вью́га	snowstorm	
7219. гениа́льный	brilliant	
7220. гидроста́нция	hydroelectric station	
7221. глубь f	depth	
7222. горева́ть i	to grieve	горю́ю, горю́ешь
7223. горизонта́льный	horizontal	
7224. горожа́нин	town-dweller	nom pl горожа́не, g pl горожа́н
7225. гостеприи́мство	hospitality	
7226. грипп	influenza	
7227. грузи́нский	Georgian	
7228. грузи́ть i +a	to load	гружу́, гру́зишь; за-/по- p
7229. губи́ть i +a	to ruin	гублю́, гу́бишь; по- p
7230. двою́родный	(related through grandparent)	двою́родный брат cousin; двою́родная ба́бушка great-aunt; двою́родный дед great-uncle, grand-uncle
7231. деклара́ция	declaration	
7232. де́рзкий	cheeky; daring	
7233. дета́льно	minutely, in detail	
7234. до́блесть f	valour	
7235. доброду́шный	good-natured	
7236. добро́тный	high-quality	
7237. ду́рно	bad(ly)	
7238. души́ть i +a	to strangle; perfume	душу́, ду́шишь
7239. ежедне́вный	daily, everyday	
7240. жа́дность f	greed	
7241. жа́тва	reaping, harvest	
7242. жи́зненность f	vitality; lifelikeness	
7243. жук	beetle	g sg жука́
7244. журнали́стика	journalism	
7245. забо́тливый	solicitous, caring	

7246. завари́ть p +a	to brew	заварю́, зава́ришь; зава́ривать i
7247. завести́сь p	to start (working); (coll) get worked up	заведу́сь, заведёшься, past завёлся, завела́сь; заводи́ться i; Мото́р завёлся The engine started
7248. зави́симый	dependent	
7249. завоёвывать i +a	to conquer	завоева́ть p
7250. заглуши́ть p +a	to drown (a sound)	глуши́ть/заглуша́ть i
7251. заграни́чный	foreign	
7252. загуде́ть p	to start hooting/humming	загужу́, загуди́шь; гуде́ть i
7253. задра́ть p +a	to tear to pieces; lift up (coll)	задеру́, задерёшь; задира́ть i
7254. задрожа́ть p	to start shaking	задрожу́, задрожи́шь; дрожа́ть i
7255. заи́мствовать i +a	to borrow	заи́мствую; по- p
7256. заинтересо́ванность f в +pr	interest (in)	
7257. заки́нуть p +a	to cast, toss	заки́дывать i
7258. зако́нность f	legality	
7259. закономе́рный	regular, predictable	
7260. заку́ска	hors-d'oeuvre; snack	g pl заку́сок
7261. замёрзнуть p	to freeze	past замёрз, замёрзла; замерза́ть i
7262. запа́сный (= запасно́й)	spare, reserve	
7263. запозда́лый	belated	
7264. запомина́ть i +a	to memorize, commit to memory	запо́мнить p
7265. заряди́ть p +a	to load (weapon); charge (electrical equipment)	заряжу́, заряди́шь; заряжа́ть i
7266. застрели́ть p +a	to shoot dead	застрелю́, застре́лишь; застре́ливать i
7267. засты́вший	congealed; frozen	
7268. зате́я	venture, undertaking; game, escapade; embellishment	
7269. заткну́ть p +a	to stop up, plug	заткну́, заткнёшь; затыка́ть i
7270. звёздный	star (adj); starry	
7271. звуча́ние	sound, sounds	
7272. земе́льный	land (adj)	
7273. зре́лость f	maturity	
7274. изме́на	betrayal	
7275. инвали́д	invalid	
7276. и́ней	hoar-frost	

7277.	инста́нция	instance, stage (in legal proceedings); department	
7278.	исполни́тель m	executor; performer	
7279.	испу́г	fright	
7280.	истреби́ть p +a	to destroy, exterminate	истреблю́, истреби́шь; истребля́ть p
7281.	кану́н	eve	в кану́н +g on the eve of sth
7282.	ка́шлять i	to cough	ка́шляю; ка́шлянуть p
7283.	квадра́т	square	
7284.	колея́	rut	
7285.	колпа́к	cap	g sg колпака́; ночно́й колпа́к nightcap
7286.	коля́ска	pram; carriage	g pl коля́сок
7287.	ком	lump, ball	nom pl ко́мья, g pl ко́мьев
7288.	конкуре́нция	competition	
7289.	контролёр	inspector	
7290.	коры́то	tub; trough	
7291.	коси́ть i	to mow; twist	кошу́, ко́сишь; с- p
7292.	кошма́р	nightmare	
7293.	кра́тко	briefly	
7294.	кули́сы	wings (theatre)	g pl кули́с; за кули́сами behind the scenes
7295.	куса́ть i +a	to bite; sting	
7296.	лабири́нт	labyrinth	
7297.	леге́ндарный	legendary	
7298.	лече́бный	medical, medicinal	
7299.	литр	litre	
7300.	лиша́ть i +a +g	to deprive (s.o. of sth)	лиши́ть p
7301.	ло́паться i	to burst	ло́пнуть p
7302.	лы́сина	bald patch	
7303.	масси́вный	massive	
7304.	матро́с	sailor	
7305.	маши́нка	(small) machine	g pl маши́нок; пи́шущая маши́нка typewriter
7306.	медикаме́нт	medicine	медикаме́нты medical supplies, drugs
7307.	мель f	shoal, (sand)bank	pr sg на мели́ high and dry
7308.	меч	sword	g sg меча́
7309.	мещани́н	petty bourgeois, lower middle class person; philistine	nom pl меща́не, g pl меща́н
7310.	ми́лостивый	gracious, kind	ми́лостивый госуда́рь Dear Sir
7311.	многообра́зие	diversity	
7312.	мора́льно	morally	

7313.	моргну́ть p	to blink; wink	морга́ть i
7314.	москви́ч	Muscovite	g sg москвича́
7315.	мохна́тый	shaggy	
7316.	мрак	darkness, gloom	
7317.	мстить i +d за +a	to take revenge (on s.o. for sth)	мщу, мстишь; ото- p
7318.	мучи́тельный	excruciating	
7319.	мысли́тель m	thinker	
7320.	на́бок	awry, on one side	
7321.	нави́снуть p	to overhang	нависа́ть i
7322.	навя́зывать i +a +d	to impose, foist (sth on s.o.)	past нави́с, нави́сла; навяза́ть p
7323.	награди́ть p +a	to reward	награжу́, награди́шь; награжда́ть i
7324.	нажи́м	pressure; clamp	
7325.	наи́вно	naively	
7326.	наилу́чший	the best	
7327.	накопи́ться p	to accumulate	нако́пится; нака́пливаться/ накопля́ться i
7328.	налицо́	present, visible	Все необходи́мые усло́вия налицо́ All the essential conditions are present
7329.	намека́ть i на +a	to allude to	намекну́ть p
7330.	намерева́ться i +inf	to intend	
7331.	насеко́мое n adj	insect	
7332.	наслажда́ться i +inst	to delight (in), get physical pleasure (from)	наслади́ться p
7333.	на́спех	hastily	
7334.	настоя́ть p на +pr	to insist, get one's own way	настою́, настои́шь; наста́ивать i
7335.	насчи́тываться i	to number, total	
7336.	негр	negro	
7337.	негритя́нский	negro (adj)	
7338.	недово́льство +inst	dissatisfaction (with)	
7339.	не́зачем + i inf	there's no point	
7340.	неинтере́сно	(it's) uninteresting	
7341.	нейтралите́т	neutrality	
7342.	немо́й	dumb, silent, mute	
7343.	неотло́жный	urgent	
7344.	нереши́тельность f	indecisiveness	
7345.	неслы́ханный	unprecedented	
7346.	несме́тный	countless	
7347.	неу́жто (coll)	really?	= неуже́ли
7348.	новорождённый	new-born	
7349.	обвини́ть p +a в +pr	to accuse (s.o. of sth)	обвиня́ть i

7350. обже́чь p +a	to burn; bake, fire (bricks etc.)	обожгу́, обожжёшь, обожгу́т, past обжёг, обожгла́; обжига́ть i
7351. оби́женно	resentfully, looking hurt	
7352. обме́ниваться i +inst	to exchange	обменя́ться p
7353. обозли́ться p на +a	to get angry (with)	зли́ться i
7354. оборо́нный	defence (adj)	оборо́нная промы́шленность defence industry
7355. обрабо́тать p +a	to process, work on (sth)	обраба́тывать i
7356. огово́рка	reservation, proviso; slip of the tongue	g pl огово́рок; согласи́ться с огово́рками to agree with reservations
7357. одева́ться i	to dress	оде́ться p
7358. однообра́зный	monotonous	
7359. односторо́нний	one-sided; one-way	
7360. оживлённо	animatedly, excitedly	
7361. озорно́й (coll)	mischievous	
7362. озя́бнуть p	to get cold, chilled	past озя́б, озя́бла
7363. окая́нный	cursed	
7364. окли́кнуть p +a	to hail, call (to s.o.)	оклика́ть i
7365. опа́здывать i	to be late	опозда́ть p
7366. оскорбля́ть i +a	to insult	оскорбля́ю; оскорби́ть p
7367. осмо́тр	inspection	
7368. осты́ть p	to cool down, get cold	осты́ну, осты́нешь; остыва́ть i
7369. отбира́ть i +a	(y +g) to take away (from s.o.); select	отобра́ть p
7370. отвлечённый	abstract	
7371. отвори́ть p +a	to open	отворю́, отво́ришь; отворя́ть i
7372. отки́нуть p +a	to throw away, throw back	отки́дывать i
7373. открове́нность f	frankness	
7374. отли́в	ebb, falling tide; tinge, tint, play of colours	
7375. отры́в от +g	tearing off; isolation (from)	
7376. оттолкну́ть p +a	to push away	отта́лкивать i
7377. офо́рмить p +a	to put into proper form	офо́рмлю, офо́рмишь; оформля́ть p
7378. очища́ть i +a	to clean, purify	очи́стить p
7379. пали́ть i +a	(p c-) to burn, scorch; (p o-) singe	
7380. парово́й	steam (adj)	
7381. пасти́ i +a	to graze; to shepherd	пасу́, пасёшь, past пас, пасла́
7382. пенсионе́р	pensioner	
7383. па(ё)к	ration	g sg пайка́
7384. перебра́ть p	to sort through; to take in excess	переберу́, переберёшь, f past перебрала́; перебира́ть i

7385.	перевезти́ p +a	to transport across, from swh to swh	первезу́, перевезёшь, past перевёз, перевезла́; перевози́ть i
7386.	перевяза́ть p +a	to bandage; tie up	перевяжу́, перевя́жешь; перевя́зывать i
7387.	перехвати́ть p +a	to intercept	перехвачу́, перехва́тишь; перехва́тывать i
7388.	перечисля́ть i +a	to enumerate; transfer (funds)	перечисля́ю; перечи́слить p
7389.	перечи́тывать i +a	to reread	перечита́ть p
7390.	печа́таться i	to be printed, be published	
7391.	пищево́й	food (adj)	пищева́я промы́шленность food industry
7392.	побледне́ть p	to turn pale	побледне́ю, побледне́ешь; бледне́ть i
7393.	побоя́ться p +g or +inf	to be afraid, not dare to	побою́сь, побои́шься; боя́ться i
7394.	пове́рхностный	superficial	
7395.	пови́снуть p	to hang, dangle; droop, sag	пови́сну, пови́снешь, past пови́с, пови́сла; повиса́ть i
7396.	погро́м	pogrom, massacre	
7397.	поддава́ться i +d	to yield (to)	поддаю́сь, поддаёшься; подда́ться p
7398.	по́длинно	genuinely	
7399.	подложи́ть p +a	to put under; add	подложу́, подло́жишь; подкла́дывать i
7400.	подрыва́ть i +a	to undermine	подорва́ть p
7401.	подрывно́й	undermining; subversive	
7402.	поду́ть p	to blow	поду́ю, поду́ешь; дуть i
7403.	подъезжа́ть i к +d	to drive up (to)	подъе́хать p
7404.	покры́ться p +inst	to be covered (with)	покро́юсь, покро́ешься; покрыва́ться i
7405.	поку́шать p	to eat (polite usage)	ку́шать i
7406.	полуша́рие	hemisphere	
7407.	по́люс	pole (geog)	Се́верный по́люс North Pole
7408.	по́мниться i +d	to be remembered	(Мне) по́мнится I remember
7409.	пообе́дать p	to dine, have a meal	обе́дать i
7410.	поо́даль	at some distance	
7411.	попра́виться p	to get better; correct os; put on weight	попра́влюсь, попра́вишься; поправля́ться i
7412.	поравня́ться p с +inst	to draw level with, come up to	поравня́юсь
7413.	по́рция	portion	
7414.	поссо́риться p с +inst	to quarrel (with s.o.)	ссо́риться i

7415. постанови́ть p	to decide, resolve	постановлю́, постано́вишь; постановля́ть i
7416. по-ста́рому	as before	
7417. потихо́ньку (coll)	slowly; quietly; secretly	
7418. потопи́ть p +a	to sink; drown	потоплю́, пото́пишь; топи́ть i
7419. потруди́ться p	(+inf) to take the trouble (to); do some work	потружу́сь, потру́дишься; Потруди́тесь закры́ть дверь Could I ask you to close the door?
7420. похло́пать p	to slap, clap	хло́пать i
7421. похорони́ть p +a	to bury	похороню́, похоро́нишь; хорони́ть i
7422. почёт	esteem, respect	
7423. почу́ять p +a	to scent, sense, feel	почу́ю, почу́ешь; чу́ять i
7424. пра́зднование	celebration	
7425. пре́данный	devoted	
7426. предви́дение	foresight	
7427. преде́льно	maximally	
7428. преде́льный	maximum (adj)	
7429. предпосы́лка	prerequisite, precondition	g pl предпосы́лок
7430. президе́нтский	president's, presidential	
7431. пренебреже́ние	scorn, neglect	
7432. преподава́ть i +a	to teach	преподаю́, преподаёшь
7433. претендова́ть i на +a	to claim (sth)	претенду́ю
7434. привлече́ние	attraction	
7435. прили́в	rising tide; influx	
7436. приподня́ться p	to raise os slightly	приподниму́сь, приподни́мешься, past приподня́лся, приподняла́сь; приподнима́ться i
7437. присвое́ние	appropriation; conferment	незако́нное присвое́ние misappropriation
7438. пристра́стие к +d	partiality; weakness (for)	
7439. прито́к	tributary; inflow	
7440. приши́ть p +a к +d	to sew on	пришью́, пришьёшь; пришива́ть
7441. про́ба	test, trial	ме́тод проб и оши́бок trial and error
7442. пробра́ться p	to force one's way	проберу́сь, проберёшься, past пробра́лся, пробрала́сь; пробира́ться i
7443. прова́ливаться i	to fall through; fail	провали́ться p
7444. продвиже́ние	advancement, progress	
7445. проклина́ть i +a	to curse	прокля́сть p
7446. прони́зывать i +a	to pierce, penetrate, permeate	пронiза́ть p

7447.	проникнове́ние	penetration	
7448.	проноси́ться i	to rush past	проношу́сь, прono ́сишься; пронести́сь p
7449.	пружи́на	spring (mechanism)	
7450.	пры́гнуть p	to jump	пры́гать i
7451.	пульт	control panel; music-stand	
7452.	пшени́чный	wheat (adj), wheaten	
7453.	пы́тка	torture	g pl пы́ток; Попы́тка не пы́тка It won't hurt to try
7454.	равноду́шие	indifference	
7455.	разгоре́ться p	to flare up	разгори́тся; разгора́ться i
7456.	раздава́ть i +a	to give out, distribute	раздаю, раздаёшь; разда́ть p
7457.	разоблаче́ние	exposing, unmasking	
7458.	разы́скивать i +a	to seek out, search for	разыска́ть p
7459.	раскры́тый	wide-open	
7460.	ра́совый	racial	
7461.	располо́женний	situated; (к +d) inclined, disposed to	
7462.	распредели́ть p +a	to distribute; allocate	распределя́ть i
7463.	распространи́ться p	to spread	распространя́ться i
7464.	рассль́шать p	to catch (sth said)	Прости́те, я не рассль́шала Sorry, I didn't catch that
7465.	расставля́ть i +a	to place, set out; move apart	расставля́ю; расста́вить p
7466.	расстёгивать i +a	to unfasten	расстегну́ть p
7467.	рассуди́ть p +a	to arbitrate (between), judge; decide	рассужу́, рассу́дишь; рассужда́ть i
7468.	расте́рянность f	bewilderment, dismay	
7469.	расхо́довать i +a	to spend, use up	расхо́дую; из- p
7470.	реце́пт	recipe; prescription	
7471.	румя́ный	rosy, ruddy	
7472.	ру́шиться i	to collapse	об- p
7473.	ры́хлый	friable, crumbly; (coll) podgy, flabby	
7474.	сбива́ться i	to slip; go wrong, get confused; huddle together	сби́ться p
7475.	све́чка	small candle	g pl све́чек
7476.	свире́пый	ferocious	
7477.	своеобра́зие	peculiarity, individuality	
7478.	связа́ться p с +inst	to get in touch with; get involved with	свяжу́сь, свя́жешься; свя́зываться i
7479.	святы́ня	sacred place or thing	
7480.	сжима́ться i	to tighten, clench	сжа́ться p

7481. си́мвол	symbol	
7482. символи́ческий	symbolic	
7483. сиротá m/f	orphan	nom pl сирóты
7484. склоня́ться i	to bend, bow; be declined (grammatical term)	склоня́юсь; склони́ться p
7485. скóрбный	mournful	
7486. скýдный	meagre	
7487. скулáстый	with high cheek-bones	
7488. слéдователь m	investigator	
7489. слéдом (за +inst)	behind	
7490. служéние +d	service (to), serving	
7491. смотр	inspection, review	
7492. сни́зить p +a	to lower, reduce	сни́жу, сни́зишь; снижáть i
7493. сожрáть p +a	to gobble up	сожрý, сожрёшь, f past сожралá; жрать i
7494. сознáтельность f	awareness	
7495. созы́в	calling, summoning (of meeting)	
7496. сокращáться i	to be reduced; get shorter	сократи́ться p
7497. солгáть p	to lie, tell a lie	солгý, солжёшь, солгýт, f past солгалá; лгать i
7498. сопéть i	to snuffle	соплю́, сопи́шь
7499. соревновáться i с +inst	to compete, vie (with)	соревнýюсь
7500. спасти́сь p	to save os, escape	спасýсь, спасёшься, past спáсся, спаслáсь; спасáться i
7501. сплочённость f	unity, solidarity	
7502. срабóтать p	to work (function) properly	срабáтывать i; Механи́зм срабóтал The mechanism worked
7503. суждéние	opinion, judgement	
7504. супрýг	spouse (husband)	
7505. сущéственно	vitally, essentially	
7506. сы́пать i +a or +inst	to pour, strew	сы́плю, сы́плешь; по- p
7507. табáчный	tobacco (adj)	
7508. тáять i	to melt	тáю, тáешь; рас- p
7509. твор(é)ц	creator	
7510. терéть i +a	to rub	тру, трёшь, past тёр, тёрла; по- p
7511. толковáние	interpretation	
7512. тóнкость f	thinness; subtlety	
7513. торопи́ть i +a	to hurry (s.o.)	тороплю́, торóпишь; по- p
7514. тракт	highway; route	
7515. трещáть i	to crack; crackle	трещи́т

7516.	тридца́тый	thirtieth	
7517.	трость f	cane, walking-stick	g pl тросте́й
7518.	тунне́ль m	tunnel	
7519.	угоща́ть i +a	to treat, entertain	угости́ть p
7520.	угрожа́ющий	threatening	
7521.	удовлетворя́ть i	to satisfy	удовлетворя́ю; удовлетвори́ть p
7522.	укла́дываться i	(уложи́ться p) to pack one's things; (в +a) fit (into sth); (уле́чься p) lie down, go to bed	
7523.	укло́н	slope; deviation, bias	
7524.	укра́дкой	stealthily	
7525.	улете́ть p	to fly away	улечу́, улети́шь; улета́ть i
7526.	улови́ть p +a	to catch; detect	уловлю́, уло́вишь; ула́вливать i
7527.	умыва́ться i	to wash os	умы́ться p
7528.	упусти́ть p +a	to let slip; miss	упущу́, упу́стишь; упуска́ть i
7529.	у́сик	whisker; antenna, feeler	у́сики small moustache
7530.	ускольза́ть i	to slip away	ускользну́ть p
7531.	успока́ивать i +a	to soothe, quieten	успоко́ить p
7532.	у́стье	mouth, estuary	g pl у́стьев
7533.	уточни́ть p +a	to make more precise; verify	уточня́ть i
7534.	утра́та	loss	
7535.	уха́живать i за +inst	to look after (s.o.); make advances (to a woman)	
7536.	у́часть f	fate, lot (in life)	
7537.	ую́тный	cosy	
7538.	фабри́чный	factory (adj)	
7539.	фа́за	phase	
7540.	федера́ция	federation	
7541.	хво́йный	coniferous	
7542.	хму́ро	gloomily, sullenly	
7543.	ху́денький (coll)	slim, thin	
7544.	централизо́ванный	centralized	
7545.	цита́та	quotation	
7546.	части́чный	partial	
7547.	чередова́ться i с +inst	to alternate (with)	чреду́юсь
7548.	черти́ть i +a	to draw, draw up	черчу́, че́ртишь; на- p
7549.	чи́слиться i	to be, be listed; (+inst) be considered (to be sth)	Она́ не чи́слится в э́том спи́ске She's not on this list
7550.	чувстви́тельный	sensitive	
7551.	чула́н	store-room, box-room	

7552. чумá	plague	
7553. чýточку (coll)	a little	
7554. швéдский	Swedish	
7555. шестьсóт	six hundred	g шестисóт
7556. шкатýлка	casket, box	g pl шкатýлок
7557. шлёпать i +a	to smack	шлёпнуть p
7558. шóрох	rustle	
7559. щётка	brush	g pl щёток
7560. эконóмить i +a	to save, economize	эконóмлю, эконóмишь; с- p
7561. этикéтка	label	g pl этикéток
7562. юрúст	lawyer	
7563. я́вственно	clearly	
7564. я́года	berry	
7565. аналóгия	analogy	
7566. ароми́т	scent, aroma	
7567. балтúйский	Baltic	
7568. бас	bass	
7569. безгранúчно	infinitely	
7570. бездóмный	homeless	
7571. безмéрно	immensely	
7572. бессóнница	insomnia	
7573. библéйский	biblical	
7574. благословéние	blessing	
7575. вéжливость f	politeness	
7576. богаты́рский	heroic	
7577. божéственный	divine	
7578. братúшка (coll)	little brother	g pl братúшек
7579. бревéнчатый	made of logs	
7580. вéна	vein	
7581. бюрокрáт	bureaucrat	
7582. варéнье	jam, preserves	
7583. вглубь	into the depths	
7584. вдалекé	in the distance	
7585. вдóволь	in abundance; enough	
7586. вдохновля́ть i +a	to inspire	вдохновля́ю; вднохновúть p
7587. вéдьма	witch	g pl ведьм
7588. великолéпие	magnificence	
7589. вéник	brush, bundle of twigs (for sweeping floor or beating body in sauna)	
7590. вен(ó)к	wreath, garland	
7591. верхóм	on horseback	
7592. вéчность f	eternity	
7593. взгля́дывать i на +a	to look at	взглянýть p
7594. взывáть i к +d	to appeal to	воззвáть p

7595. ви́шня	cherry	g pl ви́шен
7596. включа́ться i	to join; be included; be switched on	включи́ться p
7597. влеза́ть i в +a	to climb in	влезть p
7598. влете́ть p	to fly in	влечу́, влети́шь; влета́ть i
7599. влия́тельный	influential	
7600. води́ться i	(с +inst) to associate with; be, be found	вожу́сь, во́дишься
7601. возбуди́ть p +a	to arouse	возбужу́, возбуди́шь; возбужда́ть i
7602. возобнови́ть p +a	to renew	возобновлю́, возобнови́шь; возобновля́ть i
7603. вои́нственный	warlike	
7604. вооружа́ть i +a	to arm	вооружи́ть p
7605. вопль m	wail, howl	
7606. воротнич(о́)к	(small) collar	
7607. воспроизводи́ть i +a	to reproduce	воспроизвожу́, воспроизво́дишь; воспроизвести́ p
7608. восхища́ться i +inst	to admire	восхити́ться p
7609. вскрыва́ть i +a	to open; reveal	вскрыть p
7610. вспыли́ть p (coll)	to flare up	
7611. всхли́пывать i	to sob	всхли́пнуть p
7612. вся́ческий (coll)	all kinds of	
7613. втяну́ть p +a	to pull in	втяну́, втя́нешь; втя́гивать i
7614. вы́везти p +a	to transport out, export	вы́везу, вы́везешь, past вы́вез, вы́везла; вывози́ть i
7615. вы́жать p +a	to squeeze out	вы́жму, вы́жмешь; выжима́ть i
7616. вы́садить p +a	to set down, land	вы́сажу, вы́садишь; выса́живать i
7617. вы́спаться i	to get enough sleep	вы́сплюсь, вы́спишься; высыпа́ться i
7618. вытя́гивать i +a	to stretch out	вы́тянуть p
7619. вытя́гиваться i	to stretch out	вы́тянуться p
7620. выясне́ние	explanation	
7621. вяза́ть i +a	to tie; knit	вяжу́, вя́жешь; с- p
7622. гармо́ния	harmony	
7623. герои́зм	heroism	
7624. ги́бкий	flexible	
7625. гимн	hymn, anthem	
7626. гипо́теза	hypothesis	
7627. глота́ть i +a	to swallow	
7628. голени́ще	top (of a boot)	
7629. голода́ть i	to go hungry	
7630. голосова́ние	voting	

7631. графи́н	carafe, decanter	
7632. громо́здкий	cumbersome, bulky	
7633. гуманита́рный	humanitarian; humanities (adj)	гуманита́рные нау́ки the Arts, humanities
7634. гу́ща	dregs; thicket	
7635. да́ром	free, gratis	
7636. ден(ё)к	day (dim)	g sg денька́
7637. дёргать i +a	to tug	дёрнуть p
7638. дета́льный	detailed	
7639. дефици́т	deficit; shortage, shortages	
7640. джи́нсы pl	jeans	g pl джи́нсов
7641. добира́ться i до +g	to reach, get to	добра́ться p
7642. добросо́вестно	conscientiously	
7643. документа́ция	documentation, documents	
7644. доста́т(о)к	sufficiency; prosperity	
7645. драмати́ческий	dramatic	
7646. дружи́ть i с +inst	to be friends (with s.o.)	дружу́, дру́жишь
7647. дурач(о́)к	idiot, half-wit	
7648. ду́шный	stuffy	
7649. дыми́ться i	to smoke	
7650. ды́рка	small hole	g pl ды́рок
7651. жела́ющий	person interested (in doing sth)	Есть жела́ющие пойти́ в кино́? Does anyone want to go to the cinema?
7652. желтова́тый	yellowish	
7653. заверша́ть i +a	to complete	заверши́ть p
7654. зака́зывать i +a	to order (sth)	заказа́ть p
7655. зако́нченный	complete; consummate, professional	зако́нченный ма́стер consummate master
7656. закружи́ться p	to begin to spin	закружу́сь; закру́жишься; кружи́ться i
7657. залива́ть i +a +inst	to flood (sth with sth)	зали́ть p
7658. замерза́ть i	to freeze	замёрзнуть p
7659. запечатле́ть p +a	to imprint	запечатле́ю, запечатле́ешь; запечатлева́ть i
7660. затева́ть i (coll) +a	to start, organize	зате́ять p
7661. затра́гивать i +a	to touch, affect	затро́нуть p
7662. затя́гиваться i	to drag on; inhale (when smoking); tighten one's belt	затяну́ться p
7663. зашага́ть p	to stride out	шага́ть i
7664. зёрнышко	grain	nom pl зёрнышки, g pl зёрнышек
7665. зна́чимость f	significance	

7666. изгна́ть p +a	to expel, banish	изгоню́, изго́нишь, f past изгнала́; изгоня́ть i
7667. излю́бленный	favourite	
7668. измеря́ться i	to be measured	измеря́ется; изме́риться p
7669. израсхо́довать p +a	to spend, use up	исрасхо́дую; расхо́довать i
7670. иллюмина́тор	porthole	
7671. иллюстри́ровать i/p +a	to illustrate	иллюстри́рую
7672. именова́ть i +a	to name	имену́ю; на- p
7673. инвента́рь m	equipment; inventory	g sg инвентаря́
7674. интеллектуа́льный	intellectual (adj)	
7675. ископа́емые pl adj	minerals	
7676. испо́лненный +g	full (of)	
7677. исправле́ние	correction	
7678. исте́рика	hysterics	
7679. исче́рпывающий	exhaustive	
7680. италья́н(е)ц	Italian	
7681. кана́т	rope, cable	
7682. капиталовложе́ние	capital investment	often pl капиталовложе́ния
7683. кати́ть i +a	to roll (sth)	качу́, ка́тишь; по- p
7684. ки́евский	Kiev (adj)	
7685. кипят(о́)к	boiling water	
7686. кла́ссный	class (adj); first-class	
7687. кли́ника	clinic	
7688. коза́	goat	nom pl ко́зы
7689. ко́зырь m	trump	g pl козыре́й
7690. коле́нка (coll)	knee	g pl коле́нок
7691. колю́чий	prickly	колю́чая про́волока barbed wire
7692. кома́р	mosquito	g sg комара́
7693. комбинезо́н	overalls	
7694. комо́д	chest of drawers	
7695. конве́йер	conveyor belt	
7696. конфискова́ть i/p +a	to confiscate	конфиску́ю
7697. конце́ртный	concert (adj)	
7698. концла́герь m	concentration camp	nom pl концлагеря́
7699. кончи́на (formal)	decease, demise	
7700. кооперати́вный	cooperative (adj)	
7701. копа́ть i +a	to dig	копну́ть p
7702. ко́со	squint, askew	
7703. ко́сточка	stone (of fruit); small bone	g pl ко́сточек
7704. котён(о)к	kitten	nom pl котя́та, g pl котя́т
7705. кра́сить i	to paint, colour; dye	кра́шу, кра́сишь; вы-/о-/по- p
7706. краснова́тый	reddish	
7707. крах	crash; failure	

7708. крóшка	crumb	g pl крóшек
7709. кряхтéть i	to groan; grunt	кряхчý, кряхтíшь
7710. кýзов	body (of vehicle); basket	nom pl кузовá
7711. культ	cult	культ лíчности cult of personality
7712. лáйнер	liner	
7713. лёгкое n adj	lung	
7714. ленíво	lazily	
7715. лечíться i от +g	to undergo treatment, be treated for	лечýсь, лéчишься
7716. линéйка	line (on paper); ruler (for drawing lines)	g pl линéек
7717. лóндонский	London (adj)	
7718. лоскýт	rag, scrap	nom pl лоскуты́, g pl лоскутóв or nom pl лоскýтья, g pl лоскýтьев
7719. любéзно	obligingly, courteously	
7720. макýшка	top; crown (of head)	g pl макýшек; У́шки на макýшке I'm all ears
7721. маневрíровать i	to manoeuvre	маневрíрую; с- p
7722. машинáльно	mechanically	
7723. машинострой-тельный	mechanical engineering (adj)	
7724. мéлко	finely; pettily	
7725. мéльком	in passing	
7726. мéтить i	(+a) to mark; (в +a) aim (at)	мéчу, мéтишь
7727. мещáнка	lower middle-class woman; philistine	g pl мещáнок
7728. мигнýть p	to blink; wink	мигáть i
7729. многообрáзный	diverse	
7730. молвá	rumour(s)	no pl
7731. монумéнт	monument	
7732. морщíнка	wrinkle	g pl морщíнок
7733. мрáморный	marble (adj)	
7734. мужíцкий	peasant (adj), peasant's	
7735. навалíть p +a	to heap up, pile	навалю́, навáлишь; навáливать i
7736. навéчно	for ever	
7737. навóз	manure	
7738. нáглухо	tightly, firmly	
7739. нагрéть p +a	to warm	нагрéю, нагрéешь; нагревáть i
7740. надвигáться i	to draw near	надвíнуться p
7741. нáдобно (coll)	necessary	= нáдо
7742. нанимáть i +a	to hire	нанять p
7743. напойть p +a	to give to drink; make drunk	пойть/напáивать i

7744.	напосле́док (coll)	in the end	
7745.	наравне́ с +inst	level (with), on equal terms (with)	
7746.	на́скоро (coll)	hastily	
7747.	на́стежь	wide open	
7748.	нау́чно	scientifically	
7749.	недове́рчиво	distrustfully, suspiciously	
7750.	незабыва́емый	unforgettable	
7751.	немы́слимый	unthinkable	
7752.	ненорма́льный	abnormal; mad	
7753.	непобеди́мый	invincible	
7754.	непо́лный	incomplete	
7755.	непрекло́нный	unyielding, adamant	
7756.	непреодоли́мый	insurmountable	
7757.	неслы́шно	inaudible; inaudibly	
7758.	неутоми́мый	tireless	
7759.	нырну́ть p	to dive	ныря́ть i
7760.	обду́мать p +a	to consider, ponder	обду́мывать i
7761.	оберега́ть i +a от +g	to protect (s.o. from sth)	обере́чь p
7762.	обихо́д	use; custom, practice	вы́йти из обихо́да to go out of use
7763.	о́блачный	cloudy	
7764.	обли́ть p +a +inst	to pour sth (inst) over sth (a)	оболью́, обольёшь, f past облила́; облива́ть i
7765.	обло́жка	cover (of book etc.)	g pl обло́жек
7766.	обнажённый	naked	
7767.	обобще́ние	generalization	
7768.	обознача́ть i +a	to denote, mean; mark, designate	обозна́чить p
7769.	образцо́вый	model, exemplary	
7770.	обру́шиться p	to collapse, cave in	обру́шиваться i
7771.	одновреме́нный	simultaneous	
7772.	оживлённый	animated, excited	
7773.	окре́стный	surrounding	
7774.	опа́ска (coll)	caution	
	с опа́ской	nervously, cautiously	
7775.	опрове́ргнуть p +a	to refute, disprove	опроверга́ть i
7776.	опроверже́ние	refutation	
7777.	опу́щенный	lowered	
7778.	освободи́тельный	liberation (adj)	
7779.	оскорби́ть p +a	to insult	оскорблю́, оскорби́шь; оскорбля́ть i
7780.	осложне́ние	complication	
7781.	осма́триваться i	to look round, get one's bearings	осмотре́ться p

7782.	осмы́слить p +a	to make sense (of sth), interpret	осмы́сливать i
7783.	оста́вшийся	remaining	
7784.	остроу́мный	witty	
7785.	осуществи́ться p	to be fulfilled, be put into effect	осуществля́ться i
7786.	отбива́ть i +a	to break off; beat off, repulse; get by force	отби́ть p
7787.	отбо́р	selection	
7788.	отделя́ться i от +g	to separate (from)	отделя́юсь; отдели́ться p
7789.	откли́кнуться p на +a	to respond (to sth)	отлкика́ться i
7790.	отовсю́ду	from everywhere	
7791.	отрица́ние	negation	
7792.	оформля́ть i +a	to put into proper form	оформля́ю; офо́рмить p
7793.	ощути́мый	perceptible	
7794.	ощуща́ться i	to be felt	
7795.	панора́ма	panorama	
7796.	парла́ментский	parliamentary	
7797.	па́рта	school desk	
7798.	паути́на	cobweb	
7799.	певи́ца	singer f	
7800.	первонача́льно	originally	
7801.	перева́л	crossing; mountain pass	
7802.	переде́лка	alteration	
7803.	перекрёст(о)к	crossroads	
7804.	перели́в	tint; play of colours	
7805.	переня́ть p +a	to copy, adopt	переймý, переймёшь, past пе́ренял, переняла́, пе́реняло; перенима́ть
7806.	переса́дка	change (of transport); transplant(ation)	g pl переса́док
7807.	переспроси́ть p +a	to ask again	переспрошу́, переспро́сишь; переспра́шивать
7808.	периоди́ческий	periodic, recurrent	
7809.	пирож(о́)к	pie	
7810.	пла́вно	smoothly	
7811.	плаву́чий	floating	
7812.	плодотво́рный	fruitful	
7813.	повествова́ние	narration	
7814.	повинова́ться i +d	to obey	повину́юсь; повинова́ться p (past only)
7815.	води́ть i +inst поводи́ть p +a	(i) to move, twitch (p) to lead about	повожу́, пово́дишь; повести́ p повожу́, пово́дишь; води́ть i
7816.	повы́ситься p	to rise	повы́шусь, повы́сишься; повыша́ться i

7817.	пограни́чный	border (adj)	
7818.	подбежа́ть p к +d	to run up (to)	подбегу́, подбежи́шь, подбегу́т; подбега́ть i
7819.	подве́сить p +a	to suspend	подве́шу, подве́сишь; подве́шивать i
7820.	поддержа́ние	support, maintenance	
7821.	подлежа́ть i +d	to be subject to	подлежи́т; Э́то не подлежи́т сомне́нию This is indisputable
7822.	подозри́тельный	suspicious	
7823.	подо́лгу	for a long time	
7824.	по-друго́му	differently	
7825.	подружи́ться p с +inst	to make friends with	подружу́сь, подру́жишься
7826.	подскочи́ть p	to run up; jump up	подскочу́, подско́чишь; подска́кивать i
7827.	по́дступ к +d	approach	
7828.	подтверди́ться p	to be confirmed	подтверждаться i
7829.	подтверждаться i	to be confirmed	подтверди́ться p
7830.	подча́с	sometimes	
7831.	поеди́н(о)к	duel	
7832.	поинтересова́ться p +inst	to take an interest, wonder	поинтересу́юсь
7833.	покури́ть p	to have a smoke	покурю́, поку́ришь; кури́ть i
7834.	полежа́ть p	to lie for a while	полежу́, полежи́шь; лежа́ть i
7835.	полиро́ванный	polished	
7836.	политбюро́ n indecl	Politburo	
7837.	полити́чески	politically	
7838.	положи́тельно	positively	
7839.	поме́ха	hindrance	
7840.	понеде́льник	Monday	
7841.	попи́ть p	to have a drink	попью́, попьёшь, f past попила́; пить i
7842.	поро́чный	vicious; defective	
7843.	поспе́ть p (coll)	(к +d/на +a) to be in time for; ripen	поспе́ю, поспе́ешь; поспева́ть i
7844.	посре́дство	mediation	
7845.	посы́паться p	to pour down	посы́плется; посыпа́ться i
7846.	по-тво́ему	in your opinion; as you want it	
7847.	потемне́ть p	to go dark, get dark	потемне́ет; темне́ть i
7848.	потира́ть i +a	to rub	потере́ть p
7849.	потрево́жить p +a	to trouble	трево́жить i
7850.	поуча́ть i +a	to lecture (s.o.)	
7851.	пощади́ть p +a	to spare	пощажу́, пощади́шь; щади́ть i
7852.	прегра́да	obstacle	
7853.	предисло́вие	foreword	

7854. предотвращéние	prevention	
7855. предпринимáть i +a	to undertake	предприня́ть p
7856. предшéствовать i +d	to precede	предшéствует
7857. предъяви́ть p +a +d	to show, present (sth to s.o.)	предъявлю́, предъя́вишь; предъявля́ть i
7858. пренебрегáть i +inst	to scorn (s.o. or sth)	пренебрéчь p
7859. прéния n pl	debate, discussion	g pl прéний
7860. прибрéжный	coastal; riverside	
7861. приви́ть p +a	to inoculate; inculcate	привью́, привьёшь, past привилá; прививáть i
7862. привози́ть i +a	to bring (by transport)	привожу́, привóзишь; привезти́ p
7863. приз	prize	nom pl призы́
7864. прикрепи́ть p +a к +d	to fasten (sth to sth)	прикреплю́, прикрепи́шь; прикрепля́ть i
7865. примéта	sign	
7866. присвóить p +a	to take over, appropriate; award	присвáивать i
7867. присмáтривать i за +inst	to look after, supervise	присмотрéть p
7868. при́стальный	fixed, constant	
7869. прису́тствующий	present, (as noun) person present	
7870. приучи́ть p +inf or к +d	to train (to do sth)	приучу́, приу́чишь; приучáть i
7871. причёска	hairstyle	g pl причёсок
7872. причу́дливый	odd, whimsical	
7873. пробивáться i	to fight one's way through	проби́ться p
7874. проповéдовать i +a	to preach; advocate	проповéдую
7875. прорвáться p	to break through; tear	прорву́сь, прорвёшься, past прорвáлся, прорвалáсь; прорывáться i
7876. прорéзать p +a	to cut through	прорéжу, прорéжешь; прорезáть/прорéзывать i
7877. просвéчивать i	to be translucent; shine through	
7878. прослáвить p +a	to make famous	прослáвлю, прослáвишь; прославля́ть i
7879. простáивать i	to stand idle	простоя́ть p
7880. простыня́	sheet (bedding)	nom pl прóстыни, g pl просты́нь, d pl простыня́м
7881. протокóл	protocol; minutes (of meeting)	
7882. процеду́ра	procedure	
7883. пти́чка	small bird; tick (✔)	g pl пти́чек

7884. пульс	pulse	
7885. пуска́й (coll)	let (= пусть)	Пуска́й говори́т Let him speak
7886. пусты́рь m	waste ground	g sg пустыря́
7887. пыла́ть i	to blaze	
7888. радика́льный	radical	
7889. ра́дужный	iridescent; radiant	
7890. разбе́г	run	
7891. разбо́й	banditry	
7892. разбо́йничий	robber's, brigand's	f разбо́йничья, n разбо́йничье
7893. развести́сь p	to get divorced; breed	разведу́сь, разведёшься, past развёлся, развела́сь; разводи́ться i
7894. разгора́ться i	to flare up, blaze up	разгоре́ться i
7895. раздвига́ть i +a	to move apart	раздви́нуть p
7896. раздражённо	with irritation, crossly	
7897. разлета́ться i	to fly apart; scatter, shatter	разлете́ться p
7898. размести́ться p	to be seated, placed, accommodated	размещу́сь, размести́шься; размеща́ться i
7899. разнови́дность f	variety, type	
7900. разде́ться p	to get undressed	разде́нусь, разде́нешься; раздева́ться i
7901. разоблача́ть i +a	to unmask	разоблачи́ть p
7902. разорва́ться p	to break; explode	разорвётся, past разорва́лся, разорвала́сь; разрыва́ться i
7903. разори́ться p	to be ruined, bankrupt	разоря́ться i
7904. разреша́ться i	to be permitted; be resolved	Кури́ть не разреша́ется Smoking is not permitted
7905. разрыва́ть i +a	to tear up	разорва́ть p
7906. ра́са	race (ethnic)	
7907. раска́иваться i в +pr	to repent (of sth)	раска́яться p
7908. раски́нуть p +a	to stretch out, extend	раски́дывать i
7909. распра́виться p с +inst	to deal with; straighten out	распра́влюсь, распра́вишься; расправля́ться i
7910. расцвета́ть i	to bloom	расцвести́ p
7911. реали́зм	realism	
7912. регуля́рно	regularly	
7913. регуля́рный	regular	
7914. ремонти́ровать i/p +a	to repair, redecorate	ремонти́рую
7915. ржа́вый	rusty	
7916. робе́ть i	to be timid	робе́ю, робе́ешь; о- p
7917. ро́зыгрыш	(lottery) draw; practical joke	
7918. роково́й	fateful	
7919. роско́шный	luxurious	

7920. ро́слый	tall, strapping	
7921. ры́ться i в +pr	to dig, rummage (in)	ро́юсь, ро́ешься; по- p
7922. самоотве́рженный	self-sacrificing	
7923. санита́рный	medical, sanitary	
7924. седина́	grey hair	nom pl седи́ны
7925. секре́тный	secret (adj)	
7926. се́кция	section	
7927. семьсо́т	seven hundred	g семисо́т
7928. се́ссия	session; examinations	
7929. склони́ть p +a	to bend, bow	склоню́, скло́нишь; склоня́ть i
7930. слия́ние	confluence; merging	
7931. сло́жно	complicated(ly)	
7932. смеша́ть p +a	to mix	меша́ть/сме́шивать i
7933. смеша́ться p	to mix, mingle; get mixed up	сме́шиваться i
7934. смола́	tar, pitch	nom pl смо́лы
7935. смуща́ть i +a	to embarrass; trouble	смути́ть p
7936. смущённый	embarrassed	
7937. со́бранный	disciplined; precise	
7938. совпаде́ние	coincidence	
7939. сокраща́ть i +a	to shorten; reduce	сократи́ть p
7940. сомни́тельный	doubtful, dubious	
7941. сосредото́читься p на +pr	to concentrate (on)	сосредото́чиваться i
7942. спаси́тельный	saving, lifesaving	
7943. спирт	alcohol, spirit	pr sg в спи́рте or в спирту́, nom pl спирты́
7944. сплочённый	united	
7945. срыва́ться i	to break away; go wrong	сорва́ться p
7946. ста́в(е)нь m (also ста́вня)	shutter	g pl ста́вней and ста́вен
7947. стемне́ть p	to get dark	стемне́ет; темне́ть i
7948. стере́ть p +a	to rub off; grind down	сотру́, сотрёшь, past стёр, стёрла; стира́ть i
7949. столкну́ть p +a	to push off; to knock together	ста́лкивать i
7950. стон	groan	
7951. стоп	stop!	
7952. суети́ться i	to run around, fuss about	суечу́сь, суети́шься; за- p
7953. суко́нный	cloth (adj)	
7954. счастли́в(е)ц	lucky man	
7955. счёты pl	abacus	g pl счётов
7956.育 тарака́н	cockroach	
7957. тахта́	divan	
7958. телегра́фный	telegraph (adj)	

7959. терпели́вый	patient	
7960. те́сто	pastry, dough	
7961. толч(о́)к	push; jolt	
7962. топта́ться i	to stamp	топчу́сь, то́пчешься
7963. торго́в(е)ц	trader	
7964. тоскли́во	drearily	
7965. тоскли́вый	depressed, depressing	
7966. тре́бовательный	demanding	
7967. трениро́вка	training	g pl трениро́вок
7968. треть f	third	g pl трете́й
7969. тро́нуться p	to set off	тро́гаться i
7970. трусли́вый	cowardly	
7971. тряпьё	rags	
7972. тряхну́ть p	to shake	
7973. тсс	shh! keep quiet!	
7974. ту́мба	pedestal; bollard	
7975. ту́чка	small cloud	g pl ту́чек
7976. угнета́ть i +a	to oppress	
7977. ударя́ть i +a	to strike, hit	ударя́ю; уда́рить p
7978. удели́ть p +a +d	to allot, give	уделя́ть i
7979. у́дочка	fishing rod	g pl у́дочек
7980. укори́зненно	reproachfully	
7981. уме́стно	appropriately	
7982. у́мыс(е)л	intention	
7983. унижа́ть i +a	to humiliate	уни́зить p
7984. уничтожа́ться i	to be destroyed	уничто́житься p
7985. управля́емый	controlled	
7986. управля́ться i	to be controlled; (с +inst) deal with	управля́юсь
7987. уси́ленно	intensively	
7988. уси́ленный	intensive, intensified	
7989. ухитри́ться i (coll) +inf	to manage (to do sth)	ухитря́ться p
7990. ую́т	comfort, cosiness	
7991. ую́тно	cosily	
7992. уясни́ть p +a	to understand	уясня́ть i
7993. фальши́вый	false	
7994. фарфо́р	porcelain	
7995. фаса́д	façade	
7996. характеризова́ться i +inst	to be characterized (by)	характеризу́юсь
7997. хлебну́ть p (coll)	to drink	
7998. хлопота́ть i	to bustle about; make efforts	хлопочу́, хлопо́чешь; по- p
7999. холод(о́)к (coll)	coolness; cool place	

8000. хорошéнько (coll)	properly	
8001. хрипéть i	to wheeze	хриплю́, хрипи́шь
8002. христиáнский	Christian	
8003. хромáть i	to limp	
8004. хромóй	lame	
8005. хýдший	worst	
8006. цветýщий	blooming; flourishing	
8007. целесообрáзность f	expediency	
8008. человéчность f	humaneness, humanity	
8009. чернéть i	to turn black	чернéю, чернéешь; по- p
8010. чёртов adj	devil's	чёртова дю́жина baker's dozen
8011. чудóвище	monster	
8012. чужби́на	foreign land	no pl; на чужби́не in foreign parts
8013. шахтёр	miner	
8014. шерéнга	rank, file, column	
8015. шестнáдцатый	sixteenth	
8016. штóра	(window) blind	
8017. шуршáть i	to rustle	шуршý, шурши́шь
8018. щади́ть i +a	to spare	щажý, щади́шь; по- p
8019. авантюри́ст	adventurer	
8020. авиациóнный	aviation (adj)	
8021. агити́ровать i	to agitate, campaign	агити́рую
8022. акт	act (of play); document	
8023. áли (coll)	or	= и́ли
8024. аргумéнт	argument	
8025. астронóмия	astronomy	
8026. бáзис	basis	
8027. баловáться i	to play about, indulge os	балýюсь
8028. бар	bar	
8029. бáрхатный	velvet (adj)	
8030. спиртнóй	alcoholic (adj)	спиртны́е напи́тки alcoholic drinks
8031. башмáк	shoe	g sg башмакá
8032. бéдно	poorly, cheaply	
8033. безвéстный	unknown	
8034. безгрáмотный	illiterate	
8035. безделýшка	knick-knack, trinket	g pl безделýшек
8036. бездéльник	idler	
8037. бездóнный	bottomless	
8038. бережли́вость f	thrift	
8039. берéт	beret	
8040. бесплáтно	free (without payment)	
8041. беспрепя́тственный	unimpeded, unhindered	
8042. бесстрáшно	fearlessly	

8043.	бе́шенство	fury; rabies	
8044.	био́лог	biologist	
8045.	би́ржа	exchange; stock exchange	би́ржа труда́ labour exchange
8046.	сли́ться p	to merge, join together	солью́сь, сольёшься, past сли́лся, слила́сь; слива́ться i
8047.	снести́ p +a	to demolish; take down, take off	снесу́, снесёшь, past снёс, снесла́; сноси́ть i
8048.	бланк	form (document)	
8049.	бледне́ть i	to turn pale	бледне́ю, бледне́ешь; по- p
8050.	бли́зиться i	to draw near	бли́жусь, бли́зишься; при- p
8051.	близору́кий	short-sighted	
8052.	блужда́ть i	to wander	
8053.	бога́то	richly	
8054.	боеприпа́сы pl	ammunition	g pl боеприпа́сов
8055.	бо́йня	slaughter-house	g pl бо́ен
8056.	бо́язно (coll) +d +inf	afraid	Ей бо́язно She's afraid
8057.	брешь f	breach	
8058.	булы́жник	cobble-stone; cobbles	
8059.	бу́ркнуть p (coll)	to mutter, growl	бу́ркать i
8060.	валю́та	currency; foreign currency	твёрдая валю́та hard currency
8061.	ва́тный	quilted; cotton-wool (adj)	
8062.	вбежа́ть p в +a	to run in	вбегу́, вбежи́шь, вбегу́т; вбега́ть i
8063.	ввысь	upwards	
8064.	вдого́нку (coll)	in pursuit	пусти́ться вдого́нку за кем-нибудь to rush off after s.o.
8065.	ве́нский	Viennese	
8066.	ве́риться i +d	to believe	Мне не ве́рится, что ... I cannot believe that ...
8067.	ве́рсия	version	
8068.	ве́стник	messenger	
8069.	устаре́ть p	to become obsolete, go out of date	устаре́ю, устаре́ешь; устарева́ть i
8070.	взорва́ться p	to explode	взорву́сь, взорвёшься; взрыва́ться i
8071.	взя́тие	taking, capture	
8072.	взя́тка	bribe	g pl взя́ток
8073.	вини́ть i +a в +pr	to accuse (s.o. of sth)	об- p
8074.	вку́сно	tasty	
8075.	утону́ть p	to drown	утону́, уто́нешь; тону́ть/утопа́ть i
8076.	вла́стно	imperiously	
8077.	вла́стный	imperious; authoritative	

8078. влечь p +a	to draw; attract	влеку́, влечёшь, влеку́т, past влёк, влекла́
8079. во́доросль f	seaweed	
8080. возбужда́ющий	arousing, stimulating	
8081. возбуждённо	excitedly	
8082. воздви́гнуть p +a	to raise, erect	past воздви́г, воздви́гла; воздвига́ть i
8083. возде́йствовать i/p на +a	to affect, influence, put pressure on	возде́йствую
8084. возмути́ть p +a	to anger, outrage	возмущу́, возмути́шь; возмуща́ть i
8085. вооружи́ться p	to arm os	вооружа́ться i
8086. восемна́дцатый	eighteenth	
8087. восклица́ть i	to exclaim	воскли́кнуть p
8088. воскре́снуть p	to come back to life; revive	past воскре́с, воскре́сла; воскреса́ть i
8089. воспи́тываться i	to be brought up; be fostered	воспита́ться p
8090. впасть p в +a	to fall into	впаду́, впадёшь, past впал, впа́ла; впада́ть i
8091. вражда́	enmity	
8092. вражде́бно	hostilely	
8093. предвы́борный	election (adj)	предвы́борная кампа́ния election campaign
8094. врозь	separately	жить врозь to live apart
8095. все́нощная f adj [щ = ш]	night service (church)	
8096. всеросси́йский	all-Russian	
8097. вы́борный	electoral; elected	вы́борная до́лжность elective office
8098. вы́быть p (formal) из +g	to leave	вы́буду, вы́будешь; выбыва́ть i
8099. выгова́ривать i +a	to pronounce; (coll, i only) tell off, reprimand	вы́говорить p
8100. выгоня́ть i +a	to drive out, expel	выгоня́ю, выгоня́ешь; вы́гнать p
8101. вы́жить p	to survive	вы́живу, вы́живешь; выжива́ть i
8102. вы́кинуть p +a	to throw out	выки́дывать i
8103. выключа́ть i +a	to switch off	вы́ключить p
8104. вы́мести p +a	to sweep out	вы́мету, вы́метешь, past вы́мел; вымета́ть i
8105. вы́плата	payment	
8106. выполня́ться i	to be fulfilled	выполня́ется

8107. вы́пуклый	prominent, bulging; convex	
8108. вы́швырнуть p (coll) +a	to throw out, chuck out	вышвы́ривать i
8109. выявля́ть i +a	to reveal, expose	выявля́ю; вы́явить p
8110. га́вань f	harbour	
8111. герб	coat of arms	
8112. геро́йство	heroism	
8113. гимна́стика	gymnastics	
8114. голу́бчик (coll)	my dear	
8115. гонора́р	fee; royalties	
8116. гоня́ться i за +inst	to chase (after)	гоня́юсь
8117. горячи́ться i	to get excited	раз- p
8118. гражда́нка	citizen (f)	g pl гражда́нок
8119. гре́ться i	to warm os	гре́юсь, гре́ешься; по- p
8120. гу́лко	resonantly; with an echoing sound	
8121. гуля́нье	festival, fête, open-air party	
8122. девятна́дцатый	nineteenth	
8123. дел(е́)ц	wheeler-dealer	g sg дельца́
8124. де́рзость f	rudeness; audacity	
8125. добавля́ть i +a	to add	добавля́ю; доба́вить p
8126. доброта́	goodness, kindness	no pl
8127. доистори́ческий	prehistoric	
8128. документа́льный	documentary (adj)	
8129. до́мна	blast furnace	g pl до́мен
8130. донести́сь p до +g	to reach (of sounds)	донесётся, past донёсся, донесла́сь; доноси́ться i
8131. доса́дно	annoying	Ей бы́ло доса́дно, что он опозда́л She was annoyed that he came late
8132. добава́ться i +d	to fall to s.o.'s lot; (coll) catch it (be punished)	достаётся; доста́ться p
8133. достове́рность f	authenticity, reliability	
8134. драть i (coll) +a	to tear; thrash; fleece	деру́, дерёшь, f past драла́; разо-/со- p
8135. дубо́вый	oak (adj)	
8136. дури́ть i (coll)	to be naughty, fool about	
8137. ды́мный	smoky	
8138. ды́мчатый	smoke-coloured	
8139. дья́кон	deacon	
8140. дя́дька m (coll)	uncle; man, bloke	g pl дя́дек
8141. ель f	fir; spruce	
8142. ёмкость f	capacity	

8143. жгу́чий	burning	
8144. жела́тельно	(it is) desirable	
8145. жерло́	mouth, muzzle	nom pl же́рла, g pl жерл
8146. жёрнов	millstone	nom pl жернова́
8147. жизнера́достный	cheerful, happy	
8148. забве́ние	oblivion	
8149. забежа́ть p	to call in; run off	забегу́, забежи́шь, забегу́т; забега́ть i; забежа́ть вперёд to run ahead
8150. забо́тливо	solicitously	
8151. забрести́ p	to wander in, drop in; stray	забреду́, забредёшь, past забрёл, забрела́
8152. зага́р	suntan	
8153. загну́ть p +a	to bend	загиба́ть i
8154. загороди́ть p +a	to fence in; obstruct	загорожу́, загороди́шь; загора́живать i
8155. загру́зка	loading	
8156. заде́ржка	delay	g pl заде́ржек
8157. зазвене́ть p	to begin to ring	зазвени́т
8158. зала́дить p (coll)	(+a) to keep repeating (sth); (+inf) get into the habit of	зала́жу, зала́дишь
8159. залете́ть p	(в +a) to fly in; (за +a) fly behind	залечу́, залети́шь; залета́ть i
8160. зали́ться p	to be flooded; (+inst) start to do sth vigorously	зальюсь, зальёшься, past зали́лся, залила́сь; залива́ться i; зали́ться сме́хом to burst out laughing
8161. замаскирова́ть p +a	to disguise, camouflage	замаскиру́ю; маскирова́ть i
8162. западня́	trap	g pl западне́й
8163. зара́за	infection; (coll) pest	
8164. зарази́ть p +a +inst	to infect (s.o. with sth)	заражу́, зарази́шь; заража́ть i
8165. заре́зать p +a	to kill	заре́жу, заре́жешь; ре́зать i
8166. заслони́ть p +a	to shield, screen	заслоня́ть i
8167. обнадёживать i +a	to give hope (to), reassure	обнадёжить p
8168. затвори́ть p +a	to close	затворю́, затво́ришь; затворя́ть i
8169. затеря́ться p (coll)	to go missing, be mislaid; vanish	затеря́юсь; зате́риваться i
8170. захло́пнуть p +a	to bang, slam	захло́пывать i
8171. защища́ться i	to defend os; defend one's thesis (for a higher degree)	защити́ться p
8172. зева́ть i	to yawn	зевну́ть p
8173. земледе́льческий	agricultural	

8174. злоде́й	villain	
8175. зо́рко	sharp-sightedly, vigilantly	
8176. зять m	son-in-law; brother-in-law	nom pl зятья́, g pl зятьёв
8177. идеали́зм	idealism	
8178. избира́ть i +a	to elect; select	избра́ть p
8179. издава́ться i	to be published	издаётся; изда́ться p
8180. и́здавна	since long ago	
8181. изда́тельский	publishing (adj)	
8182. изумлённо	with amazement	
8183. буржуази́я	bourgeoisie	
8184. кла́ссовый	class (political) (adj)	кла́ссовая борьба́ class struggle
8185. алма́з	(uncut) diamond	
8186. сосу́д	vessel	
8187. монопо́лия	monopoly	
8188. пятиле́тка	five-year plan	g pl пятиле́ток
8189. ча́йка	seagull	g pl ча́ек
8190. кислота́	acid; acidity	nom pl кисло́ты
8191. ко́нсул	consul	
8192. австри́(е)ц	Austrian	g sg австри́йца
8193. австри́йский	Austrian	
8194. о́корок	ham, gammon	nom pl окорока́
8195. майо́р	major	
8196. всесою́зный	all-union (relating to all the republics of the USSR)	
8197. углеро́д	carbon	
8198. управля́ющий m adj +inst	manager	
8199. колониа́льный	colonial	
8200. красноарме́(е)ц	Red Army soldier	g sg красноарме́йца
8201. шарф	scarf	
8202. волос(о́)к	(a) hair	
8203. специализи́рованный	specialized	
8204. экспе́рт	expert	
8205. ара́б	Arab	
8206. бе́жен(е)ц	refugee	
8207. ва́хта	watch (on ship); special work shift	
8208. трест	trust; group of companies	
8209. хоккеист	hockey player	
8210. вса́дник	horseman	
8211. вычисли́тельный	calculating, computing	вычисли́тельная те́хника computers
8212. гипс	plaster (of Paris)	

8213.	общаться i с +inst	associate, socialize (with)	
8214.	загото́вка	state order (for goods); stocking up	g pl загото́вок
8215.	мона́рхия	monarchy	
8216.	нра́вственность f	morality	
8217.	дли́тельность f	duration	
8218.	мише́нь f	target	
8219.	за́работный: за́работная пла́та (зарпла́та)	pay, wages, salary	
8220.	тра́сса	route, course (of road etc.)	возду́шная тра́сса airway
8221.	каза́чий	Cossack (adj)	f каза́чья, n каза́чье
8222.	куха́рка	cook (f)	g pl куха́рок
8223.	облига́ция	bond	
8224.	вальс	waltz	
8225.	кормово́й	stern (of ship – adj); fodder (adj)	
8226.	астроно́м	astronomer	
8227.	воззре́ние	opinion, outlook	
8228.	ко́декс	code, codex	
8229.	эфи́р	air (broadcasting); ether	вы́йти в эфи́р to go on the air
8230.	зола́	ashes, cinders	no pl
8231.	ки́тель m	military jacket, high-necked tunic	nom pl кителя́
8232.	концентра́ция	concentration	
8233.	обожда́ть p (coll) +a	to wait	обожду́, обождёшь
8234.	превосходи́тельство	excellency (title)	
8235.	буржу́й (coll)	bourgeois (noun)	
8236.	иде́йный	ideological; containing ideas; progressive; high-principled	
8237.	электро́нный	electronic	
8238.	букси́р	tugboat; tow-rope	
8239.	лаке́й	lackey; servant	
8240.	про́пуск	(nom pl пропуска́) pass, permit; (nom pl про́пуски) blank, gap	
8241.	оса́д(о)к	sediment; deposition; after-taste	оса́дки precipitation (rain, snow)
8242.	расти́тельный	vegetable (adj)	расти́тельное ма́сло vegetable oil
8243.	яче́йка	cell	g pl яче́ек
8244.	артиллери́ст	gunner	

8245.	пои́ть i +a	to give to drink (to s.o./sth)	пою́, по́ишь; на- p
8246.	сосуществова́ние	coexistence	
8247.	ози́мый	winter of crops	ози́мые winter crops
8248.	пору́чик	lieutenant (tsarist army)	
8249.	го́рничная f adj	maid (servant)	
8250.	терра́са	terrace	
8251.	вселе́нная f adj	universe	
8252.	люк	hatch, hatchway, manhole	
8253.	ске́птик	sceptic	
8254.	светя́щийся	luminous	
8255.	хруста́ль m	crystal, cut glass	g sg хрусталя́
8256.	плуг	plough	nom pl плуги́
8257.	часту́шка	*chastushka*, witty rhyme	
8258.	ши́рма	screen	
8259.	сою́зный	allied; of the USSR	
8260.	спекуля́нт	speculator	
8261.	тре́нер	trainer, coach	
8262.	брус(о́)к	bar, ingot	
8263.	грани́т	granite	
8264.	кро́лик	rabbit	
8265.	монумента́льный	monumental	
8266.	водоро́д	hydrogen	
8267.	очко́	point (in scoring); (pl) glasses, spectacles	nom pl очки́, g pl очко́в; в очка́х wearing glasses
8268.	рудни́к	mine (for minerals)	g sg рудника́
8269.	футбо́л	football	
8270.	ху́тор	farm; Ukrainian hamlet	nom pl хутора́
8271.	потребле́ние	consumption	това́ры широ́кого потребле́ния consumer goods
8272.	республика́нский	republican	
8273.	кра́тер	crater	
8274.	атмосфе́рный	atmospheric	
8275.	светово́й	light (adj, as in 'light year')	светові́е по́лосы strips of light
8276.	стани́ца	Cossack village	
8277.	руда́	ore	nom pl ру́ды
8278.	ба́бка (coll)	grandmother; old woman	g pl ба́бок
8279.	кана́д(е)ц	Canadian (man)	
8280.	кукуру́за	maize	
8281.	лири́ческий	lyrical	
8282.	на́ры pl	bunk, plank-bed	g pl нар
8283.	нау́чно-техни́ческий	scientific and technical	
8284.	се́рный	sulphuric	
8285.	фланг	flank	

8286. шестёрка	six; group of six	g pl шестёрок
8287. шеф	boss, chief	
8288. брус	beam (of wood or metal)	nom pl бру́сья, g pl бру́сьев
8289. еги́петский	Egyptian	
8290. излуча́ть i +a	to radiate	излучи́ть p
8291. коммунисти́ческий	communist (adj)	
8292. контрреволю́ция	counter-revolution	
8293. котлова́н	foundation pit, trench	
8294. ли́нза	lens	
8295. обо́з	string of carts; military transport	
8296. аж (coll)	even	= да́же
8297. буфе́тчик	barman	
8298. кубоме́тр	cubic metre	
8299. курга́н	barrow, burial mound	
8300. металлурги́ческий	metallurgical	
8301. обсервато́рия	observatory	
8302. отчётный	report (adj), reporting	отчётный докла́д report
8303. платёжный	payment (adj)	
8304. платёж	payment	g sg платежа́
8305. поку́да (coll)	while	= пока́
8306. со́чный	juicy, rich	
8307. су́ша	(dry) land (opposite of sea)	
8308. агита́тор	agitator	
8309. альпи́йский	alpine	
8310. ба́тя m (coll)	dad, father	= ба́тюшка
8311. большеви́стский	Bolshevik (adj)	
8312. стаби́льность f	stability	
8313. гимнази́ст	grammar-school pupil	
8314. изумру́д	emerald	
8315. проекти́рование	planning	
8316. урожа́йность f	crop productivity, yield	
8317. физкульту́ра	physical training	
8318. у́стный	oral	у́стный экза́мен oral examination
8319. вы́емка	taking out; collection (of letters)	
8320. гармо́шка (coll)	accordion	g pl гармо́шек
8321. горко́м	town committee	= городско́й комите́т
8322. заряжённый	loaded (of weapon)	
8323. карава́н	caravan; convoy	
8324. кро́на	crown (of tree); crown (currency)	
8325. меха́ника	mechanics	
8326. наки́дка	cloak, mantle, cape	g pl наки́док

8327. отста́вить p +a	to set aside	отста́влю, отста́вишь; отставля́ть
8328. павильо́н	pavilion	
8329. патру́ль m	patrol	
8330. порто́вый	port (adj)	
8331. проси́ться i +inf or в/на +a	to ask for	прошу́сь, про́сишься; по- p
8332. ску́льптор	sculptor	
8333. упира́ться i в +a	to lean (against); come up against	упере́ться p
8334. уполномо́ченный m participle	plenipotentiary; person authorized	
8335. ша́йба	washer; (hockey) puck	
8336. шта́тский	civilian (adj) (not military)	
8337. штык	bayonet	g sg штыка́
8338. альбо́м	album	
8339. Богоро́дица	the Virgin	
8340. оби́деть p +a	to offend, hurt	оби́жу, оби́дишь; обижа́ть i
8341. валово́й	gross (adj)	валово́й дохо́д gross income; валово́й национа́льный проду́кт gross national product
8342. гол	goal (sport)	nom pl голы́, g pl голо́в
8343. гру́зчик [зч = щ]	docker; freight handler	
8344. двусторо́нний	double-sided, two-way; bilateral	
8345. девальва́ция	devaluation	
8346. десяти́на	*desiatina* (about a hectare)	
8347. козыр(ё)к	peak (of cap)	g sg козырька́; взять под козырёк to salute
8348. субъекти́вный	subjective	
8349. вожжа́	rein	nom pl во́жжи, g pl вожже́й
8350. га́мма	scale; gamut, range	
8351. карни́з	cornice; ledge	
8352. древеси́на	timber	
8353. опро́с	survey; questioning	опро́с обще́ственного мне́ния opinion poll
8354. католи́ческий	Catholic (adj)	
8355. коме́та	comet	
8356. литера́тор	literary man, man of letters	
8357. перево́зка	transportation	g pl перево́зок
8358. подви́жный	mobile, agile	
8359. прое́ктный	planning (adj); projected	

8360.	ра́ковина	(sea)shell; sink, wash-basin	
8361.	се́мечко	(small) seed	nom pl се́мечки, g pl се́мечек
8362.	се́ра	sulphur	
8363.	смета́на	sour cream	
8364.	суждено́ +d +inf	it is fated	Нам суждено́ бы́ло встре́титься We were fated to meet
8365.	ввод	bringing in	
8366.	внешнеполити́ческий	foreign-policy (adj)	
8367.	вреди́тель m	pest	
8368.	дота́ция	subsidy	
8369.	жиле́тка	waistcoat	g pl жиле́ток
8370.	заболева́ние	illness	
8371.	зака́лка	physical training, fitness	
8372.	за́лежь f	(mineral) deposit	
8373.	зерново́й	grain (adj)	
8374.	изготовля́ться i	to be manufactured; get ready	изготовля́ется; изгото́виться p
8375.	инспе́кция	inspection	
8376.	коллективиза́ция	collectivization	
8377.	констру́кторский	design (adj)	
8378.	коопера́ция	cooperation	
8379.	лесни́чий m adj	forest warden, ranger	
8380.	лише́ние	deprivation	лише́ние свобо́ды imprisonment
8381.	производи́тель m	producer	
8382.	фено́мен	phenomenon	
8383.	ради́ст	radio operator	
8384.	упро́чение	strengthening	
8385.	ура́н	uranium	
8386.	хам (coll)	boor	
8387.	хруста́льный	crystal (adj)	
8388.	алкого́лик	alcoholic (noun)	
8389.	чрева́тый +inst	fraught (with)	Э́то чрева́то опа́сностью This is fraught with danger
8390.	геогра́фия	geography	
8391.	душе́вно	mentally; cordially	
8392.	и́звесть f	lime (chemical)	
8393.	коню́шня	stable	g pl коню́шен
8394.	крупа́	groats (grain)	
8395.	лягу́шка	frog	g pl лягу́шек
8396.	металлурги́я	metallurgy	
8397.	мыс	cape, promontory	pr sg на мы́се or на мысу́
8398.	обсле́довать i/p +a	to investigate	обсле́дую
8399.	отре́з	cut	

8400. перемúрие	truce	
8401. плот	raft	g sg плотá
8402. предусмáтриваться i	to be envisaged, be stipulated	
8403. принуждéние	compulsion	
8404. прирóст	increase	
8405. разгадáть p +a	guess, work out	разгáдывать i
8406. раствори́ть p +a	to open; dissolve	-творю́, -твóришь; растворя́ть i
8407. реакти́вный	jet-propelled	
8408. рысь f	trot; lynx	на рыся́х at a trot
8409. рюкзáк	rucksack	g sg рюкзакá
8410. связи́ст	signaller; communications engineer	
8411. синтети́ческий	synthetic	
8412. сострадáние	compassion	
8413. старт	start (sport)	
8414. суши́ть i +a	to dry (sth)	сушу́, су́шишь; вы- p
8415. декáда	ten-day period	
8416. завоевáтель m	conqueror	
8417. катýшка	reel, spool	g pl катýшек
8418. китá(е)ц	Chinaman	g sg китáйца
8419. комендатýра	commandant's office	
8420. котлéта	cutlet; meatball, hamburger	
8421. математи́ческий	mathematical	
8422. микрофóн	microphone	
8423. обострéние	intensification, sharpening	
8424. пирáт	pirate	
8425. плáвки pl	swimming trunks	g pl плáвок
8426. повáренный	culinary	повáренная кни́га cookery book
8427. престарéлый	aged, of advanced years	дом для престарéлых old people's home
8428. пургá	blizzard	no pl
8429. разлагáть i +a	to break down, decompose, corrupt	разложи́ть p
8430. репортёр	reporter	
8431. сви́нство (coll)	swinish trick	
8432. секретáрша (coll)	(female) secretary	
8433. таёжный	taiga (adj)	
8434. убеждённость f	conviction	
8435. шотлáндский	Scottish	
8436. шпáга	sword	
8437. штабнóй	staff, headquarters (adj)	
8438. щепá	splinter, chip	nom pl щéпы, g pl щеп, d pl щепáм
8439. эволю́ция	evolution	

8440. эквáтор	equator	
8441. ягнёнок	lamb	nom pl ягня́та, g pl ягня́т
8442. австрали́йский	Australian (adj)	
8443. антисемити́зм	antisemitism	
8444. боб	bean	g sg бобá
8445. булáвка	pin	g pl булáвок
8446. ватáга	band, gang	
8447. воззвáние	appeal	
8448. всемéрный	utmost, every kind of	всемéрная пóмощь all possible assistance
8449. дебю́т	début	
8450. естествознáние	natural science	
8451. милосéрдие	mercy, charity	
8452. карусéль f	merry-go-round, carousel	
8453. кондиционéр	air conditioner	
8454. хозрасчёт	self-financing	
8455. чутьё	scent; instinct, intuition	жéнское чутьё female intuition
8456. накалённый	white-hot; tense	
8457. новáтор	innovator	
8458. оптимáльный	optimal	
8459. óстов	framework	
8460. отсéк	compartment	
8461. прищу́риться p	to screw up one's eyes, half close one's eyes	прищу́риваться i
8462. пробéг	run, race	
8463. прослези́ться p	to shed tears	прослежу́сь, прослези́шься
8464. скулá	cheekbone	nom pl ску́лы
8465. ракéтный	rocket (adj)	
8466. резьбá	carving	
8467. родовóй	ancestral; generic; birth (adj)	
8468. социáл-демократи́-ческий	social-democratic	
8469. туалéт	toilet	
8470. футболи́ст	footballer	
8471. чемодáнчик	small suitcase	
8472. шовини́зм	chauvinism	
8473. шóры pl	blinkers	g pl шор
8474. авáнс	advance (payment)	
8475. атеисти́ческий	atheistic	
8476. бáбушкин possessive adj	grandmother's	в бáбушкином дóме in grandmother's house
8477. вы́говорить p +a	to pronounce, articulate	выговáривать i
8478. ги́псовый	plaster	
8479. éресь f	heresy	

8480. засте́н(о)к	torture-chamber	
8481. кефи́р	*kefir*, yoghurt-type drink	
8482. извести́ть p +a (bookish)	to inform, notify	извещу́, извести́шь; извеща́ть i
8483. кала́ч	*kalach* (small white loaf)	g sg калача́; тёртый кала́ч old hand
8484. кли́чка	nickname; name (of pet animal)	g pl кли́чек
8485. колоко́льчик	small bell; bluebell	
8486. компози́ция	composition	
8487. ко́нтур	contour; outline; electrical circuit	
8488. координа́ция	coordination	
8489. ко́чка	hummock	g pl ко́чек
8490. ку́бик	child's building brick	
8491. ку́ра (coll)	hen	= ку́рица
8492. куста́рник	bushes, shrubs	
8493. леднико́вый	glacial	
8494. лепи́ть i +a	to model, mould	леплю́, ле́пишь; вы-, с- p
8495. ли́рика	lyric poetry	
8496. ме́длить i	to be slow, tarry	
8497. ми́ленький	sweet, nice, dear	
8498. моза́ика	mosaic	
8499. нагрева́ться i	to warm os, warm up	нагре́ться p
8500. обновле́ние	renovation	
8501. позна́ть p +a	to get to know, experience	познава́ть i
8502. приостанови́ться p	to stop (for a while), pause	приостановлю́сь, приостано́вишься; приостана́вливаться i
8503. расписа́ние	timetable	
8504. са́жа	soot	
8505. свети́ло	luminary	
8506. сече́ние	cutting; section	
8507. сли́ва	plum	
8508. сноше́ние	intercourse	сноше́ния dealings, relations
8509. ту́ша	carcass	
8510. упря́жка	team (of horses, dogs); harness	g pl упря́жек
8511. утопи́ческий	utopian	
8512. ходово́й	(coll) popular; operational, working	ходовы́е мне́ния popular opinions
8513. чувстви́тельность f	sensitivity	
8514. чу́дный	wonderful	
8515. фа́ра	headlamp	

8516.	шлюз	lock, sluice	
8517.	ш(о)в	seam	
8518.	шрам	scar	
8519.	эмигра́нт	emigrant, émigré	
8520.	азо́т	nitrogen	
8521.	аристокра́т	aristocrat	
8522.	бес	demon	
8523.	бесе́дка	summer-house	g pl бесе́док
8524.	благоустро́йство	equipping with amenities	
8525.	боло́тный	marsh (adj)	
8526.	бро́шка	brooch	g pl бро́шек
8527.	варьи́ровать i +a	to vary, modify	варьи́рую
8528.	ветви́ться i	to branch	раз- p
8529.	вишь	look!	
8530.	водопрово́д	water-pipe	
8531.	возбужда́ться i	to become aroused	возбуди́ться p
8532.	восково́й	wax (adj)	
8533.	восторга́ться i +inst	to be delighted (with)	
8534.	кинотеа́тр	cinema	
8535.	до́ступ к +d	access (to)	
8536.	объе́кт	object; construction site, building	
8537.	губерна́тор	governor	
8538.	дворя́нство	gentry	
8539.	диви́ться i (coll) +d	to wonder, marvel (at)	дивлю́сь, диви́шься; по- p
8540.	дикта́тор	dictator	
8541.	жёлоб	gutter, chute	nom pl желоба́
8542.	вое́нно-морско́й	naval	
8543.	жи́лка	vein	романти́ческая жи́лка romantic streak
8544.	измельчённый	crumbled, chopped up	
8545.	испаре́ние	evaporation	
8546.	ка́тер	cutter, launch (boat)	nom pl катера́
8547.	тексти́льный	textile (adj)	
8548.	тюк	bale	g sg тюка́
8549.	отва́л	slag-heap, dump	
	до отва́ла	to satiety	
8550.	истече́ние	outflow; expiry, termination	по истече́нии +g on the expiry of, after
8551.	кероси́новый	kerosine (adj)	
8552.	ко́нус	cone	
8553.	крепостни́чество	serfdom	
8554.	ледо́вый	ice (adj)	
8555.	лепёшка	flat cake; scone; lozenge, pastille	g pl лепёшек

8556. лесни́к	forester, forest ranger	g sg лесника́
8557. ма́ксимум	maximum	
8558. машини́стка	typist	g pl машини́сток
8559. общенаро́дный	national, of the whole people	
8560. оригина́л	original; eccentric (noun)	
8561. ориента́ция	orientation	
8562. осы́пать p +a +inst	to shower (s.o./sth with sth)	осы́плю, осы́плешь; осыпа́ть i
8563. пёрышко (coll)	(little) feather	nom pl пёрышки, g pl пёрышек
8564. пе́ший adj	pedestrian, foot (adj)	
8565. пи́терский (coll)	St Petersburg (adj)	
8566. победоно́сный	victorious	
8567. покара́ть p +a	to punish	кара́ть i
8568. полково́й adj	regimental	
8569. поползти́ p	to crawl	поползу́, поползёшь, past попо́лз, поползла́; ползти́ i
8570. припи́ска	(written) addition	g pl припи́сок
8571. проме́ж (coll) +g or inst	between	
8572. рез(е́)ц	cutting tool; incisor (tooth)	
8573. репроду́кция	reproduction	
8574. рисова́ться i	to show off, pose; seem	рису́юсь
8575. рукоя́тка	handle	g pl рукоя́ток
8576. серп	sickle	g sg серпа́
8577. сире́нь f	lilac	
8578. собачо́нка (coll)	little dog	g pl собачо́нок
8579. соприкоснове́ние	contact	
8580. сплав	alloy	
8581. срез	cut; cut edge	
8582. сток	flow; drain	
8583. стру́йка	thin stream, trickle	g pl стру́ек
8584. сыр	cheese	pr sg в сы́ре/в сыру́, nom pl сыры́
8585. термо́метр	thermometer	
8586. транспортиро́вка	transportation	
8587. трюм	hold (of ship)	
8588. уго́дье	usable land	g pl уго́дий; полевы́е уго́дья arable land; охо́тничьи уго́дья hunting grounds
8589. уцеле́вший	surviving	
8590. уча́стница	participant (f)	
8591. име́ние	estate	
8592. инсти́нкт	instinct	
8593. интенси́вный	intensive	
8594. испа́нский	Spanish	
8595. испо́лниться p	to be completed, be fulfilled	исполня́ться i

8596.	изво́зчик	carrier, cabman	
8597.	иссле́довательский	research (adj)	
8598.	кавка́зский	Caucasian, of the Caucasus	
8599.	каза́рма	barracks	
8600.	капка́н	trap	
8601.	карьери́ст	careerist	
8602.	кастрю́ля	saucepan	g pl кастрю́ль
8603.	ка́ш(е)ль m	cough	
8604.	кинжа́л	dagger	
8605.	кишка́	gut, intestine	g pl кишо́к
8606.	клин(о́)к	blade	
8607.	кло́ун	clown	
8608.	клуб(о́)к	ball (of wool etc.)	
8609.	кобе́ль m	male dog	g sg кобеля́
8610.	ко́е-како́й	some, certain	Он сообщи́л ко́е-каки́е но́вости He gave us certain items of news
8611.	комме́рческий	commercial	комме́рческий магази́н privately-owned shop
8612.	коллекционе́р	collector	
8613.	коло́д(е)ц	well	
8614.	колоти́ть i +a	to batter	колочу́, коло́тишь; по- p
8615.	колю́чка	prickle	g pl колю́чек
8616.	компле́кт	set, complete set	
8617.	конво́й	escort	
8618.	коньки́ m pl	skates	g pl конько́в
8619.	конья́к	cognac, brandy	g sg коньяка́
8620.	координи́ровать i/p +a	to coordinate	координи́рую
8621.	копоши́ться i	to swarm	
8622.	копчёный	smoked	
8623.	копьё	spear	nom pl ко́пья, g pl ко́пий
8624.	короле́вский	royal	
8625.	коммуна́льный	communal	коммуна́льная кварти́ра communal flat (shared by several families)
8626.	космона́вт	cosmonaut	
8627.	краб	crab	
8628.	кра́сться i	to creep	краду́сь, крадёшься, past кра́лся, кра́лась
8629.	кро́ткий	gentle, meek	
8630.	кругозо́р	horizon, outlook	
8631.	кружи́ть i	(+a) to spin; circle	кружу́, кру́жишь
8632.	кры́мский	Crimean	

8633.	кудря́вый	curly	
8634.	ку́рсы m pl	course, courses (of study)	g pl ку́рсов
8635.	лави́на	avalanche	
8636.	лампа́да	icon-lamp	
8637.	ландша́фт	landscape	
8638.	легкомы́слие	thoughtlessness	
8639.	ле́топись f	chronicle	
8640.	ло́вля	catching	g pl ло́вель; ры́бная ло́вля fishing
8641.	ло́жный	false	
8642.	лу́па	magnifying glass	
8643.	лю́лька	cradle	g pl лю́лек
8644.	магистра́ль f	main line; main road	
8645.	магни́т	magnet	
8646.	ма́мин (possessive adj)	mother's	f ма́мина, n ма́мино
8647.	ма́ртовский	March (adj)	
8648.	маскиро́вка	disguise, camouflage	
8649.	мах	swing, stroke	одни́м ма́хом at one stroke
8650.	ма́ятник	pendulum	
8651.	мгнове́нный	instantaneous; momentary	
8652.	ме́дик	doctor; medical specialist	
8653.	медли́тельный	slow	
8654.	месть f	revenge	
8655.	мета́ть i +a	to throw, cast	мечу́, ме́чешь; метну́ть p
8656.	ме́тко	accurately	
8657.	механизи́ровать i/p +a	to mechanize	механизи́рую
8658.	мира́ж	mirage	
8659.	миф	myth	
8660.	многовеково́й	centuries-old	
8661.	мобилиза́ция	mobilization	
8662.	морщи́на	wrinkle	
8663.	м(о)х	moss	pr sg во мху
8664.	мураве́й	ant	g sg муравья́, g pl муравьёв
8665.	муть f	sediment	
8666.	мы́сленный	mental	
8667.	мыча́ть i	to moo; bellow	мычу́, мычи́шь
8668.	наба́т	alarm bell	
8669.	наве́ки	for ever	
8670.	на́глый	impudent	
8671.	надстро́йка	additional storey; superstructure	g pl надстро́ек
8672.	наёмник	mercenary	
8673.	нали́чный	available; cash (adj)	нали́чные де́ньги cash; нали́чный расчёт cash payment

8674. напрями́к (coll)	directly; bluntly	
8675. насади́ть p +a на +a	to fix (sth onto sth)	насажу́, насáдишь; насáживать i
8676. населённый	inhabited	населённый пункт locality, place
8677. наси́льно	by force	
8678. нáсмерть	to (the) death	испугáть нáсмерть to frighten to death
8679. насторожи́ться p	to prick up one's ears, be on one's guard	насторáживаться i
8680. насыщáть i +a +inst	to satiate; fill (sth with sth), saturate	насы́тить p
8681. насы́щенный	saturated; rich (in content)	
8682. нáте (coll)	here you are, take it	
8683. натяну́ть p +a	to pull tight; pull on	натяну́, натя́нешь; натя́гивать i
8684. неблагоприя́тный	unfavourable	
8685. невесёлый	joyless	
8686. невéсть (coll)	no-one knows	невéсть почему́ God knows why
8687. невзрáчный	unattractive	
8688. негрáмотность f	illiteracy	
8689. незамени́мый	irreplaceable	
8690. немину́емо	inevitably	
8691. необозри́мый	immense	
8692. необы́чно	unusually	
8693. неосторóжный	careless	
8694. неотъéмлемый	inalienable, integral	
8695. непоправи́мый	irreparable	
8696. непремéнный	indispensable	непремéнное услóвие *sine qua non*
8697. неприли́чно	indecently	
8698. неравномéрный	irregular	
8699. неслóжный	uncomplicated	
8700. несомнéнный	undoubted	
8701. нетрóнутый	untouched	
8702. неудóбство	discomfort, inconvenience	
8703. неустóйчивый	unstable	
8704. неприéмлемый	unacceptable	
8705. нóтка	note (sound)	g pl нóток; нóтка недовéрия note of distrust
8706. ну́дный	tedious	
8707. обду́мывать i +a	to ponder, think over	обду́мать p
8708. обижáться i	to take offence	оби́деться p
8709. оби́женный	offended	
8710. обитáть i	to live, reside	

8711.	обложи́ть p +a	(обкла́дывать i) to put round; (облага́ть i) assess (for tax)	обложу́, обло́жишь
8712.	обня́ться p	to embrace one another	обниму́сь, обни́мешься, pl past обняли́сь; обнима́ться i
8713.	обогати́ться p	to become rich	обогащу́сь, обогати́шься; обогаща́тся i
8714.	обогаща́ть i +a	to enrich	обогати́ть p
8715.	обо́и pl	wallpaper	g pl обо́ев
8716.	обороня́ться i от +g	to defend os (from)	обороня́юсь; оборони́ться p
8717.	обра́довать p +a	to gladden, please	обра́дую; ра́довать i
8718.	обречённый	doomed	
8719.	оброни́ть p +a	to drop (and lose); let fall	оброню́, обро́нишь; no i; оброни́ть замеча́ние to let fall a remark, comment
8720.	обстоя́тельный	detailed, thorough	
8721.	обстре́л	bombardment	
8722.	обуча́ть i +a +d	to teach (s.o. sth)	обучи́ть p
8723.	обы́денный	ordinary	
8724.	ожива́ть i	to come to life	ожи́ть p
8725.	оки́нуть p: оки́нуть взгля́дом	to glance over	оки́дывать i
8726.	оккупацио́нный	occupation (adj)	
8727.	око́вы pl	fetters	g pl око́в
8728.	окра́шивать i +a	to paint, colour	окра́сить p
8729.	опереди́ть p +a	to outstrip; forestall	опережу́, опереди́шь; опережа́ть i
8730.	опра́виться p	to recover	оправля́ться i
8731.	организо́ванность f	good organization	
8732.	организо́вывать i +a	to organize	организова́ть p
8733.	оруди́йный	gun, cannon (adj)	
8734.	освобождённый	liberated, free	
8735.	о́сенью	in autumn	
8736.	оскорби́тельный	insulting	
8737.	ослабе́ть p	to become weak	ослабе́ю, ослабе́ешь; слабе́ть/ослабева́ть i
8738.	ослепи́тельный	dazzling	
8739.	оснасти́ть p +a +inst	to equip (sth with sth)	оснащу́, оснасти́шь; оснаща́ть i
8740.	осозна́ть p +a	to realize	осознава́ть i
8741.	остально́е n adj	the rest, remainder	
8742.	остри́чь p +a	to cut, clip	остригу́, острижёшь, остригу́т, past остри́г, остри́гла; стричь i/ остριга́ть i
8743.	остров(о́)к	islet	

8744. отбóй	beating off, repulsion; retreat	
8745. отбы́ть p	(+a) to serve (a period of time); (bookish) depart	отбýду, отбýдешь, f past отбылá; отбывáть i
8746. отвáга	courage	
8747. отвалúть p +a	to push away (sth heavy); cast off (boat)	отвалю́, отвáлишь; отвáливать i
8748. отвéсный	steep	
8749. отзывáться i	(на +a) to respond to; affect; (o +pr) give an opinion of	отозвáться p
8750. óтклик	response	
8751. отры́в(о)к	excerpt	
8752. оттáлкивать i +a	to push away, repel	оттолкнýть p
8753. оты́скивать i +a	to find, seek out	отыскáть p
8754. ошúбочный	mistaken	
8755. панихúда	requiem	
8756. парóм	ferry	
8757. пассúвный	passive	
8758. пев(é)ц	singer	
8759. пéпельница	ashtray	
8760. перебрóсить p +a через +a	to throw over	перебрóшу, перебрóсишь; перебрáсывать i
8761. передýмать p	to change one's mind	передýмывать i
8762. перекры́ть p +a	to cover again; block off	перекрóю, перекрóешь; перекрывáть i
8763. перелёт	flying over; migration (birds)	
8764. переносúться i	to be carried (over)	переношýсь, перенóсишься; перенестúсь p
8765. переодевáться i	to change one's clothes; disguise os	переодéться p
8766. переплетáться i	to be interwoven	переплестúсь p
8767. переработка	reworking	
8768. пересéчь p +a	to cross, cut across	пересекý, пересечёшь, пересекýт; past пересёк, пересеклá; пересекáть i
8769. переступúть p +a or через +a	to step over	переступлю́, перестýпишь; переступáть i
8770. персúдский	Persian	
8771. персонáл	personnel, staff	
8772. пилúть i +a	to saw; (coll) nag	пилю́, пúлишь
8773. пластúческий	plastic (adj); artistically expressive	
8774. пленúтельный	captivating	

8775.	плóтность f	solidity; density	
8776.	побáиваться i +g	to be rather afraid of	
8777.	погрéться p	to warm os	погрéюсь, погрéешься; грéться i
8778.	погрузи́ться p	(i погружáться) to immerse os; (i грузи́ться) to get on board, embark	погружýсь, погрузи́шься
8779.	погрýзка	loading	
8780.	подавля́ть i +a	to suppress	подавля́ю; подави́ть p
8781.	подперéть p +a	to prop up	подопрý, подопрёшь, past подпёр, подпёрла; подпирáть i
8782.	подстáвить p +a под +a	to put under	подстáвлю, подстáвишь; подставля́ть i
8783.	подставля́ть i +a под +a	to put under	подставля́ю; подстáвить p
8784.	подтáлкивать i +a	to push slightly; (coll) urge on	подтáлкивать i
8785.	подтя́нутый	self-controlled; well turned out, smart	
8786.	подчиня́ть i +a +d	to subordinate to	подчиня́ю; подчини́ть p
8787.	пожéртвовать p	(+a) to donate; (+inst) sacrifice	пожéртвую; жéртвовать i
8788.	покля́сться p в +pr or +inf or что	to vow	поклянýсь, поклянёшься, past покля́лся, поклялáсь; кля́сться i
8789.	покрывáло	cover; bedspread	
8790.	полови́ца	floorboard	
8791.	положи́ться p на +a	to rely on	положýсь, полóжишься; полагáться i
8792.	полýчка (coll)	pay, wages	
8793.	пóлый	hollow	
8794.	помахáть p +inst	to wave (for a while)	помашý, помáшешь; махáть i
8795.	помéдлить p	to delay, hesitate	мéдлить i
8796.	померéщиться p (coll)	to seem	мерéщиться i
8797.	помёт	dung, droppings	
8798.	помéтка	mark, note	g pl помéток
8799.	помоли́ться p	to pray	помолю́сь, помóлишься; моли́ться i
8800.	пóприще	field (of activity)	
8801.	попýтно	on the way; in passing	
8802.	попýтный	accompanying; passing	попýтный вéтер favourable wind
8803.	порáдовать p +a	to gladden, please	порáдую; рáдовать i
8804.	порáдоваться p +d	to be glad (at)	порáдуюсь; рáдоваться i

8805.	поражённый	defeated; astounded	
8806.	поруча́ть i +a +d	to entrust sth to s.o.	поручи́ть p
8807.	поры́висто	jerkily; suddenly	
8808.	поспева́ть i (coll)	to be on time; keep up with; ripen	поспе́ть p
8809.	пости́чь p +a	to comprehend; befall	пости́гну, пости́гнешь, past пости́г, пости́гла; постига́ть i
8810.	потемне́вший	darkened	
8811.	поте́чь p	to begin to flow	потеку́, потечёшь, потеку́т, past потёк, потекла́; течь i
8812.	потолкова́ть p (coll) о +pr с +inst	to have a talk about sth with s.o.	потолку́ю; толкова́ть i
8813.	пото́мственный	hereditary	
8814.	потрясённый	staggered, stunned	
8815.	поу́жинать p	to have supper	у́жинать i
8816.	по́хороны pl	funeral	g pl похоро́н, d pl похорона́м
8817.	по-челове́чески	like a human being	
8818.	почём (coll)	how much?; how?	Почём виногра́д? How much are the grapes?
8819.	почтальо́н	postman	
8820.	почте́ние	respect	
8821.	поясня́ть i +a	to explain	поясня́ю; поясни́ть p
8822.	превы́сить p +a	to exceed	превы́шу, превы́сишь; превыша́ть i
8823.	пре́д(о)к	ancestor	
8824.	предсказа́ние	prediction	
8825.	премье́ра	premiere, first night	
8826.	препя́тствовать i +d	to hinder	препя́тствую
8827.	пригляде́ться p (coll) к +d	to look closely at	пригляжу́сь, приглядишься; пригля́дываться i
8828.	при́город	suburb	
8829.	приду́мывать i +a	to think up	приду́мать p
8830.	приёмный	reception (adj); adopted	
8831.	призе́мистый	stocky, squat	
8832.	прикрыва́ться i +inst	to use as a cover, hide behind	прикры́ться p
8833.	примени́тельно к +d	with reference to	
8834.	примыка́ть i к +d	to join, side with; (i only) adjoin, be adjacent to	примкну́ть p
8835.	приподнима́ть i +a	to raise slightly	приподня́ть p
8836.	припо́днятый	elated	
8837.	пристава́ть i к +d	to adhere (to); pester (s.o.)	пристаю, пристаёшь; приста́ть p
8838.	прихвати́ть p (coll) +a	to grip; fasten; take	прихвачу́, прихва́тишь; прихва́тывать i

8839.	причиня́ть i +a	to cause	причиня́ю; причини́ть p
8840.	проанализи́ровать p +a	to analyse	проанализи́рую; анализи́ровать i
8841.	пробуди́ть p +a	to awaken	пробужу́, пробу́дишь; буди́ть i/пробужда́ть i
8842.	пробы́ть p	to spend (a certain time)	пробу́ду, пробу́дешь, past про́был, пробыла́, про́было
8843.	проголода́ться p	to get hungry	
8844.	продвига́ться i	to advance, move forward	продви́нуться p
8845.	продово́льственный	food (adj)	продово́льственный магази́н food shop
8846.	продукти́вность f	productivity	
8847.	прое́зд	thoroughfare; journey	
8848.	про́звище	nickname	
8849.	престу́пность f	crime, criminality	организо́ванная престу́пность organized crime
8850.	прока́т	hire	
8851.	прокля́тие	curse	
8852.	проле́зть p в +a	to climb through, go through	проле́зу, проле́зешь, past проле́з, проле́зла; пролеза́ть i
8853.	пролива́ть i +a	to spill	проли́ть p
8854.	проложи́ть p +a	to lay	проложу́, проло́жишь; прокла́дывать i
8855.	променя́ть p +a на +a	to exchange (sth for sth)	променя́ю; проме́нивать i
8856.	про́мыс(е)л	trade, business	
8857.	пронзи́тельный	penetrating	
8858.	полноце́нный	genuine, complete, of good quality	полноце́нная пи́ща proper food
8859.	просве́т	shaft of light; aperture	
8860.	прости́тельно	pardonably	
8861.	противопоста́вить p +a +d	to contrast (sth with sth)	противопоста́влю, противопоста́вишь; противопоставля́ть i
8862.	протя́жно	slowly, lingeringly; with a drawl	
8863.	публика́ция	publication	
8864.	пуск	starting up, launch	
8865.	пятёрка	the number five; excellent (exam mark)	g pl пятёрок
8866.	разбива́ться i	to get broken	разби́ться p
8867.	развито́й m adj	developed, mature	
8868.	разговори́ться p	to become talkative	
8869.	рази́нуть p (coll) +a	to gape	разева́ть i; рази́нуть рот to gape
8870.	разлете́ться p	to fly away; shatter	разлечу́сь, разлети́шься; разлета́ться i

8871. разогре́ть p +a	to heat up	разогре́ю, разогре́ешь; разогрева́ть i
8872. разрасти́сь p	to grow, expand	разрастётся, past разро́сся, разросла́сь; разраста́ться i
8873. разре́зать p +a	to cut up	разре́жу, разре́жешь; разреза́ть i
8874. разузна́ть p +a	to find out	разузнава́ть i
8875. разъе́зд	departure, dispersal	разъе́зды travels
8876. разъясне́ние	explanation	
8877. разъясня́ть i +a	to explain	разъясня́ю; разъясни́ть p
8878. раскры́ться p	to open, open up; be revealed	раскро́юсь, раскро́ешься; раскрыва́ться i
8879. распроща́ться p (coll) c +inst	to say goodbye (to s.o.)	also распрости́ться p
8880. расспроси́ть p +a	to question (s.o.)	расспрошу́, расспро́сишь; расспра́шивать i
8881. расстро́енный	upset	
8882. раствори́ться p	to open; dissolve	растворя́ться i
8883. расха́живать i	to pace up and down	
8884. рвану́ть p +a	to tug; (coll) jerk into motion	
8885. реконструи́ровать i/p +a	to reconstruct	реконструи́рую
8886. релье́ф	relief (geog, art)	
8887. репре́ссия	repression	ста́линские репре́ссии Stalin's purges
8888. рискну́ть p	to take a risk	рискова́ть i
8889. роди́тельский	parents'	
8890. родни́к	spring (water source)	g sg родника́
8891. рома́нтика	romance, romanticism	
8892. реаги́ровать i на +a	to react (to)	реаги́рую; про-/от- p
8893. руби́новый	ruby (adj)	
8894. ру́брика	heading, rubric	
8895. рукопожа́тие	handshake	
8896. рыболо́вный	fishing (adj)	
8897. садово́д	gardener	
8898. са́мка	female (animal)	g pl са́мок
8899. самого́н	home-made vodka	
8900. самоуби́йство	suicide	
8901. са́харный	sugary	
8902. сбежа́ть p	to run down; run away	сбегу́, сбежи́шь, сбегу́т; сбега́ть i
8903. свёкла	beet	
8904. све́ргнуть p +a	to overthrow	све́ргну, све́ргнешь, past сверг, све́ргла; сверга́ть i

8905.	светáть i	to get light, dawn	В ию́не светáет рáно It gets light early in June
8906.	свéтский	(high) society (adj); secular	
8907.	свóйственно +d	(it is) characteristic (of)	
8908.	связ́ываться i с +inst	to communicate with; (coll) get involved with	связáться p
8909.	сгорáние	combustion	
8910.	сгорячá	in the heat of the moment	
8911.	сдви́нутый	shifted	
8912.	сдержáться p	to control os	сдержу́сь, сдéржишься; сдéрживаться i
8913.	сдéрживаться i	to control os	сдержáться p
8914.	сви́тер	sweater	nom pl свитерá
8915.	сéктор	sector	
8916.	серьёзность f	seriousness	
8917.	сибиря́к	Siberian	g sg сибирякá
8918.	си́то	sieve	
8919.	сквознóй	through (adj)	сквознóй вéтер draught; сквознóй пóезд through train
8920.	скля́нка	phial, bottle	g pl скля́нок
8921.	сковорóдка	frying-pan	g pl сковорóдок; dim of сковородá frying pan
8922.	скопи́ться p	to accumulate	скóпится; скопля́ться i
8923.	скороговóрка	tongue-twister; rapid speech	g pl скороговóрок; говори́ть скороговóркой to gabble
8924.	слáвиться i +inst	to be famous for	слáвлюсь, слáвишься
8925.	славя́нский	Slavonic	
8926.	сложéние	build, composition; addition (arithmetic)	
8927.	смыть p +a	to wash off	смóю, смóешь; смывáть i
8928.	снимáться i	to be taken off; move off; have one's picture taken	сня́ться p
8929.	собáчка	small dog; trigger; catch	g pl собáчек
8930.	соблюдáться i	to be observed, be adhered to	
8931.	совéтоваться i с +inst	to consult	совéтуюсь; по- p
8932.	соприкасáться i с +inst	to adjoin, be in contact with	
8933.	сорня́к	weed	g sg сорнякá
8934.	сосчитáть p +a	to count	считáть i
8935.	сотвори́ть p +a	to create	твори́ть i
8936.	социáл-демокрáт	social democrat	

8937.	сочета́ть i/p +a с +inst	to combine (sth with sth)	
8938.	спад	fall, slump	
8939.	спекуля́ция	speculation	
8940.	спе́шно	urgently, hurriedly	
8941.	спе́шный	urgent	
8942.	стара́тельно	diligently, painstakingly	
8943.	ста́я	flock, pack	
8944.	сте́рж(е)нь m	pivot, rod	
8945.	сти́рка	washing (of clothes)	
8946.	сти́хнуть p	to abate	past стих, сти́хла; стиха́ть i
8947.	страте́гия	strategy	
8948.	стропи́ло	rafter, roofbeam	
8949.	суеве́рный	superstitious	
8950.	сухопу́тный	ground (adj) (troops)	
8951.	су́щий (coll)	real, absolute	су́щая пра́вда the honest truth
8952.	сюрту́к	frock-coat	g sg сюртука́
8953.	табли́чка	door-plate, nameplate, plaque	g pl табли́чек
8954.	такти́ческий	tactical	
8955.	та́нковый	tank (adj)	та́нковый полк tank regiment
8956.	та́ра	packaging	
8957.	тата́рский	Tatar (adj)	
8958.	тво́рчески	creatively	
8959.	телён(о)к	calf	nom pl теля́та, g pl теля́т
8960.	то́лком (coll)	clearly; properly	Он то́лком ничего́ не сде́лает He won't do anything properly
8961.	теорети́чески	theoretically	
8962.	терза́ть i +a	to torment; pull about	
8963.	теснота́	tightness; cramped conditions	
8964.	те́хникум	technical college	
8965.	тигр	tiger	
8966.	томи́тельный	tiresome	
8967.	то́нко	thinly; delicately; subtly	
8968.	торт	cake	
8969.	трампли́н	spring-board; ski-jump	
8970.	трево́житься i	to worry	вс- p
8971.	треуго́льник	triangle	
8972.	трина́дцать	thirteen	
8973.	тща́тельный	thorough	
8974.	ты́кать i	to prod	ты́чу, ты́чешь; ткнуть p
8975.	убира́ться i (coll)	to tidy up; clear off, make os scarce	убра́ться p
8976.	угово́р	agreement; persuasion	
8977.	указа́ние	indication; instruction	

8978. удале́ние	removal	
8979. удра́ть p (coll)	to run away, do a bunk	удеру́, удерёшь, f past удрала́; удира́ть i
8980. ука́зываться i	to be indicated	указа́ться p
8981. укло́нчиво	evasively	
8982. уко́р	reproach	
8983. уку́тать p +a	to wrap (s.o.) up	уку́тывать i
8984. уле́чься p	to lie down; (p only) calm down; (p only) settle	уля́гусь, уля́жешься, уля́гутся, past улёгся, улегла́сь; укла́дываться i
8985. улучша́ться i	to improve	улу́чшиться p
8986. уме́лый	skilful	
8987. уме́ньшиться p	to diminish, decrease	уменьша́ться i
8988. умножа́ть i +a	to multiply	умно́жить p
8989. уны́ние	dejection, gloom	
8990. упо́рство	persistence; obstinacy	
8991. упра́виться p (coll) с +inst	to cope with	упра́влюсь, упра́вишься; управля́ться i
8992. урегули́рование	regulation; adjustment	
8993. уса́тый	with a moustache; whiskered	
8994. усло́виться p с +inst о +pr/inf	to make an arrangement (with s.o. about sth/to do sth)	усло́влюсь; усло́вишься; усло́вливаться i
8995. усло́вно	conditionally, provisionally	
8996. услыха́ть p +a	to hear	услы́шу, услы́шишь; = услы́шать p
8997. усма́тривать i +a в +pr	to see (sth in sth), interpret as	усмотре́ть p
8998. устреми́ться p на +a	to rush, dash; be fixed on, aspire to	устремлю́сь, устреми́шься; устремля́ться
8999. уте́шить p +a	to console	утеша́ть i
9000. утра́чивать i +a	to lose	утра́чу, утра́тишь; утра́тить p
9001. ухвати́ть p +a	to seize	ухвачу́, ухва́тишь; ухва́тывать i
9002. фа́кел	torch	
9003. факти́ческий	actual	факти́ческое призна́ние de facto recognition
9004. фе́рмер	farmer	
9005. физи́чески	physically	
9006. фле́йта	flute	
9007. формирова́ть i +a	to form	формиру́ю; с- p
9008. хи́жина	shack, cabin	
9009. хихи́кать i	to giggle	хихи́кнуть p
9010. хладнокро́вный	cool, calm, composed	

9011. хра́брость f	bravery	
9012. хри́пло	hoarsely	
9013. хри́плый	hoarse	
9014. цари́ца	tsarina, empress	
9015. часте́нько (coll)	quite often	
9016. части́чно	partially	
9017. червь m	worm	g sg червя́, nom pl че́рви, g pl черве́й
9018. черномо́рский	Black Sea (adj)	
9019. чу́дно	wonderfully	
9020. чу́ткий	sensitive	
9021. шала́ш	cabin (made of branches)	g sg шалаша́
9022. шампа́нское n adj	champagne	
9023. ша́хматный	chess (adj)	
9024. шка́фчик	small cupboard	
9025. шлёпнуть p +a	to smack	шлёпать i
9026. шоссе́йный	highway (adj)	
9027. щёлка	chink	g pl щёлок
9028. щит	shield	g sg щита́
9029. эконо́мно	economically, thriftily	
9030. энерге́тика	power engineering	
9031. эстра́да	stage	
9032. э́тика	ethics	
9033. янта́рный	amber (adj)	
9034. янта́рь m	amber	g sg юнтаря́
9035. ад	hell	pr sg в аду́
9036. акко́рд	chord	
9037. активиза́ция	activization	
9038. алта́рь m	altar	g sg алтаря́
9039. анте́нна	antenna; aerial	
9040. апельси́н	orange	
9041. апо́стол	apostle	
9042. арме́йский	army (adj)	
9043. ассигнова́ние	allocation	ассигнова́ния на наро́дное образова́ние funding for education
9044. бара́н	ram (sheep)	
9045. бая́н	*bayan*, Russian accordion	
9046. безгра́мотность f	illiteracy	
9047. бе́здна	abyss; (coll) +g great quantity	бе́здна дел a huge number of things to do
9048. безду́шный	heartless	
9049. беззаве́тно	selflessly	
9050. безмо́лвно	silently	

9051. безнака́занно	with impunity	
9052. безоши́бочно	correctly, accurately	
9053. безуспе́шно	unsuccessfully	
9054. бели́ла pl	whitewash	g pl бели́л
9055. бере́чься i	to be careful	берегу́сь, бережёшься, берегу́тся, past берёгся, береглáсь
9056. бессле́дно	without trace	исче́знуть бессле́дно to vanish without trace
9057. бессты́дно	shamelessly	
9058. бизнесме́н	businessman	
9059. благополу́чный	successful	
9060. благослови́ть p +a	to bless	благословлю́, благослови́шь; благословля́ть i
9061. блаже́нство	bliss	
9062. допусти́мый	permissible	
9063. блинда́ж	dugout	g sg блиндажа́
9064. блю́дечко	small dish, saucer	
9065. бога́ч	rich man	g sg богача́
9066. бо́дро	cheerfully, heartily	
9067. бо́йко	boldly, briskly	
9068. бомби́ть i +a	to bomb	бомблю́, бомби́шь; раз- p
9069. брасле́т	bracelet	
9070. броже́ние	ferment	
9071. бро́ня (бронь)	reservation, booking	
броня́	armour-plating	
9072. брос(о́)к	throw; bound	
9073. бу́дка	booth	g pl бу́док
9074. буква́льный	literal	
9075. бутербро́д	(open) sandwich	
9076. бухга́лтер [buhaltyer]	bookkeeper	
9077. бюрократи́ческий	bureaucratic	
9078. бюрокра́тия	bureaucracy	
9079. вгляде́ться p в +a	to look closely at, peer at	вгляжу́сь, вгляди́шься; вгля́дываться i
9080. вдре́безги	to pieces	
9081. вен(е́)ц	crown, wreath; halo	
9082. весели́ть i +a	to cheer up; amuse	раз- p
9083. весо́мый	weighty	
9084. вещи́ца	little thing, knick-knack	
9085. взаимовы́годный	mutually advantageous	
9086. взыска́ние	penalty, punishment	
9087. виногра́дник	vineyard	
9088. винт	screw; propeller	g sg винта́

9089. долгосро́чный	long-term	
9090. вице-президе́нт	vice-president	
9091. вле́во	to the left	
9092. внуши́тельно	impressively	
9093. вовлека́ть i +a в +a	to involve (s.o. in sth)	вовле́чь p
9094. водопа́д	waterfall	
9095. воеди́но	together	собра́ть воеди́но to bring together
9096. вое́нщина	militarism; militarists	
9097. вожа́к	guide, leader	вожака́
9098. возвы́шенный	elevated; lofty	возвы́шенный стиль elevated style
9099. вол	ox	g sg вола́
9100. вопию́щий	flagrant, scandalous	вопию́щее безобра́зие absolute disgrace
9101. воровство́	stealing	
9102. воро́на	crow	
9103. ворчли́во	grumpily, querulously	
9104. восемьсо́т	eight hundred	g восьмисо́т
9105. всеобъе́млющий	comprehensive, all-embracing	
9106. вульга́рный	vulgar	
9107. входно́й m adj	entrance (adj)	входна́я пла́та entrance fee
9108. выбива́ть i +a	to knock out, dislodge	вы́бить p
9109. вы́грузить i +a	to unload	вы́гружу, вы́грузишь; выгружа́ть i
9110. выдава́ться i	to stick out	выдаю́сь, выдаёшься; вы́даться p
9111. вы́дача	issue, giving out	
9112. выдвига́ться i	to move out; go up in the world	вы́двинуться p
9113. выжида́тельно	expectantly	
9114. выжида́тельный	waiting, expectant	
9115. выжида́ть i +a	to wait (for)	вы́ждать p
9116. выжима́ть i +a	to squeeze out	вы́жать p
9117. вы́здороветь p	to recover, get better	вы́здоровею, вы́здоровеешь; выздора́вливать i
9118. выкла́дывать i +a	to put out, set out; (+a +inst) face, cover (sth with sth)	вы́ложить p
9119. вы́нырнуть p	to come to the surface	выны́ривать i
9120. высо́вывать i +a	to thrust out	вы́сунуть p
9121. высокока́чественный	high-quality	
9122. выхва́тывать i +a	to snatch; pull out	вы́хватить p
9123. геро́йский	heroic	

9124. гли́нистый	clay (adj)	
9125. глот(о́)к	gulp, mouthful	
9126. гнуть i +a	to bend	гну, гнёшь; со- p
9127. го́дный	suitable	ни к чему́ не го́дный worthless
9128. голла́ндский	Dutch	
9129. гололёд	covering of ice; icy weather	
9130. го́рлышко	neck (of bottle); small throat	g pl го́рлышек
9131. горчи́ца	mustard	
9132. грози́ться i (coll) +inf	to threaten	грожу́сь, грози́шься; по- p
9133. грохота́ть i	to thunder, rumble	грохочу́, грохо́чешь; за- p
9134. гряда́	ridge; bed (garden)	nom pl гря́ды, d pl гряда́м
9135. гря́дка	bed (for plants), flowerbed	g pl гря́док
9136. губи́тельный	destructive	
9137. де́вственный	virgin (adj)	
9138. дежу́рить i	to be on duty	
9139. детвора́ (coll)	kids	no pl
9140. дея́ние (bookish)	act, action	
9141. доброду́шно	kindly, good-naturedly	
9142. добыва́ться i	to be obtained	добы́ться p
9143. довери́тельно	confidentially	
9144. дове́рить p +d	to trust; (+a +d) entrust (sth to s.o.)	доверя́ть p
9145. дове́риться p +d	to trust (in), confide in	доверя́ться
9146. дове́рчивый	trusting	
9147. до́ждик	shower (rain)	
9148. докла́дчик	speaker (at conference)	
9149. доктри́на	doctrine	
9150. донесе́ние	report, dispatch	
9151. достове́рный	reliable	
9152. до́хнуть i	to die (of animals)	до́хнет, past дох, до́хла; по- p
дохну́ть p	to breathe	дохну́, дохнёшь; дыша́ть i
9153. доще́чка	nameplate; small board	g pl доще́чек
9154. доя́рка	milkmaid	g pl доя́рок
9155. дрожь f	trembling	
9156. дуби́на	cudgel, club; blockhead, idiot	
9157. дуга́	arc, curve	nom pl ду́ги
9158. ду́дка	pipe, fife	g pl ду́док; (coll) Ду́дки! Not likely! No way!
9159. дымово́й	smoke (adj)	
9160. дыря́вый	full of holes	
9161. дья́вольски	devilishly	

9162. единоду́шно	unanimously	
9163. жа́лобный	plaintive; complaints (adj)	жа́лобная кни́га complaints book
9164. живу́чий	hardy, enduring	
9165. живьём (coll)	alive	
9166. житие́	life, biography	
9167. забормота́ть p +a	to mutter	забормочу́, забормо́чешь; бормота́ть i
9168. забро́сить p +a	to throw, cast; abandon; neglect	забро́шу, забро́сишь; забра́сывать i
9169. заверша́ться i	to be finishing, end	заверши́ться p
9170. завеща́ть i/p +a +d	to bequeath (sth to s.o.)	
9171. зага́дочно	mysteriously	
9172. загло́хнуть p	to die away; stall (engine); go to seed	past загло́х, загло́хла; гло́хнуть i
9173. загоня́ть i +a	to drive in	загоня́ю; загна́ть p
загоня́ть p +a	to tire out	загоня́ю
9174. загро́бный	beyond the grave	загро́бный мир the next world
9175. зад	back, rear; rump, backside	pr sg на заду́, nom pl зады́
9176. задо́лго	long before	задо́лго до конца́ long before the end
9177. задохну́ться p	to suffocate	задыха́ться i
9178. зажига́ться i	to light up, be lit	заже́чься p
9179. зажму́риться p	to screw up one's eyes; half-close one's eyes	жму́риться i
9180. заинтересо́ванный в +pr	interested (in)	
9181. закипе́ть p	to boil	закипи́т; кипе́ть i
9182. закла́дка	laying; bookmark	g pl закла́док
9183. закры́ться p	to be closed; close down; cover os	закро́юсь, закро́ешься; закрыва́ться i
9184. замота́ть p +a	to wind, twist; tire out	зама́тывать i
9185. заночева́ть p	to spend the night	заночу́ю; ночева́ть i
9186. заокеа́нский	transoceanic	
9187. запасти́сь p +i	to stock up (with)	запасу́сь, запасёшься, past запа́сся, запасла́сь; запаса́ться i
9188. заподо́зрить p +a в +pr	to suspect (s.o. of sth)	заподо́зривать i
9189. запозда́ть p c +inst	to be late (with)	запа́здывать i
9190. запре́т	ban	
9191. запряга́ть i +a	to harness	запря́чь p
9192. запу́таться p	to get confused	запу́тываться i
9193. заро́сший	overgrown	
9194. засе́сть p (coll)	to sit down, lodge os	зася́ду, зася́дешь, past засе́л, засе́ла; заса́живаться i

9195. заслоня́ть i +a	to conceal, screen	заслоня́ю; заслони́ть p
9196. засте́нчивый	shy	
9197. затаи́ть p +a	to conceal	зата́ивать i; затаи́ть дыха́ние to hold one's breath
9198. затрудня́ть i +a	to make difficult, complicate; trouble	затрудня́ю; затрудни́ть p
9199. затя́жка	delay; inhalation (smoking)	g pl затя́жек
9200. заулыба́ться p	to start smiling	
9201. заря́дный	ordinary, mediocre	
9202. зелене́ть i	to turn green, look green	зелене́ет; по- p
9203. констати́ровать i/p	to ascertain; certify	констати́рую
9204. знамени́тость f	celebrity	
9205. зной	hot weather	
9206. зре́лый	mature, ripe	
9207. зреть i	to ripen, mature	зре́ю, зре́ешь; со- p
9208. и́мпортный	imported	
9209. иди́ллия	idyll	
9210. и́дол	idol	
9211. изби́ть p +a	to beat up	изобью́, изобьёшь; избива́ть i
9212. изли́шне	excessively	
9213. иллюстра́ция	illustration	
9214. имени́ны pl	name-day	g pl имени́н
9215. ине́рция	inertia	
9216. иностра́н(е)ц	foreigner	
9217. ирони́ческий	ironical	
9218. иска́ние	search	
9219. испы́танный	tested, tried	
9220. истека́ть i	to flow out; expire (time)	исте́чь p
9221. истери́я	hysteria	вое́нная истери́я war hysteria
9222. исто́к	source	
9223. истребле́ние	extermination	
9224. истребля́ть i +a	to exterminate	истребля́ю; истреби́ть p
9225. исче́рпать i +a	to exhaust	исче́рпывать i
9226. кабала́	slavery; servitude	
9227. камо́рка (coll)	small room	g pl камо́рок
9228. капри́з	caprice	
9229. ка́торжный	hard-labour (adj)	
9230. каучу́к	rubber	
9231. ка́яться i в +pr	to repent	ка́юсь, ка́ешься; рас- p
9232. кве́рху	upwards	
9233. ки́па	pile, stack	ки́па бума́г pile of papers
9234. кит	whale	g sg кита́
9235. кла́дка	laying	кирпи́чная кла́дка bricklaying
9236. кле́тчатый	checked	

9237.	климати́ческий	climatic	
9238.	клю́ква	cranberry, cranberries	no pl
9239.	кля́ча	nag (horse)	
9240.	кобы́ла	mare	
9241.	колёсико	little wheel; cog	nom pl колёсики, g pl колёсиков
9242.	коле́чко	little ring, ringlet	nom pl коле́чки, g pl коле́чек
9243.	колыбе́ль f	cradle	
9244.	консервато́рия	conservatoire, music academy	
9245.	консе́рвный	canned food (adj)	
9246.	контрреволюционе́р	counter-revolutionary	
9247.	корми́ться i +inst	(p по-) to be fed, eat; (p про-) (+inst) live on	кормлю́сь, ко́рмишься
9248.	короле́ва	queen	
9249.	коро́на	crown	
9250.	коры́стный	self-interested, mercenary, selfish	
9251.	костяно́й	bone (adj), made of bone	
9252.	кратковре́менный	brief, short-term	
9253.	кра́шеный	painted; dyed	
9254.	кривля́ться i (coll)	to behave affectedly	кривля́юсь
9255.	кри́во	crookedly, squint	
9256.	кру́жево	lace	also кружева́ pl
9257.	кру́пно	on a large scale	
9258.	ку́дри pl	curls	g pl ку́дрей
9259.	купа́нье or купа́ние	bathing	
9260.	купе́ n indecl [kupe]	compartment (train)	
9261.	ла́дить i c +inst	to get on with (s.o.)	ла́жу, ла́дишь; по- p
9262.	ле́бедь m or f	swan	g pl лебеде́й
9263.	лега́льный	legal	
9264.	ледни́к	glacier	g sg ледника́
9265.	ле́сенка (coll)	small staircase; short ladder	g pl ле́сенок
9266.	лесору́б	lumberjack	
9267.	лиза́ть i +a	to lick	лижу́, ли́жешь; лизну́ть p
9268.	лимо́н	lemon	
9269.	лиса́	fox	nom pl ли́сы
9270.	листа́ть i (coll) +a	to leaf through	
9271.	лифт	lift, elevator	
9272.	льго́та	privilege, advantage	нало́говые льго́ты tax relief
9273.	льди́на	block of ice	
9274.	любо́вный	love (adj)	
9275.	медве́жий	bear's	f медве́жья, n медве́жье; медве́жья услу́га dubious benefit

9276.	меж +inst (or g)	between	= ме́жду
9277.	мере́щиться i +d of person	to imagine	по- p
9278.	мёрзнуть i	to freeze	мёрзну, мёрзнешь; past мёрз, мёрзла; за- p
9279.	ме́рить i +a	to measure; try on (clothing)	из- p; по-/при- p
9280.	мерца́ть i	to twinkle, flicker	
9281.	мех	fur	pr sg в меху́; nom pl меха́
9282.	механизи́рованный	mechanized	
9283.	механи́чески	mechanically	
9284.	меща́нский	bourgeois, petty bourgeois; narrow-minded	
9285.	меща́нство	petty bourgeoisie, lower middle-class	
9286.	микро́б	microbe	
9287.	минда́ль m	almonds; almond-tree	g sg миндаля́
9288.	минима́льный	minimum (adj)	
9289.	многозначи́тельно	meaningfully	
9290.	мо́лот	hammer	
9291.	мольба́	entreaty	no g pl
9292.	монархи́ческий	monarchic	
9293.	монопо́льный	monopoly (adj)	
9294.	мота́ться i (coll)	to sway; rush about	
9295.	мото́рный	motor, engine (adj)	
9296.	мототи́кл	motorcycle	
9297.	моше́нник	swindler	
9298.	мудре́ц	wise man	g sg мудреца́
9299.	музе́йный	museum (adj)	
9300.	му́сорный	rubbish (adj)	
9301.	мчать i +a	to rush, speed along	мчу, мчишь
9302.	наве́с	awning	
9303.	навеща́ть i +a	to visit	навести́ть p
9304.	навяза́ть p +a +d	to impose (sth on s.o.)	навяжу́, навя́жешь; навя́зывать i
9305.	мясно́й	meat (adj)	
9306.	нагиба́ться i	to bend down	нагну́ться p
9307.	нагрева́ть i +a	to warm, heat	нагре́ть
9308.	нагря́нуть p (coll)	to come unexpectedly	
9309.	надба́вка	addition, supplement	g pl надба́вок
9310.	наёмный	hired	
9311.	нака́зывать i +a	to punish	наказа́ть p
9312.	нака́пливаться i	to accumulate	накопи́ться p
9313.	накло́н	incline, lean	

9314. нала́живать i +a	to adjust, put in order	нала́дить p
9315. намекну́ть p на +a	to allude to	намека́ть i
9316. наподо́бие +g	like, resembling	
9317. напо́лниться p +inst	to fill (with)	наполня́ться i
9318. нараста́ние	growth, increase	
9319. населя́ть i +a	to populate	населя́ю; насели́ть p
9320. насле́дственный	inherited	
9321. насовсе́м (coll)	for good, for ever	= навсегда́
9322. наста́вник	mentor, tutor	
9323. натвори́ть p (coll) +g	to get up to, do (sth bad)	
9324. натолкну́ться p на +a	to run into, come up against	ната́лкиваться i
9325. наха́льство	impudence	
9326. наяву́	while awake; for real	сон наяву́ daydream
9327. небоскло́н	horizon	
9328. невмеша́тельство в +a	non-interference (in)	
9329. невозмо́жность f	impossibility	
9330. науга́д	at random	
9331. нево́льный	involuntary	
9332. недосто́йный	unworthy	
9333. не́жели (old word)	than	= чем
9334. незако́нно	illegally	
9335. нездоро́вый	unhealthy	
9336. не́кого +inf	there is no-one	Не́кого спроси́ть There's no-one to ask; Ей не с кем игра́ть She has no-one to play with
9337. неле́по	absurdly; it's absurd	
9338. неповтори́мый	unique, exceptional	
9339. непостижи́мый	incomprehensible	
9340. непра́вый	wrong	short forms непра́в m, неправа́ f; непра́вы pl
9341. непривы́чный	unaccustomed, unusual	
9342. неприкоснове́нный	untouchable, inviolable	
9343. непроходи́мый	impassable; (coll) utter	
9344. несравне́нно	incomparably	
9345. нетерпели́вый	impatient	
9346. неуда́чно	unsuccessfully	
9347. неуме́стный	inappropriate, misplaced	
9348. нефтепрово́д	oil pipeline	
9349. не́хотя	unwillingly; unintentionally	
9350. ничто́жество	nonentity	
9351. новизна́	novelty, newness	
9352. но́жик	small knife, penknife	

9353.	но́жницы pl	scissors	g pl но́жниц
9354.	нора́	burrow	nom pl но́ры, g pl нор, d pl но́рам
9355.	но́сик	small nose; toe (of shoe); spout	
9356.	ночле́г	spending the night, night's lodging	
9357.	но́ша	burden	
9358.	обводи́ть i +a	to take round; (+inst) surround (with)	обвожу́, обво́дишь; обвести́ p
9359.	обита́тель m	inhabitant	
9360.	облегча́ть i +a	to lighten; simplify; make easier	облегчи́ть p
9361.	обле́злый (coll)	shabby, scruffy; mangy	
9362.	обменя́ться p +inst	to exchange	обменя́емся; обме́ниваться i; обменя́ться взгля́дами to exchange glances
9363.	обнажа́ть i +a	to bare, expose	обнажи́ть p
9364.	обнару́жение	revealing; discovery	
9365.	обоснова́ние	basis; grounds, justification	
9366.	обоснова́ть p +a	to substantiate, justify	обосную́, обоснуёшь; обосно́вывать i
9367.	обостря́ть i +a	to intensify, worsen, aggravate	обостря́ю; обостри́ть p
9368.	о́бразный	graphic, evocative; figurative	
9369.	обру́шиваться p	to cave in, collapse; (на +a) fall upon, attack (s.o. or sth)	обру́шиться p
9370.	обу́ть p +a	to put shoes on s.o.; provide with shoes	обу́ю, обу́ешь; обува́ть i
9371.	обходи́тельный	courteous, well-mannered	
9372.	общеизве́стный	well-known, generally known	
9373.	о́бщи́на [either stress]	community	крестья́нская общи́на (hist) peasant commune
9374.	объекти́вность f	objectivity	
9375.	обыва́тель m	man-in-the-street; philistine	
9376.	о́быск	(official) search	
9377.	ова́ция	ovation	
9378.	оголённый	bare, exposed	
9379.	огорче́ние	distress	
9380.	огорчи́ть p +a	to distress, disappoint	огорча́ть i

9381. одёргивать i +a	to straighten (clothing); (coll) call to order, tell s.o. to be quiet	одёрнуть p
9382. оди́ннадцатый	eleventh	
9383. одино́чный	individual, single, solitary	одино́чный о́браз жи́зни solitary lifestyle
9384. озира́ться i	to look round	
9385. озли́ться p (coll)	to get angry	зли́ться i
9386. озло́бленный	embittered	
9387. ознакомле́ние с +inst	familiarization, getting to know	
9388. оказа́ние	rendering	оказа́ние по́мощи assisting
9389. оккупи́ровать i/p +a	to occupy	оккупи́рую
9390. о́перный	opera (adj), operatic	
9391. опозда́ние	lateness	
9392. опроки́дывать i +a	to knock over, overturn	опроки́нуть p
9393. ориенти́роваться i/p	to find one's way; (на +a) be orientated towards	ориенти́руюсь
9394. осве́домиться p о +pr	to enquire about	осве́домлюсь; осве́домишься; осведомля́ться i
9395. освеща́ться i	to be illuminated, light up	освети́ться p
9396. оснаще́ние	equipping; equipment	
9397. основа́тельный	well-founded; solid; thorough	
9398. отбива́ться i от +g	to break away from; repulse, beat off; stray	отби́ться p
9399. отвора́чиваться i от +g	to turn away from	отверну́ться p
9400. отопле́ние	heating	
9401. отпеча́тать p +a	to print (off)	печа́тать/отпеча́тывать i
9402. отпра́вка	sending off, dispatch	
9403. отре́чься p от +g	to renounce (sth)	отреку́сь, отречёшься, отреку́тся, past отрёкся, отрекла́сь; отрека́ться i
9404. отруби́ть p +a	to chop off	отрублю́, отру́бишь; отруба́ть i
9405. отстава́ние	lag, lagging behind	
9406. отстрани́ть p +a	to push aside; remove	отстраня́ть i
9407. охлажда́ть i +a	to cool	охлади́ть p
9408. па́кость f	dirty trick; filth	
9409. па́льчик	small finger	
9410. парши́вый	mangy; shabby, nasty	
9411. перебра́сывать i +a	to throw over	перебро́сить p

9412. перегна́ть p +a	to outdistance, outstrip; drive (sth swh); distil	перегоню́, перего́нишь; перегоня́ть i
9413. передвига́ть i +a	to shift	передви́нуть p
9414. переде́лать p +a	to remake, alter	переде́лывать i
9415. переде́лывать i +a	to remake, alter	переде́лать p
9416. пере́дник	apron; pinafore	
9417. перее́зд	crossing; removal (change of residence)	
9418. переигра́ть p +a	to play again; overact	переи́грывать i
9419. перелива́ться i	to flow (swh); overflow; (i only) glisten, play (of colours), modulate	перели́ться p
9420. перело́м	break, fracture; turning-point	
9421. перено́с	transfer, carrying over; hyphenation	
9422. перено́сный	portable; metaphorical	
9423. переписа́ть p +a	to rewrite; copy out	перепишу́, перепи́шешь; перепи́сывать i
9424. перепра́ва	crossing; crossing-place ford	
9425. переसели́ться p	to move, migrate	переселя́ться i
9426. переставля́ть i +a	to shift; rearrange	переставля́ю; переста́вить p
9427. пере́ть i (coll)	to shove, barge, push	пру, прёшь, past пёр, пёрла
9428. перехва́тывать i +a	to intercept	перехвати́ть p
9429. пе́р(е)ц	pepper	
9430. персо́на	person	обе́д на де́сять персо́н dinner for ten
9431. писа́тельский	writer's, literary	
9432. пла́вный	smooth, flowing	
9433. планоме́рный	planned, systematic	
9434. пла́чущий	tearful	
9435. племенно́й	tribal; thoroughbred	
9436. плоть f	flesh	
9437. пля́ска	dance	g pl пля́сок
9438. поблизо́сти	nearby; hereabouts	
9439. побо́рник +g	champion, keen supporter (of)	
9440. побужде́ние	motive, stimulus	
9441. пова́дка (coll)	habit, (habitual) behaviour	g pl пова́док
9442. пово́зка	cart, carriage	g pl пово́зок
9443. погла́дить p +a	to stroke; iron	погла́жу, погла́дишь; гла́дить i

9444. пода́ча	giving; serve (tennis)	пода́ча то́плива fuel supply; пода́ча по́мощи assistance
9445. подбро́сить p +a	to throw, toss (up); jolt; add	подбро́шу, подбро́сишь; подбра́сывать i
9446. подви́нуть p +a	to move	подвига́ть i
9447. по́льзование +inst	use (of sth)	
9448. подда́ться p +d	to yield, give way (to)	подда́мся, подда́шься, подда́стся, поддади́мся, поддади́тесь, поддаду́тся, f past поддала́сь; поддава́ться i
9449. поджига́ть i +a	to set fire to	подже́чь p
9450. поначá́лу (coll)	at first	
9451. подно́жие/подно́жье	foot (of mountain etc.); pedestal	
9452. подоко́нник	window-sill	
9453. подслу́шивать i +a	to eavesdrop (on s.o.); (p подслу́шать) overhear	
9454. подъёмный	lifting (adj)	подъёмный кран crane; подъёмный мост drawbridge
9455. пожева́ть p +a	to chew	пожую́, пожуёшь; жева́ть i
9456. поже́чь p +a	to burn up	пожгу́, пожжёшь, пожгу́т, past пожёг, пожгла́; жечь i
9457. познава́ть i +a	to get to know, experience	познаю́, познаёшь; позна́ть p
9458. позо́рно	disgracefully, shamefully	
9459. покрыва́ться i +inst	to cover os (with), be covered (by)	покры́ться p
9460. полоса́тый	striped	
9461. полыха́ть i	to blaze	
9462. пома́лкивать i (coll)	to keep quiet	
9463. помести́ться p	to go in, fit in; install os	помещу́сь, помести́шься; помеща́ться i
9464. поме́щичий adj	landowner's	f поме́щичья, n поме́щичье
9465. помо́ст	platform, rostrum; scaffold	
9466. пони́зить p +a	to lower; reduce	пони́жу, пони́зишь; понижа́ть i
9467. пообеща́ть p +a +d	to promise (sth to s.o)	обеща́ть i
9468. пополне́ние	replenishment; reinforcement(s)	
9469. попу́тчик	fellow-traveller	
9470. по́ровну	equally	
9471. поро́жний (coll)	empty	
9472. поруга́ться p	to swear; (c +inst) (coll) have a row with	руга́ться i
9473. послеза́втра	the day after tomorrow	

9474.	по́стный	lenten, meatless; without meat or milk; (coll) lean (of meat); (coll) gloomy, glum; (coll) sanctimonious	
9475.	посту́кивать i	to knock, tap, patter	
9476.	пото́мство	posterity, descendants	
9477.	потребля́ть i +a	to consume	потребля́ю; потреби́ть i
9478.	поцелова́ться p	to kiss each other	поцелу́емся; целова́ться i
9479.	пребыва́ть i	to be (swh)	пребыва́ть у вла́сти to be in power
9480.	превосходи́ть i +a	to surpass, excel	превосхожу́, превосхо́дишь; превзойти́ p
9481.	превосхо́дно	splendidly	
9482.	предписа́ние	order, instruction	
9483.	предпринима́тель m	entrepreneur, businessman	
9484.	преоблада́ть i	to predominate	
9485.	престу́пный	criminal (adj)	
9486.	приве́тливый	affable, friendly	
9487.	при́городный	suburban	
9488.	придви́нуться p к +d	to come near, move up	придвига́ться i
9489.	приде́рживать i +a	to hold back, check	придержа́ть p
9490.	приёмная f adj	waiting-room	
9491.	при́знанный	acknowledged, recognized	
9492.	примеча́тельно	(it is) noteworthy	
9493.	примире́ние	reconciliation	
9494.	припа́д(о)к	fit, attack	припа́док гне́ва fit of anger
9495.	припа́сы m pl	stores, supplies; provisions	g pl припа́сов
9496.	приподнима́ться i	to raise os slightly	приподня́ться p
9497.	припомина́ть i +a	to remember, recall	припо́мнить p
9498.	присва́ивать i +a	to appropriate; (+a +d) confer (sth on s.o.)	присво́ить p
9499.	присоедини́ться p к +d	to join (a group)	присоединя́ться i
9500.	присяга́ть i в +pr +d	to swear an oath (of sth to s.o.)	присягну́ть p; присяга́ть в ве́рности to swear an oath of loyalty
9501.	пробе́л	blank, gap	пробе́л в зна́ниях gap in one's knowledge
9502.	проби́ть p +a	to pierce	пробью́, пробьёшь; пробива́ть i
9503.	провока́тор	agent provocateur; provoker	

9504. прогреме́ть p	to thunder, resound	прогремлю́, прогреми́шь; греме́ть i
9505. прогуля́ться p	to take a walk	прогуля́юсь; прогу́ливаться i
9506. продви́нуться p	to advance	продвига́ться i
9507. продемонстри́ровать p +a	to demonstrate, show	продемонстри́рую; демонстри́ровать i
9508. проезжа́ть i	to drive through/past	прое́хать p
9509. прозва́ть p +a +inst	to nickname (s.o. sth)	прозову́, прозовёшь, f past прозвала́; прозыва́ть i
9510. пролета́ть i	to fly through/past	пролете́ть p
9511. про́мах	miss; blunder	
9512. промежу́точный	intermediate	
9513. пронзи́тельно	piercingly; stridently	
9514. пропаганди́ровать i +a	to propagandize, promote	пропаганди́рую
9515. пропорциона́льный	proportional	
9516. просма́тривать i +a	to look through	просмотре́ть p
9517. проспа́ть p	to oversleep	просплю́, проспи́шь, f past проспала́; просыпа́ть i
9518. простира́ться i	to extend, stretch	простере́ться p
9519. просто́рно	(it is) spacious	
9520. простуди́ться p	to catch a cold	простужу́сь, просту́дишься; просту́живаться or простужа́ться i
9521. противопоставля́ть i +a +d	to contrast (sth with sth), set sth against sth	противопоставля́ю; противопоста́вить p
9522. протира́ть i +a	to rub; rub through	протере́ть p
9523. протяну́ться p	to stretch out; extend	протяну́сь, протя́нешься; протя́гиваться i
9524. прохво́ст (coll)	scoundrel	
9525. прохожде́ние	passing, passage	
9526. процвета́ть i	to flourish	no p
9527. проясне́ние	clarification, clearing up; clear period (weather)	
9528. пру́тик	twig, switch; small rod	
9529. пуска́ться i в +a	to start, embark (on sth)	пусти́ться p
9530. пчела́	bee	nom pl пчёлы
9531. пшено́	millet	
9532. пья́нка (coll)	binge, booze-up	g pl пья́нок
9533. пята́	heel	nom pl пя́ты, g pl пят, d pl пята́м
9534. разбежа́ться p	to scatter; take a run-up	разбегу́сь, разбежи́шься, разбегу́тся; разбега́ться i
9535. разве́дывательный	reconnaissance (adj); intelligence (adj)	разве́дывательная слу́жба intelligence service

9536.	разве́сить p +a	to hang up (a number of things); weigh out	разве́шу, разве́сишь; разве́шивать i; разве́сить бельё to hang out the washing
9537.	раздро́бленный	shattered, splintered, disunited	
9538.	разлива́ться i	to spill; overflow	разли́ться p
9539.	различа́ться i +inst	to differ	
9540.	размеща́ться i	to take one's place; be accommodated	размести́ться p
9541.	размеще́ние	placing, allocation, accommodation	
9542.	разноро́дный	heterogeneous	
9543.	разогна́ть p +a	to disperse	разгоню́, разго́нишь, f past разогнала́; разгоня́ть i
9544.	разори́ть p +a	to ruin	разоря́ть i
9545.	разочаро́ванный	disappointed, disillusioned	
9546.	разраста́ться i	to spread, expand	разрасти́сь p
9547.	разы́грываться i	to romp; warm up, get into one's stride; (storm etc.) break, rage	разыгра́ться p
9548.	раси́зм	racism	
9549.	раскуси́ть p +a	to bite through; (p only) (coll) suss out; get to the heart of sth	раскушу́, раску́сишь; раску́сывать i
9550.	распоряди́ться p	to give orders; (+inst) deal with, manage	распоряжу́сь, распоряди́шься; распоряжа́ться i
9551.	расстила́ться i	to spread out	разостла́ться p
9552.	расстро́йство	disorder	
9553.	рассы́пать p +a	to spill, scatter	рассы́плю, рассы́плешь; рассыпа́ть i
9554.	расти́тельность f	vegetation	
9555.	расцвести́ p	to blossom, bloom	расцвету́, расцветёшь, past расцвёл, расцвела́; расцвета́ть i
9556.	реалисти́ческий	realistic	
9557.	ребя́чий	child's; childish	f ребя́чья, n ребя́чье
9558.	ревни́вый	jealous	
9559.	реме́сленник	craftsman; hack	
9560.	решето́	sieve	nom pl решёта; Чудеса́ в решете́! Incredible!
9561.	рого́жа	matting	
9562.	рож(о́)к	small horn; horn (instrument)	
9563.	рома́нс	romance (song)	
9564.	ры́ночный	market (adj)	ры́ночная эконо́мика market economy

9565. салю́т	salute; firework display (in honour of s.o. or sth)	
9566. самокри́тика	self-criticism	
9567. самосозна́ние	self-awareness	
9568. сбере́чь p +a	to save; protect	сберегу́, сбережёшь, сберегу́т, past сберёг, сберегла́; сберега́ть i
9569. све́сить p +a	to lower, let dangle; (p only) (coll) weigh	све́шу, све́сишь; све́шивать i
9570. сгора́ть i	to burn, burn out	сгоре́ть p
9571. сенса́ция	sensation	
9572. сентя́брьский	September (adj)	
9573. серви́з	service, set (of dishes)	
9574. сери́йный	serial	сери́йное произво́дство mass production
9575. сиде́ние	sitting; (preferably сиде́нье) seat	
9576. синя́к	bruise	g sg синяка́
9577. скали́стый	rocky	
9578. сканда́льный	scandalous; (coll) quarrelsome, rowdy	
9579. скорбь f	grief	g pl скорбе́й
9580. скоси́ть p	(+a) to mow; twist; (глаза́ми) squint	скошу́, ско́сишь; коси́ть i
9581. скро́мно	modestly	
9582. скро́мность f	modesty	
9583. слать i +a	to send	шлю, шлёшь; по- p
9584. словцо́ (coll)	word; apt remark, witticism	для кра́сного словца́ for effect
9585. слуга́ m	servant	nom pl слу́ги
9586. смеши́ть i +a	to make (s.o.) laugh, amuse	
9587. смеш(о́)к	chuckle	смешки́ jeers, jokes
9588. сму́тно	vaguely, dimly	
9589. смыва́ть i +a	to wash off	смыть p
9590. снаряди́ть p +a	to equip	снаряжу́, снаряди́шь; снаряжа́ть i
9591. снисходи́тельно	condescendingly; leniently, indulgently	
9592. снисходи́тельный	condescending; lenient, indulgent	
9593. сноси́ть i +a	to take down; carry away; demolish	сношу́, сно́сишь; снести́ p
9594. сня́ться p	to come off; act in a film; be photographed	сниму́сь, сни́мешься, past сня́лся, сняла́сь; снима́ться i

9595. совершéнствоваться i в +pr	to improve os; improve one's knowledge (of)	совершéнствуюсь; у- p
9596. содержáтельный	rich in content, profound, interesting	
9597. солдáтик	toy soldier	
9598. соли́дно	solidly, substantially, weightily	
9599. сооруди́ть p +a	to build, construct	сооружý, сооруди́шь; сооружáть i
9600. соотéчественник	compatriot	
9601. сопостáвить p +a	to compare	сопостáвлю, сопостáвишь; сопоставля́ть i
9602. сопýтствовать i +d	to accompany	сопýтствую
9603. сорóка	magpie	
9604. сосéдский	neighbour's	
9605. сослáться p на +a	to refer to, quote; plead (give as an excuse)	сошлю́сь, сошлёшься; ссылáться i
9606. сосредотóченно	intently, with concentration	
9607. составлéние	formation, making, compiling	составлéние словаря́ compilation of a dictionary
9608. сосýлька	icicle	g pl сосýлек
9609. спéшка	haste	
9610. спры́гнуть p с +g	to jump off	спры́гивать i
9611. срéзать p +a	to cut down, cut off; shut s.o. up	срéжу, срéжешь; срезáть i
9612. стакáнчик	small glass	
9613. стáчка	strike (= забастóвка)	g pl стáчек
9614. стекóльщик	glazier	
9615. стеннóй	wall (adj)	
9616. стóйко	steadfastly	
9617. стрáнствовать i	to wander, travel	стрáнствую
9618. стрелкóвый	shooting (adj); rifle, infantry (adj)	стрелкóвый тир rifle range
9619. стрýжка	shaving, shavings	g pl стрýжек
9620. струи́ться i	to stream	
9621. сты́чка	skirmish; squabble	g pl сты́чек
9622. сýдорожно	convulsively, feverishly	
9623. сýка	bitch	
9624. сукнó	cloth	nom pl сýкна, g pl сýкон
9625. сýмрачный	gloomy; dreary	
9626. сухáрь m	piece of dried bread; rusk	g sg сухаря́
9627. сюжéт	subject, plot	
9628. тайни́к	hiding-place	g sg тайникá

9629. танки́ст	tank soldier, member of tank crew	
9630. территориа́льный	territorial	
9631. тесни́ться i	to crowd, jostle	
9632. тётушка	auntie; (old) lady	g pl тётушек
9633. ти́тул	title	
9634. тиф	typhus	
9635. то́карь m	turner, lathe operator	nom pl (formal) то́кари, nom pl (coll) токаря́
9636. толко́вый	clever, sensible; clear, comprehensible; (слова́рь) explanatory	
9637. торжествова́ть i	(над +inst) to triumph (over); (+a) celebrate	торжеству́ю
9638. тре́зво	soberly	
9639. триу́мф	triumph	
9640. тро́гательный	touching, affecting	
9641. трюк	stunt; trick, ruse	
9642. туго́й	tight	
9643. тури́зм	tourism; hiking	
9644. ту́р(о)к	Turk	g pl ту́рок
9645. тысячеле́тний	thousand-year (adj)	
9646. тя́гость f	burden	
9647. уве́систый	weighty	
9648. уви́деться p с +inst	to see each other	уви́жусь, уви́дишься; ви́деться i
9649. удосто́ить p	(+a +g) to award s.o. sth; (+a +inst) favour s.o. with sth	удоста́ивать i
9650. уклоня́ться i от +g	to avoid, evade (sth)	уклоня́юсь; уклони́ться p; уклоня́ться от отве́та to dodge a question, avoid answering
9651. укорени́ться p	to take root	укореня́ться i
9652. укрепи́ться p	to become stronger; become fixed; consolidate one's position	укреплю́сь, укрепи́шься; укрепля́ться i
9653. улучша́ть i +a	to improve	улу́чшить p
9654. универса́льный	universal; versatile, multi-purpose	универса́льный магази́н department store
9655. унима́ться i	to calm down	уня́ться p
9656. упомина́ть i +a or о +pr	to mention	упомяну́ть p
9657. упомина́ться i	to be mentioned	упомяну́ться p

9658. упоря́дочение	putting in order, regulation	
9659. упра́ва	(coll) control, means of control; (hist) management, administration, justice	
9660. упрощённый	simplified; over-simplified	
9661. упря́мство	obstinacy	
9662. уса́живаться i	to take a seat, settle down	усе́сться p
9663. усе́ять p +a +inst	to strew, dot, litter (sth with sth)	усе́ю, усе́ешь; усе́ивать i
9664. устране́ние	removal, elimination	
9665. утвержда́ться i	to become established	утверди́ться p
9666. утеше́ние	comfort, solace	
9667. утю́г	iron (for ironing)	g sg утюга́
9668. уха́	fish-soup	
9669. фина́л	final (sport); finale	
9670. фи́ниш	finish	
9671. фи́нский	Finnish	
9672. форма́ция	stage of development; formation	
9673. хи́лый	puny, decrepit	
9674. хиру́рг	surgeon	
9675. христиа́нство	Christianity	
9676. хро́ника	chronicle; news items; newsreel	
9677. цара́пать i +a	to scratch	цара́пнуть p
9678. целесообра́зный	expedient	
9679. целеустремлённый	purposeful	
9680. цивилизо́ванный	civilized	
9681. цыга́н	gypsy	nom pl цыга́не, g pl цыга́н
9682. че́люсть f	jaw	
9683. чередова́ние	alternation	
9684. четы́реста	four hundred	g четырёхсо́т
9685. че́шский	Czech (adj)	
9686. чи́стка	cleaning; purge (political)	g pl чи́сток
9687. чита́тельский	reader's	
9688. чиха́ть i	to sneeze	чихну́ть p
9689. чрезме́рно	excessively	
9690. шата́ться i	to sway; wobble; (coll) loaf about	
9691. ша́ткий	unsteady	
9692. ша́хматы pl	chess	g pl ша́хмат
9693. шве́йный	sewing	

9694. шевельну́ться p	to stir	шевели́ться i
9695. шелуха́	skin, peel, husk	
9696. шерша́вый	rough (to the touch)	
9697. ши́риться i	to spread, expand	
9698. ши́шка	(pine/fir) cone; bump; (coll) big noise, VIP	g pl ши́шек
9699. шля́ться i (coll)	to loaf about	шля́юсь
9700. шпо́ра	spur	
9701. штаб-кварти́ра	headquarters	
9702. штормово́й	gale (adj)	
9703. ще́дрость f	generosity	
9704. щёлкать i	(+a) to flick; (+inst) click, snap	щёлкнуть p
9705. щен(о́)к	puppy	nom pl щенки́, g pl щенко́в or nom pl щеня́та, g pl щеня́т
9706. электро́ника	electronics	
9707. эффе́ктный	striking, done for effect	
9708. яи́чница [yee-eesh-nee-tsa]	fried eggs	
9709. я́рмарка	fair, trade fair	g pl я́рмарок
9710. авиано́с(е)ц	aircraft carrier	
9711. автоно́мный	autonomous	
9712. аза́рт	excitement, fervour	
9713. а́збука	alphabet	
9714. аку́ла	shark	
9715. алкого́ль m	alcohol	
9716. аре́нда	lease	
9717. ба́бочка	butterfly	g pl ба́бочек
9718. бага́ж	luggage	g sg багажа́
9719. бак	cistern, tank	
9720. барахло́ (coll)	old clothes, jumble; junk	
9721. бди́тельный	vigilant	
9722. бедро́	hip; thigh	nom pl бёдра, g pl бёдер
9723. безде́йствовать i	to do nothing; stand idle	безде́йствую
9724. безотве́тственный	irresponsible	
9725. безро́потно	uncomplainingly, without a murmur	
9726. беспе́чный	carefree, unconcerned	
9727. бестолко́вый	stupid; incoherent, muddled	
9728. бинт	bandage	g sg бинта́
9729. блоха́	flea	nom pl бло́хи, g pl блох, d pl блоха́м
9730. болта́ться i (coll)	to dangle; hang about	
9731. бри́тва	razor	

9732. бу́йный	wild, unruly	
9733. быль f	true story, fact	
9734. бюллете́нь m	bulletin; ballot-paper; medical certificate	
9735. вдыха́ть i +a	to breathe in	вдохну́ть p
9736. велича́вый	majestic	
9737. ве́ха	landmark; stake, marker	
9738. взнос	payment; fee; subscription	
9739. ви́лка	fork; (two-pin) plug	g pl ви́лок
9740. ви́селица	gallows	
9741. вня́тно	distinctly, clearly, audibly	
9742. водрузи́ть p +a	to hoist, erect	водружу́, водрузи́шь; водружа́ть i
9743. воздержа́ться p от +g	to abstain (from)	воздержу́сь, возде́ржишься; возде́рживаться i
9744. воня́ть i +inst	to stink (of)	воня́ет
9745. воодушевле́ние	enthusiasm, fervour	
9746. воо́чию	with one's own eyes, for os	воо́чию убеди́ться в +pr to see for os
9747. во́рох	heap, pile	nom pl вороха́; во́рох се́на pile of hay; во́рох новосте́й heaps of news
9748. воск	wax	
9749. вторга́ться i в +a	to invade	вто́ргнуться p
9750. вы́ручка	proceeds, earnings; rescue	
9751. вы́ступ	projection; ledge	
9752. вы́шка	tower; turret	g pl вы́шек
9753. вя́лый	flabby, limp	
9754. договорённость f	agreement	
9755. гнить i	to rot	гнию́, гниёшь, f past гнила́; с- p
9756. гну́сный	vile	
9757. горб	hump	g sg горба́, pr sg на горбу́
9758. град	hail; (poet) city	
9759. гу́сеница	caterpillar	
9760. дань f	tribute, homage	
9761. дева́ть i (coll) +a	to put	деть p
9762. доброде́тель f	virtue	
9763. до́мыс(е)л	conjecture	
9764. доща́тый	made of planks, board (adj)	
9765. духи́ m pl	perfume	g pl духо́в
9766. души́стый	fragrant	

9767. ева́нгелие	gospel	
9768. евре́й	Jew	
9769. единогла́сно	unanimously	
9770. ёж	hedgehog	g sg ежа́
9771. жанр	genre	
9772. жа́рить i +a	to fry; roast	за- p
9773. жемчу́жина	pearl	
9774. жир	fat, grease	pr sg в жиру́, nom pl жиры́
9775. жу́ткий	terrible	
9776. завсегда́тай	habitué; regular customer	
9777. загла́вие	title, heading	
9778. загс	registry office	
9779. задо́р	fervour, vigour	
9780. за(ё)м	loan	g sg за́йма
9781. закоу́л(о)к	back alley; nook, cranny	
9782. зало́г	deposit, guarantee, pledge	
9783. замеша́тельство	confusion; consternation	
9784. за́мкнутый	reserved, unsociable; secluded, private	
9785. зао́чно	in one's absence; externally (of study for a degree)	око́нчить институ́т зао́чно to take an external degree
9786. запну́ться p	to stumble	запина́ться i
9787. запча́сть f	spare part	
9788. застегну́ть p +a	to fasten	застёгивать i
9789. изря́дный	fairly good, quite large	изря́дное коли́чество quite a lot
9790. захлёбываться i	to choke	захлебну́ться p
9791. злоупотребля́ть i +inst	to misuse, abuse (sth)	злоупотребля́ю; злоупотреби́ть p
9792. зна́тный	distinguished, outstanding; (hist) high-born, noble	
9793. зо́нтик	umbrella	
9794. зы́бкий	unsteady, unstable	
9795. и́ва	willow	
9796. икра́	caviare; (nom pl и́кры) calf (of leg)	
9797. искажа́ть i +a	to distort	искази́ть p
9798. искуше́ние	temptation	
9799. и́сподволь (coll)	gradually	
9800. кале́ка m/f	cripple	
9801. камы́ш	reed, rush	g sg камыша́
9802. ка́рий (soft adj)	brown, hazel (of eyes); chestnut (of horses)	
9803. квита́нция	receipt	

9804. клева́ть i	to peck	клюю́, клюёшь; клю́нуть p; клева́ть но́сом to nod, be drowsy
9805. клей	glue	
9806. клу́мба	flower-bed	
9807. ко́врик	rug	
9808. ко́г(о)ть m	claw	g pl когте́й
9809. ко́е-ка́к	anyhow, carelessly; somehow or other, somehow	
9810. корена́стый	thickset, stocky	
9811. косо́й	slanting, oblique, squint; cross-eyed, squinting	
9812. красноре́чие	eloquence	
9813. круше́ние	wreck, ruin, collapse	
9814. кувырка́ться i	to turn somersaults, go head over heels	кувыркну́ться p
9815. куми́р	idol	
9816. кутёж	drinking-bout	g sg кутежа́
9817. лазе́йка	hole; loop-hole	g pl лазе́ек
9818. лак	varnish	
9819. ла́сточка	swallow	g pl ла́сточек
9820. ле́звие	blade	
9821. ле́стный	flattering	
9822. ликова́ть i	to rejoice	лику́ю
9823. лицеме́рие	hypocrisy	
9824. льстить i +d	to flatter	льщу, льстишь; по- p
9825. ма́зать i +a	to grease, smear	ма́жу, ма́жешь
9826. мая́к	lighthouse; beacon	g sg маяка́
9827. ме́рзость f	vileness; sth disgusting	
9828. мести́ i +a	to sweep	мету́, метёшь, past мёл, мела́
9829. мизи́н(е)ц	little finger; little toe	
9830. ми́ска	bowl	g pl ми́сок
9831. мозо́ль f	corn (on foot), callous	
9832. мятёж	rebellion	g sg мятежа́
9833. набро́с(о)к	sketch, rough draft	
9834. наизу́сть	by heart, from memory	вы́учить наизу́сть to learn by heart
9835. наперекóр +d	contrary, counter (to), in defiance (of)	наперекóр судьбе́ in defiance of fate
9836. нарека́ние	reprimand	
9837. насажде́ние	planting; propagation	
9838. на́сморк	cold (in the head)	
9839. начи́нка	stuffing, filling (of pie etc.)	

9840. неве́стка	daughter-in-law; sister-in-law (brother's wife)	g pl неве́сток
9841. незва́ный	uninvited	
9842. незы́блемый	unshakeable	
9843. неи́стовый	frenzied	
9844. непола́дка	fault, defect	g pl непола́док; непола́дки (coll) quarrel
9845. непринуждённый	relaxed, unconstrained	
9846. неразбери́ха (coll)	muddle	
9847. несовмести́мый	incompatible	
9848. неспроста́ (coll)	with an ulterior motive, not without a reason	
9849. неуря́дица (coll)	confusion	неуря́дицы squabbling
9850. ниче́й	nobody's	f ничья́, n ничьё; ничья́ drawn game; ничья́ земля́ no man's land
9851. нрав	nature, disposition (of person)	ти́хий нрав quiet nature; нра́вы manners, customs
9852. ныть i	to whine, complain; ache	но́ю, но́ешь
9853. ню́хать i +a	to smell, sniff (sth)	по- p
9854. обая́ние	charm	
9855. обузда́ть p +a	to curb, restrain	обузда́ю; обу́здывать i
9856. озабо́ченный	worried, preoccupied	
9857. оле́нь m	deer	
9858. омерзи́тельный	disgusting, revolting	
9859. о́мут	pool, deep place in river; whirlpool	В ти́хом о́муте че́рти во́дятся Still waters run deep
9860. опе́ка	guardianship, trusteeship; surveillance, care	
9861. опи́лки pl	sawdust; metal filings	g pl опи́лок
9862. оплошность f	slip, blunder	
9863. опра́ва	mounting, frame	
9864. опря́тный	tidy, neat	
9865. оспа́ривать i +a	to contest, dispute	оспо́рить p
9866. отбо́рный	selected, specially chosen	
9867. отде́латься p	(от +g) to get rid of; (+inst) get off, escape (with)	отде́лываться i; легко́ отде́латься to get off lightly
9868. отме́нный	excellent	
9869. отравля́ть i +a	to poison	отравля́ю; отрави́ть p
9870. ошеломи́ть p +a	to stun, astound	ошеломлю́, ошеломи́шь; ошеломля́ть i
9871. паке́тик	bag, plastic bag	

9872. палиса́дник	front garden; stake fence	
9873. пане́ль f	pavement; panelling, panel	
9874. па́смурный	cloudy, overcast; gloomy	
9875. па́сын(о)к	stepson	
9876. пе́кло (coll)	scorching heat; hell	
9877. пелёнка	nappy, diaper	g pl пелёнок
9878. переды́шка	breathing-space, rest, short break	g pl переды́шек
9879. пе́реч(е)нь m	list, enumeration	
9880. пери́на	feather-bed, duvet	
9881. перро́н	platform (railway station)	
9882. пир	feast	pr sg в/на пиру́, nom pl пиры́
9883. пиро́жное n adj	cake, pastry	
9884. пища́ть i	to squeak, squeal; cheep	пищу́, пищи́шь; пи́скнуть p
9885. пластма́сса	plastic	
9886. пле́сень f	mould	
9887. плеска́ть i	to splash	плещу́, пле́щешь; плесну́ть p
9888. пе́чень f	liver	
9889. пляж	beach	
9890. побуди́ть p +a +inf or к +d	to prompt, induce (s.o. to do sth)	побужу́, побуди́шь; побужда́ть i
9891. по́дданный m adj	subject, citizen	
9892. подо́шва	sole (of shoe, foot)	
9893. подсо́бный	subsidiary, supplementary	
9894. позити́вный	positive	
9895. покло́нник	admirer	
9896. покоря́ть i +a	to conquer, subjugate	покоря́ю; покори́ть p
9897. полово́й	sexual	
9898. полтора́ста	a hundred and fifty	g/d/inst/pr полу́тораста
9899. поме́стье	estate	g pl поме́стий
9900. помидо́р	tomato	
9901. поощря́ть i +a	to encourage	поощря́ю; поощри́ть p
9902. попола́м	in half, half-and-half	с грехо́м попола́м after a fashion, only just
9903. поросён(о)к	piglet	nom pl порося́та, g pl поросят
9904. портно́й m adj	tailor	
9905. посло́вица	proverb	
9906. послу́шный	obedient	
9907. поставля́ть i +a	to deliver, supply	поставля́ю; поста́вить p
9908. потéха	fun, amusement	
9909. похме́лье	hangover	быть с похме́лья to have a hangover
9910. по́честь f	honour, mark of respect	
9911. по́шлый	vulgar; trivial, banal	

9912.	правосла́вный	orthodox (religious term); (as noun) member of Orthodox Church	правосла́вная це́рковь Orthodox Church
9913.	пра́дед	great-grandfather	
9914.	пра́здность f	idleness	
9915.	предосуди́тельный	reprehensible	
9916.	пре́сный	unsalted; flavourless, bland	пре́сная вода́ fresh water
9917.	придира́ться i к +d	to find fault with	придра́ться p
9918.	прие́млемый	acceptable	
9919.	призна́тельный	grateful	
9920.	прики́дываться i (coll) +inst	to pretend (to be sth)	прики́нуться p
9921.	прию́т	shelter, refuge	
9922.	прово́рный	quick, agile	
9923.	проли́в	strait	
9924.	проница́тельный	penetrating; shrewd	
9925.	про́со	millet	
9926.	пруд	pond	g sg пруда́, pr sg в пруду́
9927.	птен(е́)ц	nestling, fledgling	
9928.	пух	down, fluff	pr sg в пуху́
9929.	пыл	heat, ardour	pr sg в пылу́
9930.	пылесо́с	vacuum cleaner	
9931.	разво́д	divorce	
9932.	раздо́лье	expanse, open space; freedom	
9933.	рази́тельный	striking	рази́тельное схо́дство striking similarity
9934.	разла́д	discord; disorder	
9935.	разро́зненный	incomplete (of set); scattered, uncoordinated	разро́зненный компле́кт broken set; разро́зненные вы́стрелы isolated shots
9936.	разыгра́ть p +a	to perform; raffle, draw lots (for sth); play a trick (on s.o.), fool	разы́грывать i
9937.	раска́т	rumble, roll, peal	раска́т гро́ма rumble of thunder; раска́ты хо́хота loud peals of laughter
9938.	раска́яние	repentance	
9939.	рассу́д(о)к	reason, ability to think	го́лос рассу́дка the voice of reason; лиши́ться рассу́дка to go out of one's mind
9940.	растрёпанный	dishevelled; tattered	
9941.	ри́нуться p	to rush, charge, dash	no i

9942. рознь f	difference; discord, disagreement	
9943. ро́кот	roar, rumble	
9944. рукави́ца	mitten, glove (without fingers)	
9945. рыда́ть i	to sob	
9946. све́рстник	person of the same age, contemporary	
9947. селёдка	herring	g pl селёдок; dim of сельдь f herring
9948. сквер	public garden	
9949. сквозня́к	draught	g sg сквозняка́
9950. скита́ться i	to wander, roam	
9951. скорлупа́	shell	nom pl скорлу́пы; яи́чная скорлупа́ eggshell
9952. скре́жет	grinding (noise)	
9953. слыть i +inst or за +a	to have the reputation of, be considered	слыву́, слывёшь; про- p; Он слывёт чудако́м He is considered eccentric
9954. слюна́	saliva	also in the form слю́ни pl, g pl слюне́й
9955. сме́жный	adjacent, adjoining, connected	сме́жные ко́мнаты adjoining rooms
9956. сме́та	estimate	
9957. смяте́ние	confusion, disarray, panic	
9958. смять p +a	to crumple, crush	сомну, сомнёшь; мять i
9959. снова́ть i	to dash about, scurry	сную́, снуёшь
9960. сноро́вка	knack, skill	Необходи́мо име́ть сноро́вку You have to have the knack
9961. соблазни́ть p +a	to tempt; seduce	соблазня́ть i
9962. солове́й	nightingale	g sg соловья́, g pl соловьёв
9963. спле́тни f pl	gossip	nom sg спле́тня; g pl спле́тен
9964. спра́вочник	reference book, guide	
9965. стаж	period of service, period of work or training	произво́дственный стаж industrial experience
9966. сту́жа (coll)	icy cold, severe frost	
9967. суту́лый	round-shouldered, stooping	
9968. сшиби́ть p (coll) +a	to knock down	сшибу́, сшибёшь, past сшиб, сши́бла; сшиба́ть i; сшиби́ть кого́-нибудь с ног to knock s.o. off their feet
9969. таз	basin; pelvis	pr sg в тазу́ or в та́зе, nom pl тазы́
9970. тало́н	coupon	

9971.	тёща	mother-in-law (wife's mother)	
9972.	тлеть i	to rot; smoulder	тле́ет
9973.	тще́тно	in vain	
9974.	у́йма (coll) +g	lots (of)	no pl
9975.	уме́ренный	moderate	
9976.	упру́гий	elastic, springy	
9977.	уро́д	freak, monster	
9978.	усмотре́ние	discretion, judgement	по ва́шему усмотре́нию as you think best
9979.	уте́чка	leak	g pl уте́чек
9980.	утоми́тельный	tiring; tedious	
9981.	ухмыля́ться i (coll)	to smirk, grin	ухмыля́юсь; ухмыльну́ться p
9982.	фе́я	fairy	
9983.	хло́пья pl	flakes	g pl хло́пьев
9984.	ча́яние	hope; expectation	
9985.	чеса́ть i +a	to scratch	чешу́, че́шешь; по- p
9986.	чтить i +a	to honour	чту, чтишь; по- p
9987.	шабло́н	cliché; routine; pattern	
9988.	ша́ркать i +inst	to shuffle	ша́ркнуть p; ша́ркать нога́ми to shuffle one's feet
9989.	ше́ствие	procession	
9990.	шнур	cord; lace; flex, cable	g sg шнура́
9991.	шта́бель m	stack, pile	nom pl штабеля́
9992.	шу́стрый (coll)	smart, quick, agile	
9993.	щекота́ть i +a	to tickle	щекочу́, щеко́чешь; по- p
9994.	щети́на	bristles, bristly surface; stubble (of beard)	
9995.	щу́ка	pike (fish)	
9996.	щу́пать i +a	to feel, touch (sth), probe	по- p
9997.	щу́риться i	to screw up one's eyes, narrow one's eyes	со- p
9998.	электри́чка (coll)	suburban train	g pl электри́чек
9999.	этаже́рка	bookcase	g pl этаже́рок
10000.	я́рый	furious, raging; fervent, rabid	я́рый покло́нник fervent admirer

INDEX

а	11.	and, but (slight contrast)
абсолю́тно	1155.	absolutely
абсолю́тный	2054.	absolute
абстра́ктный	5093.	abstract
аванга́рд	4921.	vanguard
ава́нс	8474.	advance (payment)
авантюри́ст	8019.	adventurer
ава́рия	5679.	breakdown; accident
а́вгуст	2599.	August
авиано́с(е)ц	9710.	aircraft carrier
авиацио́нный	8020.	aviation (adj)
авиа́ция	4092.	aviation
аво́сь	5473.	perhaps
на аво́сь		on the off-chance
австрали́йский	8442.	Australian (adj)
австри́(е)ц	8192.	Austrian
австри́йский	8193.	Austrian
авто́бус	3870.	bus
автома́т	2217.	slot-machine
автоматиза́ция	4456.	automation
автома́тика	7152.	automation; machinery
автомати́ческий	2454.	automatic
автомаши́на	3269.	car, vehicle
автомоби́ль m	1424.	car
автомоби́льный	3695.	car (adj)
автоно́мный	9711.	autonomous
а́втор	744.	author
авторите́т	1677.	authority
авторите́тный	5680.	authoritative, trustworthy
а́вторский	5474.	author's
ага́ [aha]	2081.	ah (yes), aha
аге́нт	2375.	agent
аге́нтство	4113.	agency
агита́тор	8308.	agitator
агита́ция	5094.	agitation
агити́ровать i	8021.	to agitate, campaign
агра́рный	5922.	agrarian
агрега́т	4318.	unit, assembly
агресси́вный	2245.	aggressive
агре́ссия	1704.	aggression
агре́ссор	2732.	agressor
агроно́м	2333.	agronomist
ад	9035.	hell
адвока́т	4628.	lawyer
администрати́вный	4038.	administrative
администра́ция	5095.	administration
адмира́л	4460.	admiral

а́дрес	1425.	address
адресова́ть i/p +a +d	7153.	to address (sth to s.o.)
а́дский	5681.	hellish
аж (coll)	8296.	even
аза́рт	9712.	excitement, fervour
а́збука	9713.	alphabet
азиа́тский	4245.	Asian (adj)
азо́т	8520.	nitrogen
ай	3072.	oh! (fear, surprise)
акаде́мик	1623.	academician
академи́ческий	4080.	academic
акаде́мия	1106.	academy
акко́рд	9036.	chord
аккура́тно	2952.	thoroughly; tidily
аккура́тный	5096.	exact, punctual; tidy
акт	8022.	act (of play); document
актёр	2186.	actor
акти́в	5682.	the activists; assets (financial)
активиза́ция	9037.	activization
активи́ст	4629.	(political) activist
акти́вно	2455.	actively
акти́вность f	4481.	activity
акти́вный	1660.	active
актри́са	5475.	actress
актуа́льный	4093.	topical
аку́ла	9714.	shark
а́кция	6467.	share (in company)
а́ли (coll)	8023.	or
алкого́лик	8388.	alcoholic (noun)
алкого́ль m	9715.	alcohol
алле́я	3434.	avenue
алма́з	8185.	(uncut) diamond
алма́зный	4453.	diamond (adj)
алта́рь m	9038.	altar
а́лый	5476.	scarlet
альбо́м	8338.	album
альпи́йский	8309.	alpine
амба́р	4265.	barn; storehouse
америка́н(е)ц	766.	American
америка́нский	551.	American
амни́стия	6784.	amnesty
ана́лиз	1168.	analysis
анализи́ровать i +a	4482.	to analyse
аналоги́чный	6171.	analogous
анало́гия	7565.	analogy
ана́рхия	4784.	anarchy

а́нгел	5477.	angel
англи́йский	734.	English; British
англича́нин	1720.	Englishman
анекдо́т	6468.	anecdote, joke
анке́та	5478.	questionnaire, form
анса́мбль m	4246.	ensemble
анте́нна	9039.	antenna; aerial
антисемити́зм	8443.	antisemitism
анти́чный	5479.	ancient
апельси́н	9040.	orange
аплоди́ровать i +d	4483.	to applaud (s.o. or sth)
апо́стол	9041.	apostle
аппара́т	1059.	apparatus
аппарату́ра	4415.	apparatus
аппети́т	5683.	appetite
апре́ль m	1978.	April
апте́ка	5923.	chemist's, drugstore
ара́б	8205.	Arab
ара́бский	5684.	Arab (adj), Arabian
арбу́з	5480.	water melon
аргуме́нт	8024.	argument
аре́на	2274.	arena
аре́нда	9716.	lease
аре́ст	2187.	arrest
аресто́ванный	4302.	arrested, person arrested
арестова́ть p +a	2082.	to arrest
аристокра́т	8521.	aristocrat
аристократи́ческий	6469.	aristocratic
аристокра́тия	4094.	aristocracy
арифме́тика	6172.	arithmetic
а́рка	7154.	arch
арме́йский	9042.	army (adj)
а́рмия	465.	army
армя́нский	5097.	Armenian (adj)
арома́т	7566.	scent, aroma
арсена́л	6173.	arsenal
артиллери́ст	8244.	gunner
артилле́рия	4066.	artillery
арти́ст	2300.	artiste, performer
архео́лог	7155.	archaeologist
архи́в	4922.	archive(s)
архите́ктор	4630.	architect
архитекту́ра	4430.	architecture
архитекту́рный	4447.	architectural
аспира́нт	4266.	postgraduate (noun)
ассамбле́я	6470.	assembly
ассигнова́ние	9043.	allocation
ассортиме́нт	4484.	assortment
ассоциа́ция	5924.	association
астроно́м	8226.	astronomer
астрономи́ческий	5685.	astronomic(al)
астроно́мия	8025.	astronomy
асфа́льт	6785.	asphalt
ата́ка	1979.	attack
атакова́ть i/p +a	5925.	to attack
атеи́ст	6174.	atheist
атеисти́ческий	8475.	atheistic
атмосфе́ра	1092.	atmosphere
атмосфе́рный	8274.	atmospheric
а́том	4050.	atom
а́томный	1174.	atomic
аудито́рия	3214.	auditorium
афори́зм	7156.	aphorism
африка́нский	3150.	African (adj)
ах	730.	ah!, oh!
а́хнуть p	4923.	to gasp
аэродро́м	2600.	aerodrome
аэропо́рт	6786.	airport

ба́ба	988.	peasant woman; (coll) old woman, woman
ба́бий (coll; sexist)	4267.	women's
ба́бка (coll)	8278.	grandmother; old woman
ба́бочка	9717.	butterfly
ба́бушка	522.	grandmother
ба́бушкин	8476.	grandmother's
бага́ж	9718.	luggage
багро́вый	6471.	crimson
ба́за	671.	base; depot
база́р	3215.	bazaar, market
ба́зис	8026.	basis
бак	9719.	cistern, tank
бал	4631.	ball (dance)
бала́нс	4284.	balance (econ)
бале́т	5926.	ballet
ба́лка	5686.	beam, girder; gully
балко́н	2792.	balcony
балл	7157.	mark (exam)
балова́ть i +a	6787.	to spoil (s.o.)
балова́ться i	8027.	to play about, indulge os
балти́йский	7567.	Baltic
ба́нда	4785.	band, gang
банди́т	6175.	bandit
банк	2903.	bank (for money)
ба́нка	4091.	jar, can

банки́р	5481.	banker
ба́ня	3435.	bath-house
бар	8028.	bar
бараба́н	4485.	drum
бара́к	7163.	hut
бара́н	9044.	ram (sheep)
барахло́ (coll)	9720.	old clothes, jumble; junk
ба́ржа	4095.	barge
ба́рин	3151.	landowner, *barin*; gentleman
баро́метр	6472.	barometer
баррика́да	6788.	barricade
ба́рский	6789.	lord's, *barin's*
ба́рхат	5927.	velvet
ба́рхатный	8029.	velvet (adj)
ба́рыня	4371.	lady
ба́рышня	3152.	young lady
барье́р	6473.	barrier
бас	7568.	bass
ба́сня	5928.	fable
бассе́йн	2376.	pool, swimming-pool; basin (geog)
батальо́н	4096.	battalion
батаре́я	1930.	battery; radiator
ба́тька m (coll)	4416.	dad, father
ба́тюшка m	2138.	father
ба́тя m (coll)	8310.	dad, father
башка́ (very coll)	4097.	head
башма́к	8031.	shoe
ба́шня	3696.	tower
бая́н	9045.	*bayan*, Russian accordion
бди́тельность f	6176.	vigilance
бди́тельный	9721.	vigilant
бег	3535.	running; race
бе́гать i	1844.	(p по-) to run around; (p с-) run there and back
бе́глый	3697.	quick, fleeting
бе́гство	5482.	flight, escape
беда́	1081.	misfortune
бе́дно	8032.	poorly, cheaply
бе́дность f	5483.	poverty
беднота́	4632.	the poor
бе́дный	1209.	poor
бедня́га m (coll)	7158.	poor fellow
бедро́	9722.	hip; thigh
бе́дствие	2953.	disaster
бежа́ть i	370.	to run
бе́жен(е)ц	8206.	refugee
без +g	109.	without
безве́стный	8033.	unknown
безгра́мотность f	9046.	illiteracy
безгра́мотный	8034.	illiterate
безграни́чно	7569.	infinitely
безграни́чный	7159.	limitless
безде́йствовать i	9723.	to do nothing; stand idle
безделу́шка	8035.	knick-knack, trinket
безде́лье	7160.	idleness
безде́льник	8036.	idler
бе́здна	9047.	abyss; (coll) +g great quantity
бездо́мный	7570.	homeless
бездо́нный	8037.	bottomless
безду́шный	9048.	heartless
безжа́лостно	5687.	pitilessly, ruthlessly
безжа́лостный	7161.	pitiless
беззаве́тно	9049.	selflessly
беззаве́тный	6177.	selfless
беззву́чно	5688.	soundlessly
безлю́дный	6790.	lacking people, unfrequented
безме́рно	7571.	immensely
безмо́лвно	9050.	silently
безнадёжно	6178.	hopelessly
безнадёжный	6474.	hopeless
безнака́занно	9051.	with impunity
безобра́зие	3782.	ugliness; scandalous
безоговоро́чный	5689.	unconditional
безопа́сность f	1771.	security
безопа́сный	7162.	safe
безотве́тственный	9724.	irresponsible
безоши́бочно	9052.	correctly, accurately
безрабо́тица	3698.	unemployment
безрабо́тный	6179.	unemployed
безразли́чно	6791.	indifferently
безро́потно	9725.	uncomplainingly, without a murmur
безу́мие	4422.	madness
безу́мный	5929.	mad
безупре́чный	5270.	irreproachable
безусло́вно	2507.	undoubtedly
безусло́вный	5271.	unconditional
безуспе́шно	9053.	unsuccessfully
безымя́нный	6475.	nameless
беле́ть i	6180.	to grow white, be white

белизна́	6181.	whiteness
бели́ла pl	9054.	whitewash
бе́лка	7164.	squirrel
белоку́рый	5690.	blond, fair-haired
белору́сский	6476.	Belorussian (or Belarusian)
белосне́жный	1884.	snow-white
бе́лый	219.	white
бельё	3073.	linen
бензи́н	5484.	petrol
бе́рег	293.	bank, shore
берегово́й	6477.	coastal
бережли́вость f	8038.	thrift
бе́режно	5098.	carefully
берёза	3074.	birch
берёзка	5272.	little birch tree
берёзовый	5691.	birch (adj)
бере́т	8039.	beret
бере́чь i +a	2083.	to look after
бере́чься i	9055.	to be careful
бес	8522.	demon
бесе́да	867.	talk, discussion
бесе́дка	8523.	summer-house
бесе́довать i c+inst	2188.	to talk, converse (with)
бесконе́чно	2415.	endlessly
бесконе́чность f	5692.	infinity
бескоры́стный	6182.	unconcerned with personal gain, disinterested, unselfish
беспарти́йный	6478.	without party affiliation, independent
беспе́чный	9726.	carefree, unconcerned
беспла́тно	8040.	free (without payment)
беспла́тный	5485.	free (of charge)
беспло́дный	4268.	barren; fruitless
бесповоро́тно	6792.	irreversibly
беспоко́ить i +a	3536.	to worry
беспоко́иться i o +pr	1535.	to worry, be worried (about)
беспоко́йно	5486.	restlessly; disturbing
беспоко́йный	3617.	anxious, agitated
беспоко́йство	3436.	agitation, anxiety
бесполе́зно	5273.	uselessly
бесполе́зный	2601.	useless
беспо́мощный	6183.	helpless
беспоря́д(о)к	3437.	disorder, mess
беспоря́дочный	3783.	disorderly
беспоща́дно	6184.	mercilessly
беспоща́дный	3270.	merciless
беспреде́льный	6793.	boundless, unlimited
беспрепя́тственный	8041.	unimpeded, unhindered
бесси́льный	5693.	powerless
бессле́дно	9056.	without trace
бессме́ртие	4423.	immortality
бессме́ртный	3537.	immortal
бессмы́сленно	6479.	pointlessly, meaninglessly
бессмы́сленный	7166.	senseless, meaningless
бессо́вестный	5694.	shameless, unscrupulous
бессо́нница	7572.	insomnia
бессо́нный	5930.	sleepless
бесспо́рно	3871.	indisputably
бесспо́рный	4924.	indisputable
бесстра́шие	6480.	fearlessness
бесстра́шно	8042.	fearlessly
бесстра́шный	3872.	fearless
бессты́дно	9057.	shamelessly
бестолко́вый	9727.	stupid; incoherent, muddled
бесцве́тный	2641.	colourless
бесцеремо́нно	6794.	unceremoniously
бесчи́сленный	2602.	innumerable
бесшу́мно	5931.	noiselessly
бето́н	4102.	concrete
бето́нный	4786.	concrete (adj)
бе́шено	4925.	madly, furiously
бе́шенство	8043.	fury; rabies
бе́шеный	2733.	mad; furious
библе́йский	7573.	biblical
библиоте́ка	1661.	library
би́блия	7167.	bible; the Bible
бизнесме́н	9058.	businessman
биле́т	2084.	ticket
бино́кль m	3618.	binoculars
бинт	9728.	bandage
биогра́фия	2642.	biography
био́лог	8044.	biologist
биологи́ческий	5274.	biological
биоло́гия	7168.	biology
би́ржа	8045.	exchange; stock exchange
би́тва	1624.	battle
би́тый	5695.	beaten; broken; whipped

бить i	761.	to beat, hit
би́ться i	2009.	to fight; to beat
бич	6481.	whip; scourge
бла́го	1814.	good (thing)
благодари́ть i +a за +a	1235.	to thank (s.o. for sth)
благода́рность f	3873.	gratitude
благода́рный	2853.	grateful
благодаря́ +d	1705.	thanks to
благо́й	6482.	good
благополу́чие	3784.	well-being
благополу́чно	4341.	safely, well
благополу́чный	9059.	successful
благоприя́тный	2301.	favourable
благоро́дный	2116.	noble
благоро́дство	6795.	nobility
благослове́ние	7574.	blessing
благослови́ть p +a	9060.	to bless
благословля́ть i +a	7169.	to bless
благососто́яние	4327.	well-being, prosperity
благоустро́йство	8524.	equipping with amenities
блаже́нный	6796.	blessed
блаже́нство	9061.	bliss
бланк	8048.	form (document)
бледне́ть i	8049.	to turn pale
бле́дный	2603.	pale
блеск	2643.	shine
блесну́ть p	7170.	to flash
блесте́ть i	2904.	to shine
блестя́ще	7171.	brilliantly
блестя́щий	1236.	shining, bright, brilliant
бли́жний	2954.	near
близ +g	3438.	near
бли́зиться i	8050.	to draw near
бли́зкий	729.	close, near
бли́зко	945.	it is near, it is not far; near, close; closely
близне́ц	4247.	twin
близору́кий	8051.	short-sighted
бли́зость f	3699.	closeness
блин	7165.	pancake
блинда́ж	9063.	dugout
блиста́тельный	5487.	brilliant
блокно́т	4633.	notepad
блоха́	9729.	flea
блужда́ть i	8052.	to wander
блю́дечко	9064.	small dish, saucer
блю́до	4023.	dish, course (of meal)
боб	8444.	bean
бог	593.	God
бога́то	8053.	richly
бога́тство	819.	wealth, riches
бога́тый	688.	rich
богаты́рский	7576.	heroic
богаты́рь m	4098.	*bogatyr*, hero
бога́ч	9065.	rich man
Богоро́дица	8339.	the Virgin
бо́дро	9066.	cheerfully, heartily
бо́дрость f	5932.	cheerfulness
бо́дрый	7172.	cheerful, in good form
боево́й	899.	fighting, battle
боеприпа́сы pl	8054.	ammunition
бо(е́)ц	1317.	fighter, soldier
боже́ственный	7577.	divine
бо́жий adj	2644.	God's
бой	628.	battle
бо́йкий	7173.	smart, lively
бо́йко	9067.	boldly, briskly
бо́йня	8055.	slaughter-house
бок	1397.	side
бока́л	2793.	wineglass
боково́й	4486.	side (adj)
болва́н	6185.	blockhead, idiot
бо́лее	254.	more
боле́зненный	5488.	unhealthy
боле́знь f	1439.	illness
боле́ть i	1678.	to be ill; to hurt
боло́тный	8525.	marsh (adj)
боло́то	1815.	marsh
болта́ть i	4487.	to shake, stir; (coll) chatter
болта́ться i (coll)	9730.	to dangle; hang about
болтовня́ (coll)	6797.	chatter, gossip
боль f	2645.	pain
больни́ца	2508.	hospital
бо́льно	1569.	painfully; it is painful
больно́й	1018.	ill; sore; (as noun) patient, invalid
бо́льше	127.	more
большеви́к	4041.	Bolshevik
большеви́стский	8311.	Bolshevik (adj)
бо́льший	3153.	bigger
большинство́	745.	majority
большо́й	57.	large
бо́мба	1548.	bomb
бомбардиро́вка	5933.	bombardment

бомбардиро́вщик	6186.	bomber (aeroplane)
бомбёжка (coll)	6798.	bombardment
бомби́ть i +a	9068.	to bomb
бор	5275.	pinewood, coniferous forest
бор(е́)ц	2055.	fighter; wrestler
бормота́ть i	2734.	to mumble
борода́	1845.	beard
борода́тый	3075.	bearded
боро́дка	5696.	small beard
боро́ться i c +inst	697.	to struggle (against)
борт	3499.	side (of a ship)
борщ	5276.	borshch, beetroot soup
борьба́	384.	struggle
бо́рющийся	5277.	struggling
босо́й	3932.	barefoot
боти́н(о)к	4099.	(low) boot
бо́чка	5278.	barrel
бо́язно (coll) +d +inf	8056.	afraid
боя́знь f	5934.	fear
боя́ться i +g	312.	to fear, be afraid
брак	3271.	marriage; (no pl) defective product(s), reject(s)
брань f	6187.	swearing, abuse
брасле́т	9069.	bracelet
брат	326.	brother
бра́т(е)ц	2905.	old man, mate (form of address)
брати́шка m (coll)	7578.	little brother
бра́тский	1301.	fraternal, brotherly
бра́тство	4352.	brotherhood
брать i	419.	to take
бра́ться i за +a	1789.	to take hold of; start work on
бреве́нчатый	7579.	made of logs
бревно́	3349.	log, beam
бред	6483.	delirium; rubbish
брезгли́во	6799.	squeamishly
бре́мя n	4787.	burden
брести́ i	6188.	to plod along
брешь f	8057.	breach
брига́да	2006.	brigade, team
бригади́р	3516.	brigade leader; foreman
бриллиа́нт	6189.	(cut) diamond
брита́нский	3785.	British
бри́тва	9731.	razor
брить i +a	6484.	to shave

бри́ться i	5935.	to shave
бровь f	4250.	eyebrow, brow
броди́ть i	2794.	to wander
бродя́га m	5099.	tramp, down-and-out
броже́ние	9070.	fermentation
бро́нза	6800.	bronze
бро́нзовый	3216.	bronze (adj)
бро́ня (бронь)	9071.	reservation, booking
броня́		armour-plating
броса́ть i +a	1156.	to throw; to abandon, give up
броса́ться i	1679.	to rush
бро́сить p	689.	to throw; to give up
бро́ситься p	1452.	to rush, throw oneself
брос(о́)к	9072.	throw; bound
бро́шенный	6190.	abandoned
бро́шка	8526.	brooch
брошю́ра	3272.	brochure
брус	8288.	beam (of wood or metal)
брус(о́)к	8262.	bar, ingot
бры́зги f pl	5489.	spray
брю́ки pl	3874.	trousers
брю́хо (coll)	6485.	paunch
буг(о́)р	3273.	mound
буди́ть i +a	3350.	to wake
бу́дка	9073.	booth
бу́дни pl	6191.	weekdays
бу́дничный	7174.	weekday (adj); dull, everyday
бу́дто	502.	as though, allegedly
бу́дущий	344.	future
бу́йный	9732.	wild, unruly
бу́ква	2218.	letter (of alphabet)
буква́льно	2416.	literally
буква́льный	9074.	literal
буке́т	4296.	bouquet
букси́р	8238.	tugboat; tow-rope
була́вка	8445.	pin
бу́лка	7175.	small loaf
булы́жник	8058.	cobble-stone; cobbles
бульва́р	4114.	avenue
бума́га	435.	paper
бума́жка	2550.	piece of paper; banknote
бума́жный	3786.	paper (adj)
бунт	5936.	revolt, rebellion
буржуази́я	8183.	bourgeoisie
буржуа́зный	4069.	bourgeois

буржу́й (coll)	8235.	bourgeois (noun)
бу́ркнуть p (coll)	8059.	to mutter, growl
бу́рно	6486.	stormily; energetically
бу́рный	1931.	stormy
бу́рый	3439.	greyish-brown
бурья́н	6487.	weeds, tall weeds
бу́ря	2117.	storm, gale
бутербро́д	9075.	(open) sandwich
буты́лка	1885.	bottle
буты́лочка	6801.	small bottle
буфе́т	3016.	snackbar
буфе́тчик	8297.	barman
бухга́лтер	9076.	bookkeeper
бу́хта	4388.	bay
бушева́ть i	6488.	to rage
бы	189.	(conditional particle, 'would')
быва́ло (particle) (coll)	5697.	used to, would (repetition)
быва́лый	6192.	experienced
быва́ть i	233.	to be (repeatedly)
бы́вший	1036.	former
бык	1860.	bull
было́й	4926.	former, past
быль f	9733.	true story, fact
бы́стро	221.	quickly
быстрота́	3017.	speed
бы́стрый	887.	quick, fast
быт	1264.	way of life, everyday life
бытие́	2189.	existence
бытово́й	2955.	social, everyday
быть	10.	to be
бюдже́т	5280.	budget
бюллете́нь m	9734.	bulletin; ballot-paper; medical certificate
бюро́ n indecl	1549.	office
бюрокра́т	7581.	bureaucrat
бюрократи́ческий	9077.	bureaucratic
бюрокра́тия	9078.	bureaucracy
в (во)	2.	(+pr) in (+a) into, to
ваго́н	1256.	carriage, coach, wagon
ваго́нчик	4100.	small wagon, coach
ва́жно	1386.	it is important
ва́жность f	3787.	importance
ва́жный	582.	important
ва́за	4441.	vase
вал	2551.	billow; rampart; gross output (econ)
ва́лен(о)к	4303.	felt boot
вали́ть i +a	3440.	to topple; heap up
вали́ться i	4634.	to fall
ва́ловой	8341.	gross (adj)
валу́н	6802.	boulder
вальс	8224.	waltz
валю́та	8060.	currency; foreign currency
валя́ть i валя́йте! (coll)	5281.	to drag; to roll go ahead!
валя́ться i	3217.	to roll; lie about
ва́нна	5698.	bath
ва́режка	6803.	mitten
варе́нье	7582.	jam
вариа́нт	2377.	variant
вари́ть i +a	4488.	to boil, cook by boiling
варьи́ровать i +a	8527.	to vary, modify
ва́та	6193.	cotton wool
вата́га	8446.	band, gang
ва́тный	8061.	quilted; cotton-wool (adj)
ва́хта	8207.	watch (on ship); special work shift
ваш	128.	your
вбега́ть i в +a	2456.	to run in
вбежа́ть p в +a	8062.	to run in
вблизи́	3788.	close by
введе́ние	2956.	introduction
вверх	1426.	upwards
ввести́ p +a	1398.	to bring in, introduce
ввиду́ +g	4635.	in view of
ввод	8365.	bringing in
вводи́ть i +a	2118.	to bring in
вводи́ться i	4927.	to be introduced, brought in
ввысь	8063.	upwards
вглубь	7583.	into the depths
вгляде́ться p в +a	9079.	to look closely at, peer at
вгля́дываться i в +a	3789.	to gaze at, study
вдалеке́	7584.	in the distance
вдали́	2735.	in the distance
вдво́е	3154.	double
вдвоём	3700.	together (as a twosome)
вдоба́вок (coll) к +d	5490.	in addition (to)

вдова́	4311.	widow
вдо́воль	7585.	in abundance; enough
вдого́нку (coll)	8064.	in pursuit
вдоль +g	1291.	along
вдохнове́ние	7176.	inspiration
вдохнове́нный	6194.	inspired
вдохновля́ть i +a	7586.	to inspire
вдре́безги	9080.	to pieces
вдруг	153.	suddenly
вду́маться p в +a	7177.	to ponder on
вдыха́ть i +a	9735.	to breathe in
ве́дать i +inst	6195.	to manage, be in charge of
веде́ние	3441.	conducting, conduct
ве́дение		authority, control
ве́домость f	7178.	list, register
ве́домство	4333.	department (of government)
ведро́	2736.	bucket
веду́щий	3076.	leading; presenter (of programme)
ведь	161.	you know (expecting agreement)
ве́дьма	7587.	witch
ве́ер	7179.	fan
ве́жливо	6196.	politely
ве́жливость f	7575.	politeness
ве́жливый	5699.	polite
везде́	2085.	everywhere
везти́ i +a	2457.	to transport
век	612.	century; age, era
ве́ко	4636.	eyelid
векова́й	3790.	centuries-old
веле́ние	5491.	command
веле́ть i/p +d +inf	1932.	to order (s.o. to do sth)
велика́н	5100.	giant
вели́кий	334.	great
великоле́пие	7588.	magnificence
великоле́пно	4928.	splendid(ly)
великоле́пный	2086.	magnificent
велича́вый	9736.	majestic
вели́чественный	3442.	majestic
вели́чие	2906.	greatness
величина́	1790.	size
велосипе́д	5937.	bicycle
ве́на	7580.	vein
венге́рский	5101.	Hungarian
вен(е́)ц	9081.	crown, wreath; halo
ве́ник	7589.	brush, bundle of twigs
вен(о́)к	7590.	wreath, garland
ве́нский	8065.	Viennese
ве́ра	1387.	faith, belief
верблю́д	5700.	camel
верёвка	3218.	rope; string
верени́ца	5938.	file, line, string
ве́рить i	642.	to believe (+d) s.o. or sth, (в +a) in s.o. or sth
ве́риться i +d	8066.	to believe
ве́рно	650.	faithfully, truly; it is true
ве́рность f	5282.	faithfulness, loyalty; truth
верну́ть p +a	1791.	to return
верну́ться p	289.	to come back
ве́рный	1130.	faithful, correct, reliable, sure
вероя́тно	912.	probably
вероя́тность f	4024.	probability
вероя́тный	5492.	probable
ве́рсия	8067.	version
верста́	2646.	verst (slightly over a kilometre)
верте́ть i	3933.	to twirl
верте́ться i	4788.	to rotate
вертика́льно	5701.	vertically
вертика́льный	5283.	vertical
вертолёт	7180.	helicopter
ве́рующий m adj	7181.	believer
верх	2692.	top
ве́рхний	1210.	upper
верхо́вный	1907.	supreme
верхово́й	6489.	riding
верхо́вье	7182.	upper reaches (of river)
верхо́м	7591.	on horseback
верху́шка	3619.	top; (coll) the bosses
верши́на	1189.	summit, peak
вес	1237.	weight
весели́ть i +a	9082.	to cheer up; amuse
весели́ться i	6804.	to make merry
ве́село	1145.	merrily, cheerfully
весёлый	515.	cheerful, merry
весе́лье	3538.	merriment
весе́нний	2190.	spring (adj)
ве́сить i	4235.	to weigh (intrans)
весло́	5939.	oar
весна́	829.	spring (season)

веснóй	4637.	in spring
весóмый	9083.	weighty
вестú i +a	388.	to lead
вестибю́ль m	6490.	lobby
вéстник	8068.	messenger
весть f	1487.	piece of news
весы́ m pl	6491.	scales
весь m/вся f/всё n/все pl	12.	all
весьмá	703.	very, extremely
ветвúться i	8528.	to branch
ветвь f	2458.	branch
вéт(е)р	371.	wind
ветерáн	4411.	veteran
ветер(ó)к	4025.	breeze
вéтка	3155.	branch
вéточка	4120.	twig, sprig
вéтхий	6492.	ancient, dilapidated
ветчинá	6805.	ham
вéха	9737.	landmark; stake, marker
вéчер	238.	evening
вечерúнка	6493.	party
вечéрний	1680.	evening (adj)
вéчером	570.	in the evening
вéчно	3274.	eternally, always
вéчность f	7592.	eternity
вéчный	1463.	eternal
вéшалка	4638.	coat hanger
вéшать i +a	3275.	to hang
вещéственный	7183.	substantial, material
веществó	937.	substance, matter
вещúца	9084.	little thing, knick-knack
вещь f	533.	thing
вéять i	6197.	to blow (wind), flutter
взаúмно	6806.	mutually
взаúмный	1908.	mutual
взаимовы́годный	9085.	mutually advantageous
взаимодéйствие	4121.	interaction
взаимоотношéние	3620.	interrelation
взаимопóмощь f	7184.	mutual assistance
взаимопонимáние	5940.	mutual understanding
взамéн +g	3701.	in exchange (for), instead (of)
взбирáться i	5284.	to climb up
взвéсить p +a	6198.	to weigh
взвéшивать i +a	6494.	to weigh
взвод	4929.	platoon
на взвóде		drunk; agitated
взволнóванно	4122.	anxiously
взволнóванный	3219.	anxious, agitated
взволновáть p +a	5493.	to disturb, worry
взгляд	413.	look, view
взглянýть p на +a	772.	to look, glance (at)
взгля́дывать i на +a	7593.	to look at
вздор (coll)	5285.	nonsense
вздох	4123.	sigh
вздохнýть p	1277.	to sigh
вздрáгивать i	5494.	to shudder
вздрóгнуть p	4639.	to start, flinch
вздýмать p (coll) +inf	3443.	to decide suddenly
вздыхáть i	3351.	to sigh
взлетáть i	7185.	to fly up
взлетéть p	7186.	to fly up
взнос	9738.	payment; fee; subscription
взойтú p на +a	3934.	to ascend
взор	2275.	look, glance
взорвáть p +a	3539.	to blow up
взорвáться p	8070.	to explode
взрóслый	1625.	adult
взрыв	1190.	explosion
взрывáть i +a	6807.	to blow up
взывáть i к +d	7594.	to appeal to
взыскáние	9086.	penalty, punishment
взя́тие	8071.	taking, capture
взя́тка	8072.	bribe
взять p	132.	to take
взя́ться p за +a	1427.	to take hold of; to take up, get down to
вид	278.	view, look; species
видáть i (coll) +a	4280.	to see
видéние	4464.	vision
вúдеть i	89.	to see
вúдеться i c +inst	3791.	to see one another
вúдимо	1362.	evidently
вúдимость f	4930.	visibility; appearance
вúдимый	3509.	visible, evident
виднéться i	3352.	to be visible
вúдно	421.	evident, visible
вúдный	1681.	eminent
визг	6199.	scream
визжáть i	7187.	to scream; squeal
визúт	3077.	official visit
вúлка	9739.	fork; (two-pin) plug
винá	2552.	guilt
винúть i +a в +pr	8073.	to accuse (s.o. of sth)

вино́	2119.	wine
винова́т short adj	4789.	guilty; sorry!
винова́то	6808.	guiltily
винова́тый	1191.	guilty, to blame
вино́вник	5702.	culprit
вино́вный	6200.	guilty
виногра́д	7188.	grapes
виногра́дник	9087.	vineyard
винт	9088.	screw; propeller
винто́вка	4049.	rifle
ви́селица	9740.	gallows
висе́ть i	1414.	to hang, be hanging
вис(о́)к	4931.	temple (ear to forehead)
витри́на	3540.	shop-window; showcase
ви́ться i	5286.	to wind, twine, twist
вих(о́)р	9089.	forelock
вихрь m	5941.	whirlwind
вице-президе́нт	9090.	vice-president
вишнёвый	5287.	cherry (adj)
ви́шня	7595.	cherry
вишь	8529.	look!
вклад	3353.	contribution
вкла́дывать i +a	4932.	to insert; invest
включа́ть i +a	3078.	to include; switch on
включа́ться i	7596.	to join; be included; be switched on
включе́ние	5942.	inclusion
включи́ть p +a	2693.	to include; switch on
вкус	2191.	taste
вку́сно	8074.	tasty
вку́сный	4933.	tasty
вла́га	5288.	damp, moisture
владе́л(е)ц	3156.	owner
владе́ние	4248.	possession, ownership
владе́ть i +inst	2957.	to possess; have command of
влады́ка m	5495.	master, ruler
вла́жный	4124.	damp
вла́стно	8076.	imperiously
вла́стный	8077.	imperious; authoritative
власть f	603.	power
вле́во	9091.	to the left
влеза́ть i в +a	7597.	to climb in
влезть p	6495.	to climb in
влете́ть p	7598.	to fly in
влечь p +a	8078.	to draw; attract
влия́ние	1169.	influence
влия́тельный	7599.	influential
влия́ть i на +a	4489.	to influence
вложе́ние	5102.	enclosure (in letter); investment
вложи́ть p +a в +a	6201.	to insert; invest
влюби́ться p в +a	5289.	to fall in love with
влюблённый в +a	4490.	in love (with)
влюбля́ться i в +a	6496.	to fall in love (with)
вме́сте	171.	together
вме́сто +g	974.	instead of
вмеша́тельство в +a	3444.	interference (in)
вмеша́ться p в +a	4934.	to interfere (in)
вме́шиваться i в +a	3935.	to interfere (in)
внача́ле	2604.	at first
вне +g	2378.	outside
внедре́ние	2334.	inculcation; putting into practice
внедри́ть p +a в +a	6497.	to inculcate; introduce
внедря́ть i +a в +a	7189.	to inculcate; put into practice
внеза́пно	1682.	suddenly
внеза́пный	2694.	sudden
внести́ p +a в +a	2417.	to bring in
вне́шне	6809.	outwardly
внешнеполити́ческий	8366.	foreign-policy (adj)
вне́шний	1116.	exterior
вне́шность f	6810.	exterior
вниз	1415.	down
внизу́	2605.	below
вника́ть i в +a	6202.	to investigate
внима́ние	391.	attention
внима́тельно	1611.	attentively
внима́тельный (к)	4491.	attentive, considerate (to)
вновь	1030.	anew, again; newly
вноси́ть i +a	2276.	to carry in, bring in
внук	4640.	grandson
вну́тренний	811.	inner, interior, internal
внутри́ +g	1816.	inside
внутрь +g	5703.	inside; inwards
вну́чка	3541.	granddaughter
внуша́ть i +a +d	3542.	to instil (sth in s.o.)
внуши́тельно	9092.	impressively
внуши́ть p +a +d	6203.	to instil (sth in s.o.), put sth in s.o.'s head
вня́тно	9741.	distinctly, clearly, audibly
вовлека́ть i +a в +a	9093.	to involve (s.o. in sth)

вóвремя	2795.	on time
вóвсе	875.	at all
во-вторы́х	1721.	secondly
водá	99.	water
води́тель m	4492.	driver
води́ть i +a	4493.	to lead
води́ться i	7600.	(c +inst) to associate with; be, be found
вóдка	1488.	vodka
вóдный	3445.	water (adj)
водоём	7190.	reservoir
водопáд	9094.	waterfall
водопровóд	8530.	water-pipe
водорóд	8266.	hydrogen
вóдоросль f	8079.	seaweed
водохрани́лище	4475.	reservoir
водрузи́ть p (+a)	9742.	to hoist, erect
водянóй	4372.	water (adj), aquatic, water-powered
воевáть i	1363.	to wage war
воеди́но	9095.	together
воéнно-морскóй	8542.	naval
воéнный	443.	military, war (adj); soldier
воéнщина	9096.	militarism; militarists
вожáк	9097.	guide, leader
вождь m	3875.	leader
вожжá	8349.	rein
возбуди́ть p +a	7601.	to arouse
возбуждáть i +a	3543.	to arouse
возбуждáться i	8531.	to become aroused
возбуждáющий	8080.	arousing, stimulating
возбуждéние	2087.	excitement, arousal
возбуждённо	8081.	excitedly
возбуждённый	5496.	aroused, excited
возводи́ть i +a	7191.	to raise
возврати́ть p +a	7192.	to return
возврати́ться p	4494.	to return
возвращáть i +a	6498.	to return
возвращáться i	793.	to return, come back
возвращéние	3446.	return
возвышáться i	7193.	to rise
возвы́шенный	9098.	elevated; lofty
возглáвить p +a	6811.	to head
возглавля́ть i +a	5290.	to head, lead
вóзглас	5704.	exclamation
воздви́гнуть p +a	8082.	to raise, erect
воздéйствие	4476.	influence, pressure
воздéйствовать i/p на +a	8083.	to affect, influence, put pressure on
воздержáться p от +g	9743.	to abstain (from)
вóздух	422.	air
возду́шный	1591.	air (adj)
воззвáние	8447.	appeal
воззрéние	8227.	opinion, outlook
вози́ть i +a	3276.	to transport (around/ there and back)
вози́ться i c +inst	4125.	to fiddle (with)
вóзле +g	882.	by, near
возложи́ть p +a на +a	6204.	to lay on
возмéздие	7194.	retribution
возмóжно	1007.	possibly; possible; it is possible
возмóжность f	478.	possibility
возмóжный	1230.	possible
возмути́ть p +a	8084.	to anger, outrage
возмущéние	3079.	indignation
возмущённо	5291.	indignantly
возникáть i	954.	to arise
возникновéние	5103.	beginning, origin
возни́кнуть p	2120.	to arise
возобнови́ть p +a	7602.	to renew
возражáть i	3080.	to object
возражéние	6812.	objection
возрази́ть p	4935.	to object
вóзраст	1336.	age
возрастáть i	3354.	to grow
возрастáющий	4495.	growing
возрасти́ p	2958.	to grow
возрождéние	5705.	rebirth, revival, renaissance
вóин	3544.	warrior
вóинский	4412.	military
вои́нственный	7603.	warlike
вой	7195.	howl; wailing
войнá	291.	war
войскá n pl	900.	troops, army
войти́ p	313.	to enter
вокзáл	2246.	(main) station
вокру́г +g	407.	around
вол	9099.	ox
волевóй	5292.	strong-willed
вóлжский	6813.	Volga (adj)
волк	3157.	wolf
волнá	631.	wave
волнéние	2553.	agitation; disturbance

волнова́ть i +a	2796.	to worry, excite
волнова́ться i	1886.	to worry
во́лос	968.	(a) hair
волоса́тый	7196.	hairy
волос(о́)к	8202.	(a) hair
волше́бный	5104.	magic
во́льно	4790.	freely
во́льный	3936.	free
во́ля	839.	will; freedom, liberty
вон	883.	out, away; over there
воня́ть i +inst	9744.	to stink (of)
вообража́ть i +a	5497.	to imagine
воображе́ние	2647.	imagination
вообрази́ть p	5293.	to imagine
вообще́	641.	in general
воодушевле́ние	9745.	enthusiasm, fervour
вооружа́ть i +a	7604.	to arm
вооруже́ние	1722.	arming; arms
вооружённый	2139.	armed
вооружи́ть p +a	5943.	to arm
вооружи́ться p	8085.	to arm os
воо́чию	9746.	with one's own eyes, for os
во-пе́рвых	1536.	firstly, in the first place
вопию́щий	9100.	flagrant, scandalous
воплоще́ние	6205.	embodiment
вопль m	7605.	wail, howl
вопреки́ +d	4641.	in spite of
вопро́с	163.	question
вор	4642.	thief
ворва́ться p в +a	3702.	to burst in
вороб(е́)й	4337.	sparrow
ворова́ть i +a	6814.	to steal
воровство́	9101.	stealing
воро́на	9102.	crow
воро́нка	5294.	funnel
во́рот	4643.	collar; winch
воро́та nom pl	1131.	gate, gates
воротни́к	3937.	collar
воротнич(о́)к	7606.	(small) collar
во́рох	9747.	heap, pile
воро́чать i	6815.	(+a) to move (sth heavy); (+inst) have control of
воро́чаться i (coll)	6816.	to turn, toss and turn
ворча́ть i	4269.	to grumble; growl
ворчли́во	9103.	grumpily, querulously
восемна́дцатый	8086.	eighteenth
восемна́дцать	4791.	eighteen

во́с(е)мь	526.	eight
во́семьдесят	3621.	eighty
восемьсо́т	9104.	eight hundred
воск	9748.	wax
воскли́кнуть p	3081.	to exclaim
восклица́ть i	8087.	to exclaim
восково́й	8532.	wax (adj)
воскресе́нье	2554.	Sunday
воскре́снуть p	8088.	to come back to life; revive
воскре́сный	5944.	Sunday (adj)
воспита́ние	969.	upbringing
воспита́тельный	6499.	educational
воспита́ть p +a	3355.	to bring up, educate
воспи́тывать i +a	2854.	to educate, bring up
воспи́тываться i	8089.	to be brought up; be fostered
воспо́льзоваться p +inst	3082.	to make use of
воспомина́ние	2192.	memory, recollection
воспринима́ть i +a	5295.	to perceive
восприя́тие	5498.	perception
воспроизводи́ть i +a	7607.	to reproduce
восстана́вливать i +a	5706.	to restore, reconstruct; (+a про́тив +g) set s.o. against s.o.
восста́ние	1376.	uprising
восстанови́ть p +a	3356.	to restore
восстановле́ние	3792.	restoration
восто́к	1723.	east
восто́рг	2509.	delight
восторга́ться i +inst	8533.	to be delighted (with)
восто́рженно	7197.	enthusiastically
восто́рженный	5707.	enthusiastic, rapturous
восто́чный	2335.	eastern
восхища́ться i +inst	7608.	to admire
восхище́ние	5708.	rapture, admiration
восхо́д	7198.	rise
восходя́щий	6206.	rising
восьмо́й	553.	eighth
вот	31.	here, there (pointing)
вот-во́т	4644.	just, about to
впада́ть i в +a	6817.	to fall in
впа́дина	5709.	hollow, depression
впасть p в +a	8090.	to fall into
впервы́е	504.	for the first time
вперёд	517.	forward; in advance
впереди́	1440.	ahead
впечатле́ние	1107.	impression

вплотну́ю (к)	4127.	close up (to)
вплоть (до +g)	3277.	right up to
вполго́лоса	4496.	in an undertone
вполне́	720.	fully, entirely
впосле́дствии	2555.	subsequently
впра́ве: быть впра́ве +inf	4645.	to have a right to
впредь	4380.	henceforth, in future
впро́чем	855.	however, but; or rather
впрямь (coll)	7199.	indeed
враг	725.	enemy
вражда́	8091.	enmity
вражде́бно	8092.	hostilely
вражде́бный	5105.	hostile
вра́жеский	5499.	enemy (adj)
враз (coll)	6818.	all together
врать i	1642.	to tell lies; talk nonsense
врач	1238.	doctor
враща́ться i	5945.	to revolve
враще́ние	6500.	rotation
вред	5106.	harm
вреди́тель m	8367.	pest
вре́дно	4792.	harmful
вре́дный	2459.	harmful
вре́заться p в +a	3622.	to cut into
вре́менно	3357.	temporarily
вре́менный	3220.	temporary
вре́мя n	62.	time
вро́де +g	904.	like, such as
врозь	8094.	separately
вручи́ть p +a	3793.	to hand, hand over
вручну́ю	6819.	by hand
врыва́ться i в +a	5107.	to burst in
вряд ли	1736.	(it's) unlikely
вса́дник	8210.	horseman
всё	112.	all; all the time
всевозмо́жный	5500.	all kinds of
всегда́	180.	always
всего́	1000.	in all, altogether; only
вселе́нная f adj	8251.	universe
всеме́рно	7200.	in all possible ways
всеме́рный	8448.	utmost, every kind of
всеми́рный	2737.	world, worldwide
всенаро́дный	6207.	national
все́нощная f adj	8095.	night service (church)
всео́бщий	1453.	general; universal
всеобъе́млющий	9105.	comprehensive, all-embracing
всеросси́йский	8096.	all-Russian
всерьёз	2797.	seriously
всесою́зный	8196.	all-union (relating to all the republics of the USSR)
всесторо́нне	7201.	thoroughly
всесторо́нний	3794.	all-round; thorough
всё-таки	500.	all the same, for all that
вска́кивать i	4497.	to leap up
вски́нуть p +a на +a	5296.	to throw (upwards, up onto)
вско́ре	1441.	soon
вскочи́ть p	2460.	to jump in
вскри́кнуть p	6208.	to cry out
вскрыва́ть i +a	7609.	to open; reveal
вскрыть p +a	7202.	to unseal; disclose; dissect
вслед за + inst	1211.	after
всле́дствие +g	2277.	because of, owing to
вслух	2695.	aloud
всма́триваться i в +a	4128.	to look closely at
всплеск	7203.	splash
вспомина́ть i +a or о +pr	808.	to recall, remember
вспомина́ться i	4646.	to be remembered
вспо́мнить p +a or о +pr	544.	to remember, recall
вспо́мниться p	6501.	to be recalled, come to mind
вспомога́тельный	5946.	auxiliary
вспыли́ть p (coll)	7610.	to flare up
вспы́хивать i	3447.	to flare up
вспы́хнуть p	2855.	to blaze up
вспы́шка	3876.	flash
встава́ть i	1302.	to get up; stand up
вста́вить p в +a	6820.	to insert
вставля́ть i в +a	6821.	to insert
встать p	444.	to get up, stand up
встре́тить p +a	520.	to meet
встре́титься p	1292.	to meet
встре́ча	477.	meeting
встреча́ть i +a	1257.	to meet
встреча́ться i с +inst	1170.	to meet (s.o.)
встре́чный	4647.	oncoming
вступа́ть i в +a	2247.	to enter, join (organization)
вступи́ть p в +a	2088.	to enter, join (organization)

вступлéние	6822.	introduction
всхли́пывать i	7611.	to sob
всю́ду	1592.	everywhere
вся́кий	400.	any
вся́чески	4129.	in every way possible
вся́ческий (coll)	7612.	all kinds of
вторга́ться i в +a	9749.	to invade
вторжéние	5947.	invasion
втори́чно	6502.	secondarily
втори́чный	6503.	second; secondary
вто́рник	5297.	Tuesday
второ́й	119.	second
второстепéнный	7204.	secondary, subsidiary
в-трéтьих	2856.	thirdly
втро́е	6209.	three times (as much)
втроём	6823.	as a threesome
втяну́ть p +a	7613.	to pull in
вуз	5298.	university, institute (higher education establishment)
вулка́н	4457.	volcano
вульга́рный	9106.	vulgar
вход	2798.	entrance
входи́ть i	252.	to enter
входно́й m adj	9107.	entrance (adj)
вцепи́ться p в +a	6504.	to grip, grip hold of
вчера́	742.	yesterday
вчера́шний	2648.	yesterday's
в-четвёртых	7205.	fourthly
вы	19.	you (polite/pl)
выбега́ть i из +g	5948.	to run out
вы́бежать p из +g	4936.	to run out
выбива́ть i +a	9108.	to knock out, dislodge
выбира́ть i +a	2140.	to choose
вы́бить p +a	5949.	to knock out, dislodge
вы́бор	2379.	choice
вы́борный	8097.	electoral; elected
вы́боры m pl	5108.	election
выбра́сывать i +a	6210.	to throw out
вы́брать p +a	2302.	to choose
вы́браться p из +g	3703.	to get out
вы́бросить p +a	3221.	to throw out
вы́быть p (formal) из +g	8098.	to leave
вы́везти p +a	7614.	to transport out, export
вы́веска	6211.	signboard
вы́вести p +a	2461.	to lead out
вы́вод	1001.	conclusion, deduction
выводи́ть i из +g	3545.	to lead out; remove
вывози́ть i +a	6212.	to transport away; export
вы́глядеть i	1817.	to look
выгля́дывать i	5950.	to look out
вы́глянуть p	6213.	to look out
вы́гнать p +a	2857.	to expel
выгова́ривать i +a	8099.	to pronounce; (coll, i only) tell off, reprimand
вы́говор	6214.	reprimand; pronunciation
вы́говорить p +a	8477.	to pronounce, articulate
вы́года	3623.	advantage
вы́годно	5951.	advantageously
вы́годный	2418.	advantageous
выгоня́ть i +a	8100.	to drive out, expel
вы́грузить i +a	9109.	to unload
выдава́ть i +a	7206.	to give out; give away, betray
выдава́ться i	9110.	to stick out
вы́дать p +a	2193.	to give out, issue; betray
вы́дача	9111.	issue, giving out
выдаю́щийся	2194.	eminent, prominent
выдвига́ть i +a	4130.	to move out; put forward
выдвига́ться i	9112.	to move out; go up in the world
вы́двинуть p +a	3704.	to move out, put forward
вы́делить p +a	3358.	to assign, allot; pick out
выделя́ть i +a	3278.	to pick out; allot
выделя́ться i из +g	3083.	to stand out (from)
вы́держать p +a	1861.	to withstand
выдéрживать i +a	5710.	to withstand
вы́держка	4793.	self-control; excerpt
вы́думать p +a	3222.	to make up, fabricate
вы́думка	3938.	invention; fabrication, lie
выду́мывать i +a	3158.	to invent, fabricate
выезжа́ть i из +g	5501.	to leave (by transport)
вы́емка	8319.	taking out; collection (of letters)
вы́ехать p из +g	3279.	to leave (by transport)
вы́жать p +a	7615.	to squeeze out
выжида́тельно	9113.	expectantly
выжида́тельный	9114.	waiting, expectant
выжида́ть i +a	9115.	to wait (for)
выжима́ть i +a	9116.	to squeeze out

вы́жить p	8101.	to survive
вы́звать p +a	859.	to summon; cause
вы́здороветь p	9117.	to recover, get better
вы́зов	3359.	summons; challenge
вызыва́ть i +a	868.	to summon; cause
вызыва́ться i	5952.	to volunteer
вы́играть p +a	3159.	to win
вы́игрыш	2056.	win
вы́йти p	172.	to go out
вы́кинуть p +a	8102.	to throw out
выкла́дывать i +a	9118.	to put out, set out; (+a +inst) face, cover (sth with sth)
выключа́ть i +a	8103.	to switch off
вы́ключить p +a	7207.	to switch off
вылеза́ть i	5299.	to climb out
вы́лезти/вы́лезть p из +g	3360.	to climb out
вылета́ть i	6505.	to fly out, take off
вы́лететь p	3705.	to fly out, take off
вы́ложить p +a	5711.	to lay out
вы́мести p +a	8104.	to sweep out
вы́мыс(е)л	4937.	fabrication, fantasy
вы́мыть p +a	6506.	to wash (thoroughly)
вы́нести p +a	2510.	to carry out; to endure
вынима́ть i +a	2649.	to take out
выноси́ть i +a	2959.	to carry out, take away; endure
выно́сливость f	6215.	ability to endure, stamina
выно́сливый	6824.	resilient
вы́нудить p +a	3624.	to force, compel
вынужда́ть i +a +inf	3018.	to force
вы́нужденный	4794.	forced
вы́нуть p +a	1863.	to take out
вы́нырнуть p	9119.	to come to the surface
выпада́ть i	5712.	to fall out
вы́пасть p из +g	3084.	to fall out (of)
выпива́ть i	5953.	to drink (alcohol)
вы́писать p +a	7208.	to write out; subscribe to (periodical)
вы́пить p	1060.	to drink, have an alcoholic drink
вы́плата	8105.	payment
выполне́ние	1864.	carrying out
вы́полнить p +a	1044.	to carry out, fulfil
выполня́ть i +a	1002.	to carry out, fulfil
выполня́ться i	8106.	to be fulfilled
вы́прямиться p	7209.	to become straight, straighten up
вы́пуклый	8107.	prominent, bulging; convex
вы́пуск	2089.	output; issue
выпуска́ть i +a	1593.	to release, let out
выпуска́ться i	7210.	to be released
выпускни́к	4403.	final-year student, graduate; school-leaver
вы́пустить p +a	1772.	to release
вырабáтывать i +a	4131.	to produce; work out
вы́работать p +a	3625.	to produce; work out
вы́работка	4306.	working-out; production
выража́ть i +a	1756.	to express
выража́ться i	3160.	to express os; swear
выраже́ние	1537.	expression
вырази́тельный	7211.	expressive
вы́разить p +a	1955.	to express
вы́разиться p	4498.	to express os; (coll) swear
вырастáть i	4499.	to grow, increase
вы́расти p	1192.	to grow
вы́растить p +a	4648.	to grow
выра́щивать i +a	5502.	to grow, cultivate
вы́рвать p +a	3706.	to pull out
вы́рваться p	2738.	to tear oneself away
вы́резать p +a	5713.	to cut out
вы́ручить p +a	5300.	to rescue; make (money)
вы́ручка	9750.	proceeds, earnings; rescue
вырыва́ть i +a	7212.	to pull out
вырыва́ться i	4938.	to tear oneself away
вы́садить p +a	7616.	to set down, land
вы́садиться p	6825.	to disembark, land
вы́садка	5301.	landing, disembarkation
вы́сказать p +a	2739.	to express
вы́сказаться p	7213.	to speak out
выска́зывание	7214.	utterance, statement
выска́зывать i +a	5714.	to express
выска́зываться i	6826.	to speak out, state one's opinion
выска́кивать i из +g	4939.	to jump out
вы́скочить p	2511.	to jump out
вы́слать p +a	5302.	to send out; exile, deport
вы́слушать p +a	3939.	to hear (s.o.) out
выслу́шивать i +a	6507.	to hear out

высо́вывать i +a	9120.	to thrust out
высо́вываться i	6827.	to thrust os out, poke one's head out
высо́кий	205.	high, tall
высоко́	773.	high (up); highly; it is high
высокока́чественный	9121.	high-quality
высота́	955.	height
вы́спаться i	7617.	to get enough sleep
вы́ставить p +a	3940.	to display, put forward
вы́ставка	2740.	exhibition
выставля́ть i +a	6216.	to display, put forward
вы́стрел	2141.	shot
вы́стрелить p в +a	7215.	to shoot, fire (at)
вы́ступ	9751.	projection; ledge
выступа́ть i	812.	to appear in public; protrude
вы́ступить p	1318.	to speak (publicly); appear in public
выступле́ние	1364.	speech; (public) appearance
вы́сунуться p	5954.	to push os forward; lean out
вы́сший	1550.	highest, supreme
выта́скивать i +a из +g	3361.	to drag out, pull out
вы́тащить p +a	2121.	to drag out
вытека́ть i	3877.	to flow out
вы́тереть p +a	3280.	to wipe, wipe dry
вы́теснить p +a	5503.	to force out, displace
вытира́ть i +a	2907.	to rub dry; wipe
выть i	4032.	to howl
вытя́гивать i +a	7618.	to stretch out
вытя́гиваться i	7619.	to stretch out
вы́тянутый	5955.	stretched
вы́тянуть p +a	2858.	to stretch out
вы́тянуться p	6217.	to stretch out
вы́учить p +a	7216.	to learn
вы́хватить p +a	7217.	to snatch, pull out
выхва́тывать i +a	9122.	to snatch; pull out
вы́ход	889.	exit
выходи́ть i	408.	to go out
вы́ходка	6508.	bad behaviour, escapade
выходно́й	3019.	exit (adj)
вычисли́тельный	8211.	calculating, computing
вы́числить p +a	6828.	to calculate
вы́швырнуть p (coll) +a	8108.	to throw out, chuck out

вы́ше	4458.	higher, above
вы́шибить p (coll) +a	6218.	to knock out, kick out
вы́шка	9752.	tower; turret
вы́явить p +a	5279.	to reveal, expose
выявля́ть i +a	8109.	to reveal, expose
выясне́ние	7620.	explanation
вы́яснить p +a	2556.	to clarify, establish
вы́ясниться p	3161.	to become clear
вьюга	7218.	snowstorm
вяза́ть i +a	7621.	to tie; knit
вя́лый	9753.	flabby, limp
га́вань f	8110.	harbour
гад (coll)	4940.	swine, rat (of person)
гада́ть i	5956.	to guess; tell fortunes
га́дость f	5109.	filth; dirty trick
газ	1045.	gas
газе́та	228.	newspaper
газе́тный	3281.	newspaper (adj)
га́зовый	4115.	gas (adj)
галере́я	5957.	gallery
гало́ша or кало́ша	5753.	galosh, overshoe
га́лстук	4795.	tie, necktie
га́мма	8350.	scale; gamut, range
гара́ж	6510.	garage
гаранти́ровать i/p +a	2142.	to guarantee
гара́нтия	6509.	guarantee
гармони́ческий	6829.	harmonious
гармо́ния	7622.	harmony
гармо́шка (coll)	8320.	accordion
гарнизо́н	6219.	garrison
гаси́ть i +a	5715.	to put out, extinguish; cancel
га́снуть i	2960.	to go out, be extinguished, fade
гва́рдия	4060.	Guards
гвоздь m	3707.	nail
где	70.	where
где́-нибудь	3085.	anywhere
где́-то	934.	somewhere
гекта́р	1233.	hectare (= 10,000 square metres)
генера́л	616.	general
генера́льный	2419.	general (adj)
гениа́льный	7219.	brilliant
ге́ний	2859.	genius
географи́ческий	4796.	geographical
геогра́фия	8390.	geography
гео́лог	4074.	geologist

геологи́ческий	5110.	geological
герб	8111.	coat of arms
герма́нский	3502.	Germanic
геро́изм	7623.	heroism
герои́ческий	2860.	heroic
геро́й	534.	hero
геро́йский	9123.	heroic
геро́йство	8112.	heroism
ги́бель f	2010.	ruin, destruction
ги́бкий	7624.	flexible
ги́бнуть i	5716.	to perish
гига́нтский	2122.	giant (adj)
гидроста́нция	7220.	hydroelectric station
гимн	7625.	hymn, anthem
гимнази́ст	8313.	grammar-school pupil
гимна́зия	4290.	grammar school, high school
гимнастёрка	5111.	soldier's tunic
гимна́стика	8113.	gymnastics
гипо́теза	7626.	hypothesis
гипс	8212.	plaster (of Paris)
ги́псовый	8478.	plaster
гита́ра	4797.	guitar
глава́	917.	head, chief; chapter
гла́вное n adj	1933.	the main thing
гла́вный	224.	main
гла́дить i +a	3626.	to stroke; iron
гла́дкий	3878.	smooth
гла́дко	6830.	smoothly
глаз	87.	eye
глаз(о́)к	4132.	small eye; peephole
гласи́ть i	6511.	to announce, say
гла́сность f	3708.	openness
гли́на	4288.	clay
гли́нистый	9124.	clay (adj)
гли́няный	4798.	clay (adj)
гло́бус	5717.	globe
глота́ть i +a	7627.	to swallow
глот(о́)к	9125.	gulp, mouthful
глубина́	822.	depth
глуби́нный	5718.	deep; deep-water; remote
глубо́кий	726.	deep
глубоко́	1008.	deep; deeply
глубь f	7221.	depth
глу́по	3223.	stupidly
глу́пость f	2219.	foolishness
глу́пый	1355.	stupid, silly
глу́хо	4649.	indistinctly
глухо́й	2248.	deaf; indistinct, muffled; remote (of place)
глушь f	6512.	backwoods, the sticks
глы́ба	6220.	large lump (of rock, ice etc.)
гляде́ть i на +a	611.	to look (at)
гля́нуть p на +a	2557.	to glance (at)
гнать i +a	1934.	to drive; to hunt, persecute
гнев	3162.	anger
гне́вный	5719.	angry
гнездо́	3709.	nest
гнёт	5112.	oppression
гнило́й	5504.	rotten, decayed
гнить i	9755.	to rot
гну́сный	9756.	vile
гнуть i +a	9126.	to bend
говори́ть i	39.	to speak
говори́ться i	1489.	to be said
год	51.	year
годи́ться i на +a/для +g	2336.	to be fit (for), be usable
го́дный	9127.	suitable
годово́й	3362.	yearly
годовщи́на	5958.	anniversary
гол	8342.	goal (sport)
голени́ще	7628.	top (of a boot)
голла́ндский	9128.	Dutch
голова́	136.	head
голо́вка	4133.	small head
головно́й	5303.	head (adj)
го́лод	2220.	hunger
голода́ть i	7629.	to go hungry
голо́дный	2908.	hungry
гололёд	9129.	covering of ice; icy weather
го́лос	181.	voice; vote
голосова́ние	7630.	voting
голосова́ть i	3282.	to vote
голубова́тый	6831.	light-bluish
голубо́й	992.	light blue
голу́бчик (coll)	8114.	my dear
го́лубь m	5959.	pigeon, dove
го́лый	1757.	naked
го́нка	4307.	race
гонора́р	8115.	fee; royalties
гоня́ть i +a	5505.	to drive, make (s.o.) run

гоня́ться i за +inst	8116.	to chase (after)
гора́	679.	mountain, hill
гора́здо	1061.	much (with comparatives)
горб	9757.	hump
горди́ться i +inst	3546.	to be proud of
го́рдо	6221.	proudly
го́рдость f	2337.	pride
го́рдый	2696.	proud
го́ре	1538.	grief, sorrow
горева́ть i	7222.	to grieve
горе́ть i	1258.	to burn, be alight
го́речь f	5304.	bitterness
горизо́нт	1737.	horizon
горизонта́льный	7223.	horizontal
го́рка	4799.	hillock
горко́м	8321.	town committee
го́рло	2512.	throat
го́рлышко	9130.	neck (of bottle); small throat
го́рничная f adj	8249.	maid (servant)
го́рный	1416.	mountain (adj); mining
горня́к (coll)	8368.	miner
го́род	84.	town, city
город(о́)к	3627.	small town
городско́й	1417.	urban, town (adj)
горожа́нин	7224.	town-dweller
горо́х	5305.	peas
горсть f	5960.	handful
горчи́ца	9131.	mustard
горш(о́)к	3086.	pot
го́рький	2697.	bitter
го́рько	3547.	bitter(ly)
горю́чее n adj	4941.	fuel
горя́чий	856.	hot
горячи́ться i	8117.	to get excited
горячо́	2057.	hot(ly)
горя́щий	4103.	burning (adj)
го́спиталь m	4406.	(mil) hospital
господи́н	597.	gentleman; Mr
господство	2698.	domination, supremacy
госпо́дствовать i над +inst	4650.	to dominate
госпо́дствующий	4365.	ruling, predominant
госпо́дь m	993.	God, the Lord
гостеприи́мство	7225.	hospitality
гости́ная f adj	5961.	sitting-room
гости́ница	2558.	hotel

гость m	276.	guest
госуда́рственный	685.	state (adj)
госуда́рство	550.	state
госуда́рь m	5506.	sovereign
гото́вить i	1519.	to prepare; to cook
гото́виться i к +d	1818.	to prepare (for)
гото́вность f	3363.	readiness
гото́вый	571.	ready
гра́бить i +a	5507.	to rob, pillage
град	9758.	hail; (poet) city
гра́дус	1909.	degree (°)
граждани́н	1071.	citizen
гражда́нка	8118.	citizen (f)
гражда́нский	1193.	civil, civic
грамм	4134.	gram(me)
гра́мота	6222.	literacy; document, deed
гра́мотный	4942.	literate
грана́та	4943.	shell; grenade
грандио́зный	2420.	grandiose
грани́т	8263.	granite
грани́ца	1175.	frontier; limit
грань f	4135.	border, verge; facet, edge
граф	5113.	count (title)
гра́фик	5114.	graph; schedule
графи́н	7631.	carafe, decanter
гре́б(е)нь m	4651.	comb, crest
грек	6223.	Greek (man)
греме́ть i	4944.	to roar, resound
греть i +a	4945.	to heat
гре́ться i	8119.	to warm os
грех	2090.	sin
гре́ческий	2221.	Greek (adj)
гре́шный	4500.	sinful
гриб	3448.	mushroom
гри́ва	6224.	mane
грипп	7226.	influenza
гроб	2799.	coffin
гроза́	3087.	thunderstorm
грози́ть i +d	2278.	to threaten (s.o.)
грози́ться i (coll) +inf	9132.	to threaten
гро́зно	6225.	threateningly
гро́зный	2650.	threatening
гром	3795.	thunder
грома́да	5720.	mass, bulk
грома́дный	905.	enormous
гро́мкий	2909.	loud
гро́мко	1337.	loudly

громо́здкий	7632.	cumbersome, bulky
гро́хот	2462.	crash; rumble
грохота́ть i	9133.	to thunder, rumble
грош	5115.	half-kopeck, farthing
гру́бо	3879.	coarsely
гру́бость f	5721.	rudeness
гру́бый	2004.	coarse, rude
гру́да	5962.	heap, pile
грудь f	1118.	breast
груз	1475.	load; cargo
грузи́нский	7227.	Georgian
грузи́ть i +a	7228.	to load
грузови́к	3710.	lorry, truck
грузово́й	5306.	goods (adj)
гру́зчик	8343.	docker; freight handler
гру́ппа	295.	group
гру́стно	3548.	sad(ly)
гру́стный	3088.	sad
грусть f	3941.	sadness
гру́ша	4368.	pear
грызть i +a	5722.	to gnaw
гряда́	9134.	ridge; bed (garden)
гря́дка	9135.	bed (for plants), flowerbed
грядý́щий (bookish)	6513.	future
гря́зный	2091.	dirty
грязь f	2421.	mud; dirt
губа́	994.	lip
губерна́тор	8537.	governor
губе́рния	5116.	*guberniya,* tsarist province (now о́бласть)
губи́тельный	9136.	destructive
губи́ть i +a	7229.	to ruin
гуде́ть i	2195.	to hum; hoot
гуд(о́)к	3628.	hooter, car horn; hooting
гул	2380.	rumble
гу́лко	8120.	resonantly; with an echoing sound
гуля́нье	8121.	festival, fête, open-air party
гуля́ть i	1683.	to take a walk; (coll) take time off
гуманита́рный	7633.	humanitarian; humanities (adj)
гума́нный	6832.	humane
гу́сеница	9759.	caterpillar
гу́сто	3549.	thickly; densely
густо́й	2011.	thick, dense
гусь m	3449.	goose
гу́ща	7634.	dregs; thicket
да	44.	yes; (coll) and/but
дава́й(те)	1080.	let's
дава́ть i	140.	to give
дава́ться i	3942.	to be given; come easily (to s.o.), be learnt easily
дави́ть i на +a	3880.	to press, put pressure on
давле́ние	1887.	pressure
да́вний	3163.	long-ago (adj)
давно́	423.	(since) long ago
давны́м-давно́	6833.	ages ago, very long ago
да́же	92.	even
да́лее	2279.	further
далёкий	1259.	distant, remote
далеко́	557.	far
даль f	4652.	distance
дальневосто́чный	5963.	Far Eastern
да́льний	1082.	distant, remote
да́льше	368.	further
да́ма	1643.	lady
да́нные pl adj	2961.	data; qualities
да́нный	869.	given
дань f	9760.	tribute, homage
дар	4136.	gift
дари́ть i +a +d	5723.	to give, present (sth to s.o.)
да́ром	7635.	free, gratis
да́та	3943.	date
дать p	155.	to give
да́ться p	5964.	to be given; get caught; (+d) come easily (to s.o.), be learnt easily
да́ча	4501.	dacha, holiday cottage
два	66.	two
двадца́тый	3881.	twentieth
два́дцать	124.	twenty
два́жды	2910.	twice
двена́дцатый	5307.	twelfth
двена́дцать	1684.	twelve
две́рца	4800.	small door, car door
дверь f	129.	door
двести	566.	two hundred
дви́гатель m	1819.	motor, engine

дви́гать i +a	5508.	to move, set in motion
дви́гаться i	1093.	to move
движе́ние	389.	movement, motion
дви́нуть p +a	5724.	to move, set in motion
дви́нуться p	2559.	to move
дво́е	1980.	two
дво́йка	6226.	the number two; fail mark (in exam)
двойно́й	4502.	double, twofold
двор	286.	yard, court
двор(е́)ц	1132.	palace
дво́рник	4653.	caretaker, janitor; (coll) windscreen wiper
дворяни́н	5509.	nobleman, member of the gentry
дворя́нский	6834.	gentry (adj)
дворя́нство	8538.	gentry
двусторо́нний	8344.	double-sided, two-way; bilateral
двою́родный двою́родный брат	7230.	(related through grandparent) cousin
дебю́т	8449.	début
девальва́ция	8345.	devaluation
дева́ть i (coll) +a	9761.	to put
дева́ться i	5726.	to get to, vanish
деви́ца	2962.	girl
де́ви́чий	5308.	girl's, maiden's
де́вка (coll)	2800.	girl
де́вочка	490.	little girl
девчо́нка (coll)	1981.	girl
де́вственный	9137.	virgin (adj)
де́вушка	145.	girl
девча́та pl(coll)	4473.	girls
девяно́сто	4801.	ninety
девятна́дцатый	8122.	nineteenth
девя́тый	3450.	ninth
де́вять	1490.	nine
девятьсо́т	191.	nine hundred
дед	786.	grandfather
де́душка m	1551.	grandfather
дежу́рить i	9138.	to be on duty
дежу́рный	3711.	duty (adj); person on duty
дежу́рство	5965.	(period of) duty
де́йственный	5966.	effective
де́йствие	605.	act, action
действи́тельно	397.	really, actually
действи́тельность f	1552.	reality; validity (of a document)
действи́тельный	2513.	real, actual; valid
де́йствовать i	830.	to act, function, affect
де́йствующий	2801.	functioning
дека́брь m	2303.	December
дека́да	8415.	ten-day period
деклара́ция	7231.	declaration
декре́т	4418.	decree
де́лать i	110.	to do, make
де́латься i	1265.	(+inst) to become; be done
делега́т	2699.	delegate
делега́ция	2802.	delegation
деле́ние	4353.	division
дел(е́)ц	8123.	wheeler-dealer
дели́ть i +a	5309.	to divide, share
дели́ться i +inst	3882.	(на +a) (раз- p) to be divided (into) ; (с +inst) (по- p) share (with)
де́ло	53.	matter, business
делови́то	5727.	in a businesslike way, energetically
делово́й	2222.	business (adj)
де́льный	6227.	businesslike
демокра́т	5117.	democrat
демократиза́ция	6228.	democratization
демократи́ческий	1388.	democratic
демокра́тия	1644.	democracy
демонстра́ция	4802.	demonstration
демонстри́ровать i/p	5728.	to demonstrate; (+a) show, display
де́нежный	3164.	money (adj), monetary
ден(ё)к	7636.	day (dim)
д(е)нь m	81.	day
де́ньги f pl	471.	money
депута́т	1846.	elected representative
дёргать i +a	7637.	to tug
деревéнский	4654.	village, country (adj)
дере́вня	451.	village; countryside
де́рево	309.	tree
деревя́нный	1645.	wooden
держа́ва	1520.	power (powerful country)
держа́ть i	512.	to hold, keep
держа́ться i	1399.	(за +a) to hold on (to); (+g) keep to
де́рзкий	7232.	cheeky; daring
де́рзость f	8124.	rudeness; audacity

дёрнуть p +a	6835.	to tug
деса́нт	6514.	landing (mil, by air or sea)
де́скать (coll)	3883.	(indicating reported speech) 'he said', 'they said' etc.
десятиле́тие	2463.	decade
десяти́на	8346.	*desiatina* (about a hectare)
деся́т(о)к	804.	ten; a decade
деся́тый	2803.	tenth
де́сять	271.	ten
дета́ль f	1157.	detail; component (of machine)
дета́льно	7233.	minutely, in detail
дета́льный	7638.	detailed
детвора́ (coll)	9139.	kids
детекти́в	6836.	detective story
де́ти pl	225.	children
дети́шки pl (coll)	6229.	children
де́тский	523.	children's
де́тство	1539.	childhood
де́ться p	5310.	to get to, vanish
дефици́т	7639.	deficit; shortage, shortages
дефици́тный	6515.	scarce, in short supply
дёшево	5729.	cheaply
дешёвый	2700.	cheap
дея́ние (bookish)	9140.	act, action
де́ятель m	1194.	agent, figure
де́ятельность f	731.	activity
де́ятельный	5510.	active
джи́нсы m pl	7640.	jeans
диа́метр	4270.	diameter
диало́г	5725.	dialogue
диапазо́н	5730.	range, scope
дива́н	1418.	divan, couch
диви́зия	2304.	division (army)
диви́ться i (coll) +d	8539.	to wonder, marvel (at)
ди́кий	2027.	wild
ди́ко	6837.	wildly; absurd
дикта́тор	8540.	dictator
диктату́ра	4077.	dictatorship
диктова́ть i +a	5967.	to dictate
дипло́м	4104.	diploma, degree
диплома́т	3944.	diplomat; attaché-case
дипломати́ческий	4137.	diplomatic
диплома́тия	5731.	diplomacy
директи́ва	6516.	directive
дире́ктор	401.	director
диск	4503.	disk; discus
диску́ссия	4946.	discussion
диссерта́ция	5968.	dissertation, thesis
диста́нция	4138.	distance
дисципли́на	1773.	discipline
дитё (very coll)	6229.	child
дитя́ n	970.	child
дичь f	4947.	game, wildfowl
длина́	1137.	length
дли́нный	437.	long
дли́тельность f	8217.	duration
дли́тельный	2701.	lengthy
дли́ться i	4655.	to last
для +g	41.	for
дневни́к	2963.	diary
дневно́й	2741.	day (adj)
днём	4504.	by day; in the afternoon
дни́ще	6517.	bottom (of vessel)
дно	935.	bottom (of sea, river, well, vessel)
до +g	69.	up to; until
доба́вить p +a к +d	1820.	to add (sth to sth)
доба́вка	6838.	addition
добавля́ть i +a	8125.	to add
добива́ться i +g	1935.	to strive for; to get
добира́ться i до +g	7641.	to reach, get to
доби́ться p +g	1009.	to obtain, achieve
до́блесть f	7234.	valour
добра́ться p до +g	2422.	to reach
добро́	1570.	good, good deeds; goods (coll)
доброво́л(е)ц	4505.	volunteer
доброво́льно	5969.	voluntarily
доброво́льный	5511.	voluntary
доброде́тель f	9762.	virtue
доброду́шно	9141.	kindly, good-naturedly
доброду́шный	7235.	good-natured
добросо́вестно	7642.	conscientiously
доброта́	8126.	goodness, kindness
добро́тный	7236.	high-quality
до́брый	458.	good, kind
добыва́ть i +a	2423.	to get, obtain
добыва́ться i	9142.	to be obtained
добы́ть p +a	3165.	to get, obtain
добы́ча	2196.	booty; mining
дове́рие	2223.	trust
довери́тельно	9143.	confidentially

дове́рить p +d	9144.	to trust; (+a +d) entrust (sth to s.o.)
дове́риться p +d	9145.	to trust (in), confide in
дове́рчивый	9146.	trusting
доверя́ть i +d	4139.	to trust (s.o.)
довести́ p до +g	2249.	to lead to
довести́сь p (coll) +d +inf	5732.	to chance to, manage to
до́вод	2742.	argument (for sth)
доводи́ть i до +g	5311.	to lead to, take as far as
доводи́ться i (coll) +d +inf	6839.	to have occasion to
довое́нный	6230.	prewar
дово́льно	778.	fairly, rather; contentedly; (+g) enough
дово́льный +inst	2280.	satisfied, pleased (with)
дово́льствоваться i +inst	6231.	to be satisfied (with)
догада́ться p	1936.	to guess; (+inf) have the sense to
дога́дка	4506.	guess, conjecture
дога́дываться i	3451.	to guess
догна́ть p +a	2702.	to catch up (with)
догово́р	1454.	agreement; treaty; contract
договорённость f	9754.	agreement
договори́ться p с +inst	3629.	to reach agreement (with)
догоня́ть i +a	6518.	to catch up
дое́хать p до +g	6519.	to reach
дожда́ться p +g	2743.	to wait (for)
до́ждик	9147.	shower
дождь m	1195.	rain
дожида́ться i +g	3550.	to wait for
дожи́ть p до +g	5733.	to live (till)
доистори́ческий	8127.	prehistoric
дойти́ p	1303.	to reach
доказа́тельство	2744.	proof
доказа́ть p +a	1250.	to demonstrate, prove
дока́зывать i +a	2560.	to argue, prove
докати́ться p до +g	6840.	to roll to, come to
докла́д	472.	report
докла́дчик	9148.	speaker (at conference)
докла́дывать i +d	3630.	to report (to s.o.)
до́ктор	579.	doctor
доктри́на	9149.	doctrine
докуме́нт	1293.	document
документа́льный	8128.	documentary (adj)
документа́ция	7643.	documentation, documents
долг	1389.	debt; (sg only) duty
до́лгий	964.	long (in time)
до́лго	287.	for a long time
долгосро́чный	9089.	long-term
до́лжен m short adj	125.	ought, obliged, must
до́лжно	2561.	one ought to
должно́ быть		probably
до́лжность f	2424.	post, job
до́лжный	4397.	due, proper
доли́на	3224.	valley
до́ллар	1540.	dollar
доложи́ть p о +pr	2038.	to report (on)
доло́й +a	6520.	down with
до́ля	1541.	portion, share; lot, fate
дом	78.	house
до́ма	378.	at home
дома́шний	2305.	domestic
до́мик	2651.	cottage
доми́шко m	6841.	shack, hovel
до́мна	8129.	blast furnace
домо́й	364.	home, homewards
до́мысел	9763.	conjecture
донесе́ние	9150.	report, dispatch
донести́ p	5512.	(+a до +g) to carry (sth to); (+a +d) report (sth to s.o.); (на +a) inform (on s.o.), denounce (s.o.)
донести́сь p до +g	8130.	to reach (of sounds)
доноси́ться i	3089.	to reach (sounds etc.)
донско́й	4140.	(of the river) Don
дополни́тельно	6842.	additionally
дополни́тельный	3225.	additional
допра́шивать i +a	6521.	to interrogate
допро́с	4507.	interrogation
допуска́ть i +a к +d	3364.	to admit (s.o. to); allow; assume
допусти́мый	9062.	permissible
допусти́ть p +a	1910.	to allow
дореволюцио́нный	4271.	pre-revolutionary
доро́га	174.	road
до́рого	3712.	dearly
дорого́й	374.	dear, expensive

дорожи́ть +inst	6522.	to value
доро́жка	2197.	path; track
доро́жный	5118.	road (adj)
доса́да	3631.	annoyance
доса́дно	8131.	annoying
доска́	527.	board
досро́чно	5312.	ahead of schedule
досро́чный	5970.	early, ahead of schedule
достава́ть i +a	2224.	to get
достава́ться i +d	8132.	to fall to s.o.'s lot; (coll) catch it (be punished)
доста́вить p +a	2198.	to deliver
доста́вка	6843.	delivery
доставля́ть i +a	2911.	to deliver
доста́т(о)к	7644.	sufficiency; prosperity
доста́точно	870.	sufficiently; enough
доста́точный	2199.	sufficient
доста́ть p +a	1072.	to get, obtain; take out; reach
доста́ться p +d	3551.	to fall to s.o.'s lot
достига́ть i +g	2012.	to reach
достига́ться i	6232.	to be achieved
дости́гнутый	5313.	achieved
дости́гнуть p +g	1862.	to achieve
достиже́ние	1304.	achievement
дости́чь p +g (= дости́гнуть)	2338.	to achieve; reach
достове́рность f	8133.	authenticity, reliability
достове́рный	9151.	reliable
досто́инство	1982.	merit, virtue; dignity; value
досто́йно	6844.	worthily, properly
досто́йный	2464.	worthy
достопримеча́тельность f	5734.	sight, place worth seeing
достоя́ние	4803.	property
до́ступ	8535.	access
досту́пный	3365.	accessible
досу́г	6233.	leisure
дота́ция	8368.	subsidy
до́хнуть i	9152.	to die (of animals)
дохну́ть p		to breathe
дохо́д	2514.	income
доходи́ть i до +g	2381.	to reach
до́чка	2092.	daughter
дочь f	798.	daughter
доща́тый	9764.	made of planks, board (adj)
доще́чка	9153.	nameplate; small board
доя́рка	9154.	milkmaid
драгоце́нность f	4804.	jewel; something valuable
драгоце́нный	2225.	valuable
дразни́ть i +a	6523.	to tease
дра́ка	3166.	fight, brawl
дра́ма	4141.	drama
драмати́ческий	7645.	dramatic
драть i (coll) +a	8134.	to tear; thrash; fleece
дра́ться i	2562.	to fight
древеси́на	8352.	timber
древе́сный	4508.	wood (adj)
дре́вний	1108.	ancient
дре́вность f	5735.	antiquity
дрема́ть i	6524.	to doze
дрова́ n pl	4075.	firewood
дро́гнуть p	4805.	to shake, waver
дро́гнуть i		to be chilled
дрожа́ть i	1821.	to shiver
дрожа́щий	4948.	trembling
дрожь f	9155.	trembling
друг	130.	friend
друг дру́га	507.	each other
друго́й	47.	different, other
дру́жба	895.	friendship
дру́жеский	3796.	friendly
дру́жественный	2964.	friendly
дружи́на	5513.	militia
дружи́ть i с +inst	7646.	to be friends (with s.o.)
дру́жно	3713.	in harmony, simultaneously
дру́жный	6525.	amicable; simultaneous
друж(о́)к (coll)	4806.	friend
дрянь f (coll)	3884.	rubbish
дуб	3283.	oak
дуби́на	9156.	cudgel, club; blockhead, idiot
дубо́вый	8135.	oak (adj)
дуга́	9157.	arc, curve
ду́дка	9158.	pipe, fife
ду́ма	3797.	thought; duma (Russian parliament)
ду́мать i	93.	to think
ду́маться i	2515.	to be thought
мне ду́мается		I think
ду́ра	3552.	idiot, stupid woman

дура́к	1073.	fool
дура́цкий (coll)	6845.	idiotic
дурач(о́)к	7647.	idiot, half-wit
дури́ть i (coll)	8136.	to be naughty, fool about
ду́рно	7237.	bad(ly)
дурно́й	2465.	bad, evil
дуть i	3226.	to blow
дух	1019.	spirit; breath
духи́ m pl	9765.	perfume
духове́нство	5119.	clergy
духо́вный	1428.	spiritual
душа́	409.	soul
душе́вно	8391.	mentally; cordially
душе́вный	2226.	mental; sincere, heartfelt
души́стый	9766.	fragrant
души́ть i +a	7238.	to strangle; to perfume
ду́шно	6846.	stuffy
ду́шный	7648.	stuffy
дуэ́ль f	6526.	duel
дым	1338.	smoke
дыми́ть i	6847.	to smoke
дыми́ться i	7649.	to smoke
ды́мка	6527.	haze
ды́мный	8137.	smoky
дымово́й	9159.	smoke (adj)
дым(о́)к	5514.	puff of smoke
ды́мчатый	8138.	smoke-coloured
дыра́	6528.	hole
ды́рка	7650.	(small) hole
дыря́вый	9160.	full of holes
дыха́ние	2306.	breathing
дыша́ть	1774.	to breathe
дья́вол	3632.	devil
дья́вольски	9161.	devilishly
дья́кон	8139.	deacon
дя́дька m (coll)	8140.	uncle; man, bloke
дя́дя m	449.	uncle
ева́нгелие	9767.	gospel
евре́й	9768.	Jew
европе́йский	1983.	European
еги́петский	8289.	Egyptian
его́	50.	his; its
еда́	3452.	food
едва́	896.	hardly, scarcely, only just
едини́ца	3090.	unit
единогла́сно	9769.	unanimously
единоду́шно	9162.	unanimously
еди́нственно	3945.	only
еди́нственный	871.	only, sole
еди́нство	2013.	unity
еди́ный	1506.	single, sole; united
е́дкий	5120.	acrid, pungent; sarcastic
её	55.	her (possessive)
ёж	9770.	hedgehog
ежего́дно	2912.	annually
ежедне́вно	3553.	every day
ежедне́вный	7239.	daily, everyday
е́жели (obs or coll)	1984.	if
е́здить i	1662.	to travel
ей-бо́гу (coll)	4949.	truly, indeed
е́ле	2039.	barely, only just
ёлка	4807.	fir tree
ель f	8141.	fir; spruce
ёмкость f	8142.	capacity
е́ресь f	8479.	heresy
ерунда́ (coll)	4808.	nonsense; trifling matter
е́сли	65.	if
есте́ственно	2250.	naturally
есте́ственный	2703.	natural
естествозна́ние	8450.	natural science
есть i +a	656.	to eat
е́хать i	420.	to go (by transport)
ещё	35.	still, yet
жа́дно	5121.	greedily
жа́дность f	7240.	greed
жа́дный	3091.	greedy
жа́жда	3798.	thirst
жа́ждать i +g	6848.	to thirst for
жале́ть i +a	1400.	to pity, feel sorry for; (o +pr) regret
жа́лкий	3227.	pitiful
жа́лко	1319.	pitifully; it's a pity; (+g) be sorry for
жа́лоба на +a	3284.	complaint (about)
жа́лобный	9163.	plaintive; complaints (adj)
жа́ловаться i на +a	2123.	to complain (about)
жа́лость f	4656.	pity
жаль	1738.	it's a pity
жанр	9771.	genre
жар	5314.	heat
жара́	3714.	heat, hot weather
жа́рить i +a	9772.	to fry; roast

жáркий 3633. hot
жáрко 3366. hotly; it's hot
жáтва 7241. reaping, harvest
жать i +a 3946. to squeeze
жгýчий 8143. burning
ждать i +a/g 203. to wait (for)
же 199. (emphasizes preceding word)
жевáть i +a 5515. to chew
желáние 1339. wish, desire
желáнный 5736. wished for, welcome
желáтельно 8144. (it is) desirable
желáть i +g 820. to want, wish
желáющий 7651. person interested (in doing sth)
железнодорóжный 2745. railway (adj)
желéзный 965. iron
желéзо 1442. iron
жёлоб 8541. gutter, chute
желтовáтый 7652. yellowish
жёлтый 1239. yellow
желýд(о)к 4950. stomach
жемчýжина 9773. pearl
женá 430. wife
женáтый 5737. married (of man)
жени́ться i/p на +pr 2339. to marry (of man)
жени́х 4142. fiancé
жéнский 2040. female
жéнщина 306. woman
жерлó 8145. mouth, muzzle
жёрнов 8146. millstone
жéртва 2143. victim
жест 2466. gesture
жёсткий 4657. harsh
жестóкий 2058. cruel
жестóко 3453. cruelly
жестóкость f 5738. cruelty
жестянóй 6234. tin (adj)
жечь i +a 4809. to burn
жи́во 2144. quickly; vividly
живóй 450. alive, lively
живопи́сный 5971. picturesque
жи́вопись f 4509. painting, paintings
живóт 3167. belly, stomach
животновóдство 4304. stock-raising
живóтное n adj 2145. animal
живóтный 3454. animal (adj)
живýчий 9164. hardy, enduring
живьём (coll) 9165. alive
жи́дкий 4236. liquid; thin, feeble
жи́дкость f 4444. liquid
жи́зненность f 7242. vitality; lifelikeness
жи́зненный 1956. vital; life (adj)
жизнерáдостный 8147. cheerful, happy
жизнь f 68. life
жи́ла 4369. vein
жилéтка 8369. waistcoat
жили́ще 5122. dwelling, habitation
жили́щный 5972. housing (adj)
жи́лка 8543. vein
жилóй 4143. dwelling, residential
жильё 6529. accommodation
жир 9774. fat, grease
жи́рный 5973. fat, fatty
житéйский 5516. worldly; everyday
жи́тель m 1739. inhabitant
житиé 9166. life, biography
жить i 114. to live
жрать i (very coll) 5974. to eat
жук 7243. beetle
жýлик 3947. petty thief; cheat
журнáл 1101. magazine, periodical; journal, register
журнали́ст 1594. journalist
журнали́стика 7244. journalism
жýткий 9775. terrible
жýтко 6235. dreadfully
за 21. (+a) for; (+inst) behind
забáва 6849. amusement
забáвно 6530. amusingly
забáвный 5739. amusing
забастóвка 3455. strike
забвéние 8148. oblivion
забегáть i 5975. to run in; (coll) drop in
забéгать p to start rushing around
забежáть p 8149. to call in; run off
забирáть i +a 3885. to take hold of; take away
забирáться i 6236. to get to, climb
заби́ть p +a 4951. to begin to beat; hammer in; block; cram
заблуди́ться p 6531. to lose one's way
заблуждéние 4658. delusion
заболевáние 8370. illness
заболéть p 3285. to fall ill
забóр 2382. fence

забормота́ть p +a	9167.	to mutter
забо́та	1340.	care, trouble
забо́титься i o +pr	3020.	to worry about, concern os with, look after
забо́тливо	8150.	solicitously
забо́тливый	7245.	solicitous, caring
забра́ть p +a	3092.	to take hold of; take away
забра́ться p в/на +a	3799.	to get, climb (into/onto)
забрести́ p	8151.	to wander in, drop in; stray
забро́сить p +a	9168.	to throw, cast; abandon; neglect
забыва́ть i +a	1612.	to forget
забыва́ться i	5976.	to be forgotten; doze off; forget os
забы́тый	3634.	forgotten
забы́ть p +a or o +pr	425.	to forget
завали́ть p +a +inst	6532.	to block, cram
завари́ть p +a	7246.	to brew
заведе́ние	3800.	institution
заве́дующий m adj +inst	2965.	manager, head (of)
заверну́ть p	4144.	to wrap; to turn (a corner)
заверша́ть i +a	7653.	to complete
заверша́ться i	9169.	to be finishing, end
заверше́ние	4810.	completion
заверши́ть p +a	4510.	to complete
заве́са	6850.	screen
завести́ p +a	3286.	to take somewhere; start
завести́сь p	7247.	to start; (coll) get worked up
заве́тный	5123.	cherished, intimate
завеща́ть i/p +a +d	9170.	to bequeath (sth to s.o.)
зави́довать p +d	3021.	to envy
зави́сеть i от +g	1031.	to depend (on)
зави́симость f	2281.	dependence
в зави́симости от +g		depending on
зави́симый	7248.	dependent
за́висть f	4811.	envy
заво́д	530.	factory
заводи́ть i +a	5740.	to take (swh); start, start up; wind up
заводско́й	4308.	factory (adj)
завоева́ние	3515.	conquest
завоёванный	6237.	conquered
завоева́тель m	8416.	conqueror
завоева́ть p +a	1937.	to conquer
завоёвывать i +a	7249.	to conquer
завсегда́тай	9776.	habitué; regular customer
за́втра	335.	tomorrow
за́втрак	3886.	breakfast
за́втрашний	3948.	tomorrow's
завяза́ть p +a	4812.	to tie; start, get involved in
зага́дка	3635.	mystery; riddle
зага́дочно	9171.	mysteriously
зага́дочный	4659.	mysterious
зага́р	8152.	suntan
загла́вие	9777.	title, heading
заглóхнуть p	9172.	to die away; stall (engine); go to seed
заглуши́ть p +a	7250.	to drown (a sound)
загля́дывать i	2804.	to glance
загляну́ть p	2227.	to glance
загна́ть p +a	5517.	to drive in
загну́ть p +a	8153.	to bend
за́говор	4660.	plot
заговори́ть p	1419.	to start speaking
заголо́в(о)к	5518.	title, heading
загоня́ть i +a	9173.	to drive in
загоня́ть p +a		to tire out
загора́ться i	6238.	to catch fire
загоре́лый	5977.	suntanned
загоре́ться p	4661.	to catch fire
загороди́ть p +a	8154.	to fence in; obstruct
загото́вка	8214.	state order (for goods); stocking up
загранИ́чный	7251.	foreign
загро́бный	9174.	beyond the grave
загру́зка	8155.	loading
загрязне́ние	3637.	pollution
загс	9778.	registry office
загуде́ть p	7252.	to start hooting/ humming
зад	9175.	back, rear; rump, backside
задава́ть i +a +d	3801.	to set, assign (sth to s.o.)
зада́ние	1377.	task, assignment
за́данный	6851.	set, assigned

зада́ть p +a +d	3093.	to set, assign (sth to s.o.)
зада́ча	369.	task, problem
задева́ть i +a	6533.	to touch; to catch (on)
задержа́ть p +a	3802.	to delay; arrest
задержа́ться p	3094.	to be delayed
заде́рживать i +a	5315.	to delay; arrest
заде́рживаться i	4952.	to be delayed
заде́ржка	8156.	delay
заде́ть p +a	4953.	to touch; catch (on sth)
за́дний	2383.	rear (adj)
задо́лго	9176.	long before
задо́р	9779.	fervour, vigour
задохну́ться p	9177.	to suffocate
задра́ть p +a	7253.	to tear to pieces; to lift up (coll)
задрожа́ть p	7254.	to start shaking
заду́мать p +a	3367.	to think up; plan
заду́маться p о +pr	1740.	to think deeply (about)
заду́мчиво	2606.	thoughtfully, pensively
заду́мчивый	4662.	thoughtful
заду́мываться i	3803.	to become thoughtful
задуши́ть p +a	5519.	to strangle, suffocate, stifle
задыха́ться i	4813.	to suffocate
за(ё)м	9780.	loan
зае́хать p	4814.	to call in
зажа́ть p +a	5520.	to squeeze
зaже́чь p +a	3228.	to set fire to
зажига́ть i +a	3636.	to set fire to
зажига́ться i	9178.	to light up, be lit
зажи́точный	6852.	well-off
зажму́риться p	9179.	to screw up one's eyes; half-close one's eyes
зазвене́ть p	8157.	to begin to ring
заигра́ть p +a	5521.	to start playing
заи́мствовать i +a	7255.	to borrow
заинтересо́ванность f	7256.	interest
заинтересо́ванный в +pr	9180.	interested (in)
заинтересова́ть p +a	3456.	to interest
заинтересова́ться i +inst	6534.	to become interested in
зайти́ p	1305.	(к +d) to call on s.o.; (за + a) go behind, set (of sun)
зака́з	1911.	order (for sth)
заказа́ть p +a	5522.	to order (sth)
зака́зывать i +a	7654.	to order (sth)
зака́лка	8371.	physical training, fitness
зака́нчивать i +a	5316.	to finish
зака́нчиваться i	4663.	to finish
зака́т	2652.	sunset
заки́нуть p +a	7257.	to cast, toss
закипе́ть p	9181.	to boil
закла́дка	9182.	laying; bookmark
заключа́ть i +a	3804.	to conclude; enclose, imprison
заключа́ться i в +pr	2036.	to consist of
заключе́ние	2516.	conclusion; confinement
заключённий	4145.	prisoner, convict
заключи́тельный	4815.	final, concluding
заключи́ть p +a	1571.	to conclude; to enclose, imprison
зако́н	624.	law
зако́нность f	7258.	legality
зако́нный	3805.	legal
законода́тельный	5317.	legislative
законода́тельство	4816.	legislation
закономе́рность f	3168.	regularity, law
закономе́рный	7259.	regular, predictable
зако́нченный	7655.	complete; consummate, professional
зако́нчить p +a	1491.	to finish
зако́нчиться p	3554.	to end
закоу́л(о)к	9781.	back alley; nook, cranny
закрепи́ть p +a	5741.	to fasten, secure
закрича́ть p	1741.	to shout
закружи́ться p	7656.	to begin to spin
закрыва́ть i +a	1847.	to close
закрыва́ться i	6853.	to be closed
закры́тый	3287.	closed
закры́ть p +a	1083.	to close, shut; to cover
закры́ться p	9183.	to be closed; close down; cover os
заку́пка	6854.	purchase
заку́ривать i	5318.	to light up (cigarette etc.)
закури́ть p +a	3022.	to start smoking
закуси́ть p	5523.	to have a snack, have some food
заку́ска	7260.	hors-d'oeuvre; snack
зал	511.	hall

зала́дить p (coll)	8158.	(+a) to keep repeating (sth); (+inf) get into the habit of
за́лежь f	8372.	(mineral) deposit
залéзть p в/на +a	4664.	to climb, get (into/onto)
залетéть p	8159.	(в +a) to fly in; (за +a) fly behind
зали́в	4400.	bay
залива́ть i +a +inst	7657.	to flood (sth with sth)
зали́ть p +a +inst	4817.	to flood (sth with sth)
зали́ться p	8160.	to be flooded; (+inst) start to do sth vigorously
зало́г	9782.	deposit, guarantee, pledge
заложи́ть p +a	3095.	to put behind; lay down, found; (+inst) block (with); pawn, mortgage
зама́нчивый	4511.	tempting
замаскирова́ть p +a	8161.	to disguise, camouflage
замéна	5124.	replacement
замени́ть p +a +inst	2124.	to replace (sth with sth)
заменя́ть +a +inst	5319.	to replace (sth with sth)
замерéть p	6855.	to stand still; die away
замерза́ть i	7658.	to freeze
замёрзнуть p	7261.	to freeze
замести́тель m	2059.	deputy, substitute
замéтить p +a	357.	to notice
замéтка	2653.	mark, (written) note
замéтно	2340.	noticeably
замéтный	2805.	noticeable
замеча́ние	3887.	remark
замеча́тельно	4954.	remarkable; remarkably
замеча́тельный	930.	remarkable, splendid
замеча́ть i +a	1146.	to notice
замеша́тельство	9783.	confusion; consternation
замира́ть i	6239.	to stand still, die away
за́мкнутый	9784.	reserved, unsociable; secluded, private
за́м(о)к	3457.	castle
зам(о́)к		lock
замолча́ть p	1888.	to fall silent
замота́ть p +a	9184.	to wind, twist; tire out
за́муж: выходи́ть i/ вы́йти p за́муж за +a	2746.	to marry (a husband)

за́мыс(е)л	2747.	scheme, idea
за́навес	1572.	(heavy) curtain
занавéска	3096.	curtain
занести́ p +a	4818.	to bring in; raise
занима́тельный	6856.	entertaining, interesting
занима́ть i +a	1075.	to occupy
занима́ться i +inst	314.	to occupy oneself
за́ново	5125.	anew
заноси́ть i +a	6240.	to bring in; raise
заночева́ть p	9185.	to spend the night
заня́тие	438.	occupation; (pl) classes
за́нятый	2467.	occupied, busy
заня́ть p +a	815.	to occupy
заня́ться p +inst	2041.	to take up
заодно́	4665.	together; (coll) at the same time
заокеа́нский	9186.	transoceanic
заора́ть p	6241.	to start yelling
зао́чно	9785.	in one's absence; externally (of study for a degree)
за́пад	1889.	west
западноевропéйский	5126.	Western European
за́падный	876.	western
западня́	8162.	trap
запа́с	1023.	stock, supply; reserve
запасно́й (= запа́сный)	2913.	spare, reserve
запа́сный (= запасно́й)	7262.	spare, reserve
запасти́сь p +i	9187.	to stock up (with)
за́пах	1724.	smell
заперéть p +a	3097.	to lock
запéть p	5127.	to start singing
запечатлéть p +a	7659.	to imprint
записа́ть p +a	2468.	to note down
запи́ска	1278.	note (written)
записно́й	4955.	note (adj)
запи́сывать i +a	2563.	to note down
за́пись f	2914.	recording; written record
запла́кать p	2861.	to begin to cry
заплати́ть p за +a	4146.	to pay (for)
запну́ться p	9786.	to stumble
заповéдник	4477.	reserve, nature-reserve

заподо́зрить p +a в +pr	9188.	to suspect (s.o. of sth)
запозда́лый	7263.	belated
запозда́ть p с +inst	9189.	to be late (with)
запо́лнить p +a	4666.	to fill in, fill up
заполня́ть i +a	6857.	to fill in, fill up
запомина́ть i +a	7264.	to memorize, commit to memory
запо́мнить p +a	2564.	to commit to memory
запо́мниться p	6535.	to stick in one's memory
запре́т	9190.	ban
запрети́ть p	4819.	(+d) to forbid (s.o.); (+a) ban (sth)
запреща́ть i	4147.	to forbid, ban
запреще́ние	5524.	prohibition, ban
запрещённый	5742.	forbidden
запро́с	3368.	official request
запряга́ть i +a	9191.	to harness
запуга́ть p +a	6858.	to intimidate
запуска́ть i +a	6242.	to thrust; start
запусти́ть p +a	5743.	to launch, throw; start up
запу́танный	6859.	confused, tangled
запу́таться p	9192.	to get confused
запча́сть f	9787.	spare part
зараба́тывать i +a	6243.	to earn
зарабо́тать p +a	2862.	to earn
за́работный: за́работная пла́та	8219.	pay, wages, salary
за́работ(о)к	4667.	earnings
зара́за	8163.	infection; (coll) pest
зарази́ть p +a +inst	8164.	to infect (s.o. with sth)
зара́нее	2806.	in advance
зарасти́ p	5978.	to become overgrown; heal (of wound)
за́рево	6536.	glow
заре́зать p +a	8165.	to kill
заро́дыш	4442.	foetus; embryo
за́росль f	4512.	thicket
заро́сший	9193.	overgrown
зарпла́та	5979.	pay, wages, salary
зарубе́жный	3023.	foreign
заря́	2307.	dawn; sunset
заря́д	4513.	charge, cartridge
заряди́ть p +a	7265.	to load (weapon); charge (electrical equipment)
заряжённый	8322.	loaded (of weapon)
заседа́ние	1553.	meeting, conference, session
заседа́ть i	6860.	to sit, be in session
засе́сть p (coll)	9194.	to sit down, lodge os
заслони́ть p +a	8166.	to shield, screen
заслоня́ть i +a	9195.	to conceal, screen
заслу́га	3169.	service, merit, achievement
заслу́женный	4668.	deserved; distinguished
заслу́живать i +g	4669.	to deserve
заслужи́ть p +a	4148.	to merit, to achieve by merit
засмея́ться p	1378.	to laugh
засну́ть p	3229.	to fall asleep
заста́вить p +a +inf	1212.	to compel, force
заставля́ть i +a +inf	1521.	to force, compel (s.o. to do sth)
заста́ть p +a	3230.	to find (a person)
застегну́ть p +a	9788.	to fasten
засте́н(о)к	8480.	torture-chamber
засте́нчивый	9196.	shy
засто́й	4036.	stagnation
застрели́ть p +a	7266.	to shoot dead
застря́ть p	6861.	to get stuck
застыва́ть i	5980.	to thicken, congeal, stiffen
засты́вший	7267.	congealed; frozen
засты́ть p	5744.	to harden, thicken; (coll) become stiff
засу́нуть p +a в +a	6244.	to thrust (sth into sth)
за́суха	4956.	drought
засыпа́ть i	2915.	to fall asleep
засыпа́ть i +a +inst		to fill sth, cover sth with sth
затаи́ть p +a	9197.	to conceal
затвори́ть p +a	8168.	to close
затева́ть i (coll) +a	7660.	to start, organize
зате́м	558.	after that, then
затеря́ться p (coll)	8169.	to go missing, be mislaid; vanish
зате́я	7268.	venture, undertaking; game, escapade; embellishment
зате́ять p (coll) +a	5745.	to undertake, start
затиха́ть i	6537.	to die down
зати́хнуть p	5746.	to die down
заткну́ть p +a	7269.	to stop up, plug

зато́	1356.	in compensation, on the other hand
затопи́ть p +a	6538.	to light (stove); to flood, sink
затра́гивать i +a	7661.	to touch, affect
затра́та	3806.	expense
затра́тить p +a	5128.	to spend, expend
затрудне́ние	4957.	difficulty
затрудня́ть i +a	9198.	to make difficult, complicate; trouble
заты́л(о)к	3458.	back of the head
затя́гиваться i	7662.	to drag on; inhale (when smoking); tighten one's belt
затя́жка	9199.	delay; inhalation (smoking)
затяну́ть p	4149.	to tighten
затяну́ться p	5981.	(+inst) to be covered (by); drag on; inhale (when smoking); heal (of wound); tighten one's belt
заулыба́ться p	9200.	to start smiling
заура́дный	9201.	ordinary, mediocre
захва́т	5747.	seizure, capture
захвати́ть p +a	1595.	to seize
захва́тчик	5748.	invader
захва́тывать i +a	5525.	to take, grasp; seize
захлёбываться i	9790.	to choke
захло́пнуть p +a	8170.	to bang, slam
захо́д	6862.	sunset; call (at a place)
заходи́ть i	2125.	to call in
захоте́ть p +inf	1455.	to want
захоте́ться p	3715.	to start to want
зачасту́ю (coll)	6863.	often
заче́м	327.	why, for what
зашага́ть p	7663.	to stride out
зашуме́ть p	6245.	to make a noise
защи́та	1176.	defence
защити́ть p +a	5526.	to defend
защи́тник	2807.	defender
защи́тный	6539.	protective
защища́ть i +a	1758.	to defend
защища́ться i	8171.	to defend os; defend one's thesis (for a higher degree)
заяви́ть p o +pr	946.	to announce
зая́вка	5982.	claim, official demand
заявле́ние	1848.	announcement; application
заявля́ть i o +pr	3024.	to announce
за́(я)ц	2704.	hare
зва́ние	1596.	title; calling
звать i	428.	to call
звезда́	1084.	star
звёздный	7270.	star (adj); starry
звёздочка	4150.	small star; asterisk
звене́ть i	3949.	to ring; (+inst) jingle
звено́	2565.	link
зверь m	1685.	wild animal
звон	2808.	ringing
звони́ть i +d	1597.	to ring, telephone (s.o.)
зво́нкий	5129.	ringing, clear
зво́нко	6540.	ringingly, clearly
звон(о́)к	1218.	bell, ring; telephone call
звук	1686.	sound
звуково́й	6864.	sound (adj)
звуча́ние	7271.	sound, sounds
звуча́ть i	1687.	to sound
зда́ние	559.	building
здесь	74.	here
зде́шний	3716.	local, from here
здоро́ваться i c +inst	3231.	to greet
здо́рово	1775.	(coll) splendid(ly), great
здоро́во		healthily; (coll) hi!
здоро́вый	1476.	healthy
здоро́вье	1251.	health
здравоохране́ние	4514.	health care, health service
здра́вствовать i	516.	to be healthy, prosper
Здра́вствуй(те)		Hello/How are you?
зева́ть i	8172.	to yawn
зелене́ть i	9202.	to turn green, look green
зеленова́тый	6246.	greenish
зелёный	518.	green
зе́лень f	3888.	greenery
земе́льный	7272.	land (adj)
земледе́л(е)ц	4249.	farmer, peasant farmer
земледе́лие	4396.	agriculture
земледе́льческий	8173.	agricultural
землетрясе́ние	6247.	earthquake
земля́	138.	earth, land
земля́к	5983.	person from same area
земляно́й	5527.	earthen, earth (adj)
земно́й	1024.	earthly, terrestrial

зéркало	1792.	mirror
зéркальный	6541.	mirror (adj)
зернó	1003.	grain, seed
зерновóй	8373.	grain (adj)
зёрнышко	7664.	grain
зимá	1390.	winter
зúмний	1725.	winter (adj)
зимóй	4670.	in winter
злúться i на +a	6248.	to be angry (with)
зло	1706.	evil
злóба	4671.	spite, malice
зловéщий	5749.	ominous, sinister
злодéй	8174.	villain
злой	1507.	evil, wicked; bad-tempered, fierce
злость f	6249.	spite, bad temper
злоупотреблять i +inst	9791.	to misuse, abuse (sth)
знак	1957.	sign
знакóмить i +a c +inst	5528.	to introduce (s.o. to s.o. or sth)
знакóмиться i c +inst	3807.	to become acquainted with, meet
знакóмство c +inst	2916.	acquaintance (with), knowledge (of)
знакóмый	464.	familiar; an acquaintance
знаменáтельный	6542.	significant
знаменúтость f	9204.	celebrity
знаменúтый	931.	famous
знáмя n	2146.	banner
знáние	583.	knowledge
знáтный	9792.	distinguished, outstanding; (hist) high-born, noble
знатóк	5130.	expert
знать i	43.	to know
значéние	691.	meaning, importance
знáчимость f	7665.	significance
значúтельно	1366.	significantly, considerably
значúтельный	836.	significant
знáчить i	182.	to mean
знáчиться i	6543.	to be, figure
знач(ó)к	4958.	badge
знáющий	6250.	knowledgeable
зной	9205.	hot weather
золá	8230.	ashes, cinders
золотúстый	6544.	golden
зóлото	1133.	gold
золотóй	947.	gold, golden
золочёный	6251.	gilded
зóна	2748.	zone
зóнтик	9793.	umbrella
зóрко	8175.	sharp-sightedly, vigilantly
зрач(ó)к	5750.	pupil (of eye)
зрéлище	4820.	spectacle
зрéлость f	7273.	maturity
зрéлый	9206.	mature, ripe
зрéние	860.	eyesight, vision
зреть i	9207.	to ripen, mature
зрúтель m	2014.	spectator
зрúтельный	4431.	visual
зря (coll)	2015.	for nothing, pointlessly
зуб	840.	tooth
зы́бкий	9794.	unsteady, unstable
зять m	8176.	son-in-law; brother-in-law
и	1.	and
úбо	1074.	for (because)
úва	9795.	willow
иглá	5751.	needle
úго	6866.	yoke (oppression)
игóлка	4821.	needle
игрá	445.	game
игрáть i	328.	to play
игрóк	2749.	player
игрýшечный	6867.	toy (adj); tiny
игрýшка	3950.	toy
идеáл	3459.	ideal
идеалúзм	8177.	idealism
идеáльный	6868.	ideal (adj)
идéйный	8236.	ideological; containing ideas; progressive; high-principled
идеологúческий	4151.	ideological
идеолóгия	4425.	ideology
идéя	753.	idea
идúллия	9209.	idyll
идиóт	4373.	idiot
úдол	9210.	idol
идтú i	64.	to go (on foot)
из (изо) +g	26.	out of, from
избá	1938.	peasant cottage
избáвить p +a от +g	6545.	to save (from)

избáвиться p от +g	4822.	to escape from; get rid of
избегáть i +g	3808.	to avoid
избежáть p +g	5131.	to avoid
избирáтель m	5984.	voter
избирáть i +a	8178.	to elect; select
избúть p +a	9211.	to beat up
úзбранный	5320.	selected
избрáть p +a	2917.	to choose, elect
избы́т(о)к	4959.	abundance; surplus
извержéние	6546.	eruption
извéстие	3232.	piece of news
известúть p +a	8482.	to inform, notify (bookish)
извéстно	746.	it is (well) known
извéстность f	5529.	fame
извéстный	567.	well-known
úзвесть f	8392.	lime (chemical)
извинúть p +a	1252.	to pardon
извинúться p	4152.	to apologize
извиня́ться i пéред +inst	3809.	to apologize (to)
извлекáть i +a	4672.	to extract
извлéчь p +a из +g	5530.	to extract (sth from)
извнé	6547.	from outside
извóзчик	8596.	carrier, cabman
извóлить i +inf	2863.	to wish, desire
изгнáть p +a	7666.	to expel, banish
изготóвить p +a	4355.	to manufacture
изготовлéние	2093.	manufacture
изготовля́ть i +a	4673.	to manufacture
изготовля́ться i	8374.	to be manufactured; get ready
издавáть i +a	5132.	to publish; emit
издавáться i	8179.	to be published
úздавна	8180.	since long ago
издалекá	3369.	from a distance
úздали	3170.	from a distance
издáние	2517.	publication; edition
издáтель m	4116.	publisher
издáтельский	8181.	publishing (adj)
издáтельство	2566.	publishing house
издáть p +a	3098.	to publish; emit
издевáться i над +inst	5531.	to mock (s.o.), make fun of
издéлие	698.	(manufactured) article
из-за +g	426.	from behind; because of
излагáть i +a	5133.	to expound, put in words
излúшне	9212.	excessively
излúшний	4674.	superfluous
изложéние	4823.	exposition
изложúть p +a	3951.	to set out, expound
излучáть i +a	8290.	to radiate
излю́бленный	7667.	favourite
измельчённый	8544.	crumbled, chopped up
измéна	7274.	betrayal
изменéние	1213.	change, alteration
изменúть p	1742.	(+a) to alter; (+d) betray
изменúться p	2042.	to change
измéнник	6548.	traitor
изменя́ть i	3952.	(+a) to change, alter; (+d) betray
изменя́ться i	3555.	to change
измерéние	5321.	measurement; dimension
измéрить p +a	6549.	to measure
измеря́ть i +a	6550.	to measure
измеря́ться i	7668.	to be measured
изнутрú	6551.	from inside
изобúлие	4675.	abundance
изображáть i +a	2918.	to depict
изображéние	1776.	depiction
изобразúтельный	6869.	graphic; decorative
изобразúть p +a	3717.	to depict
изобрестú p +a	4960.	to invent
изобретáтель m	5752.	inventor
изобретáть i +a	5134.	to invent
изобретéние	3556.	invention
изоля́ция	6552.	isolation; insulation
из-под +g	1367.	from under
израсхóдовать p +a	7669.	to spend, use up
úзредка	2919.	occasionally
изря́дный	9789.	fairly good, quite large
изумúтельный	4961.	amazing
изумлéние	6553.	amazement
изумлённо	8182.	with amazement
изумрýд	8314.	emerald
изучáть i +a	1401.	to study
изучéние	1231.	(detailed) study (of)
изучúть p +a	2518.	to learn, master
изя́щный	4962.	elegant
икóна	4676.	icon
икрá	9796.	caviare; calf (of leg)
úли	82.	or
иллю́зия	3171.	illusion
иллюминáтор	7670.	porthole

иллюстра́ция	9213.	illustration
иллюстри́ровать i/p +a	7671.	to illustrate
име́ние	8591.	estate
имени́ны pl	9214.	name-day
и́менно	398.	namely, exactly
именова́ть i +a	7672.	to name
име́ть i +a	240.	to have (with non-concrete object)
име́ться i	1109.	to be, be available
импера́тор	4393.	emperor
импе́рия	3025.	empire
и́мпортный	9208.	imported
иму́щество	2920.	property, possessions
и́мя n	236.	(first) name
ина́че	762.	otherwise
инвали́д	7275.	invalid
инвента́рь m	7673.	equipment; inventory
индивидуа́льный	4677.	individual
инди́йский	5322.	Indian
индустриа́льный	4678.	industrial
инду́стрия	4153.	industry
и́ней	7276.	hoar-frost
ине́рция	9215.	inertia
инжене́р	414.	engineer
инжене́рный	5985.	engineering (adj)
инициати́ва	1912.	initiative
иногда́	393.	sometimes
ино́й	577.	other
иностра́н(е)ц	9216.	foreigner
иностра́нный	1429.	foreign
инспе́ктор	5323.	inspector
инспе́кция	8375.	inspection
инста́нция	7277.	instance, stage (in legal proceedings); department
инсти́нкт	8592.	instinct
институ́т	329.	institute; institution
инстру́кция	4154.	instructions
инструме́нт	1939.	instrument; tool
интеллектуа́льный	7674.	intellectual (adj)
интеллиге́нт	4374.	member of intelligentsia; professional; intellectual
интеллиге́нция	2567.	intelligentsia; professional people
интенси́вный	8593.	intensive

интервью́ n indecl	5324.	interview
интере́с	617.	interest
интере́сно	1159.	interestingly; it is interesting
интере́сный	262.	interesting
интересова́ть i +a	2864.	to interest
интересова́ться i +inst	3370.	to be interested in
интона́ция	6252.	intonation
информа́ция	2147.	information
ирони́чески	6870.	ironically
ирони́ческий	9217.	ironical
иро́ния	5135.	irony
искажа́ть i +a	9797.	to distort
иска́ние	9218.	search
иска́ть i +a or g	646.	to search for, to look for
исключа́ть i +a	4679.	to exclude
исключе́ние	2469.	exception
исключи́тельно	2094.	exclusively; exceptionally
исключи́тельный	2750.	exceptional
исключи́ть p +a	3718.	to exclude
ископа́емые pl adj	7675.	minerals
и́скоса (coll)	5325.	sideways
и́скра	3638.	spark
и́скренне	3639.	sincerely
и́скренний	3233.	sincere
и́скренно	6871.	sincerely
иску́сно	6253.	skilfully
иску́сный	6254.	skilful
иску́сственно	5326.	artificially
иску́сственный	2043.	artificial
иску́сство	756.	art
искуше́ние	9798.	temptation
испа́нский	8594.	Spanish
испаре́ние	8545.	evaporation
и́споведь f	5136.	confession
и́сподволь (coll)	9799.	gradually
исполи́нский	6255.	giant (adj)
исполко́м	4283.	executive committee
исполне́ние	3640.	fulfilment; performance
испо́лненный +g	7676.	full (of)
исполни́тель m	7278.	executor; performer
исполни́тельный	5532.	executive (adj); efficient
испо́лнить p +a	4824.	to carry out, fulfil; perform

испóлниться p	8595.	to be completed, be fulfilled
исполня́ть i +a	2809.	to carry out, fulfil
исполня́ться i	6554.	to be fulfilled
испóльзование	1341.	utilization
испóльзовать i/p +a	799.	to make use of
испóртить p +a	2810.	to spoil
испра́вить p +a	3953.	to correct
исправлéние	7677.	correction
испýг	7279.	fright
испýганно	3099.	fearfully
испýганный	3719.	frightened
испуга́ть p +a	5986.	to frighten
испуга́ться p +g	2425.	to take fright (at)
испыта́ние	1219.	test, trial; ordeal
испы́танный	9219.	tested, tried
испыта́ть p +a	3026.	to test; experience
испы́тывать i +a	2751.	to test; experience
исслéдование	1050.	investigation; research
исслéдователь m	2966.	researcher
исслéдовательский	8597.	research (adj)
исслéдовать i/p +a	4825.	to investigate
истека́ть i	9220.	to flow out; expire (time)
истéкший	5327.	past, preceding
истéрика	7678.	hysterics
истери́я	9221.	hysteria
истечéние	8550.	outflow; expiry, termination
и́стина	1646.	truth
и́стинный	2967.	true
истóк	9222.	source
истóрик	4826.	historian
истори́ческий	848.	historical; historic
истóрия	375.	history; story
истóчник	849.	source
истреби́тель m	6872.	fighter (plane)
истреби́ть p +a	7280.	to destroy, exterminate
истреблéние	9223.	extermination
истребля́ть i +a	9224.	to exterminate
исхóд	4963.	outcome, end
исходи́ть i из +g	2016.	to issue from, proceed from
исхóдный	6873.	initial
исчеза́ть i	1119.	to disappear
исчéзнуть p	1647.	to vanish
исчéрпать i +a	9225.	to exhaust
исчéрпывающий	7679.	exhaustive
ита́к	1402.	so, so then
италья́н(е)ц	7680.	Italian

италья́нский	4076.	Italian (adj)
итóг	1542.	sum, total
их	79.	their
и́хний (very coll)	5987.	their
ишь (coll)	2865.	look (drawing attention to sth)
ию́ль m	2426.	July
ию́нь m	2752.	June
к (ко) +d	17.	towards, to
кабала́	9226.	slavery; servitude
каби́на	5533.	cabin
кабинéт	723.	study, office
каблýк	6874.	heel
кабы́ (coll)	4117.	if
кавка́зский	8598.	Caucasian, of the Caucasus
кадр	3371.	frame; cadre
ка́дры		(pl only) staff, personnel; trained workers
ка́ждый	71.	each, every
каза́к	3505.	Cossack
каза́рма	8599.	barracks
каза́ться i	149.	to seem
каза́чий	8221.	Cossack (adj)
казённый	3720.	belonging to the State
казна́	5988.	(State) Treasury
казни́ть i/p	6256.	to execute
казнь f	4515.	execution
как	15.	how, as, like
ка́к-нибудь	3721.	somehow; anyhow; sometime (in the future)
как-ника́к (coll)	6555.	nevertheless, all the same
какóв	3100.	what, what kind of
каковóй (official style)	3372.	which
какóй	45.	what (kind of)
какóй-либо	2811.	any
какóй-нибудь	821.	any, any kind of
как-то	813.	somehow; (coll) once, at one time
кала́ч	8483.	*kalach* (small white loaf)
калéка m/f	9800.	cripple
календа́рь m	4964.	calendar
кали́тка	4319.	gate, garden-gate
калóша or галóша	5753.	galosh, overshoe

ка́менный	1648.	stone (adj)
ка́м(е)нь m	590.	stone
ка́мера	3027.	chamber, room, cell
ка́меш(е)к	5754.	pebble
ками́н	5534.	fireplace
камо́рка (coll)	9227.	small room
кампа́ния	5535.	campaign
камы́ш	9801.	reed, rush
кана́ва	6875.	ditch
кана́д(е)ц	8279.	Canadian (man)
кана́дский	5328.	Canadian (adj)
кана́л	1260.	canal; channel
кана́т	7681.	rope, cable
кандида́т	2812.	candidate
кандидату́ра	6876.	candidature
кани́кулы f pl	4680.	holidays, vacation
кану́н	7281.	eve
ка́пать i	5989.	to drip
ка́пелька	4681.	droplet
капита́л	1062.	capital (financial)
капитали́зм	758.	capitalism
капитали́ст	1822.	capitalist
капиталисти́ческий	6401.	capitalist
капиталовложе́ние	7682.	capital investment
капита́льный	4516.	main, most important
капита́н	1248.	captain
капка́н	8600.	trap
ка́пля	1626.	drop
капри́з	9228.	caprice
капри́зный	6877.	capricious
капу́ста	6257.	cabbage
ка́ра	6878.	punishment
кара́бкаться i (coll)	6258.	to clamber
карава́н	8323.	caravan; convoy
каранда́ш	1726.	pencil
карау́л	5755.	guard, watch
карау́лить i +a	6879.	to guard; lie in wait for
каре́та	5990.	horse-drawn carriage
ка́рий (soft adj)	9802.	brown, hazel (of eyes); chestnut (of horses)
карма́н	940.	pocket
карни́з	8351.	cornice; ledge
ка́рта	901.	map, card
карти́на	273.	picture
карти́нка	2968.	picture, illustration
карто́фель m	4517.	potatoes
ка́рточка	4965.	card
карто́шка (coll)	3722.	potatoes

карусе́ль f	8452.	merry-go-round, carousel
карье́ра	4155.	career
карьери́ст	8601.	careerist
каса́ться i +g	1037.	to touch; to concern
ка́ска	5756.	helmet
ка́сса	4827.	cash desk; ticket-office
кастрю́ля	8602.	saucepan
катастро́фа	3557.	disaster
ката́ться i	6259.	to roll around; take a trip
категори́чески	6880.	categorically
катего́рия	3028.	category
ка́тер	8546.	cutter, launch
кати́ть i +a	7683.	to roll
кати́ться i	3288.	to roll
кат(о́)к	5536.	skating-rink; roller
католи́ческий	8354.	Catholic (adj)
ка́торга	4272.	hard labour, penal servitude
ка́торжный	9229.	hard-labour (adj)
кату́шка	8417.	reel, spool
каучу́к	9230.	rubber
кафе́ [fe] n indecl	3954.	café
ка́федра	1759.	department (university)
кача́ть i +a or +inst	3172.	to rock, shake
кача́ться i	3810.	to rock, swing
ка́чественный	4342.	qualitative; good-quality
ка́чество	661.	quality
ка́ша	3955.	*kasha* (porridge of e.g. buckwheat, semolina or oatmeal)
ка́ш(е)ль m	8603.	cough
ка́шлять i	7282.	to cough
каю́та	4470.	cabin (on ship)
ка́яться i в +pr	9231.	to repent
квадра́т	7283.	square
квадра́тный	3173.	square (adj)
квалифика́ция	6260.	qualification
квалифици́рованный	5991.	qualified, skilled
кварта́л	2654.	block (of buildings); quarter of year
кварти́ра	358.	flat, apartment
кве́рху	9232.	upwards
квита́нция	9803.	receipt
ке́пка	5992.	cloth cap (soft, with peak)

керосúн	5329.	kerosine
керосúновый	8551.	kerosine (adj)
кефúр	8481.	*kefir*, yoghurt-type drink
кивáть i +inst	3373.	to nod
кивнýть p +inst	2470.	to nod
кидáть i +a or +inst	6881.	to throw
кидáться i	4682.	to throw os, rush
кúевский	7684.	Kiev (adj)
килогрáмм	3234.	kilogram
киломéтр	669.	kilometre
кинжáл	8604.	dagger
кинó n indecl	2341.	cinema
кинотеáтр	8534.	cinema
кúнуть p +a	3641.	to throw
кúнуться p	2866.	to throw os, rush
кúпа	9233.	pile, stack
кипéть i	3811.	to boil, be boiling
кипят(ó)к	7685.	boiling water
кирпúч	2813.	brick
кирпúчный	4518.	brick (adj)
кислорóд	4467.	oxygen
кислотá	8190.	acid; acidity
кúслый	6556.	sour
кисть f	5757.	bunch (fruit); brush; tassel; hand
кит	9234.	whale
китá(е)ц	8418.	Chinaman
китáйский	3374.	Chinese
кúтель m	8231.	military jacket, high-necked tunic
кишкá	8605.	gut, intestine
клад	4519.	treasure
клáдбище	4375.	cemetery
клáдка	9235.	laying
клáняться i	2969.	to bow
класс	668.	class; classroom
классúческий	2867.	classical
клáссный	7686.	class (adj); first-class
клáссовый	8184.	class (political) (adj)
класть i	1777.	to put
клевáть i	9804.	to peck
клеветá	3812.	slander
клей	9805.	glue
клён	6261.	maple
клéтка	2060.	cage; cell (biol)
клéтчатый	9236.	checked
клиéнт	5993.	client
клúмат	2868.	climate
климатúческий	9237.	climatic
клин	4828.	wedge
клúника	7687.	clinic
клин(ó)к	8606.	blade
клúчка	8484.	nickname; name (of pet animal)
клок	6882.	rag, shred, tuft
клоп	6557.	bedbug
клóун	8607.	clown
клоч(ó)к	6558.	tuft, scrap
клуб	542.	club
клуб(ó)к	8608.	ball (of wool etc.)
клýмба	9806.	flower-bed
клю́ква no pl	9238.	cranberry, cranberries
ключ	1554.	key; spring, source
кля́сться i	4966.	to swear, vow
кля́тва	5758.	oath
кля́ча	9239.	nag (horse)
кнúга	179.	book
кнúжка	1160.	(small) book
кнúжный	3289.	book (adj); bookish
кнóпка	4118.	button, knob; drawing-pin
кнут	6559.	whip, knout
князь m	4156.	prince
коалúция	4967.	coalition
кобéль m	8609.	male dog
кобы́ла	9240.	mare
ковáрный	5994.	crafty
ков(ё)р	3460.	carpet
кóврик	9807.	rug
ковш	4157.	scoop, ladle
когдá	46.	when
когдá-либо	4829.	at any time; ever
когдá-нибудь	2970.	ever; some day
когдá-то	1573.	at some time, at one time
кóг(о)ть m	9808.	claw
кóдекс	8228.	code, codex
кóе-гдé	4683.	here and there
кóе-кáк	9809.	anyhow, carelessly; somehow or other, somehow
кóе-какóй	8610.	some, certain
кóе-ктó	5759.	somebody; certain people
кóе-чтó	2095.	something
кóжа	1865.	skin; leather
кóжаный	5137.	leather

кожу́х	8347.	leather jacket
коза́	7688.	goat
коз(ё)л	4389.	goat
козыр(ё)к	8347.	peak (of cap)
ко́зырь m	7689.	trump
кой (coll)	2228.	which
ко́йка	2427.	bunk, berth
кол	6262.	stake (wood)
колбаса́	5537.	sausage, salami
колеба́ние	1890.	hesitation
колеба́ться i	3558.	to sway; hesitate
коле́нка (coll)	7690.	knee
коле́но	948.	knee
колёсико	9241.	little wheel; cog
колесо́	1522.	wheel
коле́чко	9242.	little ring, ringlet
колея́	7284.	rut
ко́ли (coll)	2705.	if
коли́чественный	4684.	quantitative
коли́чество	673.	quantity
колле́га m/f	3642.	colleague
колле́гия	6263.	board (administrative body)
коллекти́в	2007.	group, team
коллективиза́ция	8376.	collectivization
коллекти́вный	3956.	collective
коллекционе́р	8612.	collector
колле́кция	4449.	collection
коло́д(е)ц	8613.	well
ко́локол	2308.	bell
колоко́льня	5330.	bell-tower
колоко́льчик	8485.	small bell; bluebell
колониа́льный	8199.	colonial
коло́ния	5138.	colony
коло́нна	3511.	column
ко́лос	5538.	ear (of corn)
колосса́льный	3461.	colossal
колоти́ть i +a	8614.	to batter
коло́ть i +a	6264.	to chop; stab
колпа́к	7285.	cap
колхо́з	487.	collective farm
колхо́зник	3029.	collective farmer
колхо́зный	3030.	collective farm (adj)
колыбе́ль f	9243.	cradle
колыха́ться i	6560.	to sway; flutter
коль (coll) = ко́ли	2705.	if
кольцо́	1477.	ring (i.e. small hoop)
колю́чий	7691.	prickly
колю́чка	8615.	prickle

коля́ска	7286.	pram; carriage
ком	7287.	lump, ball
кома́нда	481.	team, crew; command
команди́р	2008.	commander
командиро́вка	5539.	business trip, study trip, assignment
команди́рский	4158.	commander's
кома́ндный	6561.	command (adj), commanding
кома́ндование	2568.	command
кома́ндовать i	1688.	to command
кома́ндующий n adj	4366.	commander
кома́р	7692.	mosquito
комба́йн	4391.	combine harvester
комбина́т	4292.	combine, industrial complex
комбина́ция	5995.	combination
комбинезо́н	7693.	overalls
коме́дия	5760.	comedy
коменда́нт	4685.	warden (of hostel); commandant, governor
комендату́ра	8419.	commandant's office
коме́та	8355.	comet
коми́ссия	1232.	commission, committee
комите́т	274.	committee
коммента́рий	4968.	commentary
комме́рческий	8611.	commercial
коммуна́льный	8625.	communal
коммуни́зм	666.	communism
коммуни́ст	674.	communist
коммунисти́ческий	8291.	communist (adj)
ко́мната	133.	room
комо́д	7694.	chest of drawers
компа́ния	1760.	company; group of friends
ко́мпас	4273.	compass
ко́мплекс	4328.	complex
ко́мплексный	4322.	complex, consisting of several parts
компле́кт	8616.	set, complete set
компози́тор	4334.	composer
компози́ция	8486.	composition
компью́тер	4520.	computer
конве́йер	7695.	conveyor belt
конве́рт	6265.	envelope
конво́й	8617.	escort
конгре́сс	4407.	congress

кондиционе́р	8453.	air conditioner
кон(ё)к	5996.	small horse; hobby
кон(е́)ц	210.	end
коне́чно [shn]	157.	of course
коне́чный	2519.	final
конкре́тно	6883.	concretely, specifically
конкре́тный	1598.	concrete
конкуре́нт	5997.	competitor
конкуре́нция	7288.	competition
ко́нкурс	4159.	competition
ко́нный	4521.	horse (adj), equestrian
консервато́рия	9244.	conservatoire, music academy
консе́рвный	9245.	canned food (adj)
ко́нский	5139.	horse (adj)
констати́ровать i/p +a	9203.	to ascertain, certify
конститу́ция	4105.	constitution
констру́ктор	4335.	constructor, designer
констру́кторский	8377.	design (adj)
констру́кция	4051.	construction
ко́нсул	8191.	consul
конта́кт	4687.	contact
контине́нт	2384.	continent
конто́ра	3957.	office
контролёр	7289.	inspector
контроли́ровать i +a	5998.	to check
контро́ль m	1627.	checking
контро́льный	4830.	checking, monitoring
контрреволюционе́р	9246.	counter-revolutionary
контрреволю́ция	8292.	counter-revolution
ко́нтур	8487.	contour; outline; electrical circuit
ко́нус	8552.	cone
конфере́нция	2044.	conference
конфе́та	5140.	sweet
конфискова́ть i/p +a	7696.	to confiscate
конфли́кт	4686.	conflict
концентра́ция	8232.	concentration
конце́рт	2148.	concert
конце́ртный	7697.	concert (adj)
концла́герь m	7698.	concentration camp
конча́ть i +a	2149.	to finish
конча́ться i	2655.	to end
ко́нчик	5761.	tip, point
кончи́на (formal)	7699.	decease, demise
ко́нчить p +a	1478.	to finish; graduate
ко́нчиться p	1574.	to end, come to an end
конь m	985.	horse
коньки́ m pl	8618.	skates
конья́к	8619.	cognac, brandy
коню́шня	8393.	stable
кооперати́в	6266.	cooperative
кооперати́вный	7700.	cooperative (adj)
коопера́ция	8378.	cooperation
координа́ция	8488.	coordination
координи́ровать i/p +a	8620.	to coordinate
копа́ть i +a	7701.	to dig
копа́ться i	5331.	to rummage; dawdle
копе́йка	2385.	kopeck
ко́пия	6267.	copy
копоши́ться i	8621.	to swarm
копчёный	8622.	smoked
копы́то	5999.	hoof
копьё	8623.	spear
кора́	2706.	bark, rind, crust
корабе́льный	6000.	ship (adj)
кора́бль m	667.	ship
корена́стый	9810.	thickset, stocky
коренно́й	2342.	fundamental
ко́р(е)нь m	767.	root
кореш(о́)к	4436.	back (of bookbinding); small root; counterfoil; (coll) pal, mate
корзи́на	2520.	basket
коридо́р	1543.	corridor
кори́чневый	4522.	brown
ко́рка	4688.	crust; rind
корм	3375.	fodder
корма́	4428.	stern (of ship)
корми́ть i +a	2521.	to feed
корми́ться i +inst	9247.	(p по-) to be fed, eat; (p про-) (+inst) live on
кормово́й	8225.	stern (ship – adj); fodder (adj)
коро́бка	3813.	box
коро́бочка	6268.	small box
коро́ва	1727.	cow
короле́ва	9248.	queen
короле́вский	8624.	royal
коро́ль m	2753.	king
коро́на	9249.	crown
коро́ткий	1456.	short
ко́ротко	1849.	short, briefly

ко́рпус	1728.	(nom pl корпуса́) corps; building; (nom pl ко́рпусы) body, frame
корреспонде́нт	877.	correspondent
корреспонде́нция	4689.	correspondence
ко́рточки pl: сиде́ть на ко́рточках	5762.	to squat
коры́стный	9250.	self-interested, mercenary, selfish
коры́то	7290.	tub; trough
коса́	2971.	(a ко́су) plait; (a косу́) scythe
ко́свенный	6562.	oblique
коси́ть i +a	7291.	to mow; twist
косми́ческий	4343.	(outer) space
космона́вт	8626.	cosmonaut
ко́смос	4454.	cosmos, space
косну́ться p +g	3889.	to touch
ко́со	7702.	squint, askew
косо́й	9811.	slanting, oblique, squint; cross-eyed, squinting
кост(ё)р	2150.	bonfire
ко́сточка	7703.	stone (of fruit); small bone
косты́ль m	5540.	crutch
кость f	2921.	bone
костю́м	2428.	suit; costume
костяно́й	9251.	bone (adj)
косы́нка	6884.	headscarf
кот	4160.	tomcat
кот(ё)л	6563.	boiler
котел(о́)к	4969.	pot; bowler hat
котён(о)к	7704.	kitten
котле́та	8420.	cutlet; meatball, hamburger
котлова́н	8293.	foundation pit, trench
кото́рый	32.	which, who
ко́фе m indecl	6000.	coffee
ко́фта	6885.	blouse
ко́чка	8489.	hummock
ко́шка	2972.	cat (f)
кошел(ё)к	6001.	purse
кошма́р	7292.	nightmare
краб	8627.	crab
край	779.	edge; region, area
кра́йне	2151.	extremely
кра́йний	1120.	extreme
кра́йность f	6886.	extreme
кран	1958.	tap; crane
краса́в(е)ц	6887.	handsome man
краса́вица	3174.	beautiful woman
краси́во	3376.	beautifully, attractively
краси́вый	402.	beautiful
кра́сить i	7705.	to paint, colour; dye
кра́ска	1729.	paint
красне́ть i	6002.	to turn red, blush
красноарме́(е)ц	8200.	Red Army soldier
краснова́тый	7706.	reddish
красноре́чие	9812.	eloquence
кра́сный	253.	red
красота́	1342.	beauty
кра́сться i	8628.	to creep
кра́тер	8273.	crater
кра́ткий	2814.	short
кра́тко	7293.	briefly
кратковре́менный	9252.	brief, short-term
крах	7707.	crash; failure
кра́шеный	9253.	painted; dyed
кремлёвский	6269.	Kremlin (adj)
кре́пкий	1823.	strong
кре́пко	1391.	firmly
кре́пнуть i	5541.	to get stronger
крепостни́чество	8553.	serfdom
крепостно́й m adj	2569.	serf
кре́пость f	1778.	fortress; strength
кре́сло	1555.	armchair
крест	2200.	cross
кре́стик	6564.	little cross
крести́ться i/p	6565.	to be baptized; (p пере-) cross os
крестья́нин	888.	peasant
крестья́нский	1959.	peasant (adj)
крестья́нство	1985.	peasantry
кривля́ться i (coll)	9254.	to behave affectedly
кри́во	9255.	crookedly, squint
криво́й	3723.	squint
кри́зис	2973.	crisis
крик	1240.	cry, shout
кри́кнуть p	1599.	to shout
кри́тик	5332.	critic
кри́тика	2096.	criticism
критикова́ть i +a	5763.	to criticize
крити́чески	6270.	critically
крити́ческий	6003.	critical
крича́ть i	394.	to shout
крова́вый	3377.	bloody

крова́ть f	1891.	bed
кро́вный	6566.	blood (adj); vital
кровь f	805.	blood
кро́лик	8264.	rabbit
кро́ме +g	535.	except, besides
кро́на	8324.	crown (of tree); crown (currency)
кро́ткий	8629.	gentle, meek
кро́хотный	4831.	tiny
кро́шечный	6888.	tiny
кро́шка	7708.	crumb
круг	794.	circle
кру́глый	1492.	round
кругозо́р	8630.	horizon, outlook
круго́м	1707.	around
кру́жево	9256.	lace
кружи́ть i	8631.	(+a) to spin; circle
кружи́ться i	5141.	to whirl, spin round
кру́жка	5542.	mug, tankard
круж(о́)к	446.	circle, club
крупа́	8394.	groats (grain)
крупи́нка	5543.	grain
кру́пно	9257.	on a large scale
кру́пный	543.	large, important
крути́ть i +a	3290.	to twist
крути́ться i	5764.	to turn, spin
кру́то	4970.	steeply; sharply
круто́й	2309.	steep; severe
круше́ние	9813.	wreck, ruin, collapse
крыла́тый	6889.	winged
крыло́	1793.	wing
крыльцо́	1708.	entrance steps
кры́мский	8632.	Crimean
кры́са	3235.	rat
крыть i +a	5765.	to cover
кры́ться i в +pr	5544.	to lie (in), be concealed (in)
кры́ша	1266.	roof
кры́шка	3378.	lid
крюч(о́)к	4439.	hook
кряхте́ть i	7709.	to groan; grunt
кста́ти	1420.	incidentally, by the way; opportunely
кто	52.	who
кто́-либо	5142.	anyone
кто́-нибудь	2282.	anyone
кто́-то	547.	someone
ку́бик	8490.	child's building brick
куби́ческий	5766.	cubic
ку́б(о)к	5545.	goblet, bowl
кубоме́тр	8298.	cubic metre
кувши́н	6890.	jug, pitcher
кувырка́ться i	9814.	to turn somersaults, go head over heels
куда́	222.	where (whither)
куда́-нибудь	3643.	anywhere
куда́-то	3462.	somewhere
ку́дри pl	9258.	curls
кудря́вый	8633.	curly
кузне́ц	6567.	blacksmith
ку́зов	7710.	body (of vehicle); basket
ку́кла	2656.	doll
кукуру́за	8280.	maize
куку́шка	6568.	cuckoo
кула́к	976.	fist; kulak (rich peasant)
кули́сы	7294.	wings (theatre)
культ	7711.	cult
культу́ра	479.	culture
культу́рный	1457.	cultured, civilized; cultural
куми́р	9815.	idol
купа́нье or купа́ние	9259.	bathing
купа́ться i	5143.	to bathe
купе́ n indecl [kupe]	9260.	compartment (train)
куп(е́)ц	1940.	merchant
купе́ческий	4832.	merchant (adj)
купи́ть p +a	971.	to buy
ку́пол	4523.	cupola
ку́ра (coll)	8491.	hen
курга́н	8299.	barrow, burial mound
кури́ный	6891.	hen's
кури́ть i	1689.	to smoke
ку́рица	4119.	hen
курно́сый (coll)	5767.	snub-nosed
курс	1161.	course, course of study; rate of exchange
ку́рсы m pl	8634.	course, courses
ку́ртка	3724.	(short) jacket
куса́ть i +a	7295.	to bite, sting
кус(о́)к	1177.	piece
кусо́ч(е)к	2974.	small piece
куст	2045.	bush
куста́рник	8492.	bushes, shrubs
кутёж	9816.	drinking-bout
куха́рка	8222.	cook (f)

ку́хня	977.	kitchen
ку́ча	2815.	heap
ку́чка	5144.	small heap; small group
ку́шать i +a	3379.	to eat
лабири́нт	7296.	labyrinth
лаборато́рия	3504.	laboratory
лави́на	8635.	avalanche
ла́вка	2754.	bench; small shop
ла́вочка	4524.	small shop; small bench
ла́герь m	463.	camp
лад	4525.	harmony, tune; manner
ла́дить i с +inst	9261.	to get on with (s.o.)
ла́дно	852.	harmoniously; all right
ладо́нь f	1051.	palm (of the hand)
лазе́йка	9817.	hole; loop-hole
ла́зить i	6892.	to climb
ла́йнер	7712.	liner
лак	9818.	varnish
лаке́й	8239.	lackey; servant
ла́мпа	872.	lamp
лампа́да	8636.	icon-lamp
ла́мпочка	3559.	(light) bulb
ландша́фт	8637.	landscape
ла́па	5145.	paw
ла́п(о)ть m	5768.	bast sandal
ла́ска	5769.	caress; weasel
ла́сково	2429.	affectionately
ла́сковый	3175.	tender, affectionate
ла́сточка	9819.	swallow
лати́нский	4971.	Latin (adj)
лауреа́т	5333.	prize-winner
ла́ять i	6271.	to bark
лгать i	3725.	to lie, tell lies
ле́бедь m	9262.	swan
л(е)в	5770.	lion
ле́вый	1147.	left; left-wing
лега́льный	9263.	legal
леге́нда	3560.	legend
легенда́рный	7297.	legendary
лёгкий	906.	light, easy
легко́	618.	easily; it is easy
лёгкое n adj	7713.	lung
легкомы́сленный	6569.	frivolous
легкомы́слие	8638.	thoughtlessness
лёгкость f	6570.	easiness; lightness
л(ё)д	1941.	ice
ледни́к	9264.	glacier
леднико́вый	8493.	glacial
ледо́вый	8554.	ice (adj)
ледяно́й	2471.	icy
лежа́ть i	259.	to lie
ле́звие	9820.	blade
лезть i	1663.	to climb
лейтена́нт	4317.	lieutenant
лека́рство	3814.	medicine
ле́кция	1913.	lecture
лени́во	7714.	lazily
лени́вый	5771.	lazy
ле́нта	2472.	ribbon, tape
ле́нточка	6893.	small ribbon
лень f	6273.	laziness
лепёшка	8555.	flat cake; scone; lozenge, pastille
лепи́ть i +a	8494.	to model, mould
лес	209.	wood, forest
ле́сенка (coll)	9265.	small staircase; short ladder
лесни́к	8556.	forester, forest ranger
лесни́чий m adj	8379.	forest warden, ranger
лесно́й	4046.	forest (adj); forestry (adj)
лесору́б	9266.	lumberjack
ле́стница	1794.	staircase; ladder
ле́стный	9821.	flattering
лета́ть i	2707.	to fly around
лете́ть i	1523.	to fly
ле́тний	2657.	summer (adj)
ле́то	146.	summer; (after numbers) years
ле́том	4690.	in summer
ле́топись f	8639.	chronicle
лету́чий	3561.	flying
лётчик	2708.	pilot, airman
лече́бный	7298.	medical, medicinal
лече́ние	4274.	healing, treatment
лечи́ть i +a	4526.	to treat, cure
лечи́ться i	7715.	to undergo treatment, be treated
лечь p	1368.	to lie down
лжи́вый	6571.	mendacious
ли	98.	(question word); whether
ли́бо	1102.	or
ли́в(е)нь m	6272.	downpour
ли́дер	2816.	leader
лиза́ть i +a	9267.	to lick

ликвида́ция 4354. liquidation, elimination
ликвиди́ровать i/p 4161. to liquidate
ликова́ть i 9822. to rejoice
лило́вый 6894. violet, lilac
лимо́н 9268. lemon
лине́йка 7716. line (on paper); ruler (for drawing lines)
ли́нза 8294. lens
ли́ния 755. line
ли́па 5146. lime tree
ли́рика 8495. lyric poetry
лири́ческий 8281. lyrical
лиса́ 9269. fox
лист 637. (pl ли́стья ли́стьев) leaf (of plant); (pl листы́ листо́в) sheet (of paper)
листа́ть i (coll) +a 9270. to leaf through
листва́ 4106. foliage
лист(о́)к 2283. small sheet (of paper); small leaf, leaflet
листо́ч(е)к 6004. small leaf
литера́тор 8356. literary man, man of letters
литерату́ра 759. literature
литерату́рный 1430. literary
литр 7299. litre
лить i +a 5772. to pour
ли́ться i 4972. to pour
лифт 9271. lift, elevator
ли́хо (coll) 6895. dashingly, with spirit
лихо́й (coll) 4973. dashing, daring; skilful
лихора́дка 6896. fever; rash
лицеме́рие 9823. hypocrisy
лицо́ 156. face; person
ли́чно 2126. personally
ли́чность f 1960. personality; individual
ли́чный 484. personal
лиша́ть i +a +g 7300. to deprive (s.o. of sth)
лише́ние 8380. deprivation
лишённый +g 7716. deprived (of)
лиши́ть p +a +g 2522. to deprive (s.o. of sth)
лиши́ться p +g 5546. to be deprived of, lose
ли́шний 1613. extra, spare
лишь 184. only (= то́лько)
л(о)б 1357. forehead
лови́ть i +a 2658. to catch
ло́вкий 6005. dexterous, skilful, smart
ло́вко 3291. skilfully, deftly
ло́вкость f 6006. dexterity, smartness
ло́вля 8640. catching
лову́шка 5147. trap
ло́гика 2570. logic
логи́ческий 6572. logical
ло́дка 1094. boat, rowing boat
ложи́ться i 1431. to lie down
ло́жка 2817. spoon
ло́жный 8641. false
л(о)жь f 3031. lie, lies
ло́зунг 2386. slogan
ло́к(о)ть m 2430. elbow
лома́ть i +a 2607. to break
лома́ться i 6007. to break; (coll) put on airs; (coll) be awkward, make difficulties
ло́мка 6897. breaking
ло́ндонский 7717. London (adj)
лопа́та 3292. spade
ло́паться i 7301. to burst
ло́пнуть p 5148. to burst
лоску́т 7718. rag, scrap
лохма́тый 6898. shaggy
лошади́ный 6274. equine, horse (adj)
ло́шадь f 1076. horse
луг 2709. meadow
лу́жа 5547. puddle
лук 5773. onions
лука́вый 6275. sly
луна́ 972. moon
лу́нный 4325. lunar
лу́па 8642. magnifying glass
луч 630. ray, beam
лу́чше 206. better
лу́чший 320. better; best
лы́жи pl 4465. skis
лы́жник 6899. skier
лы́жный 6900. ski (adj)
лы́сина 7302. bald patch
льго́та 9272. privilege
льди́на 9273. block of ice
льстить i +d 9824. to flatter
любе́зно 7719. obligingly, courteously,
любе́зный 5334. obliging

люби́м(е)ц	5335.	favourite
люби́мый	1649.	favourite
люби́тель m	3101.	amateur; lover (of sth)
люби́ть i +a	173.	to like, love
любова́ться i +inst or на +a	2818.	to admire
любо́вный	9274.	love (adj)
любо́вь f	978.	love
любо́й	505.	any (any you like)
любопы́тно	5149.	curiously
любопы́тный	2431.	curious
любопы́тство	2251.	curiosity
лю́ди pl	76.	people
людско́й	2755.	human (adj)
люк	8252.	hatch, hatchway, manhole
лю́лька	8643.	cradle
лю́стра	6276.	chandelier
лю́тый	6277.	fierce
лягу́шка	8395.	frog
магази́н	936.	shop
магистра́ль f	8644.	main line; main road
магни́т	8645.	magnet
магнитофо́н	3293.	tape-recorder
ма́зать i +a	9825.	to grease, smear
май	1730.	May
майо́р	8195.	major
ма́йский	6901.	May (adj)
максима́льный	4691.	maximal
ма́ксимум	8557.	maximum
маку́шка	7720.	top; crown (of head)
ма́ленький	151.	small
мали́новый	6278.	raspberry (adj)
ма́ло +g	337.	few; not much
ма́лость f	6008.	a bit, a little
ма́лый	711.	small
малы́ш (coll)	6009.	child
ма́льчик	144.	boy
мальчи́шеский	5548.	boyish; childish
мальчи́шка m (coll)	2037.	boy, small boy
ма́ма	493.	mother; mummy
мама́ша (coll)	4324.	mother
ма́мин (poss adj)	8646.	mother's
ма́мочка	6902.	mummy
манёвр	4833.	manoeuvre
маневри́ровать i	7721.	to manoeuvre
мане́ра	2922.	manner
мани́ть i +a	6279.	to beckon, lure
манифе́ст	6573.	manifesto; proclamation
ма́рка	3726.	postage stamp; brand, trade mark
март	1600.	March (month)
ма́ртовский	8647.	March (adj)
марш	2869.	march
маршру́т	3958.	route
ма́ска	4974.	mask
маскиро́вка	8648.	disguise, camouflage
ма́сло	2343.	butter; oil
ма́сса	627.	mass
масси́в	6010.	massif, mountain-range; large area (of sth)
масси́вный	7303.	massive
ма́ссовый	1320.	mass (adj)
ма́стер	321.	master
мастерска́я f adj	2344.	workshop, studio
мастерство́	3294.	skill
масшта́б	1961.	scale
матема́тик	6903.	mathematician
матема́тика	4834.	mathematics
математи́ческий	8421.	mathematical
материа́л	619.	material
материа́льный	986.	material (adj)
матери́к	5150.	mainland
матери́нский	6011.	maternal
мате́рия	4054.	matter
ма́товый	6280.	mat(t), dull
матро́с	7304.	sailor
ма́тушка (coll)	4237.	mother
матч	2229.	match (game)
мать f	167.	mother
мах	8649.	swing, stroke
маха́ть i +inst	3727.	to wave
махну́ть p +inst	2473.	to wave
ма́чта	6281.	mast
маши́на	131.	machine; car
машина́льно	7722.	mechanically
машини́ст	4323.	engine-driver
машини́стка	8558.	typist
маши́нка	7305.	(small) machine
маши́нный	4078.	machine (adj)
машинострое́ние	4692.	mechanical engineering
машинострои́тельный	7723.	mechanical engineering (adj)
мая́к	9826.	lighthouse; beacon
ма́ятник	8650.	pendulum

мгла	3562.	haze, gloom
мгнове́ние	2710.	moment
мгнове́нно	5151.	instantaneously, instantly
мгнове́нный	8651.	instantaneous; momentary
ме́бель f	3102.	furniture
мёд	5549.	honey
меда́ль f	1986.	medal
медве́дь m	2870.	bear
медве́жий	9275.	bear's
ме́дик	8652.	doctor; medical specialist
медикаме́нт	7306.	medicine
медици́на	4835.	medicine, medical studies
медици́нский	2201.	medical
ме́дленно	506.	slowly
ме́дленный	3103.	slow
медли́тельный	8653.	slow
ме́длить i	8496.	to be slow, tarry
ме́дный	2310.	copper
медь f	4107.	copper
меж +inst (or g)	9276.	between
ме́жду +inst	241.	between
междунаро́дный	662.	international
мел	4975.	chalk; whitewash
ме́лкий	747.	small, petty, fine
ме́лко	7724.	finely; pettily
мело́дия	4027.	melody
ме́лочь f	3236.	trifle, minor matter; small change (coins)
мель f	7307.	shoal, (sand)bank
мелька́ть i	6904.	to be briefly visible
мелькну́ть p	5336.	to be briefly visible
ме́льком	7725.	in passing
ме́льница	4294.	mill
ме́нее	841.	less
ме́ньше	1321.	less
ме́ньший	1866.	smaller
меньшинство́	6905.	minority
меня́ть i	1987.	to change
меня́ться i	2311.	to change; (об-/по-p +inst) exchange
ме́ра	606.	measure
мере́щиться i +d	9277.	to imagine
мерза́в(е)ц (coll)	4275.	scoundrel
мёрзнуть i	9278.	to freeze
ме́рзость f	9827.	vileness; sth disgusting
ме́рить i +a	9279.	to measure; try on (clothing)
мероприя́тие	1962.	measure; function (reception etc.)
мёртвый	1306.	dead
мерца́ть i	9280.	to twinkle, flicker
месте́чко	5774.	place; small town
мести́ i +a	9828.	to sweep
ме́стность f	4693.	locality, district
ме́стный	1010.	local
ме́сто	121.	place
месть f	8654.	revenge
ме́сяц	288.	month; moon
мета́лл	3506.	metal
металли́ческий	4047.	metallic
металлурги́ческий	8300.	metallurgical
металлурги́я	8396.	metallurgy
мета́ть i +a	8655.	to throw, cast
мета́ться i	5775.	to rush about
мете́ль f	5152.	snowstorm
ме́тить i	7726.	(+a) to mark; (в +a) aim (at)
ме́тко	8656.	accurately
метла́	6906.	broom
ме́тод	842.	method
метр	837.	metre (measurement)
метро́ indecl	4162.	metro, underground
метрополите́н	8496.	underground railway
мех	9281.	fur
механиза́тор	4405.	mechanization expert; machine servicer
механиза́ция	4404.	mechanization
механизи́рованный	9282.	mechanized
механизи́ровать i/p +a	8657.	to mechanize
механи́зм	2152.	mechanism
меха́ник	2202.	mechanic
меха́ника	8325.	mechanics
механи́чески	9283.	mechanically
механи́ческий	1892.	mechanical
мехово́й	5776.	fur (adj)
меч	7308.	sword
мечта́	1322.	dream, daydream
мечта́ние	6012.	day-dreaming
мечта́ть i о +pr	1294.	to (day) dream (about)
меша́ть i	853.	(+d) to disturb, hinder; (+a) stir
меш(о́)к	1479.	bag, sack

мещани́н	7309.	petty bourgeois, lower middle class person; philistine
меща́нка	7727.	lower middle-class woman; philistine
меща́нский	9284.	bourgeois, petty bourgeois; narrow-minded
меща́нство	9285.	petty bourgeoisie, lower middle-class
миг	3815.	moment
мига́ть i	5550.	to blink, wink
мигну́ть p	7728.	to blink; wink
мизи́н(е)ц	9829.	little finger; little toe
микро́б	9286.	microbe
микроско́п	5777.	microscope
микрофо́н	8422.	microphone
ми́ленький	8497.	sweet, nice, dear
мили́ция	2975.	police
миллиа́рд	1575.	1000,000,000 (American billion)
миллиме́тр	4527.	millimetre
миллио́н	613.	million
миллионе́р	6907.	millionaire
миллио́нный	6574.	millionth; containing a million
милосе́рдие	8451.	mercy, charity
ми́лостивый	7310.	gracious, kind
ми́лостыня	6908.	alms
ми́лость f	3032.	favour
ми́лый	680.	nice, dear
ми́ля	6013.	mile
ми́мо +g	823.	by, past
ми́на	4437.	mine, shell (mil)
минда́ль m	9287.	almonds; almond-tree
минера́льный	3176.	mineral (adj)
миниатю́рный	6909.	miniature (adj)
минима́льный	9288.	minimum (adj)
ми́нимум	6014.	minimum
министе́рство	1025.	ministry (government)
мини́стр	800.	minister (government)
minова́ть i/p	3816.	to pass, pass by
мину́вший	2819.	past
ми́нус	4463.	minus; disadvantage
мину́та	185.	minute
мину́тка	1743.	moment
мир	272.	world; peace
мира́ж	8658.	mirage
мири́ться i c +inst	3644.	to be reconciled with
ми́рно	6015.	peacefully
ми́рный	962.	peace, peaceful
мировоззре́ние	4976.	outlook, philosophy of life
мирово́й	635.	world (adj)
миролюби́вый	4450.	peace-loving
ми́ска	9830.	bowl
ми́ссия	5337.	mission
ми́тинг	3728.	political meeting
миф	8659.	myth
мише́нь f	8218.	target
младе́н(е)ц	4528.	baby
мла́дший	3563.	younger; junior
мне́ние	503.	opinion
мни́мый	6575.	imaginary
мно́гий	491.	many
мно́го +g	101.	much, many, a lot
многовеково́й	8660.	centuries-old
мно́гое n adj	1628.	much
многозначи́тельно	9289.	meaningfully
многоле́тний	5338.	lasting many years; long-lasting, perennial
многообра́зие	7311.	diversity
многообра́зный	7729.	diverse
многочи́сленный	2153.	numerous
мно́жество	1601.	large number
мобилиза́ция	8661.	mobilization
мобилизова́ть i/p +a	4836.	to mobilize
моги́ла	6441.	grave
могу́чий	1307.	powerful
могу́щественный	5339.	powerful
могу́щество	3959.	power, might
мо́да	5340.	fashion
моде́ль f	2659.	model
мо́дный	6910.	fashionable
мо́жно	95.	it is possible
моза́ика	8498.	mosaic
мозг	2046.	brain
мозо́ль f	9831.	corn (on foot), callous
мой	67.	my
мо́крый	1914.	wet
мол	1867.	he/she/they said
молва́	7730.	rumour
моли́тва	3645.	prayer
моли́ться i	5341.	to pray
мо́лния	2976.	lightning
молодёжь f	1005.	young people
молодёжный	3237.	youth (adj)

молóденький	5778.	young and attractive; very young
молод(é)ц	2127.	fine fellow; well done!
молодóй	106.	young
мóлодость f	2017.	youth
молокó	431.	milk
мóлот	9290.	hammer
молот(ó)к	5551.	hammer
молóчный	5552.	milk (adj)
мóлча	1392.	in silence, without speaking
молчали́вый	3646.	taciturn
молчáние	1178.	silence
молчáть i	376.	to be silent
мольбá	9291.	entreaty
момéнт	795.	moment; feature (of a situation)
монархи́ческий	9292.	monarchic
монáрхия	8215.	monarchy
монасты́рь m	6911.	monastery; convent
монáх	3647.	monk
монéта	3033.	coin
монопóлия	8187.	monopoly
монопóльный	9293.	monopoly (adj)
монтáж	5779.	assembling, installation, mounting
монумéнт	7731.	monument
монументáльный	8265.	monumental
морáль f	1493.	morals, morality; moral (of a story)
морáльно	7312.	morally
морáльный	1915.	moral
моргнýть p	7313.	to blink; wink
мóрда	3817.	snout, muzzle; (coll) face
мóре	379.	sea
морóженое n adj	6282.	ice-cream
морóз	1942.	frost
морóзный	6016.	frosty
морскóй	861.	sea, marine; naval
морщи́на	8662.	wrinkle
морщи́нка	7732.	wrinkle
моря́к	1121.	sailor
москви́ч	7314.	Muscovite
москóвский	1148.	Moscow (adj)
мост	1480.	bridge
мостовáя f adj	5153.	roadway
мотáться i (coll)	9294.	to sway; rush about

моти́в	2608.	motive; motif
motóр	1308.	motor, engine
motóрный	9295.	motor, engine (adj)
мотоци́кл	9296.	motorcycle
м(о)х	8663.	moss
мохнáтый	7315.	shaggy
мочь i	38.	to be able
мошéнник	9297.	swindler
мóщность f	1893.	power
мóщный	1343.	powerful
мощь f	3463.	power, might
мрак	7316.	darkness, gloom
мрáмор	4163.	marble
мрáморный	7733.	marble (adj)
мрáчно	5553.	gloomily
мрáчный	2871.	gloomy, baleful
мстить i +d за +a	7317.	to take revenge (on s.o. for sth)
мудрéц	9298.	wise man
мýдрость f	5342.	wisdom
мýдрый	5780.	wise
муж	750.	husband
мýжественный	4164.	manly, courageous
мýжество	3295.	courage
мужи́к	781.	(Russian) peasant
мужи́цкий	7734.	peasant (adj), peasant's
мужскóй	2523.	masculine; male
мужчи́на m	643.	man
музéй	941.	museum
музéйный	9299.	museum (adj)
мýзыка	956.	music
музыкáльный	1824.	musical
музыкáнт	5781.	musician
мýка	2203.	torment
мукá		flour
мунди́р	4694.	uniform
муравéй	8664.	ant
мýскул	6912.	muscle
мýсор	6283.	litter
мýсорный	9300.	rubbish (adj)
мýтный	3818.	turbid, clouded
муть f	8665.	sediment
мýха	2474.	fly
мýчаться or мýчиться i	6017.	to be tormented; worry, torment os
мучи́тельно	6913.	excruciatingly
мучи́тельный	7318.	excruciating
мýчить i +a	4977.	to torment

мчать i +a 9301. to rush, speed along
мча́ться i 3034. to rush
мы 16. we
мы́ло 6018. soap
мыс 8397. cape, promontory
мы́сленно 5554. mentally
мы́сленный 8666. mental
мысли́тель m 7319. thinker
мы́слить i 3564. to think
мысль f 275. thought
мы́слящий 6284. thinking
мыть i +a 3238. to wash
мыча́ть i 8667. to moo; bellow
мы́шка 5154. armpit; mouse
мышле́ние 3035. thinking
мы́шца 6407. muscle
мышь f 2977. mouse
мя́гкий 1458. soft; gentle
мя́гко 3177. softly
мясно́й 9305. meat (adj)
мя́со 2345. meat
мяте́ж 9832. rebellion
мяч 4978. ball (for games)
на 4. (+pr) on, at; (+a) onto, to
наба́т 8668. alarm bell
на́бережная f adj 4276. embankment; sea-front
набира́ть i +a 4695. to gather, assemble
наби́ть p +a +inst 5782. to stuff (sth with sth)
наблюда́тель m 6019. observer
наблюда́ть i +a 1138. to observe, watch
наблюда́ться i 3648. to be observed
наблюде́ние 2230. observation
на́бок 7320. awry, on one side
набо́р 4837. set, collection; recruitment
набра́ть p +a 4696. to gather, assemble
набра́ться p +g 6576. to collect
набро́с(о)к 9833. sketch, rough draft
навали́ть p +a 7735. to heap up, pile
навали́ться p на +a 5555. to fall on; lean on
наве́ки 8669. for ever
наве́рно 1379. probably, most likely
наве́рное (=наве́рно) 1179. probably
наверняка́ 4165. for sure; safely, without taking risks
наве́рх 3649. upwards
наверху́ 3296. above; upstairs
наве́с 9302. awning
навести́ p +a 5155. to guide (to); evoke, cause
наве́чно 7736. for ever
навеща́ть i +a 9303. to visit
нави́снуть p 7321. to overhang
наво́з 7737. manure
навсегда́ 2128. for ever
навстре́чу +d 1443. towards
на́вык 6020. skill, technique
навяза́ть p +a +d 9304. to impose, foist (sth on s.o.)
навя́зывать i +a +d 7322. to impose, foist (sth on s.o.)
нагиба́ться i 9306. to bend down
на́глухо 7738. tightly, firmly
на́глый 8670. impudent
нагля́дно 4838. clearly, graphically
нагля́дный 3890. clear, graphic
нагна́ть p +a 6577. to overtake, catch up
нагну́ться p 4376. to bend down
наговори́ть p 5783. (coll) (i нагова́ривать) (на +a) to slander s.o.; (+a or +g) say a lot of
награ́да 3297. reward
награди́ть p +a 7323. to reward
нагрева́ть i +a 9307. to warm, heat
нагрева́ться i 8499. to warm os, warm up
нагре́ть p +a 7739. to warm, heat
нагру́зка 3891. load; workload
нагря́нуть p (coll) 9308. to come unexpectedly
над +inst 135. above
надба́вка 9309. addition, supplement
надвига́ться i 7740. to draw near
надева́ть i +a 3178. to put on (clothing etc.)
наде́жда 777. hope
надёжный 2346. reliable
наде́лать p +g 3960. to make; (coll) to do
наде́ть p +a 2129. to put on
наде́яться i 1403. to hope
надзо́р за +inst 5556. supervision; surveillance
надлежа́ть: надлежи́т i +d of pers +inf 6021. it is necessary
надлежа́щий 5557. proper, fitting, appropriate
на́до 75. it is necessary

на́добно (coll)	7741.	necessary
на́добность f	3892.	necessity, need
надое́сть p +d	2432.	to bore
надо́лго	4166.	for a long time
на́дпись f	2097.	inscription
надстро́йка	8671.	additional storey; superstructure
наедине́	4979.	in private; alone
наёмник	8672.	mercenary
наёмный	9310.	hired
нажа́ть p +a or на +a	6022.	to press
нажи́м	7324.	pressure; clamp
нажима́ть i +a or на +a	5784.	to press
нажи́ть p	6285.	to gain, make (money)
наза́д	361.	back, ago
назва́ние	1095.	name; title (book)
назва́ть p +a	780.	to call, name
назло́	6914.	out of spite; (+d) to spite (s.o.)
назнача́ть i +a	4529.	to fix, arrange; appoint (s.o.)
назначе́ние	1508.	appointment (to a post); purpose (for which something is intended)
назна́чить p +a +inst	2347.	to appoint (s.o. as sth)
называ́емый	2660.	called
называ́ть i +a +inst	581.	to call, name
называ́ться i	1196.	to be called
наибо́лее	764.	(the) most
наибо́льший	4980.	largest
наи́вно	7325.	naively
наи́вный	3464.	naive
наизу́сть	9834.	by heart, from memory
наилу́чший	7326.	the best
наименова́ние	6915.	designation, name
найти́ p +a	234.	to find
найти́сь p	1234.	to be found, turn up
наказа́ние	6286.	punishment
наказа́ть p +a	5558.	to punish
нака́зывать i +a	9311.	to punish
нака́л	6287.	intense heat; intensity
накалённый	8456.	white-hot; tense
накану́не	6758.	the day before, on the eve
нака́пливаться i	9312.	to accumulate
наки́дка	8326.	cloak, mantle, cape
наки́нуть p +a	5559.	to throw on
накло́н	9313.	incline, lean
наклони́ться p	3650.	to bend down, stoop
наклоня́ться i	6288.	to bend, bend over
наконе́ц	338.	in the end
накопи́ть p +a	4697.	to accumulate
накопи́ться p	7327.	to accumulate
накопле́ние	4277.	accumulation
накрыва́ть i +a	5560.	to cover; (на стол) lay (the table)
накры́ть p +a	3565.	to cover
нала́дить +a	4839.	to put in working order, set going
нала́живать i +a	9314.	to adjust, put in order
нале́во	3465.	to the left
налёт	3729.	raid; thin coating
налете́ть p на +a	4698.	to swoop on; run into
налива́ть i +a	3239.	to pour out, fill
нали́ть p +a	2609.	to pour out
налицо́	7328.	present, visible
нали́чие	3730.	presence
нали́чный	8673.	available; cash
нало́г	5156.	tax
наложи́ть p +a на +a	6023.	to lay sth on sth, put on, superimpose
намёк	4530.	hint, allusion
намека́ть i на +a	7329.	to allude to
намекну́ть p на +a	9315.	to allude to
намерева́ться i +inf	7330.	to intend
наме́рен short adj	5785.	intend
наме́рение	2978.	intention
наме́тить p +a	3651.	to plan
намеча́ть i +a	5561.	to plan
намеча́ться i	4981.	to be planned
намно́го	6289.	by a lot
нанести́ p +a +d	2756.	to inflict (sth on s.o.)
нанима́ть i +a	7742.	to hire
наноси́ть i +a	4699.	to pile up; inflict
наоборо́т	1122.	on the contrary, vice versa, the other way round
напада́ть i на +a	6916.	to attack; come upon
нападе́ние	2610.	attack
напа́сть p на +a	5562.	to attack; come upon
напева́ть i	4531.	to sing; sing quietly, hum
наперёд (coll)	7331.	in front; in advance

напереко́р +d 9835. contrary, counter (to), in defiance (of)
напеча́тать p 2979. to print
написа́ть p +a 362. to write
напи́т(о)к 6579. drink
напи́ться p +g 3380. to drink one's fill; get drunk
наплева́ть p на +a 6290. to spit; not to give a damn about
наподо́бие +g 9316. like, resembling
напои́ть p +a 7743. to give to drink; to make drunk
напо́лнить p +a 2872. to fill
напо́лниться p +inst 9317. to fill (with)
наполня́ть i +a +inst 5563. to fill (sth with sth)
наполови́ну 5343. half, by half
напомина́ть i +d о +pr 1432. to remind (s.o. of sth)
напо́мнить p +d о +pr 2154. to remind (s.o. of sth)
напо́р 6580. pressure
напосле́док (coll) 7744. in the end
напра́вить p +a 1894. to direct
напра́виться p 5344. to make for
направле́ние 902. direction
напра́вленный 5564. directed; purposeful
направля́ть i +a 2387. to direct
направля́ться i к +d 2611. to make for, head for
напра́во 2820. to the right
напра́сно 1850. in vain
наприме́р 573. for example
напро́тив 2711. opposite
напряже́ние 2204. tension
напряжённо 6917. with strain, intensively
напряжённость f 5157. tension
напряжённый 2612. tense
напрями́к (coll) 8674. directly; bluntly
напуга́ть p +a 5565. to frighten
наравне́ с +inst 7745. level (with), on equal terms (with)
нараста́ние 9318. growth, increase
нараста́ть i 5566. to grow (on); increase
нараста́ющий 6581. growing
нарека́ние 9836. reprimand
нарисова́ть p +a 5345. to draw
наро́д 158. (the) people
наро́дный 281. people's
наро́чно 2661. deliberately
нару́жный 4351. outer, external
нару́жу 3961. outside
наруша́ть i +a 3819. to disturb, violate
наруша́ться i 6918. to be broken, be infringed
наруше́ние 3381. violation, offence
нару́шить p +a 5158. to break, infringe
на́ры pl 8282. bunk, plank-bed
наря́д 4700. attire, costume; order, warrant
наря́дный 3104. well-dressed
наряду́ с +inst 3298. equally, alongside
насади́ть p +a на +a 8675. to fix (sth onto sth)
насажде́ние 9837. planting; propagation
насеко́мое n adj 7332. insect
населе́ние 774. population
населённый 8676. inhabited
населя́ть i +a 9319. to populate
наси́лие 2571. violence, force
наси́льно 8677. by force
наси́льственный 6582. violent, forcible
насквозь 4532. through
наско́лько 2155. how much; as much
на́скоро (coll) 7746. hastily
наслажда́ться i +inst 7332. to delight in, get physical pleasure from
наслажде́ние 5786. physical pleasure
насле́дие 5787. legacy, heritage
насле́дник 6919. heir
насле́дственный 9320. inherited
насле́дство 5788. inheritance
на́смерть 8678. to death
насме́шка 4982. taunt
насме́шливо 4167. mockingly, sarcastically
насме́шливый 6024. sarcastic
на́сморк 9838. cold (in the head)
насовсе́м (coll) 9321. for good
насо́с 6583. pump
на́спех 7333. hastily
наста́вник 9322. mentor, tutor
наста́ивать i на +pr 3652. to insist
наста́ть p 3653. to come (of seasons etc.)
на́стежь 7747. wide open
насто́йчиво 2757. insistently
насто́йчивость f 5789. persistence
насто́йчивый 4701. insistent
насто́лько 1868. so much

насторожи́ться p 8679. to prick up one's ears, be on one's guard
настоя́ть p на +pr 7334. to insist, get one's own way
настоя́щее n adj 5346. the present
настоя́щий 243. real; present
настрое́ние 1404. mood
настро́ить p +a 5790. to tune, adjust; (на +a) put s.o. in the mood (for sth)
наступа́ть i 1943. to advance; to tread on; to come, begin
наступи́ть p 2572. to tread on; come (of time, seasons)
наступле́ние 2348. offensive, advance
насу́щный 5567. vital, essential
насчёт +g 1988. about, concerning
насчи́тывать i +a 6920. to number, total
насчи́тываться i 7335. to number, total
на́сыпь f 4168. embankment
насыща́ть i +a +inst 8680. to satiate; fill (sth with sth), saturate
насы́щенный 8681. saturated; rich (in content)
натвори́ть p (coll) +g 9323. to get up to, do (sth bad)
на́те (coll) 8682. here you are, take it
на́тиск 6025. onslaught; pressure
наткну́ться p на +a 6026. to run into, stumble upon, meet unexpectedly
натолкну́ться p на +a 9324. to run into, come up against
нату́ра 2980. nature, character
натяну́ть p +a 8683. to pull tight; pull on
науга́д 9330. at random
нау́ка 589. science; scholarship
научи́ться p +i inf 586. to learn (to do sth)
научи́ть p +a +i inf 2130. to teach (s.o. to do sth)
нау́чно 7748. scientifically
нау́чно-иссле́довательский 4073. scientific-research (adj)
нау́чно-техни́ческий 8283. scientific and technical
нау́чный 633. scientific, scholarly
наха́льство 9325. impudence
нахму́риться p 4840. to frown
находи́ть i 1197. to find
находи́ться i 609. to be situated
нахо́дка 4702. find
национали́зм 5159. nationalism
национа́льный 683. national, ethnic
национа́льность f 4841. nationality, ethnic group
на́ция 2047. nation
нача́ло 509. beginning
нача́льник 268. head, boss
нача́льный 4169. initial, primary
нача́льство 2433. the management, the authorities
нача́ть p +a 159. to begin
нача́ться p 340. to begin
начина́ние 6027. undertaking, initiative
начина́ть i +a 355. to begin
начина́ться i 600. to begin
начи́нка 9839. stuffing, filling (of pie etc.)
на́чисто (coll) 5568. completely
наш 33. our
наше́ствие 6584. invasion
наяву́ 9326. while awake; for real
не 3. not
небе́сный 2573. heavenly, celestial
неблагоприя́тный 8684. unfavourable
не́бо 519. sky, heaven
небольшо́й 545. small
небоскло́н 9327. horizon
не́бось (coll) 3036. probably
небре́жно 4533. carelessly
небыва́лый 3820. unprecedented; (coll) inexperienced
нева́жно 6028. not very well; it doesn't matter
неве́домый 3466. unknown
неве́жество 6029. ignorance
неве́рно 5160. false(ly)
неве́рный 6030. incorrect; uncertain; unfaithful
невероя́тно 6585. improbably
невероя́тный 5791. improbable; incredible
невесёлый 8685. joyless
неве́ста 2349. bride; fiancée
неве́стка 9840. daughter-in-law; sister-in-law (brother's wife)
неве́сть (coll) 8686. no-one knows
невзра́чный 8687. unattractive
неви́данный 3962. unprecedented

неви́димый	2312.	invisible
неви́нный	6586.	innocent
невмеша́тельство в +a	9328.	non-interference (in)
невозмо́жно	1198.	impossibly; it is impossible
невозмо́жность f	9329.	impossibility
невозмо́жный	2821.	impossible
нево́льно	2388.	unintentionally
нево́льный	9331.	involuntary
невыноси́мый	6921.	intolerable
невысо́кий	3963.	low, short
не́где	5792.	there is nowhere
негодова́ние	6031.	indignation
негодя́й	5161.	rascal
негр	7336.	negro
негра́мотность f	8688.	illiteracy
негра́мотный	6587.	illiterate
негритя́нский	7337.	negro (adj)
негро́мко	2475.	quietly, in a low voice
неда́вний	2873.	recent
неда́вно	350.	recently
недалёкий	5793.	near; dim, dull-witted
недалеко́	3179.	not far
неда́ром	5162.	not for nothing
неде́ля	529.	week
недо́брый	5794.	hostile; evil
недове́рие	5163.	mistrust
недове́рчиво	7749.	distrustfully, suspiciously
недово́льно	5347.	discontentedly
недово́льный	4983.	dissatisfied
недово́льство +inst	7338.	dissatisfaction (with)
недо́лго	3893.	not (for) long
недоразуме́ние	6032.	misunderstanding
недостава́ть i +g	6291.	to be lacking
недоста́т(о)к	1267.	defect; (+g or в +pr) shortage (of)
недоста́точно	3240.	insufficient(ly); (+g) not enough
недоста́точный	3964.	insufficient
недосто́йный	9332.	unworthy
недосту́пный	3894.	inaccessible
недоуме́ние	4842.	bewilderment
недоуме́нно	6588.	uncomprehendingly
не́дра pl	4170.	depths, bowels (of the earth)
не́жели (old word)	9333.	than
не́жность f	6292.	tenderness
не́жный	2389.	tender, gentle
незабыва́емый	7750.	unforgettable
незави́симо	3895.	independently
незави́симость f	1309.	independence
незави́симый	2574.	independent
незадо́лго до +g	6293.	not long before
незако́нно	9334.	illegally
незамени́мый	8689.	irreplaceable
незаме́тно	2390.	imperceptibly
незаме́тный	5569.	imperceptible
не́зачем +inf	7339.	there's no point
незва́ный	9841.	uninvited
нездоро́вый	9335.	unhealthy
незнако́мый	2712.	unfamiliar
незначи́тельный	3965.	insignificant
незы́блемый	9842.	unshakeable
неизбе́жно	2874.	inevitably
неизбе́жность f	4534.	inevitability
неизбе́жный	3105.	inevitable
неизве́стно	2061.	(it is) unknown
неизве́стный	2062.	unknown
неизме́нно	4984.	invariably
неизме́нный	5570.	invariable
неизмери́мо	6922.	immeasurably
неинтере́сно	7340.	(it's) uninteresting
не́истовый	9843.	frenzied
нейтралите́т	7341.	neutrality
нейтра́льный	5795.	neutral
не́кий	3731.	a certain
не́когда	1744.	there's no time; once
не́кого +inf	9336.	there is no-one
не́который	352.	some, a certain
не́которые	6589.	some, certain (people)
некраси́вый	6033.	ugly
не́кто	5164.	someone, a certain
не́куда	3821.	there is nowhere
нелёгкий	4535.	difficult; heavy
нелегко́	3382.	(it's) not easy
неле́по	9337.	absurdly; it's absurd
неле́пый	4536.	absurd
нело́вкий	4843.	awkward
нело́вко	2758.	awkwardly
нело́вкость f	6034.	clumsiness
нельзя́	256.	it is not allowed; it is impossible
нема́ло	1358.	not a little, a good many
нема́лый	3822.	considerable
неме́дленно	1139.	immediately, forthwith

неме́дленный	4985.	immediate
не́м(е)ц	768.	German (noun)
неме́цкий	1140.	German (adj)
немину́емо	8690.	inevitably
немно́гие pl adj	3241.	few (people)
немно́го +g	554.	a little, not much
немно́жко	1494.	(coll) a little, a bit
немо́й	7342.	dumb
немы́слимо	6590.	unthinkably
немы́слимый	7751.	unthinkable
ненави́деть i +a	3106.	to hate
ненави́стный	6294.	hated, hateful
не́нависть f	2822.	hate
ненадо́лго	6923.	not for long
ненорма́льный	7752.	abnormal; mad
нену́жный	5165.	unnecessary
необозри́мый	8691.	immense
необходи́мо	796.	it is essential; it is necessary
необходи́мость f	1220.	necessity
необходи́мый	695.	essential
необыкнове́нно	4986.	unusually
необыкнове́нный	3299.	unusual
необыча́йно	5348.	exceptionally
необыча́йный	4537.	exceptional
необы́чно	8692.	unusually
необы́чный	3966.	unusual
необъя́тный	5796.	immense, boundless
неограни́ченный	5571.	unlimited
неоднокра́тно	4703.	repeatedly
неожи́данно	1180.	unexpectedly
неожи́данность f	4538.	surprise
неожи́данный	1869.	unexpected
неопределённый	6295.	indefinite, vague
неосторо́жный	8693.	careless
неотло́жный	7343.	urgent
неотъе́млемый	8694.	inalienable, integral
неохо́та	6924.	reluctance; (coll) (+d) to be unwilling
неохо́тно	6591.	unwillingly
непло́хо	3566.	not bad(ly)
неплохо́й	4539.	not bad
непобеди́мый	7753.	invincible
неповтори́мый	9338.	unique, exceptional
неподалёку	3732.	not far away
неподви́жно	3967.	motionlessly, still
неподви́жный	2875.	motionless
непола́дка	9844.	fault, defect
непо́лный	7754.	incomplete
непоня́тно	4987.	incomprehensible/ly
непоня́тный	1629.	incomprehensible
непоправи́мый	8695.	irreparable
непосре́дственно	2252.	immediately
непосре́дственный	2476.	immediate, direct, spontaneous
непостижи́мый	9339.	incomprehensible
непра́вда	2613.	untruth; untrue
непра́вильно	3823.	incorrectly
непра́вильный	3824.	incorrect
непра́вый	9340.	wrong
непреклó́нный	7755.	unyielding, adamant
непреме́нно	1690.	without fail
непреме́нный	8696.	indispensable
непреодоли́мый	7756.	insurmountable
непререка́емый	5166.	unquestionable
непреры́вно	2524.	continuously
непреры́вный	2048.	uninterrupted
непривы́чный	9341.	unaccustomed, unusual
неприе́млемый	8704.	unacceptable
неприкоснове́нный	9342.	untouchable, inviolable
неприли́чно	8697.	indecently
непримири́мый	4844.	irreconcilable; uncompromising
непринуждённый	9845.	relaxed, unconstrained
неприя́тель m	6925.	enemy
неприя́тно	4171.	unpleasant(ly)
неприя́тность f	3733.	unpleasantness
неприя́тный	3242.	unpleasant
непроходи́мый	9343.	impassable; (coll) utter
неравноме́рный	8698.	irregular
неразбери́ха (coll)	9846.	muddle
неразры́вно	6592.	inseparably
нерв	2713.	nerve
не́рвничать i	4704.	to be nervous
не́рвно	5572.	nervously
не́рвный	3968.	nervous
нере́дко	1709.	often
нереши́тельно	6296.	indecisively, hesitantly
нереши́тельность f	7344.	indecisiveness
не́сколько +g	152.	a few, some
несло́жный	8699.	uncomplicated
неслы́ханный	7345.	unprecedented
неслы́шно	7757.	inaudible; inaudibly
несме́тный	7346.	countless
несмотря́ на + a	975.	in spite of
несовмести́мый	9847.	incompatible
несомне́нно	1779.	undoubtedly

несомне́нный	8700.	undoubted
неспосо́бный	6035.	incapable
несправедли́вость f	6297.	injustice, unfairness
несправедли́вый	6593.	unjust
неспроста́ (coll)	9848.	with an ulterior motive, not without a reason
несравне́нно	9344.	incomparably
нестерпи́мо	6036.	unbearably
нести́ i +a	814.	to carry
нести́сь i	3383.	to rush
несча́стный	2391.	unhappy
несча́стье	2923.	misfortune
нет	54.	no; (+g) there is no
нетерпели́во	4540.	impatiently
нетерпели́вый	9345.	impatient
нетерпе́ние	4988.	impatience
нетороплі́во	6926.	unhurriedly
нетороплі́вый	6927.	unhurried
нетро́нутый	8701.	untouched
нетру́дно	2924.	it's not difficult
не́ту (coll) +g	4108.	there isn't/aren't (= нет)
неуве́ренно	6594.	uncertainly
неуда́ча	4989.	failure
неуда́чник	6298.	failure
неуда́чно	9346.	unsuccessfully
неуда́чный	6037.	unsuccessful
неудо́бно	3467.	uncomfortably, awkwardly
неудо́бство	8702.	discomfort, inconvenience
неуже́ли	897.	really? is it possible?
неу́жто (coll)	7347.	really?
неулови́мый	6928.	elusive
неуме́стный	9347.	inappropriate, misplaced
неуря́дица (coll)	9849.	confusion
неуста́нно	5573.	tirelessly
неусто́йчивый	8703.	unstable
неутоми́мый	7758.	tireless
нефтепрово́д	9348.	oil pipeline
нефть f	2392.	oil, petroleum
нефтя́ник	6595.	oil worker
нефтяно́й	4541.	oil (adj)
нехва́тка (coll)	6929.	shortage
нехоро́ший	6596.	bad
нехорошо́	1825.	not good
не́хотя	9349.	unwillingly; unintentionally

неча́янно	6930.	accidentally; unexpectedly
не́чего	1090.	there is nothing
нечи́стый	6597.	unclean, impure
не́что	1524.	something (= что-то)
нея́сно	6598.	unclearly
нея́сный	3896.	unclear
ни	154.	not a
ни́ва	5349.	field, cornfield
нигде́	2253.	nowhere
ни́же	1020.	lower, below
ни́жний	1630.	lower
низ	6038.	bottom, lower part
ни́зкий	1163.	low
ни́зко	1691.	low
ника́к	1038.	in no way; by no means
никако́й	448.	(absolutely) no
никогда́	263.	never
никто́	202.	nobody
никуда́	2614.	nowhere
ниско́лько	4705.	not at all
ни́тка	2823.	thread
ни́точка	5797.	thread
нить f	3384.	thread
ничего́	595.	nothing; all right, not too bad; never mind
ниче́й	9850.	nobody's
ничто́/а, g ничего́	100.	nothing
ничто́жество	9350.	nonentity
ничто́жный	1989.	worthless
ничу́ть (coll)	3969.	not in the least
нищета́	3825.	poverty
ни́щий	2018.	destitute; beggar
но	23.	but
нова́тор	8457.	innovator
но́венький	6931.	brand-new, nice and new
новизна́	9351.	novelty, newness
нови́нка	5167.	novelty
нович(о́)к	6039.	novice, beginner
нового́дний	4332.	new year (adj)
новорождённый	7348.	new-born
но́вость f	1944.	piece of news
но́вый	58.	new
нога́	211.	leg/foot
но́г(о)ть m	5350.	fingernail, toenail
нож	1117.	knife

но́жик	9352.	small knife, penknife
но́жка	3970.	leg; stem (of wineglass, mushroom)
но́жницы pl	9353.	scissors
ноздря́	5351.	nostril
ноль m	3567.	zero
но́мер	403.	number; hotel room
нора́	9354.	burrow
но́рма	1990.	norm
норма́льно	6040.	normal, OK
норма́льный	2205.	normal
нос	466.	nose
но́сик	9355.	small nose; toe (of shoe); spout
носи́лки f pl	6932.	stretcher
носи́ть i +a	1214.	to carry (around); wear
носи́ться i	6041.	to rush around; float, drift
носово́й	6933.	nose (adj), nasal
нос(о́)к	5352.	sock; toe of boot
но́та	3568.	note (music)
но́ты		sheet music
но́тка	8705.	note (sound)
ночева́ть i	3385.	to spend the night
ночле́г	9356.	spending the night, night's lodging
ночно́й	1323.	night (adj)
ночь f	251.	night
но́чью	1851.	at night
но́ша	9357.	burden
ноя́брь m	2206.	November
нрав	9851.	nature, disposition (of person)
нра́виться i по-p	548.	to please
нра́вственность f	8216.	morality
нра́вственный	3386.	moral
ну	482.	well
ну́дный	8706.	tedious
нужда́	1991.	want, need
нужда́ться i в +pr	2434.	to need, be in need of
ну́жно	168.	(it is) necessary
ну́жный	265.	necessary
нуль m	3897.	zero
ны́не	1544.	now; today
ны́нешний	1576.	present, present-day
ны́нче (coll)	1241.	now (= теперь); today
нырну́ть p	7759.	to dive

ныть i	9852.	to whine, complain; ache
ню́хать i +a	9853.	to smell, sniff (sth)
ня́нька (coll)	5353.	nurse
ня́ня	4172.	nurse
о (об/обо) +pr	27.	about, concerning
о́ба m, n/о́бе f	473.	both
обая́ние	9854.	charm
обвине́ние	3734.	accusation
обвини́ть p +a в +pr	7349.	to accuse (s.o. of sth)
обвиня́ть i +a в +pr	3735.	to accuse (s.o. of sth)
обводи́ть i +a	9358.	to take round; (+inst) surround (with)
обду́мать p +a	7760.	to consider, ponder
обду́мывать i +a	8707.	to ponder, think over
обе́д	1710.	meal; dinner
обе́дать i	5168.	to dine
обе́дня	6299.	mass (church service)
обезья́на	6042.	monkey
оберега́ть i +a от +g	7761.	to protect (s.o. from sth)
оберну́ться p	1602.	to turn round
обеспе́чение	2759.	securing, providing, provision (with)
обеспе́чивать i +a +inst	2231.	to provide (s.o. with sth)
обеспе́чить p	1242.	(+a + inst) to supply s.o. with sth; (+a) assure, guarantee
обеща́ние	6300.	promise
обеща́ть i/p +d	1199.	to promise (s.o.)
обже́чь p +a	7350.	to burn; bake, fire (bricks etc.)
обзо́р	5574.	survey, review
оби́да	1495.	offence, insult
оби́деть p +a	8340.	to offend, hurt
оби́деться p	8708.	to take offence
оби́дно	4706.	it hurts, it's annoying
обижа́ть i +a	4542.	to offend, hurt
обижа́ться i	2477.	to take offence
оби́женно	7351.	resentfully, looking hurt
оби́женный	8709.	offended
оби́лие	6934.	abundance
оби́льный	3569.	abundant
обита́тель m	9359.	inhabitant
обита́ть i	8710.	to live, reside
обихо́д	7762.	use; custom, practice
облада́ть i +inst	1444.	to possess

о́блако	1405.	cloud
областно́й	4330.	*oblast* (adj), provincial
о́бласть f	601.	*oblast*, province; area, field (of activity)
о́блачный	7763.	cloudy
облегча́ть i +a	9360.	to lighten; simplify; make easier
облегче́ние	5798.	(feeling of) relief; making lighter; simplification
облегчи́ть p +a	3971.	to lighten
облё́злый (coll)	9361.	shabby, scruffy; mangy
облига́ция	8223.	bond
о́блик	3180.	look, appearance, image
обли́ть p +a +inst	7764.	to pour sth (inst) over sth (a)
обложи́ть p +a	8711.	(обкла́дывать i) to put round; (облага́ть i) assess (for tax)
обло́жка	7765.	cover (of book etc.)
обло́м(о)к	3181.	fragment
обма́н	3468.	deceit, deception
обману́ть p +a	2615.	to deceive
обма́нывать i +a	3387.	to deceive
обме́н	2760.	exchange
обме́ниваться i +inst	7352.	to exchange
обменя́ться p +inst	9362.	to exchange
обнадё́живать i +a	8167.	to give hope (to), reassure
обнажа́ть i +a	9363.	to bare, expose
обнажё́нный	7766.	naked
обнажи́ть p +a	6301.	to bare
обнару́жение	9364.	revealing; discovery
обнару́живать i +a	4173.	to discover
обнару́живаться i	4543.	to be revealed
обнару́жить p +a	1465.	to reveal; discover
обнару́житься p	4174.	to be revealed
обнима́ть i +a	2714.	to embrace
обновле́ние	8500.	renovation
обня́ть p +a	2049.	to embrace
обня́ться p	8712.	to embrace one another
обобща́ть i +a	6935.	to generalize
обобще́ние	7767.	generalization
обогати́ться p	8713.	to become rich
обогаща́ть i +a	8714.	to enrich
обогна́ть p +a	6936.	to overtake, outstrip
обожа́ть i +a	6937.	to adore
обожда́ть p (coll) +a	8233.	to wait
обо́з	8295.	string of carts; military transport
обозли́ться p на +a	7353.	to get angry (with)
обознача́ть i +a	7768.	to denote, mean; mark, designate
обозна́чить p +a	4990.	to mark, designate
обозрева́тель m	5799.	observer
обозре́ние	6302.	surveying, survey
обо́и pl	8715.	wallpaper
обойти́ p +a	3570.	to go round; avoid
обойти́сь p	2019.	to manage, get by
оболо́чка	4361.	cover, envelope
обора́чиваться i	3571.	to turn round; turn out
оборва́ть p +a	3972.	to tear off; interrupt
оборва́ться p	5169.	to snap; stop suddenly
оборо́на	1945.	defence
оборо́нный	7354.	defence (adj)
обороня́ться i от +g	8716.	to defend os (from)
оборо́т	3736.	turn, revolution; turnover; reverse (of page etc.); turn of phrase
обору́дование	1761.	equipment
обору́довать i/p +a	6599.	to equip
обоснова́ние	9365.	basis; grounds, justification
обоснова́ть p +a	9366.	to substantiate, justify
обостре́ние	8423.	intensification, sharpening
обостря́ть i +a	9367.	to intensify, worsen, aggravate
обо́чина	6303.	roadside, kerb
обраба́тывать i +a	3973.	to process, work on
обрабо́тать p +a	7355.	to process, work on (sth)
обрабо́тка	3508.	treatment, processing
обра́довать p +a	8717.	to gladden, please
обра́доваться p +d	2876.	to be glad (at), be pleased (about)
о́браз	452.	manner, way, shape, image
образ(е́)ц	1421.	model, pattern
о́бразный	9368.	graphic, evocative; figurative
образова́ние	857.	education; formation
образо́ванный	5170.	educated
образова́ть p +a	1664.	to form

образова́ться p	1692.	to be formed
образо́вывать i +a	6938.	to form
образцо́вый	7769.	model, exemplary
обрати́ть p +a	1870.	to turn
обрати́ться p	1380.	(к + d) to turn to; (в +a) turn into; (с +inst) handle sth, treat s.o.
обра́тно	1324.	back (adv)
обра́тный	2350.	reverse (adj)
обраща́ть i +a	2254.	to turn
обраща́ться i	1285.	(к + d) to turn to; (в +a) turn into; (с +inst) handle sth, treat s.o.
обраще́ние	2098.	(к +d) appeal (to); (с +inst) treatment; circulation
обре́з: (+g) в обре́з	6939.	cut edge: none to spare
обрести́ p (bookish) +a	5800.	to find
обречённый	8718.	doomed
оброни́ть p +a	8719.	to drop (and lose); let fall
обру́шиваться p	9369.	to cave in, collapse; (на +a) fall upon, attack (s.o. or sth)
обру́шиться p	7770.	to collapse, cave in
обры́в	4544.	precipice
обрыва́ться i	6940.	to snap; stop short
обря́д	6600.	rite, ceremony
обсервато́рия	8301.	observatory
обсле́довать i/p +a	8398.	to investigate
обслу́живание	3654.	service
обслу́живать i +a	3737.	to serve (s.o.)
обстано́вка	1221.	environment, situation; furniture
обстоя́тельство	1577.	circumstance
обстоя́тельный	8720.	detailed, thorough
обстоя́ть i	3826.	to be
обстре́л	8721.	bombardment
обсуди́ть p +a	3107.	to discuss
обсужда́ть i +a	3469.	to discuss
обсужда́ться i	5354.	to be discussed
обсужде́ние	2525.	discussion
о́бувь f	3974.	footwear
обузда́ть p +a	9855.	to curb, restrain
обу́ть p +a	9370.	to put shoes on s.o.; provide with shoes

обуча́ть i +a +d	8722.	to teach (s.o. sth)
обуче́ние	4175.	teaching; training
обхвати́ть p +a	6941.	to encompass
обхо́д	6304.	evasion, going round
обходи́тельный	9371.	courteous, well-mannered
обходи́ть i +a	4176.	to go round; avoid
обходи́ться i	3470.	to manage; treat; turn out
общи́рный	2255.	extensive, vast
обща́ться i с +inst	8213.	to associate, socialize (with)
общежи́тие	3827.	hostel
общеизве́стный	9372.	well-known, generally known
общенаро́дный	8559.	national, of the whole people
обще́ние с +inst	5801.	social intercourse, contact (with people)
обще́ственность f	2824.	the public
обще́ственный	614.	social, public
о́бщество	594.	society
общечелове́ческий	4469.	universal, of all mankind
о́бщий	399.	general
о́бщи́на	9373.	community
объедине́ние	4067.	union, association
объединённый	3388.	united
объедини́ть p +a	3655.	to unite, combine
объедини́ться p с +inst	6305.	to unite
объединя́ть i +a	3656.	to unite, combine
объе́кт	8536.	object; construction site, building
объекти́вно	6306.	objectively
объекти́вность f	9374.	objectivity
объекти́вный	2156.	objective
объём	1158.	volume; capacity
объяви́ть p	1826.	to declare
объявле́ние	6601.	announcement
объявля́ть i +a or о +pr	5171.	to announce
объясне́ние	2157.	explanation
объясни́ть p +a	1004.	to explain
объясни́ться p	6602.	to explain os; be explained
объясня́ть i +a	2131.	to explain

объясня́ться i	2761.	to make os understood; be explained
объя́тие	6603.	embrace
обыва́тель m	9375.	man-in-the-street; philistine
обы́денный	8723.	ordinary
обыкнове́нно	4109.	usually
обыкнове́нный	1496.	usual; ordinary
о́быск	9376.	(official) search
обы́чай	3738.	custom
обы́чно	1295.	usually
обы́чный	1085.	usual
обя́занность f	2063.	duty, obligation
обя́занный	2478.	obliged
обяза́тельно	1026.	without fail, definitely
обяза́тельный	3739.	compulsory
обяза́тельство	2313.	pledge
обяза́ть p +a +inf	3471.	to oblige s.o. to do sth
обя́зывать i +a +inf	4707.	to oblige s.o. to do sth
ова́ция	9377.	ovation
ов(ё)с	6043.	oats
овладева́ть i +inst	6604.	to master; take possession of
овладе́ние +inst	4708.	mastery (of)
овладе́ть p +inst	3108.	to master
о́вощи pl	4845.	vegetables
овра́г	4386.	ravine, gully
овца́	3300.	sheep
огляде́ть p +a	4991.	to look over, inspect
огля́дывать i +a	4278.	to inspect, look over
огля́дываться i	2314.	(огляде́ться p) to look round; (огляну́ться p) look back
огляну́ться p на +a	3182.	to look round, glance back
о́гненный	5355.	fiery
ого́ [oho]	3740.	oho!
огово́рка	7356.	reservation, proviso; slip of the tongue
оголённый	9378.	bare, exposed
огон(ё)к	2575.	light
ог(о́)нь m	623.	fire; light
огоро́д	3243.	kitchen-garden (for vegetables)
огорча́ться i	6044.	to be sad, distressed
огорче́ние	9379.	distress
огорчи́ть p +a	9380.	to distress, disappoint
огра́да	4846.	fence
ограниче́ние	6942.	limitation
ограни́ченность f	6943.	narrowness
ограни́ченный	3898.	limited
ограни́чивать i +a	6307.	to limit
ограни́чиваться i +inst	5575.	to limit os (to); be limited (to)
ограни́чить p +a	4992.	to limit
ограни́читься p +inst	4709.	to limit oneself (to)
огро́мный	380.	enormous
огур(е́)ц	4409.	cucumber
одева́ться i	7357.	to dress
одéжда	2435.	clothes
одёргивать i +a	9381.	to straighten (clothing); (coll) call to order, tell s.o. to be quiet
одержа́ть p +a	3472.	to obtain, gain
оде́тый в +a	2284.	dressed; wearing
оде́ть p +a	2526.	to dress (s.o.); (coll) put on
одея́ло	3183.	blanket
оди́н	30.	one
одина́ково	3657.	identically
одина́ковый	2351.	identical
оди́ннадцатый	9382.	eleventh
оди́ннадцать	3658.	eleven
одино́кий	2616.	solitary
одино́чество	4545.	loneliness, solitude
одино́чка m/f	6045.	person on his or her own, single person
одино́чный	9383.	individual, single, solitary
одна́жды	561.	once, one day
одна́ко	433.	however
одновреме́нно	1406.	simultaneously
одновреме́нный	7771.	simultaneous
однообра́зный	7358.	monotonous
одноро́дный	6944.	homogeneous, of one type
односторо́нний	7359.	one-sided; one-way
одобре́ние	4993.	approval
одо́брить p +a	4546.	to approve
одобря́ть i +a	6308.	to approve
одоле́ть p +a	6945.	to overcome
одолжи́ть p +a +d	6605.	to lend (sth to s.o.)
ожере́лье	6946.	necklace
ожесточённый	6046.	embittered, bitter
ожива́ть i	8724.	to come to life
оживи́ться p	6606.	to become lively
оживле́ние	5172.	excitement, animation

оживлённо	7360.	animatedly, excitedly
оживлённый	7772.	animated, excited
ожида́ние	3975.	waiting; expectation
ожида́ть i +a or +g	1110.	to wait (for); to expect
ожида́ться i	5356.	to be expected
ожи́ть p	6047.	to revive, come to life
озабо́ченный	9856.	worried, preoccupied
озари́ть p +a	6947.	to illuminate
о́зеро	1279.	lake
ози́мый	8247.	winter (of crops)
озира́ться i	9384.	to look round
озли́ться p (coll)	9385.	to get angry
озло́бленный	9386.	embittered
ознако́миться p с +inst	4994.	to acquaint oneself with
ознакомле́ние с +inst	9387.	familiarization, getting to know
означа́ть i	1693.	to mean
озорно́й (coll)	7361.	mischievous
озорство́ (coll)	6948.	naughtiness
озя́бнуть p	7362.	to get cold, chilled
ой	1459.	o; oh (surprise or fright)
оказа́ние	9388.	rendering
оказа́ть p +a	3109.	to render, give
оказа́ться p	324.	to turn out (to be)
ока́зывать i +a	2285.	to render, give
ока́зываться i +inst	979.	to turn out to be; to find oneself
окая́нный	7363.	cursed
океа́н	1021.	ocean
океа́нский	6309.	oceanic
оки́нуть p: оки́нуть взгля́дом	8725.	to glance over
оккупацио́нный	8726.	occupation (adj)
оккупа́ция	6949.	occupation
оккупи́ровать i/p +a	9389.	to occupy
окли́кнуть p +a	7364.	to hail, call (to s.o.)
окно́	188.	window
о́ко (bookish, poetic)	5357.	eye
око́вы pl	8727.	fetters
о́коло +g	404.	near; about
оконча́ние	2662.	end, ending
оконча́тельно	1497.	finally, definitively
оконча́тельный	2825.	final
око́нчить p +a	2981.	to finish
око́нчиться p	5802.	to end
око́п	4297.	trench
о́корок	8194.	ham, gammon

око́шечко	6310.	little window
око́шко	2436.	small window
окра́ина	3389.	outskirts
окра́сить p +a	5576.	to paint, colour
окра́ска	4429.	colouring
окра́шивать i +a	8728.	to paint, colour
окре́пнуть p	6048.	to grow stronger
окре́стность f	5577.	environs, vicinity
окре́стный	7773.	surrounding
о́круг	6950.	*okrug*, region
окружа́ть i +a	1780.	to surround
окружа́ющий	2762.	surrounding
окруже́ние	6311.	encirclement, surrounding
окружи́ть p +a +inst	2393.	to surround (sth with sth)
октя́брь m	1381.	October
октя́брьский	2479.	October (adj)
оку́р(о)к	6951.	cigarette end
оле́нь m	9857.	deer
омерзи́тельный	9858.	disgusting, revolting
о́мут	9859.	pool, deep place in river; whirlpool
он	6.	he
она́	14.	she
они́	13.	they
оно́	305.	it
опа́здывать i	7365.	to be late
опаса́ться i +g	3659.	to be afraid of
опасе́ние	6312.	fear
опа́ска (coll) с опа́ской	7774.	caution nervously, cautiously
опа́сно	4547.	dangerously
опа́сность f	1325.	danger
опа́сный	1445.	dangerous
опе́ка	9860.	guardianship, trusteeship; surveillance, care
о́пера	4548.	opera
операти́вный	5358.	energetic; operative
опереди́ть p +a	8729.	to outstrip; forestall
опере́ться p на +a	6607.	to lean on
о́перный	9390.	opera (adj), operatic
опи́лки pl	9861.	sawdust; metal filings
опира́ться i на +a	3110.	to lean on
описа́ние	3390.	description
опи́санный	5359.	described
описа́ть p +a	3244.	to describe

опи́сывать i +a	3828.	to describe
опла́та	5360.	payment
оплóшность f	9862.	slip, blunder
опозда́ние	9391.	lateness
опозда́ть p	4177.	to be late
опóмниться p	6313.	to come to one's senses
опóра	3976.	support
опра́ва	9863.	mounting, frame
оправда́ние	5803.	justification; acquittal
оправда́ть p +a	2763.	to justify
опра́вдывать i +a	5578.	to justify; acquit
опра́вдываться i	6314.	to justify os; make excuses
опра́виться p	8730.	to recover
определéние	3829.	definition
определённо	4847.	definitely
определённый	1052.	definite; certain
определи́ть p +a	1310.	to define, determine
определи́ться p	6608.	to be determined, be defined
определя́ть i	1795.	to define
определя́ться i	3037.	to be determined, be defined
опроверга́ть i +a	6952.	to refute
опровéргнуть p +a	7775.	to refute, disprove
опровержéние	7776.	refutation
опроки́дывать i +a	9392.	to knock over, overturn
опроки́нуть p +a	4549.	to overturn
опрóс	8353	survey; questioning
опря́тный	9864.	tidy, neat
оптима́льный	8458.	optimal
опубликова́ть p +a	2715.	to publish
опуска́ть i +a	3741.	to lower
опуска́ться i	3184.	to lower os
опустéть p	6953.	to empty, become empty
опусти́ть p +a	1781.	to lower, drop
опусти́ться p	5804.	to lower os, sink
опýшка	5805.	edge (of a forest)
опýщенный	7777.	lowered
óпыт	427.	experience; experiment
óпытный	1916.	experienced
опя́ть	239.	again
ора́нжевый	6049.	orange (adj)
ора́тор	3830.	orator, speaker
ора́ть i	2480.	to howl, yell
óрган	3503.	organ (biol, political)
орга́н		organ (musical instrument)
организа́тор	3660.	organizer
организациóнный	6050.	organizational
организа́ция	492.	organization
органи́зм	1827.	organism
организóванность f	8731.	good organization
организóванный	5361.	organized
организова́ть i/p +a	1280.	to organize
организóвывать i +a	8732.	to organize
органи́ческий	4053.	organic
óрден	2315.	(nom pl ордена́) medal, decoration; (nom pl óрдены) order (society)
ор(ё)л	6954.	eagle
орéх	4710.	nut
оригина́л	8560.	original; eccentric (noun)
оригина́лный	4848.	original
ориента́ция	8561.	orientation
ориенти́роваться i/p	9393.	to find one's way; (на +a) be orientated towards
оркéстр	2925.	orchestra
ороси́тельный	4178.	irrigation
орошéние	4550.	irrigation
орýдие	1046.	instrument; implement; (field) gun, piece of ordnance
оруди́йный	8733.	gun, cannon (adj)
орýжие	749.	arms, weapons
оса́д(о)к	8241.	sediment; deposition; after-taste
осва́ивать i +a	6315.	to master
освéдомиться p о +pr	9394.	to enquire about
освети́ть p +a	3111.	to illuminate
освеща́ть i +a	2982.	to illuminate
освеща́ться i	9395.	to be illuminated, light up
освещéние	2877.	illumination
освещённый	6316.	illuminated
освободи́тельный	7778.	liberation (adj)
освободи́ть p +a	2576.	to liberate
освободи́ться p от +g	2764.	to free os
освобожда́ть i +a	4995.	to free
освобожда́ться i	6609.	to become free

освобожде́ние	1946.	liberation
освобождённый	8734.	liberated, free
освое́ние	3473.	assimilation, mastery
осво́ить p +a	5362.	to master
ос(ё)л	6051.	donkey
осе́нний	2617.	autumn (adj)
о́сень f	1509.	autumn
о́сенью	8735.	in autumn
оско́л(о)к	3185.	splinter
оскорби́тельный	8736.	insulting
оскорби́ть p +a	7779.	to insult
оскорбля́ть i +a	7366.	to insult
ослабе́ть p	8737.	to become weak
ослепи́тельный	8738.	dazzling
осложне́ние	7780.	complication
осма́тривать i +a	3391.	to look round, inspect
осма́триваться i	7781.	to look round, get one's bearings
осме́литься p +inf	6052.	to dare
осмо́тр	7367.	inspection
осмотре́ть p +a	3899.	to examine; look round (sth)
осмотре́ться p	6053.	to look round, see where one is
осмы́слить p +a	7782.	to make sense (of sth), interpret
оснасти́ть p +a +inst	8739.	to equip (sth with sth)
оснаще́ние	9396.	equipping; equipment
осно́ва	787.	base, foundation
основа́ние	1039.	foundation, basis; founding
основа́тельно	6955.	solidly, soundly, thoroughly
основа́тельный	9397.	well-founded; solid; thorough
основа́ть p +a	2618.	to found
основно́й	615.	basic, fundamental
осо́ба	5806.	person; personage
осо́бенно	266.	especially
осо́бенность f	1215.	peculiarity, special feature
осо́бенный	1466.	special, particular
особня́к	6610.	detached house
осо́бо	2437.	specially; separately
осо́бый	699.	special
осозна́ть p +a	8740.	to realize
оспа́ривать i +a	9865.	to contest, dispute
остава́ться i	588.	to stay
оста́вить p +a	654.	to leave; to abandon
оставля́ть i +a	1556.	to leave (sth)
оста́вшийся	7783.	remaining
остально́е n adj	8741.	the rest, remainder
остальной adj	862.	the rest (of)
остана́вливать i +a	3301.	to stop
остана́вливаться i	1694.	to stop
останови́ть p +a	1557.	to stop (sth)
останови́ться p	524.	to stop
остано́вка	3392.	stop
оста́т(о)к	1828.	remainder
оста́ться p	242.	to stay
о́стов	8459.	framework
осторо́жно	1433.	carefully, cautiously
осторо́жность f	6054.	caution
осторо́жный	3831.	careful, cautious
остриё	6055.	point, spike
остри́чь p +a	8742.	to cut, clip
о́стро	5363.	sharply, intensely
о́стров	957.	island
остров(о́)к	8743.	islet
острота́	6611.	sharpness; witticism
остроу́мный	7784.	witty
о́стрый	1695.	sharp
осты́ть p	7368.	to cool down, get cold
осуди́ть p +a	4996.	to condemn
осужда́ть i +a	3112.	to condemn
осужде́ние	6612.	condemnation
осуществи́ть p +a	1917.	to carry out, execute
осуществи́ться p	7785.	to be fulfilled, be put into effect
осуществле́ние	1631.	carrying out
осуществля́ть i +a	3186.	to carry out, accomplish
осуществля́ться i	4849.	to be brought about
осы́пать p +a +inst	8562.	to shower (s.o./sth with sth)
ось f	4301.	axis; axle
от +g	36.	from
отбива́ть i +a	7786.	to break off; beat off, repulse; get by force
отбива́ться i от +g	9398.	to break away from; repulse, beat off; stray
отбира́ть i +a	7369.	(у +g) to take away (from s.o.); select
отби́ть p +a	4997.	to repulse; remove; break off
о́тблеск	6317.	reflection

отбо́й	8744.	beating off, repulsion; retreat
отбо́р	7787.	selection
отбо́рный	9866.	selected, specially chosen
отбра́сывать i +a	4711.	to throw off; discard
отбро́сить p +a	4551.	to throw off; discard
отбы́ть p	8745.	(+a) to serve (a period of time); (bookish) depart
отва́га	8746.	courage
отва́жный	4998.	courageous
отва́л	8549.	slag-heap, dump
до отва́ла		to satiety
отвали́ть p +a	8747.	to push away (sth heavy); cast off (boat)
отвезти́ p +a	6613.	to transport away
отверга́ть i +a	3900.	to reject
отверну́ться p от +g	3113.	to turn away (from)
отве́рстие	4320.	opening
отве́сный	8748.	steep
отвести́ p +a	2619.	to lead away; to assign
отве́т	525.	answer
отве́тить p	162.	to answer
отве́тственность f	1745.	responsibility
отве́тственный	2256.	responsible
отвеча́ть i	267.	to answer (i)
отвлека́ть i +a	6614.	to distract
отвлечённый	7370.	abstract
отводи́ть i +a	4126.	to take aside
отвора́чиваться i от +g	9399.	to turn away from
отвори́ть p +a	7371.	to open
отврати́тельный	5364.	repulsive
отвраще́ние	6615.	disgust
отдава́ть i +a	1578.	to give back; to give away
отдалённый	2926.	distant, remote
отда́ть p +a	806.	to give back, return
отда́ча	6616.	return; performance (at work)
отде́л	1918.	section, department
отде́латься p	9867.	(от +g) to get rid of; (+inst) get off, escape (with)
отделе́ние	1992.	department, section
отдели́ть p +a от +g	6617.	to separate (sth from sth)
отде́лка	5365.	finishing, fitting-out, decoration
отде́льно	3977.	separately
отде́льность: в отде́льности	6618.	taken separately
отде́льный	807.	separate, individual
отделя́ть i +a	4712.	to separate
отделя́ться i от +g	7788.	to separate (from)
отдохну́ть p	2099.	to rest, have a holiday
о́тдых	1919.	rest; holiday
отдыха́ть i	2716.	to rest; take a holiday
от(е́)ц	195.	father
оте́чественный	3572.	of the fatherland; Russian
оте́чество	3573.	fatherland
о́тзыв	5807.	opinion, response; review, criticism
отзыва́ться i	8749.	(на +a) to respond to; affect; (о +pr) give an opinion of
отка́з	2765.	refusal
отказа́ть p +d в +pr	4081.	to refuse (s.o. sth)
отказа́ться p	1326.	(+inf) to refuse (to do sth); (от +g) renounce (sth)
отка́зываться i от +g or +inf	2766.	to refuse
отки́нуть p +a	7372.	to throw away, throw back
отки́нуться p	6956.	to lean back
откла́дывать i +a	4713.	to postpone
о́тклик	8750.	response
откли́кнуться p на +a	7789.	to respond (to sth)
отко́с	4552.	slope
открове́нно	2767.	frankly
открове́нность f	7373.	frankness
открове́нный	2927.	frank
открыва́ть i +a	1123.	to open; to discover
открыва́ться i	1762.	to open
откры́тие	1134.	opening; discovery
откры́тка	5366.	postcard
откры́тый	926.	open
откры́ть p +a	587.	to open
откры́ться p	2232.	to open
отку́да	686.	from where
отку́да-то	6619.	from somewhere
отли́в	7374.	ebb, falling tide; tinge, tint, play of colours

отливáть i +a	5808.	to pour off; cast (metal); (no p) (+inst) be streaked with (a colour)
отличáть i +a	4179.	to distinguish
отличáться i	1382.	to distinguish os; (от +g i only) differ
отли́чие	2233.	difference; distinction
отличи́ть p +a	6056.	to distinguish
отли́чно	1782.	excellent(ly)
отли́чный	2257.	excellent
отложи́ть p +a	2620.	to put aside; postpone
отмахну́ться p от +g	6957.	to brush off
отмéна	6958.	abolition, cancellation
отмени́ть p +a	6620.	to abolish, cancel
отмéнный	9868.	excellent
отмéтить p +a	1558.	to mark, note, record; to celebrate
отмéтка	6959.	note, mark
отмечáть i +a	2100.	to note, mark; mention
отмечáться i	5809.	to register, sign one's name
отнести́ p +a	3302.	to take (somewhere)
отнести́сь p к +d	4553.	to treat, regard (s.o. or sth)
отнимáть i +a	4714.	to take away
относи́тельно	2352.	relatively; (+g) concerning
относи́тельный	5173.	relative (adj)
относи́ться i к +d	958.	to relate to; to regard
отношéние	521.	attitude; (pl) relations
отны́не	5174.	henceforth
отню́дь	2663.	not at all
отня́ть p +a	2394.	to take away
отобрáть p +a	3978.	to take away; select
отовсю́ду	7790.	from everywhere
отодви́нуть p +a	5175.	to move aside
отозвáться p	2768.	(на +a) to respond to; (о +pr) express a view of
отойти́ p от +g	1407.	to move away (from)
отоплéние	9400.	heating
оторвáть p +a	2826.	to tear off
оторвáться p от +g	3979.	to be torn off, break away
отперéть p +a	4715.	to unlock
отпечáтать p	9401.	to print (off)
отпечáт(о)к	6318.	imprint
отпóр	6057.	repulse, rebuff
отпрáвить p +a	1603.	to send off
отпрáвиться p	2020.	to set off
отпрáвка	9402.	sending off, dispatch
отправлéние	4716.	dispatch; departure (of train)
отправля́ть i +a	6319.	to send off
отправля́ться i	3303.	to set off
óтпуск	2577.	leave (from work)
отпускáть i +a	3742.	to release
отпусти́ть p +a	2316.	to let go, release
отрабóтать p +a	6960.	to work off (debt etc.), work (shift etc.), finish working
отравля́ть i +a	9869.	to poison
отражáть i +a	2827.	to reflect
отражáться i	3832.	to be reflected
отражéние	3743.	reflection
отрази́ть p +a	5810.	to reflect; repulse
отрази́ться p	6621.	to be reflected
óтрасль f	1268.	branch (of science, industry, government, etc.)
отрéз	8399.	cut
отрéзать p +a	3245.	to cut off
отрéчься p от +g	9403.	to renounce (sth)
отрицáние	7791.	negation
отрицáтельно	5579.	negatively; unfavourably
отрицáтельный	3980.	negative
отрицáть i +a	3114.	to deny
отруби́ть p +a	9404.	to chop off
отры́в от +g	7375.	tearing off; isolation (from)
отрывáть i +a от +g	5367.	to tear off, tear away
отрывáться i от +g	4554.	to be torn away; tear os away from
отры́в(о)к	8751.	excerpt
отря́д	4064.	detachment (organized group of soldiers or workers)
отсéк	8460.	compartment
отставáние	9405.	lag, lagging behind
отставáть i от +g	3574.	to lag behind
отстáвить p +a	8327.	to set aside
отстáвка	6961.	retirement, resignation
отстáивать i +a	4850.	to defend
отстáлый	5580.	backward
отстáть p от +g	3038.	to lag behind

отстоя́ть p +a	6320.	to defend
отстрани́ть p +a	9406.	to push aside; remove
отступа́ть i от +g	2395.	to retreat; deviate (from)
отступи́ть p	5176.	to retreat
отступле́ние	5368.	digression; retreat
отсу́тствие	1920.	absence
отсу́тствовать i	6622.	to be absent
отсю́да	1135.	from here; hence
отта́лкивать i +a	8752.	to push away, repel
отте́н(о)к	2878.	shade, nuance
оттого́	2101.	for that reason
оттолкну́ть p +a	7376.	to push away
отту́да	1650.	from there
отхо́д	6962.	departure
отходи́ть i от +g	2064.	to move away
отцо́вский	4851.	paternal
отча́сти	5369.	partly
отча́яние	2828.	despair
отча́янно	5177.	desperately
отча́янный	3981.	desperate
отчего́	1993.	why
о́тчество	6058.	patronymic
отчёт	2983.	report
отчётливый	6963.	clear, distinct
отчётный	8302.	report (adj)
отъе́зд	2438.	departure
отыска́ть p +a	5811.	to seek out, seek and find
оты́скивать i +a	8753.	to find, seek out
официа́льный	1871.	official
офице́р	663.	officer
офице́рский	4331.	officer's
официа́льно	5581.	officially
официа́нт	5178.	waiter
офо́рмить p +a	7377.	to put into proper form
оформле́ние	5179.	registration; putting in required form
оформля́ть i +a	7792.	to put into proper form
ох	1579.	oh, ah (regret, annoyance)
охвати́ть p +a	3246.	to seize, envelop
охва́тывать i +a	4852.	to envelop
охлажда́ть i +a	9407.	to cool
охлажде́ние	4461.	cooling
охо́та	1852.	desire; hunting
охо́титься i на +a	6321.	to hunt
охо́тник	1872.	hunter
охо́тничий	4555.	hunting (adj)
охо́тно	2829.	willingly
охра́на	1963.	protection; guard
охраня́ть i +a	3833.	to guard
оце́нивать i +a	5370.	to evaluate; appreciate
оцени́ть p +a	2481.	to evaluate, appreciate
оце́нка	2717.	assessment
оча́г	3834.	hearth
очеви́дно	1164.	obviously
очеви́дный	3393.	obvious
о́чень	56.	very
очередно́й	1796.	next; regular
о́чередь f	483.	queue, turn
о́черк	3394.	essay, study
очерта́ние	5371.	outline
очи́стить p +a	6623.	to clean
очища́ть i +a	7378.	to clean, purify
очки́ pl	2317.	glasses, spectacles
очко́	8267.	point (in scoring); (pl) glasses, spectacles
очну́ться p	6322.	to regain consciousness
очути́ться p	3982.	to find oneself
ошеломи́ть p +a	9870.	to stun, astound
ошиба́ться i	2207.	to make a mistake
ошиби́ться p	2928.	to make a mistake
оши́бка	1253.	mistake
оши́бочный	8754.	mistaken
ощути́мый	7793.	perceptible
ощути́ть p +a	6323.	to feel, sense
ощуща́ть i +a	4717.	to feel, sense
ощуща́ться i	7794.	to be felt
ощуще́ние	3575.	sensation, feeling
павильо́н	8328.	pavilion
па́дать i	942.	to fall
паде́ние	3304.	fall
па(ё)к	7383.	ration
па́зуха	6324.	bosom
паке́т	4061.	packet; bag (paper or plastic)
паке́тик	9871.	bag, plastic bag
па́кость f	9408.	dirty trick; filth
пала́та	4556.	chamber; ward
пала́тка	4999.	tent
пала́ч	4557.	executioner
па́л(е)ц	672.	finger; toe
палиса́дник	9872.	front garden; stake fence
пали́ть i +a	7379.	(p с-) to burn, scorch; (p о-) singe
па́лка	2527.	stick

па́лочка	4558.	small stick, baton
па́луба	4065.	deck (of a ship)
па́льма	5180.	palm tree
пальто́ n indecl	1797.	overcoat
па́льчик	9409.	small finger
па́мятник	2353.	monument
па́мятный	3576.	memorable
па́мять f	927.	memory
пане́ль f	9873.	pavement; panelling, panel
па́ника	4718.	panic
панихи́да	8755.	requiem
панора́ма	7795.	panorama
па́па m	315.	dad; Pope
папа́ша m	3577.	dad
папиро́са	1798.	cigarette
па́пка	2879.	file, folder
пар	1510.	steam
па́ра	1181.	pair, couple
пара́д	6624.	parade
пара́дный	4238.	ceremonial; main
парадо́кс	4279.	paradox
парашю́т	6964.	parachute
парен(ё)к (coll)	4417.	lad
па́р(е)нь m	405.	lad, boy
пари́жский	4559.	Parisian
парикма́херская f adj	6625.	hairdresser's, barber's
парк	2258.	park; depot
парла́мент	6059.	parliament
парла́ментский	7796.	parliamentary
парни́шка m (coll)	6965.	lad
парово́з	4299.	locomotive, steam-engine
парово́й	7380.	steam (adj)
паро́м	8756.	ferry
парохо́д	1111.	steamer
па́рта	7797.	school desk
па́ртия	237.	party (political)
партиза́н	4070.	partisan
парти́йный	884.	party (adj)
партнёр	6325.	partner
па́рус	6060.	sail
парши́вый	9410.	mangy; shabby, nasty
па́смурный	9874.	cloudy, overcast; gloomy
па́спорт	4180.	passport
пассажи́р	2396.	passenger
пассажи́рский	5812.	passenger (adj)
пасси́вный	8757.	passive
пасти́ i +a	7381.	to graze; to shepherd
пасть p	3039.	to fall
пасть f		maw, jaws (of animal)
па́сха	2830.	Easter
па́сын(о)к	9875.	stepson
патрио́т	1994.	patriot
патриоти́зм	5181.	patriotism
патриоти́ческий	3578.	patriotic
патро́н	3395.	cartridge
патру́ль m	8329.	patrol
па́уза	555.	pause
паути́на	7798.	cobweb
паха́ть i +a	4719.	to plough
па́хнуть i +inst	1947.	to smell (of)
па́чка	4181.	packet, pack
па́шня	4182.	ploughed field
пев(е́)ц	8758.	singer
певи́ца	7799.	singer f
педаго́г	6966.	pedagogue, teacher
педагоги́ческий	5182.	pedagogical, education (adj)
пейза́ж	4560.	landscape
пе́кло (coll)	9876.	scorching heat; hell
пелёнка	9877.	nappy
пе́на	5000.	foam
пе́ние	3474.	singing
пенсионе́р	7382.	pensioner
пе́нсия	3396.	pension
п(е)нь m	5582.	tree-stump
пе́п(е)л	5372.	ash, ashes
пе́пельница	8759.	ashtray
пе́рвенство	4720.	first place (in competition); championship
перви́чный	4359.	primary
первобы́тный	5001.	primitive
первонача́льно	7800.	originally
первонача́льный	5813.	initial, original
первостепе́нный	5814.	paramount
пе́рвый	48.	first
перебива́ть i +a	3305.	to interrupt
перебира́ть i +a	5183.	to sort out; look through; go over
переби́ть p +a	2354.	to interrupt
перебра́сывать i +a	9411.	to throw over
перебра́ть p	7384.	to sort through; to take in excess
перебро́сить p +a	8760.	to throw over

перева́л	7801.	crossing; mountain pass
перевезти́ p +a	7385.	to transport across, from swh to swh
переверну́ть p +a	6967.	to turn over
перевести́ p +a	2318.	to transfer; translate
перево́д	3115.	translation; transfer
переводи́ть i +a	3306.	to take across; transfer; translate
перево́зка	8357.	transportation
переворо́т	2158.	coup
перевяза́ть p +a	7386.	to bandage; tie up
перегляну́ться p c +inst	5815.	to exchange glances (with)
перегна́ть p +a	9412.	to outdistance, outstrip; drive (sth swh); distil
перегово́ры m pl	2578.	negotiations
перегоро́дка	6326.	partition
перегру́зка	4561.	overload
пе́ред +inst	141.	in front of, before
передава́ть i +a	1763.	to transmit
передава́ться i	5373.	to be transmitted
переда́ть p	802.	to pass, hand over; transmit, convey
переда́ча	1731.	transmission
передвига́ть i +a	9413.	to shift
передвиже́ние	6968.	movement
переде́лать p +a	9414.	to remake, alter
переде́лка	7802.	alteration
переде́лывать i +a	9415.	to remake, alter
пере́дний	3579.	front (adj)
пере́дник	9416.	apron; pinafore
пере́дняя f adj	1746.	entrance hall
передово́й	1124.	advanced; progressive
передра́знивать i +a	6969.	to mimic
переду́мать p	8761.	to change one's mind
переды́шка	9878.	breathing-space, rest, short break
перее́зд	9417.	crossing; removal (change of residence)
переезжа́ть i	6626.	to drive across; move house
перее́хать p	5583.	to drive across; move (house)
пережива́ние	5002.	experience, emotional experience
пережива́ть i +a	2528.	to experience; suffer
пережи́т(о)к	6327.	survival, relic (of the past)
пережи́ть p +a	3475.	to live through; experience; outlive
переигра́ть p +a	9418.	to play again; overact
перейти́ p +a or че́рез +a	1112.	to cross
переки́нуть p +a че́рез +a	6627.	to throw over
перекрести́ться p	6328.	(i крести́ться) to cross os; (i перекре́щиваться) intersect
перекрёст(о)к	7803.	crossroads
перекры́ть p +a	8762.	to cover again; block off
перелёт	8763.	flying over; migration (birds)
перели́в	7804.	tint; play of colours
перелива́ться i	9419.	to flow (swh); overflow; (i only) glisten, play (of colours), modulate
перели́стывать +a	5374.	to leaf through
перело́м	9420.	break, fracture; turning-point
переме́на	2529.	change
перемени́ть p +a	4853.	to change; transform
перемени́ться p	6329.	to change
перемеща́ться i	6970.	to move
перемеще́ние	6971.	displacement, shifting
переми́рие	8400.	truce
перенести́ p +a	3040.	to transfer
перено́с	9421.	transfer, carrying over; hyphenation
переноси́ть i +a	3835.	to transfer, carry over; postpone
переноси́ться i	8764.	to be carried (over)
перено́сный	9422.	portable; metaphorical
переня́ть p +a	7805.	to copy, adopt
переодева́ться i	8765.	to change one's clothes; disguise os
переписа́ть p +a	9423.	to rewrite; copy out
перепи́ска	5184.	correspondence
переплёт	4562.	binding
переплета́ться i	8766.	to be interwoven
перепра́ва	9424.	crossing; crossing-place; ford
перепу́тать p +a	6972.	to tangle, confuse

перерабо́тка	8767.	reworking
перере́зать p +a	5185.	to cut
переры́в	3580.	break, interval
переса́дка	7806.	change (of transport); transplant(ation)
пересека́ть i +a	5584.	to intersect
пересели́ться p	9425.	to move, migrate
пересе́чь p +a	8768.	to cross, cut across
пересмотре́ть p +a	6973.	to reconsider
переспроси́ть p +a	7807.	to ask again
перестава́ть i +i inf	6974.	to stop
переставля́ть i +a	9426.	to shift; rearrange
переста́ть p + i inf	959.	to cease, stop
перестро́йка	2234.	restructuring
переступи́ть p +a	8769.	to step over
пере́ть i (coll)	9427.	to shove, barge, push
переу́л(о)к	6330.	lane
перехвати́ть p +a	7387.	to intercept
перехва́тывать i +a	9428.	to intercept
перехо́д	1393.	crossing, transition
переходи́ть i +a	1580.	to cross, go over
пе́р(е)ц	9429.	pepper
пе́реч(е)нь m	9879.	list, enumeration
перечи́слить p +a	6061.	to enumerate; transfer (funds)
перечисля́ть i +a	7388.	to enumerate; transfer (funds)
перечи́тывать i +a	7389.	to reread
пери́ла pl	4854.	handrail, banisters
пери́на	9880.	feather-bed, duvet
пери́од	892.	period
периоди́ческий	7808.	periodic, recurrent
перо́	2159.	feather
перро́н	9881.	platform (railway station)
перси́дский	8770.	Persian
персо́на	9430.	person
персона́ж	6975.	character
персона́л	8771.	personnel, staff
персона́льный	6976.	personal
перспекти́ва	2319.	perspective; prospect
перспекти́вный	5816.	promising, having prospects; long-term
перча́тка	4039.	glove (with fingers)
пёрышко (coll)	8563.	(little) feather
п(ё)с (coll)	4183.	dog
пе́сенка	3983.	song
пе́сня	235.	song
пес(о́)к	846.	sand
пёстрый	2929.	many-coloured, motley
песча́ный	4398.	sandy
петля́	5003.	loop; hinge
пету́х	5375.	cock
петь i	383.	to sing
пехо́та	4399.	infantry
печа́ль f	5186.	sorrow
печа́льно	4855.	sad(ly)
печа́льный	2208.	sad
печа́тать i +a	3476.	to print
печа́таться i	7390.	to be printed, published
печа́ть f	1222.	seal, stamp; print, printing
пе́чень f	9888.	liver
пе́чка	1665.	stove
печь i +a	913.	to bake
печь f		stove
пе́ший adj	8564.	pedestrian, foot (adj)
пешко́м	3477.	on foot
пеще́ра	4468.	cave
пиани́но n indecl	4336.	(upright) piano
пи́во	3901.	beer
пиджа́к	2579.	jacket
пила́	6331.	saw
пили́ть i +a	8772.	to saw; (coll) nag
пир	9882.	feast
пирами́да	6332.	pyramid
пира́т	8424.	pirate
пиро́г	5817.	pie
пиро́жное n adj	9883.	cake, pastry
пирож(о́)к	7809.	pie
писа́тель m	647.	writer
писа́тельский	9431.	writer's, literary
писа́ть i +a	164.	to write
писа́ться i	5585.	to be written; be spelt
пистоле́т	4062.	pistol
пи́сьменный	2831.	written; writing (adj)
письмо́	165.	letter
пита́ние	1696.	feeding, food
пита́тельный	4427.	nourishing
пита́ть i +a	5818.	to feed
пита́ться i +inst	6062.	to feed (on)
пи́терский (coll)	8565.	St Petersburg (adj)
пить i	677.	to drink
пи́ща	1853.	food
пища́ть i	9884.	to squeak, squeal; cheep
пищево́й	7391.	food (adj)

пла́вание	4356.	swimming; sailing
пла́вать i	2102.	to swim; sail
пла́вки	8425.	swimming trunks
пла́вно	7810.	smoothly
пла́вный	9432.	smooth, flowing
плаву́чий	7811.	floating
плака́т	4338.	poster
пла́кать i	918.	to cry, weep
пла́менный	6333.	burning (adj)
пла́мя n	1873.	flame
план	244.	plan
плане́та	1666.	planet
плани́рование	3478.	planning
плани́ровать i +a	5376.	to plan
пла́новый	4184.	planned, planning
планоме́рный	9433.	planned, systematic
пласт	4721.	layer; stratum
пласти́нка	2664.	(gramophone) record; flat piece of metal or other material
пласти́ческий	8773.	plastic (adj); artistically expressive
пластма́сса	9885.	plastic
пла́та	3116.	payment
платёж	8304.	payment
платёжный	8303.	payment (adj)
плати́ть i +d за +a	2259.	to pay (s.o. for sth)
плат(о́)к	1182.	shawl, kerchief
платфо́рма	5004.	platform
пла́тье	1799.	dress
плач	6334.	weeping
пла́чущий	9434.	tearful
плащ	6628.	raincoat; cloak
плева́ть i	6335.	to spit
племенно́й	9435.	tribal; thoroughbred
пле́мя n	2482.	tribe
племя́нник	6063.	nephew
плен	3397.	captivity
плени́тельный	8774.	captivating
плёнка	3247.	film, (recording) tape
пле́нный m adj	4451.	captive
пле́нум	4321.	plenary session
пле́сень f	9886.	mould
плеска́ть i	9887.	to splash
плести́ i +a	6629.	to weave
плет(е́)нь m	4722.	hurdle, wattle (fence)
плечо́	339.	shoulder
плита́	6336.	stove, cooker; slab
плод	1032.	fruit

плодоро́дный	5005.	fertile, fruitful
плодотво́рный	7812.	fruitful
пло́ский	3398.	flat
пло́скость f	4185.	flatness; plane (surface)
плот	8401.	raft
плоти́на	4419.	dam
пло́тник	4723.	carpenter
пло́тно	3399.	tightly
пло́тность f	8775.	solidity; density
пло́тный	2580.	compact; solid
плоть f	9436.	flesh
пло́хо	585.	badly
плохо́й	1063.	bad
площа́дка	2530.	ground, area
пло́щадь f	1064.	square; area
плуг	8256.	plough
плыть i	2665.	to sail; swim
плю́нуть p	5586.	to spit
плюс	5187.	plus; advantage
пляж	9889.	beach
пляса́ть i	5188.	to dance
пля́ска	9437.	dance
по +d	25.	along; around; according to
поба́иваться i +g	8776.	to be rather afraid of
побе́да	675.	victory
победи́тель m	2531.	victor
победи́ть p +a	1434.	to defeat, conquer
победоно́сный	8566.	victorious
побежа́ть p	2065.	to run
побежда́ть i +a	4563.	to defeat
побеждённый	6977.	defeated
побере́жье	3902.	coast
побесе́довать p с +inst	6630.	to have a talk (with)
поби́ть p +a	5006.	to beat; break
поблагодари́ть p +a	5819.	to thank
побледне́ть p	7392.	to turn pale
поблёскивать i	6978.	to gleam
побли́же	4724.	a bit closer
побли́зости	9438.	nearby; hereabouts
побо́льше	3984.	a bit more
побо́рник +g	9439.	champion, keen supporter (of)
побоя́ться p +g or +inf	7393.	to be afraid, not dare to
побуди́ть p +a +inf or к +d	9890.	to prompt, induce (s.o. to do sth)
побужде́ние	9440.	motive, stimulus

побывáть p в +pr	1995.	to visit (a place)
побы́ть p	3985.	to stay for a while
повáдка (coll)	9441.	habit, (habitual) behaviour
пóвар	3479.	cook
повáренный	8426.	culinary
по-вáшему	4186.	in your opinion; as you want
повéдать p +a	6337.	to relate, tell
поведéние	1651.	behaviour
повезти́ p	3661.	(+a) to transport; (+d) be lucky
повéрить p	1171.	to believe (+d s.o. or sth) (в +a in s.o. or sth)
поверну́ть p +a	2132.	to turn
поверну́ться p	1800.	to turn around
повéрх +g	5007.	above
повéрхностный	7394.	superficial
повéрхность f	944.	surface
повéсить p +a	2930.	to hang
повествовáние	7813.	narration
повести́ p +a	1652.	to lead
повéстка	6979.	notification
повéстка дня		agenda
пóвесть f	1948.	story, novella
повидáть p (coll) +a	5820.	to see
по-ви́димому	2832.	seemingly
повиновáться i +d	7814.	to obey
пови́снуть p	7395.	to hang, dangle; droop, sag
пóвод	1223.	cause, grounds
поводи́ть i +inst	7815.	(i) to move, twitch
поводи́ть p +a		(p) to lead about
повóзка	9442.	cart, carriage
поворáчивать i +a	3662.	to turn
поворáчиваться i	2984.	to turn round
поворóт	2160.	turn
повреди́ть p +d	4856.	to harm, damage
повреждéние	6631.	damage
повседнéвный	5008.	everyday
повсю́ду	3836.	everywhere
повтори́ть p +a	1511.	to repeat
повтóрный	6980.	repeated
повторя́ть i +a	1383.	to repeat
повторя́ться i	3581.	to be repeated
повы́сить p +a	2880.	to raise
повы́ситься p	7816.	to rise
повышáть i +a	5587.	to raise

повышáться i	6064.	to rise
повышéние	1141.	rise, increase; promotion
повы́шенный	2985.	raised
повя́зка	6981.	bandage
погáный	6632.	foul, vile
погаси́ть p +a	5821.	to extinguish, put out; cancel
погáснуть p	5588.	to go out, be extinguished
погибáть i	5189.	to perish
поги́бнуть p	1614.	to perish
поги́бший	6633.	lost, ruined
поглáдить p +a	9443.	to stroke; iron
поглоти́ть p +a	6635.	to swallow, absorb
поглощáть i +a	2483.	to swallow, absorb
поглядéть p	2021.	to look
погля́дывать i на +a	3663.	to cast looks at
погнáть p +a	6338.	to drive, chase
поговори́ть p	1022.	to have a talk
поговóрка	5589.	saying, proverbial phrase
погóда	1559.	weather
погоди́ть p	1498.	to wait a little
погóн	4362.	shoulder-strap
погóня	6982.	pursuit
пограни́чный	7817.	border (adj)
пóгреб	5190.	cellar
погрéться p	8777.	to warm os
погрóм	7396.	pogrom, massacre
погружáться i в +a	6636.	to immerse os (in sth)
погрузи́ть p +a	4377.	(i грузи́ть) to load; (i погружáть) immerse
погрузи́ться p	8778.	(i погружáться) to immerse os; (i грузи́ться) to get on board, embark
погру́зка	8779.	loading
погуби́ть p +a	5590.	to destroy, ruin
погуля́ть p	3903.	to take a walk
под +inst	91.	under
подавáть i +a	1525.	to serve, present, give
подавáться i	5822.	to move, shift; be served (of food)
подави́ть p +a	6065.	to suppress
подавлéние	6339.	suppression
подáвленный	5591.	suppressed; depressed
подавля́ть i +a	8780.	to suppress

подавля́ющий 5377. overwhelming
пода́льше (coll) 3904. a little further
подари́ть p +a +d 2355. to give, present (sth to s.o.)
пода́р(о)к 1895. present
пода́ть i 1269. to give; to serve (food)
пода́ться p 5823. to move, shift
пода́ча 9444. giving; serve (tennis)
подбега́ть i к +d 5378. to run up (to)
подбежа́ть p к +d 7818. to run up (to)
подбира́ть i +a 4725. to pick up; select
подборо́д(о)к 4187. chin
подбро́сить p +a 9445. to throw, toss (up); jolt; add
подва́л 3400. cellar, basement
подверга́ть i +a +d 4564. to subject (s.o. to sth)
подверга́ться i +d 3117. to undergo, be subjected to
подве́ргнуть p +a +d 6340. to subject
подверну́ться p 5009. (coll) to turn up, crop up; be rolled up; be sprained, twisted (foot)
подве́сить p +a 7819. to suspend
подвести́ p +a 6341. to lead up; (coll) let down
по́двиг 1949. feat, heroic deed
подви́жный 8358. mobile, agile
подви́нуть p +a 9446. to move
подви́нуться p 6983. to move; advance
подво́да 4188. cart
подводи́ть i +a 3307. to lead up; (coll) let down
подво́дный 2397. underwater
подготови́тельный 5824. preparatory
подгото́вить p +a 2484. to prepare
подгото́вка к +d 1467. preparation (for)
поддава́ться i +d 7397. to yield (to)
по́дданный m adj 9891. subject, citizen
подда́ться p +d 9448. to yield, give way (to)
поддержа́ние 7820. support, maintenance
поддержа́ть p +a 2581. to support
подде́рживать i +a 1732. to support
подде́ржка 1711. support
поде́лать p (coll) 3480. to do
ничего́ не поде́лаешь it can't be helped
поделі́ться p +inst c +inst 5010. to share (sth with s.o.)
подже́чь p +a 6984. to set fire to
поджига́ть i +a 9449. to set fire to
подзе́мный 3248. underground (adj)
поди́ (coll) 3582. probably
подлежа́ть i +d 7821. to be subject to
подле́ц 3583. scoundrel
по́длинно 7398. genuinely
по́длинный 1896. genuine
подложи́ть p +a 7399. to put under; add
по́длость f 6342. mean behaviour; dirty trick
по́длый 5011. mean, underhand
подмигну́ть p +d 5191. to wink (at)
поднести́ p +a 5592. (к +d) take to; (+d) present to
поднима́ть i +a 960. to raise, lift
поднима́ться i 785. to rise, climb
подно́жие/подно́жье 9451. foot (of mountain etc.); pedestal
подно́с 5379. tray
подноси́ть i +a +d 6343. to bring, present (sth to s.o.)
подня́тие 6637. raising
по́днятый 5380. raised
подня́ть p 412. to raise
подня́ться p 536. to rise, climb
подо́бие 6066. resemblance, likeness
подо́бно +d 1829. similar (to)
подо́бный 706. similar
подобра́ть p +a 2666. to pick up; select
подожда́ть p +a or g 893. to wait for
подозрева́ть i +a 3308. to suspect
подозре́ние 6344. suspicion
подозри́тельно 5381. suspiciously
подозри́тельный 7822. suspicious
подойти́ p к +d 308. to approach
подоко́нник 9452. window-sill
подо́л 6985. hem
подо́лгу 7823. for a long time
подорва́ть p +a 6986. to undermine
подо́шва 9892. sole (of shoe, foot)
подпере́ть p +a 8781. to prop up
подписа́ть p +a 1996. to sign
подпи́сывать i +a 5192. to sign
по́дпись f 3744. signature
подпо́лье 5012. underground
подпо́льный 3837. underground (adj)
подража́ть i +d 5013. to imitate
подра́ться p c +inst 6987. to have a fight with

подро́бно	2485.	in detail
подро́бность f	2769.	detail
подро́бный	6638.	detailed
подро́ст(о)к	6067.	juvenile, youth
подру́га	2286.	(female) friend
по-друго́му	7824.	differently
подружи́ться p с +i	7825.	to make friends with
подру́жка	6345.	(female) friend (dim)
подрыва́ть i +a	7400.	to undermine
подрывно́й	7401.	undermining; subversive
подря́д	4565.	in succession; contract
подсказа́ть p +a	3986.	to prompt, suggest
подска́зывать i +a +d	6988.	to prompt; suggest (sth to s.o.)
подскочи́ть p	7826.	to run up; jump up
подслу́шивать i +a	9453.	to eavesdrop (on s.o.); (p подслу́шать) overhear
подсо́бный	9893.	subsidiary, supplementary
подста́вить p +a под +a	8782.	to put under
подставля́ть i +a под +a	8783.	to put under
по́дступ к +d	7827.	approach
подсчёт	5193.	calculation
подсчита́ть p +a	3745.	to count up, calculate
подта́лкивать i +a	8784.	to push slightly; (coll) urge on
подтверди́ть p +a	2532.	to confirm
подтверди́ться p	7828.	to be confirmed
подтвержда́ть i +a	3309.	to confirm
подтверждаться i	7829.	to be confirmed
подтвержде́ние	6989.	confirmation
подтя́нутый	8785.	self-controlled; well turned out, smart
подтяну́ть p +a	6990.	to tighten; pull up
поду́мать p	223.	to think
поду́ть p	7402.	to blow
поду́шка	2287.	pillow; cushion
подхвати́ть p +a	3584.	to pick up, take up
подхва́тывать i +a	4566.	to pick up
подхо́д	2356.	approach
подходи́ть i	652.	(к +d) to approach; (+d) to suit
подходя́щий	3041.	suitable
подча́с	7830.	sometimes
подчёркивать i +a	2486.	to underline, emphasize
подчёркиваться i	6639.	to be emphasized
подчеркну́ть p +a	3401.	to underline; emphasize
подчине́ние	4726.	submission, subjection
подчинённый	6068.	subordinate
подчини́ть p +a +d	3746.	to subordinate, subject (s.o. to s.o. or sth)
подчиня́ть i +a +d	8786.	to subordinate to
подчиня́ться i +d	6069.	to submit, be subject to
подъе́зд	5194.	entrance, doorway
подъезжа́ть i к +d	7403.	to drive up (to)
подъём	1712.	rise
подъёмный	9454.	lifting (adj)
подъе́хать p к +d	5593.	to drive up (to)
подыма́ть i (coll) +a	3118.	to raise
подыма́ться i (coll)	3402.	to rise; climb
поеди́н(о)к	7831.	duel
по́езд	1065.	train
пое́здка	2103.	journey, trip
пое́сть p	3403.	to eat a little
пое́хать p	386.	to go (by transport)
пожале́ть p	2667.	(+a) to pity; (о +pr) regret
пожа́ловаться p на +a	5195.	to complain (about)
пожа́луй	878.	very probably
пожа́луйста	467.	please, please do; don't mention it
пожа́р	1807.	fire
пожа́рный	4727.	fire (adj); fireman
пожа́ть p +a	3042.	to press, squeeze
пожева́ть p +a	9455.	to chew
пожела́ние	4567.	wish
пожела́ть p +g	4568.	to wish (for)
пожени́ться p	6070.	to get married (of a couple)
поже́ртвовать p	8787.	(+a) to donate; (+inst) sacrifice
поже́чь p +a	9456.	to burn up
пожило́й	2104.	elderly
пожима́ть i +a	5196.	to press, squeeze
пожи́ть p	3187.	to live for a while
по́за	6346.	pose
позабо́титься p о +pr	6071.	to worry about; take care of
позабы́ть p (coll) +a or о +pr	5825.	to forget

позавчера́ 6991. the day before yesterday
позади́ 2161. behind
позва́ть p +a 1950. to call, summon
позво́лить p +d 693. to permit (s.o.)
позволя́ть i +d 1200. to permit (s.o.)
позвони́ть p +d 2439. to ring; telephone (s.o.)
по́здний 2621. late
по́здно 475. late; it is late
поздоро́ваться i с +inst 5014. to greet
поздра́вить p +a с +inst 3043. to congratulate (s.o. on sth)
поздравле́ние 6072. congratulation; greeting
поздравля́ть i +a с +inst 2622. to congratulate (s.o. on sth)
позити́вный 9894. positive
пози́ция 1053. position
познава́ть i +a 9457. to get to know, experience
познако́мить p +a с +inst 5594. to introduce (s.o. to s.o. or sth)
познако́миться p с +inst 1394. to become acquainted with; meet
позна́ние 3481. knowledge, cognition
позна́ть p +a 8501. to get to know, experience
позо́р 4857. disgrace
позо́рно 9458. disgracefully, shamefully
позо́рный 6640. disgraceful
поинтересова́ться p +inst 7832. to take an interest, wonder
по́иск 1270. search
поиска́ть p +a 6641. to look for
пои́стине 3310. indeed
пои́ть i +a 8245. to give to drink (to s.o./sth)
пойма́ть p +a 2066. to catch
пойти́ p 79. to go (on foot)
пока́ 216. while
пока́ не until
показа́ние 5382. testimony; reading (on instrument)
показа́тель m 3517. index, indicator
показа́ть p +a 316. to show
показа́ться p 914. to seem, to appear, to show oneself
пока́зывать i +a +d 556. to show (sth to s.o.)
пока́зываться i 3249. to show os, be shown
покара́ть p +a 8567. to punish
покати́ться p 6347. to roll
покача́ть p 3905. to rock, swing
пока́чивать i +a or +inst 6642. to rock
пока́чиваться i 5015. to rock, sway
покида́ть i +a 3747. to abandon
поки́нуть p +a 2718. to abandon
покло́н 4728. bow (greeting)
поклони́ться p 4189. to bow
покло́нник 9895. admirer
покля́сться p в +pr or +inf or что 8788. to vow
поко́иться i на +pr 5016. to rest, repose (on)
поко́й 1764. peace, quiet
поко́йник 4569. dead person, the deceased
поко́йный 3311. calm; late, deceased
поколе́ние 1359. generation
поко́нчить p с +inst 2833. to finish (with), do away with
поко́рно 5197. humbly, obediently
поко́рный 6643. humble
покоря́ть i +a 9896. to conquer, subjugate
покоси́ться p 5826. to become crooked; (на +a) look sideways at
покрасне́ть p 3585. to become red; blush
покро́в 4448. cover
покрыва́ло 8789. cover; bedspread
покрыва́ть i +a 3748. to cover
покрыва́ться i +inst 9459. to cover os (with), be covered (by)
покры́ть p +a +inst 1830. to cover (sth with sth)
покры́ться p +inst 7404. to be covered (with)
покры́шка 6644. covering; (coll) lid
поку́да (coll) 8305. while
покупа́тель m 5595. customer
покупа́ть i +a 2881. to buy
поку́пка 5017. purchase
покури́ть p 7833. to have a smoke
поку́шать p 7405. to eat (polite usage)
пол 831. (pr sg на полу́, nom pl полы́) floor; (nom pl по́лы, g pl поло́в) sex
пола́ 6992. flap (of coat etc.)

полага́ть i	1526.	to suppose, think
полага́ться i на +a	2770.	to rely (on)
полве́ка	5198.	half a century
полго́да	3404.	half a year
по́лдень	3838.	midday
по́ле	249.	field
полево́й	1512.	field (adj)
полежа́ть p	7834.	to lie for a while
поле́зно	4858.	useful(ly)
поле́зный	1435.	useful
поле́зть p	3119.	to climb
поле́но	6993.	log
полёт	3482.	flight
полете́ть p	3312.	to fly
по́лзать i	6073.	to crawl about
ползти́ i	3906.	to crawl
полива́ть i +inst +a	5383.	to pour (liquid on sth)
поликли́ника	5827.	clinic, health centre
полиро́ванный	7835.	polished
политбюро́ n indecl	7836.	Politburo
поли́тик	2986.	politician
поли́тика no pl	681.	politics; policy, policies
полити́чески	7837.	politically
полити́ческий	629.	political
полице́йский	3514.	police (adj); (adj used as noun) policeman
поли́ция	2105.	police
полк	1327.	regiment
по́лка	2582.	shelf
полко́вник	4287.	colonel
полково́д(е)ц	5828.	military leader
полково́й adj	8568.	regimental
полно́ (coll)	3120.	enough; (+ g) lots
по́лно		full
по́лностью	1328.	fully, completely
полнота́	5596.	fullness; stoutness
полноце́нный	8858.	genuine, complete, of good quality
по́лночь	5018.	midnight
по́лный	302.	full
полови́на	850.	half
полови́ца	8790.	floorboard
полово́й	9897.	sexual
поло́гий	6645.	gently sloping
положе́ние	610.	position
поло́женный	6074.	agreed, fixed
поло́жено	6634.	one is supposed to
положи́тельно	7838.	positively
положи́тельный	3121.	positive
положи́ть p +a	727.	to lay, to put
положи́ться p на +a	8791.	to rely on
полома́ть p +a	6994.	to break
полоса́	1697.	strip
полоса́тый	9460.	striped
поло́ска	2623.	strip
полоте́нце	3664.	towel
полотно́	6995.	canvas (painting); linen
полтора́ numeral	1446.	one and a half
полтора́ста	9898.	a hundred and fifty
полуо́стров	6996.	peninsula
получа́ть i +a	782.	to receive, get
получа́ться i	919.	to turn out, result
получе́ние	1803.	receiving
получи́ть p +a	207.	to receive
получи́ться p	1142.	to turn out, work out, result
полу́чка (coll)	8792.	pay, wages
полу́чше	6646.	a little better
полуша́рие	7406.	hemisphere
полушу́б(о)к	5829.	half-length sheepskin coat
полчаса́	3749.	half an hour
по́льза	1027.	use; benefit
по́лый	8793.	hollow
полыха́ть i	9461.	to blaze
по́льзование +inst	9447.	use (of)
по́льзоваться i +inst	907.	to use
по́льский	4367.	Polish
полюби́ть p +a	2260.	to fall in love with
полюбова́ться p +inst or на +a	5019.	to admire
по́люс	7407.	pole (geog)
поля́к	4859.	Pole (Polish man)
поля́на	4729.	glade, clearing, forest meadow
поля́рный	4394.	polar
пома́лкивать i (coll)	9462.	to keep quiet
помаха́ть p +inst	8794.	to wave (for a while)
поме́длить p	8795.	to delay, hesitate
поме́ньше	6075.	a little less
помере́ть p (coll)	3188.	to die
помере́щиться p (coll)	8796.	to seem
помести́ть p +a	2931.	to accommodate, place
помести́ться p	9463.	to go in, fit in; install os
поме́стье	9899.	estate

помёт	8797.	dung, droppings
поме́тка	8798.	mark, note
поме́ха	7839.	hindrance
помеша́ть p	2834.	(+d) to hinder, prevent; disturb; (+a) to stir
помеща́ть i +a	6076.	to place, accommodate
помеща́ться i	5020.	to be located; find space
помеще́ние	1854.	accommodation
поме́щик	2357.	landowner
поме́щичий adj	9464.	landowner's
помидо́р	9900.	tomato
поми́ловать p +a	5384.	to pardon
поми́мо +g	2668.	apart from
помина́ть i +a	6077.	to mention; recall
помира́ть i (coll)	6997.	to die
помири́ться p с +inst	6647.	to make peace, be reconciled
по́мнить i +a/о +pr	282.	to remember
по́мниться i +d	7408.	to be remembered
по-мо́ему	1499.	in my opinion; as I would have it
помога́ть i +d	372.	to help
помоли́ться p	8799.	to pray
помолча́ть p	1172.	to be silent for a while
помо́ст	9465.	platform, rostrum; scaffold
помо́чь p +d	260.	to help
помо́щник	1500.	assistant
по́мощь f	317.	help
помча́ться p	5597.	to rush
помяну́ть p +a	5598.	to mention; recall
пона́добиться p	2882.	to be necessary
по-настоящему	5599.	properly, in the right way
поначáлу (coll)	9450.	at first
понеде́льник	7840.	Monday
понемно́гу	6078.	little by little
понести́ p +a	3405.	to carry
пониже́ние	6648.	lowering
пони́зить p +a	9466.	to lower; reduce
понима́ние	1874.	understanding
понима́ть i	175.	to understand
по-но́вому	5385.	in a new way
понра́виться p +d	1897.	to please (s.o.)
поня́тие	1408.	concept, notion
поня́тно	928.	understandably; I see! I understand!
поня́тный	1667.	comprehensible
поня́ть p +a	229.	to understand
пообе́дать p	7409.	to dine, have a meal
пообеща́ть p +a +d	9467.	to promise (sth to s.o)
по́одаль	7410.	at some distance
поощря́ть i +a	9901.	to encourage
поп	1831.	priest (coll)
попада́ть i	2022.	to hit; to get (to)
попада́ться i	3122.	to be caught; turn up
попа́сть p	476.	to hit; to get to
попа́сться p	5386.	to be caught; be found
поперёк +g	3044.	across
попере́чный	4190.	transverse
попи́ть p	7841.	to have a drink
поплы́ть p	6649.	to sail; swim
попола́м	9902.	in half, half-and-half
поползти́ p	8569.	to crawl
пополне́ние	9468.	replenishment; reinforcement(s)
попра́вить p +a	3750.	to correct
попра́виться p	7411.	to get better; correct os; put on weight
попра́вка	5199.	correction
поправля́ть i +a	6348.	to correct, put right
по-пре́жнему	1832.	as before
по́прище	8800.	field (of activity)
попро́бовать p +a	1369.	to try, taste
попроси́ть p +a +inf	1201.	to ask (s.o. to do sth)
по́просту (coll)	5200.	simply
попроща́ться p с +inst	4730.	to say goodbye (to)
популя́рность f	5600.	popularity
популя́рный	4191.	popular
попу́тно	8801.	on the way; in passing
попу́тный	8802.	accompanying; passing
попу́тчик	9469.	fellow-traveller
попыта́ться p +inf	2162.	to attempt (to do sth)
попы́тка	1329.	attempt
пора́	231.	it is time; time, season
порабо́тать p	3665.	to work for a while
порабоще́ние	6998.	enslavement
поравня́ться p с +inst	7412.	to draw level with, come up to
пора́довать p +a	8803.	to gladden, please
пора́доваться p +d	8804.	to be glad (at)
поража́ть i +a	3123.	to strike; astonish
пораже́ние	3189.	defeat
поражённый	8805.	defeated; astounded

поразительно 6079. strikingly, astonishingly
поразительный 3666. astonishing
поразить p +a 3586. to strike; astonish; rout
по-разному 4570. in different ways
порвать p +a 3839. to tear; break off
поровну 9470. equally
порог 1615. threshold
порода 3501. kind, type, breed; rock (geological)
породить p +a 4731. to beget, engender, generate
порождать i +a 5021. to beget; engender; generate
порожний (coll) 9471. empty
порой 3250. at times, occasionally
порок 5022. vice; defect
поросён(о)к 9903. piglet
порох 6349. gunpowder
порочный 7842. vicious; defective
порош(о)к 4413. powder
порт 1271. port
портить i 5023. to spoil, damage
портной m adj 9904. tailor
портовый 8330. port (adj)
портрет 1395. portrait
портфель m 2533. briefcase
поругаться p 9472. to swear; (c +inst) (coll) have a row with
по-русски 6080. in Russian; in Russian style
поручать i +a +d 8806. to entrust sth to s.o.
поручение 3840. commission, errand
поручик 8248. lieutenant (tsarist army)
поручить p +a +d 3045. to entrust sth to s.o.
порция 7413. portion
порыв 4860. gust; impulse
порывисто 8807. jerkily; suddenly
поряд(о)к 453. order
порядочный 3251. decent, respectable
посадить p +a 2261. to plant, seat
посадка 4028. boarding (of plane etc.); landing; planting
посвистывать i 6999. to whistle
по-своему 4571. in one's own way
посвятить p +a +d 1964. to devote, dedicate (sth to sth/s.o.)
посвящать i +a +d 5201. to devote, dedicate (sth to s.o. or sth)
посев 4363. sowing
поселиться p 7000. to take up residence
посёл(о)к 1805. settlement
посетитель m 3751. visitor
посетить p +a 3313. to visit (a place)
посещать i +a 6350. to visit (a place)
посещение +g 5024. visit (to), attendance (at)
посеять p +a 7001. to sow
посидеть p 2320. to sit for a while
поскольку 1898. since, because, in as far as
поскорее 4732. a little faster; hurry up!
послать p +a 995. to send
после +g 122. after
послевоенный 6650. postwar
последний 192. last
последовательно 4192. consistently
последовательность f 5202. sequence; consistency
последовательный 4312. consistent; successive
последовать p +d 3406. to follow
последствие 3483. consequence
последующий 2669. subsequent, following
послезавтра 9473. the day after tomorrow
пословица 9905. proverb
послужить p +inst 3587. to serve (as)
послушать p +a 1311. to listen
послушный 9906. obedient
послышаться p 5387. to be heard
посматривать i на +a 4733. to look (at) from time to time
посмеиваться i 4193. to chuckle
посметь p +inf 3987. to dare
посмеяться p 5203. to laugh
посмотреть p 169. to look
пособие 7002. financial assistance; textbook
посоветовать p +d 2932. to advise (s.o.)
посоветоваться p c +inst 3988. to consult (s.o.)
пос(о)л 4410. ambassador
посольство 5830. embassy
поспевать i (coll) 8808. to be on time; keep up with; ripen
поспеть p (coll) 7843. (к +d/на +a) to be in time for; ripen

поспеши́ть p 6651. to hurry
поспе́шно 6652. hastily
посреди́ +g 3841. in the middle (of)
посреди́не/ посереди́не +g 5204. in the middle (of)
посре́дство 7844. mediation
посре́дством +g 5025. by means of
поссо́риться p с +inst 7414. to quarrel (with s.o.)
пост 1747. post (job)
поста́вить p 432. to place, put (in a standing position)
поста́вка 5388. delivery
поставля́ть i +a 9907. to deliver, supply
поставщи́к 6081. supplier
постанови́ть p 7415. to decide, resolve
постано́вка 6351. placing, setting; staging (of a play etc.)
постановле́ние 3314. resolution, decree
постара́ться p +p inf 2358. to try
постаре́ть p 6352. to grow old
по-ста́рому 7416. as before
посте́ль f 2771. bedding
постепе́нно 1344. gradually
постепе́нный 7003. gradual
пости́чь p +a 8809. to comprehend; befall
по́стный 9474. lenten, meatless; without meat or milk; (coll) lean (of meat); (coll) gloomy, glum; (coll) sanctimonious
посторо́нний m adj 2583. outside, not directly involved; outsider
постоя́нно 1224. constantly, perpetually
постоя́нный 1149. constant, permanent
постоя́ть p 1653. to stand for a while
пострада́ть p 5831. to suffer
построе́ние 4239. construction
постро́йка 3667. building
постро́ить p +a 908. to build
посту́кивать i 9475. to knock, tap, patter
поступа́ть i 1560. to act; (в +a) enter (organization)
поступи́ть p 1668. to act; (в +a) enter (organization)
поступле́ние 6353. joining (an organization); arrival (of goods)
посту́п(о)к 2624. action, act
постуча́ть p в +a 5205. to knock (at)
посу́да 1997. crockery, dishes
посыла́ть i 2023. to send
посы́лка 5026. parcel; errand; sending
посы́паться p 7845. to pour down
пот 3315. sweat
по-тво́ему 7846. in your opinion; as you want it
потемне́вший 8810. darkened
потемне́ть p 7847. to go dark, get dark
потерпе́ть p 3668. to be patient
поте́ря 1806. loss
потеря́ть p +a 989. to lose
поте́ха 9908. fun, amusement
поте́чь p 8811. to begin to flow
потира́ть i +a 7848. to rub
потихо́ньку (coll) 7417. slowly; quietly; secretly
пот(о́)к 1409. stream, flow
потолкова́ть p (coll) о +pr с +inst 8812. to have a talk about sth with s.o.
потол(о́)к 2487. ceiling
пото́м 88. then, next
пото́м(о)к 6653. descendant
пото́мственный 8813. hereditary
пото́мство 9476. posterity, descendants
потому́ 201. that is why
потому́ что because
потопи́ть p +a 7418. to sink; drown
потреби́тель m 4572. consumer
потребле́ние 8271. consumption
потребля́ть i +a 9477. to consume
потре́бность f 1654. need
потре́бовать p +g 2534. to demand
потре́боваться p 3842. to be necessary
потрево́жить p +a 7849. to trouble
потруди́ться p 7419. (+inf) to take the trouble (to); do some work
потряса́ть i +a 7004. to shake
потряса́ющий 7005. staggering, astonishing
потрясе́ние 6354. shock
потрясённый 8814. staggered, stunned
потрясти́ p +a 5601. to shake
потуши́ть p +a 5389. to extinguish
потяну́ть p +a 4734. to pull
потяну́ться p 4240. to stretch; stretch os
поу́жинать p 8815. to have supper

поуча́ть i +a	7850.	to lecture (s.o.)
поучи́тельный	5602.	instructive
похвала́	7006.	praise
похвали́ть p +a	7007.	to praise
похло́пать p	7420.	to slap, clap
похме́лье	9909.	hangover
похо́д	1013.	campaign; walking tour, expedition; cruise
походи́ть p	1733.	to walk about
похо́дка	6654.	gait, walk
похо́же (на +a)	6082.	it looks like
похо́жий	510.	resembling, similar
похорони́ть p +a	7421.	to bury
по́хороны pl	8816.	funeral
поцелова́ть p +a	2670.	to kiss
поцелова́ться p	9478.	to kiss each other
поцелу́й	6083.	kiss
по́чва	1162.	soil, earth
по-челове́чески	8817.	like a human being
почём (coll)	8818.	how much?; how?
почему́	137.	why
почему́-то	1765.	for some reason
по́черк	5390.	handwriting
по́честь f	9910.	honour, mark of respect
почёт	7422.	esteem, respect
почётный	2987.	respected
почи́н	4573.	initiative
почини́ть p +a	7008.	to repair
почита́ть p +a	4735.	to read a little
почита́ть i +a		to respect
по́чта	2835.	post office; post, mail
почтальо́н	8819.	postman
почте́ние	8820.	respect
почте́нный	5391.	respected
почти́	208.	almost
почти́тельно	5603.	respectfully
почто́вый	7009.	postal, mail (adj)
почу́вствовать p +a	2024.	to feel
почу́диться p (coll)	7010.	to seem; imagine
почу́ять p +a	7423.	to scent, sense, feel
по́шлый	9911.	vulgar; trivial, banal
пошути́ть p	6655.	to joke
поща́да	5392.	mercy
пощади́ть p +a	7851.	to spare
поэ́зия	2719.	poetry
поэ́ма	4736.	long poem
поэ́т	1243.	poet
поэти́ческий	2584.	poetic
поэ́тому	356.	consequently
появи́ться p	528.	to appear
появле́ние	2359.	appearance
появля́ться i	816.	to appear
по́яс	1734.	belt, waist
поясни́ть p +a	5206.	to explain
поясня́ть i +a	8821.	to explain
пра́вда	245.	truth
пра́вило	1669.	rule
пра́вильно	568.	correctly
пра́вильность f	5207.	correctness
пра́вильный	1096.	correct, right
прави́тель m	6656.	ruler
прави́тельственный	6084.	government (adj)
прави́тельство	653.	government
пра́вить i +inst	7011.	to rule
правле́ние	2288.	government; board (of management)
пра́во	365.	right; law
правосла́вный	9912.	orthodox (religious term); (as noun) member of Orthodox Church
пра́вый	743.	right; right-wing
пра́вящий	4251.	ruling
пра́дед	9913.	great-grandfather
пра́здник	390.	holiday, festival
пра́здничный	3190.	festive
пра́зднование	7424.	celebration
пра́здновать i	7012.	to celebrate
пра́здность f	9914.	idleness
пра́ктика	1261.	practice
практи́чески	2440.	practically
практи́ческий	1183.	practical
прах	6355.	dust
пребыва́ние	3316.	stay
пребыва́ть i	9479.	to be (swh)
превзойти́ p +a	6356.	to surpass
превосходи́тельство	8234.	excellency (title)
превосходи́ть i +a	9480.	to surpass, excel
превосхо́дно	9481.	splendidly
превосхо́дный	5604.	superb
превосхо́дство	5208.	superiority
преврати́ть p в +a	2671.	to convert, turn (into)
преврати́ться p в +a	2050.	to turn into (sth)
превраща́ть i +a в +a	2988.	to turn (sth into sth)
превраща́ться i в +a	1632.	to turn into
превраще́ние	1899.	conversion

превы́сить p +a	8822.	to exceed
превыша́ть i +a	2772.	to exceed
прегра́да	7852.	obstacle
преда́ние	5832.	legend
пре́данность f	6357.	devotion
пре́данный	7425.	devoted
преда́ть p +a +d	6657.	to betray; hand over
предвари́тельно	6358.	beforehand, in advance
предвари́тельный	3317.	preliminary; prior
предви́дение	7426.	foresight
предви́деть i +a	5605.	to foresee
предвы́борный	8093.	election (adj)
преде́л	1184.	limit
преде́льно	7427.	maximally
преде́льный	7428.	maximum (adj)
предисло́вие	7853.	foreword
предлага́ть i +a +d	1436.	to offer, propose (sth to s.o.)
предлага́ться i	5393.	to be offered
предло́г	5027.	pretext; preposition
предложе́ние	909.	offer, suggestion; sentence (grammar)
предложи́ть p +a	1028.	to offer; to propose
предме́т	932.	object, article; subject, topic
предназнача́ть i для +g or на +a	5833.	to intend (for), earmark (for)
предназнача́ться i для +g or на +a	7013.	to be intended (for)
предназна́чить p на +a/для +g	4861.	to intend (for), earmark (for)
пре́д(о)к	8823.	ancestor
предоста́вить p +a +d	3191.	to grant sth to s.o.
предоставле́ние	6359.	giving, granting
предоставля́ть i +a +d	5209.	to give, grant (sth to s.o.)
предосуди́тельный	9915.	reprehensible
предотврати́ть p +a	6085.	to prevent, avert
предотвраще́ние	7854.	prevention
предписа́ние	9482.	order, instruction
предполага́ть i	2720.	to suppose
предполага́ться i	5394.	to be proposed, intended
предположе́ние	2933.	supposition
предположи́ть p	3588.	to suppose
предпосы́лка	7429.	prerequisite, precondition
предпоче́сть p +a +d	5834.	to prefer (sth to sth)
предпочита́ть i +a +d	4862.	to prefer sth to sth
предпринима́тель m	9483.	entrepreneur, businessman
предпринима́ть i +a	7855.	to undertake
предприня́ть p +a	3752.	to undertake
предприя́тие	513.	enterprise, factory
предрассу́д(о)к	5835.	prejudice
председа́тель m	692.	chairman
предсказа́ние	8824.	prediction
предска́зывать i +a	6086.	to predict
представи́тель m	817.	representative
предста́вить p +a	769.	to present
предста́виться p	5028.	to introduce os; present itself, occur
представле́ние	1312.	presentation; performance; notion, conception
представля́ть i +a	645.	to present, introduce
предста́ть p пе́ред +inst	5395.	to appear (before)
предстоя́ть i +d	2262.	to lie ahead (of s.o.)
предстоя́щий	3843.	forthcoming, imminent
предупреди́ть p +a	2934.	to warn, tell in advance
предупрежда́ть i +a	3318.	to warn
предусма́тривать i	4194.	to envisage, stipulate
предусма́триваться i	8402.	to be envisaged, be stipulated
предусмотре́ть p +a	4574.	to envisage, foresee
предчу́вствие	6658.	presentiment
предше́ственник	6360.	predecessor
предше́ствовать i +d	7856.	to precede
предъяви́ть p +a +d	7857.	to show, present (sth to s.o.)
предъявля́ть i +a +d	5210.	to show, present (sth to s.o.)
предыду́щий	2721.	preceding
пре́жде	459.	before
пре́жний	1286.	former
президе́нт	1345.	president
президе́нтский	7430.	president's, presidential
прези́диум	2025.	presidium
презира́ть i +a	6087.	to despise
презре́ние	4737.	scorn
преиму́щественно	4738.	primarily
преиму́щество	2235.	advantage
прекра́сно	1998.	fine, excellent(ly)
прекра́сный	990.	beautiful, fine

прекрати́ть p +a 2441. to stop, discontinue
прекрати́ться p 5029. to cease
прекраща́ть i +a 7014. to stop, discontinue
прекраща́ться i 4863. to cease
прекраще́ние 2398. stopping, ending
преле́стный 6659. charming
пре́лесть f 5396. charm
пре́мия 2836. bonus; prize
премье́ра 8825. premiere, first night
премье́р-мини́стр 6361. prime minister
пренебрега́ть i +inst 7858. to scorn
пренебреже́ние 7431. scorn, neglect
пре́ния n pl 7859. debate, discussion
преоблада́ть i 9484. to predominate
преобразова́ние 4195. transformation; reform
преобразова́ть p +a 6362. to reform; transform
преодолева́ть i +a 5211. to overcome
преодоле́ние 4864. overcoming
преодоле́ть p +a 2989. to overcome
преподава́тель m 4865. teacher, lecturer
преподава́ть i +a 7432. to teach
препя́тствие 2837. obstacle
препя́тствовать i +d 8826. to hinder
прерва́ть p +a 5030. to interrupt
прерыва́ть i +a 7015. to interrupt
пресле́дование 6363. pursuit; persecution
пресле́довать i +a 3124. to pursue; persecute
пресловýтый 6364. notorious
пре́сный 9916. unsalted; flavourless, bland
пре́сса 3125. the press
пресс-конфере́нция 5397. press conference
престаре́лый 8427. aged, of advanced years
прести́ж 6660. prestige
престо́л 5606. throne
преступле́ние 2585. crime
престýпник 3669. criminal
престýпность f 8849. crime, criminality
престýпный 9485. criminal (adj)
претенде́нт (на +a) 6088. claimant, aspirant (to)
претендова́ть i на +a 7433. to claim
прете́нзия 3989. claim
преувели́чивать i +a 6365. to exaggerate
при +pr 166. in the presence/ time of; attached to
приба́вить p +a 3753. to add
прибавля́ть i +a к +d 7016. to add
прибега́ть i к +d 3907. to run to; resort to
прибежа́ть p 7017. to run up, come running
приби́ть p к +d 6366. to nail, fix (to)
приближа́ться i к +d 2883. to draw near
приближе́ние 7018. approach
приблизи́тельно 3484. approximately
прибли́зиться p к +d 4575. to approach
прибо́р 3507. piece of apparatus, gadget, instrument
прибра́ть p +a 7019. to tidy up; (coll) take over, pocket
прибре́жный 7860. coastal; riverside
прибыва́ть i 5836. (bookish) to arrive; (coll) increase
при́быль f 2360. profit
прибы́тие (bookish) 5837. arrival
прибы́ть p (formal) 1616. to arrive
привезти́ p +a 2209. to bring (by transport)
привести́ p +a 732. to bring (s.o.); (к +d) lead to
приве́т 3670. greeting
приве́тливый 9486. affable, friendly
приве́тствие 6367. greeting
приве́тствовать i +a 2722. to greet
приви́ть p +a 7861. to inoculate; inculcate
привлека́тельный 6089. attractive
привлека́ть i +a 2625. to attract
привлече́ние 7434. attraction
привле́чь p +a 3844. to attract
приводи́ть i +a 1561. to bring, lead
привози́ть i +a 7862. to bring (by transport)
привыка́ть i к +d 3192. to get used to
привы́кнуть p к +d 1581. to get used to; get into the habit of
привы́чка 1833. habit
привы́чно 5607. in the customary way, as usual
привы́чный 2773. customary
привяза́ть p +a к +d 5031. to attach (sth to sth)
привяза́ться p к +d 7020. to become attached to
пригласи́ть p +a 2774. to invite
приглаша́ть i +a 3126. to invite
приглаше́ние 4866. invitation
пригляде́ться p (coll) к +d 8827. to look closely at
пригова́ривать i +a к+d 6090. to sentence (s.o. to)
пригово́р 3754. verdict, sentence
пригоди́ться p 3485. to be useful

приго́дный	6661.	useful
при́город	8828.	suburb
при́городный	9487.	suburban
пригото́вить p +a	3319.	to prepare
пригото́виться p +inf or к +d	6662.	to get ready
приготовле́ние	5608.	preparation
придава́ть i +a +d	2535.	to impart, give (sth to sth)
прида́ть p +a +d	3589.	to impart, give (sth to sth)
придви́нуться p к +d	9488.	to come near, move up
приде́рживать i +a	9489.	to hold back, check
приде́рживаться i +g	5212.	to keep to, adhere to
придира́ться i к +d	9917.	to find fault with
приду́мать p +a	1468.	to think up, invent
приду́мывать i +a	8829.	to think up, invent
прие́зд	3590.	arrival
приезжа́ть i	1965.	to arrive
прие́зжий m adj	5609.	non-resident, passing through, visiting; newcomer, visitor
приём	879.	reception; method, device
прие́млемый	9918.	acceptable
приёмная f adj	9490.	waiting-room
приёмник	5032.	radio set
приёмный	8830.	reception (adj); adopted
прие́хать p	304.	to arrive
прижа́ть p +a к +d	3046.	to press, clasp (sth to)
прижа́ться p к +d	6091.	to squeeze up against
прижима́ть i +a к +d	5838.	to press, clasp sth or s.o. to
прижима́ться i к +d	5398.	to press os (to), snuggle up (to)
приз	7863.	prize
призва́ние	5839.	calling, vocation
призва́ть p	2838.	to summon, appeal
призе́мистый	8831.	stocky, squat
признава́ть i +a	2442.	to recognize
признава́ться i в +pr	4576.	to confess
при́знак	2026.	sign, indication
призна́ние	2210.	confession, admission
при́знанный	9491.	acknowledged, recognized
призна́тельный	9919.	grateful
призна́ть p	1545.	to admit; to recognize
призна́ться p в +pr	2399.	to confess
при́зрак	6092.	ghost
призы́в	1921.	call, appeal; call-up
призыва́ть i	2990.	to summon; appeal
прийти́ p	126.	to arrive (foot)
прийти́сь p +d	508.	to have to
прика́з	1150.	command, order
приказа́ние	4326.	order, command
приказа́ть p +d +inf	1040.	to order, command s.o. to do sth
прика́зывать i +d +inf	3990.	to order s.o. to do sth
прики́дываться i (coll) +inst	9920.	to pretend (to be sth)
приключе́ние	5610.	adventure
прикоснове́ние	4867.	contact
прикрепи́ть p +a к +d	7864.	to fasten (sth to sth)
прикрыва́ть i +a +inst	3252.	to screen, shelter (sth with sth)
прикрыва́ться i +inst	8832.	to use as a cover, hide behind
прикры́тие	6368.	cover, screen
прикры́ть p +a	3486.	to screen; shelter
прила́в(о)к	7021.	counter (in shop)
прилага́ть i +a	5840.	(к +d) to add, attach (to); apply
прилете́ть p	5213.	to arrive (by air)
прили́в	7435.	rising tide; influx
прили́чно	6663.	decently
прили́чный	6369.	decent
приложи́ть p к +d	3253.	to place in contact with; apply
прима́нка	5399.	bait; inducement
примене́ние	1313.	application, use
примени́тельно к +d	8833.	with reference to
примени́ть p +a	3591.	to apply
применя́ть i +a	2321.	to use, employ
применя́ться i	2723.	to be used; (к +d) to adapt os (to)
приме́р	707.	example
приме́рно	1783.	approximately
при́месь f	5214.	admixture
приме́та	7865.	sign
примеча́тельно	9492.	(it is) noteworthy
примеча́тельный	7022.	noteworthy
примире́ние	9493.	reconciliation
примири́ться p с +inst	7023.	to be reconciled with
примити́вный	5841.	primitive

примыка́ть i к +d 8834. to join, side with; (i only) adjoin, be adjacent to
принадлежа́ть i 1422. (+d) to belong to; (к +d) be a member of
принадле́жность f 5842. (к +d) membership (of); (pl) equipment, accessories
принести́ p +a 456. to bring
принима́ть i +a 788. to accept, take, receive
принима́ться i за +a 3845. to get down, start work on
приноси́ть i +a 1922. to bring
принужде́ние 8403. compulsion
принц 5843. prince
при́нцип 1125. principle
принципиа́льно 5400. on principle; fundamentally
принципиа́льный 4577. of principle, fundamental
приня́тие 6370. taking, acceptance
при́нятый 6371. accepted
приня́ть p 436. to take, accept, receive
приня́ться i за +a 3407. to start on, get down to
приобрести́ p +a 3671. to acquire
приобрета́ть i +a 2163. to acquire
приобрете́ние 5401. acquisition
приостанови́ться p 8502. to stop (for a while), pause
приоткры́ть p +a 5402. to open slightly
припа́д(о)к 9494. fit, attack
припа́сы m pl 9495. stores, supplies; provisions
припи́ска 8570. (written) addition
припи́сывать i +a +d 6664. to ascribe (sth to sth/s.o.)
приподнима́ть i +a 8835. to raise slightly
приподнима́ться i 9496. to raise os slightly
припо́днятый 8836. elated
приподня́ть p +a 4281. to raise slightly
приподня́ться p 7436. to raise os slightly
припомина́ть i +a 9497. to remember, recall
припо́мнить p +a 7024. to remember
приро́да 625. nature
приро́дный 2839. natural
приро́ст 8404. increase
приса́живаться i 4196. to take a seat
присва́ивать i +a 9498. to appropriate; (+a +d) confer (sth on s.o.)
присвое́ние 7437. appropriation; conferment
присво́ить p +a 7866. to take over, appropriate; award
присе́сть p 2322. to take a seat, sit down
присла́ть p +a 1582. to send
прислони́ться p к +d 6372. to lean (against)
прислу́га 4309. servants
прислу́шаться p к +d 5215. to listen closely (to)
прислу́шиваться i к +d 2164. to listen carefully
присма́тривать i за +inst 7867. to look after, supervise
присма́триваться i к +d 5844. to look closely (at); get used (to)
присмотре́ться p к +d 6665. to look closely at
присни́ться p 6666. to see in a dream
присоедини́ться p к +d 9499. to join (a group)
присоединя́ться p к +d 4868. to join
приспосо́бить p +a 5845. to adapt
приспосо́биться p к +d 6667. to adapt (to)
приспособле́ние 4739. adaptation; device
пристава́ть i к +d 8837. to adhere (to); pester (s.o.)
приста́вить p +a к +d 7025. to place sth against sth
при́стально 3320. fixedly
при́стальный 7868. fixed, constant
при́стань f 2626. jetty, pier, wharf
приста́ть p к +d 7026. to stick to; pester
пристра́стие к +d 7438. partiality; weakness (for)
приступа́ть i к +d 3672. to start on, get down to
приступи́ть p к +d 2884. to get down to, start on
прису́тствие 1966. presence
прису́тствовать i 3673. to be present
прису́тствующий 7869. present
прису́щий +d 3408. inherent (in)
присыла́ть i +a 5846. to send
присяга́ть i в +pr +d 9500. to swear an oath (of sth to s.o.)

притворя́ться i +inst	6668.	to pretend (to be sth)
прити́хнуть p	6669.	to quieten down
прито́к	7439.	tributary; inflow
прито́м	3409.	besides, in addition
приучи́ть p +inf or к +d	7870.	to train (to do sth)
прихвати́ть p (coll) +a	8838.	to grip; fasten; take
прихо́д	4740.	arrival
приходи́ть i	348.	to arrive (on foot)
приходи́ться i +d	416.	to have to
прихо́жая f adj	5403.	entrance hall
прича́л	4433.	mooring
причём	1713.	and furthermore
причёска	7871.	hairstyle
причи́на	488.	reason (+g for), cause
причиня́ть i +a	8839.	to cause
причу́дливый	7872.	odd, whimsical
приши́ть p +a к +d	7440.	to sew on
прищу́риться p	8461.	to screw up one's eyes, half close one's eyes
прию́т	9921.	shelter, refuge
прия́тель m	2536.	friend
прия́тно	1804.	pleasant
прия́тный	2236.	pleasant
про (coll) +a	261.	about (= о +pr)
проанализи́ровать p +a	8840.	to analyse
про́ба	7441.	test, trial
пробе́г	8462.	run, race
пробега́ть i	6373.	to run (past/through/a certain distance)
пробежа́ть p	5847.	to run past, run through
пробе́л	9501.	blank, gap
пробива́ться i	7873.	to fight one's way through
пробира́ться i	3592.	to make one's way through
проби́ть p +a	9502.	to pierce
проби́ться p	6670.	to force one's way through
про́бка	4339.	cork; plug; fuse; traffic jam
пробле́ма	664.	problem
про́бовать i	2165.	(+inf) to try; (+a) test; taste
пробра́ться p	7442.	to force one's way
пробуди́ть p +a	8841.	to awaken

пробы́ть p	8842.	to spend (a certain time)
прова́л	6671.	failure, collapse
прова́ливаться i	7443.	to fall through; fail
провали́ться p	3846.	to fall through; (coll) fail (exam); (coll) vanish
прове́рить p +a	2067.	to check
прове́рка	4741.	check(ing), inspection
проверя́ть i +a	2323.	to check
провести́ p +a	1086.	to lead, conduct; spend (time)
прови́нция	2775.	province; provinces
про́вод	4578.	wire
проводи́ть i +a	737.	to lead, conduct; spend (time)
проводи́ться i	2488.	to be conducted, take place
проводни́к	6672.	guide, conductor
провожа́ть i +a	2400.	to accompany, see off
провозгласи́ть p +a	7027.	to proclaim
провока́тор	9503.	agent provocateur; provoker
провока́ция	5216.	provocation
про́волока	4110.	wire
прово́рный	9922.	quick, agile
проглоти́ть p +a	7028.	to swallow
прогна́ть p +a	3487.	to drive away; banish, throw out
прогно́з	5241.	forecast
проговори́ть p	4420.	to say
проголода́ться p	8843.	to get hungry
програ́мма	803.	programme
прогреме́ть p	9504.	to thunder, resound
прогре́сс	1633.	progress
прогресси́вный	2443.	progressive
прогу́лка	6374.	walk; outing
прогуля́ться p	9505.	to take a walk
продава́ть i +a	2991.	to sell
продава́ться i	5848.	to be sold, sell os
продав(е́)ц	7029.	salesman, shop assistant
прода́жа	3674.	sale
прода́ть p +a	1999.	to sell
продвига́ться i	8844.	to advance, move forward
продвиже́ние	7444.	advancement, progress
продви́нуться p	9506.	to advance

проде́лать p +a	4869.	to make, do, accomplish
продемонстри́ровать p +a	9507.	to demonstrate, show
продово́льственный	8845.	food (adj)
продово́льствие	6673.	provisions
продолжа́ть i +a	353.	to continue
продолжа́ться i	2444.	to continue
продолже́ние	2885.	continuation
продолжи́тельный	4474.	prolonged
продо́лжить p +a	7030.	to prolong
проду́кт	1296.	product
продукти́вность f	8846.	productivity
проду́кция	873.	production, output
проду́мать p	5849.	to think through, over
прое́зд	8847.	thoroughfare; journey
проезжа́ть i	9508.	to drive through/past
прое́кт	1714.	project
проекти́рование	8315.	planning
прое́ктный	8359.	planning (adj); projected
прое́хать p	3991.	to drive through or past
проже́ктор	4579.	searchlight; floodlight
прожива́ть i	5217.	to reside; (p прожи́ть) live for a specified period
прожи́ть p	2935.	to live (for a specified period)
про́за	5033.	prose
прозва́ть p +a +inst	9509.	to nickname (s.o. sth)
про́звище	8848.	nickname
прозвуча́ть p	7031.	to sound
прозра́чный	1670.	transparent
проигра́ть p +a	3410.	to lose (game etc.)
произведе́ние	575.	a work
произвести́ p +a	2133.	to produce
производи́тель m	8381.	producer
производи́тельность f	1923.	productivity
производи́тельный	4289.	productive
производи́ть i +a	1617.	to produce
производи́ться i	4340.	to be produced
произво́дственный	3513.	production (adj)
произво́дство	682.	production
произво́л	5404.	arbitrariness, abuse of power
произнести́ p +a	2445.	to pronounce
произноси́ть i +a	3675.	to pronounce
произойти́ p	626.	to happen; originate
происходи́ть i	751.	to happen; to originate
происхожде́ние	2840.	origin
происше́ствие	3847.	incident, occurrence
пройти́ p	193.	to go through, pass
пройти́сь p	2776.	to take a walk
прока́т	8850.	hire
прокла́дывать i +a	5034.	to lay, construct (a road)
проклина́ть i +a	7445.	to curse
прокля́тие	8851.	curse
прокля́тый	2489.	damned
прокуро́р	3127.	prosecutor
проле́зть p в +a	8852.	to climb through, go through
пролета́ть i	9510.	to fly through/past
пролете́ть p	4742.	to fly through/past
проли́в	9923.	strait
пролива́ть i +a	8853.	to spill
проли́ть p +a	7032.	to spill
проложи́ть p +a	8854.	to lay
про́мах	9511.	miss; blunder
проме́ж (coll) +g or inst	8571.	between
промежу́т(о)к	4101.	interval; space, gap
промежу́точный	9512.	intermediate
променя́ть p +a на +a	8855.	to exchange (sth for sth)
промолча́ть p	7033.	to keep silent
про́мыс(е)л	8856.	trade, business
промы́шленный	1370.	industrial
промы́шленник	6674.	industrialist
промы́шленность f	648.	industry
пронести́сь p	6675.	to rush through/past
пронзи́тельно	9513.	piercingly; stridently
пронзи́тельный	8857.	penetrating
прони́зывать i +a	7446.	to pierce, penetrate, permeate
проника́ть i в +a	2106.	to penetrate
проникнове́ние	7447.	penetration
прони́кнуть p в +a	2841.	to penetrate
проница́тельный	9924.	penetrating; shrewd
проноси́ться i	7448.	to rush past
пропаганди́ровать i +a	9514.	to propagandize, promote
пропага́нда	2000.	propaganda
пропада́ть i	2586.	to vanish, be lost
пропа́сть p	1527.	to vanish, go missing, be lost

про́пасть f		precipice, abyss
пропита́ть p +a	6676.	to feed; saturate
пропове́довать i +a	7874.	to preach; advocate
про́поведь f	5218.	sermon
пропорциона́льный	9515.	proportional
про́пуск	8240.	(nom pl пропуска́) pass, permit; (nom pl про́пуски) blank, gap
пропуска́ть i +a	2490.	to let through
пропусти́ть p +a	3193.	to let through; omit, miss
прорва́ться p	7875.	to break through; tear
проре́зать p +a	7876.	to cut through
проро́к	5219.	prophet
проры́в	6093.	breach
просве́т	8859.	shaft of light; aperture
просве́чивать i	7877.	to be translucent; shine through
просвеще́ние	3488.	education; enlightenment
просиде́ть p	6094.	to sit (for a specified time)
проси́ть i +inf	283.	to request, ask
проси́ться i +inf or в/на +a	8331.	to ask for
проскочи́ть p	7034.	to rush past; slip through
просла́вить p +a	7878.	to make famous
просла́виться p	7035.	to become famous
просла́вленный	6375.	renowned
проследи́ть p +a	6095.	to track, trace
прослези́ться p	8463.	to shed tears
просма́тривать i +a	9516.	to look through
просмотре́ть p +a	7036.	to look over; overlook
просну́ться p	2068.	to wake up
про́со	9925.	millet
проспа́ть p	9517.	to oversleep
проспе́кт	5611.	avenue (wide street)
проста́ивать i	7879.	to stand idle
простира́ться i	9518.	to extend, stretch
прости́тельно	8860.	pardonably
прости́ть p +a	843.	to forgive (s.o. or sth)
прости́ться p с +inst	6096.	to say goodbye (to)
про́сто	197.	simply
просто́й	574.	simple
просто́р	2263.	space, expanse
просто́рно	9519.	(it is) spacious
просто́рный	3128.	spacious
простота́	4580.	simplicity
простра́нство	1287.	space, expanse
простуди́ться p	9520.	to catch a cold
проступа́ть i	6376.	to come through, show through
простыня́	7880.	sheet
просчёт	7037.	miscalculation; counting
просыпа́ться i	4743.	to wake up
про́сьба	1618.	request
протека́ть i	6377.	to flow; pass (of time); leak
проте́ст	3593.	protest
протестова́ть i	4197.	to protest
про́тив + g	591.	against; opposite
проти́вник	1583.	opponent, adversary
проти́вно	3047.	disgusting(ly)
проти́вный	3908.	disgusting
противополо́жность f	6378.	opposite, antithesis
противополо́жный	4198.	opposite; contrary
противопоста́вить p +a +d	8861.	to contrast (sth with sth)
противопоставля́ть i +a +d	9521.	to contrast (sth with sth), set sth against sth
противоречи́вый	5405.	contradictory
противоре́чие	1604.	contradiction
противоре́чить i +d	5220.	to contradict (s.o. or sth)
противостоя́ть i +d	7038.	to resist
протира́ть i +a	9522.	to rub; rub through
протоко́л	7881.	protocol; minutes (of meeting)
протя́гивать i +a	2069.	to stretch out
протяже́ние	3321.	extent; expanse
на протяже́нии +g		during
протя́жно	8862.	slowly, lingeringly; with a drawl
протяну́ть p +a	1875.	to stretch out
протяну́ться p	9523.	to stretch out; extend
профессиона́льный	3411.	professional (adj)
профе́ссия	1876.	profession
профе́ссор	1066.	professor
про́филь m	4870.	profile
профсою́з	1900.	trade union
профсою́зный	2264.	trade union (adj)
прохво́ст (coll)	9524.	scoundrel
прохла́дный	5850.	cool

прохо́д	7039.	passage; passageway
проходи́ть i	424.	to go through/past
прохожде́ние	9525.	passing, passage
прохо́жий m adj	2992.	passer-by
процвета́ние	5221.	flourishing; prosperity
процвета́ть i	9526.	to flourish
процеду́ра	7882.	procedure
проце́нт	832.	percent, percentage
проце́сс	632.	process; trial, lawsuit
проче́сть p +a	1513.	to read
про́чий	880.	other
прочита́ть p +a	1584.	to read (= проче́сть);
про́чно	4581.	solidly
про́чность f	3489.	stability, solidity, durability
про́чный	2107.	firm, solid
прочь	2537.	away
проше́дший	4582.	past (adj)
прошепта́ть p	6677.	to whisper
прошлого́дний	6379.	last year's
про́шлое n adj	1330.	the past
про́шлый	318.	past
проща́льный	5035.	farewell (adj), parting
проща́ние	5851.	farewell, parting
проща́ть i +a	2587.	to pardon
проща́ться i	1951.	to say goodbye
проще́ние	6380.	pardon
прояви́ть p +a	3048.	to display, manifest
прояви́ться p	5852.	to be revealed, show itself
проявле́ние	2886.	manifestation, display
проявля́ть i +a	2993.	to display, manifest
проявля́ться i	3490.	to show itself, be revealed
проясне́ние	9527.	clarification, clearing up; clear period (weather)
пруд	9926.	pond
пружи́на	7449.	spring (mechanism)
пру́тик	9528.	twig, switch; small rod
пры́гать i	2994.	to jump
пры́гнуть p	7450.	to jump
прыж(о́)к	4871.	jump
прядь f	6678.	lock of hair
пря́мо	319.	directly, straight
прямо́й	966.	straight, direct
пря́ник	6679.	biscuit or cake with spices
пря́тать i +a	2211.	to hide
пря́таться i	2995.	to hide
психологи́ческий	4313.	psychological
психоло́гия	5036.	psychology
птен(е́)ц	9927.	nestling, fledgling
пти́ца	562.	bird
пти́чий	5222.	bird's
пти́чка	7883.	small bird; tick (✔)
пу́блика	2887.	public
публика́ция	8863.	publication
публикова́ть i +a	6381.	to publish
публи́чный	6382.	public
пуга́ть i +a	2996.	to frighten
пуга́ться i +g	6097.	to take fright (at)
пу́говица	4291.	button
пуд	4314.	*pood* (16.38 kg)
пузыр(ё)к	4471.	bubble; phial
пузы́рь m	4583.	bubble
пулемёт	2001.	machine-gun
пулемётный	6680.	machine-gun (adj)
пульс	7884.	pulse
пульт	7451.	control panel; music-stand
пу́ля	2672.	bullet
пункт	1634.	point
пурга́	8428.	blizzard
пуск	8864.	starting up, launch
пуска́й (coll)	7885.	let
пуска́ть i +a	1281.	to allow; let in; let go
пуска́ться i в +a	9529.	to start, embark (on sth)
пусти́ть p +a	973.	to allow; let in; let go
пусти́ться p в +a or +inf	6098.	to set out, start
пу́сто	3848.	(it's) empty; emptily
пусто́й	1097.	empty
пустота́	3849.	emptiness
пусты́нный	3491.	desert, deserted
пусты́ня	2070.	desert
пусты́рь m	7886.	waste ground
пусть	284.	let
пустя́к	1967.	trifle
пу́таница	6681.	confusion, mix-up
пу́тать i +a	6099.	to confuse, mix up
пу́таться i	6383.	to get mixed up
путёвка	4401.	voucher for travel and accommodation
путём +g	5406.	by means of
путеше́ственник	4111.	traveller
путеше́ствие	2071.	journey, voyage
путеше́ствовать i	5037.	to travel

путь m	218.	way, journey
пух	9928.	down, fluff
пуч(о́)к	4344.	bundle; bun (hairdo)
пуши́стый	3909.	fluffy, downy
пу́шка	1802.	cannon
пчела́	9530.	bee
пшени́ца	1077.	wheat
пшени́чный	7452.	wheat (adj), wheaten
пшено́	9531.	millet
пыл	9929.	heat, ardour
пыла́ть i	7887.	to blaze
пыла́ющий	6682.	flaming, blazing
пылесо́с	9930.	vacuum cleaner
пыль f	1165.	dust
пы́льный	2997.	dusty
пыта́ться i +p inf	890.	to attempt
пы́тка	7453.	torture
пы́шный	3910.	luxuriant
пье́са	2673.	play
пья́ница m/f	6384.	drunkard
пья́нка (coll)	9532.	binge, booze-up
пья́нство	5223.	drunkenness
пья́ный	1501.	drunk
пята́	9533.	heel
пятёрка	8865.	the number five; excellent (top exam mark)
пятиле́тка	8188.	five-year plan
пя́титься p	5612.	to back away, step back
пятна́дцатый	5853.	fifteenth
пятна́дцать	1924.	fifteen
пя́тница	5038.	Friday
пятно́	1968.	spot
пя́тый	330.	fifth
пять	160.	five
пятьдеся́т	2027.	fifty
пятьсо́т	2936.	five hundred
раб	2401.	slave
рабо́та	60.	work
рабо́тать i	83.	to work
рабо́тник	659.	worker, s.o. who works
рабо́тница	6100.	female worker
рабо́чий	657.	worker
ра́бство	3049.	slavery
ра́венство	2937.	equality
равни́на	4472.	plain
равно́	540.	equal, alike
равнове́сие	4383.	balance
равноду́шие	7454.	indifference
равноду́шно	5613.	with indifference
равноду́шный	3676.	indifferent
равноме́рно	6683.	uniformly, evenly
равноме́рный	7040.	even, uniform
равнопра́вие	7041.	equality
ра́вный	949.	equal
равня́ться i	4872.	(на +a) to emulate; (+d) be equal to
рад short adj	1216.	glad
ра́ди +g	1054.	for the sake of
радика́льный	7888.	radical
ра́дио n indecl	1033.	radio
радиоприёмник	6385.	radio (set)
радиоста́нция	4199.	radio station
ради́ст	8383.	radio operator
ра́довать i +a	5614.	to gladden
ра́доваться i +d	3594.	to be pleased (about)
ра́достно	3050.	joyfully
ра́достный	3595.	glad, joyful
ра́дость f	1047.	joy
ра́дуга	5224.	rainbow
ра́дужный	7889.	iridescent; radiant
раз	80.	once; a time
разбе́г	7890.	run
разбежа́ться p	9534.	to scatter; take a run-up
разбива́ть i +a	5407.	to break, smash
разбива́ться i	8866.	to get broken
разбира́ть i +a	2998.	to take to pieces; sort out; make out
разбира́ться i в +pr	3322.	to investigate; understand
разби́ть p +a	1901.	to break, smash
разби́тый	3911.	broken
разби́ться p	6386.	to break (into pieces)
разбо́й	7891.	banditry
разбо́йник	4241.	brigand
разбо́йничий	7892.	robber's, brigand's
разброса́ть p +a	6387.	to scatter
разбуди́ть p +a	2888.	to wake, rouse
разва́лина	6684.	ruin
развали́ться p	7042.	to fall to pieces
ра́зве	341.	really
ра́зве ... не		surely
разве́дка	3194.	intelligence service; reconnaissance
разве́дчик	4079.	secret agent; scout, prospector

развéдывательный	9535.	reconnaissance (adj); intelligence (adj)
развернýть p +a	2627.	to unfold; develop
развернýться p	4873.	to unroll; expand; swing round (make a U-turn)
развёртывание	7043.	unfolding; development
развёртывать i +a	6101.	to unfold; expand
развёртываться i	6388.	to unfold; expand; swing round (make a U-turn)
развéсить p +a	9536.	to hang up (a number of things); weigh out
развести́ p +a	3992.	to separate
развести́сь p	7893.	to get divorced; breed
развивáть i +a	2402.	to develop
развивáться i	1460.	to develop
развивáющийся	5854.	developing
разви́тие	592.	development
развитóй m adj	8867.	developed, mature
разви́ть p +a	3993.	to develop
разви́ться p	7044.	to develop
развлечéние	7045.	entertainment
развóд	9931.	divorce
разводи́ть i +a	3254.	to separate; dissolve; breed
разворáчивать i +a	6389.	to unfold; expand
развязáть p +a	5855.	to untie
разгадáть p +a	8405.	guess, work out
разгáр	5615.	height, climax
разглядéть p +a	5039.	to make out, perceive
разгля́дывать i +a	3255.	to examine closely
разговóр	285.	conversation
разговáривать i	1087.	to converse, talk
разговори́ться p	8868.	to become talkative
разгорáться i	7894.	to flare up, blaze up
разгорéться p	7455.	to flare up
разгрóм	4584.	crushing defeat; devastation
разгроми́ть p +a	5225.	to rout; wreck
раздавáть i +a	7456.	to give out, distribute
раздавáться i	3129.	to resound
раздави́ть p +a	5856.	to crush
раздáть p +a	6685.	to distribute
раздáться p	2842.	to resound
раздвигáть i +a	7895.	to move apart
раздви́нуть p +a	6686.	to move apart
раздевáться i	6102.	to undress
раздéл	5040.	division; section
разделéние	4200.	division
раздели́ть p +a	3755.	to divide
разделя́ть i +a	5616.	to divide; separate; share
раздéться p	7900.	to get undressed
раздóлье	9932.	expanse, open space; freedom
раздражáть i +a	5617.	to irritate, annoy
раздражáться i	7046.	to become irritated
раздражéние	6687.	irritation
раздражённо	7896.	with irritation, crossly
раздрóбленный	9537.	shattered, splintered, disunited
раздýмывать i	6390.	to change one's mind; (i only) (o +pr) ponder
раздýмье	4040.	meditation, thought
рази́нуть p (coll) +a	8869.	to gape
рази́тельный	9933.	striking
разлагáть i +a	8429.	to break down, decompose
разлагáться i	6688.	to decompose, disintegrate
разлáд	9934.	discord; disorder
разлетáться i	7897.	to fly apart; scatter, shatter
разлетéться p	8870.	to fly away; shatter
разливáться i	9538.	to spill; overflow
различáть i +a	5408.	to distinguish
различáться i +inst	9539.	to differ
разли́чие	2777.	difference
различи́ть p +a	5857.	to distinguish
разли́чный	634.	different, various
разложéние	4346.	decomposition, disintegration
разложи́ть p +a	5409.	to spread out; to break down
разлýка	5410.	separation
размáх	2588.	scope, range, scale
размáхивать i +inst	5858.	to swing (sth)
размéр	1088.	size, scale, extent
размести́ть p +a	6103.	to accommodate
размести́ться p	7898.	to be seated, placed, accommodated,
размещáться i	9540.	to take one's place; be accommodated
размещéние	9541.	placing, allocation, accommodation

размышле́ние	5859.	reflection, thought
размышля́ть i o +pr	4201.	to ponder (on)
ра́зница	2889.	difference
разнови́дность f	7899.	variety, type
разногла́сие	6104.	disagreement
разнообра́зие	3323.	variety
разнообра́зный	1034.	various, varied
разноро́дный	9542.	heterogeneous
разноцве́тный	3596.	many-coloured
ра́зный	269.	various, different
разоблача́ть i +a	7901.	to unmask
разоблаче́ние	7457.	exposing, unmasking
разоблачи́ть p +a	4585.	to expose, unmask
разобра́ть p +a	2628.	to take to pieces; make out, understand
разобра́ться p в +pr	1801.	to sort sth out
разогна́ть p +a	9543.	to disperse
разогре́ть p +a	8871.	to heat up
разойти́сь p	3850.	to split up
ра́зом (coll)	4586.	at once, at one go; in a flash
разорва́ть p +a	4587.	to tear up
разорва́ться p	7902.	to break; explode
разоре́ние	4282.	ruin
разори́ть p +a	9544.	to ruin
разори́ться p	7903.	to be ruined, bankrupt
разоруже́ние	1113.	disarmament
разочарова́ние	5618.	disappointment
разочаро́ванный	9545.	disappointed, disillusioned
разраба́тывать i +a	3324.	to develop, design; cultivate
разрабо́тать p +a	2446.	to work out, devise, develop
разрабо́тка	3130.	elaboration, working out; design; mining
разраста́ться i	9546.	to spread, expand
разрасти́сь p	8872.	to grow, expand
разре́з	4874.	cut, section
разре́зать p +a	8873.	to cut up
разреша́ть i	3325.	(+d +inf) to permit (s.o. to do sth); (+a) solve
разреша́ться i	7904.	to be permitted; be resolved
разреше́ние	2538.	permission; solution
разреши́ть p	1089.	(+d of person) to allow, permit; solve
разро́зненный	9935.	incomplete (of set); scattered, uncoordinated
разруша́ть i +a	5226.	to destroy
разруша́ться i	6391.	to fall apart, be destroyed
разруше́ние	2724.	destruction
разру́шить p +a	3994.	to destroy, ruin
разры́в	2491.	break, gap; shellburst
разрыва́ть i +a	7905.	to tear up
разря́д	4310.	discharge; category
разузна́ть p +a	8874.	to find out
ра́зум	2447.	reason, intellect
разуме́ться i	1225.	to be meant
разу́мно	6689.	sensibly
разу́мный	3131.	sensible
разъе́зд	8875.	departure, dispersal
разъясне́ние	8876.	explanation
разъясни́ть p +a	4875.	to explain
разъясня́ть i +a	8877.	to explain
разыгра́ть p +a	9936.	to perform; raffle, draw lots (for sth); play a trick (on s.o.), fool
разы́грываться i	9547.	to romp; warm up, get into one's stride; (storm etc.) break, rage
разыска́ть p +a	5041.	to seek out, search for
разы́скивать i +a	7458.	to seek out, search for
рай	4202.	paradise
райо́н	264.	region
райо́нный	2002.	regional, district (adj)
раке́та	1104.	rocket
раке́тный	8465.	rocket (adj)
ра́ковина	8360.	(sea)shell; sink, washbasin
ра́ма	4001.	frame
ра́мка	3132.	frame
ра́на	3492.	wound
ранг	4421.	rank
ра́нее	5411.	earlier
ране́ние	5860.	wounding, wound
ра́неный	2629.	wounded
ра́нить i/p +a	2778.	to wound, injure
ра́нний	2589.	early
ра́но	790.	early; it is early
ра́ньше	331.	earlier
ра́са	7906.	race

раси́зм	9548.	racism
раси́стский	6392.	racist (adj)
раска́иваться i в +pr	7907.	to repent (of sth)
раскалённый	5042.	scorching, burning hot
раска́т	9937.	rumble, roll, peal
раска́яние	9938.	repentance
раски́нуть p +a	7908.	to stretch out, extend
раски́нуться p	5619.	to stretch out
раскла́дывать i +a	5620.	lay out; spread
раско́л	7047.	split, schism
раскрыва́ть i +a	4203.	to open wide; expose
раскрыва́ться i	5227.	to open; be revealed
раскры́тый	7459.	wide-open
раскры́ть p +a	2237.	to open wide; reveal
раскры́ться p	8878.	to open, open up; be revealed
раскуси́ть p +a	9549.	to bite through; (p only) (coll) suss out; get to the heart of sth
ра́совый	7460.	racial
распа́д	5621.	disintegration
распада́ться i	5861.	to fall apart, break up
распа́хивать i +a	5862.	to throw open
распахну́ть p +a	6690.	to throw open
расписа́ние	8503.	timetable
распи́ска	7048.	receipt
распла́чиваться i	7049.	to settle up, pay
располага́ть i	2361.	(+inst) to have available; (+a) (расположи́ть p) to arrange, set out; win over
располага́ться i	5622.	to take up position; make os comfortable
расположе́ние	4252.	arrangement; location; liking; inclination
располо́женний	7461.	situated; (к +d) inclined, disposed to
расположи́ть p +a	1969.	to arrange, set out
расположи́ться p	4876.	to take up position; settle oneself
распоряди́ться p	9550.	to give orders; (+inst) deal with, manage
распоря́д(о)к	7050.	routine
распоряжа́ться i	6393.	(+ inf) to give orders; (+inst) be in charge of
распоряже́ние	2028.	instruction, command
распра́ва	5228.	reprisal; harsh treatment; punishment
распра́виться p с +inst	7909.	to deal with; straighten out
распределе́ние	2166.	distribution
распредели́ть p +a	7462.	to distribute; allocate
распределя́ться i	7051.	to be distributed
распростране́ние	2492.	spreading, dissemination
распространённый	5043.	widespread, common
распространи́ть p +a	4588.	to spread
распространи́ться p	7463.	to spread
распространя́ть i +a	5412.	to spread
распространя́ться i	3195.	to spread
распроща́ться p (coll) с +inst	8879.	to say goodbye (to s.o.)
распусти́ть p +a	5863.	to dismiss, disband; let out
рассве́т	2212.	daybreak
рассе́иваться i	7052.	to disperse; give os a break
рассерди́ться p на +a	3051.	to get angry (with)
рассе́янно	6691.	absent-mindedly
рассе́янный	4589.	absent-minded
рассе́ять p +a	5044.	to scatter
расска́з	460.	story
рассказа́ть p	194.	to tell, talk (about)
расска́зывать i	226.	to tell, talk (about)
расслы́шать p	7464.	to catch (sth said)
рассма́тривать i +a	1360.	to examine, consider
рассма́триваться i	5229.	to be considered
рассмея́ться p	3756.	to burst out laughing
рассмотре́ние	3995.	examination, scrutiny
рассмотре́ть p +a	3326.	to examine; make out
расспра́шивать i +a	3493.	to question
расспроси́ть p +a	8880.	to question (s.o.)
расстава́ться i с +inst	6692.	to part (from s.o./with sth)
расста́вить p +a	5864.	to place; distribute
расставля́ть i +a	7465.	to place, set out; move apart
расста́ться p с +inst	3677.	to part (with/from)
расстёгивать i +a	7466.	to unfasten
расстегну́ть p +a	7053.	to unfasten
расстила́ться i	9551.	to spread out
расстоя́ние	1748.	distance

расстре́л	6105.	execution (by firing-squad)
расстре́ливать i +a	6394.	to execute (by shooting)
расстреля́ть p +a	3597.	to execute (by shooting)
расстро́енный	8881.	upset
расстро́ить p +a	6395.	to upset
расстро́йство	9552.	disorder
рассуди́ть p +a	7467.	to arbitrate (between), judge; decide
рассу́д(о)к	9939.	reason, ability to think
рассужда́ть i	2938.	to reason; (о +pr) discuss
рассужде́ние	3757.	reasoning, argument
рассчита́ть p +a	3412.	to calculate
рассчи́тывать i на +a/+inf	2072.	to calculate; expect; rely on
рассы́пать p +a	9553.	to spill, scatter
рассы́паться p	4744.	to scatter; crumble
раста́ять p	5045.	to melt
раствори́ть p +a	8406.	to open; dissolve
раствори́ться p	8882.	to open; dissolve
растворя́ться i	4745.	to dissolve; to open
расте́ние	1011.	plant
расте́рянно	3413.	in bewilderment
расте́рянность f	7468.	bewilderment, dismay
расте́рянный	5046.	perplexed, bewildered
растеря́ться p	4746.	to get lost; panic
расти́ i	486.	to grow
расти́тельность f	9554.	vegetation
расти́тельный	8242.	vegetable (adj)
расти́ть i +a	7054.	to grow, raise
растрёпанный	9940.	dishevelled; tattered
расту́щий	3678.	growing
расха́живать i	8883.	to pace up and down
расхо́д	2590.	expenditure
расходи́ться i	2289.	to disperse, split up
расхо́довать i +a	7469.	to spend, use up
расцвести́ p	9555.	to blossom, bloom
расцве́т	6693.	bloom; flourishing
расцвета́ть i	7910.	to bloom
расце́нивать i +a	6694.	to assess
расчёт [сч = щ]	1437.	calculation
расшире́ние	3133.	expansion
расши́рить p +a	4204.	to broaden, expand
расширя́ть i +a	5865.	to expand
расширя́ться i	4877.	to broaden, expand
рациона́льный	5413.	rational

рвану́ть p +a	8884.	to tug; (coll) jerk into motion
рвану́ться p	7055.	to dash
рва́ный	6106.	torn
рвать i +a	3327.	to tear
рва́ться i	3679.	to tear, burst; want strongly (to do sth)
реаги́ровать i	8892.	to react
реакти́вный	8407.	jet-propelled
реа́кция	1925.	reaction
реализа́ция	6695.	implementation; sale
реали́зм	7911.	realism
реалисти́ческий	9556.	realistic
реа́льность f	4747.	reality
реа́льный	1585.	real; realistic
ребён(о)к	639.	child
ребро́	6396.	rib; edge
ребя́та (coll)	489.	children, boys
ребяти́шки (coll)	4242.	children, kids
ребя́чий	9557.	child's; childish
рёв	5623.	roar
реве́ть i	3996.	to roar, howl
ревни́вый	9558.	jealous
ревнова́ть i	5047.	to be jealous
ре́вность f	6107.	jealousy
револьве́р	4347.	revolver
революционе́р	5624.	revolutionary
революцио́нный	708.	revolutionary
револю́ция	599.	revolution
регуля́рно	7912.	regularly
регуля́рный	7913.	regular
реда́ктор	3598.	editor
редакцио́нный	7056.	editorial, editing
реда́кция	1469.	editorial office; editing
ре́дкий	1635.	rare
ре́дко	2238.	rarely
ре́дкость f	4205.	rarity
режи́м	1562.	regime; rules, regulations; diet
режиссёр	4878.	producer (theatre), director (cinema)
ре́зать i +a	3052.	to cut
резе́рв	4048.	reserve
рез(е́)ц	8572.	cutting tool; incisor (tooth)
рези́новый	6696.	rubber (adj)
ре́зкий	1605.	sharp
ре́зко	1217.	sharply, abruptly
резолю́ция	5414.	resolution

результа́т	578.	result
резьба́	8466.	carving
рейс	2591.	journey (of vehicle)
река́	676.	river
рекла́ма	3414.	advertisement
рекоменда́ция	5866.	recommendation
рекомендова́ть i/p +a	3997.	to recommend
реконструи́ровать i/p +a	8885.	to reconstruct
реко́рд	4748.	record
религио́зный	4879.	religious
рели́гия	3328.	religion
релье́ф	8886.	relief (geog, art)
рельс	4253.	rail
рем(е́)нь m	4590.	belt
реме́сленник	9559.	craftsman; hack
ремесло́	6697.	trade (profession)
ремо́нт	2073.	repair; redecoration
ремонти́ровать i/p +a	7914.	to repair, redecorate
ремо́нтный	5415.	repair (adj)
ре́плика	6698.	rejoinder, retort
репорта́ж	7057.	reporting
репортёр	8430.	reporter
репре́ссия	8887.	repression
репроду́кция	8573.	reproduction
репута́ция	5048.	reputation
ресни́ца	5230.	eyelash
респу́блика	220.	republic
республика́нский	8272.	republican
реставра́ция	7058.	restoration
рестора́н	3758.	restaurant
ресу́рс	2725.	resource
рефо́рма	4254.	reform
реце́пт	7470.	recipe; prescription
ре́чка	4749.	small river
речно́й	4255.	river (adj)
речь f	385.	speech
реша́ть i +a	1272.	to decide; solve
реша́ться i +inf/ на +a	2324.	to bring os to, risk; be decided
реша́ющий	2592.	deciding, decisive
реше́ние	569.	decision; solution
решётка	2890.	grating, grille, railings
решето́	9560.	sieve
реши́мость f	3851.	determination, resoluteness
реши́тельно	1563.	resolutely; definitely, absolutely
реши́тельный	2265.	decisive
реши́ть p	178.	to decide; solve
реши́ться p на +a or +inf	2266.	to bring os to, risk; be decided
ржа́вый	7915.	rusty
ри́мский	5416.	Roman
ри́нуться p	9941.	to rush, charge, dash
рис	1331.	rice
риск	3998.	risk
рискну́ть p	8888.	to take a risk
рискова́ть i +inst	5417.	to risk
рисова́ть i +a	5049.	to draw
рисова́ться i	8574.	to show off, pose; seem
рису́н(о)к	980.	drawing
ритм	5231.	rhythm
robе́ть i	7916.	to be timid
ро́бкий	4880.	timid
ро́бко	4591.	timidly
ро́вно	1855.	evenly; precisely
ро́вный	2843.	level; even, equal
рог	5867.	horn
рого́жа	9561.	matting
род	991.	family, kin; birth, origin; sort, kind; gender
роди́мый	7059.	native; dear
ро́дина	833.	homeland, native land
роди́тель m	2167.	parent
роди́тельский	8889.	parents'
роди́ть p +a	3852.	to give birth
роди́ться p	1410.	to be born
родни́к	8890.	spring (water source)
родно́й	1041.	native; own; (as noun, in pl) relatives, relations
родня́	4206.	relatives
родово́й	8467.	ancestral; generic; birth (adj)
ро́дственник	3329.	relative
ро́дственный	5625.	family (adj), kindred
родство́	6699.	kinship
ро́жа (very coll)	6397.	face
рожда́ть i +a	5232.	to give birth (to)
рожда́ться i	2362.	to be born
рожде́ние	1970.	birth

рож(о́)к	9562.	small horn; horn (instrument)
р(о)жь f	6700.	rye
ро́за	2403.	rose
рознь f	9942.	difference; discord, disagreement
ро́зовый	2448.	pink; rosy
ро́зыгрыш	7917.	(lottery) draw; practical joke
роково́й	7918.	fateful
ро́кот	9943.	roar, rumble
роль f	1202.	role
рома́н	1151.	novel; love affair, romance
рома́нс	9563.	romance (song)
рома́нтика	8891.	romance, romanticism
роня́ть i +a	6108.	to drop
роса́	6398.	dew
роско́шный	7919.	luxurious
ро́скошь f	6701.	luxury
ро́слый	7920.	tall, strapping
росси́йский	2999.	Russian (of Russia)
рост	765.	growth, increase; height
рост(о́)к	5418.	sprout, shoot
р(о)т	1244.	mouth
ро́та	4329.	company (of soldiers)
ро́ща	3256.	small wood, copse
роя́ль m	4395.	(grand) piano
руба́ха	2674.	shirt
руба́шка	2290.	shirt
рубе́ж	3196.	boundary
за рубежо́м		abroad
руби́новый	8893.	ruby (adj)
руби́ть i +a	3599.	to chop
ру́бка	4408.	felling; chopping; deck cabin
рубль m	741.	rouble
ру́брика	8894.	heading, rubric
руга́ть i+a	3000.	to abuse, scold
руга́ться i	2726.	to swear
руда́	8277.	ore
рудни́к	8268.	mine (for minerals)
ружьё	2108.	gun, rifle
рука́	103.	hand; arm
рука́в	1655.	sleeve
рукави́ца	9944.	mitten, glove (without fingers)
руководи́тель m	996.	leader, manager; instructor, supervisor
руководи́ть i +inst	2675.	to manage, supervise
руково́дство	1173.	leadership; guide, manual
руково́дствоваться i +inst	4750.	to be guided (by)
руководя́щий	3415.	leading
ру́копись f	3999.	manuscript
рукопожа́тие	8895.	handshake
рукоя́тка	8575.	handle
рулево́й m adj	5419.	steering (adj); helmsman
руль m	4256.	steering-wheel; helm
румя́н(е)ц	7060.	flush, rosy complexion
румя́ный	7471.	rosy, ruddy
ру́сло	6399.	bed (of river), channel
ру́сский	349.	Russian (adj); (as noun) a Russian
ру́сый	6702.	light brown (hair)
ру́хнуть p	4881.	to collapse
руча́ться i за +a	6703.	to vouch for
руче́й	4207.	brook, stream
ру́чка	2404.	small hand; handle; pen
ручно́й	4000.	hand (adj); tame
ру́шиться i	7472.	to collapse
ры́ба	1346.	fish
рыба́к	3512.	fisherman
рыба́чий	6109.	fishing (adj)
ры́бка	5868.	small fish
ры́бный	5233.	fish (adj)
рыболо́вный	8896.	fishing (adj)
рыв(о́)к	6704.	jerk; spurt
рыда́ть i	9945.	to sob
ры́жий	2109.	red-haired
ры́н(о)к	2267.	market
ры́ночный	9564.	market (adj)
рысь f	8408.	trot; lynx
рыть i +a	7061.	to dig
ры́ться i в +pr	7921.	to dig, rummage (in)
ры́хлый	7473.	friable, crumbly; (coll) podgy, flabby
ры́царь m	5869.	knight
рыча́г	6110.	lever
рыча́ть i	5626.	to growl
рюкза́к	8409.	rucksack
рю́мка	4438.	wineglass

ряд	608.	(pr в рядý) row, line (pr в ря́де) series
рядовóй m adj	3494.	ordinary, rank and file; (as noun) private soldier
ря́дом	258.	alongside
с (со)	8.	(+inst) with; (+g) from, off
сад	310.	garden
сади́ться i	440.	to sit down; get into (transport)
садовóд	8897.	gardener
сáжа	8504.	soot
сажáть i +a	4002.	to seat; plant
сáло	4029.	fat, lard
салфéтка	5870.	napkin; tissue; serviette
салю́т	9565.	salute; firework display (in honour of s.o. or sth)
сам m/самá f/ самó n/сáми pl	117.	self
сáмка	8898.	female (animal)
самовáр	2051.	samovar
самогóн	8899.	home-made vodka
самодержáвие	6400.	autocracy
самодéятельность f	5627.	individual initiative; amateur activity
самокри́тика	9566.	self-criticism
самолёт	563.	aeroplane
самолю́бие	2844.	pride, self-esteem
самоотвéрженный	7922.	self-sacrificing
самосознáние	9567.	self-awareness
самостоя́тельно	4882.	independently
самостоя́тельность f	4033.	independence
самостоя́тельный	2493.	independent
самоуби́йство	8900.	suicide
сáмый	72.	the very, most
санатóрий	6111.	sanatorium
сáни pl	4392.	sledge
санитáрный	7923.	medical, sanitary
сантимéтр	3053.	centimetre
сапóг	1098.	boot; jackboot
сарáй	3197.	shed
сáхар	2110.	sugar
сáхарный	8901.	sugary
сбéгать p	5871.	to run somewhere (and return)
сбегáть i		to run down, run away
сбежáть p	8902.	to run down; run away
сберéчь p +a	9568.	to save; protect
сбивáть i +a	5628.	to knock down; distract, confuse; beat, whisk
сбивáться i	7474.	to slip; go wrong, get confused; huddle together
сбить p +a	3330.	to knock down; confuse; whip, whisk
сби́ться p	5234.	to slip; go wrong, get confused; huddle together
сближéние	6112.	rapprochement
сбóку	3912.	from the side
сбор	4751.	collection, gathering
сбóрник	2325.	collection (book of poems, stories, articles)
сбóрный	4466.	collapsible, prefabricated; mixed, combined (team)
сбрáсывать i +a	5629.	to drop; throw off
сбрóсить p +a	3759.	to drop; throw off
сбыт	5630.	sale
свáдьба	3001.	wedding
свали́ть p +a	6705.	to throw down; pile up
свали́ться p	3913.	to fall down
свари́ть p +a	5631.	to boil, cook; (i свáривать) weld
свéдение	1749.	information
свéжесть f	7062.	freshness
свéжий	1528.	fresh
свёкла	8903.	beet
свéргнуть p +a	8904.	to overthrow
свержéние	7063.	overthrow
сверкáть i	2676.	to sparkle
сверкáющий	3134.	sparkling
сверну́ть p +a	3331.	to roll (up); turn
свéрстник	9946.	person of the same age, contemporary
свёрт(о)к	4381.	package, bundle
сверх +g	3054.	above
свéрху	2052.	from above
свéсить p +a	9569.	to lower, let dangle; (p only) (coll) weigh

свести́ p +a	3853.	to take (s.o. somewhere); bring together; (c +g) take down, away
свет	360.	light; world
света́ть i	8905.	to get light, dawn
свети́ло	8505.	luminary
свети́ть i	2845.	to shine
свети́ться i	2029.	to shine, gleam
светло́	6706.	it's light
све́тлый	1166.	light, bright
светово́й	8275.	light (adj, as in 'light year')
све́тский	8906.	(high) society (adj); secular
светя́щийся	8254.	luminous
свеча́	2168.	candle
све́чка	7475.	small candle
свида́ние	1273.	meeting, rendezvous
свиде́тель m	3055.	witness
свиде́тельство	2846.	evidence; certificate
свиде́тельствовать i о +pr	3495.	to show, be evidence (of)
свин(е́)ц	5420.	lead (metal)
сви́нство (coll)	8431.	swinish trick
свинцо́вый	5632.	lead (adj), leaden
свинья́	2891.	pig
свире́пый	7476.	ferocious
свист	4592.	whistling
свисте́ть i	2892.	to whistle
свистну́ть p	7064.	to whistle
свист(о́)к	6402.	whistle
сви́тер	8914.	sweater
свобо́да	809.	freedom
свобо́дно	3854.	freely
свобо́дный	752.	free
свод	6403.	arch, vault (roof); collection of texts
своди́ть i +a	3332.	to take (s.o. somewhere); take away; bring together
своди́ться i к +d	4208.	to reduce (to)
сво́дка	4752.	report, bulletin
своевре́менно	7065.	in good time
своевре́менный	5235.	timely
своеобра́зие	7477.	peculiarity, individuality
своеобра́зный	2169.	distinctive, individual
свой	28.	one's own

сво́йственно +d	8907.	(it is) characteristic (of)
сво́йственный +d	4593.	characteristic (of)
сво́йство	771.	characteristic, property
сво́лочь f (coll)	3760.	swine
свы́ше	1952.	from above; (+g) more than
свя́занный	4883.	connected; bound
связа́ть p +a	844.	to tie; to connect
связа́ться p с +inst	7478.	to get in touch with; get involved with
связи́ст	8410.	signaller; communications engineer
свя́зывать i +a	3257.	to connect; bind
свя́зываться i с +inst	8908.	to communicate with; (coll) get involved with
связь f	640.	connection, link, communication
свято́й	1698.	sacred; saint
святы́ня	7479.	sacred place or thing
свяще́нник	2539.	priest
свяще́нный	3855.	holy, sacred
сговори́ться p с +inst	5633.	to make an arrangement (with s.o.)
сгора́ние	8909.	combustion
сгора́ть i	9570.	to burn, burn out
сгоре́ть p	6113.	to burn
сгоряча́	8910.	in the heat of the moment
сдава́ть i +a	3600.	to hand in, hand over; rent, let; surrender, give up; take (exam)
сдава́ться i	4003.	to surrender, give up
сдать p +a	1834.	to hand in; pass (exam)
сда́ться p	6404.	to surrender
сда́ча	4753.	handing over; change (money returned)
сдвиг	5634.	shift, displacement; change, improvement
сдви́нутый	8911.	shifted
сдви́нуть p +a	5872.	to shift
сде́лать p +a	116.	to do, make
сде́латься p +inst	2030.	to become
сде́лка	4884.	deal, transaction
сде́ржанно	7066.	with restraint
сде́ржанный	5236.	restrained

сдержáть p +a 5050. to restrain; keep (promise)
сдержáться p 8912. to control os
сдéрживать i +a 4594. to hold back, restrain
сдéрживаться i 8913. to control os
себестóимость f 4345. cost, cost price
себя́ a pronoun 105. self
сев 4595. sowing
сéвер 1750. north
сéверный 1529. north, northern
сегóдня 147. today
сегóдняшний 2213. today's
сединá 7924. grey hair
седлó 5635. saddle
седóй 3056. grey (of hair)
седьмóй 474. seventh
сезóн 4298. season
сей (bookish; used in set phrases) 735. this
сейчáс 61. now, right now
секрéт 2170. secret
секретáрша (coll) 8432. (female) secretary
секретáрь m 322. secretary
секрéтный 7925. secret (adj)
сéктор 8915. sector
секýнда 1297. second
сéкция 7926. section
селёдка 9947. herring
селéние 5051. settlement, village
селó 854. village
сéльский 704. rural, country
сельскохозя́йственный 1298. agricultural
семéйный 2363. family (adj)
семéйство 6405. family
сéмечко 8361. (small) seed
семилéтний 5421. seven-year; seven-year-old
семнáдцать 3135. seventeen
семь 564. seven
сéмьдесят 4754. seventy
семьсóт 7927. seven hundred
семья́ 461. family
сéмя n 863. seed
сенáтор 4358. senator
сéни pl 4357. entrance hall (of peasant hut)
сéно 4755. hay
сенсáция 9571. sensation
сентя́брь m 2540. September
сентя́брьский 9572. September (adj)
сéра 8362. sulphur
серви́з 9573. service, set (of dishes)
сердéчный 4756. heart (adj); heartfelt; warm-hearted
серди́то 1808. angrily
серди́тый 4479. angry
серди́ться i 1751. to be angry
сéрдце 345. heart
серебри́стый 5873. silvery
серебрó 4209. silver
серéбряный 2677. silver (adj)
середи́на 1699. middle
сери́йный 9574. serial
сéрия 2593. series
сéрный 8284. sulphuric
серп 8576. sickle
сéрый 1167. grey
серьёзно 1067. seriously
серьёзность f 8916. seriousness
серьёзный 770. serious
сéссия 7928. session; examinations
сестрá 1203. sister
сестрёнка 7067. little sister
сесть p 343. to sit down, get into (transport)
сéтка 4082. net; string-bag
сéтовать i 6707. to lament, complain
сеть f 2031. net; network
сечéние 8506. cutting; section
сéять i +a 3680. to sow
сжáтый 6708. compressed
сжать p +a 5636. to squeeze
сжечь p +a 3416. to burn
сжигáть i +a 5874. to burn
сжимáть i +a 5637. to squeeze
сжимáться i 7480. to tighten, clench
сзáди 2939. from behind
сиби́рский 2940. Siberian (adj)
сибиря́к 8917. Siberian
сигáра 5875. cigar
сигарéта 7068. cigarette
сигнáл 2405. signal
сидéние 9575. sitting; (preferably сидéнье) seat
сидéть i 143. to sit
си́ла 170. strength, force
силуэ́т 5052. silhouette

си́льно	864.	strongly; very much
си́льный	366.	strong, powerful
си́мвол	7481.	symbol
символи́ческий	7482.	symbolic
симпа́тия к +d	3914.	liking (for s.o.)
синева́	5053.	blue colour, blueness
си́ний	801.	dark blue
синтети́ческий	8411.	synthetic
синя́к	9576.	bruise
сире́на	6406.	siren
сире́нь f	8577.	lilac
сирота́ m/f	7483.	orphan
систе́ма	636.	system
системати́чески	5876.	systematically
системати́ческий	6114.	systematic
си́то	8918.	sieve
ситуа́ция	4757.	situation
сия́ние	4758.	radiance
сия́ть i	3198.	to shine
сказа́ть p +a	40.	to say
сказа́ться p на +pr	4759.	to have an effect on
ска́зка	1926.	fairy-tale
ска́зочный	3915.	fairy-tale (adj)
ска́зываться i	4210.	to have an effect (на +pr on); proclaim oneself
скака́ть i	5877.	to skip; gallop
скала́	2291.	crag, rock face, cliff
скали́стый	9577.	rocky
скаме́йка	3333.	bench
скамья́	3417.	bench
сканда́л	4596.	scandal
сканда́льный	9578.	scandalous; (coll) quarrelsome, rowdy
ска́терть f	2941.	tablecloth
ска́тываться i	6709.	to roll down
скач(о́)к	7069.	leap
сква́жина	4760.	chink, hole
сквер	9948.	public garden
скве́рно	7070.	badly
скве́рный	6710.	lousy
сквозно́й	8919.	through (adj)
сквозня́к	9949.	draught
сквозь +a	920.	through
ске́птик	8253.	sceptic
ски́нуть p (coll) +a	5054.	to throw off
скита́ться i	9950.	to wander, roam
склад	2171.	warehouse, store
скла́дка	5055.	fold, crease
скла́дывать i +a	4597.	to pile up, put together; fold up; add up; put down
скла́дываться i	3761.	to be formed; club together
склон	2779.	slope
склони́ть p +a	7929.	to bend, bow
склони́ться p	5237.	to bend, bow
скло́нность f к +d	7071.	tendency (to); aptitude (for)
скло́нный к +d	5056.	inclined (to)
склоня́ться i	7484.	to bend, bow; be declined (gramm)
скля́нка	8920.	phial, bottle
сковоро́дка	8921.	frying-pan
сколь	6711.	so
скользи́ть i	5422.	to slide
ско́лько +g	204.	how many, how much
ско́лько-нибудь +g	5423.	any, any quantity of
скопи́ться p	8922.	to accumulate
скопле́ние	5424.	accumulation
ско́рбный	7485.	mournful
скорбь f	9579.	grief
скоре́е	1099.	quicker; rather
скорлупа́	9951.	shell
ско́ро	296.	soon
скорогово́рка	8923.	tongue-twister; rapid speech
скоростно́й	4455.	high-speed, express
ско́рость f	709.	speed
ско́рый	2630.	fast
скоси́ть p	9580.	(+a) to mow; twist; (глаза́ми) squint
скот	3057.	cattle
скоти́на	5238.	cattle
скре́жет	9952.	grinding (noise)
скрип	7072.	squeak, creak
скрипе́ть i	5878.	to squeak, creak, crunch
скри́пка	6115.	violin
скро́мно	9581.	modestly
скро́мность f	9582.	modesty
скро́мный	2893.	modest
скрыва́ть i +a	2678.	to hide, conceal
скрыва́ться i	3058.	to hide os, vanish
скры́тый	4004.	hidden
скрыть p +a	2406.	to conceal
скры́ться p	2679.	to hide os, vanish
ску́дный	7486.	meagre

ску́ка	3004.	boredom
скула́	8464.	cheek-bone
скула́стый	7487.	with high cheek-bones
ску́льптор	8332.	sculptor
скульпту́ра	5879.	sculpture
скупо́й	5638.	miserly
скуча́ть i	4885.	to be bored; (по +d) miss (s.o. or sth)
ску́чно	2172.	boring
ску́чный	3418.	boring
сла́бо	3916.	weakly
сла́бость f	3681.	weakness
сла́бый	1371.	weak
сла́ва	825.	glory, fame
сла́виться i +inst	8924.	to be famous for
сла́вный	2449.	glorious
славя́нский	8925.	Slavonic
сла́дкий	3002.	sweet
сла́дко	3917.	sweetly
слать i +a	9583.	to send
сле́ва	2074.	on the left
слегка́	2894.	slightly
след	1114.	footprint; trace, vestige
следи́ть i за +inst	1347.	to watch, keep an eye on
сле́дователь m	7488.	investigator
сле́довательно	1204.	consequently, therefore
сле́довать i по- p	480.	to follow; to be required
сле́дом (за +inst)	7489.	behind
сле́дствие	3601.	consequence; investigation
сле́дующий	950.	following, next
слеза́	933.	tear
слеза́ть i с +g	5057.	to climb off
слезть p с +g	6116.	to climb down, climb off
слепо́й	3496.	blind
сле́сарь m	4211.	metal worker, fitter
сли́ва	8507.	plum
слива́ться i	6408.	to merge, join together
сли́ться p	8046.	to merge, join together
сли́шком	457.	too, too much
слия́ние	7930.	confluence; merging
слова́рь m	6117.	dictionary
слове́сный	7073.	verbal
слове́чко (coll)	7074.	word
сло́вно	373.	as if
сло́во	86.	word
сло́вом	3136.	in short
словцо́ (coll)	9584.	word; apt remark, witticism
сложе́ние	8926.	build, composition; addition (arithmetic)
сложи́вшийся	7075.	developed
сложи́ть p +a	3137.	to put together; fold; set down
сложи́ться p	2494.	to be formed; club together
сло́жно	7931.	complicated(ly)
сло́жность f	5880.	complexity
сло́жный	687.	complicated, complex
слой	981.	layer, stratum
слома́ть p +a	4761.	to break, fracture
сломи́ть p +a	4598.	to break
слон	6712.	elephant
слуга́ m	9585.	servant
слу́жащий m adj	2111.	office worker, white-collar worker
слу́жба	851.	service
служе́бный	6118.	working
служе́ние +d	7490.	service (to), serving
служи́ть i +d	651.	to serve
слух	1809.	hearing; rumour
слу́чай	280.	case, occurrence, chance
случа́йно	1700.	by chance
случа́йность f	4599.	chance, chance occurrence
случа́йный	3258.	chance (adj), fortuitous
случа́ться i	2594.	to happen
случи́ться p	580.	to happen
слу́шать i +a	217.	to listen to
слу́шатель m	3519.	listener
слу́шаться i +g	2680.	to obey
слыть i +inst or за +a	9953.	to have the reputation of, be considered
слыха́ть i (coll) о +pr	2364.	to hear (about)
слы́шать i +a	250.	to hear
слы́шаться i	2365.	to be heard
слы́шно	3762.	audible, audibly
слы́шный	3520.	audible
слюна́	9954.	saliva
сме́жный	9955.	adjacent, adjoining, connected
сме́ло	3259.	boldly
сме́лость f	3856.	bravery, courage

сме́лый	1766.	brave, bold
сме́на	1481.	changing; shift (e.g in factory); replacement
смени́ть p	4212.	to replace
смени́ться p +inst	5425.	to be replaced (by)
сменя́ть i +a	7076.	to replace, change
сменя́ться i	4083.	to be replaced
смерте́льный	5426.	fatal
сме́ртный	2895.	fatal; mortal
смерть f	700.	death
смесь f	4378.	mixture
сме́та	9956.	estimate
смета́на	8363.	sour cream
сметь i	1902.	to dare
смех	1152.	laughter, laugh
смеша́ть p +a	7932.	to mix
смеша́ться p	7933.	to mix, mingle; get mixed up
сме́шивать i +a	6713.	to confuse, mix
смеши́ть i +a	9586.	to make (s.o.) laugh, amuse
смешно́	2450.	comical(ly)
смешно́й	2326.	funny, ridiculous
смеш(о́)к	9587.	chuckle
смея́ться i над +inst	696.	to laugh (at)
смири́ться p c +inst	6409.	to submit; resign oneself (to)
сми́рно	2942.	quietly
сми́рный	6119.	docile
смола́	7934.	tar, pitch
смотр	7491.	inspection, review
смотре́ть i	102.	(+a) to watch, (на +a) look at
смочь p	560.	to be able (pf)
сму́глый	6410.	dark (of complexion)
смути́ть p +a	6714.	to embarrass; disturb
смути́ться p	3602.	to be embarrassed
сму́тно	9588.	vaguely, dimly
сму́тный	7077.	vague, dim; troubled
смуща́ть i +a	7935.	to embarrass; trouble
смуща́ться i	5639.	to be embarrassed
смуще́ние	6715.	embarrassment
смущённо	3260.	with embarrassment
смущённый	7936.	embarrassed
смыва́ть i +a	9589.	to wash off
смысл	740.	sense, meaning
смыть p +a	8927.	to wash off
смяте́ние	9957.	confusion, disarray, panic
смять p +a	9958.	to crumple, crush
снабди́ть p +a +inst	5881.	to supply (s.o. with sth)
снабжать i +a +inst	5427.	to supply (s.o. with sth)
снабже́ние	4364.	supply, supplying
снару́жи	6120.	outside, from outside
снаря́д	1810.	shell (mil)
снаряди́ть p +a	9590.	to equip
снаряже́ние	5882.	equipment
снача́ла	469.	at first; from the beginning
снег	342.	snow
снежи́нка	6716.	snowflake
сне́жный	3005.	snow (adj), snowy
снести́ p +a	8047.	to demolish; take down, take off
снижа́ть i +a	5883.	to lower
снижа́ться i	6717.	to go down
сниже́ние	2896.	lowering
сни́зить p +a	7492.	to lower, reduce
сни́зиться p	6411.	to come down, fall
сни́зу	3419.	from below
снима́ть i +a	1282.	to take off; photograph
снима́ться i	8928.	to be taken off; move off; have one's picture taken
сни́м(о)к	1482.	photograph
снисходи́тельно	9591.	condescendingly; leniently, indulgently
снисходи́тельный	9592.	condescending; lenient, indulgent
сни́ться i	4213.	to appear in a dream
сно́ва	187.	again
снова́ть i	9959.	to dash about, scurry
сноро́вка	9960.	knack, skill
сноси́ть i +a	9593.	to take down; carry away; demolish
сноха́	5239.	daughter-in-law (of husband's father)
сноше́ние	8508.	intercourse
снять p +a	951.	to take off; photograph; rent
сня́ться p	9594.	to come off; act in a film; be photographed
соба́ка	1245.	dog

соба́чий	4600.	dog's
соба́чка	8929.	small dog; trigger; catch
собачо́нка (coll)	8578.	little dog
собесе́дник	3420.	interlocutor, the person one is talking to
собира́ть i +a	1372.	to collect, gather
собира́ться i	468.	to gather; intend to; be about to
соблазни́ть p +a	9961.	to tempt; seduce
соблюда́ть i +a	4886.	to keep to, adhere to
соблюда́ться i	8930.	to be observed, be adhered to
соблюде́ние	6412.	observance
собо́р	3421.	cathedral
собра́ние	307.	meeting, collection
со́бранный	7937.	disciplined; precise
собра́ть p +a	1530.	to gather, collect
собра́ться p	1091.	to gather; to intend to, to be about to
со́бственник	5428.	owner
со́бственно	1514.	strictly, properly
со́бственность f	1470.	property (something owned)
со́бственный	212.	(one's) own; proper
собы́тие	721.	event
сова́ть i +a в +a	5429.	to thrust, poke (sth into sth)
соверша́ть i +a	3059.	to accomplish
соверша́ться i	2847.	to be accomplished
соверше́нно	497.	completely, perfectly
соверше́нный	2541.	perfect
соверше́нство	5640.	perfection
соверше́нствование	3334.	improvement
соверше́нствовать i +a	5884.	to perfect, improve
соверше́нствоваться i в +pr	9595.	to improve os; improve one's knowledge (of)
соверши́ть p +a	2407.	to accomplish, complete
со́вестно +d	4084.	ashamed
со́весть f	1752.	conscience
сове́т	227.	advice, council
сове́тник	4601.	adviser
сове́товать i +d	3199.	to advise (s.o.)
сове́товаться i с +inst	8931.	to consult
сове́тский	351.	Soviet (adj)
совеща́ние	929.	meeting, conference

совме́стно	5058.	jointly
совме́стный	3763.	joint, combined
совоку́пность f	5430.	totality
совпада́ть i с +inst	4887.	to coincide (with)
совпаде́ние	7938.	coincidence
совреме́нник	3200.	contemporary
совреме́нность f	6121.	the present age
совреме́нный	658.	modern, contemporary
совсе́м	150.	completely
совхо́з	4052.	state farm, *sovkhoz*
согла́сие	4005.	agreement
согласи́ться p с +inst	1143.	to agree (with) (на +a to)
согла́сно +d	4602.	according to
согла́сный	2173.	in agreement; consonant
согласова́ть p +a	6122.	to coordinate
соглаша́ться i	4762.	to agree (с +inst) with/(на +a to)
соглаше́ние	1835.	agreement
согну́ться p	7078.	to bend; stoop
согре́ть p +a	6718.	to warm
соде́йствие	6413.	assistance
содержа́ние	1384.	content (noun)
содержа́тельный	9596.	rich in content, profound, interesting
содержа́ть i	1636.	to contain
содержа́ться i	4382.	to be maintained; be contained
содру́жество	5059.	commonwealth
соедине́ние	1502.	joining, combination; joint, join (tech)
соединённый	1656.	united
соедини́ть p +a	4215.	to join, unite
соедини́ться p	5641.	to join, unite
соединя́ть i +a	3764.	to join, unite
соединя́ться i	3682.	to join, unite
сожале́ние	1262.	regret
сожра́ть p +a	7493.	to gobble up
созва́ть p +a	6414.	to convene
создава́ть i +a	1029.	to create
создава́ться i	3261.	to be created; arise
созда́ние	938.	creation; creature
со́зданный	5431.	created
созда́тель m	5885.	creator
созда́ть p +a	621.	to create
созда́ться p	6123.	to be created
созида́тельный	6719.	creative

сознава́ть i +a 4888. to acknowledge, be aware of
созна́ние 1283. consciousness
созна́тельно 5886. consciously
созна́тельность f 7494. awareness
созна́тельный 2727. (politically, socially) conscious; deliberate
созна́ться p в +pr 6415. to confess
созре́ть p 5642. to mature, ripen
созы́в 7495. calling, summoning (of meeting)
сойти́ p с +g 1927. to go down (from)
сойти́сь p 4006. to meet
сок 3201. juice
со́кол 5887. falcon
сократи́ть p +a 4603. to reduce
сократи́ться p 5888. to decrease, be reduced
сокраща́ть i +a 7939. to shorten; reduce
сокраща́ться i 7496. to be reduced; get shorter
сокраще́ние 3006. reduction; abbreviation
сокро́вище 3335. treasure
сокро́вищница 7079. treasure-house
солга́ть p 7497. to lie, tell a lie
солда́т 598. soldier
солда́тик 9597. toy soldier
солда́тский 3007. soldier's
солёный 5643. salted
солида́рность f 5644. solidarity
соли́дно 9598. solidly, substantially, weightily
соли́дный 4604. solid, sound; reliable
со́лнечный 1042. sun, solar; sunny
со́лнце 377. sun
со́лнышко (dim) 4007. sun
солове́й 9962. nightingale
соло́ма 4085. straw
соло́менный 5432. straw (adj)
соль f 1068. salt
сомнева́ться i в +pr 2174. to doubt
сомне́ние 1606. doubt
сомни́тельный 7940. doubtful, dubious
с(о)н 1069. sleep; dream
со́нный 7080. sleepy
сообража́ть i 4889. to think out, understand
соображе́ние 2943. consideration, reason
сообрази́ть p 3202. to realize, work out
сообща́ть i +a +d 1637. to communicate (sth to s.o.)
сообща́ться i 5240. to be communicated; communicate with
сообще́ние 1715. communication
сообщи́ть p +a +d 1811. to communicate (sth to s.o.)
соорудить p +a 9599. to build, construct
сооруже́ние 1877. construction
соотве́тственно 6416. correspondingly
соотве́тствие 3765. accordance
соотве́тствовать i +d 2239. to correspond (to)
соотве́тствующий 2240. corresponding
соотéчественник 9600. compatriot
соотноше́ние 6720. correlation
сопе́рник 4086. rival
сопе́ть i 7498. to snuffle
со́пка 6721. knoll, mound; volcano
сопоста́вить p +a 9601. to compare
соприкаса́ться i с +inst 8932. to adjoin, be in contact with
соприкоснове́ние 8579. contact
сопровожда́ть i +a 3203. to accompany
сопровожда́ться i +inst 5645. to be accompanied by
сопровожде́ние 6722. accompaniment
сопротивле́ние 1971. resistance
сопротивля́ться i +d 5646. to resist
сопу́тствовать i +d 9602. to accompany
сорва́ть p +a с +g 3138. to tear off
сорва́ться p 5647. to break away; (coll) fail, go wrong
соревнова́ние 2003. competition
соревнова́ться i с +inst 7499. to compete, vie (with)
сорня́к 8933. weed
со́рок 246. forty
соро́ка 9603. magpie
сороково́й 7081. fortieth
сорт 2681. grade, quality
соса́ть i +a 7082. to suck
сосе́д 1716. neighbour
сосе́дка 6124. (female) neighbour
сосе́дний 1246. neighbouring, next
сосе́дский 9604. neighbour's
сосе́дство 4216. vicinity
соскочи́ть p с +g 4890. to jump off
соску́читься p 6125. to get bored; (по +d) miss

сосла́ться p на +a	9605.	to refer to, quote; plead (give as an excuse)
сосна́	4217.	pine-tree
сосно́вый	6723.	pine (adj)
сосредото́ченно	9606.	intently, with concentration
сосредото́чить p +a на +pr	2631.	to concentrate (sth on sth)
сосредото́читься p на +pr	7941.	to concentrate (on)
соста́в	757.	composition, make-up
соста́вить p +a	1288.	to make up, compose, consitute
составле́ние	9607.	formation, making, compiling
составля́ть i +a	982.	to make up, compose, constitute
составно́й m adj	4763.	composite; component
состоя́ние	738.	state, condition; fortune
состоя́ть i из +g	715.	to consist (of)
состоя́ться p	1619.	to take place
сострада́ние	8412.	compassion
состяза́ние	4891.	competition
сосу́д	8186.	vessel
сосу́лька	9608.	icicle
сосуществова́ние	8246.	coexistence
сосчита́ть p +a	8934.	to count
сотвори́ть p +a	8935.	to create
со́тня	826.	a hundred
сотру́дник	2632.	employee, official
сотрудни́чество	4443.	collaboration
со́тый	5889.	hundredth
со́ус	5890.	sauce
сохране́ние	2780.	preservation
сохрани́ть p +a	1607.	to preserve
сохрани́ться p	3204.	to be preserved
сохраня́ть i +a	3262.	to keep, preserve
сохраня́ться i	6417.	to be preserved
социа́л-демокра́т	8936.	social democrat
социа́л-демократи́ческий	8468.	social-democratic
социали́зм	2035.	socialism
социали́ст	4462.	socialist
социалисти́ческий	4063.	socialist
социа́льный	967.	social
сочета́ние	2897.	combination
сочета́ть i/p +a с +inst	8937.	to combine (sth with sth)
сочета́ться i с +inst	7083.	to combine (with)
сочине́ние	2175.	composition, essay
сочини́ть p +a	6126.	to compose
сочиня́ть i +a	2366.	to compose, make up
со́чный	8306.	juicy, rich
сочу́вствие	5891.	sympathy
сочу́вствовать i +d	5433.	to sympathize (with)
сою́з	290.	union
сою́зник	2495.	ally
сою́зный	8259.	allied; of the USSR
спад	8938.	fall, slump
спа́льня	7084.	bedroom
спаса́ть i +a	3857.	to save
спаса́ться i	7085.	to escape, save os
спасе́ние	2682.	salvation, rescue
спаси́бо	724.	thank you
спаси́тельный	7942.	saving, lifesaving
спасти́ p +a	2032.	to save
спасти́сь p	7500.	to save os, escape
спать i	300.	to sleep
спекта́кль m	2327.	(theatre) performance
спекуля́нт	8260.	speculator
спекуля́ция	8939.	speculation
сперва́ (coll)	2292.	at first
спеть p +a	3858.	to sing
специализа́ция	6418.	specialization
специализи́рованный	8203.	specialized
специали́ст	1136.	specialist
специа́льно	2944.	specially
специа́льность f	3766.	speciality; profession
специа́льный	997.	special
специфи́ческий	5434.	specific
спеши́ть i	1878.	to hurry
спе́шка	9609.	haste
спе́шно	8940.	urgently, hurriedly
спе́шный	8941.	urgent
спина́	1014.	back
спи́нка	3422.	back (of chair etc.)
спира́ль f	5242.	spiral
спирт	7943.	alcohol, spirit
спиртно́й	8030.	alcoholic (adj)
списа́ть p +a	7086.	to copy; write off
спи́с(о)к	2176.	list
спи́чечный	7087.	match (adj)
спи́чка	1586.	match, matchstick
сплав	8580.	alloy
спле́тни f pl	9963.	gossip
сплоче́ние	4402.	uniting, strengthening
сплочённость f	7501.	unity, solidarity

сплочённый 7944. united
сплошно́й 2268. continuous
сплошь 3336. completely
споко́йно 498. calmly, quietly
споко́йный 1332. calm
споко́йствие 4605. calm
спор 1836. argument
спо́рить i 1767. to argue
спорт 1768. sport
спорти́вный 514. sporting
спортсме́н 4446. sportsman
спо́соб 921. way, method
спосо́бность f 1105. ability
спосо́бный 922. able, capable
спосо́бствовать i +d 2177. to promote, further (sth)
споткну́ться p o +a 6724. to trip, stumble
спотыка́ться i o +a 7088. to trip, stumble
спохвати́ться p (coll) 6127. to remember suddenly
спра́ва 2112. on the right
справедли́во 3918. justly, fairly; correctly
справедли́вость f 2293. justice, fairness
справедли́вый 2328. fair, just
спра́виться p c +inst 2178. to cope (with); (o +pr) ask about
спра́вка 5243. piece of information; certificate
справля́ться i 5244. (c +inst) to cope with; (o +pr) ask about
спра́вочник 9964. reference book, guide
спра́шивать i +a 301. to ask (s.o.)
спрашива́ться i 6128. to be asked
спра́шивается the question is
спрос 5245. demand (opposite of supply)
спроси́ть p +a 108. to ask (s.o.)
спры́гнуть p c +g 9610. to jump off
спря́тать p +a 2033. to hide
спря́таться p 3423. to hide
спуск 6725. descent; slope; release
спуска́ть i +a 7089. to lower
спуска́ться i 2179. to go down
спусти́ть p +a 3603. to lower; release
спусти́ться p 3263. to go down, descend
спустя́ 1784. later (= через)
спу́тать p +a 6129. to confuse, mix up
спу́тник 1289. travelling companion; satellite
спя́щий 7090. sleeping
срабо́тать p 7502. to work (function properly)
сравне́ние 1564. comparison
сра́внивать i +a 4764. to compare
сравни́тельно 2329. comparatively
сравни́ть p +a c +inst 2728. to compare (sth with sth)
сража́ться i c +inst 5246. to fight
сраже́ние 4606. battle
сра́зу 183. at once
срам 6130. shame
среда́ 1546. (a sg сре́ду, d pl среда́м) Wednesday; (a sg среду́, d pl сре́дам) environment, milieu
среди́ +g 279. among
среднеазиа́тский 7091. Central Asian
средневеко́вый 7092. medieval
сре́дний 367. middle; average
сре́дство 705. means; (pl) resources
срез 8581. cut; cut edge
сре́зать p +a 9611. to cut down, cut off; shut s.o. up
срок 1055. period (of time); (last) date, deadline
сро́чно 3521. urgently
сро́чный 3767. urgent
срыва́ть i +a 4892. to tear off; wreck
срыва́ться i 7945. to break away; go wrong
ссо́ра 3522. quarrel
ссо́риться i c +inst 5648. to quarrel (with s.o.)
ссыла́ться i на +a 4765. to refer to
ссы́лка 4214. exile (inside Russia)
стаби́льность f 8312. stability
ста́в(е)нь m (also ста́вня) 7946. shutter
ста́вить i +a 789. to stand, put, place
ста́виться i 6419. to be placed
ста́вка 5435. rate; stake (gambling); headquarters (mil)
стадио́н 4607. stadium
ста́дия 3523. stage (of development)
ста́до 4370. herd
стаж 9965. period of service, period of work or training
стака́н 1226. glass, tumbler
стака́нчик 9612. small glass

ста́лкиваться i с +inst	4008.	to collide (with)
сталь f	2241.	steel
стально́й	2595.	steel (adj)
стан	4608.	figure (human); camp
стани́ца	8276.	Cossack village
станови́ться i +inst	622.	to become; to stand
стан(о́)к	3003.	machine, machine tool
ста́нция	494.	station
стара́тельно	8942.	diligently, painstakingly
стара́ться i	572.	to try
ста́р(е)ц	4459.	elder
стари́к	1012.	old man
старина́	6726.	bygone times; (coll) old fellow
стари́нный	1515.	ancient
старич(о́)к	4034.	(little) old man
старомо́дный	6727.	old-fashioned
ста́рость f	3768.	old age
старт	8413.	start (sport)
стару́ха	939.	old woman
стару́шка	1928.	old woman
ста́рший	277.	elder, senior
старшина́ m	4286.	sergeant-major; leader
ста́рый	176.	old
ста́туя	4243.	statue
стать p	59.	to begin; become
ста́ться p (coll)	7093.	to happen
статья́	701.	article (newspaper, journal)
ста́чка	9613.	strike (= забасто́вка)
стащи́ть p +a	6728.	to drag off; (coll) pinch
ста́я	8943.	flock, pack
ствол	1903.	trunk (tree); barrel (gun)
стекло́	775.	glass (material)
стекля́нный	4285.	glass (adj)
стеко́льщик	9614.	glazier
стемне́ть p	7947.	to get dark
стена́	323.	wall
сте́нка	1185.	wall, partition, side
стенно́й	9615.	wall (adj)
сте́пень f	898.	degree, extent
степно́й	4257.	steppe (adj)
степь f	783.	steppe
стере́ть p +a	7948.	to rub off; grind down
сте́рж(е)нь m	8944.	pivot, rod
стесня́ться i	4218.	to be shy
стиль m	2683.	style
сти́мул	2684.	stimulus
стимули́рование	6420.	stimulation
стира́ть i +a	6421.	to wash (clothes); rub off
сти́рка	8945.	washing (clothes)
сти́снуть p +a	6131.	to squeeze
стих	891.	line of poetry
стиха́ть i	7094.	to abate, die down
стихи́йный	5649.	elemental; spontaneous
стихи́я	5060.	element, elemental force; chaos
сти́хнуть p	8946.	to abate
стихотворе́ние	5436.	poem
сто	213.	hundred
сто́имость f	1411.	cost, value
сто́ить i	718.	to cost, to be worth
сто́йка	4893.	bar, counter; stance
сто́йкий	6729.	stable; steadfast
сто́йко	9616.	steadfastly
сто́йкость f	4609.	firmness, steadfastness
сток	8582.	flow; drain
стол	139.	table
столб	2269.	pole, pillar
сто́лбик	6730.	small column
столе́тие	2633.	century
сто́лик	2408.	small table, restaurant table
столи́ца	1205.	capital (city)
столи́чный	5437.	capital (adj)
столкнове́ние	3524.	collision, clash
столкну́ть p +a	7949.	to push off; to knock together
столкну́ться p с +inst	3919.	to collide (with)
столо́вая f adj	1516.	dining-room; canteen, refectory
столо́вый	5438.	table (adj)
столь	961.	so
сто́лько +g	1078.	so much, so many
стон	7950.	groan
стона́ть i	5892.	to groan
стоп	7951.	stop!
сто́рож	1879.	watchman
сторожево́й	6731.	watch, guard (adj)
сторона́	148.	side
сторо́нник	3920.	supporter
стоя́нка	6732.	stop; parking
стоя́ть i	104.	to stand
сто́ящий (adj)	6422.	worthwhile

страдáние	4009.	suffering
страдáть i	2634.	to suffer
странá	123.	country
стрáница	760.	page
стрáнник	5893.	wanderer
стрáнно	1565.	strangely; it is strange
стрáнный	1299.	strange
стрáнствовать i	9617.	to wander, travel
стрáстно	5650.	passionately
стрáстный	5651.	passionate
страсть f	2496.	passion
стратегѝческий	6423.	strategic
стратéгия	8947.	strategy
страх	952.	fear
стрáшно	881.	terribly; (it is) terrible
стрáшный	827.	terrible, dreadful
стрелá	2945.	arrow
стрéлка	4894.	arrow; hand (of clock)
стрелкóвый	9618.	shooting (adj); rifle, infantry (adj)
стрельбá	4305.	shooting
стрелять i в + a or по + d	1290.	to shoot (at)
стремѝтельно	3769.	swiftly; impetuously
стремѝтельный	4610.	rapid; dynamic
стремѝться i к +d	1043.	to strive (for)
стремлéние	1412.	striving, aspiration, desire
стрóгий	1566.	strict, severe
стрóго	1471.	strictly
стрóгость f	7095.	strictness
строéние	4058.	construction
строѝтель m	454.	construction worker, builder
строѝтельный	1785.	construction
строѝтельство	690.	construction
стрóить i по- p	552.	to build
стрóиться i	2685.	to be built
строй	797.	system, structure; military formation
стрóйка	429.	building; building site
стрóйный	3770.	harmonious; well-proportioned
строкá	1837.	line (of text)
стропѝло	8948.	rafter, roofbeam
стрóчка	5652.	line (of text); stitch
стрýжка	9619.	shaving, shavings
струѝться i	9620.	to stream
стрýйка	8583.	thin stream, trickle
структýра	3205.	structure
струнá	4895.	string (of instrument)
стрýсить p пéред or +g	6733.	to be cowardly
струя́	2946.	jet, stream
студéнт	297.	student
студéнческий	5061.	student (adj)
стýжа (coll)	9966.	icy cold, severe frost
стук	2409.	knock
стýкнуть p +a	3424.	to knock, bang
стул	1373.	chair
ступáть i	1880.	to step
ступéнь f	3206.	step, rung; (g pl ступенéй) stage, level, grade
ступéнька	3525.	step
ступѝть p	6734.	to step
стучáть i в +a	2134.	to knock (at)
стыд	3207.	shame
стыдѝться i +g	5062.	to be ashamed of
сты́дно	1567.	it is shameful; (+ d of person X) X is ashamed
сты́чка	9621.	skirmish; squabble
стянýть p +a	5653.	to tighten; pull off
суббóта	3008.	Saturday
субъективный	8348.	subjective
суверенитéт	6424.	sovereignty
сугрóб	5894.	snowdrift
сугýбо	6132.	especially; exclusively
суд	1423.	court (of law); trial
судéбный	4219.	judicial, legal
судѝть i/p о +pr	1015.	to judge; (+a) try (s.o.)
сýдно	3526.	vessel, craft
сýдорожно	9622.	convulsively, feverishly
судьбá	604.	fate
судья́ m/f	3337.	judge; referee
суевéрный	8949.	superstitious
суетá	5439.	bustle, fuss
суетѝться i	7952.	to run around, fuss about
суждéние	7503.	opinion, judgement
суждено́ +d +inf	8364.	it is fated
сук	6425.	bough
сýка	9623.	bitch
сýкин poss adj	5440.	bitch's
сукнó	9624.	cloth
сукóнный	7953.	cloth (adj)

сули́ть i +a	5895.	to promise (sth)
сумасше́дший m adj	2686.	mad
сумато́ха	6426.	confusion, turmoil
су́мерки pl	3264.	twilight, dusk
суме́ть p + p inf	1254.	to be able to, manage to
су́мка	5063.	bag, handbag
су́мма	2034.	sum
су́мрак	7096.	dusk
су́мрачный	9625.	gloomy; dreary
сунду́к	4293.	trunk, chest
су́нуть p +a	2542.	to thrust
суп	7097.	soup
супру́г	7504.	spouse, husband
супру́га	4896.	spouse (wife)
суро́во	5064.	severely
суро́вый	2075.	harsh
су́тки f pl	1701.	24 hours
суту́лый	9967.	round-shouldered, stooping
суть f	2848.	essence
суха́рь m	9626.	piece of dried bread; rusk
су́хо	3604.	drily
сухо́й	1517.	dry
сухопу́тный	8950.	ground (adj) (troops)
су́ша	8307.	(dry) land
сушёный	7098.	dried
суши́ть i +a	8414.	to dry
суще́ственно	7505.	vitally, essentially
суще́ственный	2214.	essential; important
существо́	1186.	essence; being, creature
существова́ние	1035.	existence
существова́ть i	722.	to exist
существу́ющий	3338.	existing
су́щий (coll)	8951.	real, absolute
су́щность f	1717.	essence
в су́щности		in essence
сфе́ра	2180.	sphere
сформули́ровать p +a	7099.	to formulate
схвати́ть p +a	1348.	to seize, grab
схвати́ться p за +a	6133.	(за +a) to seize; (с +inst) grapple with
схва́тка	5065.	fight, tussle
схе́ма	3771.	diagram
сходи́ть i с +g	2242.	to go down (from)
сходи́ть p		to go and return

сходи́ться i с +inst	6134.	to meet; form a liaison with; agree
схо́дный	4897.	similar; (coll) fair (of price)
схо́дство	4010.	similarity
сце́на	834.	stage (theatre); scene
счастли́в(е)ц	7954.	lucky man
счастли́во	3772.	happily
счастли́вый	792.	happy; lucky
сча́стье	739.	happiness, luck
счесть p +a	4611.	to count; (+a +inst or за +a) consider (sth to be sth)
счёт	702.	bill, account; count, score
счёты pl	7955.	abacus
счита́ть i +a +inst	392.	to count; consider
счита́ться i	1447.	(+ inst) to be considered; (с + inst) take into account
сшиби́ть p (coll) +a	9968.	to knock down
сшить p +a	6427.	to sew
съезд	537.	congress
съе́здить p	6735.	to travel there and back
съёмка	7100.	shooting (of film); surveying; taking away
съесть p +a	2849.	to eat
съе́хать p	7101.	to drive down; (coll) slip
сыгра́ть p	2596.	to play
сын	325.	son
сын(о́)к	4258.	sonny (form of address)
сы́пать i +a or +inst	7506.	to pour, strew
сы́паться i	6428.	to pour out
сыр	8584.	cheese
сыро́й	3060.	damp; raw
сырьё	4059.	raw material
сы́тый	4011.	replete, full
сюда́	303.	here (hither)
сюже́т	9627.	subject, plot
сюрпри́з	7102.	surprise
сюрту́к	8952.	frock-coat
таба́к	3139.	tobacco
таба́чный	7507.	tobacco (adj)
табле́тка	6736.	pill
табли́ца	4044.	table

табли́чка	8953.	door-plate, nameplate, plaque
табуре́тка	5654.	stool
таёжный	8433.	taiga (adj)
таз	9969.	basin; pelvis
таи́нственно	7103.	mysteriously
таи́нственный	3009.	mysterious
таи́ть i +a	4612.	to conceal
таи́ться i	6429.	to be concealed
тайга́	1856.	taiga (northern forest)
тайко́м	5655.	secretly
та́йна	1126.	secret, mystery
тайни́к	9628.	hiding-place
та́йно	6737.	secretly
та́йный	3208.	secret (adj)
так	29.	so
та́кже	415.	as well
тако́в (m pronoun)	2076.	such
таково́й	4087.	such
тако́й	37.	such
такси́ n indecl	6430.	taxi
такт	7104.	rhythm, time; tact
та́ктика	3061.	tactics
такти́ческий	8954.	tactical
тала́нт	1786.	talent
тала́нтливый	2367.	talented
тало́н	9970.	coupon
там	85.	there
тамо́женный	6738.	customs (adj)
та́н(е)ц	1568.	dance
танк	2497.	tank
танки́ст	9629.	tank soldier, member of tank crew
та́нковый	8955.	tank (adj)
танцева́льный	5441.	dance (adj)
танцева́ть i	2181.	to dance
та́ра	8956.	packaging
тарака́н	7956.	cockroach
таре́лка	2498.	plate
таска́ть i +a	4613.	to drag
тата́рин	4614.	Tatar
тата́рский	8957.	Tatar (adj)
тахта́	7957.	divan
тащи́ть i +a	2182.	to drag
та́ять i	7508.	to melt
тверди́ть i +a	6739.	to repeat
твёрдо	1718.	firmly
твёрдость f	4766.	firmness
твёрдый	1153.	hard, firm, solid

твой	232.	your (familiar)
творе́ние	5656.	creation
твор(е́)ц	7509.	creator
твори́ть i +a	6135.	to create
твори́ться i	6136.	to be going on, happen
тво́рчески	8958.	creatively
тво́рческий	1587.	creative
тво́рчество	1620.	creative work
теа́тр	776.	theatre
театра́льный	5442.	theatrical
те́зис	6137.	thesis, proposition
текст	3859.	text
тексти́льный	8547.	textile (adj)
теку́щий	5657.	current (adj)
телеви́дение	3605.	television (medium)
телевизио́нный	3606.	television (adj)
телеви́зор	1103.	television set
теле́га	1483.	cart
телегра́мма	1857.	telegram
телегра́ф	4088.	telegraph
телегра́фный	7958.	telegraph (adj)
телён(о)к	8959.	calf
телеско́п	7105.	telescope
телефо́н	885.	telephone
телефо́нный	3062.	telephone (adj)
те́ло	257.	body
тем	828.	(by) so much
те́ма	983.	subject, topic, theme
темне́ть i	5066.	to get dark
темно́	2635.	(it's) dark
темнота́	1349.	darkness
тёмный	713.	dark
темп	1608.	rate, speed
температу́ра	736.	temperature
тенде́нция	4035.	tendency
тень f	1070.	shade; shadow
теорети́чески	8961.	theoretically
теорети́ческий	2330.	theoretical
тео́рия	987.	theory
тепе́решний (coll)	3140.	present (adj)
тепе́рь	77.	now
тепли́ца	6740.	hothouse
тепло́	1284.	warmly; it is warm; (noun) warmth
теплота́	4259.	warmth
теплохо́д	4452.	motor-vessel, motor-ship
тёплый	953.	warm
тере́ть i +a	7510.	to rub

терза́ть i +a 8962. to torment; pull about
те́рмин 5896. term (specialist word)
термо́метр 8585. thermometer
терпели́во 5897. patiently
терпели́вый 7959. patient
терпе́ние 5658. patience
терпе́ть i +a 2294. to be patient; endure
терра́са 8250. terrace
территориа́льный 9630. territorial
террито́рия 1413. territory
терро́р 5898. terror
теря́ть i +a 1518. to lose
теря́ться i 3527. to get lost; lose one's head
тесни́ться i 9631. to crowd, jostle
те́сно 2781. tightly; crowded
теснота́ 8963. tightness; cramped conditions
те́сный 1812. tight
те́сто 7960. pastry, dough
тётка 5067. aunt; (coll) woman
тетра́дка 4767. exercise book
тетра́дь f 2782. exercise book
тётушка 9632. auntie; (old) lady
тётя 998. aunt
те́хник 5068. technician
те́хника 470. technology
те́хникум 8964. technical college
техни́ческий 791. technical; engineering
технологи́ческий 4071. technological
техноло́гия 2368. technology
тече́ние 748. flow, current; course
течь i 3063. to flow
течь f leak
тёща 9971. mother-in-law (wife's mother)
тигр 8965. tiger
тип 1484. type; (coll) bloke, fellow
типи́чный 3921. typical
типогра́фия 5443. printing-house, press
тира́ж 4768. number of copies; draw (lottery)
ти́тул 9633. title
тиф 9634. typhus
ти́хий 1127. quiet, calm
ти́хо 332. quiet
тихо́нько (coll) 2369. quietly
тишина́ 1187. quiet, silence
ткань f 2370. cloth
ткнуть p +inst в +a or +a в +a 5444. to prod, jab (sth into sth)
тлеть i 9972. to rot; smoulder
то 113. that; then
това́р 1188. commodity, article
това́рищ 298. comrade
това́рищеский 5445. comradely; friendly
това́рный 3860. goods (adj)
тогда́ 142. then, at that time
тогда́шний 3683. then (adj)
то́же 107. too
ток 4348. electric current
то́карь m 9635. turner, lathe operator
толк 2371. sense, point; understanding
толка́ть i +a 3010. to push, shove
толка́ться i 6431. to push, jostle
толкну́ть p +a 3922. to push
толкова́ние 7511. interpretation
толкова́ть i +a 6138. to interpret, explain
толко́вый 9636. clever, sensible; clear, comprehensible; (слова́рь) explanatory
то́лком 8960. clearly; properly
толпа́ 1503. crowd
толпи́ться i 7106. to crowd, throng
то́лстый 1858. fat
толч(о́)к 7961. push; jolt
то́лща 6432. thickness
толщина́ 3339. thickness
то́лько 34. only
том 1048. volume (book)
томи́тельный 8966. tiresome
томи́ться i 5899. to languish, suffer
тон 1154. (nom pl то́ны, g pl то́нов) tone, musical tone; (nom pl тона́, g pl тоно́в) colour tone, tint
то́ненький 5069. slim
то́нкий 865. thin, slender; fine, subtle
то́нко 8967. thinly; delicately; subtly
то́нкость f 7512. thinness; subtlety

то́нна	858.	ton (1,000 kilogrammes)
тону́ть i	3923.	to sink; drown
то́пать i	5247.	to stamp; (coll) go (on foot)
топи́ть i +a	5070.	to stoke; heat; (p по-) sink; (p у-) drown
то́пливо	2499.	fuel
то́поль m	5659.	poplar
топо́р	2783.	axe
то́пот	6433.	sound of footsteps, patter
топта́ться i	7962.	to stamp
торгова́ть i +inst	2410.	to trade (in)
торго́в(е)ц	7963.	trader
торго́вый	1671.	trade (adj)
торго́вля	1588.	trade
торже́ственно	4769.	ceremonially; festively
торже́ственный	2411.	ceremonial; celebratory
торжество́	4220.	celebration
торжествова́ть i	9637.	(над +inst) to triumph (over); (+a) celebrate
тормози́ть i +a	7107.	to slow down, impede; brake
торопи́ть i +a	7513.	to hurry (s.o.)
торопи́ться i	1485.	to hurry, be in a hurry
торопли́во	3425.	hastily
торт	8968.	cake
торча́ть i	1953.	to stick out
тоска́	2372.	melancholy, depression, ennui; (по +d) yearning (for)
тоскли́во	7964.	drearily
тоскли́вый	7965.	depressed, depressing
тосковать i	5900.	to be miserable; (по +d) yearn for, miss
тост	5660.	toast
тот/та/то/те	22.	that
то́-то	2687.	that's it, that's right
то́тчас	1255.	immediately
точи́ть i +a	5901.	to sharpen; gnaw at, corrode
то́чка	717.	dot, point; full stop
то́чно	538.	exactly; punctually
то́чность f	2270.	precision; punctuality
то́чный	1227.	exact, precise
то́щий	4770.	emaciated
трава́	1350.	grass; herb
трави́ть i +a	6741.	to exterminate, poison; damage; hunt; persecute
траге́дия	5446.	tragedy
траги́ческий	6139.	tragic
традицио́нный	3773.	traditional
тради́ция	1753.	tradition
тракт	7514.	highway; route
тракти́р	6434.	inn
тра́ктор	3497.	tractor
тракторист	4295.	tractor driver
тра́кторный	4244.	tractor (adj)
трамва́й	3924.	tram
трампли́н	8969.	spring-board; ski-jump
тра́нспорт	1859.	transport
транспортиро́вка	8586.	transportation
тра́нспортный	6742.	transport (adj)
тра́сса	8220.	route, course (of road etc.)
тра́тить i +a	4434.	to spend
тре́бование	1274.	demand
тре́бовательный	7966.	demanding
тре́бовать i +g	665.	to demand
тре́боваться i	1672.	to be needed
трево́га	1881.	alarm
трево́жить i +a	3426.	to alarm; disturb
трево́житься i	8970.	to worry
трево́жно	3607.	anxiously
трево́жный	4898.	worrying; worried
тре́зво	9638.	soberly
тре́звый	7108.	sober
тре́нер	8261.	trainer, coach
тре́ние	4260.	friction
трениро́вка	7967.	training
трепа́ть i	5447.	to rumple, tousle; pat; (coll) natter
трепета́ть i	6140.	to tremble
треск	4771.	crack; crash
трест	8208.	trust; group of companies
тре́тий	200.	third
треть f	7968.	third
треуго́льник	8971.	triangle
треща́ть i	7515.	to crack; crackle
тре́щина	4772.	crack, cleft
три	111.	three

трибу́на	5248.	platform; stand (in stadium)
трибуна́л	6435.	tribunal
тридца́тый	7516.	thirtieth
три́дцать	270.	thirty
три́жды	5071.	thrice, three times
трина́дцать	8972.	thirteen
три́ста	2500.	three hundred
триу́мф	9639.	triumph
тро́гательный	9640.	touching, affecting
тро́гать i +a	1882.	to touch
тро́е	2271.	three, threesome
тро́йка	5902.	three; group of three; troika
трон	7109.	throne
тро́нуть p +a	2784.	to touch
тро́нуться p	7969.	to set off
тропа́	6141.	path
тропи́нка	5448.	path
тропи́ческий	6743.	tropical
трос	7110.	rope, cable
трость f	7517.	cane, walking-stick
тротуа́р	3925.	pavement, sidewalk
трофе́й	6744.	trophy; booty
труба́	1609.	pipe
тру́бка	733.	tube, pipe; telephone receiver
тру́бочка	5072.	small pipe, tube
труд	115.	labour
труди́ться i	1657.	to labour
тру́дно	346.	(it is) difficult
тру́дность f	1314.	difficulty
тру́дный	963.	difficult
трудово́й	1448.	labour, work (adj)
трудоёмкий	6436.	labour-intensive, laborious
трудя́щийся participle	4026.	working
тру́женик	2597.	toiler, worker
труп	4773.	corpse
трус	5073.	coward
трусли́вый	7970.	cowardly
трюк	9641.	stunt; trick, ruse
трюм	8587.	hold (of ship)
тря́пка	2898.	rag
тряпьё	7971.	rags
трясти́ i +a	5074.	to shake
трясти́сь i	5249.	to shake; tremble
тряхну́ть p	7972.	to shake
тсс	7973.	shh! keep quiet!
туале́т	8469.	toilet
ту́го	4899.	tight; difficult
туго́й	9642.	tight
туда́	495.	there (thither)
тулу́п	4480.	sheepskin coat
тума́н	1247.	fog, mist
тума́нный	6142.	misty
ту́мба	7974.	pedestal; bollard
ту́ндра	4261.	tundra (treeless northern wastes)
тунне́ль m	7518.	tunnel
тупи́к	3064.	cul-de-sac, dead-end
тупо́й	5449.	blunt; stupid
тур	6745.	round (sport)
туре́цкий	6143.	Turkish
тури́зм	9643.	tourism; hiking
тури́ст	3861.	tourist; hiker
тури́стский	6746.	tourist (adj)
турни́р	4432.	tournament
ту́р(о)к	9644.	Turk
ту́склый	5250.	dim
тут	96.	here (like здесь)
ту́фля	5903.	shoe, houseshoe
ту́ча	2113.	storm cloud
ту́чка	7975.	small cloud
ту́ша	8509.	carcass
туши́ть i +a	6747.	to extinguish; stew
тща́тельно	2785.	thoroughly
тща́тельный	8973.	thorough
тщесла́вие	7111.	vanity
тще́тно	9973.	in vain
ты	24.	you (familiar)
ты́кать i	8974.	to prod
тыл	2543.	rear
ты́сяча	97.	thousand
тысячеле́тие	3774.	millennium
тысячеле́тний	9645.	thousand-year (adj)
тьма	2295.	darkness
тьфу (coll)	5251.	(expresses dislike or scorn) yuk!, ugh!, pah!
тюк	8548.	bale
тюре́мный	6144.	prison (adj)
тюрьма́	1610.	prison
тя́га	6748.	locomotion; (к +d) thirst for, attraction towards
тя́гость f	9646.	burden

тяжело́ 1351. heavily; gravely; it is hard, painful
тяжёлый 417. heavy
тя́жесть f 3265. weight, burden
тя́жкий 3608. heavy, serious
тяну́ть i +a 1461. to pull, drag
тяну́ться i 1838. to stretch
у +g 18. by; at (used in 'have' construction)
убега́ть i 2544. to run away
убеди́тельно 4012. convincingly, earnestly
убеди́тельный 5252. convincing; earnest
убеди́ть p +a 2501. to convince
убеди́ться p в +pr 1472. to convince oneself, become sure (of sth)
убежа́ть p 1702. to run away
убежда́ть i +a 3141. to persuade
убежда́ться i в +pr 4013. to convince oneself
убежде́ние 2850. conviction, belief
убеждённо 5904. with conviction
убеждённость f 8434. conviction
убеждённый 4900. convinced
убива́ть i +a 2135. to kill
уби́йство 3862. murder
уби́йца m/f 4014. murderer
убира́ть i +a 4901. to take away; tidy
убира́ться i (coll) 8975. to tidy up; clear off, make os scarce
уби́тый 3427. killed
уби́ть p +a 894. to kill; to murder
убо́гий 7112. wretched
убо́рка 3684. tidying up; harvest
убо́рная f adj 5905. lavatory; dressing-room (in theatre)
убра́ть p +a 2331. to take away; tidy up
убы́т(о)к 3863. loss
уважа́емый 3775. respected
уважа́ть i +a 2215. to respect
уваже́ние 1638. respect
увезти́ p +a 5661. to take away (by transport)
увеличе́ние 1839. increase
увели́чивать i +a 4615. to increase
увели́чиваться i 3266. to increase
увели́чить p +a 2545. to increase
увели́читься p 2502. to increase
уве́ренно 3065. confidently
уве́ренность f 1904. confidence
уве́ренный 1438. confident, sure
уве́рить p +a в +pr 6437. to assure (s.o. of sth)
уверя́ть i +a 3685. to assure
уве́систый 9647. weighty
увести́ p +a 4774. to lead away
увида́ть p (coll) +a 3340. to see
уви́деть p +a 198. to see
уви́деться p c +inst 9648. to see each other
увлека́тельный 5662. fascinating, absorbing
увлека́ть i +a 6438. to distract; fascinate
увлека́ться i +inst 3926. to be keen on
увлече́ние 3528. enthusiasm; hobby
увле́чь p +a 3609. to carry away; fascinate
уводи́ть i +a от +g 3927. to lead away
увози́ть i +a 7113. to transport away
уво́лить p +a 6145. to dismiss, fire
увольне́ние 6146. dismissal
увы́ 5663. alas!
угада́ть p +a 3686. to guess
уга́дывать i +a 6749. to guess
углеро́д 8197. carbon
углубле́ние 7114. deepening; depression, hollow
углубля́ться i 7115. to become deeper; (в +a) go deep into, become absorbed in
угнета́ть i +a 7976. to oppress
угнете́ние 4221. oppression
угнетённый 3209. oppressed
угова́ривать i +a 4222. to persuade, urge
угово́р 8976. agreement; persuasion
уговори́ть p +a 3864. to persuade
угоди́ть p 6439. (+d) to please; (coll) get into, end up (p only)
уго́дно 1972. to your liking
уго́дье 8588. usable land
у́г(о)л 434. corner
уголо́вный 3776. criminal (adj)
угол(о́)к 3142. corner, nook
у́г(о)ль m 1333. coal
угости́ть p +a +inst 5906. to treat (s.o. to sth)
угоща́ть i +a 7519. to treat, entertain
угрожа́ть i +d 2688. to threaten (s.o.)
угрожа́ющий 7520. threatening
угро́за 1473. threat
угрю́мо 2786. gloomily
угрю́мый 4902. sullen, gloomy
удава́ться i +d +inf 1973. to succeed (in doing sth)

удале́ние	8978.	removal
удали́ть p +a	6750.	to send away, remove
удали́ться p	5075.	to move away
удаля́ться i от +g	6147.	to withdraw, move away (from)
уда́р	1115.	blow, strike
уда́рить p +a	1504.	to strike, hit
уда́рный	5907.	urgent; attacking; percussion (adj)
ударя́ть i +a	7977.	to strike, hit
уда́ться p +d of person + p inf	886.	to succeed
уда́ча	5253.	success
уда́чно	7116.	successfully
уда́чный	3687.	successful
удели́ть p +a +d	7978.	to allot, give
уделя́ть i +a +d	5076.	to allot, give
удержа́ть p +a	2851.	to hold back, retain
удержа́ться p	4015.	to stand firm; restrain oneself
уде́рживать i +a	5664.	to hold onto; retain; restrain
удиви́тельно	2272.	surprisingly
удиви́тельный	1531.	surprising, astonishing
удиви́ть p +a	5665.	to surprise
удиви́ться p +d	2636.	to be surprised (at)
удивле́ние	2503.	surprise
удивлённо	3529.	with surprise
удивлённый	6751.	surprised
удивля́ть i +a	6752.	to surprise
удивля́ться i +d	2546.	to be surprised (at)
удо́бно	3610.	comfortably; conveniently
удо́бный	2504.	comfortable; convenient
удобре́ние	4414.	fertilizer; fertilizing
удо́бство	6440.	convenience
удовлетворе́ние	2729.	satisfaction
удовлетвори́ть p	3777.	(+a) to satisfy; (+d) be in accordance with
удовлетворя́ть i	7521.	to satisfy
удово́льствие	1315.	pleasure
удосто́ить p	9649.	(+a +g) to award s.o. sth; (+a +inst) favour s.o. with sth
у́дочка	7979.	fishing rod
удра́ть p (coll)	8979.	to run away, do a bunk
уезжа́ть i	1621.	to leave
уе́хать p	1228.	to go away, leave (by transport)
уж (= уже)	496.	already; really
у́жас	1639.	horror
ужа́сно	1840.	terribly
ужа́сный	1974.	terrible
уже́	42.	already
у́жин	3341.	supper
у́жинать i	4616.	to have supper
у́з(е)л	2947.	knot; junction; bundle
узел(о́)к	5077.	small knot; small bundle
у́зкий	1316.	narrow
узнава́ть i +a	2899.	to recognize; find out
узна́ть p +a	248.	to recognize; find out
узо́р	4223.	pattern
у́йма (coll) +g	9974.	lots (of)
уйти́ p	190.	to leave (on foot)
ука́з	6753.	decree
указа́ние	8977.	indication; instruction
ука́занный	5078.	indicated, specified
указа́ть p +a or на +a	1735.	to point out
ука́зывать i +a or на +a	1589.	to point out
ука́зываться i	8980.	to be indicated
укла́д	6442.	organization, structure (of life, society)
укла́дывать i +a	5666.	to lay (down); pack, stack
укла́дываться i	7522.	(уложи́ться p) to pack one's things; (в +a) fit (into sth); (уле́чься p) lie down, go to bed
укло́н	7523.	slope; deviation, bias
укло́нчиво	8981.	evasively
уклоня́ться i от +g	9650.	to avoid, evade
уко́л	6443.	jab, injection
уко́р	8982.	reproach
укорени́ться p	9651.	to take root
укори́зненно	7980.	reproachfully
укра́дкой	7524.	stealthily
украи́нский	4224.	Ukrainian
укра́сить p +a	6444.	to adorn
укра́сть p +a	6148.	to steal
украша́ть i +a	4775.	to adorn
украше́ние	5079.	decoration

укрепи́ть p +a	4016.	to strengthen
укрепи́ться p	9652.	to become stronger; become fixed; consolidate one's position
укрепле́ние	1263.	strengthening
укрепля́ть i +a	3928.	to strengthen
укры́ться p от +g	6149.	to take refuge (from)
уку́тать p +a	8983.	to wrap (s.o.) up
улета́ть i	7117.	to fly away
улете́ть p	7525.	to fly away
уле́чься p	8984.	to lie down; (p only) calm down; (p only) settle
у́лица	177.	street
у́личный	4379.	street (adj)
улови́ть p +a	7526.	to catch; detect
уложи́ть p +a	3865.	to lay
улучша́ть i +a	9653.	to improve
улучша́ться i	8985.	to improve
улучше́ние	1352.	improvement
улу́чшить p +a	3688.	to improve
улыба́ться i	915.	to smile
улы́бка	1353.	smile
улыбну́ться p	584.	to smile
ум	719.	mind, intellect
уме́ло	6150.	skilfully
уме́лый	8986.	skilful
уме́ние	2689.	ability
уменьша́ться i	5080.	to diminish, decrease
уме́ньшить p +a	7118.	to reduce
уме́ньшиться p	8987.	to diminish, decrease
уме́ренный	9975.	moderate
умере́ть p	1016.	to die
уме́стно	7981.	appropriately
уме́ть i +inf	359.	to know how to
умира́ть i	5081.	to die
у́мница m/f (coll)	5082.	clever person
у́мно	6445.	intelligently
умножа́ть i +a	8988.	to multiply
у́мный	916.	intelligent
умоля́ть i +a	6151.	to implore
у́мственный	3530.	mental, intellectual
умыва́ться i	7527.	to wash os
у́мыс(е)л	7982.	intention
умы́ться p	6754.	to wash os
унести́ p +a	4017.	to carry away
универса́льный	9654.	universal; versatile, multi-purpose
университе́т	1622.	university
унижа́ть i +a	7983.	to humiliate
униже́ние	6755.	humiliation
уника́льный	4225.	unique
унима́ться i	9655.	to calm down
уничтожа́ть i +a	3531.	to destroy
уничтожа́ться i	7984.	to be destroyed
уничтоже́ние	2730.	annihilation, destruction
уничто́жить p +a	1474.	to destroy; do away with
уноси́ть i +a	3611.	to carry away
уны́лый	5083.	sad, cheerless
уны́ние	8989.	dejection, gloom
упа́д(о)к	5908.	decline
упа́сть p	1206.	to fall
упира́ться i в +a	8333.	to lean (against); come up against
уполномо́ченный	8334.	plenipotentiary
упомина́ть i +a or o +pr	9656.	to mention
упомина́ться i	9657.	to be mentioned
упомя́нутый	6756.	previously mentioned
упомяну́ть p +a or o +pr	6446.	to mention
упо́р	5450.	prop
упо́рно	4776.	persistently
упо́рный	2787.	persistent
упо́рство	8990.	persistence; obstinacy
упоря́дочение	9658.	putting in order, regulation
употребле́ние	5451.	use
употребля́ть i +a	4617.	to use
упра́ва	9659.	(coll) control, means of control; (hist) management, administration, justice
упра́виться p (coll) c +inst	8991.	to cope with
управле́ние	824.	management; administration; control
управля́емый	7985.	controlled
управля́ть i +inst	2296.	to manage, control
управля́ться i	7986.	to be controlled; (c +inst) deal with
управля́ющий m adj +inst	8198.	manager

упражне́ние	3866.	exercise
упрёк	5084.	reproach
упрека́ть i +a в +pr	4903.	to accuse (s.o. of), reproach
упро́чение	8384.	strengthening
упрощённый	9660.	simplified; over-simplified
упру́гий	9976.	elastic, springy
упря́жка	8510.	team (of horses, dogs); harness
упря́мо	4018.	stubbornly
упря́мство	9661.	obstinacy
упря́мый	6447.	stubborn
упусти́ть p +a	7528.	to let slip; miss
ура́	2547.	hurrah, hurray
урага́н	6757.	hurricane
ура́н	8385.	uranium
урегули́рование	8992.	regulation; adjustment
у́ров(е)нь m	847.	level; standard
уро́д	9977.	freak, monster
урожа́й	1841.	harvest
урожа́йность f	8316.	crop productivity, yield
уро́к	255.	lesson
урони́ть p +a	5909.	to drop
ус	2077.	whisker
уса́дьба	3342.	country estate
уса́живаться i	9662.	to take a seat, settle down
уса́тый	8993.	with a moustache; whiskered
усво́ить p +a	5910.	to adopt, acquire (habit); master, learn
усе́рдно	4904.	conscientiously
усе́сться p	6448.	to sit down, settle down
усе́ять p +a +inst	9663.	to strew, dot, litter (sth with sth)
у́сик	7529.	whisker; antenna, feeler
усиле́ние	4618.	strengthening
уси́ленно	7987.	intensively
уси́ленный	7988.	intensive, intensified
уси́ливать i +a	6449.	to strengthen
уси́ливаться i	6152.	to grow stronger, increase
уси́лие	754.	effort
уси́лить p +a	5085.	to strengthen
уси́литься p	6758.	to become stronger, increase
ускольза́ть i	7530.	to slip away
ускоре́ние	5254.	acceleration
ускo̓рить p +a	6153.	to accelerate
усло́вие	596.	condition
усло́виться p с +inst о +pr or +inf	8994.	to make an arrangement (with s.o. about sth/to do sth)
усло́вно	8995.	conditionally, provisionally
усло́вный	7120.	conventional; conditional; tentative
услу́га	4019.	service, favour
услыха́ть p +a	8996.	to hear
услы́шать p +a	1056.	to hear
усма́тривать i +a в +pr	8997.	to see (sth in sth), interpret as
усмеха́ться i	3066.	to smile slightly, give a short laugh
усмехну́ться p	1905.	to smile slightly
усме́шка	2948.	slight smile; sneer; smirk
усмотре́ние	9978.	discretion, judgement
усну́ть p	3210.	to fall asleep
успева́ть i +inf	3343.	to have time to
успе́ть p +p inf	396.	to have time, to be in time
успе́х	455.	success
успе́шно	1769.	successfully
успе́шный	2949.	successful
успока́ивать i +a	7531.	to soothe, quieten
успоко́ить p +a	5255.	to calm
успоко́иться p	2183.	to calm down
уста́ pl (poetic)	7119.	mouth, lips
уста́в	5667.	regulations, statutes
устава́ть i	6154.	to tire
уста́виться p в +a	4226.	to fix one’s gaze (on), stare (at)
уста́ло	4905.	wearily
уста́лость f	7121.	tiredness
уста́лый	5086.	tired
устана́вливать i +a	3778.	to set up, establish
устана́вливаться i	7122.	to become established
установи́ть p +a	1128.	to set up, establish
установи́ться p	6155.	to become established
устано́вка	1590.	installation; purpose

установле́ние	4262.	establishment
устано́вленный	5668.	established, prescribed
устаре́ть p	8069.	to become obsolete, go out of date
уста́ть p	1787.	to tire
у́стный	8318.	oral
усто́й	5911.	foundation, support
усто́йчивость f	6450.	stability
усто́йчивый	4227.	stable
устоя́ть p	5669.	to remain standing; hold out
устра́ивать i +a	2136.	to organize
устра́иваться i	4228.	to work out well; settle down
устране́ние	9664.	removal, elimination
устрани́ть p +a	4619.	to remove
устреми́ться p на +a	8998.	to rush, dash; be fixed on, aspire to
устремля́ться i	6156.	to rush
устро́ить p +a	1385.	to arrange, organize
устро́иться p	4030.	to make arrangements; settle down; get a job
устро́йство	2114.	organization; mechanism
уступа́ть i +a +d	3267.	to cede, give up (sth to s.o.)
уступи́ть p +a +d	3779.	to yield, give up, cede (sth to s.o.)
усту́пка	5256.	concession
у́стье	7532.	mouth, estuary
утверди́ть p +a	3689.	to confirm
утвержда́ть i	1883.	to affirm, maintain
утвержда́ться i	9665.	to become established
утвержде́ние	3067.	assertion; confirmation
уте́чка	9979.	leak
утеша́ть i +a	6157.	to console
утеше́ние	9666.	comfort, solace
уте́шить p +a	8999.	to console
у́тка	5087.	duck; hoax
уткну́ться p в +a	7123.	to bury os in; bump into
утоми́тельный	9980.	tiring; tedious
утону́ть p	8075.	to drown
утопи́ческий	8511.	utopian
уточни́ть p +a	7533.	to make more precise; verify
утра́та	7534.	loss
утра́тить p +a	5452.	to lose

утра́чивать i +a	9000.	to lose
у́тренний	3211.	morning (adj)
у́тро	462.	morning
у́тром	2115.	in the morning
утю́г	9667.	iron (for ironing)
ух	4906.	ooh!
уха́	9668.	fish-soup
уха́живать i за +inst	7535.	to look after; make advances (to a woman)
ухвати́ть p +a	9001.	to seize
ухвати́ться p за +a	6451.	to grasp
ухитри́ться i (coll) +inf	7989.	to manage (to do sth)
ухмыля́ться i (coll)	9981.	to smirk, grin
у́хо	1057.	ear
ухо́д	3612.	departure; (за +inst) caring (for), maintenance (of)
уходи́ть i	186.	to leave
уцеле́вший	8589.	surviving
уцеле́ть p	6452.	to survive
уча́ствовать i в +pr	1449.	to take part in
уча́стие	1144.	participation; sympathy
уча́стник	1532.	participant
уча́стница	8590.	participant (f)
уча́ст(о)к	2005.	plot of land; district
у́часть f	7536.	fate, lot (in life)
уча́щийся participle	5453.	student
учёба	3690.	study, studying
учёбник	5670.	textbook
учёбный	2950.	educational
уче́ние	1354.	learning, study, instruction
учени́к	381.	pupil
учёный m adj	649.	learned, scholarly; (as noun) scholar, scientist
уче́сть p +a	3532.	to take into account
учёт	3143.	calculation; stock-taking; registration
учи́лище	1547.	college (vocational)
учи́тель m	1361.	teacher
учи́тельница	2637.	teacher (f)
учи́тывать i +a	2412.	to take into consideration, bear in mind
учи́ть i	576.	to learn; teach

учи́ться i	134.	to study
учрежде́ние	1334.	establishment, institution
уще́лье	5912.	ravine
уще́рб	3011.	damage
ую́т	7990.	comfort, cosiness
ую́тно	7991.	cosily
ую́тный	7537.	cosy
уясни́ть p +a	7992.	to understand
фа́брика	395.	factory
фабри́чный	7538.	factory (adj)
фа́за	7539.	phase
фа́кел	9002.	torch
факт	710.	fact
факти́чески	5257.	in fact; practically
факти́ческий	9003.	actual
фа́ктор	2373.	factor
факульте́т	5088.	faculty
фальши́вый	7993.	false
фами́лия	1658.	surname
фанта́зия	2548.	imagination
фанта́стика	2690.	fantastic, fantasy
фантасти́ческий	2413.	fantastic
фа́ра	8515.	headlamp
фарфо́р	7994.	porcelain
фаса́д	7995.	façade
фаши́зм	3268.	Fascism
фаши́ст	4045.	Fascist
фаши́стский	2078.	Fascist (adj)
февра́ль m	2297.	February
федера́ция	7540.	federation
фельето́н	5454.	satirical article
фено́мен	8382.	phenomenon
фе́рма	4349.	farm
фе́рмер	9004.	farmer
фестива́ль m	6453.	festival
фе́я	9982.	fairy
фигу́ра	1207.	figure
фигу́рка	7124.	small figure; figurine
фи́зик	4445.	physicist
фи́зика	4072.	physics
физионо́мия	5913.	physiognomy, face; shape
физи́чески	9005.	physically
физи́ческий	1486.	physical
физкульту́ра	8317.	physical training
филиа́л	4907.	branch (of organization)
фило́соф	3212.	philosopher
филосо́фия	1249.	philosophy
филосо́фский	2900.	philosophical
фильм	1770.	film
фина́л	9669.	final (sport); finale
фина́нсовый	2638.	financial
фина́нсы m pl	6454.	finances
фи́ниш	9670.	finish
фи́нский	9671.	Finnish
фи́рма	2216.	firm, company
флаг	1975.	flag
фланг	8285.	flank
флейта	9006.	flute
флот	866.	fleet
фо́кус	4777.	focus; trick
фон	3144.	background
фона́рь m	1906.	lamp
фонд	3145.	fund; stock
фонта́н	6158.	fountain
фо́рма	531.	form
форма́льно	6159.	formally
форма́льный	6759.	formal
форма́ция	9672.	stage of development; formation
формирова́ние	4089.	formation
формирова́ть i +a	9007.	to form
фо́рмула	4778.	formula
фо́рточка	7125.	ventilation window
фо́то n indecl	2451.	photo
фотогра́фия	1374.	photograph
фра́за	1754.	phrase
францу́з	4316.	Frenchman
францу́зский	728.	French
фронт	818.	front (war)
фрукт	6160.	fruit
фу	4620.	(expressing disgust) ugh!
фунда́мент	4055.	foundation
фу́нкция	4112.	function
фунт	3146.	pound (money/weight)
фура́жка	4387.	peaked cap
футбо́л	8269.	football
футболи́ст	8470.	footballer
футбо́льный	4779.	football (adj)
фы́ркнуть p	7126.	to snort
хала́т	3147.	dressing-gown; overall, white coat
хам (coll)	8386.	boor
ха́ос	5455.	chaos
хара́ктер	694.	character

характеризова́ть i/p +a	3691.	to characterize
характеризова́ться i +inst	7996.	to be characterized (by)
характери́стика	3780.	description; reference (for job etc.)
характе́рно	6760.	characteristically
характе́рный	2298.	characteristic (adj)
ха́та	4384.	peasant house
хвали́ть i +a	6161.	to praise
хва́статься i +inst	5914.	to boast (of)
хвата́ть i	810.	(+a) to seize; (хвата́ет +g) be enough, suffice
хвати́ть p	1300.	(3rd person +g) to be enough
хво́йный	7541.	coniferous
хвост	2243.	tail
хи́жина	9008.	shack, cabin
хи́лый	9673.	puny, decrepit
хи́мик	4440.	chemist
хими́ческий	4043.	chemical
хи́мия	4031.	chemistry
хиру́рг	9674.	surgeon
хи́тро	6455.	cunningly
хи́трость f	6162.	cunning, guile; ruse; (coll) ingenuity
хи́трый	3012.	cunning
хихи́кать i	9009.	to giggle
хи́щник	5456.	beast of prey; bird of prey; predator
хладнокро́вный	9010.	cool, calm, composed
хлам	7127.	junk
хлеб	387.	bread
хлебну́ть p (coll)	7997.	to drink
хле́бный	4780.	bread (adj)
хлеста́ть i +a	6456.	to whip
хло́пать i +inst	3344.	to bang, slap, clap
хло́пнуть p +inst	3068.	to bang, slap, clap
хло́п(о)к	4781.	cotton
хлоп(о́)к		clap, bang
хлопота́ть i	7998.	to bustle about; make efforts
хло́поты pl	5671.	trouble, efforts
хло́пья pl	9983.	flakes
хлы́нуть p	6163.	to gush
хм (or гм)	2299.	hm! (hesitation)
хмель m	6457.	hops (for beer); tipsiness
хму́ро	7542.	gloomily, sullenly
хму́рый	6761.	gloomy
ход	539.	movement
ходи́ть i	247.	to go there and back; walk around
ходово́й	8512.	(coll) popular; operational, working
хозрасчёт	8454.	self-financing
хозя́ин	447.	master, boss, owner
хозя́йка	1533.	owner, proprietress; hostess
хозя́йничать i	5915.	to be in charge; throw one's weight about
хозя́йский	3692.	owner's; boss's
хозя́йственный	4042.	economic
хозя́йство	406.	economy
хоккеист	8209.	hockey player
хокке́й	6458.	(ice-)hockey
холм	2505.	hill
хо́лод	3069.	cold
холоди́льник	4908.	refrigerator
хо́лодно	3213.	coldly; it's cold
холо́дный	684.	cold
холод(о́)к (coll)	7999.	coolness; cool place
холосто́й adj	6459.	unmarried
хому́т	6164.	horse's collar; burden, yoke
хор	3929.	chorus; choir
хорони́ть i +a	5916.	to bury
хоро́шенький	7128.	pretty
хороше́нько (coll)	8000.	properly
хоро́ший	118.	good
хорошо́	94.	well; it is good
хоте́ть i	73.	to want
хоте́ться i +d of pers	499.	to want, feel like
хоть	638.	even if, if only, even, although
хотя́	292.	although
хо́хот	5457.	loud laughter, guffaw
хохота́ть i	2374.	to guffaw, laugh loudly
хра́брость f	9011.	bravery
хра́брый	6762.	brave
храм	4020.	temple, church
хране́ние	5458.	keeping; storage
храни́ть i +a	3345.	to keep, store
храни́ться i	5459.	to be kept
хреб(е́)т	5460.	spine; ridge; mountain range

хрипе́ть i 8001. to wheeze
хри́пло 9012. hoarsely
хри́плый 9013. hoarse
христиа́нский 8002. Christian
христиа́нство 9675. Christianity
хрома́ть i 8003. to limp
хромо́й 8004. lame
хро́ника 9676. chronicle; news items; newsreel
хру́пкий 5461. fragile
хруста́ль m 8255. crystal, cut glass
хруста́льный 8387. crystal (adj)
ху́денький (coll) 7543. slim, thin
ху́до 4909. bad, badly
худо́жественный 546. artistic
худо́жник 214. artist
худо́й 3428. thin; bad
худоща́вый 7129. thin
ху́дший 8005. worst
ху́же 1505. worse
хулига́н 6165. hooligan
ху́тор 8270. farm; Ukrainian hamlet

цара́пать i +a 9677. to scratch
цари́ть i 5917. to reign
цари́ца 9014. tsarina, empress
ца́рский 1976. tsar's; tsarist
ца́рство 2901. kingdom
царь m 1208. tsar
цвести́ i 7130. to flower, flourish
цвет 784. colour; blossom; prime
цветно́й 1640. coloured
цвет(о́)к 418. flower
цвето́чный 7131. flower (adj)
цвету́щий 8006. blooming; flourishing
целесообра́зность f 8007. expediency
целесообра́зный 9678. expedient
целеустремлённый 9679. purposeful
целико́м 2598. entirely
целина́ 5462. virgin soil, virgin land
целова́ть i +a 1462. to kiss
целова́ться i 5089. to kiss (each other)
це́лое n adj 5463. the whole; (also це́лая) integer
це́лый 294. whole
цель f 620. target, purpose
це́льный 7132. entire
цеме́нт 5672. cement
цеме́нтный 6763. cement (adj)
цена́ 984. price
цени́ть i +a 2852. to value
це́нность f 2332. value
це́нный 1842. valuable
це́нтнер 4424. 100 kilogrammes
центр 874. centre
централизо́ванный 7544. centralized
центра́льный 999. central
цепля́ться i за +a 4910. to clutch (at); catch (on)
цепо́чка 5464. small chain; series
цепь f 1375. chain
церемо́ния 5258. ceremony
церко́вный 3613. church (adj)
це́рковь f 923. church
цех 3500. section of factory, shop

цивилиза́ция 3867. civilization
цивилизо́ванный 9680. civilized
цикл 4782. cycle
цили́ндр 4315. cylinder; top hat
цирк 5259. circus
цита́та 7545. quotation
ци́фра 1719. figure, number
цыга́н 9681. gypsy
цыплён(о)к 7133. chicken
цы́почки pl: на цы́почках 7134. on tiptoe

ча(ё)к 6166. tea (dim), nice cup of tea
чай 712. tea
ча́йка 8189. seagull
ча́йник 2639. teapot; kettle
ча́йный 5673. tea (adj)
час 196. hour
часово́й 3518. hour (adj); watch, clock (adj); sentry (adj used as noun)
часте́нько (coll) 9015. quite often
части́ца 4056. small part; particle
части́чно 9016. partially
части́чный 7546. partial
ча́стность f: в ча́стности 1977. detail: in particular
ча́стный 2079. private, individual
ча́сто 441. often
частота́ 4911. frequency
часту́шка 8257. *chastushka*, witty rhyme
ча́стый 4021. frequent

часть f	299.	part
часы́ m pl	924.	watch, clock
ча́ша	6764.	cup; chalice
ча́шка	3346.	cup
ча́ща	6167.	thicket
ча́яние	9984.	hope; expectation
чего́ (coll)	2549.	why
чей	1534.	whose
че́й-то	3533.	someone's
чек	7135.	cheque; receipt
челове́к	63.	person
челове́ч(е)к	6460.	little man
челове́ческий	678.	human (adj)
челове́чество	903.	mankind
челове́чность f	8008.	humaneness, humanity
че́люсть f	9682.	jaw
чем	501.	than
чемода́н	1755.	suitcase
чемода́нчик	8471.	small suitcase
чемпио́н	2080.	champion
чемпиона́т	4478.	championship
чепуха́	3347.	nonsense
червь m	9017.	worm
черда́к	4912.	attic
чередова́ние	9683.	alternation
чередова́ться i	7547.	to alternate
че́рез +a	120.	across, via, after
че́реп	7136.	skull
чересчу́р	5465.	too, excessive(ly)
черне́ть i	8009.	to turn black
черни́ла n pl	5466.	ink
черномо́рский	9018.	Black Sea (adj)
чёрный	333.	black
че́рпать i +a из +g	6765.	to scoop, draw (from)
чёрт	660.	devil
черта́	1275.	feature, trait; line
чертёж	4057.	technical drawing
черти́ть i +a	7548.	to draw, draw up
чёртов adj	8010.	devil's
чеса́ть i +a	9985.	to scratch
че́стно	3013.	honestly
че́стность f	6766.	honesty
че́стный	1049.	honest
честь f	925.	honour
четве́рг	5260.	Thursday
четвёрка	6767.	four; group of four
че́тверо	3930.	four, foursome
четвёртый	410.	fourth
че́тверть f	2506.	quarter
чёткий	5467.	clear, precise
чётко	4913.	clearly, distinctly, precisely
четы́ре	215.	four
четы́реста	9684.	four hundred
четы́рнадцать	3148.	fourteen
че́шский	9685.	Czech (adj)
чин	3868.	rank
чини́ть i +a	5674.	to repair
чино́вник	3014.	bureaucrat; official
чи́сленность f	4229.	total number, quantity
чи́слиться i	7549.	to be, be listed; (+inst) be considered (to be sth)
число́	670.	number; date
чи́стить i +a	5468.	to clean
чи́стка	9686.	cleaning; purge (political)
чи́сто	1843.	purely, cleanly
чистота́	3931.	cleanliness; purity
чи́стый	439.	clean, pure
чита́тель m	763.	reader
чита́тельский	9687.	reader's
чита́ть i +a	230.	to read
чиха́ть i	9688.	to sneeze
член	354.	member
чрева́тый	8389.	fraught
чрезвыча́йно	2244.	extremely
чрезвыча́йный	3429.	extreme; exceptional
чрезме́рно	9689.	excessively
чте́ние	2691.	reading
чтить i +a	9986.	to honour
что	7.	what; that
что́бы	49.	in order to
что́-либо	6168.	anything
что́-нибудь	644.	anything
что́-то	602.	something; (coll) somewhat, somehow
чувстви́тельность f	8513.	sensitivity
чувстви́тельный	7550.	sensitive
чу́вство	382.	feeling
чу́вствовать i +a	835.	to feel
чу́вствоваться i	5261.	to be felt
чугу́н	6461.	cast iron
чугу́нный	6768.	cast-iron (adj)
чуда́к	3614.	eccentric person, crank
чуде́сно	5262.	wonderfully

чуде́сный	1929.	wonderful
чу́диться i (coll) +d	7137.	to seem, imagine
чу́дно	9019.	wonderfully
чу́дный	8514.	wonderful
чу́до	1396.	marvel, miracle
чудо́вище	8011.	monster
чудо́вищный	4621.	monstrous
чужби́на	8012.	foreign land
чу́ждый	4622.	(+d) alien (to); (+g) devoid (of)
чужо́й	838.	someone else's; foreign
чула́н	7551.	store-room, box-room
чул(о́)к	7138.	stocking
чума́	7552.	plague
чу́ткий	9020.	sensitive
чу́точку (coll)	7553.	a little
чуть	311.	hardly, just
чутьё	8455.	scent; instinct, intuition
чуть-чу́ть (coll)	7139.	a little bit, just a little
чу́ять i +a	5675.	to scent, smell; sense
шабло́н	9987.	cliché; routine; pattern
шаг	541.	step
шага́ть i	1954.	to step, stride
шагну́ть p	3430.	to take a step
ша́йба	8335.	washer; (hockey) puck
ша́йка	6169.	tub; gang
шала́ш	9021.	cabin (made of branches)
шампа́нское n adj	9022.	champagne
шанс	6769.	chance
ша́пка	1703.	hat (without brim)
ша́почка	6770.	small hat
шар	1641.	sphere
ша́рик	4230.	(small) ball
ша́рить i в +pr	7140.	to grope, fumble
ша́ркать i +inst	9988.	to shuffle
шарф	8201.	scarf
шата́ться i	9690.	to sway; wobble; (coll) loaf about
ша́ткий	9691.	unsteady
ша́хматный	9023.	chess (adj)
ша́хматы pl	9692.	chess
ша́хта	4350.	mine, pit
шахтёр	8013.	miner
ша́шка	4360.	sabre; (ша́шки) draughts
шве́дский	7554.	Swedish
шве́йный	9693.	sewing
швырну́ть p (coll) +a or +inst	4914.	to fling, hurl
швыря́ть i (coll) +a or +inst	6771.	to throw, fling
шевели́ть i +a or +inst	4915.	to stir, move
шевели́ться i	3869.	to stir
шевельну́ться p	9694.	to stir
ше́лест	7141.	rustling
шёлк	6772.	silk
шёлковый	4916.	silk (adj)
шелуха́	9695.	skin, peel, husk
шепну́ть p	6773.	to whisper
шёпот	2053.	whisper
шепта́ть i	3070.	to whisper
шепта́ться i	5263.	to whisper
шере́нга	8014.	rank, file, column
шерсть f	4917.	wool
шерстяно́й	6170.	woollen
шерша́вый	9696.	rough (to the touch)
ше́ствие	9989.	procession
шестёрка	8286.	six; group of six
шестна́дцатый	8015.	sixteenth
шестна́дцать	5469.	sixteen
шесто́й	442.	sixth
шесть	411.	six
шестьдеся́т	2273.	sixty
шестьсо́т	7555.	six hundred
шеф	8287.	boss, chief
ше́я	1450.	neck
ши́бко (coll)	6774.	very
шине́ль f	1673.	greatcoat
шипе́ть i	6462.	to hiss
ширина́	5676.	width; gauge
ши́риться i	9697.	to spread, expand
ши́рма	8258.	screen
широ́кий	336.	wide
широко́	1229.	widely, broadly
широта́	3781.	width
шить i +a	5918.	to sew
ши́шка	9698.	(pine/fir) cone; bump; (coll) big noise, VIP
шкату́лка	7556.	casket, box
шкаф	2788.	cupboard
шка́фчик	9024.	small cupboard
шко́ла	485.	school
шко́льник	363.	schoolboy
шко́льный	549.	school (adj)
шку́ра	3693.	skin, hide

шлёпать i +a	7557.	to smack
шлёпнуть p +a	9025.	to smack
шлюз	8516.	lock, sluice
шля́па	2452.	hat (with brim)
шля́ться i (coll)	9699.	to loaf about
шнур	9990.	cord; lace; flex, cable
ш(о)в	8517.	seam
шовини́зм	8472.	chauvinism
шо́рох	7558.	rustle
шо́ры pl	8473.	blinkers
шоссе́ n indecl	4623.	highway
шоссе́йный	9026.	highway (adj)
шотла́ндский	8435.	Scottish
шофёр	565.	driver
шпа́га	8436.	sword
шпио́н	6463.	spy
шпо́ра	9700.	spur
шрам	8518.	scar
штаб	3498.	staff (mil); HQ
шта́бель m	9991.	stack, pile
штаб-кварти́ра	9701.	headquarters
штабно́й	8437.	staff, headquarters (adj)
штамп	7142.	stamp, punch; cliché
штаны́ m pl	3015.	trousers
штат	1276.	staff (of institution); state (of the USA, Australia)
шта́тский	8336.	civilian (adj) (not military)
што́ра	8016.	(window) blind
шторм	4434.	gale
штормово́й	9702.	gale (adj)
штраф	7143.	fine
шту́ка (coll)	2453.	thing
штурм	7144.	storm, assault
шту́чка (coll)	7145.	thing, object
штык	8337.	bayonet
шу́ба	3694.	fur coat
шум	1058.	noise, din
шуме́ть i	1659.	to make a noise
шу́мно	5264.	noisily
шу́мный	4624.	noisy
шурша́ть i	8017.	to rustle
шу́стрый (coll)	9992.	smart, quick, agile
шут	6775.	jester, clown
шути́ть i	1674.	to joke
шу́тка	1675.	joke
шутли́во	5090.	jokingly, facetiously
щади́ть i +a	8018.	to spare
ще́дро	6776.	generously
ще́дрость f	9703.	generosity
ще́дрый	7146.	generous
щека́	1335.	cheek
щекота́ть i +a	9993.	to tickle
щёлка	9027.	chink
щёлкать i	9704.	(+a) to flick; (+inst) click, snap
щёлкнуть p	6777.	(+a) to flick; (+inst) click, crack
щель f	2789.	chink, fissure, slot
щен(о́)к	9705.	puppy
щепа́	8438.	splinter, chip
щети́на	9994.	bristles, bristly surface; stubble (of beard)
щётка	7559.	brush
щи pl	5470.	cabbage soup
щит	9028.	shield
щу́ка	9995.	pike (fish)
щу́пать i +a	9996.	to feel, touch (sth), probe
щу́риться i	9997.	to screw up one's eyes, narrow one's eyes
эволю́ция	8439.	evolution
эгои́зм	6778.	egoism, selfishness
эй	2731.	hey! (attracting attention)
эква́тор	8440.	equator
экза́мен	1813.	examination
экземпля́р	3615.	copy (of book etc.)
э́кий (coll)	5919.	what (a)
экипа́ж	4385.	carriage; crew
эконо́мика	1017.	economics; economy
экономи́ст	5471.	economist
эконо́мить i +a	7560.	to save, economize
экономи́чески	7147.	economically
экономи́ческий	655.	economic
эконо́мно	9029.	economically, thriftily
экра́н	2640.	screen
экску́рсия	4918.	excursion
экспеди́ция	2137.	expedition
экспериме́нт	4231.	experiment
эксперимента́льный	4783.	experimental
экспе́рт	8204.	expert
эксплуата́ция	3510.	exploitation
эксплуати́ровать i	5472.	to exploit
электри́ческий	1129.	electric

электри́чество 5091. electricity
электри́чка (coll) 9998. suburban train
электро́ника 9706. electronics
электро́нный 8237. electronic
электроста́нция 3149. power station
электроэне́ргия 5265. electric power
элеме́нт 910. element
элемента́рный 5266. elementary
эмигра́нт 8519. emigrant, émigré
энерге́тика 9030. power engineering
энергети́ческий 4232. power, energy (adj)
энерги́чно 6779. energetically
энерги́чный 5267. energetic
эне́ргия 607. energy
энтузиа́зм 5268. enthusiasm
энтузиа́ст 6780. enthusiast
эпизо́д 5677. episode
эпо́ха 1079. epoch, age
э́ра 4625. era
эстети́ческий 5920. aesthetic
эстра́да 9031. stage
эстра́дный 7148. stage (adj)
эта́ж 2902. floor, storey
этаже́рка 9999. bookcase
э́так (coll) 5269. this way, thus; approximately
э́такий (coll) 4233. such
эта́п 2184. stage, phase
э́тика 9032. ethics
этике́тка 7561. label
э́то 9. this, that
э́тот m/э́та f э́то n/э́ти pl 20. this
эфи́р 8229. air (broadcasting); ether
эффе́кт 3071. effect
эффекти́вность 3431. effectiveness; efficiency
эффекти́вный 4626. effective
эффе́ктный 9707. striking, done for effect
эх 1006. eh! oh! (regret, annoyance, reproach, amazement)
э́хо 7149. echo
эшело́н 6464. echelon; special train
юбиле́й 4037. jubilee, anniversary
юбиле́йный 4300. anniversary (adj)
ю́бка 4919. skirt
юг 2790. south
ю́го-восто́чный 8519. south-west
ю́жный 1451. southern
ю́мор 6781. humour
ю́ность f 1788. youth
ю́ноша m 1365. a youth
ю́ношеский 6782. youthful
ю́ный 3616. young
юриди́ческий 4090. legal, law (adj)
юри́ст 7562. lawyer
я 5. I
я́блоко 2951. apple
я́блоня 5092. apple-tree
я́блочко 6465. little apple
яви́ться p 911. to appear
явле́ние 714. phenomenon
явля́ться i +inst (formal) 532. to be
я́вно 2185. clearly, obviously
я́вный 3348. obvious, overt
я́вственно 7563. clearly
ягнён(о)к 8441. lamb
я́года 7564. berry
яд 7150. poison
я́дерный 4068. nuclear
ядови́тый 5921. poisonous; venomous
ядро́ 4426. nucleus; ball
язы́к 347. language; tongue
языково́й 4263. linguistic
яи́чница 9708. fried eggs
яйцо́ 4022. egg
я́кобы 3432. allegedly
я́корь m 4390. anchor
я́ма 3534. pit, hole
янва́рский 6783. January (adj)
янва́рь m 1464. January
янта́рный 9033. amber (adj)
янта́рь m 9034. amber
япо́н(е)ц 4234. Japanese man
япо́нский 2791. Japanese (adj)
я́ркий 845. bright
я́рко 2414. brightly
я́ркость f 4264. brightness
я́рмарка 9709. fair, trade fair
я́ростно 7151. furiously
я́ростный 5678. furious, frenzied
я́рость f 3433. rage
я́рый 10000. furious, raging; fervent, rabid

я́сли pl	6466.	creche
я́сно	716.	clearly; it is clear
я́сность f	4627.	clarity
я́сный	943.	clear
я́стреб	4920.	hawk
ячéйка	8243.	cell
я́щик	1676.	box, crate